国家出版基金项目
NATIONAL PUBLICATION FOUNDATION

王力全集　第一卷

漢語史稿

王　力　著

中 華 書 局

圖書在版編目(CIP)數據

漢語史稿/王力著. —北京:中華書局,2013.8(2024.12 重印)
(王力全集;1)
ISBN 978-7-101-08731-4

Ⅰ.漢… Ⅱ.王… Ⅲ.漢語史-高等學校-教材
Ⅳ.H1-09

中國版本圖書館 CIP 數據核字(2012)第 123515 號

書　　名	漢語史稿
著　　者	王　力
叢 書 名	王力全集　第一卷
責任印製	陳麗娜
出版發行	中華書局
	(北京市豐臺區太平橋西里 38 號　100073)
	http://www.zhbc.com.cn
	E-mail:zhbc@zhbc.com.cn
印　　刷	河北新華第一印刷有限責任公司
版　　次	2013 年 8 月第 1 版
	2024 年 12 月第 3 次印刷
規　　格	開本/880×1230 毫米　1/32
	印張 20½　插頁 2　字數 530 千字
印　　數	6001-6800 册
國際書號	ISBN 978-7-101-08731-4
定　　價	98.00 元

全家合影(1959 年)

胡絜青贈畫

《王力全集》出版説明

王力(1900—1986)，字了一，廣西壯族自治區博白縣人，我國著名語言學家、教育家、翻譯家、散文家和詩人。

王力先生畢生致力于語言學的教學、研究工作，爲發展中國語言學、培養語言學專門人才作出了重要貢獻。王力先生的著作涉及漢語研究的多個領域，在漢語發展史、漢語語法學、漢語音韻學、漢語詞彙學、古代漢語教學、文字改革、漢語規範化、推廣現代漢語普通話和漢語詩律學等領域取得了杰出的成就；在詩歌、散文創作和翻譯領域也卓有建樹。

要瞭解中國語言學的發展脉胳、發展趨勢，必須研究王力先生的學術思想，體會其作品的精華之處，從而給我們帶來新的領悟、新的收獲，因而，系統整理王力先生的著作，對總結和弘揚王力先生的學術成就，推動我國的語言學及其他相關學科的發展，具有重要的意義。

《王力全集》完整收録王力先生的各類著作三十餘種、論文二百餘篇、譯著二十餘種及其他詩文等各類义字。全集按内容分卷，各卷所收文稿在保持著作歷史面貌的基礎上，參考不同時期的版本精心編校，核訂引文。學術論著後均附"主要術語、人名、論著索引"，以便讀者使用。

《王力全集》的編輯出版工作中，得到了王力先生家屬、學生及社會各界人士的幫助和支持，在此謹致以誠摯的謝意。

中華書局編輯部

2012 年 3 月

本卷出版説明

本卷收入王力先生的專著《漢語史稿》。

《漢語史稿》是王力先生當年在北京大學講授漢語史課期間所寫的教材，也是我國研究漢語歷史發展的第一部專著，是每年報考漢語史專業和有關專業研究生考生的重要參考書。

原書分上、中、下三册，由科學出版社於 1957～1958 出版。1980年由中華書局重印。1996 年重印時徵得王力先生夫人夏蔚霞女士的同意，將三册合訂爲一册。

1988 年，山東教育出版社出版的《王力文集》第九卷收入《漢語史稿》（後稱"文集本"），該卷由郭錫良先生負責編校，根據中華書局1982 年加印本爲底本，校對訂正了引文，增補了引文的篇名，删改了個别引例或詞句，并編制了名詞術語索引。

2004 年，中華書局重新排版。

此次收入《王力全集》，我們以中華書局 2004 年重排本爲底本，同時參以文集本進行整理和編輯。

中華書局編輯部

2012 年 5 月

目　　録

<h2>由上古到中古的語音發展</h2>

歷 史 形 態 學

歷　史　句　法　學

第一章 緒 論

第一節 漢語史的對象和任務①

漢語史是關於漢語發展的內部規律的科學。在這一門科學中,我們研究現代漢語是怎樣形成的,這就是説,我們研究現代漢語的語音系統、語法結構、一般詞彙、文字是怎樣形成的。從商代的"漢語"那種質態②,經過了三千多年的漸變,産生了現代漢語的這種質態。這種新的質態在歷史上是怎樣産生的? 這就是漢語史所要研究的對象。

語言的發展是經過新質要素的逐漸積累,舊質要素的逐漸衰亡來實現的③。在漢語史的研究中,我們要問:在三千多年的漢語發展過程中④,到底逐漸積累了的是一些什麼新質要素,逐漸衰亡了的是一些什麼舊質要素? 能答復這個問題,就是研究了漢語的歷史。

語言發展有它的內部規律,這就是説,它不同於其他社會現象的發展規律。語言不是上層建築,因此,語言的生命、語言的發展并不像

---

① 本節參考了:中國人民大學俄文教研室譯,阿列克先柯《俄語語法史》導言第一節,俄語語法史的對象和任務(9頁),時代出版社。車爾內赫《俄語歷史語法》導言第一節,俄語史,這一科學的對象和任務(5~18頁),莫斯科1954年。
② 漢語由漢族得名,漢族由漢朝得名。商代的"漢語"嚴格地説,還不能稱爲"漢語"。
③ 參看斯大林《馬克思主義與語言學問題》25頁,人民出版社譯本。
④ 漢語的存在,至今決不止三千多年;這裏説三千多年是指有歷史記載以來的漢語。

馬爾和他的門徒們所説的,是社會經濟制度的單純的反映。

語言的發展有它的一般的内部規律和特殊的内部規律。一般的内部規律對於一切的語言是共同的規律,因爲它們不是由具體語言的構成特點來制約着的,而是由作爲特殊社會現象、作爲適應人類交際需要的整個人類語言特殊本質來制約着的。語言各個構成部分發展速度的不平衡性,就是語言的一般發展内部規律之一。

根據斯大林關於語言發展的理論,語言各個構成部分發展的速度是不平衡的①。語言的詞彙變化得最快,它是處在差不多不斷改變的狀態中;基本詞彙比語言的詞彙窄小得多,可是它的生命却長久得多;語法結構是千百年來形成的,它在語言中已是根深柢固,所以它的變化要比基本詞彙更慢②。斯大林没有講到語音系統的發展速度。看來③,語音的變化通常也是很慢的。顯然地,語音的穩固性是跟基本詞彙和語法結構的穩固性直接聯繫着的④。

語言發展的特殊内部規律,是指一定的具體語言的内部發展規律來説的。譬如説,漢語的内部發展規律跟俄語不同,俄語的内部發展規律跟英語也不同。漢語史的任務就是要研究漢語發展的特殊内部規律⑤。特殊的内部發展規律是因時因地而不同的。

斯大林説:"語言學的主要任務是在於研究語言發展的内部規律。"⑥從這一句話裏,我們認識到語言史的重要性。具體語言的歷史的研究,不但可以發現語言的特殊内部發展規律,也可以發現一般的内部發展規律,因爲一切規律都必須是從具體事物中發現出來的。

---

① 編者注:文集本没有"根據斯大林……平衡的"一段話。
② 參看斯大林《馬克思主義與語言學問題》8頁、22～23頁,人民出版社譯本。
③ 編者注:文集本没有"斯大林没有……看來"。
④ 參看車爾内赫《俄語歷史語法》6頁,莫斯科1954年。
⑤ 漢語發展的特殊内部規律散見於下文各節。例如元音的高化(a→o、o→u、e→i)就是漢語發展的内部規律之一。
⑥ 斯大林《馬克思主義與語言學問題》28～29頁,人民出版社譯本。

　　每一門科學都不是孤立的,都是和其他科學部門有聯繫的。漢語史這一門科學和哪一些科學部門有着聯繫呢?

　　在語言學各個部門中,漢語史首先要和現代漢語取得密切的聯繫,因爲漢語史主要是建立在古代漢語和現代漢語的比較的基礎上的①。關於語言發展的科學和關於語言現況的科學,這兩門科學的關係密切到那種程度,令人很難想像有那麼一種學者,他對語言的現況只有模糊的印象就想做一個語言史專家,也很難想像有那麼一種學者,他想在現代漢語或任何發展階段上的任何具體語言的研究領域中做一個專家,然而他并不願意認識和瞭解它的歷史。

　　列寧説:"在社會科學問題上最可靠的方法,……就是不要忘記基本的歷史上的聯繫,而要對於每一問題都根據某種現象在歷史上怎樣產生出來,以及它在發展中經過了怎樣一些主要階段的情形去觀察,并根據它的這種發展情形去觀察究竟這個現象現在成了什麼。"②由此可見,漢語史和現代漢語的關係是多麼密切的了。

　　現代漢語的方言也屬於現代漢語的範圍。方言也是由歷史發展來的。如果我們不瞭解漢語發展的歷史,也就不能瞭解漢語怎樣分化爲方言,更不能瞭解爲什麼漢語方言雖然分歧,實際上語法的差別很微,詞彙的分歧不大,而語音又有嚴整的對應規律。從歷史上看,我們才能看出各種方言裏面哪些是較古的遺迹,哪些是新興的東西,因此漢語史和漢語方言學也是有密切關係的。

　　研究漢語的科學(包括漢語史和現代漢語)在某些方面又跟普通語言學發生聯繫③,因爲普通語言學就是在各種不同類型的具體語言的發展的研究中,概括了研究的經驗,然後對於作爲人類社會生活的現象的語言,歸納出一般性的理論的。

---

① 　這裏説的現代漢語包括漢語方言。
② 　列寧《論馬克思、恩格斯及馬克思主義》407～408 頁,蘇聯外文出版局 1949 年。
③ 　現在的"語言學引論"就是普通語言學的"引論"。

其次,這一門關於漢語發展的科學,它跟中國史,首先是漢族人民的歷史,關係也是非常密切的。中國史當中,應該注意經濟史、政治史、文學史和文化史。在文化史當中,應該特別注意物質文化(生產工具、建築物、衣服等)。它跟考古學也有關係,因爲考古學是研究物質文化的歷史的重要部門。此外,種族學、民間口頭創作也都跟漢語史有若干聯繫。

一切科學都要受辯證唯物主義和歷史唯物主義的指導,因此漢語史也必須建立在馬克思主義哲學的基礎上。那已經不是科學間的聯繫問題,而是漢語史這一科學必須接受馬克思主義的指導的問題了。

漢語史的實踐意義是什麽? 上面談到漢語史和現代漢語的密切關係的時候,可以説是已經回答了這一個問題。漢語史的實踐意義就在於它對現代漢語規範化工作有很大的幫助。在現代語言教育中,我們絕對離不開漢語史的基本事實和結論。如果沒有歷史的闡明,現代漢語裏有許多現象是講不通的。如果沒有歷史的根據,有時候我們也很難在現代漢語裏定出一個規範來。毛主席説:"我們還要學習古人語言中有生命的東西。"[1]不研究漢語史,怎麽能知道什麽是古人語言中有生命的東西呢?

我們研究漢語史,眼睛是向前看的,不是向後看的;我們回顧是爲了更順利地前進。研究漢語史的主要目的是更徹底地瞭解漢語的現在情況及其發展的前途,以便於更好地掌握現代漢語。總之,漢語史的實踐意義是很大的。

第二節　　中國歷代學者對漢語史的貢獻[2]

中國歷代學者對漢語史作出了輝煌的貢獻。我們在這裏不能作全面的、詳盡的叙述,只能擇要地説一説。

---

[1]　《毛澤東選集》第三卷,859 頁。

[2]　本節參考了:羅常培《中國的語言學》,《科學通報》1953 年 4 月號。《蘇聯大百科全書》"中國"條,叙述"語言學"的一章,339～345 頁。"中國"有單行本(人民出版社有譯本),蘇聯國家科學出版社。

　　歷代學者們的漢語研究，大約可以分爲三個階段：第一階段從漢初（公元前 3 世紀）到東晉末（5 世紀），是語義研究的階段；第二階段從南北朝初（5 世紀）到明末（17 世紀），是語音研究的階段；第三階段從清初（17 世紀）到現在，是全面發展的階段。當然所謂語義研究階段和語音研究階段只是就當時的中心工作來説，并不是説第一階段完全没有語音方面的研究，更不是説第二階段没有語義方面的研究。現在就按着這三個階段來談。

（一）語義研究階段

　　漢代以前，雖然有些學者也談到語音，但是并没有寫成專書。中國的語言研究是從漢代開始的。因爲國家統一已久，所以學術空氣較濃。當時的研究工作主要在語義方面，因爲漢代崇尚儒術，提倡讀經，每一個儒生都要求具有閲讀古書的能力。

　　漢代語義方面的代表作品是：《爾雅》《方言》《説文解字》《釋名》。

　　中國最古的字典是《爾雅》。《爾雅》和後代的字典不一樣：後代字典是按部首排列的，把同一意符的字排在一部；《爾雅》的字則是按意義分類的。書中共分爲十九章，就是《釋詁》《釋言》《釋訓》《釋親》《釋宫》《釋器》《釋樂》《釋天》《釋地》《釋丘》《釋山》《釋水》《釋草》《釋木》《釋蟲》《釋魚》《釋鳥》《釋獸》《釋畜》①。《釋詁》和《釋言》兩章所講的基本上是形容詞、動詞和抽象名詞，《釋訓》基本上是聯綿字，其他分類都容易瞭解。前三章占全書三分之一，它的做法是把許多同義詞排在一起，最後用一個常用詞作爲解釋，例如《釋詁》第一條是“初、哉、首、基、肇、祖、元、胎、俶、落、權輿②，始也”。其他各章則是事物名稱的簡單分類，并加上定義。相傳《爾雅》是周公的著作，那顯然

---

① 語義學在中國古代稱爲“訓詁”，就是從《爾雅》的《釋詁》和《釋訓》得名的。

② “權輿”是雙音詞。

是僞托。《爾雅》主要是爲解經而作的①,這部書的完成一定在漢武帝提倡經學之後,而且是經過許多人補充的。但《漢書·藝文志》裏已有《爾雅》,那麼,《爾雅》的成書也必在西漢(前 3 世紀~1 世紀)。晉郭璞作《爾雅注》,甚淵博。後代模仿《爾雅》的書很多,最早的是魏(220~265)張揖的《廣雅》,書名是《爾雅》的擴大的意思。

揚雄(前 53~18)的《方言》在字典中屬於特殊的類型,它是中國第一部記録方言的書。《方言》也是按照意義排列的,但是不像《爾雅》那樣系統分類,也没有"釋詁"等等的類名,例如:"嫁、逝、徂、適,往也。自家而出謂之嫁,由女而出爲嫁也。逝,秦晉語也。徂,齊語也。適,宋魯語也。往,凡語也。""凡語"就是現在所謂普通話②。方言的不同大多數是詞彙的不同,例如:"舟,自關而西謂之船,自關而東或謂之舟,或謂之航。"也有一些可能是同一個詞在不同的地區裏的不同讀音,例如:"自關而東曰逆,自關而西或曰迎。""逆"和"迎"古音相近,都是迎接的意思。除了揚雄這一部專書之外,漢儒及後代的其他著作也有些提到方言的地方。清杭世駿作《續方言》,就是把《十三經注疏》《説文》《釋名》等書所涉及的方言搜集成書的,但是没有注明出處。

按字的偏旁編排的第一部字典是許慎的《説文解字》(100)。全書分成 540 部,共收 9353 字。這一部書決定了將近兩千年漢語字典的命運,因爲後代的字典基本上都是繼承《説文》的;它又給予後代漢語語義學巨大的影響,并且在正字法上也起了很大的作用。唐宋以來,《説文解字》是研究中國文字的主要參考書,17 世紀以後研究的人更多,講《説文解字》的專書和論文合起來有幾百種。《説文解字》雖然對於每一個字都解釋它的意義,但是許慎這一部書的主要對象不是

---

① 《四庫全書總目提要》關於《爾雅》有下面的説法:"然釋五經者,不及十之三四,更非專爲五經作。"我們認爲《爾雅》最初是解經;至於解釋諸子的地方,大約是後人補充的。

② 除了"凡語"之外,《方言》還有所謂"通語"。"通語"的範圍可能小些,例如説:"撫、翕、葉,聚也。楚謂之撫,或謂之翕。葉,楚通語也。"

字義,而是字形。他企圖説明每一個字爲什麼要那樣寫,主要是找出字的本義,使這個本義能説明這個字的結構的理由。

稍後於許慎有劉熙(2 世紀)。劉熙寫了一部《釋名》。《釋名》也是按意義編排的字典,在編排上很像《爾雅》(甚至沿用"釋詁、釋訓"等分類法),所以後代有人把它叫做《逸雅》。但是,就内容的性質上説,《釋名》跟《爾雅》大不相同。劉熙企圖探尋每一個字最初命名的原因,所以他的書叫做《釋名》。他以爲自古以來有許多事物的名稱,有雅的,有俗的,而且因方言而不同。老百姓每天都説話,都把事物叫出名字來,但是大家都不知道爲什麼要給它這麼個名字。他的書就是要追究這個爲什麼。劉熙以爲語音和語義有必然的聯繫,從語音可以追尋語義的來源。這是中國語源學的第一部書,例如《釋名》説:"江,公也,諸水流入其中所公共也。"又説:"苦,吐也,人所吐也。"這樣用雙聲叠韻作出解釋的辦法叫作"聲訓"。聲訓是漢儒的一種風氣,例如《白虎通義》(相傳爲班固所作)和《説文》裏,就有許多用聲訓的地方(《白虎通義》:公者通也,侯者候也,伯者白也,子者孳也,男者任也。《説文》:天,顛也;馬,怒也,武也;户,護也)。聲訓不是科學的辦法。雖然語音同語義是有關係的(參看下文第四章第四節),但是,像《釋名》那樣主觀臆斷是錯誤的。不過這部書在漢語史上還有它一定的價值,因爲我們從它的聲訓中可以窺見上古的語音系統。

注解古書的工作也可以追溯到漢朝。漢朝最有名的經學大師鄭玄所作《詩經》《周禮》《儀禮》《禮記》的注解,都是很重要的著作。漢朝以後,歷代學者都有很好的成績。唐代陸德明(約 554～642)的《經典釋文》(583)、孔穎達的《五經正義》,都是總結前人意見的。

(二)語音研究階段

南北朝(420～589)以後,語言研究的重點轉移到語音方面。這不是偶然的。當時詩律學逐漸發達,爲了研究韻律和節奏,需要明確地分析語音的構造,發現聲調的特性。由於佛經的翻譯,中國語文學者認識了印度的語音學。遠在第 2 世紀（東漢），中國人已經能够把每一個音節分爲兩部分，就是現代所謂聲母和韻母①。相傳沈約（441～513）著了一部《四聲譜》，當時詩人們已經意識到漢語裏有四聲，并且把這種認識用在詩律的實踐上。

字典之外有韻書，其實韻書也是字典之一種，不過它是按音編排的字典罷了。陸法言的《切韻》（601）是現在能看見的最早的一部韻書。但《切韻》原本已經不存在，最近發現許多唐人的手抄本②。《切韻》流行全國，有許多增訂本。最晚的增訂本是 1008 年的《廣韻》和1037 年的《集韻》。一般人所説的《切韻》系統實際上是根據《廣韻》系統。《廣韻》共分 206 韻，分爲五卷，平聲兩卷，上、去、入聲各一卷。《切韻》在漢語史上占有重要的地位。根據《切韻》的語音系統，可以上推古音，下推今音，現代漢語普通話和各地方言的語音系統，基本上可以從《切韻》系統上得到解釋。

韻書之外，還有一些韻圖。這是一種表格，同一直行表示聲母相同，同一橫行表示韻母相同、聲調相同。這種韻圖表示整個語音系統的全貌、聲母和韻母的配合關係。現存的韻圖最早是 12 世紀的。歷史家鄭樵（1104～1162）的《通志》裏的《七音略》就是這一類的韻圖。和《七音略》同時代（或較早）有一部《韻鏡》（作者佚名），《韻鏡》和《七音略》的體例大致相同，它們都是根據《切韻》系統的。時代較晚的《切韻指掌圖》（相傳爲司馬光所作）根據當時實際語音加以了調整。以後出現的韻圖都不出這兩類的範圍：一類是根據傳統的音韻學的，一類是根據當代語音的。

從 13 世紀到 17 世紀（元明兩代），中國的語言研究，主要是在北方的活語言方面。周德清的《中原音韻》（1324）是爲北曲而作的，可説是完全根據 14 世紀的北音，這是現代漢語普通話的重要歷史文獻。

---

① 東漢應劭時已有反語。反語就是後代的反切。假如不知道分析音節，就不可能作出反語。
② 其中有王仁昫的增訂本（706）是完整的。這書叫做《刊謬補缺切韻》，是故宮博物院影印本。

就聲調來看,當時北音的入聲已經消失,而平聲分爲陰陽兩類,和今天的北音情況基本上是一致的。《中原音韻》的韻類分爲十九部,跟今天的北音比較,也相差不遠。明初樂韶鳳、宋濂等奉敕所撰的《洪武正韻》(1375)自稱"一以中原雅音爲定",可是它裏面雜着吳音的特點(如濁音和入聲)。從此以後,有許多講音韻的書都以北音爲根據,如朱權的《瓊林雅韻》(1398)、陳鐸的《菉斐軒詞林要韻》(1483)、蘭廷秀的《韻略易通》(1442)、畢拱辰的《韻略匯通》(1642)等。在我們研究普通話的歷史的時候,這些書都是重要的參考資料。

(三)全面發展階段

17世紀到19世紀(清初到太平天國)是中國語言研究最有成績的時代。清朝統治者對文化思想的控制最爲嚴厲,一般學者多被迫離開現實而從事於古書的整理和考證,漢語的古義和古音在這個時代都有很大的發現。這種作風很像漢儒,所以叫做"漢學";因爲這種學問是實事求是的,所以又叫做"樸學"。

首先要提到的是字典一類的官書。《康熙字典》成於1716年,由陳廷敬等編纂,共收47021字。這書也是按部首編排的,共分214部。在這書出世以前,有四部常用的按部首排列的字典:漢許慎的《說文解字》,梁顧野王(519~581)的《玉篇》(548),明梅膺祚的《字彙》(1615),張自烈的《正字通》(17世紀)。《說文》用小篆,不合一般群衆的要求,《玉篇》體例很好,可惜字無次序,不便檢閱;《字彙》和《正字通》在當時流傳最廣,但是其中有不少錯誤。《康熙字典》的優點是搜羅廣泛,儘可能舉例說明,并儘可能指出初見於何書。此書編纂者共三十人,歷時五年。

康熙時代還有兩部官書值得一提:第一部是《佩文韻府》(1704),書中收集作詩用得到的複音詞和仂語,按韻部排列。第二部是《駢字類編》(1719),書中收集雙音詞。這兩部書雖是爲韻文和散文而作的,但是,對漢語史也有幫助。

　　阮元（1764～1849）等人編輯的《經籍籑詁》（1799），把經史諸子的注解分字收集，按韻排列，是很有用的參考書。它的優點是搜羅詳盡，特別是注明篇名，這是十分嚴肅的做法。這一部書也是官書。是阮元"遴拔經生若干人"，用五個月的工夫編成的。

　　集體編纂字典，由政府領導，這種經驗到今天還是值得吸收的。

　　《説文》之學，以清代爲最盛。清代研究《説文》者不下數十家，其中最著名的是段玉裁（1735～1815）、桂馥（1736～1805）、王筠（1784～1854）、朱駿聲（1788～1858）。他們被稱爲《説文》四大家。

　　段玉裁作《説文解字注》（1808）。除了注釋精確之外，這書有兩個優點：第一，他不盲目崇拜許慎，能做到批判地接受《説文》；第二，他有歷史觀點，他常常能指出語義發展的過程①，不限於解釋先秦的古義。桂馥作《説文解字義證》（19 世紀初），取《説文》和各經書的字義互相印證，這樣的方法是很客觀的，讀者感覺到他能充分占有材料。王筠作《説文釋例》、《説文句讀》（1850）。前者對初學《説文》的人很有益處。朱駿聲《説文通訓定聲》（1833），不按部首排列，也不按今韻排列，而按古韻十八部排列，這是他高明的地方，因爲在語音上以類相從，往往能打破字形的隔閡而窺見語義的聯繫。每字下面先列本義，其次列轉注，其次列假借；其不能歸於轉注、假借者，稱爲別義。此外還有聲訓、古韻、轉音（即通韻）等。這種體例是很好的。

　　王念孫（1744～1832）和他的兒子王引之（1766～1834）雖不以《説文》名家，而高郵王氏父子在語言研究上的成就還在《説文》四大家之上。王念孫的主要著作是《廣雅疏證》和《讀書雜志》，王引之的主要著作是《經義述聞》和《經傳釋詞》。《廣雅疏證》實際上是上古名物之學。《讀書雜志》是校正古書的錯誤的著作，對於字形、字音、字義都有精確的考證。《經義述聞》是解釋經義的書（"述聞"表示是從他

---

① 　例如他説："《易》《詩》、三《禮》、《春秋傳》《孟子》皆言'屨'，不言'履'；周末諸子漢人書乃言'履'。《詩》《易》凡三'履'，皆謂踐也。然則'履'本訓踐，後以爲屨名，古今語異耳。"

父親處聽來的話）。王引之的方法是：凡前人傳注有不相同的地方，就采用其中合於經義的一說；如果都不合經義，就參考別的經書和古人原有的訓詁另作解釋。《經傳釋詞》是一部解釋虛詞的書。王氏父子的最大優點是不從《說文》出發，不拘泥字形，一切以語音爲準。這樣可以避免前人所犯的兩種偏差：第一是抓住一個字的意符不放，無論如何牽强附會，總要求講得通；第二是只知道拿字形相同或相近去證明字義相近，而不知道在字音相同或相近的時候，即使在字形上沒有聯繫，在字義上也可以相通。這種方法是很科學的。這裏附帶提起兩部書：和《經傳釋詞》同一類型的是劉淇的《助字辨略》，成書在《經傳釋詞》之前（1711）；和《讀書雜志》《經義述聞》同一類型的是俞樾的《古書疑義舉例》，成書在《讀書雜志》《經義述聞》之後。

　　章炳麟（1868～1936）在語言研究上有很大的成就。他是清代樸學的殿軍。他在語言方面的主要著作有《文始》《新方言》《小學答問》，而在他的《國故論衡》中也有許多關於文字、音韻的理論。他在《文始》一書中吸收了聲訓的合理部分，從語音的關連上企圖證明詞義的相互聯繫，從而探討各詞的語源。《新方言》企圖以今音證古音。《小學答問》也解決了一些文字學上的問題。

　　清儒在古音方面特別是古韻方面（這裏的"古"是指先秦）獲得了空前的成績。自從明末陳第作《毛詩古音考》（1606）以後，已經開了研究古音的風氣①。清初經學大師顧炎武作《音學五書》（《音論》《詩本音》《易音》《唐韻正》《古音表》），分古韻爲十部。後來江永、戴震、段玉裁、孔廣森、王念孫、江有誥、章炳麟、黃侃等，逐步有所修正。江永分爲十三部，戴震分爲九類廿五部，段玉裁分爲十七部，孔廣森分爲十八部，王念孫和江有誥各分爲廿一部（但實際分隸稍有出入），章炳麟分爲廿三部（晚年減爲廿二部），黃侃分爲廿八部。部數雖有不同，那只是範圍廣狹的問題；實際上某字歸

————————

① 古音的研究本來在宋代已經開始了。例如吳棫、鄭庠、許月卿等都曾討論過古音的問題。但是，系統的科學的研究還是從明末陳第開始的。

某部,差不多全都有了定論。在聲母方面,錢大昕(1727～1786)證明了"古無輕唇音""古無舌上音"。這些成就是卓越的。至於如何得出這些結論,且待第二章第三節裏再談。

金文之學,起自 11 世紀。到清末而復盛。吳大澂作《説文古籀補》(1898),孫詒讓作《名原》(1905),都是研究金文的。

自從 1899 年甲骨文在安陽出土後,中國的語言研究開闢了一個新天地。最初研究甲骨文的是孫詒讓,他著有《契文舉例》(1904)。羅振玉得甲骨最多,影印成書①。他著有《殷虚書契考釋》(1911)。和羅振玉同時有王國維(1877～1927),他著有《戩壽堂所藏殷虚文字考釋》(1914)等。

金文和甲骨文合稱古文字學。古文字學的研究在漢語史上占重要的地位。郭沫若先生在這一方面有卓越的成就,他所著的《甲骨文字研究》(1929)、《卜辭通纂考釋》(1933)、《殷周青銅器銘文研究》(1930)、《金文叢考》(1932)、《兩周金文辭大系圖録與考釋》(1934)等,都獲得很高的評價。

語法在中國的語言研究中是一門新興的學問,但是我們不能説中國古代學者完全沒有語法的概念。18 世紀中國語文學者把字分爲實字和虛字,這兩個術語傳到了歐洲,爲西洋語言學家所采用。其實虛字的概念在漢代就有了,許慎不叫做虛字,而叫做"詞"(王引之的《經傳釋詞》由此得名)。《説文》"乃,曳詞之難也",又"皆,俱詞也",又"矣,語已詞也",等等,都可以證明許慎能把虛詞從實詞中辨別出來。到了劉淇的《助字辨略》、王引之的《經傳釋詞》,就更把作爲語法成分的虛詞從用法上加以全面的研究了。

語法作爲一門學問,也曾經在唐代由印度傳入中國。當時叫做

---

① 《殷虚書契前編》(1910)、《殷虚書契後編》(1913)、《殷虚書契菁華》(1910)、《殷虚書契續編》(1933)、《戩壽堂所藏殷虚文字》(1914)。

"聲明"①,聲明講名詞變格、動詞變位等②。

中國第一個語法學家是馬建忠(1845～1900)。他的《馬氏文通》(1898)是受了拉丁語法的影響。他以爲人種雖有不同,人類的思維是一樣的,西洋諸國語言皆有一定不易之律,所以他拿來"律吾經籍子史諸書"③。他這樣做是没有重視漢語的特點,但他到底是中國語法學的奠基人。他開始創立了一些語法上的術語并分别了詞類。《馬氏文通》的研究對象基本上是上古時期(先秦、兩漢)的語法。他所分析的材料來自《論語》《繫辭》《左傳》《檀弓》《莊子》《孟子》《國語》《國策》《史記》《漢書》等書,漢以後只引用了韓愈一個人的文章。

由上面所叙述的一系列的事實看來,中國歷代學者對漢語史的貢獻是很大的。我們必須利用古人語言研究的成果,在原有的基礎上提高。但是也必須指出,漢語史作爲一門科學,到今天還不算是已經建立起來。由於時代的局限性,中國歷代學者没有能從歷史發展的全程上來看漢語的歷史,他們只着眼在先秦兩漢,他們没有企圖探尋漢語發展的内部規律。古代學者辛勤勞動的果實,值得我們珍視,但是,漢語史這一門科學的建成,還有待於我們這一代的語言工作者的努力。

第三節　漢語史的研究方法

我們研究漢語史,也像研究其他語言的歷史一樣,應該注意四個原則:(一)注意語言發展的歷史過程;(二)密切聯繫社會發展的歷史;(三)重視語言各方面的聯繫;(四)辨認語言發展的方向。下面我

① 《大唐西域記》:"七歲之後,漸授五明大論。一曰聲明,釋詁訓字,詮目疏别。"所謂"詮目疏别"就是語法。
② 當然,當時所譯的術語和現代所譯的并不相同,例如體聲即主格,業聲即受格(對格),具聲即用格(造格),爲聲即與格,從聲即離格(oblative case),屬聲即領格(生格),依聲即地格(locative case),呼聲即呼格。參看吕澂《聲明略》,支那内學院1923。
③ 參看《馬氏文通》後序。

們就來分別討論這四個原則。

（一）注意語言發展的歷史過程

中國歷代學者對於漢語曾經做了一些静態的研究，也就是説，他們着眼在古代的某一平面，特別是先秦一段。静態的研究對漢語史來説是必經的階段，但是單靠静態的研究并不能達到建立漢語史的目的。

上文第一節裏所引列寧的一段話，也指示了漢語史的研究方法。我們對於每一種語言現象都應該看它在歷史上怎樣産生出來，它在發展過程中經過了哪一些主要階段，然後成爲現在的樣子。拿列寧這個原則來衡量我們以往的研究工作，缺點就暴露出來了。以前往往不是抓住現代漢語的某一現象向古代一直追上去，也不是抓住古代漢語的某一現象向現代一直追下來，而是滿足於某一時代（特別是上古）的某一語言現象的考證。古人的治學方法爲時代所局限，我們不能拿今天的標準來苛求他們；但是，今天我們接受馬克思列寧主義的指導，如果再不知道注意漢語的歷史發展，那就顯示出我們不能用科學態度來看待問題了。

（二）密切聯繫社會發展的歷史

斯大林説："要瞭解某種語言及其發展的規律，只有密切聯繫社會發展的歷史，密切聯繫創造這種語言、使用這種語言的人民的歷史，去進行研究，才有可能。"[1]爲什麼要聯繫社會的歷史和人民的歷史呢？也正是因爲創造語言的是人民，使用語言的是人民。語言不能脱離社會而存在，社會的發展必然要影響語言的發展，舉例來説，"有一個時期英國封建主'在幾百年中'説的是法國話"[2]，後來全民的英語也就被滲入了許多法語的詞語。我們知道，這是英國於 1066 年被法國北

---

[1]　斯大林《馬克思主義與語言學問題》20 頁，人民出版社譯本。
[2]　斯大林《馬克思主義與語言學問題》14 頁，人民出版社譯本。

部諾曼族征服,影響到英語詞彙的變化。"歷史上有過各種語言融合的許多事實"①,這些事實往往是由於外族的侵略和征服。斯大林説:"在兩種語言融合的時候通常都是有其中某一種成爲勝利者。"②就漢語來説,也多次證明了這一個原理。漢族人民被外族征服了,漢語中滲入了若干外族語言的詞語,但是漢語始終成爲勝利者,保存自己的語法結構和基本詞彙。我們密切聯繫人民的歷史來研究漢語,就能瞭解漢語曾經多次從其他語言中吸取詞語來豐富自己。

再舉例來説,在上古中國畜牧社會時期,就産生了大批有關畜牧的詞語,當上古中國由畜牧社會過渡到農業社會的時候,也産生了大批有關農業的詞語。斯大林説:"語言反映生産中的改變是直接的、是立刻發生的。……工業和農業的不斷發展,商業和運輸業的不斷發展,技術和科學的不斷發展,就要求語言用工作需要的新的詞和新的語來充實它的詞彙。"③舉例來説,鴉片戰爭以後,特別是五四運動以後,由於外國資本主義的侵入,漢語的詞彙有了很大的發展,增加了大量的新詞和新語。一切都可以説明,語言的發展是和社會的發展有着非常密切的關係的。因此,馬克思主義語言學要求我們密切聯繫社會發展的歷史來研究我們的漢語史。

(三)重視語言各方面的聯繫

在語言的構成部分中,語音、詞彙和語法是有機地互相聯繫着的一個不可分割的整體。平常我們把這三方面分開來研究或分開來叙述,那只是程序問題,并不意味着這三方面是截然分開的。語音是有聲語言的詞彙的體現者,詞彙是語言的建築材料,語法是這些材料的組織者。顯然可見,只有重視這三方面的聯繫,然後語言史的研究才

---

① 斯大林《馬克思主義與語言學問題》27 頁,人民出版社譯本。
② 斯大林《馬克思主義與語言學問題》28 頁,人民出版社譯本。
③ 斯大林《馬克思主義與語言學問題》8 頁,人民出版社譯本。

合於馬克思主義語言學的原理。

　　舉例來説，馬克思主義語言學把語言瞭解爲有聲的語言，即詞的語言①。詞是極端複雜的一種語言現象，它是意義、聲音和形態結構的整體。我們如果不全面地研究這三方面的因素，我們就不能發現一個詞的特徵。在漢語發展過程中，語音的關連往往意味着詞義的關連（例如"小"和"少"），詞尾的産生往往引起語音的輕化（例如"子、們、了、着"）。諸如此類的問題，都不是孤立地看問題所能解決的。

（四）辨認語言發展的方向

　　關於語言發展的方向，又可以分兩方面來談：第一是古代語言循着什麽方向達到今天的情況，第二是今天的語言將來要朝哪一個方向走。

　　在研究歷史的時候，如果能説出一個方向，就是經過了科學的概括，而不是單純的事實羅列，例如我們指出漢語的詞的逐步走向複音，這就是經過了仔細的觀察和精密的統計。凡是談到方向，總不是孤立的一些事實，而是整個的趨勢。

　　但是，更重要的是指出今天的語言將來要朝哪一個方向走。在過去，人們是不敢這樣設想的。人們以爲預言乃是一種迷信。在今天，我們有了科學的辯證唯物主義，我們不但能從理論上概括過去的各種成果，而且還能概括現在的東西，還能科學地預測將來，并適當地安排工作②。我們知道新生的事物是發展的。我們就能預測它將要繼續發展，這是科學的預見而沒有任何神秘性，例如我們説漢語的複音詞對單音詞的比重將繼續增加下去，這種預言就有科學的根據而不是胡猜。漢語史的重大意義之一就是幫助我們辨認語言進展的路綫。今天我們的研究不够深入，我們的科學預見性也自然不够，但是，這是我們奮鬥的目標。事情是有可能做好的。

---

① 　參看斯大林《馬克思主義與語言學問題》45 頁，人民出版社譯本。原譯"字底語言"，不妥。
② 　參看阿歷山大羅夫主編的《辯證唯物主義》23～24 頁。

＊ ＊ ＊ ＊ ＊

談到語言史的研究方法，不能不談到歷史比較法，因爲歷史比較法是語言的歷史研究的重要方法之一。

斯大林在他的語言學著作中提到歷史比較法。這是馬克思主義語言學以前的一種比較有科學性的語言研究的方法。可以這樣説：語言學成爲一門科學，是從歷史比較法開始的。歷史比較法開始於19世紀初期，最初叫做比較語法（包括語音）。所謂比較，是把有親屬關係的語言加以比較的研究。當然在開始研究的時候并不知道它們是親屬語言，但是，語言和語義的配合在最初既然沒有必然的關係，那麼，如果在不同的語言裏有一些音近義同的詞就是值得注意的。個別的地方相近或相同應該説是偶然的，如果系統地找出對應的規律來，那就絕對不是偶然的了，例如德語的"妻子"是 weib，英語的"妻子"是 wife，德語的"小牛"是 kalb，英語的"小牛"是 calf 等，我們可以由此找出 b 和 f 的對應規律。英語的"舌頭"是 tongue，德語是 Zunge，英語的"十"是 ten，德語是 Zehn 等，我們可以由此找出 t 和 z[ts]的對應規律。這樣就可以建立德語和英語的親屬關係，它們同屬於日耳曼語系。法語、意大利語、西班牙語等也有它們在語音上的對應規律，它們同屬於羅馬語系。俄語、保加利亞語、波蘭語、波希米亞語等，它們在語音上也有對應的規律，它們同屬於斯拉夫語系。這種親屬關係決不會是父子公孫的關係，而是姊妹兄弟的關係，因爲我們不能想像某一種語言是保存着原始狀態而沒有發展的。這樣追溯上去，還發現日耳曼語系、羅馬語系、斯拉夫語系及其他一些語系有一個共同的來源，那就是印歐語系。以上所述的是歷史比較法的大概。

由此看來，歷史比較法是用來尋找語言的發展規律的。歷史比較法，如斯大林所指出的，它"雖然有其嚴重的缺點"，但是它"還推動着研究語言的工作"①。它那種整理材料的方法，到今天還是合用的，它

---

① 斯大林《馬克思主義與語言學問題》32 頁，人民出版社譯本。

所定出的規律,有些還是有用的,例如"在一定的語言和一定的時間所
產生的同一形態,只對這種語言和時間發生效力"①,在我們看來,也
可以認爲語言發展的一般規律之一。

　　在漢語史的研究中應用歷史比較法,就是對漢藏語系諸語言作比較
研究,那樣做是大大有利於上古漢語的研究的,例如我們瞭解了現代漢
藏語系中和漢語關係比較密切的諸語言都有許多複合元音的存在,就可
以證明瑞典語言學家高本漢所擬測的漢語上古語音系統中没有複合元
音是没有任何科學根據的②。關於上古漢語的形態學問題,也要等待
漢藏語系的比較研究有了滿意的結果之後,才能得到完滿的解決。

　　歷史比較法的總缺點是不能用馬克思主義世界觀來對待語言的
問題,例如語言的起源問題、語言的社會性問題等。此外,歷史比較法
還有兩個主要的缺點:第一是不能聯繫社會的發展來進行研究,第二
是不能重視語言各方面的聯繫。總之,歷史比較法是語言學上的一種
特殊方法,它對於親屬語言的比較研究是有用的,但是我們不能高估
它的價值,不能依賴它作爲語言歷史研究的唯一方法③。

*　　　*　　　*　　　*　　　*

　　在根據上面的四個原則來處理漢語史的時候,還要注意三件事:
(1)認真地審查研究的對象;(2)深入細緻地進行觀察;(3)區別一般
和特殊。這三件事都是清代漢學家們所已經做到了的,我們必須發揚
中國學者的優良傳統。

　　所謂認真地審查研究的對象,就是要辨別史料的時代。古人喜歡
托古,因此產生了一些僞書,古人已經做了許多辨僞的工作,漢語史研

---

①　狄爾柏柳克《語言研究概論》13 頁。蘇聯兹維金采夫的《語言的内部發展規律》有引文
　　(3 頁,時代出版社譯本)。

②　高本漢(B. Karlgren)是瑞典著名漢學家,著有《中國音韻學研究》《中國文字學》等。

③　由於同學們對歷史比較法這一概念還是比較生疏的,這裏不詳細討論歷史比較法的缺
　　點。同學們如果要作更進一步的瞭解,可以參看:(一)兹維金采夫《語言的内部發展規
　　律》3～5 頁,時代出版社譯本。(二)梅耶《歷史語言學中的比較法》5～7 頁(序言),蘇
　　聯外文出版局 1954 年,科學出版社有岑麒祥的譯本。

究者在這方面至少要有一些常識。有些書雖然不是僞書，但是我們不應該以書中所叙述的時代爲標準，而應該以著書的時代爲標準①。書中所叙述某一個古人的談話，也不能輕信爲那古人當時的語言②。

　　所謂深入細緻地進行觀察，就是考證力求精到，避免粗疏。在這一點上清代的漢學家們是我們最好的榜樣，例如段玉裁指出"屨、履"在不同時代的不同用法（參看上文第 10 頁注①），那是完全正確的。他又説："唐人文字，'僅'多訓'庶幾'之'幾'（即差不多達到的意思）……今人文字皆訓'僅'爲'但'。"那也是考證得非常精到的話。這樣深入鑽研，研究的内容才是有價值的。

　　所謂區別一般和特殊，那是辯證法的原理之一。在這裏我們指的是黎錦熙先生所謂"例不十，不立法"③。我們還要補充一句，就是"例外不十，法不破"。我們尋覓漢語發展的内部規律，不免要遭遇一些例外。但如果只有個別的例外，絕對不能破壞一般的規律。古人之所以不相信孤證，就是這個道理。例外或孤證當然也有它的原因，但是那往往是一種偶然的外因，例如傳抄之誤。區別一般和特殊，這個原理非常重要，假使同時代一切史料都沒有這種語言現象（語法結構形式等），只有一部書中有這種現象，這部書就有被證明爲僞書的可能。

　　漢語史的研究方法，主要就是上面所講的一些。

第四節　漢語史的根據

　　古人已經死去了，古代的語言不再聽得見了，我們根據什麼來建立我們的漢語史呢？特別是語音方面，由於漢字不是拼音文字，古代漢語的語音實際情況不能在一般書面語言上反映出來，因此，漢語史

---

① 例如范曄著《後漢書》，范是南朝宋時人，《後漢書》不能代表漢代的語言。
② 例如《三國演義》叙述劉備、曹操等人的話，都不能代表三國時代的語言。劉備三顧茅廬時留給諸葛亮的信、諸葛亮隆中高卧的詩等，也不能代表當時的語言。
③ 參看黎錦熙《新著國語文法》原序。

的研究是會遭遇一些困難的。但是我們也并不是不能找出足够的根據來建立我們的漢語史。

首先要説:現代活生生的口語就是漢語史最好的根據。現代漢語的方言是複雜的,正是由於方言的複雜,更有足够的語言事實來證明漢語發展的過程,例如粤方言保存着古代的 -m、-p、-t、-k 等韻尾,吴方言保存着濁音系統,都可以拿來和古代的韻書、韻圖相印證。我們不但由現代方言中證實了古音的系統,我們甚至能利用方言的事實來"重建"古代的音值。至於古代的詞彙和語法也有一些保存在方言裏。例如粤方言裏所謂"行"和"走"和先秦的"行"和"走"的意義是一樣的;《孟子》裏所謂"金重於羽",和現代粤方言裏的"狗大過猫"的詞序正好相當。因此,現代漢語方言的研究對於漢語史的建立,是能起非常重大的作用的。

歷代的字書(字典)對於漢語史也有很大的貢獻,因爲它們能把古代的詞義記載下來。古人所作的經史子集的注解,對於漢語史也都是有用的材料。

甲骨文和金文等都是很寶貴的材料,因爲只有靠着這些文物,我們才能接觸到三千多年前的漢語。

漢字本身的結構也就反映着上古時代漢語的情況。所謂六書,除了轉注不容易懂之外,其他都非常有助於漢語史的研究。象形字憑它們所象的形(家、爲)①,指事字憑它們所指的事(本、末),會意字憑它們所會的意(休、斬),都讓我們知道某些詞的原始意義(本義)。形聲字一邊是形,一邊是聲,它們不但能讓我們知道原始意義,而且也讓我們知道原始語音的大概(治、粗)。至於假借字(《詩·烝民》"夙夜匪解",《易·大有》"自天右之")就更能打破字形的束縛,追溯到上古音近義通的原始情況了。

韻書和韻圖自然也是漢語語音史的主要根據。我們不能拘泥於

---

① "家"甲骨文作𤘝,是猪圈的象形。"爲"甲骨文作𤙹,象人手牽象。

正統觀念：前人看重《廣韻》《集韻》，輕視《五音集韻》《中原音韻》①，特別是輕視《韻略易通》《五方元音》等②；看重《七音略》《切韻指掌圖》，輕視《等韻切音指南》③，特別是輕視《字母切韻要法》④，那是不對的。如果要研究現代漢語文學語言的歷史，近代的韻書和韻圖應該占重要的地位。

歷代韻文本身對漢語史的價值并不比韻書、韻圖低些。六朝以前没有韻書，因此六朝以前的韻母系統主要是從韻文中顯示出來。有人説，把《詩經》《楚辭》的用韻整理出一個條理來，就成爲先秦的一部韻書。這種説法并不算過份。先秦的散文也往往帶着韻語，韻語最多的是《易經》的《彖辭》《象辭》和《老子》，其他如《左傳》《論語》《孟子》《荀子》等書也都有用韻的地方。《切韻》以後，雖然有了韻書，但是韻書由於拘守傳統，并不像韻文（特別是俗文學）那樣正確地反映當代的韻母系統。因此，我們有必要研究唐詩、宋詞、元曲的實際押韻，來補充和修正韻書脱離實際的地方，例如白居易《琵琶行》以“住、部、妒、數、汗、度、故、婦、去”押韻⑤。這裏有兩點值得注意：（一）當時的聲調已經和《切韻》的系統不同，“部、婦”已經由上聲轉到去聲了；（二）當時的韻母系統也和《切韻》系統不同。依照《切韻》，“住、數”屬遇韻，“汗、度、故”屬暮韻（“部”字屬姥韻，和暮韻相當），“去”屬御韻，“婦”屬有韻。特別值得注意的是“婦”字：依傳統的詩韻來說，無論如何“婦”字不應和“住、

① 《五音集韻》，金韓道昭著。比較詳細的叙述見於王力《漢語音韻學》。

② 《五方元音》，清初樊騰鳳著。他把平聲分爲陰平和陽平；把韻母分爲天、人、龍、羊、牛、獒、虎、駝、蛇、馬、豺、地十二類，聲母分爲梆、匏、木、風、斗、土、鳥、雷、竹、蟲、石、日、剪、鵲、絲、雲、金、橋、火、蛙二十類。

③ 《等韻切音指南》載在《康熙字典》卷首，相傳它的前身是元末劉鑒的《切韻指南》。

④ 《字母切韻要法》也載在《康熙字典》卷首，它反映着17世紀（或較早）北方話的實際語音系統。

⑤ 原文是：“自言本是京城女，家在蝦蟆陵下住。十三學得琵琶成，名屬教坊第一部。曲罷曾教善才伏，粧成每被秋娘妒。五陵年少爭纏頭，一曲紅綃不知數。鈿頭雲篦擊節碎，血色羅裙翻酒汗。今年歡笑復明年，秋月春風等閒度。弟走從軍阿姨死，暮去朝來顏色故。門前冷落車馬稀，老大嫁作商人婦。商人重利輕別離，前月浮梁買茶去。”

數”等字押韻,可見中唐“婦”字的讀音已經接近現代的讀音了。

　　姓氏和地名往往保存古音,例如山東的費縣(“費”音“秘”),廣東的番禺(“番”音“潘”),都保存了重脣音,姓洗的“洗”讀如“銑”,正合先秦古韻①。上古人名的傳統讀法也保留着上古語音的痕迹,例如孟賁(古勇士)的“賁”讀如“奔”、逢蒙(古之善射者)的“逢”讀如“蓬”,也保存了重脣音。一般說來,白話音比讀書音更能存古,例如廣州稱“新婦”(兒媳婦)爲“心抱”、客家稱“新婦”爲“新逋”,“婦”字保存重脣音。上海把“問人”說成“悶人”、“物事”說成“没事”,這是保存了古聲母。把“大”說成“馱”、把“打”說成 taŋ,也都合於《切韻》的舊音②。像這種例子是很多的。

　　古人名之外有字。字既然是代替名的,二者之間必有聯繫,這個聯繫就表現在字和名應該是同義詞或意義相關的詞③。這一類事實對漢語史又是寶貴材料,因爲我們可以從名字的聯繫看出古代的詞義來。仲由字子路是很容易解釋的,循着道路前進叫做“由”(《論語》“民可使由之”,《孟子》“舍正路而不由”)。顏回字子淵就不大容易瞭解,必須先知道“回”的本義是旋轉的意思,又必須先知道“淵”是一種回水(瀠洄的水),然後“回”和“淵”才搭配得上。同時也可以說,由於顏回字子淵,更使我們深信“回”字的原始意義是旋轉。王引之作《春秋名字解詁》④,正是要達到探求古義的目的。我們以爲不但先秦的名字可以研究,漢以後的名字也可以研究,例如漢末袁術字公路,可以證明《爾雅》所謂“術,道也”的說法。

　　外語中的漢語借詞是重建漢語古代語音的重要材料。主要是日本、朝鮮、越南所保留下來的漢字讀音,例如“于”和“余”、“英”和“應”、“益”和“億”,在《廣韻》裏是有分別的,現代漢語差不多所有的

---

① 姓洗的“洗”現在一般寫作“冼”。
② 《廣韻》:大,唐佐切(又唐蓋切)。打,德冷切(又都挺切)。
③ 此外還有反義詞及其他。
④ 《春秋名字解詁》在《經義述聞》内(卷二十二~二十三)。此外還有《周秦名字解詁》(王氏家刻本)。後者只是前者的擴大和補充。

方言都混了（或者僅有聲調的分別），而越南的漢字讀音至今還能够嚴格地把它們區別開來。這裏所説的不是個別字的讀音問題，而是整個音系的問題。漢字讀音在外語借詞中是比較穩定的，但是，由於每一種語言都有它自己的語音體系，漢字作爲借詞不能不受它的語音體系所制約，以致日本、朝鮮、越南三國之間的漢字讀音有很大程度上的不同。我們必須拿它們和漢語方言結合着來比較，然後於漢語語音史所下的結論才是可靠的。

另一方面，漢語中的外語借詞（音譯）作爲漢語史的材料來看，也是非常珍貴的。“印度”是唐人的譯名，唐以前譯作“身毒”或“天竺”，原音是 indu 或 hindu。大約“印度”譯的是 indu，“身毒”或“天竺”譯的是 hindu①。由此可見，“竺”音和“毒、度”都相近，可以證實錢大昕“古無舌上音”的説法。又如“佛”的原音是 buddha，最初譯爲“浮屠”和“浮圖”，稍後譯爲“佛圖”和“佛陀”，簡稱爲“佛”，可見由上古直到隋唐，“浮”和“佛”仍讀重唇，“佛”字當時有-t 尾，比“浮”譯得較爲正確，漢代的“屠、圖”念 dʻa，所以拿來譯 buddha 的第二音節；到了唐代，“屠、圖”不再念 dʻa 了，所以換成“陀”字，念 dʻa，不像今天普通話念 tʻuo②。又“悉曇”原音是 siddham（意即成就），可見隋唐以前“悉”有-t尾，“曇”有-m 尾，足以證明《切韻》的語音系統。

文字是語言的代表，因此，古代一切用漢語寫下來的文字記載，對漢語史來説，都有作爲資料的價值。但是，特別值得注意的是接近口語的作品。就先秦來説，《詩經》的《國風》就是民間口頭文學的記載，《論語》也可能是孔門弟子所記錄下來的當時的口語。當然，其他還有許多接近口語的作品，例如《易經》的《彖辭》和《象辭》就有許多俗諺在內。直到漢代，許多作品還是接近口語的。《史記》《漢書》裏面有

---

① 《釋名》“天，顯也”，以聲爲訓，可見漢代方言有讀“天”如“顯”者。
② 參看汪榮寳《歌戈魚虞模古讀考》，北京大學《國學季刊》一卷 2 號。轉載於王力《漢語音韻學》。

很生動的描寫,也大多數用的是活生生的口語。劉知幾《史通》中所批評的"年老口中無齒",也正是忠實地反映口語的地方①。魏晉的文章也和口語距離不遠(如《抱朴子》)。自從南北朝駢文盛行以後,書面語和口語才分了家。在這時期中,只有《世説新語》《顔氏家訓》等少數散文作品是接近口語的,其他還有一些零篇,如任昉的《奏彈劉整》等②。

　　從漢以後的情況看來,詩歌往往比散文更接近口語。《古詩十九首》就很淺白通俗。六朝的民歌,在駢文盛行的同時,更是漢語史的主要根據。唐文和唐詩相比,接近口語的程度相差太遠了。到了宋代,找口語不要向詩中找,而應該向詞中找;到了元代,找口語不要向詞中找,而應該向曲中找。

　　唐代的變文、宋元的話本、明清的小説,都是漢語史的極端寶貴的材料。隋唐以後佛教的語録、宋以後儒家的語録,也都可以參考。

　　研究散文的目的,就漢語史來説,是研究某一時代的語法和詞彙。至於研究韻文,除了研究它的語法和詞彙之外,還可以研究韻母和聲調,甚至於聲母也有可能被發現,例如六朝人喜歡説反語,反語裏面表示分析了聲母和韻母,韻文中偶然有雙聲詩,雙聲詩裏面也表示分析了聲母③。在歷代史料中偶然也有一些雙關語和忌諱語,雙關語是用同音詞雙關的,忌諱語也往往因同音而忌諱,我們可以由此考見古音④。總之,漢語史的根據是多方面的,漢語史的材料是非常廣泛的。

────────────

① 《史通》引《漢書・張蒼傳》"年老口中無齒",跟着批評説"年、口中"三字可以省掉(卷六點繁)。按:我們現在看見的《漢書・張蒼傳》只説:"免相後,口中無齒,食乳。"《史記》有"老"字,没有"年"字。也許唐初寫本《漢書》有"年老"二字。

② 見《文選》卷四十。

③ 例如南齊王融的集子裏有這樣一首雙聲詩:"園蘅眩紅蘤,湖荇燡黄花,迴鶴横淮翰,遠越合雲霞。"這首雙聲詩反映了當時聲母雲匣合一的情況。

④ 例如韓愈《諱辯》:"今上章及詔,不聞諱滸勢秉機也。惟宦官宫妾,乃不敢言諭及機,以爲觸犯。"這裏談的是避諱。唐太祖名虎,太宗名世民,世祖名昞,玄宗名隆基,所以説"不聞諱滸勢秉機",代宗名豫,所以説"不敢言諭及機"。如果依照《切韻》系統,"機"和"基"、"諭"和"豫"都不同韻,不同音,可見8世紀的實際語音已經不同於《切韻》系統,而比較接近於近代的語音系統了。

第五節　漢語的親屬[①]

我們研究漢語史,必須知道漢語的親屬。如上節所說的,用歷史比較法可以證明許多語言的共同來源,同時,用歷史比較法還可以證明古代漢語在語音、語法、詞彙各方面的情況。

漢語是屬於漢藏語系(又稱藏緬語系、印支語系)的。漢藏語系如下表:

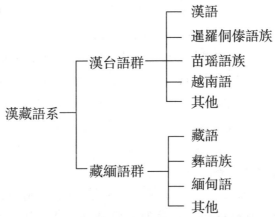

漢語和同系的其他語言的關係不像俄語和其他斯拉夫系語言、英語和其他日耳曼系語言、法語和其他羅馬系語言的關係那樣密切[②]。漢語幾千年來始終保持着它的統一體,不曾分化爲幾種語言(像拉丁語分化爲法語、意大利語、西班牙語、葡萄牙語、羅馬尼亞語那樣)。這個統一的語言經常把漢族人民團結在一起,成爲今天的偉大的漢民族。由此看

---

① 本節參考了:羅常培、傅懋勣《國內少數民族的語言文字的概況》,《中國語文》1954 年 3
月號 21～26 頁。

② 同時我們的研究也還不够深入。《蘇聯大百科全書》(卷二十一,頁 316)"漢語"條說:"漢
語詞根的組合和一系列的語法特點指示我們,它和藏語、緬甸語,以及其他東南亞語言,似
乎都有親屬關係。但是,我們對於這一系的語言內部的親屬關係研究得太不够了,漢語在
這一語系中的地位問題需要進一步確定。"

來,漢語由於在幾千年前就和同系的其他語言分開了,各自獨立發展了,到了今天,自然在語音、語法、詞彙上都有很大的距離了。

但是,我們仍舊有相當充分的證據,來證明這些語言的親屬關係。特別是漢台語群,它們有許多共同點,而這些共同點決不是偶然的。現在從語音、語法兩方面予以證明:

語音方面:第一,聲調作爲音位的組成因素,這是漢藏語系的一大特點。在別的語系裏,也有個別語言裏的個別的詞,是靠聲調的不同和另一個詞區別開來的①。但是,那只是音高偶然起了辨義作用,而不是整個的聲調作爲音位系統的一個組成部分。至於漢藏語系就不同了。在漢藏語系裏,可以説所有的語言都具備聲調,絕大多數的語言具備辨義的聲調,例如貴州荔波縣的莫話(屬侗傣語族):ma˧是“狗”,ma˨是“舌”,ma˩是“軟弱”或“母親”,ma˥是“馬”,ma˦是“浸”或“泡”,ma˧是“青菜”。越南語:ma˧是“魔鬼”,ma˩是“但是”,ma˥是“馬”,ma˨是“墳墓”,ma˦是“頰”,ma˩是“秧”。暹羅語:mai˧是“爲什麽”,mai˩是“新”,mai˨是“不”,mai˥是“木頭”,mai˦是“絲”。這種和漢語一致的情況,絕對不是偶然的。

第二,大多數語言具有-m、-n、-ŋ韻尾,并且還有-p、-t、-k韻尾和它們作十分整齊的配合。這個局面是和古代漢語相符合的,也是和現代漢語某些方言(粵方言、閩北方言、閩南方言、客家方言)相符合的,例如廣西武鳴的壯語有一個韻母 am,這個 am 不是孤立的,和它相配的有 an 和 aŋ,并且和 am、an、aŋ 相配的還有 ap、at、ak,整齊得很。壯語還有 ă、ɤ、ɔ̆、ŭ、ăm、im、ɤ̆m、em、ɔm、ɔ̆m、um、ŭm,我們可以從整齊的局面類推知道和它們相配的還有哪些韻母。連韻母的缺乏也是有系統的:壯語缺乏 ɯm,同時也就缺乏和它相對應的 ɯp(漢語客家話缺乏 iŋ,同時缺乏 ik,與此情況正相類似)。在越南語裏,除了漢語借詞的語音系統不算,其他的韻母也是-m、

---

① 例如挪威語裏的[bøner],如果念升調,就是“農夫”;如果念降調,就是“蠶豆”。

-n、-ŋ 和-p、-t、-k 相配合的①，例如 mɔm ˄魚名、mɔn ˄種類、mɔŋ ˄蹄、mɔp˄長瘤、mɔt˄拾穗、mɔk ˄拔。在暹羅語裏，漢語借詞很少，但是暹羅語也有輔音韻尾 -m、-n、-ŋ、-p、-t、-k②，并且也僅僅有這些輔音韻尾。我們要注意漢藏系多數語言（指漢台語群）的閉音節有兩個共同特點：（1）閉音節的韻尾只有-m、-n、-ŋ、-p、-t、-k 等，沒有-l、-r、-s 等③；（2）這些韻尾都是唯閉音。

　　語法方面：第一，大部分的詞以單音節的詞根爲基礎，這是漢藏語系被稱爲單音節語或詞根語的由來。這并不妨礙這些語言具有許多複音詞，并且還繼續向複音的道路上發展。但是，這些語言仍舊有它們共同的特點，就是它們的形尾和詞頭詞尾都不够豐富，用來構詞的詞素絕大多數是單音節的。

　　第二，單位名詞（量詞）也是漢藏語系特徵之一。大部分的漢藏系語言（特別是現代的漢台語群）都具有單位名詞，試舉越南語爲例，越南語裏最常用的單位詞是 kai ˄(cái)，略等於漢語的“個”。此外還有 kɔn ˧(con)，指一般動物和某些物件；ʧiek˄ (chiêc)，指船等；dɯa˩ (đũa)，指卑輩和小孩；t‘ăŋ ˧ (thăng)，指强盗、小偷等；t‘ɯa ˄ (thũa)，指田；hɔn ˩ (hòn)，指圓的東西和石頭、炭等；bɔŋ ˧ (bông)，指花；mieŋ˄ (miêng)，指一塊肉、一塊木頭之類；kɐi˧ (cây)，指樹木和一般植物；dieu˄ (điêu)，指香烟、烟斗等；hot˩ (hột)，等於説“粒”；kwyen˄ (quyên)，等於説“本”（書）；kuon˄ (cuôn)，等於説“捲”；doi˧ (đôi)，等於“對”或“雙”。

---

① 另有-ɳ 和-ʈ 相配，因爲是越南語的特性，這裏不提。

② -p、-t 有人以爲是-b、-d，其實這些輔音只是半濁音，而且還是清的成分多，濁的成分少。

③ 在壯語和漢語的個別方言裏也有收 -r 或 -l 的情況，例如壯語天莪方言“八”pe:r(這個例子是袁家驊先生提供的)；湖北通城方言“合”hel、“達”d‘al、“力”d‘il。但是它們有一個特點值得注意，那就是凡有收 -r 或 -l 的方言，就沒有收 -t 的韻尾或者連 -p、-t、-k 三種韻尾都沒有，也就是説，它們不可能并存，例如壯語天莪方言收 -r 的韻尾完全代替了-t 韻尾；湖北通城方言有收 -l 和 -ʔ 兩種韻尾，但沒有收 -p、-t、-k 的韻尾，情況雖然比較複雜，但也不是沒有對應規律可尋的(參看趙元任等《湖北方言調查報告》第二册 1319 頁)。

這樣按事物分爲若干範疇,規定每一範疇的單位稱呼,正是和漢語同
一類型的,也正是和苗瑤語族、侗傣語族以及其他語言同一類型的。

　　詞彙方面:問題是很複雜的、困難的。不同語系的語言,儘可
以大量地借用漢語的詞,像日本語和朝鮮語一樣。因此,我們不能
因爲某一語言裏面包括着大量的和漢語音近義同的詞,就判定它
和漢語的親屬關係,例如廣東連南縣過山瑤把馬叫做 maㄱ,狗叫做
kuㄚ。可能是"馬、狗"同時由上古漢語借詞,也可能上古借"狗",
近代借"馬";此外還有一個可能,就是遠古的"共同漢台語"早已
有了 ma 和 ku,漢語和瑤語誰也沒有借誰的。再舉越南語的"離"
字爲例,"離"字在越南語裏有兩讀:liㄐ和 liaㄥ。我們儘可以假定 liㄐ
是唐代借詞,liaㄥ是漢代借詞,但也可以假定 liaㄥ是"共同漢台語"
遺下的讀音。總之,詞彙的比較是難於解決問題的,所以必須進行
語法的比較和語音系統的比較。

　　上面已經證明了漢藏系諸語言是有親屬關係的[①]。下面我們將要
進一步研究:(一)在漢藏語系中,漢語和哪些語言比較接近? (二)漢
語和同一語群的語言在語音系統和語法結構上有哪些主要的差別?

---

① 　讀者會注意到,這上面所舉出的證據,作爲證明漢台語群諸語言之間的親屬關係是儘够
　　了,但作爲證明漢台語群和藏緬語群之間的關係則是遠遠不够的。原因在於這兩個語
　　群的比較工作是困難些。梅耶(A. Meillet)和柯恩(Marcel Cohen)所主編的《世界語言》
　　(les Langues du Monde)講到東南亞諸語言的時候,有這樣的一段話(527 頁):"康拉第
　　(Conrady)在 1896 年建議把漢語、藏緬語、泰語合起來。有許多作家依照他的説法,把這
　　一個語系分爲若干語族,而各家分法又有不同。……在這方面,比較的工作是非常難做
　　的,因爲足以使我們證明各語言互相接近的語法結構成分差不多是普遍缺乏的。比較
　　只能在詞彙上頭,這就是説,在一些詞根上頭。這些詞根往往是單音節的,在各語言裏
　　這些詞根的結構又各有不同:藏語有複輔音,而元音很少變化;漢語沒有複輔音,而有二
　　合元音和三合元音。有時候,藏語裏有的輔音,漢語裏找不到;漢語裏有的元音,藏語裏
　　找不到。人們還沒有得到決定性的證據。總的看來有一定的相似點,使我們不能放弃
　　親屬的看法,但是也不能不想到這是古代的很多的借詞。《世界語言》的話不一定是對
　　的,和我們的看法也不完全相同,但是,正如上面附注所引《蘇聯大百科全書》的話"漢語
　　在這一語系中的地位問題需要進一步確定",我們還要多多研究(參看李方桂《漢藏語言
　　研究法》,北京大學《國學季刊》七卷 2 號)。

（一）在漢藏語系中，漢語和侗傣語、苗瑶語、暹羅語、越南語等的關係比較近些，和藏語、彝語、緬甸語等的關係比較遠些①。

就語音方面説，漢台語群和藏緬語群的語言系統之間的差别是比較大的。上面説到漢藏語系多數語言中，韻尾 -m、-n、-ŋ 和 -p、-t、-k 相配。但是，另有些語言不是這樣的，那就是藏緬語群的語言。藏語裏雖也有 -m、-ŋ 和 -p、-g，但是 -p、-g 和 -m、-ŋ 并不相配。藏語的閉音節有 -n 没有 -t，但是有 -r。雲南路南縣的阿細語和撒尼語（彝語系）可以説完全没有閉音節②。雲南新平縣的哈尼語（彝語系）的閉音節只有一個-ŋ，而這個-ŋ 還只是專爲漢語借詞用的③。

就語法方面説，首先是在動詞和賓語的詞序上，漢台語群和藏緬語群的結構是不同的。僮語、苗語、瑶語、黎語、越南語、暹羅語等，都是動詞在賓語的前面，例如海南保亭黎語（侗傣語族）hou˧ dou˧ na˧ kɤ˩ pui˩ tu˧"我給他一本書"；越南語 toi˧ muoɳ di˧ muɤ˧ gau˩（tôi muốn đi mua gao）"我想去買米"，詞序和漢語完全相同。彝語和藏語就不同了，例如"母親煮飯"在阿細語裏是 a˧ mo˧ tso˩ mo˩，逐詞翻譯是"母親飯煮"，"他吃羊肉"在藏語裏是 kølug-ça sagi-du，逐詞翻譯是"他羊肉吃"。"我每天吃飯"，在俅語（藏緬語群）裏是 ŋa˅、ti˧ ni˧ aŋ˧ dza˥，逐詞翻譯是"我每天飯吃"④。現在試把簡單的"我打他"三字句譯成黎語、撒尼語、哈尼語，則在詞序上顯然分爲兩個類型：

黎語： hou˧ t'a:i˧ na˩ （我打他）

撒尼語： ŋa˧ k'ɿ˥ dæ˩ （逐詞譯：我他打）

哈尼語： ŋ˥ɔ ieu˩ tʂ˺ɿ˅ （逐詞譯：我他打）

在漢藏語系中，詞序是非常重要的語法手段。因此，從賓語的位

---

① 因此，我同意契科巴瓦教授的看法，把漢藏語系分爲兩個語群，即漢台語群和藏緬語群。

② 參看袁家驊《阿細民歌及其語言》，中國科學院 1953 年；馬學良《撒尼彝語研究》，商務印書館 1951 年。

③ 參看高華年《揚武哈尼語初探》，《中山大學學報》1955 年第 2 期 183～184 頁。

④ 參看羅常培《貢山俅語初探》，北京大學《國學季刊》七卷 3 號，324 頁。

置上來看漢語和侗傣苗瑤等比較接近,是有充分理由的。

藏語的語法特點,和漢語語法比較,更是有很大的距離①。例如藏語動詞有式(叙述式和命令式)、態(自動態和他動態)等形態變化②,有後置詞等等,都不是漢語所有的。

(二)其次我們要談一談漢語和同一語群的其他語言有哪些主要的差別,漢語和同一語群的其他語言的分化,至少是四五千年以前的事了,如果差別頗大,那是毫不足怪的。上文説過,詞彙方面沒有什麽可以證明的,我們還是從語音系統和語法結構兩方面來看吧。

第一,就語音方面説,值得注意的是:同一語群許多語言都有長短音的分別(長短音構成音位的要素),而現代漢語沒有這種分別。在上古,除了與聲調有關的長短音的分別以外,一般也没有這種分別。壯語有下列的配對情形:

im:ĭm　　in:ĭn　　iŋ:ĭŋ　　ip:ĭp　　it:ĭt　　ik:ĭk

am:ăm　　an:ăn　　aŋ:ăŋ　　ap:ăp　　at:ăt　　ak:ăk

ɔm:ŏm　　ɔn:ŏn　　ɔŋ:ŏŋ　　ɔp:ŏp　　ɔt:tɔ　　ɔk:ŏk

um:ŭm　　un:ŭn　　uŋ:ŭŋ　　up:ŭp　　ut:ŭt　　uk:ŭk

────　　ɯn:ŭɯn　　ɯŋ:ŭɯŋ　　────　　ɯt:ŭɯt　　ɯk:ŭɯk

ai:ăi　　au:ău

越南語有下列的配對情形:

am:ăm　　　　an:ăn　　　　aŋ:ăŋ(文字作 ang、ăng)

ai:ăi(文字作 ai、ay)　　　　ui:ŭi(文字作 ui、uy)

au:ău(文字作 ao、au)

漢語方言中,偶然也發現長短音,例如廣州的"街"kai 和"雞"kɐi

────────────────

① 可能彝語和漢語的親屬關係比藏語的關係密切些。這要等待將來進一步的研究,才能確定。

② 參看王堯《藏語的聲調》,《中國語文》1956 年 6 月號 30 頁。

比較,顯得"街"長而"雞"短,但是它們的元音的差別是主要的。北京的"影"iŋ 和"引"in 也有長短的差別,但是它們的韻尾的差別是主要的。這種長短音不算音位因素,不能和同系語言的長短音相提并論。

　　第二,就語法來説,在除漢語外的其他漢藏系語言裏,形容詞通常總是放在其所修飾的名詞的後面①,例如藏語 gø-ma ka-po tɕi"一匹白馬(牝)",逐詞翻譯是"馬白一";撒尼語 tsʻoɬ tʂaɬ maɬ"好人",逐詞翻譯是"人好"(maɬ 是助詞);哈尼語 nuʌ pʻcʌ"公牛",逐詞翻譯是"牛公",武鳴壯語 xunˇ θaiɬ 和 xunʌ paʌ 是"男人"和"女人",逐詞翻譯是"人男"和"人女";保亭黎語 ka˧ kʻa:u˥"白馬",逐詞翻譯是"馬白";越南語 kɔnɬ ʑai˧(con giai)和 kɔnɬ gai˧(con gái)"男孩"和"女孩",逐詞翻譯是"孩男"和"孩女"。在這一種詞序上,漢語不但不同於藏緬語群,而且不同於漢台語群的其他語言。

　　單位名詞在漢台語群的許多語言裏已經發展爲冠詞的性質,如壯語的"匹馬"tuˇ maʌ和越南語的 kɔnɬ ŋɤu˧(con ngua)在某些場合可以説大致等於英語的"the horse",這也是和漢語不同的②。

　　由上文看來,我們可以得出一個結論:漢語和漢藏語系諸語言的親屬關係是肯定了的,因爲漢語和它們有許多共同的特點;同時也得承認漢語和它們的親屬關係不是太密切的,因爲漢語和它們在語音系統上和語法結構上都有相當的距離。由於漢語幾千年來保持着一個統一體,所以不能企望尋找着它和另一些語言在幾百年前的共同來源,像俄語和烏克蘭語那樣,甚至不能尋找着兩千年前的共同來源,像法語和意大利語那樣。這個共同來源要追溯到遠古的什麼時代,還有待於將來的研究。

　　漢語的親屬的研究,和漢語史的研究有密切的關係。將來東方的

①　如果用名詞作修飾語,在侗傣語族、苗瑤語族、越南語裏,也是放在後面的。如果用代詞作修飾語,在侗傣語族和越南語裏,也是放在後面的。

②　漢語粵方言有些情況似乎可以看作接近冠詞,如廣州話"隻狗死咗"(狗死了)。

歷史比較語言學有了偉大成就的時候，漢語史上的許多難題都可以迎刃而解了。

第六節　漢語史的分期①

　　談歷史不能不談分期。分期的作用，是使歷史發展的綫索更加分明，是使歷史上每一個大關鍵更加突出，因而使讀歷史的人們更能深刻地認識歷史的面貌。漢語史是屬於歷史範疇的東西，因此，在歷史科學中占着重要位置的分期問題，對於漢語史來說，也絲毫不能例外②。

　　分期是重要的問題，同時也是困難的問題。由於它的極端重要性，所以無論如何困難，必須求得一個相當滿意的解決。我們必須認識到，如果不能解決漢語史的科學的分期問題，那就意味着我們對漢語的歷史發展的研究始終還停留在浮面，我們實際上沒有看清楚漢語是怎樣發展的，自然談不上什麼歷史關鍵了。

　　也許有人懷疑：斯大林反對馬爾的語言發展階段論③，爲什麼我們又主張語言的歷史分期呢？ 應該指出，馬爾的語言發展階段論，和我們所謂語言的歷史分期毫無共同之點。馬爾所謂語言發展的階段性，是被認爲與社會發展的階段性是同一的東西，那就是說，這發展不是直綫式的漸變，而是階段式的突變④。那就和我們所謂語言的歷史分

---

① 本節參考了：桑席葉夫《論語言中的質變的特點》，《斯大林語言學著作中的哲學問題（續集）》100～116 頁。

② 穆德洛夫《斯大林關於語言學的著作發表以來的中國語言學》認爲研究漢語史的問題，建立漢語史的科學的分期法，是中國語言學最主要任務之一（《蘇聯科學院通報》，文學與語言部分，1952 年第 3 期。《新建設》1952 年 9 月號有譯文）。他的話是完全正確的。

③ 斯大林《馬克思主義與語言學問題》25 頁，人民出版社譯本。

④ 參看繆靈珠《蘇聯新語言學》83 頁，天下圖書公司。同書第 45 頁說："語言蛻變過程是與社會沿革過程同一步驟，即，當舊社會制度逐漸解體，舊的語言亦隨之逐漸分解；當社會通過舊的蛻變與新的否定而向高一級的形式發展，這社會的語言也通過同樣的過程促使高一階段的語言之誕生。"可以一并參考。

期相反。語言的歷史分期不能機械地依照社會發展的分期,我們也不承認在語言發展上有所謂階段式的突變。馬爾學派主張:"每一向前進化的步子,每一向上發展的飛躍,常常是而且必然是過去許多原始人群、經濟集團、血緣的部落之相互交融的結果。"①這顯然是和馬克思主義語言學相反的。馬克思主義語言學雖也承認語言的飛躍(不是爆發),但飛躍并不是語言融合的結果。因此,必須從語言發展的内部規律去定出語言的歷史分期。

現在我們來談漢語史分期的標準問題。剛才説過,語言的歷史分期是應該由語言發展的内部規律來決定的。某一具體語言的發展規律就是"它的動態的規律,它的量變和質變的規律,它從一個質轉變爲另一個質的規律"②。由此可見,當語言的發展只是一種量變的時候,就不該認爲變換了一個歷史時期;反過來説,如果語言的發展是一種質變,就應該認爲變換了一個歷史時期。語言的發展是漸進的,但是我們不能説漸變和飛躍是互相排斥的。恩格斯説過:"無論怎樣逐步進行,從一個運動形式進到別個運動形式的轉變,總是一種飛躍,總是一種決定的轉變。"③因此,我們就有可能找出漢語漸進發展史的許多世紀中特別突出的某些變化,作爲漢語向新質過渡的特點。

但是,語言的發展既是漸進的,那麼,由舊質到新質的過渡階段就應該是很長的,它可以歷時幾十年甚至幾百年④。因此,我們不可能指出哪一年是漢語的某一歷史時期的開始,甚至不可能指出是哪一個世紀開始。這是嚴格的分法。一般的語言歷史分期不要求這樣嚴格,可以説是從某一世紀開始到某一世紀爲止。

關於語言的歷史分期,一般人容易傾向於以文體的轉變爲標準。

① 參看 A. P. 安德烈也夫《馬爾的語言學説》17 頁,徐沫譯本。
② 這是維諾格拉多夫院士的話。參看《科學通報》1953 年 7 月號 81 頁。
③ 恩格斯《反杜林論》74 頁,三聯書店 1953 年。
④ 參看桑席葉夫《論語言中的質變的特點》。見《斯大林語言學著作中的哲學問題(續集)》102 頁。

譬如説,很可能有人主張白話文學的開始作爲現代漢語的開始。我們不同意這樣做。不管是從宋代的平話算起,或從元曲算起,或從五四時代的文學革命算起,總之,我們認爲這個原則是錯誤的。文體的轉變不等於全民語言的轉變。這上頭不表現語言從舊質到新質的過渡。當語言沒有發生很大的變化的時候,文體可能先變,例如宋代的平話;當語言發生很大的變化的時候,文體可能不變,例如六朝的駢文。文體的轉變和上層建築有關,特別是像五四時代白話文的提倡。但是,必須指出,我們之所以承認五四時代是漢語發展的關鍵(見下文),那只是因爲漢語的語法和詞彙從這個時候起發生了巨大的變化,而不是因爲改變了文體。假使五四時代以後的白話文在語法上和詞彙上只像《紅樓夢》或《兒女英雄傳》,那就完全不足爲憑了。

從語音、語法、詞彙三方面來看,是哪一方面的大轉變可以認爲語言發展的關鍵呢?我們認爲應該以語法作爲主要的根據[①]。語法結構和基本詞彙是語言的基礎,是語言特點的本質。而語法結構比基本詞彙變化得更慢。如果語法結構發生了顯著的變化,就可以證明語音的質變了。語音和語法有密切關係(在西洋傳統的語法裏,語法是包括語音的),都是整個系統,所以語音的演變也可以作爲分期的標準。

一般詞彙的發展,也可以作爲分期的一個標準,但它不是主要的標準,例如"五四"以後,漢語大量地吸收外族的詞語來豐富自己,加強自己,這一件重大的事實不能説是對漢語的本質沒有影響。我們之所以不把它當做主要的標準,因爲它只是一般詞彙的變化,而不是基本詞彙的變化。

人民的歷史不是對語言的歷史分期沒有關係的。國家的統一和崩潰、部族的融合、人民的遷徙,對漢語的變化都有很大的影響。不過,有一點應該注意的,這些大事件對語言產生了影響,而我們根據語

---

① 桑席葉夫説(同上頁注④,108 頁):"要確定一種語言由一種質過渡到另一種質的時刻,首先必須以該語言的語法構造中發生的變化爲依據。"這和我們的意見一致。

言的質變來分期,所以這些大事件對語言歷史分期的關係是間接的,它們并不能作爲分期的標準。

原則定下來了,實施起來還有很大的困難,因爲我們對於漢語的歷史特別是對於漢語語法的歷史還没有充分研究過。現在只能提出一個初步意見,如下①:

(一)公元 3 世紀以前(五胡亂華以前)爲上古期(3、4 世紀爲過渡階段)②。

(二)公元 4 世紀到 12 世紀(南宋前半)爲中古期(12、13 世紀爲過渡階段)。

(三)公元 13 世紀到 19 世紀(鴉片戰爭)爲近代(自 1840 年鴉片戰爭到 1919 年五四運動爲過渡階段)。

(四)20 世紀(五四運動以後)爲現代。

上古時期的特點是:(1)判斷句一般不用繫詞;(2)在疑問句裹,代詞賓語放在動詞前面;(3)入聲有兩類(其中一類到後代變了去聲),等等。

中古時期的特點是:(1)在口語的判斷句中繫詞成爲必需的句子成分;(2)處置式的産生;(3)完整的"被"字式被動句的普遍應用③;(4)形尾"了、着"的産生;(5)去聲字的産生,等等。

近代漢語的特點是:(1)全濁聲母在北方話裹的消失;(2)-m 尾韻在北方話裹的消失;(3)入聲在北方話裹的消失,等等。

現代漢語的特點是:(1)適當地吸收西洋語法;(2)大量地增加複音詞,等等。

以上所指出的各個時期的各個特點,將在第二、三兩章裹分別叙述。

---

① 也可以把甲骨文以前的時代叫做太古期,但是那樣分期没有什麽意義。

② 五胡亂華之所以對漢語有重大影響,因爲國家崩潰了,部族融合了(五胡),人民遷徙了(北方流民大批南下)。

③ 這裹所謂完整的"被"字式被動句是指帶關係語的,例如"禰衡被魏武謫爲鼓吏"(《世説新語·言語》)。

第七節　漢民族共同語的形成

　　漢族的文學語言自始是以北方話爲基礎的。《論語》説："子所雅言,詩、書、執禮,皆雅言也。"鄭注:"讀先王典法,必正言其音,然後義全。"可見先秦已有文學語言的存在。其實"雅言"就是"夏言"①。夏族最初在陝甘一帶,但是後來所謂"諸夏"是指黃河南北各國。"夏言"應該就是北方話。當時北方話爲文學語言的基礎,所以越語和楚語都不算雅言。許行因爲是楚人,孟子就説他是"南蠻鴃舌之人"。可見一般人對於正音是有一個共同標準的。

　　揚雄《方言》裏有所謂"凡語"(見上文第二節)和"通語",都大致等於現在所謂普通話。可見在方言分歧的同時,也有共同語的存在。

　　荀子所稱的楚和越,到了後來情況大不相同,因爲漢族人民是逐漸向南遷徙的。4世紀,北方大族(貴族地主)和流民大批南下,所以吳方言不能不大受影響。江西和廣東的客家,也是這個時候由中原南遷的。粤方言區的漢族人民入粤的時期更早,秦始皇略定揚越,發卒五十萬戍五嶺,從此以後,漢族在廣東發展起來了。就語音方面來説,離開中原越早的,保存古音越多。六朝以後,漢語方言更加分歧了。北方是漢語的策源地,北方的漢語無論在語音、語法、詞彙各方面都發展得最快。周德清《中原音韻》等書批評《切韻》系統爲"吳音",以爲不是"中原舊韻"。實際上不是這樣:越是離開中原遠的,越能保存"中原舊韻",而北方話倒反先發展一步,不能保存"中原舊韻"了。但是,文學語言不是以古音來決定的,而是從政治、經濟、文化各方面來決定的。

---

① 　《荀子·榮辱篇》:"譬之越人安越,楚人安楚,君子安雅。"《儒效篇》:"居楚而楚,居越而越,居夏而夏,是非天性也,積靡使然也。"由此看來,"雅"就是"夏"。參看朱駿聲《説文通訓定聲》"雅"字條。

　　中國政權統一的時候，一向是建都在北方的①。這一個事實非常
重要，因爲一個政治中心往往同時就是經濟和文化的中心。斯大林曾
經引證馬克思的話説："方言集中爲統一的民族語言是由經濟和政治
的集中來決定的。"②可見經濟和政治對語言的影響很大。其中應該
特別提出北京來説。自從 1153 年金遷都燕京（即今北京）以來，到今
天已有八百多年，除了明太祖建都南京和國民黨遷都南京共五十多年
以外，都是以北京爲首都的。這六百多年的政治影響，就決定了民族
共同語的基礎。

　　用北方話寫出的文學作品，對民族共同語的形成起了很大的作
用。唐人的小説一般還是用"古文"，到宋人的話本就變了語體。這種
語體自始就是以北方話爲基礎的。元明清小説如《水滸傳》《西游記》
《儒林外史》《紅樓夢》等，都是用北方話寫的③，其中《紅樓夢》還是用
北京話寫的。這些作品不但流行於北方話地區，而且往往在非北方話
地區刊印，可見影響很大。這樣就把普通話（民族共同語）的詞彙和語
法基本上肯定下來了。

　　五四運動的文學革命，對漢民族共同語的形成也起了非常巨大的
作用。一方面，從這一次運動以後，文學語言逐漸定於一尊。"五四"
以前文言文是正統，白話文是不登大雅之堂的東西。"五四"以後，白
話文在書面語言中取得了合法的地位，并且逐漸代替了文言文。到了
人民取得了政權之後，文言文就在書面語言中絶迹了。另一方面，近
百年來，社會發展得很快，新産生的複音詞層出不窮，這種詞都是超方
言的，所以對民族共同語的形成是有利的。

---

①　西周建都鎬京（長安），秦建都咸陽，西漢建都長安，東漢建都洛陽，西晉建都洛陽，隋唐
　　建都長安，北宋建都汴（開封），元建都燕京（北京），明初雖定都金陵（南京），但不久即
　　遷都北京。清也定都北京。
②　斯大林《馬克思主義與語言學問題》12 頁，人民出版社譯本。
③　這裏所謂"北方話"是廣義的，不一定就是華北的話，例如《儒林外史》可能是用皖北話
　　寫的。

　　語音的統一是比較遲緩一些。語音一天不統一，民族共同語就不能説是走完了它形成的最後階段。但是，至少是六百年來，全國都承認北京的語音是"正音"。國民黨曾經遷都南京（包括陪都重慶時期）共二十多年，但是他們所用的"國語"仍舊是北京語音。大家有了正音的觀念，北京語音對各地的方音也就有了一定的影響。1949 年以後，交通比從前便利得多了，人民空前團結起來，各省人民的接觸頻繁，全國性的會議很多，這一切都是推廣普通話的有利條件，事實上普通話在這幾年間也的確擴大了影響。

　　現在國務院已經成立了中央推廣普通話工作委員會，明白規定普通話以北京語音爲標準音，以北方話爲基礎方言，以典範的白話文著作爲語法規範。這樣，我們的民族共同語就有了明確的定義。這是順着語言發展的規律來進行因勢利導的工作。預料若干年後，我們的民族共同語一定能完成它的最後階段，對於社會主義建設事業一定能有重大的貢獻。

第八節　漢語的文字

　　文字是語言的代表。我們要講漢語的歷史，不能不談一談漢字的歷史。但是，文字本身不是語言，所以我們不另立文字一章，只在緒論裏談一談就是了。

　　古人把文字和語言混爲一談，因此，他們就把語音的變遷誤認爲字音的變遷，把語義的變遷誤認爲字義的變遷。這種看法有很大的缺點：假定語音或語義變了之後同時換了一個字來做代表，單純從文字上看，就看不出語言發展的過程。尤其嚴重的是：由於偶然的機會，同一個字在不同的時代代表着兩個毫不相干的意義（例如"目的"的"的"和詞尾的"的"），如果認爲語義的變遷，那就完全錯了。

　　因此，就文字本身來說，我們就只能談字形的變遷。關於字形，應該分爲兩方面來看：第一是字體的變遷，第二是字式的變遷。字體是文字的筆畫姿態,字式是文字的結構方式,二者是不能混爲一談的。

　　大致説起來,漢語的古今字體只有兩大類:第一類是刀筆文字,其筆畫粗細如一,不能爲撇捺;第二類是毛筆文字,其筆畫能爲撇捺,粗細隨意。甲骨文、金文、小篆等都屬於第一類,隸書、草書、行書、楷書等都屬於第二類。

　　甲骨文是"龜甲獸骨文字"的簡稱,又叫"殷虛文字、殷契卜辭"等。從這些名稱可以瞭解它是什麼東西,它是殷代的人用刀刻在龜甲或獸骨上的關於卜卦的文字("契"就是刀刻)①。甲骨文是殷代王朝所用的,字體和金文稍有出入。現在我們所能看見的是商王盤庚從黄河以南遷到黄河以北的時候起到商紂亡國的時候的甲骨文字。時間約在公元前 1401～1122 年。甲骨文時代最古,但是被發現最晚,1899年,河南安陽縣西五里的小屯第一次發現甲骨文。這是因爲洹河的河岸被河水所嚙,那些龜甲、獸骨才暴露出來的。後人繼續發掘,越聚越多。大家認爲小屯一帶就是殷代王室的故墟,所以甲骨文又叫做"殷虛文字"。

　　金文,原來叫做"鐘鼎文",因爲這種文字多數刻在鼎上和鐘上。後來大家覺得不限於鐘鼎,所以改稱金文。古人把銅鐵都叫做"金",金文實際上是刻在銅器上的文字。刻在銅器上這種行爲叫做"銘",所以金文又稱"銘文"。金文大約是吉祥的話(吉金)、慶功的話或自勉的話②。金文的時代是從商代到六朝,共兩千多年。但引起文字學家最大興趣的只是先秦的金文。

　　金文之外還有鉢(璽)文和貨幣文。鉢文就是圖章上的文字。貨幣文就是貨幣上的文字。這些文字都和金文大同小異,不必細述。

　　戰國時代,列國割據,文字不能統一。所以許慎《説文解字序》裏

---

① 《詩・大雅・緜》:"爰始爰謀,爰契我龜。"鄭箋:"於是契灼其龜而卜之。"

② 《孔子家語・觀周篇》:"故其鼎銘曰:'一命而僂,再命而傴,三命而俯,循墙而走,亦莫余敢侮;饘于是,粥于是,以糊其口。'"

説:"言語異聲,文字異形。"秦始皇統一天下以後,才把文字統一起來,那種文字叫做小篆。小篆是秦國的文字,當時的統一實際上是叫天下的人都用秦國的文字,這樣就做到了"天下書同文"了①。就字體來説,由甲骨文到小篆是第一階段,可以叫做"刀筆階段"。

隸書的創造,是中國文字史上的一大改革。隸書無論就字式來説,或就字體來説,都和小篆大不相同。許慎《説文解字序》裏説:"秦……大發吏卒,興役戍,官獄職務繁,初有隸書,以趣約易。"可見隸書是應實際需要而産生的。當奴隸主或封建主只用文字來歌功頌德的時候,自然有閑工夫來仔細刻畫,到了天下統一、政治工作緊張的時候,就非簡化文字不可了。

寫字工具的改變,大大地影響字體的改革,相傳蒙恬造筆,蒙恬正是秦代的人。造筆和造字一樣,都是人民的創造,不能説是蒙恬個人的發明。但是説秦代才有毛筆是近於事實的,先秦書籍中没有"筆"字。也可能是戰國時代已經有了毛筆,但不如秦漢那樣廣泛應用。有了毛筆,文字的姿態大大地改變了。

秦代雖然有了隸書,但是不作爲正式的文字②。秦始皇在各處刻石,都用的是小篆。到了漢代,隸書漸漸變成了正式文字,連刻碑也用隸書了。這時漢字的第一次改革已經完成。此後兩千年中間不曾有過很大的改革,漢字的字體和字式都基本上固定下來了。

隸書是爲簡易而創造的,此風一開,大家更向簡易的道路上走去,於是有了草書。現在我們所能看見的草書是漢建武三十年(54)的木簡。草書是儘可能把隸書每字的筆畫連接起來成爲一兩筆,那當然是很省事了。但是,這樣就走到了極端,學會了隸書的人不一定能看懂草書。寫字的方便帶來了別人認字的麻煩,於是又産生了行書。行書可以説是把隸書簡化了而又參用草書筆畫的一種文字。

---

① 但是,由於漢字不是拼音文字,文字統一并不等於語言統一。
② 《漢書·藝文志》:"是時始造隸書,起於官獄多事,苟趨省易,施之於徒隸也。"

　　楷書是漢字字體的最後形式。以前有許多人以爲先有楷書，後有行書、草書，其實是不對的①。楷書只是隸書的變體，所以有人叫做"今隸"。從字式來説，楷書和隸書的分別甚微。從字體來説，區別也不大，只是把橫畫改爲收鋒，把撇捺改爲斜下或趯上罷了。由隸書到楷書是字體的第二階段，可以叫做"毛筆階段"。

　　上面主要是談字體，下面將要談一談字式②。

　　漢語的文字像其他文字一樣，在遠古時代是由圖畫過渡到文字的。不但結繩不是文字，圖畫也不是文字。當圖畫只表示一件事而不是表示固定的詞的時候，那還不是文字。等到圖畫能表示每一個詞的時候，不但筆畫簡單了（只剩主要的，最能表示事物特性的輪廓），而且更重要的是圖畫和有聲語言聯繫起來。拿漢字來説，就是每一個原始的字都代表着一定的聲音。有人以爲象形文字直接和概念相聯繫，而不和聲音相聯繫，那完全是錯誤的。

　　漢字的構成有兩個類型：第一是單體字（文），單體字又可分爲兩類：（1）刻畫具體事物的簡單輪廓（象形），如𠔥（人）、米（木）等；（2）用簡單的綫條表示抽象概念（指事），如一、二、上、下等。有些字不是純粹的單體，而是在單體上加一兩筆，如夭、刃等，那是介乎單體和合體之間的結構方式。第二是合體字（字），合體字又可分爲兩類：（1）用兩個以上的單體字的意義結合成爲一個新的意義（會意），如"好、森"等；（2）用一個單體字表示意義範疇，另一個單體字表示聲音（形聲），如"江、河"等。表示意義範疇和表示聲音的偏旁本身也都可以是一個合體，那也許是比較後起的現象了，如"蘇、蠶、黛"等。

　　由形聲字的結構，也可以看出漢語的語音系統。同一諧聲偏旁的字，它的聲母或韻母往往是同類的，例如古代聲母 n、l 的分別是很清

① 我在我的《漢語講話》裏也有同樣錯誤的看法。
② 字體和字式雖然應該區別開來，但是在討論問題的時候，這兩件事常常是互相關連着的，譬如説，小篆對隸書來説，是字體問題，但當我們談到秦始皇以小篆統一文字的時候，就牽涉到字式問題。

楚的,表現在形聲字的諧聲偏旁上也同樣是很清楚的,從諧聲系統看,現代漢語念 ẓ 母的字和念 n 母的字在上古音是有密切關係的,但是兩者也是有分別的,例如"奴"念 n 母,從"奴"得聲的"駑、孥、怒、弩、努"等也是念 n 母的;"盧"念 l 母,從"盧"得聲的"瀘、廬、爐、轤、顱、蘆、鑪、鱸、鸕、驢"等也是念 l 母的;"辱"現在是念 ẓ 母的,從"辱"得聲的"褥、蓐、溽"等也是念 ẓ 母的。現代漢語裏韻尾-n 和-ŋ 的分別是很嚴格的,這種分別自古已然,表現在形聲字上也是界限分明的,例如"辰"收-n 尾,從"辰"得聲的"晨、宸、震、振、賑、娠"等都是收-n 尾的;"正"收-ŋ 尾,從"正"得聲的"怔、鉦、征、整、症、政"等都是收-ŋ 尾的。因此,掌握了形聲字對於不能分辨這些音的方言區的人來說,學習起來比較方便。

　　由於漢字不是拼音文字,幾千年前的字式大多數保存到現在,使我們從此看見一些社會發展的事實,例如甲骨文中有"犂"字(犁),可見殷人的農業發達,已經曉得用牛耕田了;例如"賦、稅"二字,一個從貝,一個從禾,可見上古的賦稅主要是征收農作物(稅),但也不一定是實物,可以用貨幣作爲代價(賦)。即使將來毛筆完全不用了,我們也可以知道古代的筆管曾經用竹,因爲"筆"字是從竹的。諸如此類,都是可以作爲主要史料的補充證明的。

　　上文説過,由小篆到隸書,不但字體變了,連字式也發生了很大的變化。爲了簡易,有時候就得犧牲了六書的原則。況且文字只是一種符號,用字的人并不要求知道語源,因此,對於某些從一般人看來是來歷不明的偏旁,也就無所愛惜了,例如"負"本從人,"奉、共"本從雙手,"原"本從泉,"良"本從亡聲,"活"本從昏聲,等等,自從隸變以後,都看不出來了。在漢字歷史上,從字式來說,隸書是一個劃時代的創造。

　　從隸書到楷書,字式很少變化。特別是唐代以後,由於科舉制度要求正字法,字式更是基本上穩定了一千多年。唐初顏元孫的《干祿字書》(8 世紀)在正字法上起了很大的作用。《干祿字書》肯定了楷書的字式(也就是隸書的字式),是實事求是的作法。

　　但是，文字也不能是一成不變的，起初是人民群衆的創造，後來文字學家也不能不跟着走。群衆的創造有兩個方向：第一是類化法，第二是簡化法。

　　類化法通常是按照形聲字的原則，把沒有形旁的字加上一個形旁，例如"夫容"加成"芙蓉"。有時候是形旁不明顯，就再加一個形旁，如"果"加成"菓"、"梁"寫成"樑"、"岡"加成"崗"、"嘗"寫成"嚐"。最容易類化的是雙音詞。群衆感覺到雙音詞是一個整體，形旁應該取得一致，於是"峨眉"加成"峨嵋"、"昏姻"加成"婚姻"、"巴蕉"加成"芭蕉"，等等。有些字雖然都有形旁，但不一致，於是也改成一致，如"蒲桃"改成"葡萄"。甚至有時候改得沒有什麼"道理"，如"鳳皇"改爲"鳳凰"（鳳，從鳥，凡聲）。但是，有一件最重要的事情，就是人民群衆對於雙音詞的整體觀念。有些字本來是仂語的結構，如"火伴、傢具"等，等到群衆不再感覺到是仂語的時候，也就寫成"伙伴、傢俱"等了。

　　簡化法是類化法的相反方向：類化法把字的筆劃增加了，簡化法却要求筆畫減少。爲了書寫的便利，人民群衆總是想法子把字形變得簡單一些。有些簡筆字是由草書楷化來的，如"还、会"等；有些是保留最特殊的部分，如"声、条、处"等。有些來歷不明，如"乱、灵、听"等。但是這些都是人民群衆的創造，許多是五百年前就通行了的。

　　簡化漢字是中華人民共和國的文教政策之一。漢字簡化了，漢字的學習就容易得多了。政府采取"約定俗成，穩步前進"的原則，給予人民群衆所創造的簡筆字以合法的地位，還仿照古人的簡化法新造了極少數的一些簡筆字（如"灭"），這是漢字歷史上的一件大事。

　　但是，漢字簡化只是漢字改革的第一步，還不是根本的改革。毛主席指示我們："要走世界各國文字共同的拼音方向。"[1]現在漢語拼音方案已經由國務院公布，并且經第一屆全國人民代表大會第五次會

---

[1]　參看吳玉章《文字必須在一定條件下加以改革》，《中國語文》41 期 8 頁。

議批准。這個方案先作爲漢字注音和普通話拼音之用,將來一定會實行拼音文字。

　　文字只是一種假定的符號系統,文字不等於語言。文字的改革并不意味着語言的改革。漢字的根本改革必須實現,而且是可以實現的。

第二章　語音的發展

第一節　語音和語法、詞彙的關係

語音、語法、詞彙，三者是密切聯繫着的。講到語音和語法、詞彙的關係，問題很多。這裏只談一談雙聲叠韻，因爲雙聲叠韻是漢語的特點之一。有許多雙聲叠韻的現象也就是語法、詞彙方面的現象。

先從構詞法談起。大家知道，構詞法是語法問題，同時也是詞彙問題。

漢語自始就不是單音節語，先秦時代已經有了大量的雙音詞。漢語的雙音詞有一種特殊的構詞法，它們多數是由雙聲叠韻構成的。古人把純粹的雙音詞（不能再分析爲兩個詞素者）叫做"聯綿字"，聯綿字當中，十分之九以上都是雙聲或叠韻的詞。這些聯綿字并不像某些人所猜想的只是一些擬聲詞（如"丁璫"），相反地，先秦的擬聲詞往往只用單音（"擊鼓其鏜"）或叠音（"呦呦鹿鳴"），而不一定用雙聲叠韻。聯綿字也不像一般人所感覺到的似乎多數是形容詞和副詞，其中還有許多是名詞和動詞。下面是從《詩經·國風》裏摘下來的一些例子：

（一）名詞

（甲）雙聲：唐棣（白楊）　流離（鴞）　蝃蝀（虹）　蟏蟭　蒹葭

萑葦① 町畽 蟋蟀②

（乙）叠韻：崔嵬 芣苢（車前）③ 樸樕 騶虞④ 芄蘭 扶蘇
茹蘆（茜草） 芍藥 沮洳 蜉蝣 倉庚（黄鶯）⑤ 菡萏（荷花）

（二）動詞

（甲）雙聲：頡頏 踊躍 匍匐 踟蹰 説懌 挑達 邂逅 顛倒
趑趄 拮据

（乙）叠韻：綢繆 婆娑 棲遲 敖游 逍遙

（三）形容詞

（甲）雙聲：參差 玄黄（病） 黽勉 燕婉 熠耀

（乙）叠韻：虺隤 差池⑥ 蒙茸 婉孌 豈弟⑦ 猗儺 窈糾
慢受 夭紹

這種構詞法上的雙聲叠韻，比較等韻家（韻圖的研究者）所謂雙聲
叠韻，範圍要廣些。凡十分接近的聲母（如心母和山母）和十分接近的
韻母（如上古的脂部和微部）都可以認爲雙聲叠韻。因此，有些雙音詞
可以認爲雙聲兼叠韻，但是兩個字并非完全同音。例如⑧：

輾轉	ťĭan ťĭwan	契闊	k'ĭăt k'uăt
蔽芾	pĭăt pĭwăt	髧髮	p'ĭăt pĭwăt
栗烈	lĭĕt lĭăt	厭邑	ʔap ʔəp
伊威	ʔei ʔĭwəi	蟰蛸	siəu sĭau

由此可見，漢語的雙音詞在語音的聯繫上是多樣性的：有叠音詞、有雙
聲詞、有叠韻詞、有雙聲兼叠韻詞。

———————————

① 萑（音完），匣母；葦，雲母。上古雲匣爲雙聲。
② 蟋，心母；蟀，山母。上古心山爲雙聲。
③ "芣、苢"同屬上古之部韻。
④ 騶，古音侯部；虞，古音魚部。侯魚是鄰韻。
⑤ "倉、庚"同屬上古陽部韻。
⑥ "差、池"同屬上古歌部韻。
⑦ 豈弟，即"愷悌"。豈，古音微部；弟，古音脂部。脂微是鄰韻。
⑧ 關於上古語音的擬測，見本章第二節。

　　這種構詞法一直到現代還起着作用,成爲歷代構詞方式之一,許多新詞由此產生,例如漢代的"侵尋"(漸進的意思),晉代的"寧馨",唐代的"取次"(次第的意思)、"瀟灑",宋代的"陸續、糊塗、伶俐、端的",近代的"慌張、骯髒、鬍鬚、利落",現代吳語的"甲搭"[kaʔ taʔ](不好説話、不容易滿意)、"嗇刻"[səʔ kʻəʔ](慳吝),現代粵語的"論盡"[lœn tʃœn](麻煩)、"淹尖"[im tʃim](慳吝),例子舉不勝舉。

　　我們應該依照當時的語音去瞭解雙聲叠韻,否則不容易瞭解,例如"契闊",照現代北方語音念來([tɕʻi kʻuo]),既不是雙聲,也不是叠韻。

　　同時,我們應該知道:隨着語音的發展,新的雙聲叠韻就和新的語音系統相適應,例如唐代描寫鳥的鳴聲爲"鉤輈",用上古音[ko tǐəu]念起來很不諧和,用中古音[kəu ţǐəu]念起來就很諧和了。現代漢語裏的"舒服"是個叠韻詞,這個叠韻詞的形成應該是在入聲消失以後([ʂu fu])。如果按中古音[ɕǐwo bʻǐuk]念起來,就不可能是叠韻了。

　　以上説的是雙音詞的語音聯繫。下面我們將從另一方面來談:單音詞和單音詞之間也有語音聯繫,那就是反義詞,或被古人瞭解爲反義或有某種關係的詞。下面這些詞每一對都可認爲雙聲兼叠韻①:

日月　ȵǐĕt ȵǐwăt　　　　夫婦　pǐwɑ bʻǐwə
内外　nuēt ŋuāt

下面這些是雙聲:

消息(消長)　sǐau sǐĕk　　加減　kea keəm
天地　tʻien dʻǐa　　　　　男女　nəm nǐɒ
古今　kɒ kǐəm　　　　　　生死　ʃǐen sǐei
文武　mǐwən mǐwɑ　　　　教學　keau gʻeăuk

下面這些是叠韻:

---

① 　n、ȵ 和 ŋ,p 和 bʻ,t 和 d,都可認爲準雙聲;et、ət 和 at,e、ə 和 a,都可認爲準叠韻。

水火　çǐwəi xuəi　　　　　旦晚　tan mǐwan

老幼　ləu iəu　　　　　　聰聾　tsʻoŋ loŋ

新陳　sǐen dʻǐen

由此可見，上古漢語有一種詞形變化法，這是專爲構詞用的，由雙聲叠韻構成。至於有無嚴密的規律，就有待於更進一步的研究了。

　　每一種語言裏都有所謂駢詞(doublets)。駢詞是一個詞的舊形式和新形式同時存在，舊形式往往只殘存在書面語言裏，而新形式則存在口語裏，例如上古音的"呼"[xuɑ]，變爲中古音的"喚"[xuɑn]，"呼"和"喚"就是駢詞。駢詞大約可以分爲兩類：第一類是聲母和主要元音都相同，只是鼻音韻尾或有或無，這叫做"對轉"或"陰陽對轉"①。下面是一些對轉的例子：

呼喚　xuɑ(←xu) xuɑn②　　逆迎　ŋrǎk(→ŋrek) ŋiaŋ(→ŋrɐŋ)

卬吾　ŋaŋ ŋa　　　　　　飴餳(糖)　dǐe dʻaŋ③

　　第二類是主要元音相近，叫做"旁轉"。有時候連主要元音也完全相同，只是韻頭小異或聲母小異，古人不叫旁轉，現在我們也歸入旁轉。下面是一些旁轉的例子：

域國　ɣǐwěk kuěk　　　　茶茶　dʻa ḍʻa(←dʻea)

觀看　kuan kʻɑn

　　駢詞是每一時代都可能產生的，例如"作"字在唐代有兩種讀音：tsɑk、tsɑ④，稍後變爲 tsɔk、tsɔ。後人爲求分別，索性造一個"做"([tsɔ])字。"作、做"顯然是駢詞。

　　駢詞雖同出一詞，但是由於各自發展，意義可以分歧(域國、茶

---

① 有鼻音韻尾爲陽聲韻，沒有鼻音韻尾爲陰聲韻。有-p、-t、-k 韻尾的在對轉理論上也算陰聲。

② 以下每個駢詞中的兩個字如果都見於上古，就都標以上古音；如果分見於上古和中古，就分別標以上古音和中古音。

③ 這個例子只能算準對轉，因爲主要元音只相近而不相同，聲母也有吐氣不吐氣的分別。

④ 韓愈詩："非閣復非船，可居兼可過；君去問方橋，方橋如此作。""作"與"過"押韻。

茶)。駢詞又可以合成雙音詞,如"呼喚、觀看"等。

語音和語法、詞彙的關係是多方面的。這裏所談的雙聲叠韻和構詞法的關係、雙聲叠韻和駢詞的關係,只是舉例性質罷了。

第二節　中古的語音系統

中古漢語的語音,以《切韻》系統爲標準。《切韻》的系統并不能代表當時(隋代)的首都(長安)的實際語音,它只代表一種被認爲文學語言的語音系統。這種語音系統純然是屬於書面語言的;從唐代到清代,一直是基本上遵守着這一個語音標準,例如律詩就必須依照這一個語音系統來押韻,否則被認爲不合格。固然,律詩用韻比《切韻》的韻部要寬些,但那只是範圍大小的問題,從整個系統來看,還是大致不亂的。

既然這個語音系統只適用於書面語言,是不是主觀規定的呢？那又不是的。這個系統是參照了古音和方音來規定的。大致是這樣:依古音應該分別的音,就給它們分別開來,哪一種方言能照古音系統讀出一個分別來,它就算是合於規範。這個規範雖然是人爲的,却不是沒有根據的。曾經有些學者希望人們依照這個規範來發音,這個空想沒有能够實現,但是這個語音系統被公認爲文學語言的語音規範,則是沒有疑問的。

《切韻》的語音系統,可以從兩方面觀察出來:第一是反切,第二是韻目。上文説過,一般所謂《切韻》系統也就是《廣韻》的系統。這裏所談的反切和韻目也就是《廣韻》的反切和韻目。

反切是中國古代的拼音法,例如"東,德紅切",這就表示"東"字的讀音是由"德"和"紅"拼成的。實際上,反切上字(德)只取聲母(t),反切下字(紅)只取韻母(uŋ),它的公式是:

$$\text{tək} + \text{ɣuŋ} = \text{t} + \text{uŋ} = \text{tuŋ}$$

"東"和"德"同聲母,是雙聲;"東"和"紅"同韻母,是叠韻。我們只要看《廣韻》裏的雙聲字有幾類,就知道《切韻》系統裏有多少聲母;再看《廣韻》裏的叠韻字有幾類,就知道《切韻》系統裏有多少韻母①。

　　韻目在從前只簡單地叫做韻。《切韻》把許多同韻的字排在一起,標上一個韻目,例如把"東、同、紅、中"等字排在一起,叫做東韻(韻目)。一個韻目所轄的字就是一個韻。不同聲調也就不同韻。一個韻不一定只有一個韻母,例如東韻内部就分爲兩個韻母:uŋ、ɣuŋ。但是律詩押韻只須同韻就行,不需要同韻母。

　　現在分别叙述《廣韻》的聲母和韻母。

<h3 style="text-align:center">(一)《廣韻》的聲母</h3>

《廣韻》的聲母共有 35 個②:

(甲)喉音③

影○　　　餘 j④　　　曉 x　　　匣 ɣ

(乙)牙音

見 k　　　溪 k'　　　群 g'　　　疑 ŋ

(丙)舌音

端 t　　　透 t'　　　定 d'　　　泥 n　　　來 l

知 ȶ　　　徹 ȶ'　　　澄 ȡ'

(丁)齒音

精 ts　　　清 ts'　　　從 dz'　　　心 s　　　邪 z

---

① 這是簡單的説法。詳見王力《漢語音韻學》。

② 依照高本漢的説法,《切韻》的聲母應該有 47 類(參看《漢語音韻學》)。我們不采用他的説法。在聲母分類上,我們基本上采用了李榮先生的説法(參看李榮《切韻音系》100～103 頁,又 133 頁)。

③ "喉音"等都是舊名稱,和現代語音學的名稱不盡相符。但是,用來説明古音系統很有一些便利。

④ 關於影母和餘母的擬音,采用了羅常培、陸志韋兩位先生的説法。參看羅常培《經典釋文和原本玉篇反切中的匣于兩紐》;陸志韋《古音説略》10 頁。

莊 tʃ　　　初 tʃ'　　　崇 dʒ'　　山 ʃ①

章 tɕ　　　昌 tɕ'　　　船 dʑ'　　書 ɕ　　　禪 ʑ　　　日 nʑ

（戊）脣音

幫 p　　　滂 p'　　　並 b'　　　明 m

中國傳統音韻學上有所謂三十六字母，和上述的 35 個聲母大同小異。它們是：

（甲）牙音：見溪群疑。（乙）舌音：（1）舌頭 端透定泥；（2）舌上 知徹澄娘。（丙）脣音：（1）重脣 幫滂並明；（2）輕脣 非敷奉微。（丁）齒音：（1）齒頭 精清從心邪；（2）正齒 照穿牀審禪。（戊）喉音：曉匣影喻。（己）半舌音：來。（庚）半齒音：日。

二者之間不同之點是：（一）舌上音的娘母實際上是和泥母沒有分別的②。（二）《切韻》時代還沒有輕脣音非敷奉微。（三）正齒依照《切韻》反切上字應該分爲兩類，即莊初崇山和章昌船書禪。（四）喻母依照《切韻》反切上字應分兩類，即雲類和餘類，雲類在《切韻》系統中應歸匣母。

中國古代把聲母分爲清濁兩大類，又細分爲全清、次清、全濁、次濁四小類，如下：

全清：見端知幫非精照影心審曉

次清：溪透徹滂敷清穿

全濁：群定澄並奉從牀匣邪禪

次濁：疑泥娘明微　　喻來日

（二）《廣韻》的韻母

《廣韻》共有 206 個韻，但如果除了聲調的分別不算，就只有 61 個韻類，141 個韻母：

---

① 莊初崇山的擬音采用陸志韋先生的説法。參看陸著《古音説略》13～17 頁。

② 大約因爲要求整齊，所以加上一個“娘”來配“泥”。

1. 東董送　uŋ,ĭuŋ　　　　入聲屋　uk,ĭuk

2. 冬○宋　uoŋ　　　　　　入聲沃　uok

3. 鍾腫用　ĭwoŋ　　　　　入聲燭　ĭwok

4. 江講絳　ɔŋ　　　　　　入聲覺　ɔk

5. 支紙寘　ĭe,ĭwe

6. 脂旨至　i,wi

7. 之止志　ĭə

8. 微尾未　ĭəi,ĭwəi

9. 魚語御　ĭo

10. 虞麌遇　ĭu

11. 模姥暮　u

12. 齊薺霽　iei,iwei

13. ○○祭　ĭɛi,ĭwɛi

14. ○○泰　ɑi,uɑi

15. 佳蟹卦　ai,wai

16. 皆駭怪　ɐi,wɐi

17. ○○夬　æi,wæi

18. 灰賄隊　uɒi

19. 哈海代　ɒi

20. ○○廢　ĭɐi,ĭwɐi

21. 真軫震　ĭěn,ĭwěn①　　　入聲質　ĭět,ĭwět

22. 諄準稕　ĭuěn　　　　　　入聲術　ĭuět

23. 臻○○　ĭen　　　　　　　入聲櫛　ĭet

24. 文吻問　ĭuən　　　　　　入聲物　ĭuət

25. 欣隱焮　ĭən　　　　　　　入聲迄　ĭət

----

① 高本漢《漢語字族》把真合擬做ĭwɛn,臻擬做ĭɐn。但是這樣一來,真韻的開口和合口又
不相配了,所以我們沒有採用他的修正的説法。

26. 元阮願　ĭɐn,ĭwɐn　　　入聲月　ĭɐt,ĭwɐt

27. 魂混恩　uən　　　　　入聲没　uət

28. 痕很恨　ən　　　　　　入聲○①

29. 寒旱翰　ɑn　　　　　　入聲曷　ɑt

30. 桓緩換　uɑn　　　　　入聲末　uɑt

31. 删潸諫　an,wan　　　入聲鎋　at,wat

32. 山産襇　æn,wæn　　入聲黠②　æt,wæt

33. 先銑霰　ien,iwen　　入聲屑　iet,iwet

34. 仙獮線　ĭɛn,ĭwɛn　　入聲薛　ĭɛt,ĭwɛt

35. 蕭篠嘯　ieu

36. 宵小笑　ĭɛu

37. 肴巧效　au

38. 豪皓號　ɑu

39. 歌哿箇　ɑ

40. 戈果過　uɑ,ĭɑ,ĭuɑ

41. 麻馬禡　a,ĭa,wa

42. 陽養漾　ĭaŋ,ĭwaŋ　　入聲藥　ĭak,ĭwak

43. 唐蕩宕　ɑŋ,uɑŋ　　　入聲鐸　ɑk,uɑk

44. 庚梗映　ɐŋ,ĭɐŋ,wɐŋ,ĭwɐŋ　入聲陌　ɐk,ĭɐk,wɐk,—

45. 耕耿諍　æŋ,wæŋ　　　入聲麥　æk,wæk

46. 清静勁　ĭɛŋ,ĭwɛŋ　　入聲昔　ĭɛk,ĭwɛk

47. 青迥徑　ieŋ,iweŋ　　入聲錫　iek,iwek

48. 蒸拯證　ĭəŋ,—　　　　入聲職　ĭək,ĭwək

49. 登等嶝　əŋ,uəŋ　　　入聲德　ək,uək

---

① 痕韻所配入聲字少,《廣韻》没有單立韻目,而把它們放在没韻。

② 在《廣韻》裏,黠配删,鎋配山。後人從語音系統上推知其爲誤配,應改爲鎋配删,黠配山。參看中國科學院語言研究所《方言調查字表》42~43頁、50~51頁。

50. 尤有宥　ɣəu

51. 侯厚候　əu

52. 幽黝幼　iəu

53. 侵寑沁　ɣĕm① 　　　入聲緝　ɣĕp

54. 覃感勘　ɒm 　　　入聲合　ɒp

55. 談敢闞　ɑm 　　　入聲盍　ɑp

56. 鹽琰豔　ɣɛm 　　　入聲葉　ɣɛp

57. 添忝㮇　iem 　　　入聲帖　iep

58. 咸豏陷　ɐm 　　　入聲洽　ɐp

59. 銜檻鑑　am 　　　入聲狎　ap

60. 嚴儼釅② ɣɐm 　　　入聲業　ɣɐp

61. 凡范梵　ɣwɐm 　　　入聲乏③ ɣwɐp

上面所擬測的音值不是絕對的,因爲《切韻》系統既然不代表一時一地的語音,那麼,上面所列的 61 個韻類和 141 個韻母就不能瞭解爲同時存在的④。例如支脂之三韻之所以分別擬成ɣe、i、ɣə,是因爲從歷史來源說它們是有分別的,這種分別也許還在方言裏留下痕迹,但并不意味着當時的長安話裏能區別這三個韻。不過我們承認 206 韻的系統是有好處的,因爲由此可以上推古音,下推現代方言。

比《切韻》更接近口語的是簡單化了的平水韻。《切韻》的 206 韻太繁瑣了,做詩押韻很難,所以又規定同用的辦法,允許人們就近通用。13 世紀時,平水劉淵著《壬子新刊禮部韻略》(1252),索性把同用

① 關於侵韻的擬音,采用陸志韋先生的說法。參看陸著《古音說略》55~56 頁。

② 在《廣韻》裏,平聲的次序是咸銜嚴凡,上聲是儼豏檻范,去聲是釅陷鑑梵。這顯然是誤配了的。這裏的次序是依照戴震的《廣韻獨用同用四聲表》。

③ 初學的時候不必完全記住 206 個韻目,只須記住平聲和入聲的韻目再加上祭泰夬廢四個去聲韻目(共 95 個韻目)就行了。

④ 章炳麟說"《廣韻》所包,兼有古今方國之音"(《章氏叢書·國故論衡》上 18 頁)。他的話是對的。

的韻合并起來,成爲 107 韻①,後來又有人并爲 106 韻②。從唐代到清代的詩人用韻,基本上都是按照這 106 韻來押韻的。這 106 韻雖産生於 13 世紀,但同用的規定則是從唐代就有了的。

現在把 106 韻列表如下:

東董送屋	冬腫宋沃	江講絳覺	
支紙寘	微尾未	魚語御	虞麌遇
齊薺霽	泰	佳蟹卦	灰賄隊
真軫震質	文吻問物	元阮願月	
寒旱翰曷	删潸諫黠	先銑霰屑	
蕭篠嘯	肴巧效	豪皓號	
歌哿箇	麻馬禡		
陽養漾藥	庚梗敬陌	青迥徑錫	蒸　職
尤有宥			
侵寢沁緝	覃感勘合	鹽琰豔葉	咸豏陷洽③

由上面的韻表我們看得很清楚:中古漢語共有四個聲調,即平聲、上聲、去聲、入聲。入聲是和鼻音韻尾的韻母相配的,即:ŋ:k、n:t、m:p。

＊　　＊　　＊　　＊　　＊

以上講的是被認爲中古文學語言的語音系統。下面我們要談一談中國的學者們怎樣研究這一個系統。

韻圖的作者首先把 206 韻概括成爲若干大類。這些大類,後人叫做"攝"。一般人用的是十六攝,如下(只舉平聲韻目):

① 不完全依照同用和獨用的規矩,例如廢欣迄韻在《廣韻》裏獨用(根據戴震《聲韻考》,今本《廣韻》於文韻下注欣同用,吻韻下注隱同用,誤),而被并入隊文物韻,證嶝在《廣韻》裏不與徑同用而被歸入徑韻。

② 并拯等於迥,所以只剩 106 韻。關於并韻的經過,參看王力《漢語音韻學》。

③ 由 206 韻很容易推知 106 韻,一般總是 106 韻裏所無的韻目就是并入了前面的韻目,例如鍾并入冬、脂之并入支。只有一個例外,就是嚴儼釅業并入了鹽琰豔葉。

（一）通攝：東冬鍾　　　　　　（九）果攝：歌戈

（二）江攝：江　　　　　　　　（十）假攝：麻

（三）止攝：支脂之微　　　　　（十一）宕攝：陽唐

（四）遇攝：魚虞模　　　　　　（十二）梗攝：庚耕清青

（五）蟹攝：齊佳皆灰咍祭泰夬廢　（十三）曾攝：蒸登

（六）臻攝：真諄臻文欣魂痕　　（十四）流攝：尤侯幽

（七）山攝：元寒桓刪山先仙　　（十五）深攝：侵

（八）效攝：蕭宵肴豪　　　　（十六）咸攝：覃談鹽添咸銜嚴凡

　　其次，韻圖的作者們又把各攝的字分爲兩呼，即開口呼和合口呼。所謂開口呼，指不圓脣的韻母；所謂合口呼，指圓脣的韻母，即韻頭帶 u 或 w 的，或主要元音是 u 的。凡一攝而具備兩呼的，就分爲兩圖。凡一攝只有一呼的，就只有獨圖。十六攝的開合情況如下：

　　（甲）具備開合兩呼的：止遇蟹臻山果假宕梗曾咸；

　　（乙）只有開口呼的：江①效流深；

　　（丙）只有合口呼的：通。

　　其次，他們又把每呼分爲四等，例如"看、慳、愆、牽"，這是山攝開口溪母平聲的四等。但并不是每一個聲母都具備四等。三十六字母在韻圖中的分等情況是這樣的②：

　　（甲）一、二、三、四等俱全的：影曉見溪疑來幫滂並明；

　　（乙）只有一、二、四等的：匣；

　　（丙）只有一、四等的：端透定泥精清從心；

　　（丁）只有二、三等的：知徹澄娘照穿牀審（二等莊初崇山，三等章昌船書）；

（戊）只有三、四等的:群喻（三等雲,四等餘）①；

（己）只有三等的:禪日非敷奉微（非敷奉微只有合口三等）；

（庚）只有四等的:邪。

也并不是每一個韻類都具備四等。61 個韻類的分等情況是這樣的:

（甲）一等:冬模泰灰咍魂痕寒桓豪歌唐登侯覃談；

（乙）一、三等:東戈；

（丙）二等:江佳皆夬刪山肴耕咸銜；

（丁）二、三等:麻庚；

（戊）三等:鍾支脂之微魚虞祭廢真諄臻文欣元仙宵陽清蒸尤侵鹽嚴凡；

（己）四等:齊先蕭青幽添。

上述的韻類分等情況基本上是按照《廣韻》的反切下字的系統來決定的,141 個韻母就是根據這個系統定出來的,例如東韻一等是 uŋ（紅）,三等是 ɣuŋ（弓）;庚韻二等開口是 ɐŋ（衡）,合口是 wɐŋ（橫）,三等開口是 ɣɐŋ（京）,合口是 ɣwɐŋ（榮）。在韻圖中,韻類分等情況要比這個複雜得多,例如東韻在韻圖中具備一、二、三、四等。爲什麼呢? 因爲韻圖的作者硬性規定了端透定泥只能有一、四等,和二、三等的知徹澄娘同一直行,湊成一、二、三、四等;又硬性規定了精清從心邪只能有一、四等（實際上邪只有四等）,照穿牀審禪只能有二、三等（實際上莊初崇山只能有二等,章昌船書禪只能有三等）。精系和照系也湊成一、二、三、四等。這樣一來,某些本該和三等字同類的精清從心邪諸母字只好被排到四等的格子裏去,某些本該和三等字同類的莊初崇山諸母字也只好被排到二等裏去。那樣的四等字和二等字可以叫做"假四等"和"假二等"（例如東韻的"嵩"是假四等,"崇"是假二等）。喻母四等（餘）也是假四等,因爲

————————

① 群母只有極少數的四等字（如"佶"）。一般認爲群母只有三等。

喻母要分爲兩類,不能同在一格,所以被擠到四等來了。

　　韻圖根據什麽把韻母分爲四等呢? 這主要是由元音的發音部位來決定。在真正具備四等的韻攝裏(蟹山效咸),一等的主要元音是ɑ,二等是a,三等是ɛ,四等是e。這就是説,從一等到四等,元音的發音部位逐漸向前移。如下表(只舉開口呼):

　　蟹一ɑi(泰)　　　蟹二ai(佳)　　　蟹三ˠiɛi(祭)　　　蟹四iei(齊)

　　山一ɑn(寒)　　　山二an(删)　　　山三ˠiɛn(仙)　　　山四ien(先)

　　效一ɑu(豪)　　　效二au(肴)　　　效三ˠiɛu(宵)　　　效四ieu(蕭)

　　咸一ɑm(談)　　　咸二am(銜)　　　咸三ˠiɛm(鹽)　　　咸四iem(添)

其他各攝雖不能像這樣整齊,也都照樣分爲四等。

　　由於韻圖分等,後代研究韻圖和語音系統的學問就叫做“等韻學”。爲了幫助讀者們瞭解,我們從《音韻闡微》裏把東韻的韻譜抄下來,以供參考(原來是直排的,現在改爲橫排,見本書59頁)。

　　最後談到四呼,這是比較後起的術語(大約起於明末清初),和四等不能混爲一談。但是四呼是和四等有對應關係的,而且它比較適合於近代漢語的實際情況,所以我們不能不談四呼。

　　所謂四呼,就是開口呼、齊齒呼、合口呼、撮口呼。上面説過,在宋代的韻圖中只有開口合口兩呼。四呼是把開口呼分爲兩類(開口和齊齒),合口呼分爲兩類(合口和撮口)。照傳統的説法,開口一、二等是開口呼,開口三、四等是齊齒呼,合口一、二等是合口呼,合口三、四等是撮口呼①。這個説法是可以基本上承認的,只是在二等字上,宋代的等呼和明代的四呼稍有出入。

　　爲什麽產生四呼的説法呢? 因爲語音演變的結果,四等韻已經爲三等所同化,二者合而爲一;二等韻或者爲一等所同化,或者爲三等所同化,也往往不再能獨立成爲一類,於是成了一個簡單化的局面。原

────────────────

① 《音韻闡微》凡例:“依韻辨音各有呼法,舊分開合二呼,每呼四等。近來審音者於開口呼內又分齊齒呼,於合口呼內又分撮口呼,每呼二等,以別輕重。”

來兩呼四等共有八類,現在四呼只有四類了。

按照現代漢語,四呼的定義是這樣:

(一)開口呼是主要元音爲 a、o、e、ə、ʅ、ɿ 而沒有韻頭的韻母;

(二)齊齒呼是主要元音爲 i 和韻頭爲 i 的韻母;

東董送屋							
見 溪 群 疑	公　貢穀 空孔控哭 岈				弓　菊 穹焪麴 窮　鞠 　　硿		
端 透 定 泥	東董涷穀 通桶痛禿 同動洞獨 　　儂			知 徹 澄 娘	中　中竹 仲蓫蓄 蟲　仲逐 　　朒		
幫 滂 並 明	琫　卜 　　扑 蓬埲逢僕 蒙蠓幪木			非 敷 奉 微	風　諷福 豐賵覆 馮　鳳伏		
精 清 從 心 邪	變總糭鏉 恩　謥蔟 叢嵸鯫族 檧敵送速	照 穿 床 審 禮	搣 　　蠹 崇　劅𡒄 　縮		終　眾祝 充 　銃俶 　　塾 　　叔	精 清 從 心 邪	蹙 　趣蹴 　　搣 嵩　肅
曉 匣 影 喻	烘嗊烘熇 洪澒哄斛 翁蓊甕屋				趫畜 雄 　　郁 　　囿		融　育
來	籠攏弄禄				隆　六		
日					戎　肉		

（三）合口呼是主要元音爲 u 和韻頭爲 u 的韻母；

（四）撮口呼是主要元音爲 y 和韻頭爲 y 的韻母。

這個定義同時適用於明清兩代，因爲那時的語音系統（特別是北方語音系統）已經是這樣的一個局面了。

第三節　　上古的語音系統①

我們在本節裏要講的是上古漢語的聲母、韻母和聲調三方面的情況。由於前人對韻母（韻部）的研究較有成績，所以從韻部講起。

我們在前面説過，清代學者對於先秦古韻的研究有卓越的成就。他們是怎樣研究出上古的韻部來的呢？ 主要是靠兩種材料：第一是先秦的韻文，特別是《詩經》裏的韻脚；第二是漢字的諧聲偏旁（聲符）。

在古代，除了少數語文學者外，一般人都不知道語音是會發展的，以爲先秦古音和後代的語音相同。他們讀《詩經》的時候，覺得不和諧，就臨時改念另一個音以求和諧，叫做"叶音"。"叶"就是和諧的意思。他們以爲古人也是臨時改念的。這顯然是一種誤解②。根據清代學者顧炎武等人研究的結果，《詩經》裏每字都有固定的讀音，不過先秦的字音另是一個系統，和後代的語音系統不同。如果按照先秦的語音系統來讀《詩經》，每一個韻脚都自然諧和，就用不着叶音了。

段玉裁等人又發見一件重要的事實，就是諧聲偏旁和《詩經》韻脚的一致性。段玉裁説"同聲必同部"③，意思是説，凡同一諧聲偏旁的字，一定同屬一個韻部，也一定和《詩經》的韻脚相符，因爲先秦的韻部是由《詩經》的韻脚概括出來的，例如《詩·七月》六章"瓜"字和"壺、

---

① 本節參考了：王力《古韻分部異同考》。

② 例如朱熹的《詩集傳》以爲《行露》二章的"家"叶音谷，三章的"家"叶音"各空反"，《常棣》八章的"家"叶音"古胡反"，而《桃夭》等篇的"家"則不用叶音。這是錯誤的。根據清儒研究的結果，"家"古音姑，到處都念姑。音姑雖不完全正確，但比叶音説要强多了。

③ 段玉裁《六書音均表》22 頁，蘇州保息局本。

苴、樗、夫"押韻,可見"瓜"字應該念得像"孤";而從"瓜"得聲的字如
"孤、弧、狐"等也正是和"壺、苴"等字的韻母是一類的,可見"瓜"字本
身的韻母也不能不同類。有了諧聲偏旁這一個有力的佐證,先秦的韻
部更研究得嚴密了。

先秦古韻分爲十一類二十九部。現在我們將先秦的二十九個韻
部和《廣韻》對照列表并舉例如下①:

第一類　　ə,ək,əŋ

之部第一　　《廣韻》之咍;又灰尤三分之一②。

　　胚胎　　始基　　時期　　母子　　事理　　鄙倍③　　紀載　　史記④

職部第二　　《廣韻》職德;又少數屋韻字。

　　戒備　　服食　　惑慝　　崱屴⑤

蒸部第三　　《廣韻》蒸登;又少數東韻字。

　　崩薨　　升登　　稱懲　　恒勝　　冰凝　　鄧馮　　蹭蹬

第二類　　əu,əuk

幽部第四　　《廣韻》幽;又尤三分之二,蕭肴豪之半。

　　皋陶　　綢繆　　周遭　　蕭條　　流求　　老幼　　壽考　　優游
　　憂愁　　椒聊

覺部第五　　《廣韻》沃;又屋之半,覺三分之一,少數錫韻字。

　　鞠育　　竹笛　　苜蓿　　肅穆

第三類　　au,auk

宵部第六　　《廣韻》宵;又蕭肴豪之半。

---

① 舉平聲韻來包括上聲韻和去聲韻。祭泰夬廢四韻沒有平聲,所以特別舉出。
② 所謂"半"或"三分之一"都只是大概的説法。字太少者索性不提,例如《廣韻》裏的脂侯
　兩韻都有少數之部字,這裏不列舉。
③ "鄙"字在《廣韻》屬脂韻。
④ 這些例字兩兩相連,只是爲了記憶的方便,它們不都是聯綿字。由這些例子可以按諧聲
　偏旁推知其他許多字的韻部。但是,各組的字基本上都是意義關連的字,也可以聯繫本
　章第一節去看語音和詞彙的關係。
⑤ 崱屴,高竦貌。見《文選·魯靈光殿賦》。

逍遥　招摇　號咷　窈窕①　渺小　夭矯　嫖姚　驕傲　高超

藥部第七　《廣韻》藥鐸錫之半，覺三分之一。

確鑿　卓犖　綽約　芍藥　暴虐

第四類　o,ok,oŋ

侯部第八　《廣韻》侯；又虞之半。

傴僂　句漏　侏儒　須臾　趨走

屋部第九　《廣韻》燭；又屋之半，覺三分之一。

沐浴　瀆辱　觳觫　岳麓　剥啄

東部第十　《廣韻》鍾江；又東之半。

童蒙　朦朧　崆峒　共工　葱蘢　從容　汹涌　邦封

第五類　ɑ,ɑk,ɑŋ

魚部第十一　《廣韻》魚模；又虞麻之半。

祖父　吾予　狐兔　吳楚　胡虜　孤寡　租賦　補苴

古雅　舒徐　居處　除去　嗚呼

鐸部第十二　《廣韻》陌；又藥鐸麥昔之半。

落魄　廓落②　摸索　絡繹　赫奕

陽部第十三　《廣韻》陽唐庚。

倉庚　滄浪　螳螂　兄長　卿相　光明　剛强　徜徉

汪洋　蒼茫　彷徨　商量　景象

第六類　e,ek,eŋ

支部第十四　《廣韻》佳；又齊支之半。

睥睨　支解　斯此　佳麗

錫部第十五　《廣韻》麥昔錫之半。

蜥蜴　辟易　滴瀝　策畫

耕部第十六　《廣韻》耕清青。

---

① 編者注：此例文集本作"燒焦"。

② 編者注：此例文集本作"作客"。

　　蜻蜓　精靈　聲名　崢嶸　丁寧　俜停　輕盈

　　第七類　ei，et，en

脂部第十七　《廣韻》脂皆齊之半。

　　階陛　麂麋　次第　指示

質部第十八　《廣韻》質櫛屑，黠之半；又少數術韻字。

　　坚穴　一七　實質　吉日

真部第十九　《廣韻》真臻，先三分之二；又少數諄韻字。

　　秦晉　天淵　神人　年旬　新陳　親信　演進

　　第八類　əi，ət，ən

微部第二十　《廣韻》微，灰三分之二；又脂皆之半。

　　依稀　徘徊　崔嵬　虺隤　悲哀　瓌瑋　玫瑰　水火　愧畏

物部第廿一　《廣韻》術沒迄物；又未之半。

　　鶻突　密勿　鬱律　愛昧　氣概

文部第廿二　《廣韻》諄文欣魂痕；又真三分之一。

　　晨昏　根本　渾沌　悶損　困頓　逡巡　紛紜　存問

　　第九類　a，at，an

歌部第廿三　《廣韻》歌戈；又麻支之半。

　　羲娲　綺羅　嵯峨　蹉跎　阿那　羈縻

月部第廿四　《廣韻》祭泰夬廢月曷末鎋薛；又黠之半。

　　豁達　契闊　蔽芾　滅裂　決絕　折閱　雪月

寒部第廿五　《廣韻》元寒桓删山仙；又先三分之一。

　　旦晚　顏面　燕雁　關鍵　餐飯　寒暄　完全　片段
　　判斷　簡慢　閒散　團欒　輾轉　攀援　贊嘆　汗漫
　　泮渙　燦爛　叛亂

　　第十類　əp，əm

緝部第廿六　《廣韻》緝合；又洽之半。

　　集合　雜沓　什襲　執拾

侵部第廿七　《廣韻》侵覃冬；又咸東之半。

　　陰暗　深沉　侵尋　浸淫　衾枕　吟諷　降減　隆冬

第十一類　ap, am

葉部第廿八　《廣韻》盍葉帖業狎乏；又洽之半。

　　蛺蜨　唼喋　躞蹀　涉獵

談部第廿九　《廣韻》談鹽添嚴銜凡；又咸之半。

　　沾染　瀲灩　巉巖　纔蹔

　　同類的韻部由於主要元音相同，可以互相通轉。其中關係最密切的有之和職、幽和覺、宵和藥、魚和鐸、支和錫。上面所說的凡同諧聲偏旁必同部，那只是個原則。實際上凡同類的韻部，其諧聲偏旁也可以相通，如“蕭”在幽部，“肅”在覺部；“遺”在微部，“貴”在物部；“難”在寒部，“儺”在歌部；“愚”在侯部，“顒”在東部。這因爲造字時代要比《詩經》時代早得多，少數諧聲偏旁和《詩經》的韻部不一致，是因爲《詩經》時代的語音系統已經起了變化的緣故。

　　高本漢拘泥於諧聲偏旁相通的痕迹，於是把之幽宵支四部的全部和魚部的一半都擬成入聲韻（收-g），又把脂微兩部和歌部的一部分擬爲收-r 的韻①，於是只剩下侯部和魚歌的一部分是以元音收尾的韻，即所謂開音節。世界上没有任何一種語言的開音節是像這樣貧乏的②。只要以常識判斷，就能知道高本漢的錯誤。這種推斷完全是一種形式主義。這樣也使上古韻文失掉聲韻鏗鏘的優點；而我們是有充分理由證明上古的語音不是這樣的。

　　其次，高本漢把上古韻部看做和中古韻攝相似的東西，那也是不合理的，例如《詩經·關雎》以“采、友”爲韻，高本漢把它們擬成 ts‘əg、ɡiŭg，我們古代的詩人用韻會不會這樣不諧和呢？《邶風·擊鼓》以“手、老”爲韻，高本漢把它們擬成 çiôg, lôg，爲什麽“友”字不能和讀音較近的“手”字押韻，反而經常和讀音較遠的“采”字等押韻呢？

---

① 　在高本漢看來，脂微并不分爲兩部。

② 　倒是有相反的情形，例如彝語（哈尼語等）的開音節特別豐富，而閉音節特別少。

應該肯定:《詩經》的用韻是十分和諧的,因此,它的韻脚是嚴格的,決不是高本漢所擬測的那樣。由於他的形式主義,就把上古韻部擬得比《廣韻》的 206 韻更加複雜,那完全是主觀的一套。

現在我們談到上古的聲調問題。清代學者對這個問題的意見并不一致。顧炎武以爲古人"四聲一貫",意思是說上古的聲調是無定的①。段玉裁以爲古人没有去聲②,黃侃以爲古人只有平入兩聲③。王念孫和江有誥都以爲古人實有四聲,不過上古的四聲和後代的四聲不一致罷了。我們以爲王、江的意見基本上是正確的。先秦的聲調除了以特定的音高爲其特徵外,分爲舒促兩大類,但又細分爲長短。舒而長的聲調就是平聲,舒而短的聲調就是上聲。促聲不論長短,我們一律稱爲入聲。促而長的聲調就是長入,促而短的聲調就是短入。根據段玉裁和王國維的考證,上古陽聲韻没有去聲,也就是說没有長入。長入實際上只有-t、-k 兩類,-p 類没有長短之分。關於聲調區分的理論根據是這樣:(1)依照段玉裁的說法,古音平上爲一類,去入爲一類。從《詩》韻和諧聲看,平上常相通,去入常相通。這就是聲調本分舒促兩大類的緣故。(2)中古詩人把聲調分爲平仄兩類,在詩句裏平仄交替,實際上像西洋的長短律和短長律。由此可知古代聲調有音長的音素在内④。

上古聲母的研究比上古韻部的研究要難一些,因爲在聲母問題上,上古韻文不能再作爲根據,剩下來只有諧聲偏旁。大致說來,凡同

---

① 説上古的聲調無定是不對的,假定上古的字没有一定的聲調,那麼中古的字有定調又是由什麼條件形成的呢?

② 段玉裁之所以認爲古無去聲,是因爲看見《詩經》裏去入兩押,諧聲字又去入兩通的緣故。其實如果認爲同一聲符的去入聲字完全同音(如"試、式"),就没法子解釋後代的分化現象。

③ 黃侃認爲上古只有平入兩聲,事實上等於否認上古聲調的存在。入聲收音於-p、-t、-k,藉此和平聲分別,若以爲上古只有平入兩聲,就不可能像現代北方話那樣,念出音同調不同(如"媽麻馬罵")的字來了。

④ 《公羊傳·莊公二十八年》"春秋伐者爲客,伐者爲主",何休注:"伐人者爲客,讀伐,長言之,齊人語也;見伐者爲主,讀伐,短言之,齊人語也。""伐"字長言之,就是念長入;短言之,就是念短入。高誘注《淮南子》和《吕氏春秋》有所謂"急氣言之、緩氣言之",可能也是指短調長調。

聲符者必同聲類(例如喉音),但不一定同屬一個聲母(例如"廣",黄
聲,"廣"屬見母而"黄"屬匣母)。除了諧聲偏旁之外,還有一些輔助
的證據,例如異文("伏羲、庖羲")、古讀("古讀猪如都、古讀塵如
壇")、聲訓("邦,封也";"法,逼也")等。

上古聲母大致可以分爲六類三十二母。現在將先秦的三十二個
聲母和中古三十六字母對照列表并舉例如下:

第一類喉音

見母第一　k　中古見。

　　疆界　干戈　綱紀　恭敬　攻擊

溪母第二　k'　中古溪。

　　屈曲　寬闊　崎嶇　繾綣　哭泣　肯綮

群母第三　g'　中古群。

　　强勃　黔黶　琴棋　橋渠　窮極　近及　踤踘

疑母第四　ŋ　中古疑。

　　鵝雁　涯岸　言語　吾我　阢陧　頑囂

曉母第五　x　中古曉。

　　歡欣　呼唤　喜好　馨香　煦旭

匣母第六　ɣ　中古匣,喻三。

　　雲雨　園囿　禍害　營衛　玄黄　煒煌　浩汗　會合　云謂

影母第七　○　中古影。

　　鴛鴦　姻婭　優渥　委宛

　第二類舌頭音

端母第八　t　中古端,知。

　　登陟　雕琢　顛倒　單多　對答　敦篤

透母第九　t'　中古,透徹。

　　超卓①　挑剔　涕唾　推托

————————————

① "卓"屬知徹兩母。

餘母第十　d　中古喻$_四$。

　　逸豫　蚰蜓　游移　踴躍　愉悦　孕育　誘掖　歔耶

定母第十一　d‘　中古定,澄。

　　唐棣　杕杜　蜩螗　荼毒　獨特　徒弟　堂宅　長大　洞達

泥母第十二　n　中古泥,娘。

　　男女　泥濘　惱怒　黏膩

來母第十三　l　中古來。

　　流離　聊賴　零亂　襤褸　琳琅　凜冽

　第三類舌上音①

章母第十四　t͡ɕ　中古照$_三$。

　　沼沚　終止　祝咒　燭照　斟酌　指掌　震懾

昌母第十五　t͡ɕ‘　中古穿$_三$。

　　充斥　昌熾　出處　吹唱

船母第十六　d͡ʑ‘　中古牀$_三$。

　　乘射　唇舌

書母第十七　ɕ　中古審$_三$。

　　舒適　舍室　賞識　身手

禪母第十八　ʑ　中古禪。

　　匙杓　誰孰　時辰

日母第十九　n͡ʑ　中古日。

　　柔軟　爾汝　孺弱　如若　日熱

　第四類齒頭音

精母第二十　ts　中古精。

　　踪迹　酒漿　尊爵　祖宗

清母第廿一　ts‘　中古清。

---

①　錢大昕證明古無舌上音,那是説上古知徹澄娘并入端透定泥。但是上古另有一套舌上音,就是後代的照系三等字,它們和舌頭音相近。

　　　　慘惻　　倉猝　　催促　　凄清

從母第廿二　　dz'　中古從。

　　　　存在　　寂静　　絶盡　　齊秦

心母第廿三　　s　中古心。

　　　　迅速　　霰雪　　思想　　消息

邪母第廿四　　z　中古邪。

　　　　嗣續　　習俗　　兕象

　　第五類正齒音

莊母第廿五　　tʃ　中古照₂。

　　　　斬斷　　争責　　譖詐

初母第廿六　　tʃ'　中古穿₂。

　　　　參差　　册策　　拴插

崇母第廿七　　dʒ'　中古牀₂。

　　　　鋤鑱　　事狀　　柴棧

山母第廿八　　ʃ　中古審₂。

　　　　疏數　　生産　　師史

　　第六類唇音

幫母第廿九　　p　中古幫,非。

　　　　蔽芾　　鬢髮　　褒貶　　蝙蝠　　斑駁

滂母第三十　　p'　中古滂,敷。

　　　　芳菲　　翩翻　　偏頗　　紛披

並母第卅一　　b'　中古並,奉。

　　　　屏藩　　匍匐　　蓬勃　　旁薄

明母第卅二　　m　中古明,微。

　　　　明滅　　泯没　　蒙昧　　微末　　密勿　　文莫①

----

① 《論語·述而》:"文莫吾猶人也。""文莫"即"密勿、黽勉"。

　　高本漢對上古聲母的擬測,也表現了形式主義①。這裏不打算詳細討論。

*　　　*　　　*　　　*　　　*

　　關於古音的重建,有一個重要的原則,值得提出來談一談。

　　語音的一切變化都是制約性的變化。這就是説,必須在完全相同的條件下,才能有同樣的發展。反過來説,在完全相同的條件下,不可能有不同的發展,也就是不可能有分化。傑出的古音學家江有誥在這一點上也想不通。他在他所著的《詩經韻讀》中説:友音以、喈音飢、家音姑、泳音養、駒音鉤、角音谷、夜音豫、牙音吾、革音棘、下音户、三音森、訧音怡、來音釐、闋音缺,等等。假定"友"和"以"在上古完全同音,那就是在完全相同的條件下,後來的分化就變爲不可能的了。這是歷史比較法的一個最重要的原則,我們不應該違反這一個原則。

　　這一個原則并不排斥一些個別的不規則的變化。由於某種外因,某一個字變了另一個讀法,而沒有牽連到整個體系,那種情況也是有的。不過,那只是一些例外,我們并不能因此懷疑上述的原則。

---

① 高本漢在上古聲母問題上的形式主義表現在:(一)他把餘母(喻四)硬分爲兩類,以爲一類是d,另一類是z。他的根據是諧聲偏旁,例如羊聲有"祥","祥"在中古是z-,所以上古的"羊"是z-(上古的"祥"反而是dz-)。其實羊聲也有"姜"(k-),那又怎樣解釋呢? 甬聲有"通"(t'-),也有"誦"(z-),如果分爲兩類,甬聲的字該歸d呢,還是該歸z呢? (二)他把莊初崇山各分兩類,以爲一類在上古是ts、ts'、dz'、s(并入精清從心),另一類是tṣ、tṣ'、dẓ'、ṣ。他的分類標準是按《廣韻》的韻目:凡屬江臻删山咸銜庚耕(及其入聲)佳皆肴等韻的字,都歸入精清從心去。實際上他是因爲這些韻都沒有精系一等字,所以照系二等的莊初崇山擬成ts、ts'、dz'、s,也不會發生衝突。這種取巧的辦法是缺乏科學性的,例如"藪"字有三音,一音在遇韻,一音在麌韻,另一音在覺韻,該把它擬成ṣ呢,還是ṣ呢(高本漢把前兩音擬成sl-,後一音擬成s-,并沒有解決這個問題)? (三)他把餘母一部分字的上古音擬成d之後,這d是不送氣的濁音,他就虛構幾個不送氣的濁音來相搭配。他把雲母的上古音擬成g,禪母的上古音擬成ḍ,邪母的上古音擬成dz,來造成整齊的局面。這種推論完全是主觀的。(四)最後,他在上古聲母系統中擬測出一系列的複輔音,那也是根據諧聲來揣測的,例如各聲有"路",他就猜想上古有複輔音kl-和gl-。由此類推,他擬定了xm-、xl-、fl-、sl-、sn-等。他不知道諧聲偏旁在聲母方面變化多端,這樣去發現,複輔音就太多了,例如"樞"從"區"聲,他并沒有把"樞"擬成kt'-,大約他也感覺到全面照顧的困難了。總之,高本漢對中古漢語的語音研究是有成績的,而他對上古漢語語音的研究是沒有多大成績的。

由上古到中古的語音發展

第四節　上古聲母的發展

在第二章第二節和第三節裏，我們講述了中古和上古的語音系統。從本節以後，我們打算説明上古的語音系統怎樣發展成爲中古音，中古的語音系統怎樣發展成爲現代音。

在本節裏，我們先談上古聲母的發展。共分四點：(一)ɣ 的分化；(二)t、tʻ、dʻ的分化；(三)d 的失落；(四)ȶ、ȶʻ、ȡʻ、ȵ 的發展。

(一)ɣ 的分化

直到《切韻》時代，雲母(喻三)仍屬匣母，但在唐末守温三十六字母裏，雲已歸喻，可見從這個時候起，雲母已從匣母中分化出來了。那就是説：

《切韻》時代的匣母没有三等，和喻母三等正相補足。經曾運乾、羅常培和葛毅卿先生分頭研究①，雲母在 6 世紀初年跟匣母本爲一體的事實已經從多方面得到了充分的證明。從上古的史料上看，雲匣也是同一聲母的。從諧聲偏旁來看，雲匣常常是互諧的。下面是諧聲偏

---

① 曾運乾《切韻五聲五十一紐考》(《東北大學季刊》第一期)；羅常培《經典釋文和原本玉篇反切中的匣于兩紐》(《史語所集刊》八本一分)；葛毅卿：on the Consonantal Value of［yq］-class words(《通報》1932)及《喻三入匣再證》(《史語所集刊》八本一分)。

旁屬雲母而被諧字屬匣母的例子：

　　　于鐇（華）　爰緩　云魂

下面是被諧字屬雲母而諧聲偏旁屬匣母的例子：

　　　盍饁　号鴞①　完院　華燁

下面是同一諧聲偏旁而中古分爲雲匣兩母的例子：

　　　垣桓　運渾

　　當然雲母字也和見溪群疑互諧，但是那更能證明它在上古是屬於喉音一類的，再加上《玉篇》與《經典釋文》反切中雲匣未分的情況來看，就可以確信上古雲匣同屬一個聲母了。

　　雲匣分化的原因，是由於最高部位的韻頭ǐ影響到聲母 ɣ 的失落，同時這個ǐ更加高化，變爲輔音 j 加韻頭ǐ。

　　現代某些方言也反映了原始雲匣同母的情況。

　　在現代吳方言裏，雲匣的讀音是相混的，這兩類字在吳方言裏一律念 ɦ，例如上海話（上字屬匣，下字屬雲）：

　　侯：尤　ɦiəu：ɦiəu　　恒：盈　ɦiəŋ：ɦiŋ　　會：衛　ɦue：ɦue

　　號：耀　ɦɔ：ɦiɔ　　　黄：王　ɦuoŋ：ɦuoŋ

　　在現代粵方言裏，合撮兩呼的雲匣兩母的字，基本上是相混的②，例如廣州話（上字屬雲，下字屬匣）：

　　衛惠　雲魂　運混　王黄　垣桓　圓玄　院縣　越穴

有些齊齒字也相混了，例如：

　　炎嫌　焉賢③

　　在現代北方話裏，情況不同，雲母和匣母是分開的。只有極少數

---

①　《廣韻》：“鴞，于嬌切。”
②　東韻及其入聲的合口字因爲不是真正的合口，是例外。
③　在吳方言和粵方言裏，匣母不但和雲母（喻₃）相混，同時也和餘母（喻₄）相混。因爲這裏不牽涉到餘母問題，所以不談。

的例外,例如"雄、熊"在《廣韻》是羽弓切①,屬雲母,但是現在北京話不念 iuŋ 而念 çiuŋ。這也許是上古語音系統的殘留。

<h3 style="text-align:center">(二) t、tʻ、dʻ 的分化</h3>

錢大昕説"古無舌上音",意思是説上古没有知徹澄娘,只有端透定泥。這一個結論是絶對可信的。我們可以首先撇開娘母不談,因爲如第二章第二節裏所説的,即使在中古,泥娘的分别也是人爲的。至於知徹澄三母,它們在上古應歸入端透定,可以有四方面的證明:

(甲)諧聲偏旁雖不是唯一的根據,但也是主要根據之一,下面是些同聲符的字表現着知徹澄和端透定是相通的:

端知:都猪　點沾

透徹:湯暢

定澄:塗除　濤籌　團傳　獨濁　動重

(乙)上古史料中的一些異文也可以證明,例如《春秋》的陳完就是《史記》的田完②,《論語》的申根(音"橙")就是《史記》的申棠。這一類的例子頗多。

(丙)從古人的讀若和反切也都看得到知端兩系相通,例如《説文》"沖讀若動"。《爾雅‧釋詁》郭璞注"長,丁丈反",又《釋親》"姪,徒結反"。直到《切韻》時代,雖然端系已經分化爲兩類,而反切的又音中仍然保存一些古讀,例如:

褚,張吕切,又丁吕切。　　傳,知戀切,又丁戀切。

長,知丈切,又丁丈切。　　噣,陟救切,又丁救切。

綴,陟劣切,又丁劣切。

(丁)最後,然而最重要的一點就是現代方言的證據。閩北方言和

---

① 《集韻》改爲"胡弓切"。我們一向以爲《集韻》所記的是後代的讀音。其實如果上古雲匣不分,羽弓切也就等於胡弓切。《廣韻》《切韻》採用舊切,《集韻》改用新切,如此而已。

② "陳、田"古音都在真部,音極相近。後人以爲陳完奔齊後不欲稱其改國之號,以陳字爲田氏。假使真的是改姓,也只是寫法的改變和韻頭的微別而已。

閩南方言都强烈地反映了端知兩系合爲一體的原始情況,下面是一些知系字讀爲 t、t' 的例子:

知母: 知 ti　置致 ti　朝 tiou,tiɑu①　罩 tau　肘 tiou,tiu　展 tiaŋ,tian　珍 tiŋ,tin　鎮 tiŋ,tin　張 tyoŋ,tioŋ　著 ty,tu　竹 tœyk,tiɔk　猪 ty,tu　追 tui　中 tœyŋ,tioŋ

徹母: 恥 t'i　徹撤 tiek,tiat　抽 tiou　暢 t'yoŋ,t'ioŋ

澄母: 治 ti　姪直值 tik,tit　宅 t'ɑik,te　召 tiou,tiɑu　趙 tiou,tio　陣 tiŋ,tin　丈 t'uoŋ,tioŋ　長 tyoŋ,tioŋ　鄭 taŋ,tĩ　遲池 ti　朝潮 tiou,tiɑu　綢 tiou,tiu　籌 t'iou,tiu　纏 tiaŋ,tian　塵 tiŋ,tin

除了閩北話和閩南話之外,客家話裏也有個別知系字保留着舌頭音,例如"知"字念 ti,因爲不是有系統的,所以不詳細叙述。

上古端透定三母到中古的分化情況是這樣:

分化的時代大約是在第 6 世紀,《洛陽伽藍記》還以"宅第"爲雙聲。分化的原因是由於韻頭 ǐ 或 e 的影響,聲母受了舌面元音的同化,本身也就變了舌面輔音(即 ȶ、ȶ'、ȡ'),例如"張"字,它的變化過程是 tǐaŋ→ȶǐaŋ,"濁"字,它的變化過程是 d'eŏk→ȡ'ɔk。

(三)d 的失落

三十六字母中所謂喩母,在《切韻》裏嚴格地分爲兩類,即雲母(喩三)和餘母(喩四)。它們有着完全不同的來源。在現代的漢越語(越南語從漢語中借去的詞語)裏,還非常清楚地把它們區別開來(詳

① 凡注兩音者,前音代表閩北,後音代表閩南。閩北以福州爲準,閩南以厦門爲準。

見本章第十二節）。從諧聲系統來看，也很明白地看出這兩大類①。餘母的字，絕大部分和端透定相諧，小部分和邪母等相諧，可見它的上古音是 d，下面是一些諧聲的例字（上字屬定，下字屬餘）：

　　台怡　代弋　桃姚　翟耀　荼餘　鐸懌　錫陽　兌悅　薁夷

　　上古的 d 到中古失落了，剩下來是些以半元音 j 起頭的字，例如：怡 dˊə→jˊə、陽 dˊɑŋ→jˊɑŋ。按漢語的情況來説，不送氣的破裂音比較容易失落，例如現代廣東台山方言的"刀"是 tou→ou，雲南玉溪方言的"高"是 kau→au。

（四）ȶ、ȶʻ、ȡʻ、ȵ 的發展

　　錢大昕説"古無舌上音"，只是指上古没有知徹澄娘。至於説到舌面破裂音 ȶ、ȶʻ、ȡʻ 和舌面鼻音 ȵ，上古是有的。照穿牀三等即章昌船三母的上古音是 ȶ、ȶʻ、ȡʻ，日母的上古音是 ȵ。

　　錢大昕説："古人多舌音，後代多變齒音，不獨知徹澄三母爲然。"②他的意思是説照穿牀等母的字在上古也多爲舌音。但是這些只限於照系三等字。在上古語音系統裏，照系三等接近端透定，二等接近精清從，形成舌音和齒音兩大系統③。錢大昕所舉的古讀"舟"如"雕"、讀"至"如"窒"、讀"專"如"叀"、讀"支"如"鞮"等，都是照系三等字，没有二等字。

　　我們只能肯定照系三等的聲母和 ȶ、ȶʻ、ȡʻ 相近，不能認爲它們就是 ȶ、ȶʻ、ȡʻ。現代閩方言於照系字并不念 ȶ、ȶʻ，也可以證明這一事實。假定照系三等在上古是 ȶ、ȶʻ、ȡʻ，那就和中古屬知系的字合爲一體，後來的

---

① 有極少數的字是不規則的變化，例如"炎、矣、惟"在上古按諧聲系統當屬餘母，而到了中古變入雲母；"遺、營"在上古按諧聲系統應屬雲母，而到了中古變入餘母。參看高本漢《中國文字學》283 頁、384 頁、271 頁、262 頁、348 頁。

② 錢大昕《十駕齋養新録》30～31 頁。

③ 章炳麟分上古聲母爲廿一紐，以精清從心邪并入照穿牀審禪，那是很粗疏的。黃侃分上古聲母爲十九組，以照系三等并入端系，二等并入精系。在這一點上，黃侃勝過他的老師。

分化就無法解釋了。所以必須承認它們是和 t、t'、d'相近而不相同的音，那就只有 ȶ、ȶ'、ȡ'。

從諧聲系統來看，照系三等和中古屬知系的字完全相通，和中古屬端系的字也有相通之點，下面是一些諧聲的例子：

知章：　侜舟　誅朱　駐注　猪諸　哲折　致至　沾占　摯執

徹昌：　超弨　黜出

端章：　雕周　冬終

章昌船從上古到中古的語音發展情況是這樣的：

$$ȶ→tɕ\qquad ȶ'→tɕ'\qquad ȡ'→dʑ'$$

這樣是由舌面破裂音變爲舌面破裂摩擦音，發音部位不變，只是發音方法變了。我們知道，書禪兩母和章昌船是成爲一套的。書禪在上古是 ɕ、ʑ，直到中古沒有發生變化；章昌船上古是 ȶ、ȶ'、ȡ'，在中古是 tɕ、tɕ'、dʑ'，它們始終是和書禪維持着同部位的關係的。知系在中古是 ȶ、ȶ'、ȡ'，那時候的照系三等已經變了 tɕ、tɕ'、dʑ'，所以不發生衝突。

章炳麟作《古音娘日二紐歸泥説》[1]，以爲上古沒有娘日兩母。上古沒有娘母是肯定了的，是不是連日母也沒有呢？

從諧聲系統來看，日母和泥母的關係是非常密切的，例如(上字屬泥娘，下字屬日)：

恧而　　乃仍　　溺弱　　懦儒　　女汝　　奴如

孃讓　　内芮　　煗(燰)　　頓(軟)　　　　　膩貳

但是，正如照系三等的上古音不能簡單地看成 t、t'、d'一樣，日母的上古音也不能簡單地看成 n，只能認爲是和 n 相近的音，那就只有 ȵ。ȵ是舌面鼻音，它是和 ȶ、ȶ'、ȡ'的發音部位相同的，ȶ、ȶ'、ȡ'、ȵ 正好和 t、t'、d'、n 相配。就中古的語音系統來看，日母正是和照系三等的關係最深的。

日母從上古到中古發展的情況是這樣：

$$ȵ→ȵj→ȵʑ$$

---

[1]　見《國故論衡》上，《章氏叢書》本 31～33 頁。

　　由於韻頭ǐ的影響,ȵ的後面產生了舌面的半元音 j,後來這個 j
摩擦性越來越重,就變了輔音 ʑ 了。ȵʑ 不是兩個輔音,而是一個整
體,和一般破裂摩擦音(塞擦音)的道理是一樣的。

　　現代許多方言都反映着日母念 ȵ 的原始情況,下面是吳方言(上
海)、客家方言(梅縣)、粵方言(廣西南部)的日母常用字的一些例子:

例字	上海(白話)	梅縣	廣西南部
人	ȵin	ȵin	ȵan
日	ȵiʔ	ȵit	ȵat
熱	ȵiʔ	ȵæt	ȵit
肉	ȵiɔʔ	ȵiuk	ȵiuk①

　　閩北方言也有殘留的痕迹,例如福州“日”字念 nik、“肉”字念
nyk 等。

第五節　　上古純元音韻母的發展

　　我們只要拿中古的韻部和上古的韻部對照一下,就能知道韻母從
上古到中古的發展概況。本節裏要談的是純元音韻母的發展。共分
三類:第一類是上古 ɑ、o、ə、e 的發展,第二類是上古 əu、au 的發展,第
三類是 a、ei、əi 的發展。

(一)ɑ 、o、ə 、e 的發展

(甲)魚部 ɑ、eɑ、ǐɑ、ǐɑ、ia、uɑ、oɑ、ǐwɑ

ɑ→o→u(模)　[喉]姑辜枯吳吾梧呼胡湖壺乎烏鳴,古鹽賈股鼓
　　苦五伍午虎滸户扈,故固顧庫誤悟互;[舌]都徒屠途塗圖奴盧
　　爐,堵覩土吐杜魯虜,妒兔怒;[齒]租粗殂蘇,祖組,素;[唇]
　　謨模。

————————
①　ȵ 和 ȵ 的發音部位是很相近的。

eɑ→ɑ→a(麻)　　[喉]家牙瑕鴉,假賈雅下夏廈,嫁稼價迓訝暇;
　　[舌]拏(拿);[脣]巴豝,把馬,禡。

ǐɑ→ǐo→ǐo(魚)　　[喉]居袪渠魚漁虛噓於,舉巨拒語禦許,據去遽
　　御;[舌]豬除儲余餘廬,褚與女呂旅,譽預豫慮;諸書如,黍鼠暑
　　汝,恕;[齒]沮苴砠睢狙胥徐,序敘緒;初鋤疏蔬,阻詛俎楚
　　所,助。

不規則的變化:矩ǐɑ→ǐo→ǐu(虞)。

ia→ia→ǐa(麻)　　[舌]野冶也;遮車奢,者捨社,舍;[齒]邪,且。

uɑ→uo→u(模)　　[喉]孤呱觚狐刳瓠洿汙,袴;[脣]鋪蒲匍,補浦
　　溥,布怖捕。

oɑ→uɑ→wa(麻)　　[喉]瓜夸誇華譁,寡,跨。

ǐwɑ→ǐwo→ǐu(虞)　　[喉]瞿虞娛吁迂于,雨宇禹羽,懼芋;[脣]夫
　　膚敷扶無毋巫誣,甫斧撫父釜輔武舞,賦傅。

我們知道中古的魚模大多數字在上古是開口呼,是由於:(1)就一
字兩讀和諧聲偏旁來看,中古魚模去聲合口字是和入聲開口字相對應
的,例如著:著、度:度、惡:惡、庶:蹠、路:各等;(2)上古外來語的音譯,
如 buddhɑ 譯爲"浮屠"等。

ɑ、ǐɑ、uɑ、ǐwɑ 是一類,由於它們沒有韻頭,或韻頭爲較緊的元音(ǐ
表示短而緊的 i),所以趨向於高化,到中古成爲 u、ǐo、ǐu(模魚虞);eɑ、
iɑ、oɑ 是另一類,由於韻頭爲較鬆的元音,所以趨向於低化,到中古成
爲 a、ǐa、wa(麻)。

(乙)侯部 o、ǐwo

o→ou→əu(侯)　　[喉]溝侯謳,狗口偶厚,觀寇後;[舌]兜偷頭
　　婁,斗,鬥豆漏;[齒]走。

ǐwo→ǐu→ǐu(虞)　　[喉]俱區驅雛禺愚隅,具遇寓;[舌]誅株俞
　　廚躕庾腴諛縷,柱屢;朱殊儒輸受珠樞,主豎乳,注戍樹孺;
　　[齒]趨須鬚需,取娶聚,趣;芻雛。

不規則的變化：魟ǐwo→ǐwo（魚）①。

侯部在上古應該是一個後元音，因爲它和東部（oŋ）對轉。這個韻部比較簡單，只有 o 和 ǐwo。這個 o 是很閉口的 o，接近於 u。

魚部 ǐwɑ 的發展過程是 ǐwɑ→ǐwo→ǐu，侯部 ǐwo 的發展過程是 ǐwo→ǐu，它們合流了，成爲中古的 ǐu（虞韻）。

漢代的魚侯兩部在韻文裏是同用的，可能是合韻。例如《陌上桑》叶“隅樓敷隅鉤珠襦鬚頭鋤敷躕姝敷餘不愚夫頭駒餘夫居鬚趨殊”，其中除“不”字屬上古之部外，都是魚侯兩部字。在漢代，麻韻已經由魚部分化出去了，一般不再和魚侯兩部押韻了。

（丙）之部 ə、ǐə、uə、ǐwə

ə（喉舌齒）→ɒi（咍）　［喉］該孩埃；［舌］胎臺，待，戴耐；［齒］災才，載宰采在，再②。

ə（唇）→əu（侯）　剖母畝某。

不規則的變化：埋霾 ə→ɐi（皆）。

ǐə→ɐǐ（之）　［喉］姬欺其疑熙醫，已起喜矣，記忌；［舌］癡怡持釐，以里，治吏；之蚩而詩時，止齒耳始市，志侍；［齒］兹慈思詞，子梓似耟，字嗣寺，緇，滓士史使俟，事。

ǐə→i（脂）　［唇］鄙丕③。

uə→uɒi（灰）　［喉］恢灰，悔賄，晦；［唇］杯培梅媒，倍每。

不規則的變化：怪 uə→uɐi（皆）④；敏 uə→ǐwěn（真）⑤。

ǐwə→ǐəu（尤）　［喉］丘裘牛郵尤，久有友，舊右又；［唇］不謀，否

---

① “魟”從夭聲，“夭”在宵部；但《詩經·小雅·常棣》叶“豆魟具孺”，“魟”當屬侯部。下文幽部“呦”字情況與“魟”同。

② 爲求簡單容易掌握起見，零星的例外不一一列舉，例如“骸”是 ə→ɐi，是不規則的變化，不列舉。但常用字或《詩經》入韻字的不規則變化仍列舉出來。

③ 高本漢以“鄙丕”歸開口，今從之。參看《中國文字學》387 頁和 390 頁。

④ “怪”從圣聲，《廣韻》“圣”入沒韻，恐不是之部字。參看高本漢《中國文字學》388 頁。

⑤ 高本漢認爲“敏”從每聲而《廣韻》入軫是一件奇怪的事。他以爲“敏”本是之部字，不收-n，後來另一個同義詞收-n，就借用了“敏”字的字形。參看《中國文字學》454 頁。

婦負。

不規則的變化：龜洧ǐwə→wi（脂）。

漢代以後，特別是魏晉以後，ə、uə逐漸後元音化，咍灰不再和之押韻，反而和齊佳皆押韻了。

（丁）支部 e、ǐe、ie、ue、ǐwe、iwe

e→ai（佳）　　［喉］佳街崖，解，懈；［齒］柴，灑，躧；［脣］買，賣。

ǐe→ǐe（支）　　［喉］歧衹，跂企技；［舌］知，箎褫豸邏，智；豕；支兒，
　　只咫紙氏是，豉；［齒］觜雌疵斯，紫此徙；［脣］卑陴，俾婢弭。

ie→iei（齊）　　［喉］雞谿倪醯兮，啓榮；［舌］提題躋驪，遞邐，麗；
　　［脣］鼙。

ue→wai（佳）　　［喉］蛙，卦。

ǐwe→ǐwe（支）　　［喉］規闚。

iwe→iwei（齊）　　［喉］圭閨奎携。

e、ie、ue、iwe 爲一類，發展爲複合元音 ai 和 ei（iei），ǐe 和 ǐwe 爲另一類，停留在原音上。發展情況和魚部相似。支佳同部一直維持到六朝初期。

以上魚侯之支四部的共同點是：它們都是單元音；和它們對應的韻部都是收音於-k 和-ŋ 的（ɑ：ɑk：ɑŋ，o：ok：oŋ，ə：ək：əŋ，e：ek：eŋ）。

（二）əu、au 的發展

（甲）幽部 əu、eəu、ǐəu、iəu

əu→ɑu（豪）　　［喉］皋翱，考，好；［舌］韜陶燾牢，島討道老；［齒］
　　遭曹騷，早草叟嫂掃；［脣］褒袍，寶保，報。

不規則的變化：牡 əu→uə（侯）。

eəu→au（肴）　　［喉］膠嘐，攪巧；［舌］呶；［脣］包胞匏茅，飽卯。

ǐəu→ǐəu（尤）　　［喉］鳩求休憂，九舅咎朽，救究；［舌］抽攸綢流，
　　肘丑酉紂狃柳，宙；州柔鸊，帚醜手受，壽授售；［齒］秋酋修囚，
　　秀袖；愁搜，瘦；［脣］浮牟矛，缶阜。

不規則的變化：孚俘務ĭəu→ĭu（虞）①。

iəu（舌齒）→ieu（蕭）　　［舌］雕條調聊，鳥；［齒］蕭嘯。

不規則的變化：茮椒iəu→iɔu（宵）。

iəi（喉唇）→iuəi（幽）　　［喉］樛蚪幽呦，糾赳，幼；［唇］彪，謬。

這個韻部是以尤幽爲主，它們直到中古没有什麽變化（可能上古əu 中的［ə］念得很輕，中古的 ĭuəi 中的［ə］念得較重）。

漢代開始尤侯幽通用。

（乙）宵部 au、eau、ĭau、iau

au →ɑu（豪）　　［喉］高敖豪，縞；［舌］刀桃勞，到盗；［齒］操繅；［唇］毛旄。

eau→au（肴）　　［喉］交肴，狡，孝教效；［齒］巢笮。

ĭau→ĭɔu（宵）　　［喉］驕翹鴞要；［舌］朝超姚摇燎；昭弨韶，少，照；［齒］焦譙消，悄小，笑；［唇］鑣苗，表，廟。

iau→ieu（蕭）　　［喉］梟堯；［舌］貂挑苕燎，窈。

這個韻部是以宵蕭爲主。上古的 iəu 和 iau 合流爲 ieu（蕭），上古的 əu 和 au 合流爲 ɑu（豪），上古的 eəu 和 eau 合流爲 au（肴）。

中古的蕭宵，從漢代就形成了，例如"調"本屬幽部，但在漢代則與宵部押韻。漢魏的用韻已經接近《切韻》的系統，就是尤幽爲一類，豪肴爲一類，蕭宵爲一類。

幽宵兩部的共同點是：它們都是複合韻母；和它們對應的韻部都是收音於-k 的（əu：əuk，au：auk）②。

（三）a、ei、əi 的發展

（甲）歌部 a、ea、ĭa、ia、ua、oa、ĭwa

---

① 高本漢以"孚俘"歸屋部（《中國文字學》449 頁），不知何所據。如果從孚聲的都歸屋部，就不是不規則的變化；但《詩經·大雅·文王》"孚"和"臭"押韻，所以一般總是以孚聲歸幽部，朱駿聲甚至把幽部叫做孚部。

② 章炳麟以爲幽冬侵對轉（後人以爲幽冬對轉）、宵談對轉，那是靠不住的。

a→ɑ(歌)　　［喉］歌軻俄河阿，可我，餓；［舌］多它跎那儺羅；
　　［齒］瑳，左。

a→uɑ(戈)　　［唇］波，頗，磨。

ea→a(麻)　　［喉］加嘉，駕；［齒］差沙；［唇］麻。

ɣa→ɣe(支)　　［喉］羈奇儀宜義猗；［舌］移離；施；［齒］爾；［唇］
　　披皮疲縻，彼被靡。

不規則的變化：地ɣa→i(脂)。

ia→ɣa(麻)　　［齒］嗟；［舌］蛇。

ua→uɑ(戈)　　［喉］科誃禾和，果禍，過課臥貨；［舌］贏。

oa→wa(麻)　　［喉］媧蝸，瓦稞，化。

ɣwa→ɣwe(支)　　［喉］嬀虧危爲，詭跪，僞；［舌］吹垂，睡；［齒］隨。

　　a、ua 爲一類，元音向後部高化，變爲 ɑ、uɑ(歌戈)；ea、ia、oa 爲一
類，主要元音不變(麻)；ɣa、ɣwa 爲一類，元音向前部高化，變爲ɣe、ɣwe
(支)。

　　上古的 eɑ、iɑ、oɑ(魚部)和 ea、ia、oa(歌部)合流爲中古的 a、ɣa、wa
(麻)。

　　漢代到六朝初期(1 世紀到 5 世紀)，韻文中常見歌麻合韻，那時
的歌部還和上古差不多；但是，上古魚部中的麻韻字和歌部中的麻韻
字在當時已經合流了，例如"華"字，它不再和魚部字押韻，反而和歌部
字押韻了。

　　(乙)脂部 ei、ɣei、iei、ɣwei

ei→ɐi(皆)　　［喉］皆偕階諧，楷；［齒］齋。

ɣei→i(脂)　　［喉］飢耆祁伊，几；［舌］夷遲，雉，履；脂鴟尸屍，旨
　　矢，視示二；［齒］咨資私，姊死兕，次自四；［唇］眉，比牝美。

iei→iei(齊)　　［喉］稽笄，詣；［舌］低梯黃泥犂，體弟禮，涕第；
　　［齒］妻西犀，濟，細；［唇］批迷，陛米。

ɣwei→wi(脂)　　［喉］夔葵，癸揆。

　　ei、iei 爲一類，到中古入蟹攝(皆齊)；ɣei、ɣwei 爲一類，到中古入止

攝(脂)。

脂部在上古和支之的界限很嚴,第 4 世紀以後,脂之漸漸同用。

(丙)微部 əi、eəi、ĭeəi、uəi、oəi、ĭweĭ

əi→ɒi(咍)　〔喉〕開,凱愷。

eəi→ɐi(皆)　〔唇〕排俳。

ĭeəi→ĭei(微)　〔喉〕幾畿饑祈旂沂希衣,豈。

uəi→uɒi(灰)　〔喉〕瑰魁嵬虺回徊,傀;〔舌〕推隤雷礨,餒;〔齒〕
　　　崔,罪;〔唇〕裴徘。

不規則的變化:火 uəi→uɑ(戈)。

oəi→wɐi(皆)　〔喉〕乖懷淮槐,壞。

ĭweĭ(喉唇)→ĭwei(微)　〔喉〕歸魏揮輝韋圍威,鬼偉,畏;〔唇〕
　　　飛非妃肥微,匪尾。

不規則的變化:悲ĭweĭ→wi(脂)。　　毀委ĭweĭ→ĭwe(支)。

ĭweĭ(舌齒)→wi(脂)　〔舌〕追遺唯椎悗,壘耒;雖萑葰誰,水;
　　　〔齒〕誰綏。

不規則的變化:衰ĭweĭ→ĭwe(支)。

脂微的分部不但在《詩經》裏看得出來,連南北朝詩人的韻文裏也還維持着①。直到第 6 世紀以後,才有了一個新局面,就是中古的微韻獨立起來了,韻中只保存着喉音和唇音;舌齒合口音歸到中古的脂韻去了。這就是説,ĭweĭ 和 ĭwei 合流爲 wi(脂)了。

上古的歌脂微三部有一個共同點是:和它們對應的韻部都是以-t 和-n 收尾的(a:at:an,ei:et:en,əi:ət:ən)。

在漢語語音發展過程中,元音高化的現象是相當普遍的。拿歌韻來說,上古是 a,中古是 ɑ,近代是 ɔ,現代北方話一般是 o,北京話於舌齒音讀 uo(喉音讀 ɤʌ),吳語更進一步,有許多地區讀 u(上海"河"ɦu、

───────────────

① 參看王力《漢語史論文集·南北朝詩人用韻考》。關於脂微分部的理由,參看同書《上古韻母系統研究》,科學出版社 1958 年。

"多"tu)。拿模韻來説,是由 ɑ 到 u;拿侯韻來説,是從 o 到 ou 再到 əu;拿之韻來説,是從 ĭə 到 i;拿支韻來説,是從 ĭa 到 ĭe 再到 i。因此,元音高化可以説是漢語語音發展規律之一。

第六節　上古促音韻母的發展

本節講促音韻母的發展,共分四類:第一類是上古 ɑk、ok、ək、ek 的發展,第二類是上古 əuk、auk 的發展,第三類是上古 at、et、ət 的發展,第四類是上古 əp、ap 的發展。

(一)ɑk、ok ək、ek 的發展

(甲)鐸部 ɑk、ɛɑk、ĭɑk、iɑk、uɑk、oɑk、ĭwɑk

ăk →ɑk(鐸)　[喉]各洭鄂;[舌]托柝鐸諾洛;[齒]作昨索;[唇]亳莫幕。

不規則的變化:朔 ăk→ɔk(覺)①。

āk →u(暮)　[喉]惡;[舌]蠹度路;[齒]措醋錯乍訴遡;[唇]慕暮墓。

eăk→ɐk(陌)　[喉]格客額赫;[舌]宅澤擇;[唇]百白帛陌貊。

eăk→a(禡)　[舌]吒佗;[齒]詐乍。

ĭăk→ĭak(藥)　[喉]脚却;[舌]著掠;斫若。

ĭāk→ĭɒ(御)　[舌]著庶。

iăk(喉)→ĭɐk(陌)　[喉]戟隙劇逆。

iăk(舌齒)→ĭɛk(昔)　[舌]液掖腋亦奕譯懌;赤尺石;[齒]昔夕席。

iāk→ĭa(禡)　[舌]夜;射赦;[齒]借藉謝。

---

① 高本漢以爲依從"朔"得聲的字看來,"朔"音當屬魚部,中古音當屬鐸韻,它入覺韻是不規則的。參看《中國文字學》326 頁。

uăk→uɑk(鐸)　[喉]郭槨霍鑊穫獲;[唇]薄博。

uāk→u(暮)　[喉]護。

oăk→wɐk(陌)　[喉]虢。

不規則的變化:獲(又讀)oăk→wæk(麥)。

ĭwăk→ĭwak(藥)　[喉]矍攫;[唇]縛。

短入 ăk、ĭăk、uăk、ĭwăk 爲一類,到中古屬藥鐸(宕攝);eăk、iăk另爲一類,到中古屬陌昔(梗攝)。漢魏以後,這兩類就已經分立,很少合韻。

(乙)屋部 ok、eok、ĭwok

ŏk →uk(屋)　[喉]穀轂谷哭斛屋;[舌]禿犢讀獨禄鹿;[齒]鏃族速餗;[唇]卜撲樸僕木沐。

ōk→əu(候)　[喉]彀扣寇;[舌]竇槈;[齒]奏嗾漱。

eŏk→ɔk(覺)　[喉]角珏殼慤嶽岳確渥;[舌]斲琢啄涿濁;[齒]捉浞;[唇]剥朴。

ĭwŏk→ĭwok(燭)　[喉]曲欲浴局玉獄;[舌]斸躅緑録;燭觸辱束贖蜀屬;[齒]足促粟俗續。

ĭwōk→ĭu(遇)　[唇]赴仆;[齒]數。

屋部短入在中古屬屋燭覺三韻,漢以後此三韻通用;上古覺部大部分和屋部合流。

(丙)職部 ək、ĭək、uək、ĭwək

ə̆k→ək(德)　[喉]刻克黑;[舌]得德忒特勒;[齒]則賊塞;[唇]北匐踣墨默。

不規則的變化:革麥 ə̆k→æk(麥)。

ə̄k→ɒi(代)　[舌]代岱。

不規則的變化:戒 ə̄k→ɐi(怪)。

ĭə̆k→ĭək(職)　[喉]棘亟翊極嶷億;[舌]陟敕弋翼直匿力;職織食式識飾殖植;[齒]稷息;側測色穡。

ĭə̄k→ĭə(志)　[喉]意;[舌]置異;試弑。

不規則的變化：備 ǐək→i（脂）①。

uǝk→uək（德）　〔喉〕國或惑。

uǝk→uɒi（隊）　〔脣〕背。

ǐwǝk→ǐuk（屋）　〔喉〕昱郁彧；〔脣〕福輻服伏牧。

不規則的變化：域棫閾淢緎ǐwǝk→ǐwǝk（職）。

ǐwǝk→ǐɒu（宥）　〔喉〕囿；〔脣〕富副。

職部短入在中古分化爲職德（曾攝）和屋（東攝）。但是職德和屋始終維持密切的關係，六朝唐宋韻文常有職德和屋合韻的情形。

（丁）錫部 ek、ǐek、iek、uek、ǐwek、iwek

ĕk →æk（麥）　〔喉〕隔核厄軶；〔舌〕謫摘；〔齒〕責簀策册；〔脣〕擘脈。

ēk→ai（卦）　〔喉〕隘；〔脣〕派。

ǐĕk→ǐɛk（昔）　〔喉〕益；〔舌〕易；適；〔齒〕積蹟磧。

ǐēk→ǐe（寘）　〔舌〕易；齒；〔齒〕刺漬賜；〔脣〕臂譬避。

iĕk→iek（錫）　〔喉〕擊霓闃覡；〔舌〕嫡滴逖惕狄敵歷曆；〔齒〕績錫析。

iēk→iei（霽）　〔喉〕繫係繼；〔舌〕帝禘；〔脣〕嬖。

uĕk→wæk（麥）　〔喉〕畫。

uēk→wai（卦）　〔喉〕畫。

ǐwĕk→ǐwɛk（昔）　〔喉〕役。

iwĕk→iwek（錫）　〔喉〕鶪。

錫部短入在中古分化爲麥昔錫，和鐸部中的麥昔錫合流。《切韻》中的陌麥昔錫四韻，在漢魏以後已經開始合韻了。但是由於錫韻是個純四等韻，和陌麥昔的差别較大，所以從唐代以後，就規定陌麥昔同用，而錫獨用。

---

① 高本漢以“備”屬開口，今從之。參看《中國文字學》387 頁。

（二）əuk、auk 的發展

（甲）覺部 əuk、eəuk、ɣəuk、iəuk

ə̆uk→uok（沃）　［喉］牿酷鵠礐；［舌］督篤毒。

ə̄uk→ɑu（號）　［喉］告誥奧；［齒］竈。

eə̆uk→ɔk（覺）　［喉］覺學；［唇］雹。

ɣə̆uk→ɣuk（屋）　［喉］匊鞠畜旭隩澳；［舌］竹築育毓軸衄蓼戮六陸；祝粥叔淑孰肉；［齒］蹴夙宿肅縮；［唇］腹覆復目穆陸。

iə̆uk→iek（錫）　［舌］迪；［齒］戚寂。

就短入來説，上古覺部一等和藥部一等合流①，成爲中古的沃韻；上古覺部二等和屋藥兩部的二等合流，成爲中古的覺韻；上古覺部三等和職部三等合流，成爲中古的屋韻三等；上古覺部四等和藥錫兩部四等合流，成爲中古的錫韻。

（乙）藥部 auk、eauk、ɣauk、iauk

ă̆uk→ɑk（鐸）　［喉］鶴臛；［舌］樂；［齒］鑿；［唇］爆。

不規則的變化：曝瀑 ă̆uk→uk（屋）。　　　沃 ă̆uk→uok（沃）。

āuk→ɑu（號）　［唇］暴。

eă̆uk→ɔk（覺）　［喉］榷臃塙樂翯；［舌］卓濯擢搦犖；［唇］駁。

eāuk→au（效）　［喉］較；［舌］罩淖；［唇］豹貌。

ɣă̆uk→ɣak（藥）　［喉］屬虐謔約；［舌］藥躍龠；勺灼妁酌綽弱芍杓；［齒］雀爵爝削。

ɣāuk→ɣɛu（笑）　［舌］耀。

不規則的變化：籥 ɣāuk→ɣu（遇）。

iă̆uk→iek（錫）　［喉］激檄；［舌］的翟糴溺櫟礫。

iāuk→ieu（嘯）　［喉］竅；［舌］吊耀溺。

就短入來説，上古藥部一等和鐸部一等合流，成爲中古的鐸韻；上

---

① 上古没有四等之名，而有四等之實，所以不妨稱等。

古藥部二等和屋覺兩部二等合流，成爲中古的覺韻；上古藥部三等和鐸部三等合流，成爲中古的藥韻；上古藥部四等和錫覺兩部四等合流，成爲中古的錫韻。

（三）at、et、ət 的發展

（甲）月部 at、eat、ĭat、iat、uat、oat、ĭwat、iwat

ăt→ɑt（曷）　［喉］葛割渴曷褐遏；［舌］怛達獺。

āt→ɑi（泰）　［喉］蓋丐艾藹；［舌］帶泰大奈賴；［齒］蔡。

eăt→at（鎋）　［喉］轄鎋。

eăt→æt（黠）　［喉］軋；［齒］札察殺。

eāt→æi（夬）　［舌］蠆。

ĭăt（喉）→ĭɐt（月）　揭訐褐竭歇謁。

ĭăt（舌齒唇）→ĭɛt（薛）　［舌］哲徹列櫱；折舌熱設；［齒］泄褻薛；［唇］瞥鼈別滅。

ĭāt→ĭɛi（祭）　［喉］藝；［舌］曳滯厲例；制世勢筮逝誓；［齒］祭際；［唇］蔽敝幣弊斃袂。

不規則的變化：乂刈ĭāt→ĭɐi（廢）。

iăt→iet（屑）　［喉］絜齧陶臬；［齒］截楔。

iāt→iei（霽）　［喉］契薊；［舌］螮棣隸。

uăt→uɑt（末）　［喉］栝适闊豁活斡；［舌］掇脫奪捋；［齒］撮；［唇］撥末。

uāt→uɑi（泰）　［喉］檜外會繪；［舌］蛻兌；［齒］最；［唇］貝沛。

oăt→wat（鎋）　［喉］刮。

oăt→wæt（黠）　［唇］拔。

oāt→wæi（夬）　［喉］夬噲快話；［唇］敗邁。

ĭwăt（喉唇）→ĭwɐt（月）　［喉］厥闕月越粵曰；［唇］發髮伐罰韈。

ĭwăt（舌齒）→ĭwɛt（薛）　［舌］輟啜悅閱劣埒；說；［齒］絕雪。

ˠwāt(喉舌)→ˠwɛi(祭)　[喉]衛彗;[舌]綴鋭叡;贅。

ˠwāt(脣)→ˠwɐi(廢)　廢肺吠。

iwăt→iwet(屑)　[喉]缺決抉。

這個韻部的長入字一直保存到南北朝初期(5 世紀),祭泰夬廢等韻的字仍然和曷末月薛屑等韻互押①。《切韻》的祭泰夬廢不和平聲韻相配,顯得它們本來是入聲。

(乙)質部 et、ˠet、iet、ˠwet、iwet

ět(喉脣)→æt(黠)　[喉]戞黠;[脣]八。

ět(齒)→ˠet(櫛)　櫛瑟蝨。

ēt→ɐi(怪)　[喉]屆。

ˠět→ˠět(質)　[喉]吉詰佶一壹;[舌]窒咥佚逸姪秩栗;質叱實日室失;[齒]七漆疾悉;[脣]必畢匹密謐。

不規則的變化:抑即ˠět→ˠək(職)。

ˠēt→i(至)　[喉]棄器懿;[舌]致肆;至;[脣]閟秘毖轡。

iět→iet(屑)　[喉]結拮頡噎;[舌]鐵迭跌眣涅;[齒]節切竊屑。

iēt→iei(霽)　[喉]計繼羿殢翳;[舌]戾嚏替戾;[脣]閉。

ˠwět→ˠuět(術)　[喉]橘鷸矞;[齒]卹。

不規則的變化:洫ˠwět→ˠək(職)②。

iwēt→wi(至)　[喉]季悸;[齒]穗。

iwět→iwet(屑)　[喉]譎血穴。

ˠwēt→iwei(齊)　[喉]惠。

質部的長入也跟祭部一樣,直到南北朝初期還保存着入聲,和短入押韻③。

---

① 例如蕭子良《登山望雷居士精舍》叶"缺絶哲裔逝",王融《侍太子》叶"潔衛轍",孔稚珪《北山移文》叶"外脱瀨"。

② 高本漢認爲"洫"從血聲,本屬質部;"洫"之所以入職,是假借爲同義詞"減"(朱駿聲説與此略同)。參看《中國文字學》229 頁。

③ 例如王融《寒晚》叶"律日蓽瑟疾逸轡"。

（丙）物部 ət、ĭet、ĭət、uət、ĭwət

ə̆t→ət（痕入）　［喉］齕紇。

ēt→ɒi（代）　［喉］概溉慨愾愛。

ĭə̆t→ĭət（迄）　［喉］訖乞仡。

ĭə̆t→ĭɐi（未）　［喉］既暨氣毅。

uə̆t→tuət（没）　［喉］骨兀軏忽；［舌］突訥；［齒］卒猝；［唇］勃没殁。

uə̆t→uɒi（隊）　［喉］潰瀆；［舌］對退隊内；［齒］淬碎；［唇］妹昧悖。

不規則的變化：寐 uə̆t→i（至）。

ĭwə̆t（喉唇）→ĭuət（物）　［喉］屈掘鬱；［唇］弗拂佛物。

ĭwə̆t（舌齒）→ĭuĕt（術）　［舌］苗黜聿律；出術；［齒］戌；率。

ĭwə̆t（喉唇）→ĭwɐi（未）　［喉］貴胃渭謂彙尉慰；［唇］費沸未昧。

ĭwə̆t（舌齒）→wi（至）　［舌］位類；［齒］醉翠萃粹遂崇。

　　物部和質部的關係跟微部和脂部的關係一樣：物部以合口呼爲主，質部以開口呼爲主。

　　直到南北朝初期，物部長入仍然和短入押韻①。

　　以上月質物三部入聲韻比起其他入聲韻來有一個特點就是長入字較多，而且這些長入字比較長期地保存 -t 尾。比較合理的解釋應該是舌尖韻尾比較穩定，所以最後才消失掉。

（四）əp、ap 的發展

（甲）緝部 əp、eəp、ĭəp、uəp、ĭwəp

əp→ɒp（合）　［喉］蛤合；［舌］答沓遝；［齒］雜颯霅。

eəp→ɐp（洽）　［喉］洽。

ĭəp→ĭĕp（緝）　［喉］給急級汲及吸翕邑挹；［舌］縶蟄；執汁濕入十拾；［齒］茸緝集輯習襲隰；戢澀。

uəp→əp→ɒp（合）　［舌］納軜。

① 例如江淹《悼室人》叶"鬱拂物忽慰"。

ǐwəp→ǐĕp（緝）　［喉］泣；［舌］立笠粒。

uəp、ǐwəp 兩類只是一個假定。"納"從内聲，"内"字本身又可以讀"納"，可見"内、納"上古音相近，甚至在更古的時候凡從内得聲的字都收-p。"内"是合口呼，由此推知"納"也是合口呼。"位"字疑從立聲。"位"屬合口三等，因此從立得聲的字也該屬合口三等。

（乙）葉部 ap、eap、ǐap、iap、ǐwap

ap→ɑp（盍）　［喉］嗑盍闔；［舌］蹋臘。

eap→ap（狎）　［舌］甲狎匣壓；［齒］翣。

eap→ɐp（洽）　［喉］夾；［齒］插歃霎。

ǐap→ǐɛp（葉）　［喉］饁燁厭；［舌］葉聶獵；讋慴輒涉；［齒］接妾捷。

ǐap→ǐɐp（業）　［喉］劫怯業脅。

iap→iep（帖）　［喉］莢協俠挾；［舌］牒蝶；［齒］燮。

ǐwap→ǐwɐp（乏）　［唇］法乏。

葉部字數雖少，但是情形很複雜，例如二等既變爲中古的狎，又變爲洽；三等既變爲中古的葉，又變爲業。可能上古葉部實際上有兩類：一類是 ap，在中古是盍狎葉帖；另一類是 ɐp，在中古是洽業乏。

收-p 的上古韻和收-t、-k 的上古韻有一點不大相同：後者和純元音韻母相對應，例如鐸：魚、屋：侯、職：之、錫：支、月：歌、質：脂、物：微等；前者不和純元音韻母相對應。

元音高化的現象，和純元音韻母是一致的。

第七節　上古鼻音韻母的發展

本節講鼻音韻母的發展，共分三類：第一類是上古 ɑŋ、oŋ、ɐŋ、eŋ 的發展，第二類是上古 an、en、ən 的發展，第三類是上古 əm、am 的發展。

（一）ɑŋ、oŋ、ɐŋ、eŋ 的發展

（甲）陽部 ɑŋ、eaŋ、ǐaŋ、iaŋ、uaŋ、oaŋ、ǐwaŋ、iwaŋ

αŋ →ɑŋ（唐）　［喉］剛綱岡康印；［舌］當湯堂棠唐狼；［齒］臧倉
　　藏桑喪,葬;［唇］旁芒。

eαŋ→ɐŋ（庚）　［喉］庚更羹阬行;［唇］彭盲盟,猛。

不規則的變化:岷甿萌黽 eαŋ→æŋ（耕）。

ʀαŋ→ʀaŋ（陽）　［喉］姜疆羗强香鄉央;［舌］張羊揚楊陽場長良
　　梁凉糧量,丈兩,暢邑諒;［齒］將漿墙戕襄相湘祥詳庠,象,匠;
　　莊創牀霜,爽,壯。

iαi→ʀɐŋ（庚）　［喉］京卿迎英,景,竟慶競;［唇］兵明,丙秉皿,病。

uαŋ→uɑŋ（唐）　［喉］光黃皇,廣,壙曠。

oαŋ→wɐŋ（庚）　［喉］觥橫。

ʀwαŋ→ʀwɑŋ（陽）　［喉］匡筐狂王,往枉,誑況;［唇］方芳房妨亡
　　忘,罔,放妄望。

iwαŋ→ʀwɐŋ（庚）　［喉］兄永泳。

αŋ、ʀαŋ、uαŋ、ʀwαŋ 爲一類,發展爲中古的陽唐;eαŋ、iαŋ、oαŋ、iwαŋ 爲
一類,發展爲中古的庚。在西漢(公元前 2 世紀至公元 1 世紀初期),陽部
韻基本上和先秦一致;到了東漢(1 世紀至 2 世紀),"英、兄、明、京、行、兵"
等字由陽部轉入了耕部,和"生、平"等字合成庚韻,而這個庚韻在東漢又
和耕清青相通①。從此以後,陽唐是一類,經常同用;庚耕清青是一類,也
經常同用。不過青韻因爲是四等字,元音距離庚耕清較遠,所以唐代詩人
把它獨立起來,成爲第三類。平水韻的陽(包括陽唐)、庚(包括庚耕清)和
青的分別就是由此而來的。

（乙）東部 oŋ、eoŋ、ʀwoŋ

oŋ →uŋ（東）　［喉］公工功攻空鴻洪紅翁,孔,哄;［舌］東通同童
　　銅聾,董動,痛洞;［齒］聰叢,總,送;［唇］蓬蒙。

eoŋ→ɔŋ（江）　［喉］江腔,講項,巷;［齒］窗雙;［唇］邦龐尨,蚌。

ʀwoŋ→ʀwoŋ（鍾）　［喉］恭顒凶雍,拱鞏恐擁,共;［舌］庸容重龍;

①　例如班固《西京賦》叶"精靈成明京",《辟雍詩》叶"兄明行成"。

鐘鍾衝茸舂，種踵；[齒]縱從松，訟誦頌；[脣]封蜂逢，奉。

oŋ 和 ɑŋ 聲音相近，因此，從很古的時候起，東陽就能合韻①。雖然在《詩經》裏東陽的界限是清楚的，但直到西漢，東陽仍然有合韻的現象②。東漢以後，東和陽漸漸疏遠了，因爲東韻的元音已經高化（oŋ→uŋ），而陽韻沒有跟着高化，所以不能再合韻了。

（丙）蒸部 əŋ、ĭəŋ、uəŋ、ĭwəŋ

əŋ→əŋ（登）　　[喉]恒，肯；[舌]登滕騰朦能，鄧；[齒]曾增憎層；[脣]崩朋。

ĭəŋ→ĭəŋ（蒸）　　[喉]兢興應膺；[舌]徵蠅懲陵，孕；蒸稱乘繩仍升丞承，證勝；[脣]冰憑。

uəŋ→uəŋ（登）　　[喉]肱薨弘。

不規則的變化：宏 uəŋ→wæŋ（耕）。

ĭwəŋ→ĭuŋ（東）　　[喉]弓穹雄熊；[脣]馮夢。

蒸部在上古和侵部元音相同（əŋ：əm），所以它們有時候合韻，例如《詩經·秦風·小戎》叶"膺弓滕興音"，《大雅·大明》叶"林興心"，《魯頌·閟宮》叶"乘縢弓綅增膺懲承"。蒸部的讀音比較穩定，除"弓"類由ĭwəŋ變ĭuŋ，在漢代轉入東韻外，其餘到中古還保持原來的讀音。

（丁）耕部 eŋ、ĭeŋ、ieŋ、ueŋ、ĭweŋ、iweŋ

eŋ→æŋ（耕）　　[喉]耕硻鶯櫻，耿幸；[齒]爭。

ĭeŋ→ĭəŋ（清）　　[喉]輕嬰纓；[舌]貞楨盈贏呈程，郢，鄭；征聲成城，整，正政聖盛；領，令③；[齒]精旌清，井請靜省，淨姓性；[脣]并名。

---

① 例如大豐殷"乙亥王又大豐，王凡三方"，見郭沫若《殷周青銅器銘文研究》17 頁。郭先生以爲大豐殷乃周武王時器。

② 例如《淮南子·精神訓》叶"明聰傷揚"，東方朔《七諫》叶"厢明翔通"。

③ 令聲的字從高本漢歸耕部。

　　不規則的變化：eŋ→ɐŋ［齒］生①。ˇʅəŋ→ˇʅɐŋ［脣］平鳴（庚）②；［喉］
　　　　驚荊，敬。

ieŋ→ieŋ（青）　　［喉］經馨刑形陘；［舌］丁聽町廷亭庭寧靈零苓，
　　頂鼎，定寧佞；［齒］青星腥；［脣］屏冥。

ueŋ→wæŋ（耕）　　［喉］轟。

ˇʅweŋ→ˇʅɐˇʅ（清）　　［喉］傾瓊，頃；［舌］營，穎潁。

　　不規則的變化：榮ˇʅweŋ→ˇʅwɐŋ（庚）。

iweŋ→iweŋ（青）　　［喉］坰扃熒③，炯迥。

　　eŋ、ueŋ 爲一類，發展爲中古的耕韻；ˇʅeˇʅ、ˇʅweŋ 爲一類，發展爲中古
的清韻；ieŋ、iweŋ 爲一類，發展爲中古的青韻。

（二）an、en、ən 的發展

（甲）寒部 an、ean、ˇʅan、ian、uan、oan、ˇʅwan、iwan

an→ɑn（寒）　　［喉］干寒安，旱，幹岸漢翰；［舌］單丹嘆彈壇難蘭，
　　坦懶，旦炭但；［齒］餐殘，散，贊粲。

ean（喉脣）→an（刪）　　［喉］姦顔，雁諫晏；［脣］班斑攀蠻，版
　　板，慢。

　　不規則的變化：間閑，簡 ean→æn（山）。

ean（齒）→æn（山）　　産剗鏟山。

　　不規則的變化：棧 ean→an（刪）。

ˇʅan（喉）→ˇʅɐn（元）　　言軒，寋偃，建健憲獻。

　　不規則的變化：遣ˇʅan→ˇʅɛn（仙）。

---

① 高本漢以爲“敬”和“生”都應該入中古的清韻，而事實上入庚韻，所以是例外。參看《中
　國文字學》339 頁。
② 高本漢認爲“平鳴”都是不規則的。參看《中國文字學》342～343 頁。他説“平”字有三
　種不正常的情況：第一，它既收-ŋ，又收-n（力按：“平”又音便）；第二，它在中古應該讀入
　清韻，而事實上讀入庚韻；第三，它在上古收-n 時屬真部，在中古應該讀入真韻，而事實
　上讀入仙韻。
③ 高本漢認爲“熒榮”等字和“敬生”等字一樣，都是不規則的變化。參看《中國文字學》348 頁。

ǐan(舌齒唇)→ǐɐn(仙)　　〔舌〕延筵廛連,展演輦;旃饘然瘬禪蟬,
善戰扇膳繕;〔齒〕煎遷錢鮮仙涎,翦淺,線羨;〔唇〕鞭緜,免冕
勉,便辨辯變弁卞面①。

ian→ien(先)　　〔喉〕肩豜研燕,繭顯,見宴;〔舌〕蓮,練;〔齒〕前,
霰;〔唇〕邊,片。

uan→uɑn(桓)　　〔喉〕觀冠官寬歡貆完丸桓,管緩盌,貫館玩浣
換;〔舌〕端團鸞,短斷煖卵,段亂;〔齒〕纘,纂,算;〔唇〕般盤,伴
滿,半泮叛畔。

不規則的變化:巽 uan→uən(魂)。

oan→wan(删)　　〔喉〕關擐頑還環彎,宦患;〔齒〕撰饌。

ǐwan(喉唇)→ǐwɐn(元)　　〔喉〕元原爰援袁園轅垣冤,卷圈阮遠
宛婉,勸券願愿怨②;〔唇〕番蕃藩繁煩樊,反晚,販飯萬曼。

ǐwan(舌齒)→ǐwɛn(仙)　　〔舌〕緣沿傳椽攣,轉篆臠;專穿船,喘
軟;〔齒〕鐫詮泉全宣旋,選。

iwan→iwen(先)　　〔喉〕涓縣,犬畎。

an、uan 爲一類,發展成爲中古的寒桓;ean、oan 爲一類,發展成爲
中古的删山;ǐan、ǐwan 爲一類,發展成爲中古的元仙;ian、iwan 爲一類,
發展成爲中古的先三分之一。在南北朝初期(5 世紀),是這麼一個情
況:(一)寒桓删經常合韻;(二)元魂痕經常合韻,山先仙經常合韻③。
删韻在較早時期可能是個 æn,所以它和 ɑn、uɑn 相近。山韻在較早時
期可能是個 ɛn,所以它和ǐɐn、ien 相近。後來删山才合流了。《切韻》
時代(7 世紀初),變爲這麼一種情況:(一)寒桓爲一類;(二)删山爲
一類;(三)元魂痕爲一類;(四)先仙爲一類。

　　(乙)真部 en、ǐen、ien、ǐwen、iwen

---

① "免便辨"等字從高本漢歸寒部。
② "圈卷援媛瑗"等字,《廣韻》兼入元仙兩韻,當以元爲正。"拳眷倦阮"等字不兼入兩韻,
　可認爲不規則的變化。
③ 但"山"字往往和仙韻字互押。

en→ɣen(臻)　　〔齒〕蓁榛溱臻莘。

ɣen→ɣěn(真)　　〔喉〕因姻,緊,印;〔舌〕珍寅陳塵鄰麟,引,鎮胤繭;真神人仁申伸紳身,紾,慎;〔齒〕津親秦辛新薪,盡,進晉信迅訊;〔脣〕賓頻民,牝,殯。

ien→ien(先)　　〔喉〕堅牽賢咽;〔舌〕顛天闐田填畋年憐,電甸;〔齒〕千;〔脣〕扁編偏篇,徧昄麫。

ɣwen→ɣwěn(諄)　　〔喉〕均;〔舌〕匀,尹;閏潤;〔齒〕洵旬,筍,徇濬。

iwen→iwen(先)　　〔喉〕玄眩淵,衒。

在先秦時代,真耕兩部往往合韻。如果依照段玉裁、江有誥、朱駿聲的歸類,"苓領令命"等字應歸入真部;但是還有《詩·周頌·烈文》叶"人訓刑"。其他先秦古書合韻的例子更多,如《易·大畜》叶"正賢天",《坤》叶"元生天"等①。我們認爲 en 和 eŋ 既然元音相同,自然可以合韻。直到漢代,合韻的情形仍然存在。後來韻書出來了,詩律漸漸嚴起來了,才不再合韻了。

（丙）文部 ən、eən、ɣən、iən、uən、ɣwən、iwən

ən→ən(痕)　　〔喉〕根垠痕恩,狠。

eən→æn(山)　　〔喉〕艱,眼,限;〔齒〕詵。

ɣən→ɣěn(真)　　〔喉〕巾銀裡;〔舌〕齔;辰晨,忍蜃,震振刃;〔齒〕莘;〔脣〕邠彬貧旻。

iən(喉)→ɣən(欣)　　斤筋芹勤欣殷,謹㫃近隱,靳。

iən(舌齒)→ien(先)　　「舌〕典腆,殿;〔齒〕先,銑燹。

不規則的變化:西洗 iən→iei(齊)。

uən→uən(魂)　　〔喉〕昆坤昏婚魂渾温,袞鯀壼混,困溷;〔舌〕敦屯豚論,盾遯,頓鈍;〔齒〕尊村存孫飧,損,寸遜;〔脣〕奔賁盆門,本,悶。

ɣwən(喉脣)→ɣwən(文)　　〔喉〕君群薰勳云雲耘,運愠緼;〔脣〕分

---

①　參看段玉裁《六書音均表》、江有誥《楚辭韻讀》。

芬焚墳文聞蚊,粉憤吻,糞奮忿問紊。

ǐwən(舌齒)→ǐuěn(諄)　　[舌]倫淪,允;諄春脣純鶉淳,準蠢,順
　　　舜;[齒]遵逡竣循巡馴,隼,俊駿畯。

不規則的變化:川ǐwən→ǐwɛn(仙)①。

iwən(喉)→ǐuěn(諄)　　[喉]麕囷,隕殞。

不規則的變化:員圓 iwən→ǐwɛn(仙);　　荐 iwən→ien(先)。

文部和真部的關係,跟微脂兩部的關係一樣。微部合口字多,文
部合口字也多;脂部開口字多,真部開口字也多。大致説來,脂韻開口
和真相當,合口和諄相當;微韻開口和欣相當,合口和文相當。齊韻和
先相當,灰韻和魂相當。

文欣同部,自古已然。到了《切韻》時代,欣韻的實際讀音已經混
入真韻去了②。但是,陸法言爲了保存古音系統,還是把它排在文韻的
後面③。又因實際讀音和文韻不同,所以《廣韻》裏只好注明獨用。平水
韻因欣韻字少,并入文韻,這是偶然適合上古的語音系統,不是有意
復古。

《廣韻》元魂痕排在一起,元韻下面注明魂痕同用,這是適合南北
朝詩人用韻的情況的。但是,依照上古的語音系統,元在寒部,魂痕在
文部;依照韻圖,元在山攝,魂痕在臻攝。在這一點上,《廣韻》不但和
上古音系不一致,和宋以後的實際語音也不一致。平水韻把元魂痕合
并爲一個韻,後代按照平水韻作詩,由於和實際語音不符,做詩的人對
元韻很難掌握,所以有"該死十三元"的説法。這種情況頗難解釋。可
以這樣設想:在南北朝時代,某些地區確有元韻和魂痕的元音相同的
現象,但是從整個發展來看,元韻還是和寒桓刪山仙爲一類,魂痕還是

①　高本漢以爲"川"在中古入仙韻是不規則的。參看《中國文字學》242頁。
②　《音韻闡微》説:"按唐詩殷(欣)多與真同用,如杜甫《崔氏東山》詩用'芹'字,《贈王侍
　　御》詩用'勤'字與'筋'字;獨孤及《送韋明府》《答李滁州》二詩用'勤'字;陸龜蒙《和襲
　　美懷潤卿博士》詩用'斤'字,《奉和寄懷南陽潤卿》詩用'芹'字。他如此類,不可盡數。"
③　前面我們把欣韻擬成ǐən是根據與文相配這一點來擬定的,并不能代表當時實際讀音。

和文欣諄爲一類，韻圖的記録是正確的。

<h2 style="text-align:center">(三)əm、am 的發展</h2>

(甲)侵部 əm、eəm、ĭem、iem、uəm、oəm、ĭwəm

əm→ɒm(覃)　[喉]戡堪含函①，感，暗；[舌]眈探貪覃南男婪；
　　[齒]簪參驂蠶，慘。

不規則的變化：三 əm→ɑm(談)②。

eəm→ɐm(咸)　[喉]緘咸鹹，減黯；[齒]摻。

ĭem→ĭĕm(侵)　[喉]今金欽衾禽琴吟歆音陰，錦飲，禁；[舌]琛
　　淫湛沈林臨，朕廩，賃；[舌]壬任深諶忱，枕審甚；[齒]祲侵心尋，
　　寢，浸；岑森；[唇]稟品。

iem→ĭem(添)　[舌]忝簟，念。

uəm→uəŋ→ŭoŋ(冬)　[舌]冬彤農，統；[齒]宗，宋。

oəm→oəŋ→ɔŋ(江)　[喉]降洚絳。

ĭwəm→ĭwəŋ→ĭuŋ(東)　[喉]宮躬窮；[舌]中忠衷忡融沖蟲濃
　　隆，仲；終螽充戎，衆；[齒]嵩；[唇]風鳳芃豐③。

不規則的變化：凡汎ĭwəm→ĭwɒm(凡)。

　　自孔廣森認爲上古東冬分韻(但東韻三等字在上古屬冬)，江有
誥、章炳麟、黄侃等人都同意他的説法。只有嚴可均更進一步，他不但
把冬部從東部裏(顧炎武到段玉裁、王念孫都把東冬合成一個東部)分
出來，而且把它合并到侵部裏去。章炳麟晚年也主張冬侵合一。我們
認爲冬侵合一是對的。冬部的字那樣少，而《詩經》裏冬侵合韻達五次

---

①　"函"字從高本漢歸侵部。
②　高本漢認爲"三"字在中古入談是不規則的。參看《中國文字學》292 頁。
③　"統嵩充豐"等字從高本漢歸冬部(在本書屬於侵部)。高本漢東冬雖没有明白分開，但
　　系統是看得出來的。

之多①。直到西漢,冬侵仍有同用的②,可見冬部字到公元前 1 世紀仍收-m 尾。

-m 尾合口呼的變爲-ŋ 尾,是由於異化作用。-m 尾是容許有合口呼的(例如越南語的 buôm,"帆"),但是,由於韻頭 u 和韻尾-m 都需要唇的作用(o 和ʷw 同樣要圓唇),所以-m 尾容易變爲-ŋ 尾(或-n 尾)。這樣,冬和侵就分家了。

(乙)談部 am、eam、ʷam、iam、ʷwam

am→ɑm(談)　　[喉]甘邯酣,敢;[舌]儋聃談郯藍,膽淡覽,濫;[齒]慚,暫。

eam→am(銜)　　[喉]監巖銜,檻,鑑;[齒]芟。

eam→ɐm(咸)　　[喉]陷;[齒]讒,斬。

ʷam→ʷɛm(鹽)　　[喉]黔箝炎淹,檢儉險奄掩,驗;[舌]沾鹽閻簷廉,謟斂;占詹瞻髯,冉染閃;[齒]殲僉纖,漸塹;[唇]貶。

ʷam→ʷɐm(嚴)　　[喉]嚴,儼,劍欠。

iam→iem(添)　　[喉]兼蒹謙嫌,歉;[舌]恬甜,點;[齒]銛。

ʷwam→ʷwɐm(凡)　　[唇]犯范範,氾。

談部的情況複雜,和葉部的情況相同。可能上古談部實際上有兩類:一類是 am,在中古是談銜鹽添;另一類是 ɐm,在中古是咸嚴凡。

＊　　＊　　＊　　＊　　＊

從本章第五、六、七節裏,我們應該掌握的要點如下:

1. 魚部→《廣韻》魚模,又虞韻的喉唇音。

2. 侯部→《廣韻》侯,又[虞]韻的舌齒音和一部分喉音字③。

3. 之部→《廣韻》之咍。

4. 支部→《廣韻》支佳。

---

① 《秦風・小戎》叶"中驂",《豳風・七月》叶"冲陰",《大雅・公劉》叶"飲宗",《蕩》叶"諶終",《雲漢》叶"蟲宮宗臨躬"。

② 例如《淮南子・覽冥訓》叶"音降",司馬相如《上林賦》叶"蓼風音宮窮"。

③ 虞韻加[]號,表示"虞"字本身不在此部。下仿此。

5. 幽部→《廣韻》[尤]幽。

6. 宵部→《廣韻》[蕭]宵肴豪。

7. 歌部→《廣韻》歌戈麻。

8. 脂部→《廣韻》齊,又脂皆韻的開口呼。

9. 微部→《廣韻》微灰,又[脂][皆]韻的合口呼。

以上純元音韻母。

10. 鐸部→《廣韻》鐸陌昔。

11. 屋部→《廣韻》燭[覺],又屋一等。

12. 職部→《廣韻》職德。

13. 錫部→《廣韻》麥錫。

14. 覺部→《廣韻》[沃],又屋三等。

15. 藥部→《廣韻》藥。

16. 月部→《廣韻》祭泰夬廢月曷末鎋[黠]薛。

17. 質部→《廣韻》質櫛屑。

18. 物部→《廣韻》術物迄没。

19. 緝部→《廣韻》緝合洽。

20. 葉部→《廣韻》盍狎葉帖業乏。

以上促音韻母。

21. 陽部→《廣韻》陽唐庚。

22. 東部→《廣韻》鍾江,又東韻一等。

23. 蒸部→《廣韻》蒸登。

24. 耕部→《廣韻》耕清青。

25. 寒部→《廣韻》元寒桓删山仙。

26. 真部→《廣韻》真臻[先]。

27. 文部→《廣韻》諄文欣魂痕。

28. 侵部→《廣韻》侵覃咸冬,又東韻三等。

29. 談部→《廣韻》談銜鹽添嚴凡。

以上鼻音韻母。

這是很粗略的説法,只是爲初學的人容易掌握起見。如果要求精確,還是需要從這三節裏所列的各表去進行研究的。

第八節　上古聲調的發展;
關於上古語音發展的一些結論

我們在本章第三節裏説過,在上古的聲調中舒聲有長短兩類,就是平聲和上聲;促聲也有長短兩類,就是去聲和入聲。所謂舒聲,是指没有-p、-t、-k 收尾的音節來説的;所謂促聲,是指有-p、-t、-k 收尾的音節來説的①。

上古的長入,由於它們的元音都是長元音(類似現代廣州話的中入),在發展過程中,韻尾-t、-k 逐漸消失了②。長入韻尾的消失大約是在第 5 世紀或更早的時期完成的。

中古漢語聲調的實際調值不可詳考。"平、上、去、入"這四個聲調的名稱可能是有意義的③。平聲可能指的是一種平調(大約是高平調),上聲是一種升調,去聲是一種降調,入聲是一種促調④。

從上古漢語到中古漢語、從中古漢語到現代還保存着入聲的方言裏,入聲字的尾音-p、-t、-k 都是一種唯閉音(implosives, невзрывные)。

段玉裁説上古没有去聲,他的話是完全對的。中古的去聲字有兩個來源:第一類是由入聲變來的,例如"歲"字,依《廣韻》該讀去聲(直

---

① 就上古的音節而論,短的不一定是促的,例如短平(中古的上聲);促的不一定是短的,例如長入(中古的去聲)。現代方言中也有短而不促的入聲(參看王力《博白方音實驗録》80~81 頁)。

② 高本漢在《詩經研究》(BMFEA,第四卷 119 頁)裏,以爲由於去聲是個降調,以致輔音韻尾在《切韻》時代以前就失落了。我們以爲這個説法很難成立,首先説上古去聲是個降調,没有任何事實根據;其次單憑降調也不可能使韻尾-t、-k 失落。

③ 江永説這四個字只是舉例的性質,并没有什麽意義。看來真實情况不是這樣。

④ 嚴格地説,促是音質的問題,不是音高的問題,不應該認爲聲調的一種。但是傳統上總是把入聲作爲聲調之一種。這裏依照傳統的説法。

到現代還是去聲），但是，《詩經·豳風·七月》叶"發烈褐歲"，《大雅·生民》叶"皷烈歲"，可見"歲"字本是一個收-t 的字，屬入聲，所以它和"發烈褐皷"等字叶韻。一字具有去入兩讀也可以作爲證據，例如"害契易畫食識亟惡復宿暴溺"等字都有去入兩讀。這些字的異讀還可以認爲辨義的；但是，像"囿"音于救切，又音于六切，"植"音直吏切，又音常職切，"借"音子夜切，又音資昔切，都没有辨義作用，而這類的字也很多。可見是先有入聲，然後分化爲去入兩讀。其次，從諧聲偏旁也看得出去入相通的痕迹，如祭聲有"察"、夬聲有"決"、至聲有"姪"等，都可以推知聲符本身原是入聲；至於各聲有"路"、式聲有"試"、舄聲有"寫"等，它們的聲符直到現代吳粤等方言裏還是入聲，更可以推知被諧字原是入聲了。只有極少數的例外，如肅聲有"蕭"、叔聲有"椒"、寺聲既有"時"，又有"特"等。這些特殊情形是由於諧聲時代比《詩經》時代早得多，可能在造字時期"蕭、椒、時"等字也是入聲，但是到《詩經》時代已經轉化爲平聲了。總之，一大部分的去聲字在上古屬於入聲（長入），到中古喪失了尾音-t、-k，變爲去聲，這是毫無疑問的。

第二類的去聲是由平聲和上聲變來的，特别是上聲變去聲的字多些；上聲之中，特别是濁音上聲的字多些。試舉"上、下"兩字爲例，《詩經·陳風·宛丘》叶"湯上望"，《小雅·頍弁》叶"上恒臧"，《大雅·大明》叶"上王方"，可見"上"字在上古屬平聲，到漢代以後才轉爲卜聲，到 5 世紀以後才分化爲上去兩讀。至於"下"字，《詩經·召南·漢廣》叶"下女"，《邶風·擊鼓》叶"處馬卜"，《凱風》叫"下苦"，《唐風·采苓》叶"苦下與"，《陳風·宛丘》叶"鼓下夏羽"，《東門之枌》叶"栩下"，《豳風·七月》叶"股羽野宇户下鼠户處"，《東山》叶"野下"等等，都證明了上古的"下"字讀上聲；中古的"下"字有上去兩讀，用作名詞或形容詞者讀上聲，用作動詞者讀上聲或去聲。到了現代的普通話裏，"上、下"兩字就只有去聲，可見它們由上聲到去聲的趨勢。又試舉"濟"字爲例，直到第 5 世紀，"濟"字還只有上聲一讀，《廣韻》裏變爲上去兩讀了，後來更變爲有去無上了。又試舉"慶"字爲例，《詩經》裏凡用爲韻脚的"慶"字沒有一個不是和平聲字押韻的。一字兩讀也可以作爲證明，具有平去兩讀者如"衣、過、望"等字最初都屬平聲；具有上去兩讀者如"語、去"等字最初都屬上聲。

由此看來，由上古到中古，聲調的變化是相當大的。一方面是聲調性質本身的變化，由音高和音長并重變爲以音高爲主；另一方面是調類的變化，長入一類的聲調消失了，轉爲去聲，和那些來自平上兩聲的字合流了。

*　　*　　*　　*　　*

現在講關於上古語音發展的一些結論。主要是談韻母的發展。

每一種具體語言的語音都是一個完整的系統，它的各個組成部分是有機地聯繫着的。因此，語音的發展是有規律性的，有系統性的。總之，它進展的步伐是嚴整的。

清代學者早已注意到這種事實。戴震把古韻分爲九類二十五部，就注意陰、陽、入三聲相配[①]。本書所述的古韻十一類二十九部，也是陰、陽、入相配的。

學者們一向以爲陰聲和入聲的關係最深，甚至有人以爲入聲只應該配陰聲，《切韻》入聲配陽聲被認爲是錯誤的。如果把去聲認爲陰聲，那麼，陰聲和入聲的關係更深。現在雖然肯定了凡一字而有去入兩讀的和同一聲符而分屬去入兩聲的都算入聲字，陰聲和入聲的關係也還不算淺。上文所説的肅聲有"蕭"、叔聲有"椒"，是以入聲諧平聲；尃聲有"博"、兒聲有"貌"（五歷切），是以平聲諧入聲。這種例子還是很多的。一字具有陰入兩讀的情形也可以作爲陰入相通的證據，例如"趣"又讀爲"促"等。一字兩讀必須有語音上的聯繫，"趣"是 ts'ĭo，"促"是 ts'ĭok，語音的聯繫是很明顯的，因爲聲母、韻頭和主要元音

[①] 除歌部歸入陽聲是錯誤外，戴震的陰、陽、入三聲相配基本上是正確的。參看王力《漢語音韻學》。

都是完全相同的。入聲的尾音消失以後就變爲陰聲,長入在中古已經變了陰聲了,短入到了近代的北方話裏也變了陰聲(見下文第十三節)。

陰陽相配是戴震的理論,他的弟子孔廣森更進一步發展爲陰陽對轉的説法。陰陽對轉不應該瞭解爲一個字同時有陰陽兩讀,而應該瞭解爲語音發展的一種規律,即陽聲失去鼻音韻尾變爲陰聲,陰聲加上鼻音韻尾變爲陽聲。前者是比較容易瞭解的,但後者也并不是不可能的①。陽聲的失去韻尾,往往先經過鼻化階段,例如:an→ǎ→a。現代昆明話"單"念 ta,"身"念 ʃɛ,就是陰陽對轉的例子。由 ei 轉 en,由 əi 轉 ən,也可以認爲陰陽對轉,因爲韻尾-i 是個舌面元音,和-n 的發音部位差不多是對應的。除了對轉之外,還有所謂旁轉,例如 an→ɛŋ;又有經過旁轉的階段達到對轉的叫做"次對轉",例如 an→ɛŋ→ɛ。

從諧聲偏旁和一字兩讀,都可以證明陰陽對轉的道理。下面試舉出一些例子:

(1)之蒸對轉:　寺等　疑凝　乃仍

能,奴來切,又奴登切。徵,陟陵切,又陟里切。

(2)侯東對轉:　冓講　禺顒　取叢

喁,魚容切,又元俱切。

(3)魚陽對轉:亡,武方切,又同"無"。莽,模朗切,又莫補切。

(4)歌寒對轉:　果祼(灌)　單亶　般嫛(婆)　番播嶓

難儺　宛涴(烏卧切)

(5)支耕對轉:　卑鷍(蒲幸切,蛤也)　圭烓(口迥切,行灶)

(6)脂真對轉:　匕牝

(7)微文對轉:　佳隹　文玟　軍揮暉輝　斤祈斿沂　敦憝(徒

---

① 在現代廣西博白方言裏,由於修辭的關係,經常在開口音節後面加上一個-n 尾,例如"鵝"字一般念 ŋɔ,但如果形容其小或加上感情色彩,就説成 ŋɔn。"鵝兒"ŋɔ ɲi 的意義是小鵝,加上感情色彩就説成 ŋɔ ɲin。

對切）　先洗　西哂

賁,音奔,音墳,又音肥。

其中關係最密切的是微和文、歌和寒、之和蒸①。就在先秦韻文裏,它們也有合韻的情況,例如:

微文:《詩經·邶風·北門》叶"敦遺摧",《小雅·采芑》叶"煒龘威";

歌寒:《詩經·小雅·桑扈》叶"翰憲難那",《隰桑》叶"阿難何";

之蒸:《詩經·鄭風·女曰鷄鳴》叶"來贈"。

大約由於這三對元音的音質具有更大的一致性,所以諧聲較易相通,在韻文中較易合韻。這裏所謂合韻就是一種不完全韻(asson ance),因此合韻畢竟不是常見的。

陽聲和入聲的關係,首先表現在侵談兩部上。從本章第三節所列的表看來,侵談是没有陰聲相配的,它們只能配入聲。從諧聲偏旁來看,占聲有"帖"、厭聲有"壓",是一些陽入相配的痕迹。除此之外,朕聲有"騰"(蒸職)、幹(音翰)聲有"斡"(烏括切,寒月)、旦聲有"怛"(寒月),也都是陽入相配的。應該承認,上古時期,陽聲和入聲的關係不是十分密切的。到了中古時期,它們的關係逐漸密切起來了。散聲有"撒"、鄭聲有"擲"等,可以爲證。

《廣韻》206 韻,不但陽聲和入聲相配是整齊的,連陰聲和入聲相配也是相當整齊的。

江有誥作《入聲表》,充分説明了陰入相配的道理。江有誥在給段玉裁的信裏説:"以等韻言之,質櫛者,脂開口之入也;術者,脂合口之入也;迄者,微開口之入也;物者,微合口之入也;屑者,齊之入也;黠者,皆之入也;没者,灰之入也。"②他的話是非常正確的。我們如果把本章第五節的純元音韻母和第六節的促音韻母比較研究,就可以全面

---

①　關係最淺的是支和耕。

②　見王力《漢語音韻學》所引。

地掌握陰聲和入聲的對應規律了。

《廣韻》的韻,如果全韻都屬於上古的某部,例如鍾韻屬於上古的東部,哈韻屬於上古的之部,那麼,古今韻部的對應關係是很簡單的。但是,也有一些比較複雜的情況:在中古同屬一韻的,而有兩個(或更多)不同的來源;在上古同屬一部的,到了中古分化爲兩韻。這些複雜的情況可以從語音的規律得到闡明。一般説來,語音的變化都是有條件的變化,分化有分化的條件。上古韻部到中古的分化,大致有兩種條件:第一是等呼的關係,即受韻頭的影響;第二是聲母的關係,即受輔音的影響。

(一)下面舉出受韻頭影響的例子。我們從《廣韻》同一個韻而有兩個以上的來源來説:

(1)東韻有兩個主要來源:一等來自東部,三等來自侵部。它的入聲屋韻也有兩個來源:一等來自屋部(侯之入),三等來自覺部(幽之入)。

(2)脂韻有兩個主要來源:開口來自脂部,合口來自微部[①]。

(3)皆韻也有兩個來源,開口來自脂部[②],合口來自微部。

(二)下面舉出受輔音影響的例子。就一般情況而論,喉唇爲一類,舌齒爲一類。我們從上古同部同等而到中古分化爲兩韻的情況來説:

(1)幽部四等分化爲幽蕭:喉唇爲幽[③],舌齒爲蕭。

(2)微部合口三等分化爲微脂:喉唇爲微,舌齒爲脂。其對應的入聲物部的情況和它完全一致。物部長入合口三等分化爲未至:喉唇爲未,舌齒爲至。短入合口三等分化爲物術:喉唇爲物,舌齒爲術。其對應的陽聲文部的情況和微物兩部也完全一致。文部合口三等分化爲文諄:喉唇爲文,舌齒爲諄。這一個典型例子的啓示性很大,三個韻部

---

① "癸"字是例外。

② "排俳"唇音字是例外。

③ "叫"字是例外。"叫"又作"噭、詨",疑非幽部字而是宵部字。

的對應規律是那樣明顯,絕對不是偶然。而中古微文物三韻爲什麼只具有喉唇音,也得到了解答。

(3)鐸部開口四等轉化爲中古的三等,分化爲陌昔:喉爲陌,舌齒爲昔。

(4)月部三等分化爲月薛:喉音開三和喉唇合三爲月,舌齒唇開三和舌齒合三爲薛。其對應的寒部和它完全一致。寒部三等分化爲元仙:喉音開三和喉唇合三爲元,舌齒唇開三和舌齒合三爲仙。這也可以説明爲什麼中古的元月兩韻只具有喉唇音。

由上所述,可見語音的變化是有着非常嚴密的規律性的。從上古到中古是這樣,從中古到現代也是這樣。等到下文講完了中古到現代的語音發展以後,我們還要回到語音發展的規律性的問題上來。

由中古到現代的語音發展

第九節　中古聲母發展的一般叙述

　　從本節起,我們要討論由中古到現代的語音發展。由中古到現代,中間經過一個近代時期,我們有時候也稍爲談到近代時期的情況。本節先對中古聲母的發展作一般性的叙述。

　　由《切韻》的三十五個聲母到守温三十六字母①,是一個發展的過程。三十六字母雖不一定是唐末的,至少是北宋的,即 12 世紀以前的②。三十六字母和《切韻》聲母的主要分别是:(1)唇音分化爲重唇(雙唇)和輕唇(唇齒)兩類了;(2)莊系和章系合流了;(3)雲母從匣母中分化出來,并同餘母合流了。我們不能輕視三十六字母,正如我們不能輕視平水韻一樣。三十六字母對於 10 世紀到 12 世紀之間的聲母的實際情況,基本上是符合的。

　　到了 14 世紀(可能從 13 世紀起),北方話越來越和南方的方言發生分歧,同時也形成了普通話的基礎。從《中原音韻》的分析,我們知道 14 世紀的"中原"(北方)共有二十四個聲母:

　　(甲)喉牙音: k　　　k'　　　　　　　x　　　○

　　(乙)舌音:　　　t　　　t'　　　n　　　　　　l

　　(丙)齒音:　　　　ts　　ts'　　　　　s

---

① 相傳守温是唐末的和尚。但是,依照敦煌唐寫本《守温韻學殘卷》,只有三十字母。這裏説"守温三十六字母",只是照傳統的説法。

② 《韻鏡》和《七音略》都是 12 世紀的作品,裏面都用三十六字母。

tʃ	tʃʻ	ʃ	ʒ
tʂ	tʂʻ	ʂ	ʐ

（丁）唇音：　p　pʻ　m　f　v

　　在《中原音韻》裏，只有支思韻裏的照系字和日母字才變了捲舌音 tʂ、tʂʻ、ʂ、ʐ，其餘各韻的知照系字和日母字還只是念 tʃ、tʃʻ、ʃ、ʒ。

　　直到 15 世紀，北方話的聲母才變爲二十個。明蘭茂《韻略易通》（1442）所載的《早梅詩》："東風破早梅，向暖一枝開，冰雪無人見，春從天上來。"算是代表這二十個聲母的"字母"。這二十個"字母"所代表的聲母是：

k 見	kʻ 開			x 向	○ 一	
t 東	tʻ 天	n 暖			l 來	
ts 早	tsʻ 從			s 雪		
tʂ 枝	tʂʻ 春			ʂ 上	ʐ 人	
p 冰	pʻ 破	m 梅		f 風	v 無	

　　拿這二十個聲母和《中原音韻》的二十四個聲母相比較，可以看出，《中原音韻》所有而 15 世紀時北方話所没有的，是 tʃ、tʃʻ、ʃ、ʒ 四個聲母，這四個聲母後來變了 tʂ、tʂʻ、ʂ、ʐ。拿這二十個聲母和現代北京話相比較，可以看出，15 世紀時北方話所有而現代北京話所没有的，只有一個聲母，即 v；15 世紀時北方話所没有而現代北京話所有的，也只有三個聲母，即 tɕ、tɕʻ、ɕ。可見至少在 14 世紀，現代普通話的語音系統就已經奠定了基礎。

　　從中古到近代，漢語普通話的聲母趨向於簡化。最普遍存在的一個簡化規律就是濁音清化。除了次濁音（m、n、l）之外，所有的濁音聲母都變了清音，於是它們和清音合流了。有一部分字在聲調上保留着濁音的痕迹（見下文第二十一節），另一部分字（去聲字）就和原來的清音字在讀音上完全没有區別了。

　　濁音清化的規律是：（一）如果這個濁聲母是一個破裂音或破裂摩擦音，那麼：

（甲）平聲字變爲吐氣的清音；

（乙）仄聲字（上、去、入三聲的字）變爲不吐氣的清音。

這個情況遠在 14 世紀以前就存在着的，《中原音韻》的語音系統正是這個樣子。應當指出，這種變化的完成是在入聲消失之前，因爲原來的濁音入聲字雖然有一部分變了平聲，仍舊保持它們的不吐氣狀態。

直到今天的北京話裏，這個情況還沒有改變，例如：

（甲）平聲（吐氣）

b'→p'　婆排培袍盤盆旁朋友瓢貧平蒲

d'→t'　台桃頭談堂騰題條田庭圖駝頹團屯同

g'→k'　葵奎逵夔狂

g'→k'→tɕ'　茄橋求鉗琴强渠權群窮

ȡ'→tʂ'　茶除厨持池陳長程蟲

dʒ'→tʂ'　查鋤柴愁讒牀崇

dʑ→tʂ'　船乘

dz'→ts'　辭財曹殘藏層存從

（乙）仄聲（不吐氣）

b'→p　罷敗備抱傍幣便病步

d'→t　大待道澹蕩鄧地調電定度惰隊段鈍動

g'→k　共櫃跪

g'→k→tɕ　技轎舊健近懼倦郡

ȡ'→tʂ　柱稚治墜趙宙篆陣丈鄭仲

dʒ'→tʂ　助棧狀

dz'→ts　自在造臟贈坐罪

（丙）入聲變陽平（不吐氣）

b'→p　拔渤白薄別

d'→t　達敵叠獨奪

g'→k→tɕ　極竭局

ḍʻ→tʂ　蟄姪濁直宅擲逐

dzʻ→tʂ　雜澤鑿族昨

仄聲字有少數的例外：

bʻ→pʻ　佩叛畔碰牝曝瀑

dʻ→tʻ　特悌挺艇

gʻ→kʻ　潰

dzʻ→tsʻ　萃悴

但是，少數例外還是不能削減語音變化規律的嚴整性的。此外，有一部分牀母字已經由破裂摩擦音變了摩擦音（見下節），那又不再是吐氣不吐氣的問題了。

（二）如果這個濁聲母是一個單純的摩擦音，沒有吐氣不吐氣的分別，一般是變爲相應的清音，例如：

v→f　（平）肥凡墳房逢扶（仄）吠犯憤鳳父

ɣ→x　（平）和孩豪猴寒杭橫胡華回還魂黃紅（仄）害號後汗恨户　　畫或壞會患混（入變平）活

ɣ→x→ç　（平）遐鞋閑形玄（仄）係下懈效現項幸（入變平）學　　匣協

ʐ→ʂ　（平）時韶誰（仄）是涉紹受善甚上盛樹睡（入變平）舌熟

z→s　（平）隨松（仄）寺似誦訟頌（入變平）俗

z→s→ç　（平）邪斜徐尋旋旬循巡詳（仄）序叙緒遂袖羡殉象（入　　變平）習襲席夕續

只有一部分禪母平聲字是例外，它們變爲吐氣的破裂摩擦的清音，例如：

ʐ→tʂʻ　匙垂酬讎（仇）蟬禪辰晨臣純醇常嘗承丞成誠城

此外，邪母也有之韻的平聲字"辭詞祠"變爲同部位的吐氣破裂摩擦清音，即 tsʻ１。

現代漢語方言中，保存全濁聲母的不多。現代北京話裏有一個濁摩擦音[ʐ]，但它不是從全濁聲母來的，而是從次濁聲母（日母）來的。

閩南有全濁聲母,但是不完全和中古的全濁聲母相當。只有吳方言和一部分湘方言所保存的全濁聲母最爲完整。吳方言裏的濁聲母以聲帶顫動爲其特徵,不須區別吐氣和不吐氣。就多數情況而論,吳方言的濁聲母是吐氣的(吐濁氣,即當吐氣時聲帶仍顫動),但是,有時候不吐氣也不至於改變音位。

在全濁音消失的現代方言裏,關於原全濁字的吐氣問題,有三種不同的情況:第一種是平聲吐氣,仄聲不吐氣,如珠江三角洲的粵方言(廣州、台山、中山、新會等處),這是和北方話一致的;第二種是平仄聲都不吐氣,如湘北方言(長沙、湘潭等處)①;第三種是平仄聲都吐氣,如客家方言(梅縣、興寧等處)。

以上所説的是中古到現代聲母發展的一般情況。至於分類叙述,將分見於下文第十、十一、十二各節。

第十節　現代聲母 p、p'、m、f,t、t',tʂ、tʂ'、ʂ的來源

本節分爲三小節:(一)現代 p、p'、m、f 的來源;(二)現代 t、t'的來源;(三)現代 tʂ、tʂ'、ʂ 的來源。本書中凡簡單地稱説"現代漢語",都指的是現代普通話。所謂現代漢語語音系統,指的是現代北京話的語音系統。

(一)現代 p、p'、m、f 的來源

上文説過,直到《切韻》時代,唇齒音還没有從雙唇音分化出來,例如:貶,方斂切;漂,撫招切;憑,扶冰切;眉,武悲切,充分可以證明錢大昕所謂"古無輕唇音",直到第 7 世紀還是這種情況。現在我們要問:

(1)分化的條件是什麽? (2)什麽時候發生了分化?

雙唇音一部分字分化爲唇齒音,分化的條件是合口三等。合口三

---

① 極少數的字例外,如"別"pie。

等是帶有韻頭ǐw或全韻爲ǐu的韻母。凡合口三等的雙唇字,到了後來一律變了唇齒音①。表面上有一個例外,就是尤韻的開口三等字,如"浮、婦、負、富"等。實際上這并不是例外,因爲這些字在沒有變爲唇齒音以前,已經轉到虞韻去了,而虞韻正是ǐu音②。微母的情況比較特殊一點,我們留到第十二節裏再來叙述。

唇音分化的時期不能晚於第12世紀,因爲:(一)三十六字母一定是唐末宋初的產品,而三十六字母中有非敷奉微;(二)《集韻》成書在1037年,而《集韻》的反切已經改爲以雙唇切雙唇,例如貶,悲檢切;漂,紕招切;憑,皮冰切;眉,旻悲切。根據上面所説的"婦、富"等字先轉入虞韻然後變爲唇齒音的理論,唇齒音的產生還遠在第9世紀(或更早),因爲白居易《琵琶行》已經把"婦"字押入遇韻(虞韻去聲)。

在分化的初期是這樣:

$$幫\ p \diagdown \genfrac{}{}{0pt}{}{p}{f} \qquad 滂\ p' \diagdown \genfrac{}{}{0pt}{}{p'}{f'} \qquad 並\ b' \diagdown \genfrac{}{}{0pt}{}{b'}{v} \qquad 明\ m \diagdown \genfrac{}{}{0pt}{}{m}{\eta}$$

有人認爲一經分化,p和p'的合口三等字立刻合流爲f,而吐氣的f'根本是不存在的。這話很有道理。到了12、13世紀濁音清化的時代,v變了f,於是非敷奉合流了;同時微母由ŋ變爲v(見下文第十二節)。由此看

---

① 有些假合口字應該除外,例如"眉、丕、美"等字,高本漢定爲合口,但是《韻鏡》和《七音略》把這些字放在開口圖內,沒有放在合口圖內。

② "否"在現代普通話裏念fou,"浮"的又讀也是fou,仍舊是尤韻字,可是它們也變成了輕唇,這似乎和我們所説的重唇變輕唇的條件不合。可是"否"字很早就轉到了遇攝,宋吳文英《鶯啼序》以"戶暮樹絮霧素縷鷺旅雨渡土苧舞柱否"押韻,由此可知。在《中原音韻》裏"否"字也有兩讀:一在魚模韻,一在尤侯韻。"浮"字在《中原音韻》裏只入魚模韻。由此可見,"否、浮"早在《中原音韻》以前就已經轉到合口中去了,所以它們的變化還是合乎條件的。其次,明母字("謀、矛、眸"等)沒有轉到虞韻去,因此它沒有變爲唇齒音。《切韻指掌圖》索性把"謀"音歸入效攝一等,《中原音韻》裏"謀"字歸入魚模(與"模讀"同音),"牟侔"則與"矛"同音,可能是在輕唇音出現以前,"謀、牟"等字已由三等轉到了一等,不再受輕唇規律的約束。《中原音韻》"謀"字念mu,合於流攝唇音歸遇攝的規律,但是按現代一般情況來説,"謀"字仍停留在流攝,只是不再念齊齒而已。

來,現代的 p、p‘、m 是從中古合口三等以外的 p、p‘、m 來的,現代的 f 是從中古合口三等的 p、p‘、b‘來的。

閩方言(閩北、閩南)直到現代還是沒有唇齒音,凡普通話念 f 的字在閩方言裏是 p、p‘或 h。客家話於非敷奉的字也保留着雙唇的痕迹,例如"肺、肥、縫、符"等字念 p‘,"糞、複"等字念 p。吳方言也有個別字保留古讀,例如"防"字念 b‘ɔŋ。

(二) 現代 t、t‘的來源

這兩個聲母的發展過程最簡單。中古的 t(端)到現代仍是 t,中古的 t‘(透)到現代仍是 t‘。中古的 d‘(定)到了現代,原平聲字變爲 t‘,原仄聲字變爲 t(見上節)。

(三) 現代 tʂ、tʂ‘、ʂ 的來源

現代 tʂ、tʂ‘、ʂ 的來源很複雜,它們是從知徹澄、章昌船書禪、莊初崇山這十二個聲母逐漸演變合并而成的。

知徹澄的上古音是 t、t‘、d‘。《廣韻》"爹",陟邪切,今讀 tie,就是知母古音的殘留。直到今天,閩方言(閩北、閩南)仍舊保留着知徹的古讀 t 和 t‘,澄雖由 d‘變爲 t、t‘,而發音部位不變。但是,閩方言只是從上古音保存下來的,而不是從《切韻》時代北方的 ȶ、ȶ‘、ȡ‘變來的。知徹澄變到了 ȶ、ȶ‘、ȡ‘的階段,就不再回到 t、t‘、d‘,而是逐漸變爲 tɕ、tɕ‘、dʑ‘(由破裂音變爲破裂摩擦音,發音部位不變),和章昌船合流。

正齒音和舌上音發展情況是這樣:首先是章昌船書并入了莊初崇山(即守溫三十六字母的照穿牀審),後來知徹澄由破裂音變爲破裂摩擦之後,也并入莊初崇。莊初崇山的原音是 tʃ、tʃ‘、dʒ、ʃ,最後失去了濁音,同時舌尖移向硬腭,成爲 tʂ、tʂ‘、ʂ。它們的發展過程,如果舉知章莊、徹昌初、書山爲例,大約是這樣:

$$
\begin{array}{c}
\text{t}\text{——}\text{tç} \\
\text{tç}\diagup\diagdown\text{tʃ}\text{——}\text{tʂ} \\
\text{tʃ}\diagup
\end{array}
\qquad
\begin{array}{c}
\text{t‘——tç‘} \\
\text{tç‘}\diagup\diagdown\text{tʃ‘——tʂ‘} \\
\text{tʃ‘}\diagup
\end{array}
\qquad
\begin{array}{c}
\text{ç} \\
\diagdown\text{ʃ——ʂ} \\
\text{ʃ}\diagup
\end{array}
$$

這一個最後的發展階段大約在 15 世紀以後才算全部完成,因爲在《中原音韻》裏,這一類字還有大部分没有變爲捲舌音。

澄母的發展過程也很簡單,就是這樣:

$$
\text{dʲ‘}\longrightarrow\text{dʑ‘}\longrightarrow\text{dʒ‘}
\begin{array}{l}
\diagup\ \text{平 tʂ‘} \\
\diagdown\ \text{仄 tʂ}
\end{array}
$$

崇船禪三母的情況比較複雜。以發音部位而論,它們也像章昌書莊初山一樣地發展;但是,以發音方法而論,它們就和原來的發音方法不完全一致。崇船原是破裂摩擦音(dʒ‘、dʑ‘),在現代漢語裏,崇船合而爲一了,有一部分維持着破裂摩擦的發音方法,只是發音部位變了(平聲 tʂ‘,如"柴",仄聲 tʂ,如"寨");另有一部分連發音方法也變了,變爲單純的摩擦音(ʂ,如"蛇")。禪母和船母相反,禪母本是單純的摩擦音,現在有一部分字變了破裂摩擦音。

分化的條件不是很清楚的。現在看得很清楚的是:崇母爲一類,平聲不分化(一律是 tʂ‘),只有仄聲分化("助"tʂ-,"事"ʂ-);船禪爲一類,仄聲不分化(一律是 ʂ),只有平聲分化(船母:"乘"tʂ‘-,"繩"ʂ-;禪母:"成"tʂ‘-,"時"ʂ-)[1],這種分化遠在 14 世紀就完成了,《中原音韻》和《洪武正韻》裏都有很明顯的證據。

不能認爲崇母仄聲字自古就有破裂摩擦和摩擦兩類,因爲:(一)《切韻》反切上字證明崇母只有一類;(二)有些現代方言比普通話有更多的崇母字變爲單純摩擦音,例如廣州的"崇"字念 ʃuŋ、"愁"字念 ʃɐu;客家的"愁"字念 sɛu。

不能認爲船母平聲字自古就有破裂摩擦和摩擦兩類,理由和崇母一樣,廣州的"船"字念 ʃin,"乘"字念 ʃiŋ,客家、閩南和閩北都有類似

---

① 　船禪的仄聲字都變爲 ʂ,只有個別禪母入聲字如"殖"變爲 tʂ。

的情況。就拿北京話來説，"乘"字平聲念破裂摩擦，去聲念單純摩擦，也可以證明是由聲調影響才分化出來的。

不能認爲禪母平聲字自古就有破裂摩擦和摩擦兩類，理由和崇母一樣。廣州的"晨、臣"都念 ʃɐn（與"陳"有别），"成、城、乘、丞"都念 ʃiŋ（與"程"有别），客家、閩南和閩北都有類似的情況，可見禪母本來是單純摩擦（z→ʒ→ʂ）。就拿北京話來説，"盛飯"的"盛"念平聲是破裂摩擦，"茂盛"的"盛"念去聲是單純摩擦，可見是由聲調影響才分别出來的。

現代北京話聲母和中古聲母對照表①：

p←p　　播跛簸；巴芭疤把霸爸；補布佈；貝，拜擺，蔽閉，杯背輩；卑碑彼俾臂，悲比庇痹；褒保堡寶報，包胞飽豹爆；標表，彪；貶，稟，扮八；班頒扳板版，鞭編變籩，邊蝙扁匾；般搬半絆鉢撥；彬賓殯畢筆必，奔本不；幫榜謗博；邦綁剝駁；崩北，冰逼；百伯柏，兵丙秉柄碧，餅併璧，壁；卜。

p←b'（仄）　　部簿步埠捕；罷稗敗，敝弊幣斃陛，倍；被婢避，備鼻笓；抱暴，鮑鉋；辦瓣拔，辨辯便汴别，辮，伴，鈸跋；弼，笨勃脖；傍薄泊；棒蚌雹；白帛，病，並。

p←p'（例外）　　玻怖

p'←p'　　坡頗；怕，鋪普浦鋪；沛，派，批，胚坯配；披譬，丕屁；抛泡炮，飄漂；剖；品；盼，攀，篇偏騙，片撇；潘拚判潑；匹，噴；滂；胖璞；烹拍珀魄，聘僻，姘拼霹僻；撲；捧②。

p'←b'（平）　　婆；爬；蒲菩脯；排，牌，培陪賠；皮疲脾；袍，跑（變上），瓢嫖；駢；盤，貧頻，盆；旁；龐；朋，憑；彭膨；棚，平評，瓶屏；蓬篷。

p'←b'（仄）（例外）　　佩；牝；叛畔；碰；曝瀑。

---

① 例字大致依照中國科學院語言研究所所編的《方言調查字表》，科學出版社 1955 年。每攝用分號隔開，每韻（包括入聲）用逗號隔開。

② "捧"是敷母字。這是中古合口三等非敷奉的字没有分化爲唇齒音的唯一例子。

p'←p（例外）　譜迫。

m←m　魔摩磨；麻蟆馬碼罵；模摸慕暮墓募；埋，買賣邁，迷米謎，梅枚玫媒每昧妹；糜彌靡，眉楣黴美媚寐；毛冒帽，茅貓卯貌，苗描藐渺秒廟妙；某畝牡母茂貿，謀矛眸，謬；蠻慢，綿免勉娩緬面滅，眠麵篾，瞞饅滿漫幔末沫；閩民敏憫泯密蜜，門悶没；忙芒茫莽莫膜幕寞；墨默；盲猛孟陌，萌盟麥脈，明鳴皿命，名，銘冥覓；蒙懵木沐，夢目穆牧。

m←p（例外）　秘泌。

f←f←p　夫膚府腑甫斧付賦傅；廢；非飛匪沸；否富；法；反髮發；分粉糞奮弗；方肪倣放；風瘋諷福幅蝠複腹，封。

f←f'←p'　敷俘撫赴訃；肺；妃菲費；副；泛；番翻販；芬紛拂彿；芳妨紗仿訪；豐覆，峰蜂鋒。

f←v←b'　符扶父釜腐輔附；吠；肥；浮婦負阜復；凡帆范犯範梵乏；煩藩礬繁飯伐筏罰；墳焚憤份佛；房防縛；馮鳳伏服。

t←t　多，朵躲剁；都堵賭肚妒蠹；獃戴帶，低隄底抵帝，堆對；刀島禱倒到，刁貂雕釣吊；兜斗抖陡鬥，丟；耽答搭，擔膽，點店墊；丹單旦，顛典，端短斷鍛掇；敦墩頓；當黨；登燈等凳得德；打，丁釘鼎頂訂的嫡滴；東董懂凍棟，冬篤督。

t←d'（仄）　舵，惰墮；杜肚度渡；待怠殆代袋大，弟第遞，隊，兌地；道稻盜導，調掉；豆逗；淡，叠蝶牒諜；誕但憚彈達，電殿奠佃迭跌；斷段緞奪；沌盾；蕩宕鐸度；鄧；定錠笛敵狄耀；動洞獨讀牘，毒。

t'←t'　拖他，妥唾；土吐兔，胎態太泰，梯體替涕，推腿退；滔掏討套，挑跳糶；偷透；貪探踏，毯，塔榻塌，添忝舔帖貼；灘攤坦炭嘆獺，天鐵，脫；吞；湯倘躺燙趟託托；忒；聽廳汀踢剔；通桶痛禿，統。

t'←d'（平）　駝陀駄；徒圖途塗屠；臺苔抬，題提蹄啼，頹；桃逃陶萄濤，條調；頭投；潭譚，談痰，甜；壇檀彈，田填，團；屯豚臀；堂唐糖塘螳；滕騰藤疼；亭停廷庭蜓；同銅桐筒童瞳。

t'←d'（仄）（例外）　悌；特；挺艇。

tʂ←ʈ　豬著，誅株蛛駐；綴；知智，致，置，追，罩，朝，肘晝；站斮；

沾粘輒;展哲;轉輾;珍鎮窒,䌷;張長漲帳賬脹;椿桌卓琢啄;徵;摘,貞;中忠竹築,冢。

tʂ ←ɖ'(仄)　苧;柱住;滯;雉稚;痔峙治;紂宙;賺;朕蟄;綻;轍;篆傳,陣姪秩;丈杖仗着;撞濁濯;直值;宅(白話),鄭擲;仲逐軸,重。

tʂ ←tɕ　遮者蔗;諸煮,朱硃珠主鑄注;制製,贅;脂旨指至,之芝止趾址志誌痣,錐;昭招沼照詔;周州洲舟帚呪;瞻占佔摺;針斟枕執汁;氈戰顫折浙,專磚拙;真診疹振震質,諄肫準准;章樟掌障酌;蒸拯證症織職;徵整正隻炙;終衆祝粥,鐘鍾種腫燭囑。

tʂ ←tʃ　渣詐榨炸;阻;齋,債;抓爪;斬蘸貶;盞札扎紮;榛臻;莊裝壯;捉;窄,爭箏責。

tʂ ←dʒ'(仄)　乍;助;寨;閘;棧鍘;撰;狀;鐲。

tʂ ←ʈ'(例外)　偵。

tʂ ←ʐ(例外)　植殖。

tʂ ←tʃ'(例外)　柵(tʂa)。

tʂ'←ʈ'　詫;褚;癡恥;超;抽丑;琛;徹撤;趁;椿;暢悵;戳;飭;撐拆;蟶逞;畜;寵。

tʂ'←ɖ'(平)　茶搽;除儲,厨;池馳,遲,持,槌錘;朝潮;綢稠籌;沉;纏,傳椽;陳塵;長場腸;懲;澄;橙;呈程;蟲,重。

tʂ'←tɕ'　車扯;處;鴟,嗤齒,吹炊;醜臭;川穿喘舛串;春蠢;昌娼廠唱倡綽;稱秤;赤斥尺;充,衝觸。

tʂ'←dʑ'(平)　船;脣;乘。

tʂ'←tʃ'　叉杈差岔;初楚,芻;釵差;揣;抄鈔吵炒;插,懺;鑹察;襯;瘡創;窗。

tʂ'←dʒ'(平)　查;鋤,雛;豺;柴;巢;愁;潺;牀;崇。

tʂ'←ʐ(平)　垂;讎(仇)酬;蟬禪;辰晨臣,純蒓醇;常嘗;承丞;成城誠盛。

tʂ'←ʃ(例外)　産。

tʂ'←ɕ(例外)　春。

ʂ←ɕ　奢賒捨赦舍；書舒暑鼠黍庶恕，輸戍；世勢，税；尸屍矢屎，詩始試，水；燒少；收手首守獸；陝閃攝；深審嬸沈濕；羶扇設説；身申伸失室；商傷賞；升勝式識飾；聲聖適釋；叔束。

ʂ←ʐ　社；墅署；殊豎樹；誓逝；匙是氏豉；視嗜；時市恃侍；誰；韶紹邵；受壽授售；贍涉；甚十什拾；善膳擅；腎慎；上尚勺芍；盛石碩；熟淑，蜀屬。

ʂ←ʃ　沙紗，傻；疏蔬梳，數；篩灑曬；師獅，史使駛；衰摔帥率，梢稍；瘦；杉霙，衫；山殺，删訕疝，閂栓刷，瑟蝨，蟀；雙朔；色（白話）；生笙牲甥省。

ʂ←dʐ‘　蛇射；示；葚；舌；神實，盾順術述；繩剩食蝕。

ʂ←dʒ‘（仄）　士事；贖。

ʂ←tɕ‘（例外）　樞。

第十一節　現代聲母 k、k‘、x，ts、ts‘、s，
tɕ、tɕ‘、ɕ 的來源

在漢語發展過程中，開口呼和合口呼的舌根音和舌尖音表現着很大的穩固性。除了濁音清化之外，沒有什麼變動。關於舌尖破裂音 t、t‘的穩固性，上節已經叙述過了，它們比同部位的破裂摩擦和摩擦要更穩固，在任何位置也沒有發生變化。現在要講的是舌根破裂音 k、k‘，舌根摩擦音 x，舌尖破裂摩擦音 ts、ts‘，舌尖摩擦音 s，它們是有條件的穩定，即不在 i、y 前面的時候保持着中古的發音部位。

（一）現代 k、k‘、x 的來源

由於濁音清化的發展規律，中古的濁音 ɣ 不能再維持了，它發展爲 x，因此，匣母（雲母除外）和曉母合流了。到了後來，齊齒字和撮口字的舌根音變了 tɕ、tɕ‘、ɕ（見下文），而開合口不變。單就開合口來説，舌根音的發展情況如下圖：

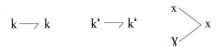

例如：狗 kəu→kou、看 k'ɑn→k'an、荒 xuɑŋ→xuaŋ、黃 ɣuɑŋ→xuaŋ。有極少數的例外：況 xuɑŋ→k'uaŋ、昆 kuən→k'uən。

（二）現代 ts、ts'、s 的來源

現代漢語裏的 ts、ts'、s 有兩個來源：大部分的字來自精清從心邪，小部分的字來自莊初崇山。

（甲）來自精清從心邪的

上文說過，凡聲母後面不緊接着 i、y 的，就能保持中古的 ts、ts'、s。由於濁音清化，從邪兩母（dz'、z）不能再保持了，於是從母平聲并入清母，念 ts'，仄聲并入精母，念 ts；邪母不分平仄，一律并入心母，念 s。發展情況如下圖：

$$\begin{array}{ccc} ts \searrow & ts' \searrow & s \searrow \\ \quad ts & \quad ts' & \quad s \\ dz'(仄) \nearrow & dz'(平) \nearrow & z \nearrow \end{array}$$

例如：早 tsɑu→tsau、草 ts'ɑu→ts'au、曹 dz'ɑu→ts'au、造 dz'ɑu→tsau、送 suŋ→suŋ、誦 zǐwoŋ→suŋ。

ts、ts'、s 在後面緊接着 i、y 的情況下，在北京話裏變爲 tɕ、tɕ'、ɕ（見下文）。

（乙）來自莊初崇山的

照系二等和三等在《廣韻》反切中區別甚嚴，這不是偶然的。在上古語音系統中，照系二等（莊初崇山）和精系相近，三等（章昌船書禪）和知系（即端系）相近。有了這個歷史淵源，莊初崇山到後來雖然有一部分并到章昌船書去了，還剩下一部分字并到精清從心裏來。分化的條件不很清楚，但是有一種現象是非常明顯的，就是只有莊初崇山變的 ts、ts'、s，没有章昌船書禪變的 ts、ts'、s，例如：

所 ʃwo→suo　　侯 dʒ'ǐə→sɿ　　厠 tʃǐə→ts'ɿ、ts'ə

鄒 tʃʅəu→tsou　　　驟 dʒʅəu→tsou　　　搜 ʃʅəu→sou

岑 dʒʅɛ̆m→tsʻəu　　森 ʃʅɛ̆m→sən

澀 ʃʅɛ̆p→sə　　　　測 tʃʅək→tsʻə　　　色 ʃʅək→sə

責 tʃæk→tsə　　　 策册 tʃʻæk→tsʻə　　 縮 ʃʅuk→su、suo

（三）現代 tɕ、tɕʻ、ɕ 的來源

現代北京話的 tɕ、tɕʻ、ɕ 有兩個來源：（甲）來自齊撮呼的 k、kʻ、x；（乙）來自齊撮呼的 ts、tsʻ、s。舌根破裂、舌根摩擦、舌尖破裂摩擦、舌尖摩擦都由於受舌面前元音（i、y）的影響，而變爲舌面前輔音（tɕ、tɕʻ、ɕ）。這是語音學上所謂同化作用。下面是一些例子：

（甲）舌根音

見母：　基 kʅə→tɕi　　　　　卷 kʅwɛn→tɕyan

溪母：　啓 kʻiei→tɕʻi　　　　圈 kʻʅwɛn→tɕʻyan

群母：　琴 gʻʅɛ̆m→tɕʻin　　　懼 gʻʅu→tɕy

曉母：　香 xʅaŋ→ɕiaŋ　　　　虛 xʅo→ɕy

匣母：　形 ɣieŋ→ɕiŋ　　　　 玄 ɣiwen→ɕyan

（乙）舌尖音

精母：　將 tsʅaŋ→tɕiaŋ　　　俊 tsʅuə̆n→tɕyn

清母：　秋 tsʻʅəu→tɕʻiu　　　取 tsʻʅu→tɕʻy

從母：　秦 dzʻʅɛ̆n→tɕʻin　　　絕 dzʻʅwɛt→tɕye

心母：　修 sʅəu→ɕiu　　　　　需 sʅu→ɕy

邪母：　習 zʅə̆p→ɕi　　　　　 旬 zʅuə̆n→ɕyn

特別值得注意的是：在這種同化作用還没有起作用的時期，某些原來帶韻頭（或全韻）i、y（ʅw）的字已經喪失或改變了它們的韻頭（或全韻），它們的聲母 k、kʻ、x，ts、tsʻ、s 就不具備舌面前化的條件，所以并没有變爲 tɕ、tɕʻ、ɕ，例如：

蟹_{合三}：　歲 sʅwɛi→suɛi→sui

蟹_{合四}：　桂 kiwei→kuei→kuei

止_{開三}：　斯 sĭe→sɿ→sɿ　　私 si→sɿ→sɿ　　司 sĭə→sɿ→sɿ

止_{合三}：　隨 zĭwe→suei→sui　　雖 swi→suei→sui

　　　　　規 kĭwe→kuei→kuei　　龜 kwi→kuei→kuei

　　　　　歸 kĭwəi→kuei→kuei

臻_{合三}：　遵 tsĭuə̆n→tsuən→tsun①

　　　　　卒 tsĭuə̆t→tsu→tsu②

宕_{合三}：　狂 g'ĭwaŋ→k'uaŋ→k'uaŋ

通_{合三}：　肅夙宿 sĭuk→su→su　　足 tsĭwok→tsu→tsu

　　　　　嵩 sĭuŋ→suŋ→suŋ　　　從 dz'ĭwoŋ→ts'uŋ→ts'uŋ

　　　　　弓 kĭuŋ→kuŋ→kuŋ　　　恭 kĭwoŋ→kuŋ→kuŋ

反過來說，開口二等舌根音字，本來没有韻頭，但是當它們產生了韻頭 i 之後③，也就影響聲母，使舌根音舌面化，例如：

假_{開二}：　家假價　ka→kia→tɕia　　霞下 ɣa→xia→ɕia

蟹_{開二}：　街解　kai→kiai→tɕiai→tɕie

　　　　　皆界　kɐi→kiai→tɕiai→tɕie

效_{開二}：　交絞教　kau→kiau→tɕiau

　　　　　肴效　ɣau→xiau→ɕiau

咸_{開二}：　鹹 ɣɐm→xiam→ɕiam　　甲 kap→kiap→tɕia

山_{開二}：　奸諫 kan→kian→tɕian

　　　　　閒限 ɣæn→xian→ɕian

江_{開二}：　江講降 kɔŋ→kiaŋ→tɕiaŋ　　項巷 ɣɔŋ→xiaŋ→ɕiaŋ

梗_{開二}：　行杏 ɣɐŋ→xiŋ→ɕiŋ　　幸 ɣæŋ→xiŋ→ɕiŋ

最富於啟示性的是梗攝字："行、衡"在《廣韻》裏同音，"幸"和

① 　但是：詢 sĭuə̆n→syən→ɕyn、　旬 zĭuə̆n→syən→ɕyn。

② 　但是：戌恤 sĭuə̆t→sy→ɕy。

③ 　這個韻頭 i 可能不是中古以後新產生的，而是上古的韻頭 e 演變來的。

“核”上入相配,由於“行、幸”產生了韻頭 i,所以聲母舌面化;“衡、核”沒有產生韻頭 i,所以維持原來的舌根音,念成 xəŋ 和 xə。

湖北、湖南、廣西、四川、雲南、貴州等處的官話區有一個共同的特點,就是蟹攝開口二等見系字仍念 k、kʻ、x,例如“街”kai、“鞋”xai。有些地方“間、巷”等字也念舌根音。

普通話裏舌根音的舌面化,可能比舌尖音的舌面化早些,也可能是同時。在 18 世紀以前,不但齊撮呼的見溪群曉匣已經變了 tɕ、tɕʻ、ɕ,連精清從心邪也變爲 tɕ、tɕʻ、ɕ 了①。舌根音的舌面化,所占方言區域較廣;舌尖音的舌面化,所占方言區域較小。在京劇界中,見系字被稱爲“團音”,認爲應念 tɕ、tɕʻ、ɕ;精系字被稱爲“尖音”,認爲應念 ts、tsʻ、s。

在能分辨尖團音的現代方言中,又有兩種主要的不同情況:一種是見系齊撮字已經變了 tɕ、tɕʻ、ɕ,但精系字仍舊保持 ts、tsʻ、s,如吳方言;另一種是見系保持 k、kʻ、x,精系保持 ts、tsʻ、s,如膠東半島。粵方言、閩方言、客家方言都屬第二種或接近第二種。

現代北京聲母和中古聲母對照表:

k←k　歌哥個,鍋戈果裹過;瓜寡;姑孤古估股鼓故顧固雇;該改概溉,蓋丐,乖怪,拐掛,圭閨桂;規詭,龜軌睯癸,歸鬼貴;高膏羔糕稿告;勾鈎溝狗垢够構購;感鴿,甘柑敢;給;干竿肝乾稈趕幹葛割,官觀冠管館貫灌罐,鰥,關慣刮;根跟,滾棍骨;岡剛鋼綱各閣,光廣郭;港;亙,國;庚羹哽更格,耕耿革隔,虢;公工功攻貢穀谷,弓躬宮。

k←gʻ(仄)　跪,櫃;共。

kʻ←kʻ　可,科窠棵課;誇跨;枯苦庫褲;開凱慨,盔魁傀,塊,快;虧窺;考靠,摳口叩扣寇;堪坎砍勘,瞰磕;看刊侃渴,寬款闊;懇墾,坤捆

① 清無名氏作《圓音正考》,在序裏説“試取三十六字母審之,隸見溪群曉匣五母者屬團,隸精清從心邪五母者屬尖。”可見當時尖團已不分。《圓音正考》成於乾隆八年癸亥(1743)。

困窟;康糠慷抗,曠廓擴,匡筐;肯刻;坑客咳;空孔控哭,酷。

k'←g'(平) 逵葵;狂。

k'←k(例外) 愧;昆崐;礦。

k'←x(例外) 況。

k'←ɣ(例外) 潰。

x←x 火夥貨;花化;呼虎滸戽;海,灰賄悔晦;麾毀,揮輝徽諱;蒿好;吼;喊;罕漢喝,歡喚豁;昏婚忽;墾荒慌謊霍;黑;亨;轟;烘哄。

x←ɣ 何河荷賀,和禾禍;華;胡湖狐壺乎瓠户滬互護;孩亥害,回匯會;懷槐淮壞畫話;惠慧;毫豪浩號;侯喉猴後厚后候;含函憾合盒,酣邯盍;寒韓旱汗翰曷,桓緩換活,幻滑猾,還環患宦;痕恨,魂混渾;行航杭鶴,黄皇蝗鐄,恒;弘或惑;衡,核,横,宏獲劃;紅鴻洪哄斛。

x←ɣ(雲母)(例外) 彙。

x←k'(例外) 恢。

ts←ts 租祖組做;災栽宰載再,最;紫,資姿咨姊,兹滋子梓,嘴,醉;遭早棗蚤澡躁灶;走奏;簪;贊,鑽纂;尊卒,遵;臧臟作;增憎曾則;稜鬃總稷,蹤縱足。

ts←dz'(仄) 坐座;在,罪;自,字;皂造;雜;藏臟昨鑿,贈賊,族。

ts←tʃ 輜;鄒。

ts←dʒ'(仄) 驟。

ts'←ts' 搓,銼;粗醋措錯;猜彩採菜蔡,崔催,脆;雌此刺,翠;操草;湊;參慘;餐燦擦,竄撮;村忖寸猝;倉蒼;聰忽蔥囱,促。

ts'←dz'(平) 才財材裁纔;疵,瓷,慈磁,曹槽;鹺,慚;殘;存;藏;層曾;叢,從。

ts'←tʃ' 廁,篡。

ts'←dʒ'(平) 岑。

ts'←dz'(仄)(例外) 悴。

ts'←s(例外) 粹。

ts'←z(例外) 辭,詞祠。

s←s　娑;襄梭唆鎖瑣;蘇酥素訴塑;腮賽,碎,歲;斯賜,私死四肆,司絲思伺,髓,雖綏;騷臊掃嫂;叟漱;三;散傘撒薩,酸算;孫損,笋;桑喪嗓索,僧塞;送速,鬆宋,嵩宿肅夙,愨。

s←z　似祀寺嗣飼,隨,遂隧穗;松誦頌訟俗。

s←ʃ　所;俟;搜蒐;森澀;縮。

tɕ←k　家加嘉假賈嫁架駕稼價;居車舉據鋸,拘俱駒矩句;雞稽計繼繫,覊寄,飢肌几冀,基姬己紀記,機饑譏幾既,季;交郊膠絞狡攪教較窖,驕嬌矯,澆繳叫;鳩鬮九久韭灸救究,糾;減夾;監鑑甲;檢,劍劫,兼;金今襟錦禁急級給;艱間簡柬揀,奸姦諫,建揭,肩堅繭見結潔,捲卷眷絹,厥,涓決訣;巾緊吉,斤筋謹,均鈞橘,君軍;疆僵姜薑脚;江講降覺角;兢棘;京荆驚境景警敬竟鏡戟,頸勁,經徑擊激;菊。

tɕ←gʻ(仄)　巨拒距遽,具懼;技妓,忌;轎舅臼咎柩;儉;及;件傑,鍵健竭,倦;僅,近,窘菌,郡掘;極;競劇屐;局。

tɕ←j(例外)　捐。

tɕ←ɣ(例外)　艦。

tɕ←ts　嗟姐借;祭際擠濟;焦椒剿,酒;尖殲接;浸;煎剪箭濺,箋薦節;津儘進晉,俊;將漿蔣獎槳醬爵雀;即鯽稷;精晶旌睛井積跡脊績。

tɕ←dzʻ(仄)　聚;就;漸捷;集輯;盡疾;踐賤,截絕;匠嚼;静净籍藉,寂。

tɕʻ←kʻ　去;啓契,企,器棄,欺起杞,豈氣汽,巧,竅;丘;恰掐,嵌,欠怯,謙歉;欽泣;遣,圈,勸券闕,犬缺;乞,屈;羌却;殼;卿慶,輕磬,傾頃;穹麯,曲。

tɕʻ←gʻ(平)　渠,瞿;奇騎岐,祁耆鰭,其期旗棋,祈;喬橋;求球;潛,鉗;禽擒琴;乾虔,權,勤芹,群裙;强;擎鯨,瓊;窮。

tɕʻ←k(例外)　訖。

tɕʻ←x(例外)　迄。

tɕʻ←j(例外)　鉛。

tɕ'←ts'　蛆;趨取娶趣;妻淒砌;鍬悄俏;秋;籤簽僉妾;侵寢緝;遷淺,千切;親七漆;槍搶鵲;清請,青蜻戚。

tɕ'←dz'(平)　樵;錢,前,全泉;秦;墙牀;情晴。

tɕ'←z(例外)　囚。

ɕ←x　蝦嚇;虛許;犧戲,嘻嬉熙喜,希稀;孝,囂,曉;休朽嗅;險;脅;瞎;軒掀憲獻歇蠍,顯,喧,血;釁,欣,薰勳訓;香鄉享響向;興;馨,兄,畜蓄,胸凶兇旭。

ɕ←ɣ　遐霞瑕下夏暇;奚兮系係繫,携;肴淆效校;咸鹹陷狹峽洽,銜匣;嫌協俠挾;閒閑限莧,轄,賢弦現,玄懸縣穴;降項巷學;行杏,幸,形刑型。

ɕ←ɣ(雲母)　雄熊。

ɕ←k'(例外)　墟;溪;隙。

ɕ←s　胥絮,須鬚需;西犀洗細壻;消宵銷小笑,蕭簫嘯;修羞秀繡銹;纖遲;心;仙鮮癬線薛褻泄,先屑,宣選雪;辛新薪信訊悉膝,荀詢迅戌恤;相箱廂襄鑲想鯗削;息熄媳;性姓昔惜,星腥醒錫析。

ɕ←z　徐序叙緒;袖;尋;習襲;涎羨,旋;旬循巡殉;祥詳像象;席夕;續。

第十二節　現代聲母 n、l、ʐ 和零聲母的來源

本節討論分爲兩小節:第一小節討論 n、l、ʐ 的來源;第二小節討論零聲母的來源。

(一)n、l、ʐ 的來源

在北京話和其他許多方言(如吳方言、客家方言)裏,聲母 n 是最穩固的聲母之一。上文講過,三十六字母中的泥和娘只算一類。依照這個看法,從中古到現代,n 始終是個 n,沒有起什麼變化,例如"鬧"字,中古念 nau,現代也念 nau,讀音是一樣的。

現代北京話裏的 n，基本上是由中古的 n 變來的。但是，也有極少數的字有着不同的來源。一部分疑母齊齒，本來念 ŋ 的，現在變了 n 了：

倪霓 ŋiei→ni　　　擬 ŋĭə→ni　　　逆 ŋĭek→ni

齯臬隉 ŋiet→nie　　孽蘖 ŋĭɛt→nie　　牛 ŋĭəu→niou

凝 ŋĭəŋ→niŋ　　　虐瘧 ŋĭak→nye

現代北京話和大多數北方話於 n、l 分別很嚴，不像湖南和四川等處 n、l 不分。只有一個"弄"字的白話音是 nəŋ，但它的文言音是 luŋ，仍然合於來母的讀音。

聲母 l 和 n 一樣穩定，或者可以説更穩定，因爲從上古到現在沒有發生過變化，例如"良"字，上古是 lĭɑŋ，中古是 lĭaŋ，現代是 liaŋ。

聲母 ʐ 的基本來源是 nʑ(日)，也相當單純，例如"人"nʑĭěn→ʐən。但是，由 nʑ 到 ʐ 的過程需要一番解釋。nʑ 是一個破裂摩擦音。當破裂成分占優勢的時候，摩擦成分消失，就成爲今天客家方言和吳方言(白話)的 ɲ("人"ɲin)；當摩擦成分占優勢的時候，破裂成分消失，就剩一個 ʑ，後來變 z，成爲今天吳方言文言的 z("人"zən)。但是，假定這個 nʑ 跟着 tɕ、tɕʻ、dʑʻ、ɕ、ʑ 變爲 nʐ，後來摩擦成分占優勢，破裂成分消失，就變爲 ʒ→ʐ 了。有些地方的日母變了半元音 j(武漢、桂林、廣州等)，這是直接由 nʑ→ʑ 變來，沒有經過變 ɲ 或 z 的階段，因爲 ʑ 的發音部位近 j 的緣故。止攝日母三等字("兒爾二"等)在現代普通話裏念 əɹ(零聲母)，分化的條件尚待研究。

在現代北京話裏，有幾個 uŋ 韻喻母字轉入了日母，如"榮、容、鎔"等都念 ʐuŋ(不念 juŋ)。這是非常晚起的現象，因爲：(甲)這種音變發生在雲母和餘母合流爲喻母之後("榮"屬雲母，"容、鎔"屬餘母)；(乙)也發生在梗攝合口三等一部分轉入通攝之後("榮"屬梗攝)；(丙)明清的著作沒有提到這種音變。此外還有一個"鋭"字，現代北京話念 ʐuei。這個變讀很早了，《中原音韻》裏就把它讀與"芮"同音了。

(二)零聲母的來源

所謂零聲母,是指以元音起頭的字;因爲没有輔音起頭,所以叫做"零聲母"。以 i、y、u 起頭的字,可能是半元音 j、ɥ、w;但是,從音位觀點看,可以不必加以區别。

零聲母可以分爲四種情况:(甲)韻頭或全韻爲 i 的,可以叫做 i 類零聲母;(乙)韻頭或全韻爲 y 的,可以叫做 y 類零聲母;(丙)韻頭或全韻爲 u 的,可以叫做 u 類零聲母;(丁)没有韻頭,而主要元音爲 a、o、ə 的,叫做 a 類零聲母。i、y、u 三類零聲母有一個共同的情况:它們都是從雲(ɣ-)、餘(j)、疑(ŋ)、影(o)變來的;u 類有一個特殊情况,就是除此之外還多了一個微母(ɱ)作爲它的來源。至於 a 類零聲母,它只有兩個來源,就是疑和影(因爲雲餘没有一等字)。

雲餘的分别,直到現在還保留在越南語的漢語借詞(所謂漢越語)裏,雲母是 v,餘母是 z(寫作 d),例如"王"作 vóung[vʉɐŋ]、"陽"作 dúong[zɑŋɣ]、"雲"作 vân[vən]、"餘"作 dú[zu]、"爲"作 vi[vi]、"惟"作 duy[zui]等。至於現代漢語各地方言,據我們所知,雲餘不再有分别了。

雲餘合流的時期很早,至少在第 10 世紀就已經完成了[1]。疑母則在 14 世紀(《中原音韻》時代)的普通話裏已經消失,和喻母(雲餘)也完全相混了[2]。同時(14 世紀)影母和喻母在北方話裏也只在平聲一類有聲調上的差别,上去兩聲就完全相混了[3]。至於微母,它經過了和喻疑不同的發展過程(見下文),也終於和喻疑合流,而成爲 u 類的零聲母了,例如:

---

[1]　相傳"字母"是唐末的守温和尚做的。不管是三十六字母或三十字母,喻母都不分兩類。

[2]　《中原音韻》裏只有一個"仰"字不和喻母混,那是因爲它念 niaŋ,正如今天的"凝"念 niŋ 一樣。

[3]　例如"倚、以"同音,"意、異"同音,見《中原音韻》。

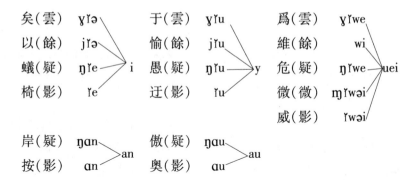

　　無論雲餘一律變爲 j（如廣州）①，或者一律變爲 i（如福州），其結果都促成雲餘的合流。北京話是靠近後一種。至於起頭的音是 i、y 或 u，都是韻母發展的結果。等到下文再行討論。

　　舌根鼻音在 i、y 的前面容易消失或發生變化，是由於 ŋ 的發音部位和 i、y 距離較遠。福州話裏有 ŋi（"宜"）、ŋy（"魚"）之類，在別處是罕見的。在吳方言裏，ŋ 在 i、y 前面的時候，一般轉化爲和 i、y 同發音部位的 ɲ（上海"牛"ɲiɤ、"愚"ɲy）。至於在北京話裏，除一部分齊齒字轉化爲 n（見上文）之外，其餘都變了零聲母。再說到開口呼的 ŋ，它是比較穩定的。但是北京話也不再維持它了。

　　微母本來是屬於唇音之列的。在《切韻》時代，它是明母的一部分，讀 m；到了唐末宋初，明母分化了，除了東韻三等字之外，它的合口三等字變爲唇齒音 ɱ（mv）。ɱ 的發音方法和 m 相同，但是發音部位和 v 相同，於是在北方話裏逐漸變爲一個 v。這個 v 從 14 世紀《中原音韻》時代起，一直保持到 17 世紀②。然後才變爲半元音 w，最後成爲元音 u（韻頭或全韻）。它是到了這個階段，才和喻疑合流了的。

　　在吳方言裏的微母字，一般是文言念 v，白話念 m（"問"vən，

──────────

①　如果主要元音是 i，則前面加 j，如"移"ji。

②　陸志韋先生認爲《五方元音》裏已經沒有了 w（他所謂 w 和 v 不完全一樣），見《燕京學報》34 期《記五方元音》。《五方元音》寫於 1624～1672 年之間。

mən）。在粤方言裏則一律念 m。應該注意的是：不可能是先經過 ŋ
的階段才回到 m 上來，而是一直保持着原來的 m，不曾發生變化。閩
南方言微母讀 b，和明母讀 b 相同（"萬"ban ＝"慢"ban），這也表現了
明母没有分化。

現代北京聲母和中古聲母對照表：

n←n　挪，糯；拿；奴努怒；乃耐奈，奶，泥，餒内；尼呢膩，你；腦惱，
鐃撓鬧，尿；褥，紐扭；南男納，黏鑷聶，拈念；難捺，碾，年撚捏，暖，暱，
嫩；囊諾，娘釀，能，匿；寧溺；農膿。

n←ŋ　擬倪霓；牛；虐瘧；逆；臬陧齧；孽蘗。

n←l（例外）　弄。

n←t（例外）　鳥。

l←l　羅鑼籮，騾螺裸；盧爐魯櫓滷虜，廬驢吕旅慮濾，縷屢；來賴
癩，例厲勵，犁黎禮麗隸，雷儡；離籬璃荔，梨履利痢，釐李里裏理鯉吏，
累，壘類淚；勞捞牢老，燎，聊遼撩寥了瞭料；樓搜簍漏陋，流劉留榴硫
琉柳溜；婪拉，藍籃覽攬纜濫臘蠟，廉簾鐮匲歛殮獵；林淋臨凜廩立粒；
蘭攔欄爛辣，連聯列烈裂，憐蓮練煉，鸞卵亂捋，戀劣；鄰鱗吝栗，論崙，
倫淪輪律率，郎廊狼朗浪落洛駱樂，良量凉糧梁粱兩亮諒略掠；楞肋
勒，陵凌菱力；冷，領嶺令，靈齡苓伶零另歷曆；籠聾攏鹿禄，隆六陸戮，
龍隴緑録。

l←n（例外）　賃。

ʐ←nʐ　惹；如汝，儒乳，蕊；饒擾繞；柔揉；染冉；壬任妊入；然燃
熱，軟；人仁忍認刃日，閏潤；瓤壤攘讓若羽；仍扔；戎絨肉，芮冗辱褥。

ʐ←ʐ（例外）　瑞[1]。

ʐ←ɣ（三等）（例外）　榮嶸。

ʐ←j（例外）　容鎔溶蓉熔；鋭。

---

[1]　《中原音韻》裏的"瑞"字讀與"睡"同音，可見當時仍讀禪母字，未變。

ẓ←ŋ（例外）　阮[①]。

○(i)←ɣ（三等）　矣；尤郵有友又右宥祐；炎；焉；永泳詠。

○(i)←j　耶爺椰也野冶夜；移易，夷姨肆，怡貽已以異，遺；搖謠窰姚舀耀；由油游猶悠酉莠誘柚；鹽閻簷豔焰葉；淫；延筵演，沿兗；寅引逸；羊洋楊陽揚養癢恙藥鑰躍；蠅弋翼；盈贏亦譯易液腋；營塋穎疫役；庸甬湧用。

○(i)←ŋ　牙芽衙雅訝迓；涯崖藝刈詣；宜儀蟻誼義議，疑，沂毅；咬，堯；巖，驗，嚴儼釅業；吟；眼，顏雁，諺，言，研硯；銀；仰；硬，迎。

○(i)←○　鴉丫啞亞；縊；椅倚，伊懿；醫意，衣依；妖邀腰夭要，幺；憂優；幽幼；鴨押壓，醃；音陰飲蔭邑揖；晏，蔫堰謁，烟燕嚥宴噎；因姻印乙一，殷隱；央殃秧約；應鷹憶億抑；鶯鸚櫻，英影映，嬰纓益。

○(i)←ɣ（四等）（例外）　螢。

○(y)←ɣ（三等）　于盂雨宇禹羽芋；員圓，袁猿園援垣遠越曰粵，隕，云雲運暈韻；域；欲慾浴。

○(y)←j　余餘與譽預豫，榆逾愉俞；緣悅閱；勻允尹；孕；育。

○(y)←ŋ　魚漁語御禦，愚虞娛遇寓；元原源願月；嶽岳樂。

○(y)←○　約；於淤迂；冤怨，淵；鬱，郁，雍擁。

○(u)←ɣ（三等）　衛；爲，帷位，違圍偉緯胃謂；王往旺。

○(u)←j　維惟唯。

○(u)←ŋ　我，臥；瓦；吾梧吳五伍午誤悟；桅，外；危僞，巍魏；玩頑。

○(u)←○　倭窩渦；蛙窪；烏汙塢惡；煨，穢，委餧，威畏慰，豌碗腕斡，挖，彎灣，宛婉；溫瘟穩；汪枉；握；翁瓮屋，沃。

○(u)←ɱ←m　無毋巫誣武舞侮鵡務霧；微薇尾未味；晚挽萬襪；文蚊紋聞吻刎問物勿；亡忘網望妄。

---

① 《中原音韻》裏的"阮"字讀與"遠"同音，可見當時未變爲日母字（"阮"屬疑母，"遠"屬喻母，《中原音韻》疑喻合流）。

○(u)←ɣ(一等)(例外)　完丸紈皖。

○(a)←ŋ　呆礙艾；熬傲；岸；昂。

○(a)←○　哀埃愛靄藹，挨矮隘；襖懊奧坳拗；庵諳暗；安鞍按案。

○(o)←ŋ　藕偶。

○(o)←○　歐謳嘔毆漚。

○(ə)←ŋ　鵝蛾俄餓，訛；鄂鰐；額。

○(ə)←○　阿；恩；惡；厄扼軛。

第十三節　中古韻母發展的一般叙述

漢語裏的音節一般是由兩三個或四個音素構成，而韻頭和韻尾最能表現漢語的特點。在這一節裏，我們對中古到現代的韻母發展作一般性的叙述，首先談一談韻尾的發展，其次談近代和現代的韻部，最後我們將要比較詳細地從四呼方面談中古到現代的韻母發展，因爲四呼是和一切韻母都發生關係的。

韻尾-p、-t、-k 在北方話裏的消失，是比較早的事。我們知道，韻尾-p、-t、-k 是和入聲有連帶關係的。應該説，先是韻尾-p、-t、-k 消失了，然後入聲跟着也消失了；因爲入聲是以短促爲其特徵的，沒有-p、-t、-k 收尾，也就不能再成爲短促。依我們的觀察，首先是收-p 的入聲消失了。黄公紹的《古今韻會》(書成於 1292 年以前)是保存着收-k和收-t 的入聲的[①]，但是收-p 的入聲字已經并到收-t 的入聲去了。到了《中原音韻》裏入聲就完全消滅了。當然其間可能經過一個收[ʔ]的階段，就是-p、-t、-k 一律變爲[ʔ]，像現代吴方言一樣。但是，這個階段是很短的。

《中原音韻》書中所謂"入聲作平聲、入聲作上聲、入聲作去聲"

---

① 參看王力《漢語音韻學》。

等,只是指傳統上的入聲已經和當時的平上去三聲混合了,不能認爲當時還能區別入聲①。由此看來,14世紀(或更早)的北京話裏,韻尾-p、-t、-k就已經消失了。

韻尾-p、-t、-k消失以後,就簡單地變了開口音節,如"哭"kʻuk→kʻu。有些韻類是韻尾-p、-t、-k消失以後,元音高化了,如"郭"kuɑk→kuo;但是,這個過程不簡單,大約中間還是先經過簡單地去掉韻尾的階段,如"郭"kuɑk→kuɑ→kuo②。

韻尾-m在北方話裏的變爲-n尾,比韻尾-p、-t、-k的消失晚些。在《中原音韻》裏已經有了一個開端,就是聲母爲唇音而韻尾爲-m的字一律變爲收-n。下列各組字,本是不同韻尾的,變爲同韻尾的同音字了:

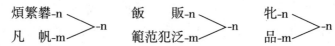

這一種音變,在語音學上稱爲異化作用;韻尾-m是唇音,如果聲母也是唇音,在發音上不是十分便利的,所以起了變化③。但是,《中原音韻》還保存着侵尋、監咸、廉纖三個閉口韻,可見基本上還保存着-m尾。在北方話裏,-m的全部消失,不能晚於16世紀,因爲17世紀初葉(1626)的《西儒耳目資》裏已經不再有-m尾的韻了④。

周德清《中原音韻》共分十九個韻類,如下:

一　東鍾　　二　江陽　　三　支思　　四　齊微

① 周德清《正語作詞起例》裏說:"入聲作三聲者,廣其押韻,爲作詞而設耳。毋以此爲比。當以呼吸言語還有入聲之別而辨之可也。"這是調和的說法。當時北方人實際上是分不清楚了,周德清也贊成作詞不必區別入聲,但又怕和傳統的說法抵觸太大,所以又叫人家"辨之可也"。

② 在宋元韻圖中,藥鐸和歌戈相配。

③ 但是,異化作用不是必然的現象。拿今天還保存-m韻的方言來說,廣州的"凡、犯"等字由於異化作用變了-n尾了,而客家於"凡、犯"等字却仍讀-m尾。

④ 《西儒耳目資》是明末耶穌會士金尼閣(Nicelas Trigault)所著,他所記的大約是山西音,但也是屬於北方話的系統的。

五　魚模	六　皆來	七　真文	八　寒山
九　桓歡	十　先天	十一蕭豪	十二歌戈
十三家麻	十四車遮	十五庚青	十六尤侯
十七侵尋	十八監咸	十九廉纖	

這是適合 14 世紀的北方話（北京話？）的實際語音系統的。所以元曲的用韻基本上是和《中原音韻》符合的。到了 16 世紀，-m 尾變了-n 尾，於是侵尋并入了真文，監咸并入了寒山，廉纖并入了先天[1]。桓歡到後來也和寒山合流了[2]。這樣，十九個韻類減爲十五個韻類，也就基本上代表着現代普通話的韻類[3]。

四呼是近代漢語和現代漢語的特點；韻頭的轉化是具有比較普遍的規律的。開口可以變爲齊齒，齊齒可以變爲開口；開口可以變爲合口，合口可以變爲開口；撮口可以變爲合口，也可以變爲開口。齊齒和合口、撮口的關係比較不密切，但也有齊齒變合口、撮口的特殊情況。除了零星的例外，凡是轉化，都是有條件的，主要是受了聲母的影響。現在分別加以叙述。

（甲）開口和齊齒的交替。所謂開口和齊齒的交替，就是韻頭 i 的插入和失落。這又可以分爲兩種情況：

1）本來沒有韻頭的開口呼，在發展過程中插入了韻頭 i。這要具備兩個條件：必須是喉音字（指影曉匣見溪疑六母）；必須是二等字。除假二等不算，真正具有二等而又有喉音字的韻是江佳皆删山肴咸銜麻庚耕（麻庚兼有三等），拿語音學的術語來說，就是舌根音和喉音在元音 a（或 ə、ɔ 或 æ）前面的時候，a 和輔音之間逐漸産生一個短弱的 i

---

[1] 明沈寵綏《度曲須知》裏說："十七侵尋，閉口真文；十八監咸，閉口寒山；十九廉纖，閉口先天。"由於當時已經沒有了閉口韻，所以特別加以強調。這六個韻類的配合關係也正表現了轉化關係。

[2] 桓歡這一個韻類很特別，它在《中原音韻》裏可能代表一個 ɑn，所以它和寒山的 an 不押韻。

[3] 不同之點是：（一）魚模應分爲 u、y 兩類；（二）齊微應分爲 i、ei 兩類；（三）歌戈和車遮應重新分配爲 o、e、ə 三類；（四）ɿʅ 應自成一類。

（帶半元音性質的），例如：

> 佳韻：街 kai→tɕie　　鞋 ɣai→ɕie　　佳 kai→tɕia　　崖 ŋai→iai
>
> 皆韻：界 kɐi→tɕie　　械 ɣɐi→ɕie
>
> 删韻：奸 kan→tɕian　　雁 ŋan→ian　　（入聲）轄 ɣat→ɕia
>
> 山韻：間 kæn→tɕian　　眼 ŋæn→ian　　限 ɣæn→ɕian
>
> 肴韻：交 kau→tɕian　　巧 kʻau→tɕʻiau　　孝 xau→ɕiau
>
> 咸韻：鹹 ɣɐm→ɕian　　減 kɐm→tɕian　　（入聲）夾 kɐp→tɕia
>
> 銜韻：巖 ŋam→ian　　鑑 kam→tɕian　　（入聲）鴨 ap→ia
>
> 麻韻：牙 ŋa→ia　　　鴉 a→ia　　　　家 ka→tɕia

江韻平上去三聲雖然也依照這個規律（江 kɔŋ→tɕiaŋ、講 kɔŋ→
tɕiaŋ、巷 ɣɔŋ→ɕiaŋ），但它的入聽覺韻却又稍爲不同，産生的韻頭不是
i，而是 y（覺 kɔk→tɕye、確 kʻɔk→tɕʻye、學 ɣɔk→ɕye）。但是這個韻的
喉音字的白話音仍是帶韻頭 i 的（覺角 tɕiau、殼 tɕʻiau、學 ɕiau）①。

庚耕兩韻比較複雜，現在還找不出很明確的規律來。庚韻的“行”
和“衡”在中古是同音字，現在在“行”字念 ɕiŋ，而“衡”字念 xəŋ；“額”是
“硬”的入聲，現在“硬”字念 iŋ，而“額”字念 ə；耕韻“核”是“幸”的入
聲，現在“幸”念 ɕiŋ，而“核”念 ə；“扼”是“櫻”的入聲，現在“櫻”念 iŋ，
而“扼”念 ə。但是，有一點可以看出發展的趨勢來：當一個字有文白
兩音的時候，文言音總是念開口，白話音總是念齊齒，例如：

> 耕 kəŋ, tɕiŋ　　更（於“五更”）kəŋ, tɕiŋ　　嚇 xə, ɕia

應該認爲先産生了韻頭 i，然後 k、kʻ、x 受了 i 的影響變爲 tɕ、tɕʻ、
ɕ；而不是先産生了 tɕ、tɕʻ、ɕ，然後元音 a 受 tɕ、tɕʻ、ɕ 的影響才生出韻頭
i 來。否則，“鴉”由 a 變 ia 這一類現象就不能説明了。

在現代方言裏，對於某些二等字，還有許多地方是保存開口呼的，
例如西南官話對佳皆兩韻一般都保存開口呼，也有些地方於删山咸銜
也保存開口呼。吳方言對於這些往往有文白兩讀：文言讀齊齒，白話

---

① 江韻入聲“握”字，現代念 uo，是例外。

念開口,文言讀齊齒是受普通話的影響。

2)本來有韻頭 i 或全韻爲 i 的齊齒呼,在發展過程中有韻頭 i 的失落了韻頭,全韻爲 i 的變爲 ㄱ,這基本上是受捲舌聲母(tʂ 、tʂʻ 、ʂ 、ʐ)的影響。凡在捲舌聲母後面的 i 必須改變,因爲 tʂ 、tʂʻ 、ʂ 、ʐ 的發音部位是舌尖抵硬腭的後部,而 i 是舌面最前部的高元音,二者的發音部位是不相容的。下面這些例字都由齊齒呼變爲開口呼:

社 ʑˊia→ ʂə　　　　世 çˊiɛi→ ʂʅ　　　　脂 tçi→tʂʅ

饒 nʑˊiɛu→ʐau　　　抽 tʻˊiəu→tʂʻou　　染 nʑˊiɛm→ʐan

深 çˊiĕm→ ʂən　　　展 tˊiɛn→tʂan　　　陳 dˌʻiĕn→tʂʻən

昌 tçʻˊiaŋ→tʂʻaŋ　　乘 dʑˊiɛŋ→tʂʻəŋ　成 ʑˊiɛŋ→tʂʻəŋ

莊系一部分字并入了精系,仍然能使齊齒變爲開口(搜 ʃˊiəu→sou、森 ʃˊiĕm→sən),因爲當時 tʃ 、tʃʻ 、ʃ 也有某種程度的捲舌傾向。

止攝精系齊齒字(一般韻圖排在四等)一律變了開口,如"雌"tsʻˊie→tsʻʅ、"私"si→sʅ、"慈"dzʻˊiə→tsʻʅ(《切韻指掌圖》排在一等),這是支脂之合流爲 i 之後,這個元音 i 就爲 ts、tsʻ、s 的發音部位所同化了。

現代某些方言還全部保存着中古的齊齒呼,例如閩南方言(厦門等處)。此外,閩北方言、一部分客家方言(惠陽等處,特別是廣西客家)和一部分吳方言(寧波、温州、永康等處)所保存的齊齒呼也比普通話多些,例如温州的"手"字念 çiu。

(乙)開口和合口的交替。所謂開口和合口的交替,就是韻頭 u 的插入和失落。這又可以分爲兩種情况:

1)本來沒有韻頭的開口呼,在發展過程中插入了韻頭 u。這種情形在各地方言裏是很少見的。在現代北京話裏有一種特殊情况,就是 o 變了 uo。唇音聲母後面的 uo 不很明顯,所以還可以認爲單純的 o,在拼音文字中只寫成 bo、po、mo、fo;舌齒音聲母後面的 uo 就很明顯了,所以寫成 duo、tuo、nuo、luo、zhuo、chuo、shuo、zuo、cuo、suo。下面是一些由開口變合口的例子:

歌韻:多 tɑ→tuo　　拖 tʻɑ→tʻuo　　駝 dʻɑ→tʻuo　　挪 nɑ→nuo

　　　　　　羅 lɑ→luo　　　左 tsɑ→tsuo　　　娑 sɑ→suo

　鐸韻：託 tʻɑk→tʻuo　　鐸 dʻɑk→tuo　　諾 nɑk→nuo　　洛 lɑk→luo

　　　　作 tsɑk→tsuo　錯 tsʻɑk→tsʻuo　昨 dzʻɑk→tsuo　索 sɑk→suo

　　演變的原因是：o 的部位很高，容易轉化爲一種發達的複合元音（即 uo），這個道理可以說明爲什麼其他開口字沒有變爲合口，惟獨歌鐸兩韻的開口字變了合口。歌鐸兩韻字的開口呼在沒有變 uo 之前，是經過一個 o 的階段的。

　　2）本來有韻頭的合口呼，在發展過程中失落了韻頭。這種情形在各地方言裏是很普遍的。在現代北京話裏，保存着的中古合口呼最多；只在兩種情況下失落了韻頭 u：在唇音後面；灰韻的泥來兩母字和魂韻的泥母字[1]，例如：

　灰韻：杯 puɒi→pei（不是 pui）　　梅 muɒi→mei（不是 mui）

　　　　內 nuɒi→nei（不是 nui）　　雷 luɒi→lei（不是 lui）

　桓韻：般，半 puɑn→pan（不是 puan）　盤 bʻuɑn→pʻan（不是 pʻuan）

　　　　瞞 muɑn→man（不是 muan）

　魂韻：本 puən→pən（不是 pun）　　盆 bʻuən→pʻən（不是 pʻun）

　　　　門 muən→mən（不是 mun）　　嫩 nuən→nən（不是 nun）

“內、雷、嫩”在某些方言裏（客家、閩南）保持合口。“杯、梅、般、半、盤、瞞、本、盆、門”在粵方言裏保持合口。

　　吳方言一般總是把灰魂兩韻（還有泰韻）的舌齒合口字一律念開口，例如上海“對”te、“尊”tsən。湘方言在這一點上也和吳方言差不多。所以說，北京話保存的合口呼是最多的。

　　（丙）撮口向開、合口的轉化。這就是說，韻頭 y（ĭw、ĭu）的失落或轉化爲韻頭 u，又全韻爲 y（ĭu）者，也可以轉化爲 u。這又可以分爲兩種情況：

　　1）本來有韻頭 y（ĭw、ĭu）或全韻爲 y（ĭu），後來失去了韻頭，變爲

────────────

[1]　只有一個“橫”字（ɣwɐŋ→xəŋ）是例外。

開口呼。有些是先經過合口呼然後變爲開口呼的。所以它們是和
"内、雷"同一類型的。這一類的字不多,常見的只有下面幾個例子:

支韻:累 lǐwe→lei(不是 lui)

脂韻:壘,類淚 lwi→lei(不是 lui)

另有一種則是在某些韻類的重唇音變爲輕唇音(非敷奉)的同時,
撮口就變成了開口,例如:

廢韻:廢 pǐwɐi→fei　　　吠 b'ǐwɐi→fei

微韻:飛 pǐwəi→fei　　　肥 b'ǐwəi→fei

凡韻:凡 b'ǐwɐm→fan　　泛 p'ǐwɐm→fan　　(入聲)法 pǐwɐp→fa

元韻:反 pǐwɐn→fan　　　飯 b'ǐwɐn→fan　　(入聲)發 p'ǐwɐt→fa

　　　　　　　　　　　　伐 b'ǐwɐt→fa

文韻:分 pǐuən→fən　　　墳 b'ǐuən→fən

陽韻:方 pǐwaŋ→faŋ　　　房 b'ǐwaŋ→faŋ

2)本來有韻頭 y(ǐw、ǐu)或全韻爲 y(ǐu),後來變爲韻頭 u,或全韻
爲 u。這是撮口變合口。這個發展規律是和齊齒變開口的發展規律同
一類型的:都是基本上由於受捲舌聲母(tʂ、tʂ'、ʂ、ʐ)的影響。因爲 y
的發音部位和 i 的發音部位是相同的,只是一個圓唇,一個不圓唇罷
了。下面是一些撮口變合口的例子:

遇攝　書 ɕǐo→ɕǐu→ ʂu　　　住 ɖǐu→tʂu　　　樹 ʑǐu→ ʂu

蟹攝　綴 ţǐwɐi→tʂui　　　贅 tɕǐwɐi→tʂui　　税 ɕǐwɐi→ ʂui

止攝　吹 tɕ'ǐwe→tʂ'ui　　垂 ʑǐwe→tʂ'ui　　追 ţwi→tʂui

　　　誰 ʑwi→ ʂui①

山攝　傳 ɖ'ǐwɐn→tʂ'uan　　專 tɕǐwɐn→tʂuan

　　　船 dʑǐwɐn→tʂ'uan　　(入聲)輟 tɕ'ǐwɐt→tʂ'uo

　　　拙 tɕǐwɐt→tʂuo　　　説 ɕǐwɐt→ ʂuo

臻攝　準 tɕǐuěn→tʂun　　　春 tɕ'ǐuěn→tʂ'un　　純 ʑǐuěn→tʂ'un

① "誰"字白話念 ʂei 是例外。

（入聲）出 tɕʻĭuĕt→tʂʻu　　術 dʑʻĭuĕt→ ʂu

在少數的韻攝裏，精系撮口字也變了合口。蟹止兩攝的精系撮口字一律變爲合口，如蟹攝的"脆"tsʻĭwɛi→tsʻui、"歲"sĭwɛi→sui，止攝的"嘴"tsĭwe→tsui、"隨"zĭwe→sui。臻攝的精系撮口字一部分和來母撮口字一部分變爲合口，例如"遵"tsĭuĕn→tsun、"筍"sĭuĕn→sun、"倫輪"lĭuĕn→lun。

在某些方言裏，被保存着的撮口字要比北京話多得多。在湖北（如武漢）、湖南（如長沙）等地，有不少方言於合口三等字多數仍念撮口，如"書"字在武漢、長沙都念 ɕy，"説"字在武漢、長沙都念 ɕye，"出"字在武漢、長沙都念 tɕʻy，"專"字在長沙念 tɕyɛn 等。福州話裏也保存了一些中古的撮口呼，如"猪"字念 ty、"書"字念 tsy 等。至於廣州音，則完全把中古的撮口呼都保存下來了，不但"書"字念 ʃy，"説"字念 ʃyt、"專"念 tʃyn，而且"春"念 tʃʻœn、"出"念 tʃʻœt①、"追"念 tʃœy、"歲"念 ʃœy。可以説是没有例外的。

這裏附帶説一説，微母字在現代普通話裏是介乎開口和合口之間的，例如"文"，如果認爲 wən，該屬開口；如果認爲 uən，該屬合口。就現代漢語語音系統講，算做開口比較合理。因此，微母字也應該算爲由撮口變開口。

東鍾兩韻的撮口字值得特別注意，在這兩韻裏，不單是捲舌音的問題，而是差不多全部撮口字都變了合口。這兩韻的入聲的情況也差不多②。現代只有少數方言能留存較多的東鍾撮口字，例如蘭州"蕭、俗"等字念撮口（ɕy），客家話"龍"念 liuŋ，"宮、弓"念 kiuŋ，"恐"念 kʻiuŋ，"從"念 tsʻiuŋ，"緑、録、陸"念 liuk，"足"念 tsiuk，"俗、宿"念 siuk 等。上面所舉的這些例字，在現代北京話裏都念 uŋ 或 u，轉入了合口呼。

---

① 這裏我們把 œ 也認爲撮口呼。
② 只有極少數字（如"窮、局"）保持着撮口呼。

　　（丁）齊齒變合口的特殊情況。我們説它是特殊情況，因爲這只是有關江陽兩韻的問題。陽韻的莊系字在現代北京話裏念了合口呼，例如：

莊裝，壯　　tʃĭaŋ→tʂuaŋ　　　　瘡，創 tʃʻĭaŋ→tʂʻuaŋ

牀　　　　dʒˇĭaŋ→tʂʻuaŋ　　　　壯　　　tʃĭaŋ→tʂuaŋ

霜，爽　　ʃĭaŋ→ʂuaŋ

江韻則知莊兩系都變了合口呼，例如：

知系：樁 ʈɔŋ→tʂuaŋ　　　　　　撞 ɖʻɔŋ→tʂuaŋ

莊系：窗 tʃʻɔŋ→tʂuaŋ　　　　　　雙 ʃɔŋ→ʂuaŋ

　　爲什麼我們認爲江韻的知莊兩系字也是由齊齒變合口呢？因爲我們認爲它們在未變合口以前還經過一個齊齒階段，如“雙”ʃɔŋ→ʃaŋ→ʃĭaŋ→ʂuaŋ，這樣，它們就和陽韻莊系字在同一條件下發展了[①]。江陽的入聲字也是由齊齒變合口（“桌、酌”）的，那是受了 o 變 uo 的規律的約束，例如“桌”ʈɔk→tɕˇĭak→tʂo→tʂuo、“酌”（章系字）tɕˇĭak→tʂuo，就不能單純地認爲齊齒變合口了。

　　現代各地方言對於這些字往往只念開口，例如“雙、霜”在上海、杭州都念 sɔŋ，“桌、酌”在北方話區域多數念 tʂo，不念 tʂuo。

　　（戊）齊齒變撮口的特殊情況。這也是特殊的情況，因爲這種情況只出現在覺藥兩韻裏。這兩個韻的喉音字（見溪疑影喻曉匣）、精系字和來母字，本屬齊齒呼的，在現代北京話裏變了撮口呼，例如：

覺韻　　覺角 kɔk→kak→kĭak→kiɔ→tɕye

　　　　確殼 kʻɔk→kʻak→kʻĭak→kʻiɔ→tɕʻye

　　　　嶽岳樂 ŋɔk→ŋak→ŋĭak→iɔ→ye

　　　　學 ɣɔk→ɣak→ɣĭak→xiɔ→ɕye

藥韻　　脚 kĭak→kiɔ→tɕye　　　却 kʻĭak→kʻiɔ→tɕʻye

　　　　虐瘧 ŋĭak→niɔ→nye　　　約 ĭak→iɔ→ye

---

①　《等韻切音指南》把江攝分爲開合兩呼，知莊兩系屬合口，那是根據近代的語音系統來區分的。

藥鑰躍 jĭak→ɕiɔ→ye　　　鵲雀 ts'ĭak→ts'iɔ→tɕ'ye

削 sĭak→siɔ→sye　　　略 lĭak→liɔ→lye

現代北方話(包括西南官話)對於這些字,往往還停留在 io 的階段,例如武漢"學"字念 ɕio、"約"字念 io、"略"字念 lio。

四呼的轉化,除了上述(甲)(乙)(丙)(丁)(戊)五個規律之外,還有一些不規則的變化,例如:

齊齒變撮口:履 li→ly　　軒 xĭɐn→ɕyan　　孕 jĭəŋ→yn

撮口變齊齒:戀 lĭwɐn→lian　　　劣 lĭwɛt→lie

縣 ɣiwen→ɕian　　　沿兗 jĭwɐn→ian

傾頃 k'ĭwɛŋ→tɕ'iŋ　　六 lĭuk→liou

季 kwi→tɕi　　　攜 ɣiwei→ɕi, ɕie

齊齒變合口:入 nzĭĕp→ʐu

撮口變合口:宛婉 ĭwɐn→uan

合口變撮口:遜 tsuən→tɕyn

這些例字,在現代各地方言裏都還找得出原呼,這裏不詳細討論了。

第十四節　現代漢語 a 和 o 的來源

從本節起,到二十節止,分別敘述現代漢語各種韻母的來源。這一節敘述 a 和 o 的來源。

(一)現代漢語 a 的來源

我們談現代漢語 a 的來源,就必須談中古 a、ai、at、æt、ɑt、ɐt、ap、æp、ɒp、ɑp 的發展,因爲現代的 a 正是從這些中古韻類來的。

1)中古的 a、wa 到現代成爲 a、ia、ua,這就是說麻韻二等字的主要元音沒有發生變化,例如:

a←a(舌齒唇)　拿;茶、詫;查叉差沙、灑,詐乍;巴疤爬琶麻,把馬,霸壩怕駡①。

ia←a(喉)　　家加嘉牙芽銜蝦霞遐瑕鴉丫,假賈雅啞,下夏架駕嫁稼價訝迓暇亞。

ua←wa　　耍;瓜蝸誇花華窪,寡瓦,誇化。

中古的ĭa(麻韻三等)在現代北方話裏已經發生了變化(見下節),但是有些方言仍舊保持着這個ĭa(ia),例如上海"邪"字念zia,客家"邪"字念tsʻia;或者失落韻頭,仍保留主要元音a,例如客家"車"字念tʃʻa。

2)中古的 ai(佳韻)有一部分字,特別是合口呼的字變爲 a②,例如:

a←ai　　罷灑

ia←ai　　佳

ua←wai　　蛙,卦掛畫。

夬韻有一個"話"字也由 wæi 變 ua,它也是合口字,但是只有一個字不能構成規律。

現代各地方言,據我們所知,"蛙卦掛畫話"都念入 a 韻了。但是,日本漢音於這些字一律念-uai,漢越語(越南借詞)於"卦掛話"也念-uai,還保留着或基本上保留着中古音。

3)中古的 at、uat,到現代成爲 a、ia、ua,這就是説,中古的鎋(at)和黠(æt)合流爲 at 之後,韻尾失落,再和麻合流,例如:

a←at←at、æt(舌齒唇)　　[鎋]鍘;[黠]札扎紮察殺;八拔。

ia←at←at、æt(喉)　　[鎋]瞎轄;[黠]軋。

ua←uat←wat、wæt　　[鎋]刷,刮;[黠]滑猾挖。

4)中古的 ap 到現代成爲 a、ia,這就是説,中古的洽(ɐp)和狎(ap)合流爲 ap 之後,韻尾失落,再和麻合流,例如:

a←ap←ɐp、ap(舌齒唇)　　[洽]臿,眨插霎;[狎]翣。

---

① 例外:厦(白話音)ṣa→ɣa。
② 例外有"枴、歪"。但"枴、歪"是後起字,其發展條件自然可以不同。

ia←ɑp←ɐp、ap（喉）　［洽］夾恰掐狹峽洽；［狎］甲匣鴨押壓。

5）中古的 ɑt、ɑp、ɒp 變爲現代的 a 是有條件的，曷合盍三韻不是全部變爲 a，而是舌齒字變爲 a，并且須是開口呼，所以合口呼的末韻（uɑt）没有變爲 a，例如：

a←ɑt（舌齒）　［曷］獺達；捺辣；擦撒薩。

a←ɑp←ɒp ɑp　［合］答搭踏；納拉；雜；［盍］塔榻塌；臘蠟；卅。

6）中古的 ĭwɐt、ĭwɐp 變爲現代的 a 也是有條件的，就是要合口三等唇音字才變 a，换句話説就是月韻和乏韻的輕唇字才變 a，例如：

a←ĭwɐt（唇）　［月］髮發伐筏罰

ua←ĭwɐt（唇）　［月］襪。

a←ĭwɐp（唇）　［乏］法乏。

此外，麥韻裏有“畫、劃”二字，它們和“獲”本是同音字，後來“畫”受卦韻“畫”的影響，念 ua，成了不規則的變化，“劃”又受了“畫”的影響，也跟着念 ua。

依照上面所説的，現代漢語 a 的來源如下圖：

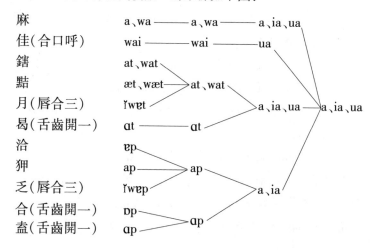

麻　　　　　　　a、wa ―――― a、wa ―――― a、ia、ua
佳（合口呼）　　wai ――――― wai ―――― ua
鎋　　　　　　　at、wat
黠　　　　　　　æt、wæt → at、wat
月（唇合三）　　ĭwɐt
曷（舌齒開一）　ɑt ――――― ɑt
　　　　　　　　　　　　　　　　a、ia、ua ― a、ia、ua
洽　　　　　　　ɐp
狎　　　　　　　ap → ap
乏（唇合三）　　ĭwɐp
　　　　　　　　　　　　　　　　　a、ia
合（舌齒開一）　ɒp
盍（舌齒開一）　ɑp → ɑp

　　這一個變化，遠在 14 世紀(或較早)就完成了，《中原音韻》已經把"卦畫話塔獺殺霎法發甲鴨刮八"等字一律歸入家麻韻裏去了。

　　中古這幾個韻類，在現代各地方言裏有一個共同之點，就是差不多一律有一個主要元音 a(前 a、中 ʌ 或後 ɑ)①。在保存促音入聲的方言裏，有三種主要的不同情況：(甲)完整地保留韻尾 -t、-p 的分別，如粵方言和客家方言②；(乙)韻尾 -t、-p 一律變爲 -k，如閩北方言；(丙)韻尾 -t、-p 一律變爲喉塞音 ʔ，如吳方言。

(二)現代漢語 o 的來源

　　這裏談的 o 包括開口和合口。在現代北京話裏，開口的 o 只出現在脣音聲母後面，其他都是合口的 uo。因爲由近代開口的 o 變來的字，除了在喉音後面變爲 ə 之外，在脣音後面變爲 o，在舌齒音的後面變爲 uo。至於本來是合口的字，除了脣音之外一般都讀爲 uo。關於現代 ə 的來源，留待下節再談。現代漢語的 o(包括 uo)主要來自 ɑ、ak 兩類。此外，ak、ɔk、ek、æk、ək、uɑt、et、tɜ、tɑu、ʒk 等韻，也在一定條件下發展爲 uo 或 o。

　　1)中古的 ɑ 類包括開口歌韻和合口戈韻。到了現代戈韻除了一部分喉音字變爲 ə 以外，都發展爲 o 或 uo；歌韻只有舌齒音的字變爲 uo，其餘都發展爲 ə 了。由 ɑ 到 o，這就是説中古的歌戈兩韻一等字的元音高化了，例如：

　　uo←ɑ(舌齒)　　[歌]多拖駝陀馱，舵；挪羅鑼蘿；搓磋娑，左，佐。

　　uo←u(喉，例外)　　[歌]我。

　　uo←uɑ(舌齒喉)　　[戈]朵躲妥惰墮，剁唾；騾螺，裸，糯；蓑梭唆，坐鎖瑣，座銼；鍋倭窩，果裹火夥禍，過臥貨和(於"和麵")。

　　o←uɑ(脣)　　[戈]波坡玻婆魔磨摩，跛頗，播簸。

　　中古歌戈兩韻字到了現代基本上都變了 o(或 uo)和 ə，似乎變化

---

① 自然會有個別的例外，如廣州話"襪"字念 mɐt，不念 mat。
② 但"法、乏"由於異化作用，在廣州話及其他一些粵方言裏念 fat 不念 fap。

規律很單純,但是它的複雜性在於開合口的問題上。值得注意的是:第一,舌齒音開口呼都變了合口呼,因此,就和原來的合口呼合流了,例如"羅、螺"不分了;第二,喉音合口呼平聲字大部分變了開口呼,因此,也和原來的開口呼合流了,例如"戈、歌"不分了,"和、何"不分了。喉音合口呼變開口的條件是平聲,例如"和平"的"和"變開口,"和麵"的"和"仍念合口。但是這個規則不嚴格,"鍋、窩"仍念合口,"課"反而變了開口。"我"也是一個例外,它本屬開口呼,現在念 uo,屬合口呼①。

　　現在談談兩個特殊的字:一個是"他"字,一個是"大"字。這兩個歌韻字到今天不但不照一般發展規律變 o,倒反是向前進展,由 ɑ 變 a 了。

　　"他"字在中古念 tʻɑ,由於某種特殊原因,沒有跟着同韻字由 ɑ→o;等到漢語沒有 ɑ、a 的分別的時候,它和 a 合流了。

　　"大"字情況更加複雜。《廣韻》"大"字有徒蓋、唐佐兩切,前者較合上古音系。"大"字的上古音是 dʻat,現代北方話裏的 ta 可能直接來自上古(濁音清化,韻尾失落);現代粵方言的"大"(廣州念 tai)來自徒蓋切;吳方言白話音的"大"(上海念 dʻu)則來自唐佐切。

　　現在再談一個特殊的字,就是"打"字。《廣韻》"打"德冷切,現代吳方言正是這樣念的(上海"打"念 taŋ,而"冷"念 laŋ)。但是,宋戴侗的《六書故》(13 世紀)"打"都假切;《中原音韻》"打"字入家麻韻,可見遠在 13 世紀以前,"打"字在普通話裏早已讀 ta 了。

　　現代漢語大多數方言於歌戈韻字都念 o,唯有吳方言多數念 u,比 o 更加高化了。相反地,日本、朝鮮、越南於歌戈韻都保持着一個 a。

　　2)中古的 ɑk(鐸)到現代也分化爲 o(或 uo)和 ə 兩類。鐸韻的發展情況和歌戈一樣:第一,元音高化了;第二,喉音爲一類,其開口呼發展爲 ə。舌齒唇爲一類,不論開合口,一律發展爲 o 或 uo,例如:

　　o←ɑk(唇)　博簿泊莫膜幕摸。

uo←ɑk(舌齒唇)　　托託鐸度,諾落洛烙駱酪絡;作錯昨鑿索。

uo←ɑk(喉,例外)　　壑①。

uo←uɑk　郭槨擴霍藿鑊獲。

3)中古的 ak(藥)的齊齒呼(ʮak)在捲舌聲母後面轉化爲合口呼,同時,主要元音 a 受韻頭 u 的影響變爲 o,和鐸韻合流,例如:

uo←ʮak(知照系)　　着;酌綽灼爍若。

中古的覺韻舌齒音曾經過一個齊齒的階段,於是它的條件就和藥韻完全相同(見上節),發展的情況也完全一樣,例如:

uo←ʮak←ɔk←ɔk(知照系)　　桌卓琢啄戳濁濯;捉鐲朔。

中古覺的唇音字却沒有經過齊齒的階段,它們是失落韻尾之後,就由 ɔ 發展爲 o 的,例如:

o←ɔ←ɔk(唇)　　剝駁雹(又讀)。

4)中古的 uɑt(末)除個別唇音字(如"跋")變 a 外,都發展爲 o 或 uo,例如:

o←uɑt(唇)　　[末]鉢撥潑末沫抹。

uo←uɑt(舌齒喉)　　[末]掇脫奪;捋;撮;括闊豁活斡。

5)中古的 ət 發展爲 o 也是有條件的:必須是合口呼(没韻 uət);必須是唇音字,例如:

o←uət(唇)　　[没]勃渤餑没殁。

o←ʮuət(唇,例外)　　[物]佛。

6)中古的 ɐk(陌)、ɐk(麥)、ɔk(德)發展爲 o(或 uo)也是有條件的:開口一、二等唇音字,合口一、二等字一律變 o 或 uo(因爲是合口),例如:

o←ɐk、æk、ɔk(唇)　　[陌]百柏伯迫拍珀魄白帛陌;

　　　　　　　　　　　[麥]麥脈;[德]北塞默②;

uo←wɐk、wæk、uɔk　　[陌]虢;[麥]獲;[德]國或惑。

---

①　60 年代以前念 xuo,70 年代以後念 xə。

②　這些字多數在白話音裏不念 o 韻,而念 ai 韻。見下文。

uo←ˠɤk（例外）　［昔］碩。

7）中古的 ɛt（薛）發展爲 uo 也是有條件的，就是只有合口三等的知照系字才發展爲 uo，這完全是捲舌聲母的影響，使撮口變合口。薛韻的主要元音本來是個 ɛ，由於撮口變合口之後，韻頭 u 才引導 ɛ 向後移動而變爲 o 的，例如：

uo←ˠwɛt（知照系）　輟啜，拙説。

如上所述，現代漢語 o 和 uo 的來源如下圖：

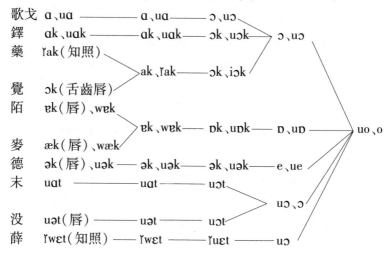

歌戈	ɑ、uɑ
鐸	ɑk、uɑk
藥	ˠak（知照）
覺	ɔk（舌齒唇）
陌	ɐk（唇）、wɐk
麥	æk（唇）、wæk
德	ək（唇）、uək
末	uɑt
没	uət（唇）
薛	ˠwɛt（知照）

近古的 o，大約在 14 世紀（或較早）就形成了，當時可能是開口 ɔ（見上圖）。拿入聲韻來説，末韻全部以及没韻唇音在《中原音韻》裏歸入歌戈，那是可以肯定了的。在《中原音韻》裏，陌麥合口二等（開二亦然）歸皆來，德合一歸齊微，薛合三歸車遮，可見當時還没有念 ɔ，那也是可以肯定了的。只有藥鐸覺三韻字，在《中原音韻》裏既歸蕭豪，又歸歌戈，就引起一些疑問。我們以爲當時的藥鐸覺三韻確有兩讀，所以周德清才如實紀載了的[①]。

現代保存促音入聲的方言，關於這些入聲韻的情況，和上文所述 a

------

① 蕭豪所收藥鐸覺字較多，歌戈所收藥鐸覺字缺少，這個情況不容易得到滿意的解釋。

的來源的情況差不多。這就是説，粵方言和客家方言完整地保留韻尾-t、-p、-k，閩北方言的入聲韻尾一律變爲-k，吳方言的入聲韻尾一律變爲ʔ。主要元音也比較複雜，譬如拿吳方言一般情況來説（例如上海），和北京 o 相對應的元音有四類：第一類是 u，表示歌戈兩韻；第二類是 o，表示鐸覺韻；第三類是 a，表示藥韻；第四類是 ə，表示末没兩韻，又薛合三。

藥鐸覺三韻有一部分字，在現代北京話裏，除了文言音之外[1]，還有白話音，例如：

鐸韻：薄 pau　摸 mau　落烙酪 lau　鑿 tsau　鶴 xau

藥韻：嚼 tɕʻiau　雀鵲 tɕʻiau　削 ɕiau　脚 tɕiau

　　　藥鑰 iau　着（睡不着）tʂau　勺（杓）芍 ʂau　弱 ʐau

覺韻：剥 pau　雹 pau　覺角 tɕiau　殼 tɕʻiau

　　　學（動詞）ɕiau

這個 au 的來源很早，至少在 14 世紀以前就形成了。上面所舉北京念 au 的原入聲字，絶大多數在《中原音韻》裏是歸入蕭豪韻去的[2]，ak 變爲 au 是有道理的：k 是舌根輔音，u 是舌根元音（在韻尾則帶半元音性質），由 k 變 u，發音部位是不變的。

第十五節　現代漢語 e 和 ə 的來源

這一節叙述 e 和 ə 的來源。現代漢語實際上没有單純的 e，只有帶韻頭的 ie 和 ye。現在分别加以叙述。

（一）ie、ye 的來源

（甲）來自非入聲韻的。來自非入聲韻的 ie、ye，字不多，只有麻韻

---

[1] 有些字的文言音念 ye。見下節。

[2] 只有"摸、嚼、雹"三字，《中原音韻》未收。但未收也不足以證明它們不在蕭豪，例如《中州音韻》就多收了一個"摸"字入蕭豪。《詞林正韻》也把這三個字收入蕭豪。

開口三等精系字和喉音字(喉音只有餘母),戈韻三等字(三等開口常用的只有一個"茄"字,三等合口只有"瘸、靴"兩字),和佳皆喉音字(不包括影母),例如:

ie←ɤa　［麻］嗟些邪斜,姐且寫,借藉瀉卸謝;耶椰爺,也野冶夜。

ie←ɤɒ　［戈］茄。

ye←ɤuɒ　［戈］瘸靴。

ie←iai←ai　［佳］街鞋,解蟹懈。

ie←iai←ɐi　［皆］皆階偕楷諧,介界芥疥屆械。

麻韻的主要元音本來是個 a,上節已經約略地談到,在現代許多方言裏,即使是齊齒呼,也全部保存着,或基本上保存着這個 a。全部保存的,如客家、閩南、閩北等方言;基本上保存的,如吳方言。吳方言一般對於這一類字有白話音和文言音的分別,白話音一律念 a(上海"謝"zia、"夜"ɦia),文言音念 ie(上海"且"tsʻie 或 tsʻɿ、"也"ɦie 或 ɦɿ)。值得注意的是:凡保留 ia 韻母的,也就保留尖音 ts、tsʻ、s。

但是,在普通話裏,麻韻分化爲 a、ɛ,時代很早。遠在 12 世紀以前,這種分化已經完成了。毛晃的《增修互注禮部韻略》(簡稱《增韻》)於微韻後加按語説:"所謂一韻當析爲二者,如麻韻自'奢'以下,馬韻自'寫'以下,禡韻自'藉'以下,皆當別爲一韻。"①《中原音韻》於家麻之外,另立車遮一部;《洪武正韻》於麻韻之外,另立遮韻;《五方元音》於馬韻之外,另立蛇韻。總之,在現代北方話和西南官話裏,一般總是分爲兩韻了。

佳(ai)皆(ɐi)兩韻很早就合流爲 ai 了。直到現代北京話裏,佳皆還有小部分字念 ai,特別是影母字,如佳韻的"矮、隘",皆韻的"挨"等。"涯、崖"有 ia、iai 兩讀,"駭"有 xai、çie 兩讀,都保留着中古音的痕迹。現代粵方言、客家方言、閩北方言和閩南方言,對於這兩韻的字,基本上還是念 ai 的。

---

① 《增韻》成於紹興三十二年(1162),見《玉海》。

　　佳皆開口喉音字變爲 e，比較麻韻三等字變 e 晚得多。《中原音韻》裏，皆來韻既包括"皆、鞋"等字，又包括"來、柴"等字，可見"皆、鞋"當時的韻母還是 ai。《圓音正考》裏，"皆"和"結"還不同音，可見直到 18 世紀初期（《圓音正考》成於 1743 年），"皆"還念 tçiai。但是，自從佳皆喉音字插入了韻頭 i 之後，很快地就起異化作用，排斥了韻尾 i，同時韻頭 i 也使主要元音的發音部位提前，變爲 e。

　　"佳"字在現代普通話裏念 tçia，這是一個例外。但是，遠在《中原音韻》時代，"佳"字已經混入家麻韻裏去了。這只能認爲不規則的變化。至於現代吳方言裏，佳皆韻念 ɑ（後 ɑ）却不是例外，而是通例。除了極少數的字（如皆韻合口的"懷"），皆佳韻字一般總是念 ɑ（上海"街"kɑ、"鞋"ɦɑ）。

　　（乙）來自入聲韻的。來自入聲韻的 ie、ye 一類字比來自非入聲的多得多，有月薛屑業葉帖藥覺八個韻。葉帖只有齊齒呼，所以發展爲 ie；月薛屑有齊、撮兩呼，所以發展爲 ie 和 ye；藥覺是特殊情況，由齊齒呼發展爲撮口呼，例如：

ie←ⁱʅɐt　[月]揭竭歇蠍謁。

ie←ⁱʅɛt（非知照系）　[薛]別鼈滅；列烈裂；褻泄；孑傑孽。

ie←iet　[屑]撇蔑；鐵迭跌；揑；節切截屑；結潔噎。

ie←ⁱʅɐp　[業]劫怯業脅。

ie←ⁱʅɛp（非知照系）　[葉]聶鑷獵；接妾捷，屧葉。

ie←iep　[帖]帖貼怗叠諜牒諜；燮；協挾。

ie←iwet、ⁱʅwɛt（例外）　[屑]血（白話音）；[薛]劣。

ye←ⁱʅwɐt（喉）　[月]厥闕掘橛月越曰粤。

ye←ⁱʅwɛt（非知照系）　[薛]絕雪；悦閱。

ye←iwet　[屑]決訣缺血穴。

ye←ⁱʅuət（例外）　[物]掘倔。

ye←ⁱʅɛt（例外）　[薛]薛。

ye←ⁱʅɐp（例外）　[業]怯（白話音）。

ye←ɣak（非知照系）　［藥］略掠；爵雀鵲嚼削；脚却虐瘧約藥鑰躍。

ye←iak←ɔk（喉）　［覺］角確殼嶽岳樂學。

現代漢語 ie、ye 的來源如下圖：

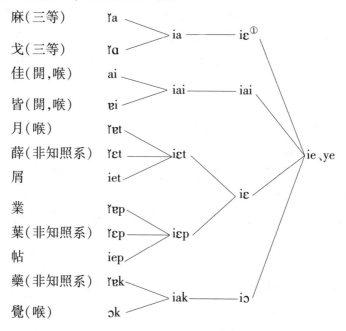

麻（三等）　ɣa
戈（三等）　ɣɑ
　　　　　　　　ia ——— iɛ①

佳（開，喉）　ai
皆（開，喉）　ɐi
　　　　　　　　iai ——— iai

月（喉）　　ɣɐt
薛（非知照系）ɣɛt
屑　　　　　iet
　　　　　　　　iɛt

業　　　　　ɣɑp
葉（非知照系）ɣɛp
帖　　　　　iep
　　　　　　　　iɛp
　　　　　　　　　　　iɛ

藥（非知照系）ɣɐk
覺（喉）　　ɔk
　　　　　　　　iak ——— iɔ

　　　　　　　　　　　　　ie、ye

月薛屑業葉帖六個韻失落韻尾，并入車遮，這種音變遠在 14 世紀以前已經完成。《中原音韻》把“竭傑穴劫獵協”等字一律歸入車遮，可以爲證。

藥韻的非知照系字和覺韻喉音字轉入車遮，則比較晚得多。發生的時代還没有能够考證出來；大約不會早於 18 世紀。在《圓音正考》裏，“覺、决”還不同音。到底先變撮口呼然後改變主要元音呢，還是先改變主要元音然後改變韻頭呢？我們以爲前者比較近理，因爲韻頭帶動主要元音的情形在漢語發展史中是比較常見的。

---

① 舉齊齒包括撮口，下仿此。

（二）ə 的來源

（甲）來自中古的 ɑ（歌）、uɑ（戈）的。歌韻的喉音字和戈韻喉音的一部分字到現代變成了 ə，這也是元音高化了，例如：

ə←ɑ　［歌］（喉）歌哥軻蛾俄何河荷，可，個餓賀。

ə←uɑ　［戈］（喉音平聲一大部分字）戈科窠棵訛和禾；（仄聲）課。

（乙）來自中古的 ɑk（鐸）、ɑt（曷）、ɒp（合）、ɑp（盍）的。鐸曷合盍的變化是有條件的：只有開口喉音發展爲現代的 ə。在發展過程中，元音也高化了，例如：

ə←ɑk（喉）　［鐸］各閣胳鄂鰐愕萼腭鶴惡。

ə←ɑk（舌，例外）　［鐸］樂。

ə←ɑt（喉）　［曷］割葛渴喝曷。

ə←ɒp、ɑp（喉）　［合］鴿蛤合盒；［盍］磕蓋。

（丙）來自陌麥德職的。來自陌麥的 ə，是由 ɐk 到 ɛ，再由 ɛ 到 ə 的。來自德韻的 ə，是由 ɑk 到 e，再由 e 到 ə 的[1]。它們自始就屬於開口呼（一、二等），是一向沒有韻頭的，例如：

ə←ɐk（非唇音）　［陌］格客額赫；拆澤擇宅；窄。

ə←æk（非唇音）　［麥］革隔核覈厄扼軛；摘；責策冊柵。

ə←ɑk（開一，非唇音）　［德］刻克黑；得德忒特，肋勒；則賊塞。

職韻莊系字如“側測惻色嗇穡”等，是由 ɪɐk 變 ɐk，由 ɐk 變 ɒ，再變爲 ə。

最晚在 17 世紀初期，這一類字在北方話裏就已經念 ə 了。在《西儒耳目資》裏，“格、革”和“德”等都是用拉丁字母 e 來表示的。

在現代北方話裏，還有一些方言於陌麥德三韻一、二等字和職韻莊系字停留在念 e 的階段，沒有發展爲 ə（如開封方言實際念 ɛ），特別

---

① 現代北京話裏的 ə 不是真正的［ə］，而是［ʌˠ］，所以不能認爲 ək 失落韻尾就變了 ə。

是西南官話，一般還念 e。

在現代非官話區域内，除閩北方言和閩南方言外，就一般情況说，德韻和陌麥的界限是相當清楚的。德韻往往是一個央元音（ə 或 ɐ），陌麥往往是個 a，例如上海於德韻念 əʔ，於陌麥念 aʔ，客家略如上海的主要元音，只是韻尾不同，即 æk、ak。粵方言對此雖然不太分得清楚，但有些地方還是大致能分的，例如廣州於德韻基本上是個 ɐk，於陌麥基本上是個 ak。

（丁）來自麻薛葉的。來自麻薛葉而現在念 ə 的字，本來都是有韻頭 i 的字（齊齒字），後來受捲舌聲母的影響，韻頭 i 失落了，主要元音也由 a、ɛ 變爲 ə 了，例如：

　　ə←ʅa（照系字）　　［麻］遮車蛇奢賒，者扯捨社，蔗射赦舍；惹。

　　ə←ʅɛt（知照系字）　　［薛］哲徹撤轍；摺浙舌設；熱。

　　ə←ʅɛp（知照系字）　　［葉］輒；摺聾攝涉。

閩南和閩北方言對於這一類的麻韻齊齒字，不但保留主要元音，還保留了韻頭（福州、廈門"遮"tsia、"社"sia）①。客家於此雖然不能保留韻頭，也還保留主要元音 a（梅縣"遮"tʃa、"車"tʃʻa、"社"ʃa）。在吳方言裏，由於麻韻二等字一般高化爲 o，三等照系字也跟着走，念成 o（上海"車"tsʻo）。在這一點上看得出吳方言也曾經過捲舌音的階段，以致影響到韻頭 i 的失落。

閩北於薛葉念 ɛik，閩南於薛念 iak，於葉念 iap。客家於薛一般念 iat，但薛韻知照系字念 at（"設"ʃat）；於葉一般念 iap，但葉的知照系字念 ap（"涉"ʃap）。吳方言於薛葉知照系字念 əʔ，和質緝的知照系字合流了（上海"哲、質"都是 tsəʔ，"涉、十"都是 zeʔ）。

現代北京話裏的 ə，在部分北方方言裏是分爲 o、e 兩類的：原 ɑ 類一等（歌戈鐸曷合盍）喉音字念 o，其餘麻薛葉陌麥職德念 e，所以北方話拉丁化方案把北京念 ə 音的字分別拼成 o 音和 e 音。特別是西南

————————

① 有個別例外，如"蛇"字閩北念 siɛ。

官話,這種分別是很明顯的,例如四川話"閣、格"不同音,"課、客"不同音,"合、核"不同音;"閣、課、合"念 o 音,"格、客、核"念 e 音。

現代北京話裏的 ə 實際是個複合元音,即[ɣʌ]。這個[ɣʌ]可以認爲 o 的變體,因爲 ɣ 是不圓脣的 o,ʌ 是不圓脣的 ɔ,只是原來的 o 變爲不圓脣而且複雜化了。

現代漢語 ə 的來源如下圖①:

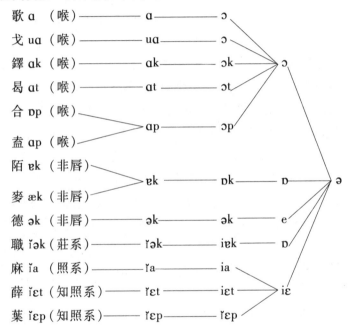

（三） 現代白話 ai、ei 的來源

以上所述都是文言音、或文白不分的音,但是,鐸藥覺陌麥德職諸韻中,都有許多字是文白異讀的。鐸藥覺的白話音是 au,上節講過了。

———————————

① 　個別例外不在內,如"瑟"字屬櫛韻,"澀"字屬緝韻,都念 sə。

這裏要講的是陌麥職的白話音讀 ai，德的白話音讀 ei。不但文言讀 ə 的，白話念 ai 或 ei，連文言讀 o 的（如"百、北"，見上節），白話也念 ai 或 ei。下面這些字都是另有白話音的：

（甲）念 ai 的：[陌]白 pai（陽平），百柏 pai（上），拍 p'ai（陰平），宅擇翟 tʂai（陽平），窄 tʂai（上），拆 tʂ'ai（陰平）；[麥]脈 mai（去），摘 tʂai（陰平），冊 tʂ'ai（上）；[職]色骰 ʂai（上）。

（乙）念 ei 的：[德]北 pei（上），得 tei（上）（必須），勒 lei（陰平）（用繩勒），肋 lei（去），賊 tsei（陽平），塞 sei（陰平），黑 xei（陰平）①。

這些白話音越來越占優勢了，例如北京話裏"白、百、麥、黑、賊"等字，連讀書音（文言音）一般也只念 ai、ei，不念 o、ə 了。

在念文言音的時候，陌麥和德是混的；在念白話音的時候，陌麥和德的界限就非常清楚。在許多情況下，我們都可以證明：現代漢語及其方言中，白話音總是比文言音更富於穩固性的。

陌麥職的開口二等字念 ai②，德韻的開口字念 ei，在《中原音韻》裏就是這樣的。《中原音韻》把前者歸入皆來（ai、uai），後者歸入齊微（i、ei、uei）③。由此可見，遠在 14 世紀以前就有了這種讀法了。

第十六節　現代漢語 ei、i 及其變體的來源

現代漢語 ei、i 及其變體有共同的來源，所以放在一起來叙述。它們的來源是止攝全部、蟹攝一部分、臻侵梗曾四攝入聲一部分。但是，仍然可以分爲三方面來談，即 ei 的來源、i 的來源、i 的變體

---

① 還有一個"忒"字，當"太"字講，今北京話念 tui，是 tei 的轉音。

② "色、骰"依韻圖在二等，但職韻是個三等韻。這裏說它們在二等，因爲它跟陌麥韻二等字走。

③ 按《切韻》系統來說，《中原音韻》的歸類比現代北京話整齊。在《中原音韻》裏，連"帛澤畫珀魄策測伯迫責側稽嚇麥陌脈"等字都歸入皆來（ai）去了；連"惑德國墨"等字都歸入齊微（ei）去了。

的來源。

（一）韻母 ei 的來源

現代韻母 ei 有開口呼和合口呼，合口呼是 uei[1]。

大部分開口呼的 ei 都來自中古的合口（合口一等和合口三等）。原因是這樣：蟹攝的開口呼一、二等至今是個 ai（見下文第十八節），蟹攝合口呼一、三、四等才變為 uei 或 ei，止攝合口三等也變為 uei 或 ei。現代普通話裏唇音後面和 n、l 後面不可能有合口的 uei，這就説明了為什麼有 pei、fei、nei、lei，而沒有 puei、fuei、nuei、luei 等。同時，支脂兩韻齊齒唇音字一部分也變了開口的 ei，所以唇音字齊合撮三呼都變了開口呼了，例如：

ei←ǐe、i（唇一部分）　　［支］卑碑，被婢（又讀）；［脂］悲眉楣徽，美，備媚寐。

ei←uɒi（唇及泥來）　　［灰］（唇）杯胚坯培陪賠梅玫枚媒煤，倍每，輩背配佩妹昧；（泥來）雷，餒儡，內。

ei←ǐwəi、ǐwɐi（非敷奉）　　［微］非飛妃肥，匪菲，沸痱費；［廢］廢肺吠。

ei←ǐwe、wi　　［支］贏，累；［脂］纍蘽，壘，類淚。

ei←wi（齒）（例外）　　［脂］誰（白話音）。

uei←ǐwe（喉舌齒）　　［支］規虧窺危麾為，詭跪毀委，偽餒；隨，嘴，髓；吹炊垂，睡瑞；蕊。

uei←wi（喉舌齒）　　［脂］龜夔葵惟維，軌晷癸揆唯，愧櫃位；雖綏，醉翠悴瘁遂隧穗；追搥鎚，墜；錐誰，水。

---

　　uei←ɪwəi、ĭwɐi(喉音及微母)　　〔微〕歸魏揮輝徽威違圍,鬼偉葦,貴魏諱卉畏慰緯胃謂渭蝟彙;微薇,尾,未味;〔廢〕穢。

　　uei←ĭwɛi(喉舌齒)　　〔祭〕衛;脆歲彗;綴;贅税。

　　uei←uɑi(喉一部分,舌齒)　　〔泰〕會繪;兌;最。

　　uei←iwei(喉)　　〔齊〕圭閨奎,桂惠慧。

　　uei←uɒi(喉舌齒)　　〔灰〕盃魁詼恢桅灰回隈煨,傀賄悔匪,晦潰;堆推頹,腿,對退隊;催崔摧,罪,碎。

　　支脂微祭廢屬三等,齊屬四等,但是在合口呼上,它們完全和灰韻合流了。以等呼而論,應該説是三、四等跑到了一等;但是,以韻攝而論,倒反應該説是蟹攝一部分字跑到了止攝裏來,因爲蟹攝的主要元音是 ai 及其類似音,止攝的主要元音是 i 及其類似音(ei)。

　　有三件事值得注意:第一,蟹攝二等合口字("懷、淮、怪、快")并没有跑到止攝裏來;第二,泰韻合口字一部分跑到了止攝,另一部分停留在蟹攝("檜、儈、劊、外");第三,支脂兩韻莊系合口字起了特殊的變化,跑到蟹攝裏去了("揣"tʂʻuai,"衰帥率" ʂuai)。

　　上面所述的音變,早在 14 世紀以前已經完成了。在《中原音韻》裏,"歸、圭"同音,"揮、灰"同音,"悲、杯"同音,"威、煨"同音,"虧、魁"同音,"眉、梅"同音,"羸、雷"同音,"毀、悔"同音,"謂、衛"同音,"畏、穢"同音,"貴、桂"同音,"諱、會"同音,"翠、脆"同音,"備、倍"同音,"醉、最"同音,"遂、歲"同音,"墜、贅"同音,"媚、妹"同音,都是止蟹兩攝合口呼合流的證據。而"乖、懷、淮、槐、蒯、拐、快、塊、怪、外"和"衰、揣、帥、率"的歸入皆來,又説明了上述的那些特殊情況也是 14 世紀以前就有了的①。

　　有一個很特別的情況,就是"給"字的白話音(kei)。"給"是緝韻的字,文言音的 tɕi 是正常的變化。它的白話音保存着舌根音 k。依北京話的語音系統,k 不能在 i 前存在,所以韻母變爲開口呼。

―――――――――――

① 　唯一的例外是"膾"字,《中原音韻》"膾"和"貴"同音,而現代"膾"和"快"同音。至於"檜"字,《中原音韻》和"貴"同音,而現代亦有 kuai、kuei 兩讀,不算例外。

在現代方言裏,對於止蟹兩攝的合口呼分別得比較清楚的是閩南方言和粵方言。厦門話於止攝合口字多數念 ui,於蟹攝合口字(二等除外)多數念 ue("醉"tsui、"最"tsue、"崇"sui、"歲"sue)。廣州話於止蟹兩攝的三、四等合口字没有分別(念 wɐi、ɐi、œy),於舌齒音止合三和蟹合一也没有分別("醉、最"都念 tʃœy),但是於喉唇音止合三和蟹合一則分別得很清楚,例如:揮 fɐi、灰 fui、悲 pei、杯 pui、威 wɐi、煨 wui、虧 kwɐi、魁 fui、眉 mei、梅 mui、毁 wɐi、悔 fui、諱 wɐi、會 wui、備 pei、倍 pʻui、媚 mei、妹 mui。吳方言在止蟹相混這一點上和普通話基本上是一致的,只是普通話(北京音)念 ui 的地方(即舌齒聲母後面),吳方言不能保持合口呼,而變了開口(上海"堆"te、"醉"tse),輕唇聲母後面變了齊齒(上海"飛"fi、"微"vi)。

(二)韻母 i 的來源

現代漢語韻母 i 來自中古止蟹兩攝的開口三、四等[①]和梗曾臻深四攝入聲三、四等的大部分字。仔細分析起來是這樣:

齊韻全部開口字;

祭韻知照系以外的開口字;

廢韻開口字(一個字);

　(以上蟹攝)

微韻全部開口字;

支脂之三韻精知照系以外的開口字;

　(以上止攝)

錫韻全部開口字;

陌韻開口三等字;

昔韻知照系以外的開口字;

　(以上梗攝)

---

① 例外有"季、携"二字,"季"來自合三,"携"來自合四。參看上文第十三節。

職韻知照系以外的開口字；

（以上曾攝）

迄韻全部開口字；

質韻知照系以外的開口字；

（以上臻攝）

緝韻知照系以外的開口字。

（以上深攝）

例如：

i←iei、ˠɐi iəˠ ［齊］批迷，陛米，閉謎；低堤梯題提啼蹄，底抵體弟，帝替涕剃第遞；泥犂黎，禮，麗隸；擠妻淒齊臍西棲犀，薺洗，濟砌細；雞稽溪倪奚兮，啓，計繼契詣系係繫繼；［廢］刈。

i←ˠɐi(非知照系) ［祭］蔽敝弊幣斃；厲勵例；祭際；藝囈。

i←ˠe、i、ˠə(非精知照系字) ［支］羈奇騎岐宜儀犧移，企技妓蟻倚椅，寄誼義議戲易；離籬璃，荔；裨披皮疲脾彌糜，彼俾婢靡，臂譬避；［脂］飢肌祁耆鰭伊夷姨，几，冀器棄懿肆；尼呢梨，膩利痢；地；丕琵，鄙比，秘泌庇痺屁鼻篦；［之］基姬欺其棋期旗疑嘻嬉熙醫怡貽，已紀起杞擬喜矣以己，記忌意異；釐，你李里裏理鯉，吏。

i←iəi ［微］幾機譏饑祈沂希稀衣依，幾豈，既氣汽毅。

i←wi(例外) ［脂］遺。

i←ˠět(非知照系)、ˠɐt ［質］筆畢必匹弼密蜜；暱栗；七漆疾悉膝；吉乙一逸；［迄］訖乞迄。

i←ˠək、ˠek(非知照系)、ˠɐˠ、iek ［職］逼；匿力；即鯽稷息媳熄；棘極憶億抑弋翼；［昔］璧碧僻闢；積跡脊籍藉昔惜席夕；益亦譯易液腋；［陌］戟隙劇(劇烈)逆；［錫］壁霹劈覓；的滴嫡踢剔惕；溺歷曆；績戚寂錫析擊激。

i←ˠwɐk(例外) ［昔］役疫。

i←ˠěp(非知照系) ［緝］立粒；緝集輯習襲；急級汲給泣及吸邑揖。

支脂之微四韻合一，陌麥昔錫四韻合一，至少在第 8 世紀以前就完成了。韓愈《諱辯》認爲"雉、治"同音（"雉"屬至韻，"治"屬志韻），"機、基"同音（"機"屬微韻，"基"屬之韻），"昔、晳"同音（"昔"屬昔韻，"晳"屬錫韻），可以爲證①。

（三） i 的變體（ɿ、ʅ、ɚ、ʮ）的來源

支脂之三韻的精系字念ɿ，這是三韻合流以後的事，也就是説：tsi→tsɿ、tsʻi→tsʻɿ、si→sɿ。當支脂之三韻精系的 i 變ɿ 的時候，齊祭兩韻還沒有從蟹攝轉到止攝②，條件不同，所以這兩韻的精系開口字没有一起變ɿ。至於入聲字，條件更不同了。等到齊祭轉入了止攝，那些入聲字也都念了 i 的時候，tsi、tsʻi、si 變 tsɿ、tsʻɿ、sɿ 的規律已經喪失了時效，所以它們不能和支脂之的精系字一致了（注意：ɿ 韻没有來自入聲的字）。

ɿ←ɤe、i、ɤə（精系）　［支］雌疵斯厮撕，紫此，刺賜；［脂］資姿咨瓷齎私，姊死，次自四肆；［之］兹滋慈磁司絲思辭詞祠，子梓似祀巳，字伺寺嗣飼；輜俟廁③。

支韻有兩個例外字：璽徙（çi）。這是不規則的變化。

止攝精系字讀ɿ 的時代很早，《切韻指掌圖》把"兹、雌、慈、思、詞"一類的字排在一等（本來在韻圖屬四等），就表示它們的韻母已經是個ɿ。由此可見，韻母ɿ 的產生不能晚於 12 世紀④。

tsi 之變爲 tsɿ，是由於聲母 ts、tsʻ、s 把元音移到和它相同的發音部

---

① 韓愈《諱辯》："吕后名雉爲野雞，不聞又諱治天下之治爲某字也。今上章及詔，不聞諱滸勢秉機也。"按："虎、世、昞、基"爲唐代廟諱。《唐韻》支脂之同用，微獨用，現在脂之微混了，可見支也混了；陌麥昔同用，錫獨用，現在錫昔混了，可見陌麥也混了。

② 在《切韻指掌圖》裏，齊祭已經轉入止攝，可見 i 變ɿ 還在《切韻指掌圖》的時代之前。

③ 莊系字念 ts、tsʻ、s 者，作精系字看待。

④ 《切韻指掌圖》雖不是司馬光所作，但是我們可以肯定它是南宋的作品。參看董同龢《切韻指掌圖中幾個問題》，《史語所集刊》第十七本 195～198 頁。

位上來。

現代官話區域對於止攝精系字一律念ꭥ，吳方言一般也是這樣念的。客家方言一般也念ꭥ①。只有粤方言保存着中古的 i，例如廣州話"資"tʃi、"雌"tʃ'i、"思"ʃi。

不論是什麽韻類，如果知照系以外的字在現代漢語裏念 i（見上文），那麽，和它同韻的知照系在現代漢語裏念ꭥ②。因此我們可以相信這個ꭥ是由 i 變來的；tʂ、tʂʻ、ʂ 和後面的 i 互相排斥，結果是 tʂ、tʂʻ、ʂ 把韻母 i 帶到和它們同一發音部位上來，變爲ꭥ，例如：

　　ꭥ←ĭɛi（知照系）　　［祭］滯；制製世勢誓逝。

　　ꭥ←ĭe、i、ĭə（知照系）　　［支］知池馳，智；支枝肢施匙，紙只侈豸是氏，翅豉；［脂］遲，雉，致稚；脂鴟尸屍，旨指矢屎，至示視嗜；［之］癡持，恥痔峙，置治；士使史駛，事；之芝嗤詩時鰣，止趾齒始市恃，志誌痣試侍。

　　ꭥ←ĭĕt（知照系）　　［質］窒姪秩；蟄；質實失室；日。

　　ꭥ←ĭək、ĭɛk（知照系）　　［職］飭直值；織職食蝕識式飾殖植；［昔］擲；隻炙赤尺斥適釋石碩（文言音）。

　　ꭥ←ĭĕp（知照系）　　［緝］執汁濕十什拾。

在《中原音韻》裏，支思的韻母是ꭥ、ꭥ（兩個可認爲同一音位），齊微的韻母是 i。《中原音韻》裏的支思韻沒有知系字；知系開口和一部分照系開口是放在齊微韻裏的。可見當時這些字的聲母還沒有變爲捲舌音，而是念成 tʃ 類的音。

韻母 i 另有一個變體，就是 ɚ。這個 ɚ 只表示止攝開口的日母字，即"兒、耳、二、餌"等，例如：

　　ɚ←ĭe、i、ĭə（日母）　　［支］兒，爾邇；［脂］二貳；［之］而輀，耳洱，珥餌。

在《中原音韻》裏，這些字是屬於支思韻的，可見14世紀的讀音是

ẓ.ɭ.。現代"日"字讀 ẓ.ɭ.,當時却不讀 ẓ.ɭ.,而是讀[ʒi],所以《中原音韻》把"日"字歸入齊微韻。"日"字和"兒"等字有不同的發展,是由於"兒"等字變入 ɭ 韻的時候,"日"字還念 i 韻。等到"日"字轉入支思韻的時候,"兒"等字又已經轉變爲 əɹ 了。

韻母 ɭ 和 ɿ 可以認爲同一音位,所以《中原音韻》把它們一律歸入支思韻。到了 17 世紀(或較早),"兒"等字已經念 əɹ,所以金尼閣的《西儒耳目資》把它們列入 ul 韻,徐孝的《等韻圖經》也把它們列入影母之下①。"知、日"等字也大約在這個時期(或較早)由齊微轉入支思。

有一個例外,就是"人"字。在《中原音韻》裏"日"和"人"是同音字,現代吳方言和某些官話區"日、人"同音,這是合於近代語音系統的。現代普通話"人"字念 ẓu,是不規則的變化。

現代吳方言對於支類和思類并沒有區別,既然一般只有 ts 等聲母,沒有 tʂ 等聲母,自然也就只能有 ɿ,不可能有 ɭ。

現代粵方言對於止攝開口三等一律念 i,既沒有 ɭ,也沒有 ɿ②。可以説粵方言在這一點上最能保持齊齒呼。相反地,齊韻字在粵方言裏變爲開口呼(廣州"雞"kɐi)。但是,就整個韻母來説,粵方言却又保存了蟹攝的系統。

至於本節裏所談到的原入聲字,現代閩北方言一律念-k 尾,吳方言一律念 ʔ 尾,粵方言依照古音系統,分別-p、-t、-k 尾,這些都和前面兩節所談到的原入聲字一致的。唯有閩南方言和客家方言的情況稍有不同。在這兩種方言裏,主要元音爲 i 的字,只能有-p 尾和-t 尾,不能有-k 尾,這就是説-k 并到-t 去了(閩南"質職"tsit,客家"吉擊"kit)。在客家一部分方言裏(如梅縣話),和 i、ip、it、ik 相當的知照系字的主要元音爲 ə,也只能有-p、-t 尾,沒有-k 尾(梅縣"質職"tsət)。詳細情

---

① 參看趙蔭棠《中原音韻研究》158 頁;陸志韋《金尼閣西儒耳目資所記的音》,《燕京學報》33 期 124 頁。

② 因此,粵方言區域的人學習普通話的時候,一般都對 ɭ、ɿ 感覺困難,特別是後者。

況不在這裏討論了。

　　由上所述，我們可以分析現代漢語 ei、i 及其變體的來源如下圖：

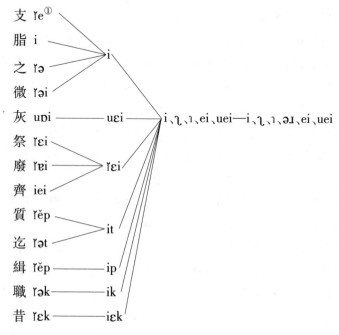

現代白話 ei 的來源是不在上圖之内的。

第十七節　　現代漢語 u、y 的來源

　　本節所談的 u、y，是指全韻爲 u 或 y 來説的，韻頭 u、y 不在討論之列，正如上節所談的 i 不是指韻頭一樣。

　　韻母 u、y 的來源，就平聲來説（包括上去），主要有魚虞模三韻。

---

① 　舉齊齒包括撮口，下仿此。

模韻全部至今保持着中古的 u 音,只有"模、措、錯、做"四字讀-uo 是例外①。魚虞兩韻的字按聲母的不同條件而發展爲 u、y 兩類:知照系和輕唇字(魚韻無輕唇)念 u,其餘念 y,只有"所、廬"二字是例外("所"屬山母而念 suo,"廬"本來和"驢"同音,現代不念 ly 而念 lu)。

此外,尤侯韻唇音字大多數念 u,例如侯韻的"母"、尤韻的"婦"等。

就入聲來説,有屋沃燭術物没六韻。屋韻一等和沃韻自從促音韻尾失落以後,全部合流爲 u,只有"沃"字念 uo 是例外②。没韻除唇音字外,也全部變了 u。屋韻三等和燭韻,促音消逝以後,舌齒音和輕唇字念 u,其餘念 y,例外只有"續"字念 ɕy、"縮"字念 suo、"緑"字念 ly 等③。術物和魚虞的情形也相近似,它們轉變爲舒聲以後,知照系和輕唇字(術韻無輕唇)念 u,其餘念 y,例外字有"卒"和"率蟀"等④。

還有幾個字值得一提,即職韻的"域"字和覺韻的"璞、朴"等字。"域"字雖只有一個音(非常用字還有"蜮、棫、緎"等),但是它自成一類,可見職韻合口三等和屋韻合口三等合流了。"業、卜"聲本在屋部,"璞、朴"讀與屋同類是古音系統的殘留。

上面是對於 u、y 來源的總叙述;下面我們分述 u 的來源和 y 的來源。

(一)韻母 u 的來源

韻母 u 的來源,在平聲是魚虞一部分字和模韻全部字;在入聲是屋燭術物没一部分字和沃韻全部字,例如.

u←u　[模]鋪蒲菩脯,補譜普浦部簿,布佈鋪怖步捕埠慕暮墓募;

---

① 但"模"字又讀 mu 音。

② 但"沃"字又讀 u 音。

③ 但"續"字在《集韻》又入遇韻。若依遇韻,則不算例外。"縮"又讀 su,"緑"又讀 lu,也不算例外。

④ "卒"又屬没韻,則不算例外。"率、蟀"的文言音是 ʂuo,它們屬於山母,和魚韻山母"所"字念 suo 的情形相近似。

都徒圖屠途塗,堵賭土杜肚,妬蠹吐兔度渡鍍;奴盧爐,努魯櫓虜滷,怒路賂露;租粗蘇酥,祖組,醋素訴塑;姑辜箍孤枯吳吾梧呼胡湖狐壺乎瓠鬍烏汙,古估賈股鼓苦五伍午虎滸戶滬塢,故固雇顧褲庫誤悟冔互護惡。

u←ĭo(知照系)　[魚]豬除儲,褚苧,著箸;初鋤梳疎疏蔬,阻楚,助;諸書舒,煮處署鼠黍墅,庶恕署;如,汝。

u←ĭo(非知照系,例外)　[魚]盧。

u←ĭu(輕唇和知照系)　[虞]夫膚敷俘符扶無毋巫誣,府俯腑甫斧撫父釜腐輔武舞侮鵡,付賦傅赴訃附務霧;誅株蛛廚,柱,駐注住;朱硃珠樞輸殊,主豎,注鑄戍樹;儒,乳。

u←əu(唇)　[侯]母拇畝牡,戊。

u←ĭəu(唇)　[尤]浮婦負阜,富副。

u←uk　[屋]卜撲僕曝瀑木沐;禿獨讀牘;鹿祿;族速;穀谷哭斛屋。

u←ĭuk(唇舌齒)　[屋]福幅蝠複腹覆伏服復目穆牧;六(文言)陸戮;肅宿夙;竹築畜逐軸;祝粥叔熟淑;肉。

u←uok　[沃]篤督毒;酷。

u←ĭwok(舌齒)　[燭]錄;足促粟俗;燭囑觸贖束蜀屬;辱褥。

u←ɔk(例外)　[覺]璞朴。

u←ĭuĕt(知照系)　[術]絀黜;出術述。

u←ĭuət(輕唇)　[物]弗拂彿勿物。

u←uət(舌齒喉)　[沒]突;猝;骨窟忽。

u←uət(重唇,例外)　[沒]不。

u←ĭĕp(日母,例外)　[緝]入。

最特殊的情況是"不、入"二字。上文說過,"入"字念 ʐu 是不規則的變化,直到 17 世紀,"入、日"還是同音,所以《西儒耳目資》把"入"字和"日"字排在一起。但是,到了今天的官話區域裏,一般都念入魚虞韻,或者讀爲"如"字去聲(如北京),或者讀爲"如"字入聲(如長沙),或者讀同"如"字(如武漢、重慶)了。這裏不再詳細討論它。至於說到"不"字,情況更加複雜。《廣韻》把"不"字歸入尤韻;雖然物韻也有"不"字,但是注云"與弗同"。《韻鏡》《七音略》《四聲等子》都没有入聲的"不"字,但是《切韻指掌圖》和《切韻指南》則把"不"字歸入没韻,作爲"奔"字的入聲。在現代保存着入聲的方言裏,"不"一般總是念入聲的①。"不"字歸入没韻是可疑的;"不"字念重唇,當輕重唇分化以後,韻圖家没法子把它再歸入物韻。《韻會》"不"字音逋没切,也是歸入没韻。但是没韻唇音字在現代普通話裏念 uo 不念 u,而且遠在 14 世紀就是這種情況(《中原音韻》"勃"入歌戈)。相反地,遠在 14 世紀,"不"字就念 pu(《中原音韻》"不、卜"同音)。一切都使我們傾向於相信今天"不"字的讀音(不論讀入聲和不讀入聲)是來自物韻的,它保存着古代的重唇音,没有和"弗、物"等字一起變爲輕唇。"不"字在上古屬之部,念 pǐwə,到中古分化爲尤物兩韻②,在尤韻的變了開口三等的 pǐəu,在物韻的變了合口三等的 pǐuət,主要元音都没有改變。後來,合口三等的 pǐuət 由於保存重唇,所以變爲合口一等 pǐuət→put→pu。這種音變還是很自然的。常用字往往在音變上是一種强式,不隨着一般的變化。"不"字是一個典型的例子。

就上述的這些北京話念-u 的字來説,各地方言又有種種不同的情況。

在官話區域内,大多數地方的魚虞模屋沃燭術物没諸韻的讀音都和北京相一致。但是,湖北、湖南一部分方言却不一樣,例如武漢和長沙,於模屋沃燭四韻的舌齒音字念-ou("都"tou、"祖"tsou、"毒"tou、"族"tsou、"竹"tsou、"六"lou、"突"tʻou),變了開口呼;於魚虞術諸韻的知照系字念-y("諸"tɕy、"書"ʂy、"出"tɕʻy),保存撮口呼。京劇對於"書、出"一類字念撮口,雖説是受漢腔的影響,同時也是保存着古音系統。

在非官話區域内,即保存着入聲的方言裏,應該把平聲和入聲分别看待。

粤方言把上述北京念 u 的遇攝字分爲兩類:模韻的莊系字、輕唇

① 温州"不"字念 pai 是例外。
② "不"字有平上去入四聲,這裏説尤物兩韻,是舉平聲包括上去。

字念 u，知章系字念 y；有些地方分爲四類：模韻非舌齒字和虞韻輕唇
字念 u，模韻舌齒字念 ou，魚虞兩韻莊系字念 ɔ①，知章系念 y（廣州
"姑"ku、"都"tou、"路"lou、"楚"tʃ'ɔ、"猪"tʃy）。値得注意的有：像湘
鄂許多方言一樣，保存了撮口呼；像湘鄂許多方言一樣，模韻舌齒字變
ou，莊系字有獨立的發展。粤方言於通攝入聲字一律念 uk，於物韻字
念 ɐt，於術韻知照字念 œt（如廣州）。

　　閩南於模韻字，主要是念 ɔ（厦門"都"tɔ、"祖"tsɔ、"補"pɔ）；於魚
虞韻字，主要是念 u（厦門"女"lu、"除"tu、"樹"su）。於屋韻一等及沃
韻字，主要是念 ɔk（厦門"木"mɔk、"族"tsɔk、"毒"tɔk）；於屋韻三等及
燭韻字，主要是念 iɔk（厦門"陸"liɔk、"足"tsick、"叔"siɔk、"肉"
dziɔk）；於術物没韻字，主要是念 ut（"出"ts'ut、"物"mut、"突"tut）。値
得注意的是：通攝入聲合口三等字（屋三及燭）差不多全部念齊齒 iɔk，
没有轉到一等去。

　　閩北於模魚虞三韻字，念 uo、u、ou、y、io 五個韻母（福州"補"puo、
"土"t'u、"度"tou、"除"ty、"厨"tio）。大約雙唇音念 uo，古輕唇字念 u
（福州"夫"hu），其他分化條件不十分清楚。於通攝入聲韻和臻攝合
口入聲韻（術物没）則念 ouk（"哭"k'ouk）、uok（"忽"huok）、auk（"撲"
pauk、"骨"kauk）、uk（"術"suk、"獨"tuk）、œyk（"足"tsœyk）、yk（"俗"
syk），分化條件也不很清楚。但是，値得注意的是：除輕唇字外，通攝
合口三等字差不多全部保持着撮口呼 yk 和 œyk。

　　客家於模韻字、魚韻知照系字、虞韻知照系和輕唇字，基本上和北京
相一致，念 u。只有兩點不同：第一，在客家話裏 ts、ts'、s 後面不可能有 u，
只能有 ɿ，所以"租、粗、蘇"變了 tsɿ、ts'ɿ、sɿ（"阻、初、梳"也變了 tsɿ、ts'ɿ、sɿ，因
爲莊系字在客家念 ts-、ts'-、s-）；這樣，就和支脂之三韻開口呼的精系字合
流了。第二，由於遇攝日母字的聲母失落，所以這些日母字另依喉音字變
化，變入 i 韻（"如儒"i）。客家於屋沃燭三韻念 uk、iuk，於術物没三韻念 ut

---

① 　例外"數"ʃou。

（但"勃、没"念 ɔʔ）。值得注意的是客家所保存屋沃韻的撮口字雖比閩北方言少些，但比北京話多些，例如"陸、錄、綠"念 liuk。

　　吳方言對於模魚虞的一般情況是這樣：模韻全部和魚虞韻莊系字和輕唇字念 u 或類似的音①，魚虞韻其他的字念 y。因此，它和普通話在遇攝上大不相同之點是：魚虞兩韻知照系字保持着撮口呼，一般念 ɥ（圓唇的 ɿ），例如蘇州"猪"tsɥ、"厨"zɥ、"處"tsʻɥ、"書"sɥ、"如"zɥ②，杭州"猪"tsy、"厨"zy、"處"tsʻy、"書"sy、"如"zy。吳方言的屋沃燭三韻很簡單，上面所舉北京念 u 的屋沃燭韻字，在吳方言裏一般都念 oʔ或 ɔʔ，和覺鐸又藥一部分合流。術物没三韻更簡單，除喉音一等念 uəʔ（"骨"kuəʔ），三等念 yəʔ（"屈"tɕʻyəʔ）以外，其餘一律念 əʔ，例如上海"卒"tsəʔ、"出"tsʻəʔ、"物"vəʔ 等。

（二）韻母 y 的來源

　　韻母 y 的來源，大致不出上述諸韻的範圍，只是應該除去模沃没三韻，因爲它們是一等韻，不可能有撮口呼，又應該除去尤侯兩韻，因爲它們與此有關的只有唇音字，而唇音字在現代普通話裏也没有撮口呼。剩下來只有魚虞屋燭術物六韻，而在魚虞術物韻中還要除去知照系字，在屋燭韻中還要除去舌齒音的字，因爲它們轉入了合口一等，念 u 不念 y。韻母 y 的來源如下表：

　　y←ĭo（非知照系）　［魚］驢，女呂旅，慮濾；蛆疽苴雎胥徐，序緒叙，絮；居車墟渠魚漁虚嘘於淤余餘，舉巨拒距炬語許與，據鋸去遽御馭譽預豫。

　　y←ĭu（非知照系）　［虞］縷屨；趨須鬚需，取娶聚，趣；拘駒俱區軀瞿愚虞娛吁迂孟榆逾愉，矩雨宇羽禹愈，句具懼遇寓芋喻裕。

　　y←i（例外）　［脂］履。

　　y←iei（例外）　［齊］婿。

---

① 有些地方分化爲兩類，如蘇州於唇音念 u，其他念 ʒu。

② 但上海一般於這類字念-ɿ，與"知、雌、思"合流。

y←ɣuk(喉)　　〔屋〕菊麴畜蓄郁育。

y←ɣwok(喉)　　〔燭〕曲局玉獄旭欲慾浴。

y←ɣwok(舌齒,例外)　　〔燭〕緑;續。

y←ɣuĕ、ɣuət(非知照系)　　〔術〕律率;戌恤;橘聿鷸鴪;〔物〕屈鬱。

y←ɣɐk(例外)　　〔陌〕劇(戲劇)。

在北方話裏,念 y 的字基本上是一致的。只有雲南、貴州兩省,某些地方不具備撮口呼,所以這些字都變了 i 韻字,例如昆明"女"ni、"魚"i、"句"tɕi、"局"tɕi、"律"li。

在粤方言裏,於北方話念 y 的字,除現代念零聲母的字以外,一律念 œy(廣州"居"kœy、"取"tʃʻœy、"驢"lœy)。這可説是保存着撮口呼,但是和灰韻舌齒字、止攝合口舌齒字合流(見上文第十六節)。零聲母念 y,和北方話一致。屋燭韻一律念 uk;術韻舌齒念 œt,喉音念 uɐt;物韻一律念 ɐt。

客家方言裏也沒有撮口呼,所以魚虞韻非知照系字一般念入 i 韻①,例如梅縣"語"n̩i、"聚"tsʻi、"居"ki、"虛"çi。術物韻念 ut 韻,例如梅縣"骨"kut、"屈"kʻut、"鬱"vut。至於屋燭三等合口喉音字,則念 iuk。按現代四呼來説,iuk 不算正式的撮口呼(因爲其中没有 y),但是它反映了古代撮口呼的遺迹,例如梅縣"菊"kiuk、"曲"kʻiuk。

閩南方言在這點上和客家方言非常近似。它也没有撮口呼,但是魚虞韻非知照系字不是入 i 韻,而是入 u 韻,例如厦門"語"gu、"聚"tsu、"居"ku、"虛"hu。術物韻念 ut,與客家同。屋燭三等合口喉音字念 iɔk,和客家音也很相近。

閩北方言有撮口呼,所以魚虞合三喉音字一律念 y,例如福州"居"ky、"去"kʻy、"許"hy。屋燭合三喉音字念 œyk、yk,例如福州"曲"kʻœyk、"玉"ŋyk。但是,術物轉入一等,念 ouk、uk、ɛik,例如福州"屈"kʻouk、

_____

① "魚"字念ŋ̩,"女"字白話音也念ŋ̩,這是例外。

"鬱"ouk、"掘"kuk、"律"luk、"橘"kɛik。

　　吳方言各地區對於魚虞韻讀音并不完全一致。大約可分爲兩派：一派於魚虞韻在北京讀 y 的字差不多一律讀 y，如上海、杭州；另一派於魚虞韻喉音字讀 y，但於精系字和來母字讀 i，如蘇州"徐"zi、"取"tsʻi、"呂慮"li。個別字在吳方言白話裏有特別的念法，如"去"tɕʻi、"魚"ŋ̍。對於屋燭三等喉音字，一般念 yoʔ，和覺藥一部分字合流。於術物喉音字則念 yəʔ，和月薛屑一部分字合流。

　　如上所述，u、y 的來源如下圖：

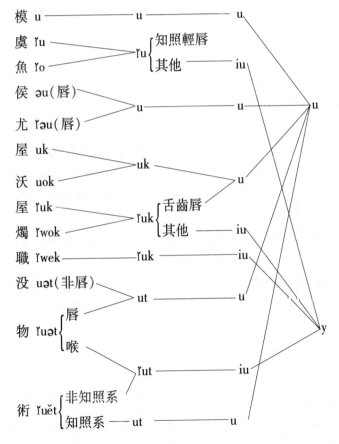

魚虞模三韻至少在第 8 世紀就合流了①。

在什麼時代模魚虞分爲 u、y 兩音呢？我們認爲這個音變最晚在 16 世紀已經完成了。潘耒的《類音》把"師、依、疏、於"認爲相配的四呼，其所代表的音正是ﮗ、i、u、y②。《康熙字典》前面所附的《字母切韻要法》可能是明代的東西，裏面搣攝開口呼是"得"字等、齊齒呼是"低"字等、合口呼是"都"字等、撮口呼是"猪"字等，其所代表的音是 ei、i、u、y。金尼閣《西儒耳目資》把魚虞模分爲 u、iu 兩類：u 類所收的是模韻字，魚虞的輕脣，知照系字和尤侯脣音字；iu 類所收的是魚虞兩韻的喉音、精系及泥來兩母的字；《西儒耳目資》的 iu 實際上就是 y。總之，u、y 的分別是早在距今三百多年前就有了的。

（三）現代白話 ou 的來源

現代白話音的 ou 來自屋韻的三等字，例如：

屋韻：粥 tʂou、軸妯 tʂou、熟 ʂou、肉 ẓou、六 liou。這些字的文言音都是念-u 的。屋韻三等字中，也只有少數字是有文白兩讀的。

韻母 uk 變爲 ou，跟 ak 變爲 au（見本章第十四節）是同樣的道理。輔音 k 變爲同部位的元音 u，但是原來的主要元音却低化，變爲 o 了。

第十八節　現代漢語 ai、au、ou 的來源

在本節裏，我們討論現代韻母 ai、au、ou 的來源。共分爲三個小節來叙述。

---

① 韓愈《諱辯》："惟宦官宫妾，不敢言諭及機，以爲觸犯。"按：唐代宗名豫，可見當時"豫、諭"同音。然而前者屬魚，後者屬虞。

② 潘耒的《類音》大約是 17 世紀末年的書。潘耒雖想主觀地規定某些讀音，但也不能是毫無根據的。

（一）現代 ai 的來源

現代北京話裏念 ai 的字，有一小部分來自中古的入聲（"白、拆"等），我們在上文第十五節已經講過了。現在所要講的是那些不是來自入聲的字。

就平聲字（包括上去）來説，ai 的來源比較單純，就是來自蟹攝。但并非蟹攝全部字在今天都變了 ai，而是蟹攝一、二等字大部分變了 ai。因此，就有分析的必要：我們要考察考察蟹攝在什麼條件下保持着中古的 ai①，又在什麼條件下分化爲别的韻母。

ai←ɒi　［哈］猷胎台臺苔抬，待怠殆，戴態貸代袋；來，乃，耐；灾栽猜才財材裁纔腮，宰彩採在，再載菜賽；該開呆孩哀埃唉，改凱愷海亥，概溉慨礙愛。

ai←ɑi（非唇音）　［泰］帶太泰大（大夫）；奈賴癩，蔡；蓋丐艾害靄藹。

ai←ai、ɐi、æi（舌齒唇及影母）　［佳］奶（嬭）；釵差（出差）柴篩，債曬；牌，擺買，派稗賣；矮隘；［皆］齋豺；排埋；［夬］寨；敗邁。

ai←ɐi（喉，例外）　［皆］楷骇②。

iai←ai（例外）　［佳］崖。

uai←uɑi（喉）　［泰］儈會（會計）劊外。

uai←wɐi、wæi　［皆］乖懷槐淮，怪蒯塊壞；［夬］夬獪快筷噲。

uai←wai（例外）　［佳］歪，拐。

從上面的表可以得出結論：除了開口二等喉音（除疑影兩母）分化爲 ie，合口一等灰韻分化爲 uei，合口二等佳韻分化爲 ua 以外，蟹攝一、二等字差不多全部念 ai、uai。疑影兩母（疑母"涯"ia、"崖"iai，影母"挨、矮、隘"ai、"歪"uai）到了 14 世紀以後（或較早）已經變爲零聲

---

① 蟹攝在中古不是單純地代表一個 ai，但是其他像 ɑi、ɒi、ɐi、æi 等都是和 ai 類似的音。

② 但"楷樹"的"楷"念 tɕie，則非例外。

母①，所以它們的發展不一定同於舌根聲母。

韻母 ai 的來源如下圖：

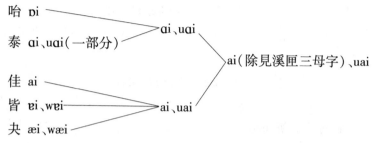

蟹攝一、二等在現代吳方言裏有很整齊的局面。在那裏，哈灰兩韻是開合相配的，念 e、ue（上海"開"kʻe、"魁"kʻue），泰佳皆夬是另一類，念ɑ、iɑ、uɑ（上海"帶"tɑ、"街"kɑ、"階"tɕiɑ、"快"kʻuɑ）。雖然有些泰韻字的文言音受了官話的影響而和哈灰合流（如"戴帽子"念 tɑ，而"戴震"念 te；"壞"念 ɦuɑ，而"懷"念 ɦue），但是基本上還是界限清楚的。這個ɑ可以追溯到很古：上古支脂兩部和歌部都很近，佳皆的ɑ可能是從上古音來的，不一定經過 ai、ɐi 的階段；泰夬在上古是 at，這 at 的韻尾失落，轉化爲去聲就是ɑ，也是不需要經過ɑi、æi 的階段的。還有一件事值得注意，就是"掛畫話蛙"在吳方言裏一般念 uo 不念 uɑ，可見這些字在很早的時代就轉入了麻韻，所以吳方言用本地麻韻的讀法讀它。

粵、閩、客家方言不但於蟹攝一、二等字能保存 ai 或類似的韻母，連三、四等也能保存這一類韻母，在很大程度上和止攝劃清界限。有些地方讀音比 ai 靠後，例如粵方言和客家方言於哈韻念 ɔi，某些粵方言（例如廣西博白）則連泰佳皆夬也都念 ɔi②。齊祭韻開口字在廣州念 ɐi。閩南和客家一部分方言（或一部分的字）於齊祭韻念 e；閩北方言於齊韻念ɛ（"洗"，廈門和梅縣 se，福州 sɛ）。

蟹攝三、四等字（祭廢齊）在普通話裏轉入止攝，是 14 世紀以前的

① "歪"本作"竵"，呼蛙切，曉母字，但是在北方話裏很早就變了影母字。
② 汕頭佳韻白話音念 ɔi，如"街"kɔi、"蟹"hɔi、"鈒"tʻɔi、"買"mɔi。

事。在《中原音韻》裏，"雞、機"同音，"圭、歸"同音，"例、利"同音，"刈、義"同音，一律歸入齊微韻。大約當時的蟹攝三、四等字的讀音已經和現代北京讀音一樣，即齊齒呼念 i，撮口呼變爲合口呼念 uei。特別值得注意的是：祭韻照系三等并沒有跟着止攝照系三等跑到支思韻去，而停留在齊微韻裏，可見由於來源不同，發展情況也不能相同。

(二)現代 au 的來源

韻母 au 的來源很簡單，就是來自效攝(豪肴宵蕭)①，例如：

au←ɑu　[豪]褒袍毛，保堡寶抱，報暴冒帽；刀滔掏桃逃陶萄濤，禱島倒討道稻，到套盜導；勞撈牢，腦惱老；遭糟操曹騷臊，早棗蚤澡草皂造掃嫂，躁灶；高膏糕羔熬蒿薅豪毫，稿考烤好浩襖，告靠犒傲耗號奧懊。

au←au(唇舌齒影)　[肴]包胞泡抛跑茅貓，飽鮑卯，豹爆炮鉋貌；鐃撓鬧；罩；抄鈔巢梢捎，爪找吵炒，稍；坳拗。

au←ɤu(知照系)　[宵]朝超潮，趙兆肇，召；昭招燒韶，沼少紹，照詔邵；饒，擾繞。

iau←au(喉，除影)　[肴]交郊膠敲肴淆，絞狡鉸攪巧咬，教較酵窖孝效校。

iau←ɤu(非知照系)、ieu　[宵]標飄瓢嫖苗描，表漂鰾藐渺秒，票廟妙；燎；焦椒鍬樵瞧消宵霄硝銷，剿悄小，俏笑鞘；驕嬌喬橋梔囂妖邀腰鴞搖謠窅姚，夭窅，要耀；[蕭]刁貂雕挑條，鳥，吊釣跳糶掉調；遼僚撩聊寥廖，了瞭，尿料；蕭簫嘯，澆堯么，繳曉杳，叫竅。

由上表可以看出效攝發展的嚴整的規律性②。豪韻屬一等，肴韻屬二等，在發展過程中合流爲 au 了；但是，跟蟹攝二等開口字一樣，肴韻喉音字在發展過程中插入了一個韻頭 i③。跟一切齊齒韻母一樣，宵

---

①　白話 au 的來源不在此例。參看上文第十四節。

②　只有肴韻"抓"字在現代漢語裏念 tʂua 是不規則的變化。

③　也可能不是插入，而是上古的韻頭 e 演變而來。參看上文第十三節。

韻捲舌聲母使齊齒呼變了開口呼。

在現代方言裏,看韻特別值得注意。在閩語和粤語裏,跟佳皆等二等韻一樣,二等元音比一等元音靠前:閩北和閩南一般是豪韻念ɔ,看韻念au(福州、厦門"高"kɔ、"交"kau、"保"pɔ、"飽"pau);粤語一般是豪韻念ou,看韻念au(廣州"高"kou、"交"kau、"保"pou、"飽"pau)。在吳語裏,看韻也跟佳皆等韻一樣:開口呼和豪韻没有分别,齊齒呼和蕭宵没有分别。只有一點和普通話不同:在吳語白話裏,看韻喉音字并没有發展爲齊齒呼(上海"交"kɔ、"敲"k'ɔ、"攪"kɔ、"咬"ŋɔ、"教"kɔ、"孝"hɔ)。在客家一部分方言(如梅縣)裏,豪看完全合流爲au了;在另一部分方言(如廣西南部客家),豪韻念ɔ,看韻念au,跟閩方言一樣。

總之,就官話以外的方言來説,效攝一、二等還是不相混的,至於三、四等的宵和蕭,也跟他攝的三、四等一樣,合而爲一了。

在《中原音韻》裏,"交、驕"不同音,"飽、保"不同音,可見14世紀普通話於效攝字還能分爲ɑu、au、iau三類("高"kɑu、"交"kau、"驕"kiau、"保"pɑu、"飽"pau、"表"piau)。在《西儒耳目資》裏,效攝只剩au、iau兩類(寫作ao、iao),看韻喉音字并入蕭宵,非喉音字并入豪韻,可見17世紀初期普通話的效攝已經和今天一樣。但是《中原音韻》和《西儒耳目資》相隔三百年,到底在什麼時候看韻不再獨立存在了呢? 在《中州音韻》(相傳是元卓從之的著作)裏,"交"和"驕"、"飽"和"保"都已經不再分别。《中州音韻》的時代是有問題的,但是,估計看韻分化的時代不能晚於15世紀。

(三)現代 ou 的來源

現代漢語 ou 的齊齒呼有兩音,平聲是 iu("憂、劉"),仄聲是 iou("有、柳")。但是 iu 和 iou 可以認爲同一音位,所以不再加以區别,一律寫作 iou。

韻母 ou 的來源也很簡單,它來自流攝(侯尤幽)[1],例如:

---

① 白語 ou 的來源不在此例。參看上文第十七節。

ou←əu（非脣）　［侯］兜偷投頭，斗抖陡，鬥透豆逗；樓摟，藪，漏陋耬；走叟，奏凑嗽；勾鈎溝摳侯喉猴歐謳，狗苟垢口叩藕偶吼後后厚嘔毆，彀够構購媾扣寇候漚慪。

ou←əu（脣音，例外）　［侯］剖某。

ou←ɿəu（知照系及明母）　［尤］抽綢稠籌，肘丑紂，晝宙；鄒愁搜颼蒐，皺縐驟瘦；周舟州洲收讎（仇）酬，帚醜手首守受；咒臭獸壽授售；柔揉蹂；謀眸牟。

ou←ɿəu（輕脣，例外）　［尤］否，浮（又讀）。

iou←ɿəu（非輕脣，非知照系）、iəu　［尤］鳩鬮丘求球仇（姓）牛憂優尤郵由油游猶悠，九久韭灸臼舅咎杇有友酉誘莠，救究舊柩嗅又右宥祐柚釉；流劉留榴硫琉，紐扭柳，溜；摯秋修羞囚，酒，就秀繡銹宿（星宿）袖；［幽］幽，糾，幼；謬。

由上表我們看得很清楚：侯跟尤幽的關係等於豪跟宵蕭的關係，除脣音外，侯韻全部念 ou，尤韻知照系字由於捲舌的影響，也變了 ou，和侯韻合流了。剩下來的三等字，除了輕脣 u 之外，一律變 iou。四等幽韻字一般念 iou，只有“彪”字念 iau。

流攝明母字顯得很突出，變化比較複雜。侯韻去聲的“貿、茂”讀如豪韻去聲（mau），“戊”本與“茂”同音，現在“戊”字念 u，顯然是微母字。尤韻平聲“矛”字本來與“謀”同音，現在念 mau。

在現代方言裏，流攝讀音分爲兩個類型：第一類是侯尤有別，第二類是侯尤無別。至於幽韻在現代總是和尤韻沒有分別的。

侯尤有別的方言較多，吳方言的某些地區（上海“樓”lɤ、“留”liɤ），閩北（福州“樓”leu、“留”liu），閩南（廈門“樓”lau、“留”liu），客家（梅縣“樓”lɛu、“留”liu），都能分別侯尤。但又可以細分爲兩類：甲類是知照系歸侯，如吳方言（上海“獸”＝“嗽”sɤ）；乙類是知照系歸尤，如閩北、閩南、客家（福州、廈門“獸”＝“秀”siu，梅縣“獸”ʃiu、“秀”siu）。

侯尤無別的方言以粵方言爲代表，廣州“樓”＝“留”lɐu、“嗽”＝“獸”＝“秀”ʃɐu。吳方言中也有侯尤無別的，例如蘇州“樓”＝“留”

løy、"嗽"＝"獸"＝"秀"søy①。此外還有部分區別的,例如無錫"樓"＝"留"lei,"嗽"＝"獸"sei,但"秀"iʌɤ。

關於侯尤兩韻的唇音字,許多方言都比北京話整齊些,例如"貿、茂",一般都讀如其所讀的侯韻(上海 ʌɤ、廣州 mɐu、廈門 cɔ、福州 meu、梅縣 mɐu),"矛"字一般都讀如其所讀的"謀"字。由於"謀"讀入侯,所以"矛"也讀入侯。但是,在現代北京話裏,"貿、茂、矛"都讀到豪肴韻去了。

"戊"字最爲特殊,它本來屬侯韻去聲,和"茂"字同音,現在不但北方話,連各地方言也都讀如其所讀的"務"字。"謀、牟"屬三等尤韻,尚且不隨着"婦、富"等字變爲輕唇,轉入虞韻,"戊"屬一等侯韻,更沒有理由變爲輕唇,轉入虞韻了。據《五代史》所載,梁開平元年(907),由於避諱,改日辰"戊"字爲"武"②。這一件事實可以説明:許多例外都是有特殊的原因的。

如上所述,現代 au、ou 的來源如下圖:

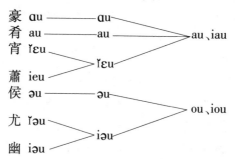

第十九節　現代-n 尾韻母的來源

現代漢語的-n 尾韻母來自中古的-n、-m 兩種韻母。因此,最好是先搞清楚-n 尾韻母和-m 尾韻母的對立關係。在下列的兩個表中,-n 尾韻和-m 尾韻是相當整齊地配對的:

----

① 蘇州尤韻喉音字,有一部分人念 y,不念 øy。
② 梁太祖的曾祖名茂琳,故諱。

(一)山攝和咸攝

開　一	合　一	開　二	合　二
寒 ɑn 覃 ɒm 談 ɑm	桓 uɑn	删 an　山 æn 衔 am　咸 ɐm	删 wan 山 wæn

開　三	合　三	開　四	合　四
元ǐɐn 仙ǐɜn 嚴ǐɐm 鹽ǐɛm	元ǐwɐn 仙ǐwɜn 凡ǐwɐm	先 ien 添 iem	先 iwen

(二)臻攝和深攝

開　一	合　一
痕　ən	魂　uən
開　三	合　三
真 ǐěn　欣 ǐən 臻 ǐen 侵 ǐěm	諄 ǐuěn　文 ǐuən

由上表可以看出:覃談配寒,衔咸配删山,嚴凡配元,鹽配仙,添配先,侵配真。但是,-m尾除凡韻外沒有合口呼,這是它和-n尾大不相同之點。-m、-n合并以後,依照對應規律,由山臻兩攝的讀音可以推知咸深兩攝的讀音,例如:

an←ɑn、ɒm、ɑm　[寒]丹單灘攤檀壇彈,坦誕,旦炭嘆但蛋憚;難蘭瀾欄攔,懶,爛,餐殘珊,散,贊燦;干肝竿刊剷寒韓安鞍,稈趕侃罕旱,幹看岸漢汗翰按案;[覃]眈貪譚潭,探;南男婪;簪參蠶,慘;堪龕含函庵諳,感坎砍撼,勘憾暗;[談]擔談痰,膽毯淡;藍籃,覽攬欖,濫纜;慚三,暫;甘柑酣邯,敢橄喊瞰。

an←uɑn(唇)　[桓]般搬潘盤瞞饅,伴滿,半絆判叛漫幔。

an←an、æn、ɐm、am(非喉音)　[删]班頒坂攀扳蠻,板版,攀慢;删,棧訕疝;[山]扮盼辨瓣,綻;潺山,盞鏟產;[咸]站;讒饞杉,斬,蘸;[衔]攙衫,懺。

an←ĭɛn、ĭɛm(知照系) [仙]纏,展;氈羶搧蟬禪,善,戰顫扇膳擅;然燃;[鹽]沾粘霑;占詹瞻,陝閃,佔贍;冉染。

an←ĭwɐn、ĭwɐm(非敷奉) [元]翻番煩繁礬藩,反,販飯;[凡]凡帆,范範犯,泛梵。

ian←an、æn、ɐm、am(喉音) [删]奸姦顏,諫雁晏;[山]艱間閒閑,簡柬揀眼限;莧;[咸]咸鹹,减鹼,陷;[銜]監嵌巖銜,艦,鑑。

ian←ĭɛn、ĭɛm(非知照系) [仙]鞭編篇偏綿,辨辯免勉娩緬,變騙汴便面;連聯,碾輦;煎遷錢仙鮮涎,剪淺踐癬,箭濺賤線羨;乾虔焉延筵,遣件演,諺;[鹽]貶;黏廉簾鐮匳斂殮;尖殲籤僉簽潛暹纖,漸;鉗淹閹炎鹽閻簷,檢臉儉險掩,驗厭豔焰。

ian←ĭɐn、ĭɐm [元]言軒掀,鍵,建健憲獻堰;[嚴]嚴醃,儼,劍欠釅①。

ian←ien、iem [先]邊蝙駢眠,扁匾辮,徧片麵;顛天田填,典,電殿奠佃;年憐蓮,撚攆,練煉;箋千前先薦;肩堅牽研賢弦烟,繭顯,見硯現燕嚥宴;[添]添甜,點忝舔,店墊;拈,念;僭;兼,謙嫌,歉。

ian←ĭwɛn、iwen(例外) [仙]戀;沿鉛兗;[先]縣。

uan←uɑn(非唇音) [桓]端團,短斷,鍛段緞;鸞,暖卵,亂;鑽酸,纂,竄算蒜;官觀冠寬歡桓完丸豌,管館款緩皖碗,貫灌罐玩喚煥换腕。

uan←wan、wæn [删]閂拴,撰,篡涮;關頑還環彎灣,慣患宦;[山]鰥,幻。

uan←ɐm(例外) [咸]賺。

uan←ĭwɛn(知照系) [仙]傳椽,轉篆,傳;專磚川穿船,喘舛,串;軟。

uan←ĭwɐn(微母) [元]晚挽輓,萬。

uan←ĭwɐn(例外) [元]阮(ʐuan)宛婉。

yan←ĭwɛn(非知照系)、ĭwɐn(喉)、iwen [仙]痊全泉宣旋,選,鏇;圈權拳圓員緣捐,捲,卷眷絹倦院;[元]元原源喧冤袁園援垣,遠,

① 《廣韻》"劍、欠"兩字在梵韻。項跋本《王韻》在嚴韻,今據改。

勸券願怨；[先]涓玄懸淵，犬，眩。

ən←ŋə　　[痕]根跟痕恩，懇墾很，恨。

ən←ĭen、ĭen、ĭem(知照系)　　[真]珍塵陳，鎮趁陣；襯；真神身申伸娠辰晨臣，診疹腎，振震；人仁，忍，認刃；[臻]臻榛；[侵]琛沉，朕；簪岑森參滲；針斟深，枕甚審嬸沈甚；壬，任姙。

ən←uən(脣除微)　　[魂]奔噴盆門，本笨，悶；[文]分芬紛焚墳，粉憤忿，糞奮份。

ən←uən(泥母例外)　　[魂]嫩。

ən←ĭɛŋ(例外)　　[清]貞禎偵。

in←ĭen、ĭem(非知照系)、ĭən　　[真]彬賓檳貧頻閩民，牝憫敏泯，殯；鄰鱗麟燐，吝；津親秦辛新薪，儘盡，進晉親信訊；巾銀因姻寅，緊引，印；[侵]品；林琳臨淋，凜廩，賃；侵心，寢，浸；今金襟欽琴禽擒吟音淫，錦飲，禁蔭窨；[欣]斤筋勤芹欣殷，謹近隱。

in←ĭɛŋ(例外)　　[清]聘。

uən←uən(喉舌齒)①　　[魂]昆崑坤昏婚魂餛溫瘟，滾捆混渾穩，棍困；敦墩屯豚臀飩，囤沌盾，頓鈍遁；論崙；尊村存孫，忖損，寸。

uən←ĭuĕn(知照系及來母)　　[諄]椿；諄肫春脣純蒓醇，準准蠢，順舜瞬；閏潤；倫淪輪。

uən←ĭuĕn(精系，例外)②　　[諄]遵皴筍。

uən←ĭuən(微母)　　[文]文蚊紋聞，吻刎，問紊。

uən←ĭuən(喉音，例外·)　　[文]葷。

yn←ĭuĕn(喉及精系)、ĭwĕn、ĭuən(喉)　　[諄]均鈞勻，允尹；竣荀詢旬循巡，俊迅濬殉；[真]窘菌隕；[文]君軍群裙熏薰勳云雲，郡訓熨韻運暈。

---

①　根據趙元任的意見，由於聲母不同，uən 實際上應分爲 uən 和 un，即在喉音後面是 uən，在舌齒音後面變爲 un。和第十六節所講的 uei 是同一類型。徐世榮先生以爲只有舌齒音仄聲字變爲 un，舌齒音平聲字和喉音一樣，仍舊是 uən(參看《中國語文》1956 年 5 月號 14 頁)。但是，現代漢語裏，uən 和 un 應該認爲是同一音位，所以不用加以區別。

②　我們説諄韻精系念 uən 是例外，不但因爲字數較少，而且因爲由仙韻類推。

yn←ĭĕn、ĭĕm（例外）　〔真〕訊；〔侵〕尋，蕈（çyn）。

yn←uən（例外）　〔魂〕遜巽（又音）。

對於山咸臻深四攝（即-n 尾和-m 尾韻母）的發展規律，我們應該掌握四點：第一，-m 尾并入相當的-n 尾；第二，在唇音的影響下，合口呼和撮口呼都變了開口（微母字實際念 wan、wən，可以當作開口呼看待）；第三，在捲舌音的影響下，齊齒變了開口，撮口變了合口；第四，開口二等喉音變爲齊齒。

輕唇音變爲開口呼，這是最早完成的。在《中原音韻》裏，"反晚"（元）、"凡犯"（凡）等字都歸入寒山韻。至於重唇音，在《中原音韻》時代還没有變爲開口，所以"潘、瞞"等字歸桓歡，不歸寒山。

在《中原音韻》時代，除支思韻外，還没有捲舌音，所以齊齒還没有變開口，撮口還没有變合口。周德清把"然、蟬"等字歸入先天，不歸入寒山，"船、專"等字也歸入先天而不歸入桓歡，這是很明顯的證據。開口二等喉音也還没有變齊齒，所以《中原音韻》裏的"間、顏"等字没有歸入先天，而歸入寒山；"鹹、巖"等字不歸入廉纖，而歸入監咸。

二等字按聲母不同，向一等和三等分化（除開口喉音歸三等外，其餘歸一等）。在《中原音韻》裏，删山全部歸寒山，咸銜全部歸監咸，那是全部并入了一等①。值得注意的是二等合口字只歸寒山，不歸桓歡。至於像今天的局面，則是 16 世紀完成的。我們看見《字母切韻要法》已經把"慳、閑"和"堅、言"并列，"揀、眼"和"遣、件"并列，"班、慢"和"盤、半"并列，"頑、還、幻"和"寬、歡、唤"并列了。《西儒耳目資》也把"山"和"安"同歸 an 韻，"監、奸、間、陷"和"先、前、憐、念"同歸 ien 韻了。

仙韻知照系字由齊撮變開合，鹽韻知照系字由齊齒變開口，大約也是在 16、17 世紀開始的，今天我們還没有足够的材料證明這種音變開始的確實時代。照現在的材料看來，似乎這種音變在各地區并非同

---

① 這裏所謂一等，只是指原來一等韻的系統，不是實際讀音。如果拿實際讀音來説，倒反是 ɑn 并入了 an。

時完成的。

如上所述,山咸兩攝的發展情況如下圖:

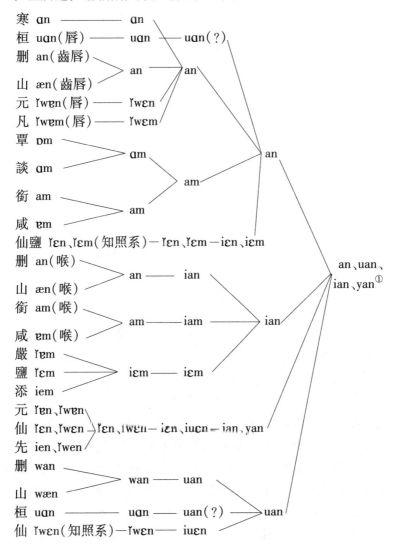

① 現代北京話裏的 ian,實際上是個 iɛn。這裏把它認爲 ian,是從音位觀點上看的。

臻深兩攝的發展情況如圖：

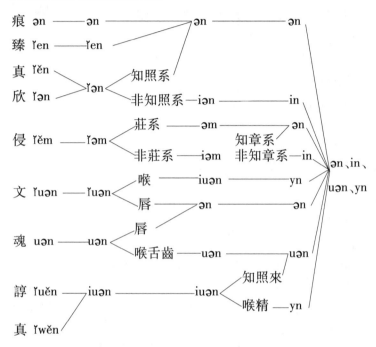

中古的山咸臻深四攝,在現代方言裏有九種不同的類型:第一個類型是完整地保存中古的-n 和-m,并且不和-ŋ 尾相混,如粵方言(廣州"間"kan、"監"kam、"新"ʃɐm、"心"ɕɐm),閩南方言(廈門"間"kan、"監"kam、"新"sin、"心"sim);第二個類型也是完整地保存中古的-n 和-m,但是臻攝和梗曾兩攝相混,如客家方言(梅縣"親"＝"清"tsʻin、"侵"tsʻim);第三個類型是-m 變了-n,但是不和-ŋ 尾相混,如北方話(包括北京);第四個類型是除-m 變-n 之外,臻攝還和梗曾兩攝相混,如西南官話(重慶"親"＝"侵"＝"清"tsʻin、"真"＝"針"＝"征"tsən);第五個類型是-m、-n、-ŋ 合流爲-ŋ,如閩北方言(福州"間"＝"監"kaŋ、"江"kɔŋ、"親"＝"侵"＝"清"tsʻiŋ)①;第六個類型是-m、-n、-ŋ 合流

① 閩北的-m、-n、-ŋ 合流爲-ŋ,和-p、-t、-k 合流爲-k,步驟是一致的。

爲-n,如湖北和湖南某些方言(江陵"旁"＝"盤"p'an、"談"＝
"壇"＝"糖"t'an、長沙"旁"＝"盤"pan、"談"＝"壇"＝"糖"tan);
第七個類型是-m、-n、-ŋ韻尾失落而變爲鼻化元音,如西北方言(西安
"談"＝"壇"t'æ̃、"糖"t'ã);第八個類型是韻尾失落而變爲單純的開
口音節,如西南某些方言(昆明"談"＝"壇"＝"糖"t'a、"旁"＝
"盤"p'a)①;第九個類型是山咸兩攝韻尾失落,和江宕兩攝不混,臻深
兩攝念-n和-ŋ隨意,和梗曾兩攝相混,這是吳方言的一般情況(上海
"乾"＝"甘"kø、"談"＝"壇"dʻɛ、"天"＝"添"t'ɪ、"真"＝"針"＝
"征"tsən、"親"＝"侵"＝"清"ts'in)。這九個類型雖不一定能概括一
切,但主要的情況都在這裏了。

第二十節　現代-ŋ尾韻母的來源

現代-ŋ尾韻母來自中古通江宕梗曾五攝,實際上,江和宕、梗和
曾,很早就合流了,所以《四聲等子》以江附宕,以梗附曾,《切韻指掌
圖》索性不分開。大致説來,宕攝和山咸相當,梗攝和臻深的開口呼相
當。通攝和臻的合口呼相當②。因此,宕攝發展到今天成爲 aŋ、iaŋ、
uaŋ(缺 yaŋ),梗攝發展到今天成爲 əŋ、iŋ,通攝發展到今天成爲 uŋ、yŋ
(yŋ 實際念 iuŋ),例如:

aŋ←ɑŋ　[唐]幫滂旁芒忙茫,榜莽,謗傍;當湯堂唐糖塘螳,黨擋
倘躺蕩,燙趟宕;囊郎廊狼螂,曩朗,浪;臧贓髒倉蒼藏桑喪,嗓,葬臟;
岡崗剛綱鋼康糠昂航杭,慷,抗炕。

aŋ←ɔŋ(唇)　[江]邦龐,棒蚌,胖(肨)。

aŋ←ɔŋ(喉,例外)　[江]扛肛,港。

<hr>

① 昆明也不經常用單純的元音,有時也用鼻化元音,特別是對於臻攝齊齒字,一律念 i,甚至念 in。
② 《字母切韻要法》把梗通兩攝(實際上是梗曾通三攝)合成一個庚攝是有道理的。就現
代漢語的一般情況説,梗攝只能有開齊,不能有合撮;通攝只能有合撮,不能有開齊。

aŋ←ɣaŋ（知照系三等）　　［陽］張長場腸，漲丈杖仗，帳賬脹暢悵；章樟昌倡商傷常嘗裳償，掌廠賞，障唱餉上；瓤，壤攘嚷，讓。

aŋ←ɣwaŋ（唇）　　［陽］方肪芳妨防房亡忘，倣仿紡彷網，放訪望妄。

aŋ←ɐŋ（例外）　　［庚］盲。

iaŋ←ɣaŋ（非知照系）　　［陽］娘良涼量糧梁粱，兩，釀亮諒輛；將漿槍墻戕相箱厢襄鑲祥詳，蔣獎槳搶想鮝象像，醬匠；疆僵姜薑羌强香鄉央秧殃陽揚楊羊洋，享响養癢，向樣恙。

iaŋ←ɔŋ（喉）　　［江］江腔降，講項，降巷。

uaŋ←uɑŋ、ɣwaŋ（喉）　　［唐］光荒慌黄皇蝗汪，廣恍謊，曠；［陽］匡筐狂王，逛枉往，况旺。

uaŋ←ɣaŋ、ɔŋ（知照系二等）　　［陽］莊裝瘡床霜孀，爽，壯創狀；［江］椿，撞；窗雙，（閫）。

uaŋ←wɐŋ（例外）　　［庚］礦。

əŋ←ŋ　　　　［登］崩朋；登燈騰謄滕藤，等，凳鄧；能楞；增憎曾層僧，贈；恒，亘。

əŋ←ɐŋ、æŋ　　　［庚］烹彭膨，猛，孟；冷；撑；生牲笙甥，省；更庚羹亨，哽梗；［耕］棚盟萌；争箏睁；耕，耿。

əŋ←ɪəŋ、ɣəŋ（知照系）　　　［清］蟶呈程，逞，鄭；征聲成城誠，整，正政聖盛；［蒸］徵懲澄橙，瞪；蒸稱乘繩升承丞，拯，證症秤剩勝；仍扔。

əŋ←uŋ、ɣuŋ、ɣɪuŋ、ɪwoŋ（唇）　　　［東］篷蓬蒙，懵；風瘋豐馮，諷鳳夢；［鍾］封峰蜂鋒逢縫，奉捧，俸。

əŋ←wɐŋ（例外）　　　［庚］横。

iŋ←ɣɐŋ、ɐŋ、ɣəŋ、iɐŋ、ɣəŋ　　　［庚］兵平評明鳴，丙秉皿，柄病命；京荆驚卿擎鯨迎英，景警境影，敬竟鏡慶競映；［清］名，餅，併；領嶺，令；精晶旌睛清晴情，井請静省，净性姓；輕嬰纓盈嬴，頸；［青］妍拼瓶屏銘冥，並；丁釘聽汀廳亭停廷庭蜓，頂鼎艇挺，訂定錠；寧靈鈴零伶，佞另；青蜻星腥，醒；經馨形刑型，徑磬；［蒸］冰憑；陵凌菱；兢凝興應膺鷹蠅。

iŋ←ɐŋ、æŋ（例外）　　　［庚］行更（打更），杏，硬；［耕］莖鶯鸚櫻，幸。

iŋ←ǐwɛŋ、iweŋ（例外）① 　［清］傾營塋，頃穎；［青］螢。

iŋ←ǐěm（例外）　　［侵］稟。

uŋ←uŋ、uoŋ　　［東］東通同銅桐筒童瞳，董懂桶動，凍棟痛洞；籠聾，攏，弄；椶鬃聰忽葱囪叢，總，糭送；公工功攻空烘紅洪鴻虹，孔哄，貢控鬨；［冬］冬，統；農膿；宗鬆，宋。

uŋ←ǐuŋ、ǐwoŋ（舌齒）　　［東］隆；嵩；中忠蟲，仲；崇；終充，衆銃；戎絨；［鍾］濃龍，隴壠壟；踪縱從松，慫，誦訟頌；重冢寵；鐘鍾衝舂，種腫；茸冗。

uŋ←ǐuŋ、ǐwoŋ（喉，例外）　　［東］弓躬宮；融；［鍾］恭，拱恐，供共；容鎔（參看本頁注②）。

uŋ←uəŋ、wæŋ　　［登］肱薨弘輄；［耕］轟宏泓。

uŋ←ǐwɛŋ（例外）　　［庚］榮②。

uəŋ←uŋ（影母）　　［東］翁，甕。

yŋ（iuŋ）←ǐuŋ、ǐwoŋ、ǐwɛŋ、ǐɣɛŋ、iweŋ　　［東］穹窮熊雄；［鍾］胸匈凶兇雍庸，擁甬勇湧，用；［庚］兄，永咏泳；［清］瓊；［青］坰扃迥炯。

關於-ŋ尾韻母的發展，有三點值得注意：第一，按照上古語音系統來看，通江宕梗曾五攝分立是比較妥當的。依上古系統，江和通是一類，依中古系統，江和陽是一類。至於曾攝，在上古屬蒸部，和侵部相近，而和梗攝（主要是上古的耕部）相遠。直到中古，曾和梗才接近了，但是也幷不相混；漢越語主要是受唐代的漢語的影響，而其中曾梗兩攝的韻尾是截然不同的。在漢越語裏，曾攝的韻尾是-ŋ，寫作-ng（升t'ăŋ = thăng），梗攝的韻尾是-ɲ，寫作nh（聲t'aɲ = thanh）。到了近代，曾和梗才混合起來了。江和宕合流的時代很早，大約第5世紀已經開始了，《中原音韻》的江陽韻只是追認幾世紀以來的旣成事實。曾和梗合流，在14世紀（或較早）也已經完成了，所以《中原音韻》裏，"升、聲"同音，"冰、兵"同音，"應、英"同音。江韻的古音痕迹保留在

---

① 我們説梗攝開口二等喉音字和合口三、四等念齊齒呼是例外，又説通梗兩攝合口三等喉音字念合口呼是例外，都是從語音系統上看，不是從例字多少上看的。

② "融、容、鎔、榮"幷入日母念ʐuŋ，見上文第十二節。

現代客家話裏，例如"窗"念 ts'uŋ、"雙"念 suŋ。曾攝和梗攝的分别，在現代漢語方言中不再存在了①。

　　第二，直到近代，江并入宕，曾并入梗以後，通宕梗仍保持着鼎足三分之勢，所以《中原音韻》把東鍾、江陽、庚青分爲三個韻類。特別值得注意的是：《中原音韻》"轟、薨、兄、泓、宏、弘、永"等字同時歸入庚青和東鍾，而"扃、觪、肱、瓊、炯、迥"等字則只歸入庚青，不兼入東鍾，可見在 14 世紀時代，梗攝合撮字正在過渡到通攝。當梗攝還保持着自己的合撮兩呼的時候，三分的局面還保持着；等到梗攝的合撮并入了通攝，於是梗攝的開齊正好和通攝的合撮（通攝没有開齊）互相補足，成爲完整的、具備四呼的一個韻攝。-ŋ 尾的 əŋ、iŋ、uŋ、yŋ，等於-n 尾的 ən、in、un、yn。這是《字母切韻要法》庚攝的來源，也是注音字母 ㄥ、ㄧㄥ、ㄨㄥ、ㄩㄥ 的理論根據。

　　順便説説，梗攝開口二等喉音字有些念齊齒，合口三、四等喉音字有些也念齊齒，這個音變也早在 14 世紀以前完成了。在《中原音韻》裏，"行"和"形"同音，"杏、幸"和"興"同音，"硬"和"應"同音，"傾"和"輕"同音，"塋、螢、營"和"盈"同音，"穎"和"影"同音，都可以爲證。但是，梗攝合口"横、礦"二字還没有像今天的讀音："横"字讀如"宏"（今廣州正如此），不讀如"恒"；"礦"字没有并入江陽，可能是念 kuəŋ。

　　第三，通攝唇音字并入梗攝，作開口呼（"風"fəŋ、"夢"məŋ），這是異化作用的結果（p、p'、f、m 在 u 前）。但是，這只是北京語音的特殊現象。在其他某些官話區裏，情況正相反，不是通攝唇音并入梗攝，而是梗攝唇音并入通攝（"棚"p'uŋ、"孟"muŋ）。這是同化作用的結果（唇聲母使元音變爲圓唇）。後一種情況是較古的現象；在《中原音韻》裏梗攝唇音字同時歸入庚青和東鍾，而通攝唇音字并没有同時歸入兩韻。總之，不論是同化作用或異化作用，都造成了"萌、蒙"同音，"棚、蓬"同音，"猛、懵"同音，"孟、夢"同音。非官話區域的情況不是這樣：梗通兩攝是

---

① 廣州話梗曾兩攝及其入聲都有兩個主要元音（aŋ、ɐŋ、ak、ɐk），但是梗和曾的界限并不清楚（"耕"kaŋ、"庚"kɐŋ、"恒""行"hɐŋ）。

有分別的①，例如上海"朋"b'ã≒"蓬"b'oŋ，"孟"mã（白）、mən（文）≒"夢"moŋ；廣州"朋"p'ɐŋ≒"蓬"p'uŋ，"孟"maŋ≒"夢"muŋ。

關於-ŋ尾和-m、-n兩尾的關係，我們在上節裏已經談了一些。就中古音系來説，-m、-n、-ŋ三個系統是非常清楚的。它們在閩北和少數官話方言裏合而爲一了（見上節）。在粵方言裏，情形正相反，-m、-n、-ŋ區別甚嚴。閩南方言也大致能有這種區別。客家話除了ə和i後面有-n無-ŋ（-ŋ并入-n）之外，三種韻尾還是分明的。吳方言和普通話一樣，-m并入-n，又和客家話、西南官話一樣，臻梗不分。吳方言和閩南方言都有一種鼻化元音，算是屬於-ŋ尾一類的，但是，在這兩種方言裏，一般説來，鼻化元音只限於白話音（上海"爭"tsã，厦門"爭"tsã；但文言則上海念 tsən，厦門念 tsieŋ）。

現代普通話的-n和-ŋ，分別也是很嚴的，例如"根"kən≒"耕"kəŋ、"斤"tɕin≒"京"tɕiŋ②。在-n和ŋ的分別上，普通話和粵方言是一致的。

如上所述，宕江梗曾通五攝的發展情況如下圖：

唐	ɑŋ, uɑŋ	
江	ɔŋ	aŋ, iaŋ, uaŋ
陽	ĭaŋ, ĭwaŋ	
登	əŋ	
庚	ɐŋ	
耕	æŋ	əŋ
蒸庚清	ĭəŋ, ĭɐŋ, ĭɛŋ	
青	ioŋ	iŋ
登庚耕	uəŋ, wɐŋ, wæŋ	
東冬	uŋ, uoŋ	uŋ
東鍾	ĭuŋ, ĭwoŋ	
庚清青	ĭwɐŋ, ĭwɛŋ, ĭwɛŋ	iuŋ（yŋ）

① 因此，就非官話區域來説，仍舊是通宕梗鼎足三分。

② 例外字如"貞"tʂən、"肯"k'ən（但又讀k'əŋ）等。可能是受方言的影響。但是例外字少到那個程度，適足以證明-n、-ŋ的系統在現代普通話裏是不亂的。

第二十一節　聲調從中古到現代的發展

相傳沈約發明四聲。語言裏的聲調不是任何人所能發明的,只不過是沈約發現這一個語言事實,把它運用到韻文上去罷了。但是,由此可見,平上去入四聲的分別,至少在第 5 世紀以前已經存在了。中國傳統音韻學一向有所謂四聲。

調值的變遷是比較快的,調類的變遷是比較慢的。直到今天,漢語方言雖然複雜,調類還是基本上一致的。但是我們也不能説調類沒有變化。首先是濁上變去聲,其次是聲調分陰陽,其次是入聲的消失。現在分別加以叙述。

(一)濁上的變去

濁音的上聲字很早就變了去聲。這裏指的是全濁("動" ="洞"、"蕩" ="當");至於次濁的上聲則到今天還沒有變爲去聲("馬"≒"罵"、"努"≒"怒"、"魯"≒"路"、"雅"≒"訝"、"有"≒"右"、"忍"≒"認"、"尾"≒"味")。全濁上聲變去聲的常用字如下表:

並母:部簿,罷,倍,被婢,抱鮑,辨辯辦,伴,牝(p'in)笨,蚌棒,並。

奉母:父,婦負阜,范範犯,憤忿,奉。

定母:舵惰墮,杜肚,待怠殆,弟,道稻,淡,誕斷,囤盾沌,蕩,動。

從母:坐,聚,在罪,皂造,漸蕈,踐,盡,静。

邪母:序緒叙,似杞巳,象像。

澄母:苧柱,雉痔崻,趙兆肇,紂,朕,篆,丈仗杖,重。

崇母:士俟,撰饌。

船母:葚盾(又讀)。

禪母:社,豎,是氏市恃,紹,受,甚,善,腎,上。

群母:巨拒距,技妓跪,舅臼咎,儉,件,圈(豬圈),近菌。

匣母:荷(爲荷)禍,下(下山),户滬,亥駭蟹匯,浩皓,後后厚,撼,旱,限,很混(上去兩讀),項,杏幸。

雖然也有少數的例外("腐、釜、輔、緩、皖、窘、强、挺、艇"),但是全濁上聲的發展規律是可以肯定的。

遠在第 8 世紀以前,這一種音變就已經完成了。韓愈《諱辯》認爲"杜、度"同音①,可以爲證,到了 12 世紀的《韻鏡》,就把濁上變去定爲規律②。宋嚴粲《詩緝説》也證明了這一點③。

現代吳方言的一部分區域,如宜興、溧陽、無錫、常熟、昆山、浦東、吳江、嘉興、吳興、紹興、諸暨、嵊縣、黄岩、温州、衢州、永康等處④,對於全濁上聲字仍舊保持上聲,讀作陽上。現代粵方言對於相當大的一部分全濁上聲字("市、似、柱、肚、倍、腎、旱、社、抱、踐、厚、緒、婦、舅、婢、拒、墅"等)仍讀上聲(陽上),另有一些字在某些地區(如廣州)只在白話裏念上聲,如"淡、斷、在、坐、重"等。

(二)聲調的分陰陽

現代普通話平聲分爲陰平和陽平兩種。這是由中古的平聲分化出來的。這種分化在 14 世紀以前就完成了,《中原音韻》是把平聲分爲陰陽的第一部書。聲調的陰陽和聲母的清濁是有對應關係的,清音平聲字發展爲陰平,濁音平聲字發展爲陽平⑤。

各地方言的聲調情况比較普通話複雜得多。湘北方言有五聲(包

① 韓愈《諱辯》:"周之時有騏期,漢之時有杜度,此其子宜如何諱? 將諱其嫌,遂諱其姓乎?"
② 《韻鏡》"上聲太音字"一條説:"凡以平側呼字,至上聲多相犯。古人制韻,間取去聲字參入上聲(力按:此語不合歷史觀點),正欲使清濁有所辨耳。或者不知,徒泥韻策分爲四聲,至上聲多例作第二側讀之,此殊不知變也。若果爲然,則以'士'爲'史',以'上'爲'賞',以'道'爲'禱',以'父母'之'父'爲'甫',可乎? 今逐韻上聲濁位并當呼爲去聲。"
③ 嚴粲《詩緝説》:"四聲唯上聲全濁者讀如去聲,謂之重道。蓋四聲皆全濁者,'動'字雖上聲,以其聲上聲濁音,只讀如'洞'字。今日調四聲者,誤云'同桶痛秃',不知'同'爲全濁,'桶痛秃'皆爲次清,清濁不倫矣。"
④ 根據趙元任《現代吳語研究》78 頁。
⑤ 《廣韻》的平聲韻分爲上平聲和下平聲,那只是因爲平聲字多,所以分爲上下兩卷,和陰平、陽平毫無關係。古音學家把開口音節叫做陰聲,收鼻音的韻叫做陽聲,也和聲調上的陰陽毫無關係。

括入聲)，客家方言有六聲，閩方言有七聲，吳方言有七聲至八聲，粤方言有八聲至十聲(廣州九聲)，等等。其中要算八聲最合古音發展的系統，其他如五、六、七、九、十聲，都是按照八聲來增減的。八聲和中古四聲的對應關係是四聲各分陰陽，即陰平、陽平、陰上、陽上、陰去、陽去、陰入、陽入。具備五聲以上的，大致都有入聲。具備五聲的，一般是平聲分陰陽(如長沙)①；具備六聲的，一般是平入各分陰陽(如梅縣)；具備七聲的，一般是平去入各分陰陽，全濁上聲并入陽去(如福州、廈門、蘇州)；具備八聲的，一般是四聲各分陰陽(如紹興)；具備九聲的，是陰入分爲兩類(如廣州)；具備十聲的，是陰入陽入各爲兩類(如廣西博白)。就多數情形而論，陰調是高調，陽調是低調。

聲調的陰陽和聲母的清濁雖有關係，但是不能混爲一談。這裏有兩種情況：第一種情況是清音念陰調，濁音念陽調，如吳方言②；第二種情況是古清音今念陰調，古濁音今念陽調，如粤、閩、客家方言。北方話屬於後一種：陽調的字并不表示保存全濁聲母，只表現着古濁音的系統而已。

聲調分化爲陰陽的原因，自然是由於未分化以前受聲母影響而産生的聲調上的細微差別，例如"通"，他紅切，"同"，徒紅切，本來是屬於同一聲調的③。但是，由於清濁音的影響，"同"的聲調和"通"的聲調實際上并不完全相同，這個細微的差別逐漸顯著起來，最後形成了兩個調類。平聲的元音較長，差別更加顯著些，所以多數地區平聲分爲陰陽。其他調類也有可能分化，事實上在某些方言中也分化了。等到聲調分化已經成爲定局，雖然濁音消失，濁音所帶來的聲調差別并

---

① 長沙白話有六聲，因爲白話裏去聲也分陰陽。

② 有極少數的例外，如"媽、撏"念陰平。

③ 有人以爲中古早已存在着陰陽調類的分別，因而批評《廣韻》反切不善，説"他紅"切不出"通"音來。那是缺乏歷史觀點。正是由於中古聲調未分陰陽，所以才有可能用濁音字(如"紅")切清音字(如"通")，或清音字切濁音字(如"穹"，渠弓切)。189頁注②可以證明這一點。如果中古有陽上，就不必以"士"爲"史"，以"上"爲"賞"，以"道"爲"禱"，以"父母"之"父"爲"甫"，同時也還不失其爲上聲。

不至於跟着消失。

（三）入聲的消失

我們在本章第十三節裏説過，普通話的入聲在 14 世紀已經消失了。但是，在《中原音韻》時代，入聲雖然派入三聲，而所歸的調類和今天的調類并不完全一致。有兩個不同之點值得注意：第一，《中原音韻》的"入聲作平聲"的時候，只作陽平，不作陰平；第二，在《中原音韻》裏，入聲多數歸入上聲。《中原音韻》裏"入聲作上聲"的字，今天已經一大部分分別轉化爲陰平、陽平和去聲了。大致説來，古入聲字在現代北京話裏變爲去聲的最多，其次是陽平，其次是陰平，上聲最少。

在 14 世紀，入聲的轉化是很有規則的。我們依照《中原音韻》來分析，看見全濁歸陽平，次濁歸去聲，清音歸上聲，很少例外。到了現代北京話裏，全濁歸陽平，次濁歸去聲，仍舊和《中原音韻》是基本上一致的，例如：

全濁歸陽平：[並]拔鈸跋勃白薄雹別僕；[奉]罰伐乏筏佛伏服縛；[定]達笛狄敵滌糴翟碟蝶牒叠迭獨讀牘毒突奪鐸；[從]雜鑿族昨賊疾寂集籍輯捷睫截嚼絶；[邪]習襲席俗；[澄]蟄轍佇秩着濁濯直值宅澤擇擲逐軸；[崇]閘鍘鐲；[船]舌實食蝕贖；[禪]涉十什拾勺芍殖植石碩熟淑；[群]及極桀傑杰竭局侷；[匣]合盒盍曷劾核覈鶴斛鷇滑活俠狹峽匣狎轄黠協叫學。

例外：[去]弼特惑鑊劃劇穴述術夕續；[上]屬蜀；[陰平]屐。

次濁歸去聲：[明]末沫莫寞漠膜墨没歿陌脈麥密蜜覓滅蔑篾幦木沐幕目牧睦穆；[微]勿物襪；[泥娘]納吶衲捺訥匿暱溺昵聶臬躡涅孽蘖搦忸衄；[來]辣蠟臘勒仂捋埒力笠栗慄曆歷瀝櫪櫟礫轢列裂烈獵劣鹿麓綠禄録戮陸六洛落樂酪絡烙駱犖律略掠；[日]日熱肉入辱褥若弱箬；[疑]逆齧虐瘧業鄴兀杌玉獄月刖嶽岳；[喻]越粵域葉悦閲逸藥鑰躍弋翼亦易譯液腋疫役育欲慾浴。

例外:[陰平]曰;[陽平]額。

至於清音入聲字,到了現代北京話裏,就没有很清楚的條理可尋了,例如:

清音歸陰平:[幫]鉢撥剥八逼鼈;[滂]潑拍劈霹撇瞥撲扑;[非]發;[端]答搭滴督;[透]塌剔踢貼秃托託脱;[精]咂唼迹積績接;[清]擦七柒漆戚切;[心]撒塞縮悉蟋析晰蜥膝削戌薛昔惜息媳熄錫;[知照]隻織汁摘(白話)粥(白話)桌捉涿;[徹穿]插拆(白話)出齣戳;[審]失濕蝨殺刷説叔菽;[見]擱胳割鴿刮括颳鵠郭蟈激揭結撅;[溪]瞌磕窟哭掐曲屈缺闕;[曉]喝黑忽惚吸瞎歇蠍;[影]一壹揖鴨押壓噎屋挖約。

清音歸陽平:[非敷]法(法子)弗拂紱福幅輻蝠;[端]答得德嫡鏑;[透]橐;[精]則足卒節爵;[知照]職摭跖折哲摺輒竹竺燭酌灼啄琢卓苴責;[徹穿]察;[審]識;[見]格閣革隔葛國幗虢級急汲亟吉夾頰結潔劫菊掬鞠決抉訣厥蹶;[溪]咳麹;[曉]脅。

清音歸上聲:[幫]百柏北筆癟卜;[滂]匹癖;[非]法髮;[端]篤;[透]塔獺帖鐵;[精]脊;[心]索雪;[知照]眨窄(白話)囑;[徹穿]尺;[見]合(量名)葛(姓)骨穀轂谷槨戟給甲;[溪]渴乞曲(歌曲);[曉]郝血(白話);[影]乙。

清音歸去聲:[幫]必壁璧碧不;[滂]迫粕珀魄僻瀑曝;[非敷]腹覆複馥;[端]的;[透]榻踢沓撻忒慝惕拓柝籜;[精]作酢鑿鯽稷;[清]促猝蹴簇撮緝葺切竊妾鵲雀;[心]颯薩塞蕭速宿夙粟謖泄燮褻屑洫恤;[知照]窒蟄浙祝仄昃側;[徹穿]徹撤觸黜綽輟測惻策册;[審]式釋適飾拭室煞霎設攝束瑟嗇穡色;[見]各梏;[溪]克客刻酷闊廓擴,訖迄泣恰怯挈却確闕;[曉]赫霍豁壑,隙翕嚇旭;[影]厄扼軛億憶臆益抑邑挹軋揠咽沃斡握幄郁鬱。

西南官話的入聲也是消失了的,但是它們的入聲一律歸入陽平,和普通話不同。此外,在官話區域裏還有一種不促的入聲,例如長沙的入聲念起來很像北京的陽平,它已經失去了中古入聲的特性(短促），只是保存着入聲的系統而已。

＊　　　＊　　　＊　　　＊　　　＊

　　最後，我們談一談輕音的問題。輕音不是漢語一切方言都具備的，只有北京話和北方某些地區有輕音。輕音不屬於聲調的範疇，所以我們叫它"輕音"，不叫它"輕聲"。聲調主要是音高的關係，輕音主要是音强的關係。

　　輕音産生的時期，還沒有被研究清楚。首先我們應該指出，作爲邏輯上的語音輕重，是任何語言和任何方言都具備的。作爲語法形式的輕音，那就必須隨着語法的要求而産生。因此，依我們看來，在普通話裏，輕音的産生應該是在動詞形尾"了、着"形成的時代，在介詞"之"字變爲定語語尾"的"字的時代，在新興的語氣詞"嗎、呢"等字産生的時代。估計在 12 世紀前後，輕音就産生了。而這些語法成分大概從開始不久就是念輕音的。後來複音詞的後一成分或後面兩三個成分也都變爲輕音。

　　輕音對元音的音色發生很大的影響，它能使元音模糊化。一般説來，中元音[ə]最容易模糊①，所以任何元音模糊起來，都容易趨向於念 ə。定語語尾"的"字本來念 ti（"他的書"），動詞詞尾"得"本來念 tei 或 te（"做得好"），由於輕音的影響，都變了 tə，二者合流了。語氣詞"呢"本來念 ni，也變了 nə。我們平常説"棉花"由於輕音變爲 mian xuo，"明白"由於輕音變爲 miŋpei，那是方便的説法。事實上 xuo 中的 o，pei 中的 e 都是模糊的 ə。

　　由此可見，輕音是語法現象，同時是詞彙現象。它和元音的關係較深，和聲調關係較淺。我們研究輕音的歷史，應該聯繫着語法、詞彙、元音三方面來研究，然後能得到比較滿意的結果。

---

① 　當然，也可以把 ə 念得很清楚，很明確。

第二十二節　關於中古到現代聲韻調
發展的一些結論

本章第九節到二十一節叙述了中古到現代聲韻調的發展。現在我們提出一些應該掌握的要點。

（一）聲母方面

1. 唇音。唇音分化爲雙唇和唇齒。微母再由唇齒音變爲圓唇半元音 w。

2. 舌齒音。端系（包括來母）穩定。知系和章系（包括日母）合流爲 tʂ、tʂʻ、ʂ、ʐ。莊系分化爲 tʂ、tʂʻ、ʂ 和 ts、tsʻ、s。精系分化爲 ts、tsʻ、s 和 tɕ、tɕʻ、ɕ。

3. 喉音。見溪群曉匣分化爲 k、kʻ、x 和 tɕ、tɕʻ、ɕ（齊撮和精系合流）。影喻疑合流爲零聲母，但喻母不具備開口呼。到了近代，微母再和影喻疑的合口呼合流①。

（二）韻母方面

1. 果攝。一等開口喉音爲 ə，舌齒唇爲 uo，合口爲 uo，開合三等（字少）轉入假攝。

2. 假攝。二等開口舌齒唇爲 a，喉爲 ia，合口爲 ua。三等開口精系爲 ie，照系爲 ə。假三無合口，但果三合口轉入假攝，念 ye。

3. 遇攝。一等爲 u，三等爲 y，但三等唇音字和知照系字爲 u。

4. 蟹攝。一等開口爲 ai，二等開口舌齒唇爲 ai，喉爲 ie，二等合口一部分字爲 uai。其餘一律轉入止攝。

5. 止攝。開口三等爲 i，一部分唇音字爲 ei，知照系字爲 ɿ，精系字

---

① 比較："味"（微）、"畏"（影）、"謂"（喻）、"僞"（疑）。這四個字在現代普通話裏是同音字。

爲ɿ，日母字爲 əɹ。蟹攝開口三、四等爲 i，三等知照系字爲 ʅ，如止攝，但精系字不變ɿ。蟹止兩攝合口一、三等合流，爲 uei，但脣音爲 ei。

6. 效攝。一等爲 au，三等爲 iau，但三等知照系字爲 au。二等舌齒脣和一等合流，喉音和三等合流。

7. 流攝。一等爲 ou，三、四等爲 iou，但三等知照系字爲 ou。

8. 山咸攝。開口一等爲 an，三、四等爲 ian，但三等知照系字爲 an。二等舌齒脣和一等合流，喉音和三等合流。

合口一、二等爲 uan，但脣音爲 an。三、四等爲 yan，但三等知照系字爲 uan，輕脣字爲 an。咸攝在現代沒有合口。

山咸兩攝入聲轉入假攝。一、二等可認爲假二，三、四等全部可認爲假三，變化規律大致相同①。只是一等開口喉音字、一等合口全部字和知照系合口字轉入了果攝。

9. 臻深攝。開口一、二等爲 ən，三等爲 in，但三等知照系字爲 ən。合口一等爲 uən，三等爲 yn，但合三知照系字和其他某些舌齒字爲 uən。

臻深兩攝入聲開口轉入止攝，合口轉入遇攝。入聲開口無一等字。二、三等如止三，一般讀 i，捲舌字讀 ʅ。入聲合口一等讀 u，三等一般讀 y，知照系字讀 u。只有合一脣音轉入果攝是例外。

10. 江陽攝。開口一等讀 aŋ，三等讀 iaŋ，但三等知照系字讀如一等。二等脣音和一等合流，喉音和三等合流，二等齒音轉入合口。合口一、三等都讀 uaŋ，但輕脣字讀 aŋ。

江陽兩攝入聲字轉入果假兩攝。開口一等喉音字念 ə，開口一等舌齒脣字、三等知照系字和合口字讀 uo，這是轉入果攝。開口三等一般讀 ye，這是轉入假攝。江陽的入聲轉入假攝撮口呼（合三）是北京語音的特點。

---

① 假二開口喉音念 ia，山咸入聲二等開口喉音也念 ia；假三念 ie、ye，山咸入聲三、四等也念 ie、ye；假攝開三知照系念 ə，山咸入聲三等知照系字也念 ə。

11. 梗曾攝。開口一等讀 əŋ，三、四等讀 iŋ，但三等知照系字讀如一等，二等一般讀如一等，只有一部分喉音字讀如三等。合口讀入通攝。

梗曾兩攝入聲字轉入果假止三攝。一、二等開口脣音和合口全部讀入果，即 uo；開口喉舌齒讀入假，即 ə；三、四等讀入止，一般讀 i，知照系字讀 ʅ。

12. 通攝。通攝無開口字。合口一等讀 uŋ，三等讀 iuŋ（yŋ）。但是不但知照系字，其他許多字都讀如一等。

通攝入聲轉入遇攝。一等讀 u，三等讀 y，但三等知照系字和其他一些舌齒字讀 u。

（三）聲調方面

1. 平聲。分化爲陰陽兩類。

2. 上聲。全濁上聲轉化爲去聲。

3. 去聲。調類不變。

4. 入聲。全濁入聲轉化爲陽平，次濁入聲轉化爲去聲。清音入聲轉化無規則。入聲全部消失。

＊　　　＊　　　＊　　　＊　　　＊

中古語音的發展規律，和上古語音的發展規律是一樣地嚴整的，各種音素的變化，是以類相從的變化。當 k 變爲 tɕ 的時候，kʻ不能不變爲 tɕʻ，x 不能不變爲 ɕ；當 am 變爲 an 的時候，im（←ǐɐm）不能不變爲 in。聲調的變化，除了清音入聲之外，也是很有規則的。

古人所謂"異平同入"，正是說明漢語韻母的高度系統性。由於語音的發展，中古的陰陽入三聲相配，已經和上古不同。雖然在《七音略》和《韻鏡》裏入聲韻只配陽聲韻（如《廣韻》），但是，在《四聲等子》《切韻指掌圖》和《等韻切音指南》裏，入聲兼承兩個攝或三個攝①。爲

① 甚至可以説是兼承四個攝，如果江宕看作兩攝的話。

什麼能兼承三個攝呢？因爲（例如）at 不但能承 ɑ 和 ɑn，而且也能承 ɑi；ak 不但能承 ɑ 和 ɑŋ，而且也能承 ɑu。古人把韻尾-n 和韻尾-i 看做同類（n 是舌尖音，i 是前元音，部位相近），又把韻尾-ŋ 和韻尾-u 看做同類（ŋ 是舌根音，u 是後元音，部位相近），所以一個入聲可以兼承三個攝。現在把宋人韻圖中陰陽入相配的情況列表如下：

第一表：

果	ɑ	—	—	—	uɑ	—	—	—
效	ɑu	au	ĭɛu	ieu	—	—	—	—
宕江	ɑŋ	aŋ[1]	ĭɑŋ	—	uɑŋ	wɑŋ[2]	ĭwɑŋ	—
宕江入	ak	ak	ĭak	—	uak	wak	ĭwak	—

第二表：

假	—	a	ĭa	—	—	wa	ĭwa[3]	—
蟹	ɑi	ai	ĭɛi	iei[4]	uɑi	wai	ĭwɛi	iwei
山	ɑn	an	ĭɛn	ien	uɑn	wan	ĭwɛn	iwen
山入	ɑt	at	ĭɛt	iet	uɑt	wat	ĭwɛt	iwet

第三表：

止	—	—	i[5]	—	—	—	wi	—
臻	ən	—	ĭěn	—	uən	—	ĭwěn	—
臻入	ət	—	ĭět	—	uət	—	ĭwět[6]	—

---

[1] 上文我們把江韻擬成 ɔŋ，是按《切韻》系統來擬測的。在宋人韻圖裏，江韻所代表的已經是個 ɑŋ。

[2] 在《四聲等子》和《切韻指南》裏，江韻已經分化爲開合兩呼。

[3] 在《四聲等子》《指掌圖》《指南》裏，戈韻三等字是歸入假攝的，所以假攝能有撮口呼。

[4] 祭齊配月薛屑，是根據《四聲等子》。到了《指掌圖》和《指南》裏，祭齊改爲配質術。可見後二書比較晚出，并且是根據當時實際語音（接近現代普通話）。

[5] 止攝在韻圖裏的情況比較複雜。《四聲等子》止攝開口入聲多數是梗攝入聲字，少數是臻攝入聲字，但是韻目寫的是脂旨至質。合口則純然用臻攝入聲字。《指掌圖》和《指南》則於止攝開口入聲也純然用臻攝入聲字。《等子》止攝開口二等配梗入，《指掌圖》和《指南》則配臻入。後二書又把精系字移到一等，而配以梗入。

[6] 在韻圖裏，真文已經合流，質物也已經合流。

第四表：

遇	u	—	ˇɪu	—
流	əu①	—	ˇɪəu	—
通	uŋ	—	ˇɪuŋ	—
通入	uk	—	ˇɪuk	—

第五表：

曾梗	əŋ	ɐŋ	ˇɪəŋ	ieŋ	uəŋ	wɐŋ	ˇɪwəŋ	iweŋ
曾梗入	ək	ɐk	ˇɪək	iek	uək	wɐk	ˇɪwək	iwek

第六表：

咸	ɑm	am	ˇɪɐm	iem	—	—	ˇɪwɐm	—
咸入	ɑp	ap	ˇɪɐp	iep	—	—	ˇɪwɐp	—

第七表：

深	—	—	ˇɪĕm	—
深入	—	—	ˇɪĕp	—

到了近代普通話裏，語音起了變化，陰陽入三聲的配合又有不同。下面的配合是根據《字母切韻要法》的。《字母切韻要法》分爲迦結岡庚祴高該傀根干鈎歌十二攝，入聲以配陰聲簡單元音爲正則，至於配陽聲的或配複合元音的，都不算正則，所以原書加圓圈於字外（本表不錄）。

第一表：

迦	a 巴	ia 加	ua 瓜	ya 耍	—	—	—	—
迦入	a 八	ia 甲	ua 刮	ya 刷	—	—	—	—
結	—	—	—	—	e 徹	ie 嗟	—	ye 靴
結入	—	—	—	—	e 哲	ie 劫	ue 呐	ye 血
該	ai 該	—	uai 乖	—	—	iɛi 皆	—	yɛi 衰
干	an 干	—	uan 官	—	—	iɛn 堅	—	yɛn 涓

---

① 以 əu 配 uk，是把韻尾看做主要元音。

第二表：

歌	o 歌	—		uo 鍋	—
歌入	o 革	io 角		uo 郭	yo 矍
岡	aŋ 岡	iaŋ 江		uaŋ 光	yaŋ 狂
根	ən 根	iən 金		uən 昆	yən 君
高	au 高	iau 交		—	—
鈎	ou 鈎	iou 鳩			

第三表：

襪	—	i 飢	u 孤	y 居
襪入	ə 則	i 吉	u 骨	y 菊
傀	əi 悲	iəi 眭①	uəi 催	yəi 圭
庚	eŋ 庚	iŋ 徑	uŋ 工	yŋ 弓

　　上面我們詳細地叙述異平同入的兩種情況（中古的、近代的），目的是使讀者經過仔細分析以後，更加瞭解到語音發展規律的嚴整。舉例來説，在《四聲等子》裏，遇攝只和通攝的入聲相配，但是在《字母切韻要法》裏，襪攝合攝（等於遇攝）却兼和臻攝入聲相配了（"骨"配"孤"、"出"配"樞"）②。可見臻攝合口呼入聲字由於韻尾失落，同時韻頭u、y占了優勢，成爲主要元音，原來的主要元音（ě或ə）也失落了。這不是個别的情況，而是半個韻攝（這一攝的整個合口呼）"集體搬家"的事，所以我們説，規律是嚴整的。但是，規律是受時間、地點的限制的。因此，不但在14世紀（？）以前臻攝合口入聲還没有搬家，而且在現代非官話區的方言裏也并不念u、y。

　　規律又是受條件的限制的。舉例來説，凡是二等韻開口字，喉音自成一類，舌齒唇合成一類，前者在發展過程中和三等韻合流，後者和

---

① 此類只有"眭、劊"兩字，皆可疑。

② 《字母切韻要法》不承認這些字是根攝入聲。

一等韻合流①。合口則一律和一等韻合流。這一件事實很重要：這樣就使兩呼四等簡化爲四呼成爲可能。三等和四等早就合流了，現在二等再和一、三等合流，自然會簡化了。

分析語音發展規律的時候，要注意不同的原因造成相同的結果。舉例來説，微疑影喻四母在現代普通話裏是合流了。影母屬清音，只有仄聲字和微疑喻合流，可以撇開不談。至於微疑喻，它們都是所謂次濁，它們的發展過程不同之點在哪裏呢？我們知道，微疑喻只在合口呼情況下合流，而所謂合口呼，實際上是半元音 w 起頭的字（wei 等）。微母是脣音，它之所以變 w，是由於 w 是圓脣半元音：m→ɱ→v→w 是它的發展過程。疑母是舌根音，它之所以變 w，是由於 w 是舌根半元音，ŋ 和 w 相遇，ŋ 容易失落②，ŋw→ᵚw→w 是它的發展過程。微和疑共同之點是二者都喪失了鼻音性質，不同之點是微從脣姿勢去接近 w，疑從舌姿勢去接近 w，所以疑并没有經過 v 的階段。喻母的情況又不相同，它本來是半元音 j。由 j 憑空變 w 是不可能的，必須先由撮口呼變爲合口呼（韻頭 y 和 u 以圓脣的資格互相轉化），然後字首 w 成爲可能：jǐw→y→u→w 是它的發展過程。由此看來，微疑喻的變化原因是不同的，因而發展的過程也是不同的；發展的結果雖然部分相同，却也不是全部相同的。原疑母字，古今都具備四呼；原喻母字在現代漢語裏具備齊合撮三呼，而微母只有合口一呼（來自撮口）。

以上所談語音發展的規律都是屬於舉例性質的。如果對語音發展加以仔細的分析，可以發現許多規律。

＊　　＊　　＊　　＊　　＊

語音的演變，對文字産生一定的影響，反過來説，文字的形式對語音的變化也産生一定的影響。

---

① 佳皆肴麻咸銜删山江等，基本上是合規律的。庚耕二等字有些例外。

② 當然，到後來 ŋ 不在 w 前也失落了，但是，最先失落的還是 w 前的 ŋ。《中原音韻》"仰、養"不同音，可能還殘留着一個 ȵiaŋ（或 ɲiaŋ）。

在上古時代,入聲和陰聲的關係比較密切①,因此,漢字的諧聲偏旁往往是入聲和陰聲相通的,如"肅"聲有"蕭"、"叔"聲有"椒"等;至於一部分去聲字(來自長入的)的諧聲偏旁和入聲相通,如"辱"聲有"褥"、"毁"聲有"穀"又有"穀",等等,更不勝枚舉了。但是,到了中古以後新造的字,情況就不同了,入聲不再和陰聲發生密切關係,而是和陽聲發生密切關係。《切韻》入聲配陽不配陰是有道理的,例如:

撒,散聲。撒,曷韻;散,翰韻。《説文》無"撒"字。

鉢,本聲。鉢,末韻;本,混韻。《説文》無"鉢"字。

涮,刷聲。涮,諫韻;刷,鎋韻。《説文》無"涮"字。

掠,京聲,實涼省聲。涼,陽韻;掠,藥韻。《説文》無"掠"字②。《國策·趙策》"侵掠各地",疑本作"略"。

擿,鄭聲。擿,昔韻;鄭,勁韻。《説文》作"擿"。

蹢,音同擿。《説文》作"蹢"。

上古也不是絕對沒有入聲和陽聲相諧的字。《説文》"斡"(烏括切),軑聲(軑音幹),就是一個例子。但是,這些字也都不算很古的字("斡"字見於《天問》)。

這種現象的産生大概是由於入聲的元音和陽聲的元音在音色上更加一致,或者入聲的韻尾和陽聲的韻尾在發音部位和發音方法上更加一致的原故。上古錫部和耕部雖被一般人認爲對轉,但在上古它們的關係最淺,中古能有"擿、蹢"的産生,并且代替了"擿、蹢",這決不是偶然的。

其次談到字形對字音的影響。漢字的諧聲偏旁雖然多數和被諧的字同音,但也有相當大的一部分不完全同音。如果被諧的字或主諧的字是一個比較不常用的字,都有誤讀的危險。日久"習非成是",也就相沿下來了,例如:

---

① 侵談緝盍是例外。

② "掠"字見於《説文新附》。

（1）聲母方面。

苛，本音何，今讀如科（"可"的平聲）。

墟，本音祛（去魚切），今讀如虛（許魚切）。

艦檻，本音胡黤切，應讀銜上聲，今讀如鑑。

竣，本音七倫切，峻濬，本音私閏切，今皆讀如俊。

莖，本音幸平聲（匣母），今讀如經。

（2）韻母方面。

廬，本音閭，今讀如盧①。

睕婉，本音冤上聲，今讀如碗②。

劇，本音屐，今讀如據③。

這種例子可以舉很多。由於這種特殊的原因（文字影響），就不能從語音發展規律上得到解釋。總之，一切例外都不是沒有原因的，不過有些原因已經被我們發現（如本章第十八節所舉"戌"字避諱的例子和這裏所舉字形影響的例子），有些原因還沒有被我們發現罷了。

　　　　＊　　　＊　　　＊　　　＊　　　＊

漢語語音簡單化是語音發展的一般趨勢，特別是在普通話裏是這樣。在聲母方面，由三十五聲母到《早梅詩》的二十聲母，減 v 加 tɕ、tɕ'、ɕ成爲現代普通話的二十二聲母（p、p'、m、f、t、t'、n、l、k、k'、x、tɕ、tɕ'、ɕ，tʂ、tʂ'、ʂ、ʐ，ts、ts'、s 及零聲母）；在韻母方面，由十六攝減爲《字母切韻要法》的十二攝，由兩呼四等減爲四呼；在聲調方面，雖然平聲分化爲二，但是入聲消失了，也沒有增加聲調的數目。

但是，漢語語音簡單化并不意味着漢語的損失，它在別的方面得到了補償。補償在於語法構造方面，輕音的產生使漢語語音增加了新的色彩，同時使新的語法因素從語音上表現出來。複音詞的大量產生，使漢語有可能不再依靠複雜的語音系統來辨別詞義。這種簡單化

①②③　《中原音韻》"廬、閭"同音，"睕、遠"同音，"劇"入齊微韻。《中州音韻》除同於《中原音韻》者外，"劇、屐"同音。

是進步的，有利於語言發展的。

語音的演變，主要是舌頭的升降和前後推移，其次是嘴唇的變圓變扁，鼻腔的或閉或開，聲帶的顫動或不顫動。單拿舌頭來說，同一時代，舌頭的向前移動或向後移動，要看韻母來決定。近代 tɕ、tɕʻ、ɕ 的形成是一個典型的例子。齊撮呼的 k、kʻ、x 從後面來，ts、tsʻ、s 從前面來，匯合在舌面上，因爲舌面的中部正是齊撮呼的韻頭 i、y 的發音部位，同時也正是輔音 tɕ、tɕʻ、ɕ 的發音部位。但是，一般説來，語音的演變是朝着一定的方向前進的，不是時進時退的，這就是説，一般不"往回走"，例如微母到今天已經變了 w，就不會再回到中古的 m；見母到今天已經變了 tɕ，就不會再回到近代的 k 了。

語音的演變，往往由局部帶動全面。上文所講聲母 ŋ 的失落是從合口呼開始，是一個典型的例子[1]。另外一個典型的例子是-m尾變-n。起初只是唇聲母的-m 尾字起了異化作用，變了-n 尾（"凡"fam→fan、品 pʻim→pʻin，見《中原音韻》），後來帶動全面，所有的-m 尾字都變了-n尾了[2]。

語音發展規律之所以是嚴整的，正因爲它是受時間、地點和各種不同的條件所制約着的。規律在一定時期内起作用，過了這個時期就不再起作用，例如 12 世紀（或稍後）ts、tsʻ、s 在 i 韻的前面時，引導舌面元音 i 轉化爲舌尖元音ɿ；到了 14 世紀（或稍前），齊祭韻變了 i 韻，ts、tsʻ、s 又和 i 韻碰在一起，但是它不再引導 i 變爲ɿ 了。又如麻韻字在吳方言裏一般是由 ɑ 變 ɔ 的（"馬"mɑ→mɔ），但是，由於普通話人稱代詞"他"字是後來轉入吳方言裏的，所以它不受音變規律的制約，念 tʻɑ 不念 tʻɔ。規律在一定地點起作用，例如 k(i)→tɕ 這個規律在膠東方言

---

[1]　當然也可以不帶動全面。就吳語的一般情況來説，疑母開口念 ŋ，齊撮念 ɲ，都能保存鼻音，只有合口呼的鼻音失落了（"危" ＝ "爲"）。

[2]　當然也可以不帶動全面，例如廣州話"凡、品"變了-n 尾，其他咸深兩攝字至今保存着-m尾。

是不起作用的，ts(i)→tɕ 這個規律在上海方言是不起作用的。規律在
一定條件下起作用，例如我們不能簡單地説中古的 ɑt（曷）在現代普通
話裏變了 ə（"割"ɑt→ə），也不能簡單地説中古的 ɑt 分化爲 ə 和 a
（"割"ɑt→ə、"達"ɑt→a），而必須説明：ɑt 韻喉音字發展爲 ə，舌齒音
字發展爲 a。只有從時間、地點、條件三方面來看漢語發展的規律，漢
語史的研究才能够有成績。語音方面如此，語法、詞彙各方面也莫不
如此。

第三章　語法的發展

第一節　語法發展的一般叙述

語法是具有很大的穩固性的。數千年來，即有史以來，漢語語法是變化不大的，它靠着幾千年維持下來的某些語法特點和以後發展出來的一些特點，以自別於其他的語言。

詞序的固定是漢語語法穩固性的最突出的一種表現。主語在謂語前面，修飾語在被修飾語前面，數千年如一日。動詞的位置在它的賓語的前面，這一條規則在上古不完全適合（見下文第十二節），但也可以説没有發生很大的變化。有人分析過甲骨文的語法①，發現它的詞序和現代漢語的詞序基本上是相同的。在上古的全部典籍中，我們也可以看到這一事實。

下面是《論語》裏的兩個例子：

子見南子，子路不説。（《雍也》）

子在齊聞韶，三月不知肉味。（《述而》）

這兩句話的語音，當然變化很大了（見第二章）；在詞彙方面，也有一些變化，例如現代不説"説"（悦）而説"高興"，不説"聞"而説"聽

---

① 參看管變初《殷虚甲骨刻辭的語法研究》，中國科學院 1953 年。

見”。至於“韶”這個名詞,在現代漢語裏已經根本用不着了。但是,從語法上説,可以説没有什麽變化;現代還是用同樣的詞序,同樣的結構方式。

漢語虚詞也有相當大的穩固性。“之、於、以、與、而、則、雖、若、如”等字,直到今天,還在書面語言中通用着;有些在口語裏還没有替身,例如“三分之一”的“之”、“爲祖國語言的純潔和健康而鬥争”的“而”,這些都是口語和書面語一致的虚詞,而它們正是數千年前傳下來的。

另一方面,漢語語法的穩固性還可以從各地方言的比較中看出來。漢語方言經過中古時期的分化,語音上和詞彙上的差别相當大;但是,各地方言的語法可以説基本上是一致的,像北京話的“貓比狗小”和廣州話的“貓細過狗”這種語法差别不但是細微的,而且是非常少見的。毛主席的一篇報告,假使要翻譯成爲各地的方言,只要適當地改變語音和詞彙就行了,語法基本上用不着改變。各地方言語法的統一性體現着漢族共同語的存在,同時也就證明了漢語語法的極大穩固性,因爲語音和詞彙方面的差異儘管越變越大了,而語法還是幾千年來一脈相承的。

但是我們不能從語法的極大穩固性中得出結論説語法是不變的。在歷史發展過程中,語法“逐漸發生變化,它逐漸改進着,改良和改正自己的規則,用新的規則充實起來”①。

因此,我們將要在下文(第二節到第二十三節)詳細討論漢語語法的發展。在這一節裏,我們大略談一談,從上古到現代的各個時期中形態上和句法上的主要發展。

首先談形態方面。

上古漢語的形態是一個很複雜的問題,一時還不能研究清楚。現在所可斷言的,上古漢語有它自己的語法範疇,這些語法範疇不但和

---

① 斯大林《馬克思主義與語言學問題》第23頁,人民出版社譯本。

其他語言的語法範疇不同，而且和現代漢語的語法範疇也不完全相同。單就屈折作用來説，由於單音詞在上古漢語裏占優勢，所以屈折作用只能在一個音節範圍内發生，换句話説，它不像西洋語言那樣一般地在最後一個音節發生變化，而是在韻母部分發生屈折作用（雙聲），或在聲母部分發生屈折作用（叠韻）。就"之"［ȶǐə］和"其"［gǐə］、"不"［pǐwə］和"弗"［pǐwət］等詞看來，每一對詞在最初的時候有不同的語法用途（參看下文第五節和第八節），而這些語法用途是靠着聲母的變化或韻母的變化來表示分别的。

　　中古漢語的形態表現在聲調的變化上面。同一個詞，由於聲調的不同，就具有不同的詞彙意義和語法意義①。主要是靠去聲來和其他聲調對立，因爲正如段玉裁所説，上古没有去聲，後來一部分入聲字轉爲去聲，又有一部分平聲字和上聲字轉爲去聲。在聲調轉化的許多詞當中，就有一部分詞是爲了區别詞彙意義和語法意義而引起聲調的分化的。由此看來，我們屢次强調，語音、語法、詞彙三方面要密切結合起來研究，那是有事實根據的。

　　就動詞來看，聲調的變化引起詞性的變化，情況特别明顯。凡名詞和形容詞轉化爲動詞，則動詞念去聲；凡動詞轉化爲名詞，則名詞念去聲。總之，轉化出來的一般都變爲去聲②。因此，在這種情況下，我們應該把本義和派生的意義區别清楚③。

　　（1）本屬名詞或形容詞而轉化爲動詞者④，動詞變去聲。

　　（甲）本屬名詞的，例如：

---

①　我在《語文學習》1952 年 4 月號裏説："古代有用讀音區别詞性的辦法。"我指的是用聲調的變化來區别詞類。蘇聯龍果夫（А. А. Драгунов）教授在他所主持翻譯的我的《漢語語法綱要》的前面做了一篇序文。他在序文裏不同意這個看法，他以爲這只是詞彙方面的事。在這一點上，我不同意龍果夫教授的意見。我以爲除了詞彙意義以外還有語法意義。現在作更進一步的分析。可惜龍果夫教授已作古人，不能相與辯難了。

②　和動詞無關的不在此例，例如長久的"長"念平聲，長幼的"長"念上聲，它們都是形容詞。

③　這裏所謂本義，指的只是能生出其他意義來的本來意義，不一定就是原始意義。

④　這裏所謂轉化等於分化，因爲本義并未死去。

衣,《説文》"依也,上曰衣,下曰裳,象覆二人之形"①,名詞,平聲;《廣韻·未韻》"衣著"②,動詞,去聲。

冠,《説文》"弁冕之總名也",名詞,平聲;《廣韻·換韻》"冠束",動詞,去聲。

枕,《説文》"臥所薦首也"[躺着的時候,墊着頭的東西],名詞,上聲;《廣韻·沁韻》"枕頭也③,《論語》曰'飲水,曲肱而枕之'"[把胳膊彎起來枕着],動詞,去聲。

妻,《説文》"婦與夫齊者也",名詞,平聲;《廣韻·霽韻》"以女妻人",動詞,去聲。

王,《説文》"天下所歸往也",名詞,平聲;《廣韻·漾韻》"霸王,又盛也"。按:"霸王"應是動詞,《孟子·梁惠王上》"保民而王,莫之能禦也","王"讀去聲。

足,《説文》"人之足也",名詞,入聲;《廣韻·遇韻》"足添物也"[把東西添滿](按:例如《列子·楊朱篇》"以晝足夜"),動詞,去聲。

文,《説文》"錯畫也"[交錯的花紋],名詞,平聲;《集韻·問韻》"飾也",動詞,去聲。

間,《説文》"隙也",名詞,平聲;《廣韻·襉韻》"厠也……代也……迭也,隔也"[厠,插入;迭,輪流],動詞,去聲。

(乙)本屬形容詞的,例如:

好,《説文》"美也",形容詞,上聲;《廣韻·號韻》"愛好",動詞,去聲。

善,《説文》"吉也",形容詞,上聲;《韻會》時戰切,去聲。注云"凡善惡之善則上聲,彼善而善之則去聲"[善之,認爲他善]。這是比較晚起的音讀。

---

① 本義一般以《説文》爲根據。

② 引申義及其音讀以《廣韻》(或《集韻》《韻會》)爲根據。當然《廣韻》也講到本義和本音,這裏不引。

③ 這裏的"枕頭"是以頭枕之的意思,故下文引《論語》"飲水,曲肱而枕之"。

勞,《説文》"勮也"[疲勞],形容詞,平聲;《廣韻·號韻》"勞慰",動詞,去聲。

汙,《説文》"穢也",形容詞,平聲;《廣韻·暮韻》"染也",動詞,去聲。劉禹錫《秘書崔少監見示墜馬長句因而和之》詩:"塵汙腰間青襞綬,風飄掌上紫游繮。"

近,《玉篇》"不遠也",形容詞,上聲;《廣韻·焮韻》"附[親附]也",動詞,去聲。

遠,《説文》"遼也",形容詞,上聲;《廣韻·願韻》"離也",動詞,去聲。

先,《廣韻·先韻》"先後也",形容詞,平聲;《增修互注禮部韻略》"先之也"[在某一事物之先],動詞,去聲。《易·乾卦》"先天而天弗違"[在天時之先],《釋文》悉薦切。

後,《廣韻·厚韻》"先後",形容詞,上聲;《增修互注禮部韻略》"此先此而後彼之後也",動詞,去聲。《易·乾卦》"後天而奉天時"[在天時之後],《釋文》胡逗切。

(2)本屬動詞而轉化爲名詞者,名詞變去聲,例如:

思,《廣韻·之韻》"思念也",動詞,平聲;《廣韻·志韻》"念也",按:此義屬名詞,去聲。

聞,《説文》"知聲也",動詞,平聲;《廣韻·問韻》"名達,《詩》曰'令聞令望'"[美好的名譽和聲望],名詞,去聲。

觀,《説文》"諦視[仔細看]也",動詞,平聲;《廣韻·換韻》"樓觀,《釋名》'觀者,於上觀望也'",名詞,去聲。

論,《説文》"議也",動詞,平聲;《廣韻·慁韻》"議也"。按:去聲的"論"字應是名詞,唐詩分别甚嚴。

傳,《廣韻·仙韻》"轉也",動詞,平聲;《廣韻·線韻》"訓也,《釋名》曰'傳,傳也,以傳示後人也'",名詞,去聲。

分,《説文》"别也",動詞,平聲;《廣韻·問韻》"分劑"(按:即今"份"字),名詞,去聲。按:名分的"分"亦去聲。

吹，《説文》"嘘也"，動詞，平聲；《廣韻・寘韻》"鼓吹也，《月令》曰'命樂正習吹'"［鼓吹，鼓鉦簫笳等合奏的樂曲；樂正，古官名，爲樂官之長］，名詞，去聲。

騎，《説文》"跨馬也"，動詞，平聲；《廣韻・寘韻》"騎乘"，名詞，去聲。王維《青龍寺曇壁上人兄院集》詩："坐看南陌騎，下聽秦城鷄。"

從，《説文》"隨行也"，動詞，平聲；《廣韻・用韻》"隨行也"（按：當作"隨行之人也"），名詞，去聲。杜甫《奉送郭中丞兼太僕卿充隴右節度使三十韻》詩："安邊仍扈從，莫作後功名。"

燒，《説文》"爇也"，動詞，平聲；《廣韻・笑韻》"放火"（按：當作"放火焚燒之處"），名詞，去聲。蘇軾《正月二十日往岐亭，郡人潘古郭三人送余於城東禪莊院》詩："稍聞决决流冰谷，盡放青青没燒痕。"

行，《説文》"人之步趨也"，動詞，平聲；《廣韻・映韻》"景迹，又事也，言也"，名詞，去聲。

過，《説文》"度也"，動詞，平聲；《廣韻・過韻》"誤也"，名詞，去聲。

乘，《説文》"覆也"，動詞，平聲；《廣韻・證韻》"車乘也"，名詞，去聲。

興，《説文》"起也"，動詞，平聲；《廣韻・證韻》不另立字義（按：即"興致"的"興"），名詞，去聲。杜甫《題張氏隱居》二首之一詩："乘興杳然迷出處，對君疑是泛虚舟。"

任，《説文》"保也"，《廣韻・侵韻》"堪也"，動詞，平聲。鄭谷《江行》詩："漂泊病難任，逢人泪滿襟。"《廣韻・沁韻》不另立意義（按：即"任務"的"任"），名詞，去聲。

使，《説文》"伶也"（按：即令也），動詞，上聲；《集韻・志韻》"將命者"［傳達命令的人］，名詞，去聲。

藏，《廣韻・唐韻》"隱也，匿也"，動詞，平聲；《宕韻》"《通俗文》曰'庫藏曰帑'"，名詞，去聲。

塞，《説文》"隔也"，動詞，入聲；《廣韻・代韻》"邊塞"，名詞，去聲。

　　同是動詞，由於詞性上細微的分別，也引起聲調的變化。兹分別敍述於下：

　　（1）由内動轉化爲外動，外動變去聲，例如：

　　語，《説文》“論也”，内動詞，上聲，《論語》“食不語，寢不言。”《廣韻·御韻》“告也”，外動詞，去聲，《論語》“居，吾語女”［留在這裏，我告訴你］。

　　雨，《説文》“水從雲下也”，内動詞，上聲，《易·小過》“密雲不雨”。《廣韻·遇韻》“《詩》曰‘雨雪其霏’”［雨雪，下雪］（按：《詩·小雅·大田》“雨我公田”亦屬此例），外動詞，去聲。

　　（2）一般動詞轉化爲致動詞①，致動詞變去聲，例如：

　　食，《廣韻·職韻》“飲食”，名詞又動詞，入聲。《志韻》有“飼”字，經典通作“食”，《康熙字典》説“以食與人也”，致動詞，去聲。

　　飲，《説文》“歠也”，動詞，上聲；《廣韻·沁韻》“飲”字無解。《康熙字典》説“以飲飲之也”，致動詞，去聲。

　　來，《廣韻·咍韻》“至也”，動詞，平聲；《集韻·代韻》“勞也”。《康熙字典》説“撫其至曰來”。《孟子·滕文公上》“勞之來之”。其實去聲的“來”就是使之來，後代所謂“招徠”的“徠”，就是這個“來”字。

　　“至”和“致”在最初也許是一個字，“致”是“至”的致動詞（致，使至也）。

　　“買”和“賣”、“授”和“受”也許在最初名同是一個字，後來發生上聲和去聲的分别。“使買”就是“賣”，“使受”就是“授”，所以“買”和“受”念上聲②，而“賣”和“授”念去聲③。

　　凡是字用本義，按照本音讀出的，叫做“如字”；凡用轉化後的意

---

①　參看下文第十三節。
②　到了近代，“受”字變了去聲。
③　字典裏“授”字有上、去兩讀，上聲保存着和“受”字混用的原音。

義，按照變化後的聲調讀出的，叫做"讀破"。由於轉化的意義大多數是變爲去聲字，古人所謂讀破，也就是大多數讀爲去聲①。

顧炎武等人否認上古有讀破。但是，依《釋名》看來（傳，傳也；觀，觀也），也可能在東漢已經一字兩讀。陸德明在《經典釋文》裏，凡注音的地方，大概都是讀破的地方。可見在中古這種用聲調變化來表示形態的方法是很盛行的。

我們還不敢斷言在一般口語裏完全存在着這些區別，但是，應該肯定地說，在文學語言裏，這種區別是存在的。唐人作詩，嚴格地遵守這種正音規則。宋元以後，也還基本上遵守這種規則。

近代漢語的形態表現在形尾上面。上古雖然有形容詞詞尾、副詞詞尾和類似動詞詞尾的東西（參看下文第七、八兩節），但是，除了"然"字以外，這些詞尾并沒有留傳下來。而且詞尾和形尾是有分別的，所以形尾的產生是近代漢語史上一件重要的事實。

現代漢語形尾"了、着、們"等的起源頗晚。中古雖有萌芽，但廣泛應用還是從近代開始。至於現代新興的詞尾等，都留到下文再談。

其次談句法方面。

上古有一些特殊的詞序，如"吾誰欺、不我欺"等。這是上古漢語語法上的特點。在上古判斷句中，名詞不靠繫詞的幫助，可以構成判斷，這也是一個特點。

上古後期產生了使成式；到了中古，產生了處置式。被動式在上古後期和中古都有新的發展。

在句法上，最明顯的發展路綫是複音詞的增加和句子的嚴密化。關於這些，我們也將在下文作比較詳細的叙述。

---

① 在本節裏所舉諸例，都符合古人所謂如字和讀破。

歷 史 形 態 學

第二節　名詞的發展

關於上古漢語名詞的形態，還没有人進行過研究。據我們初步的觀察，上古名詞的前面往往有類似詞頭的前附成分，例如"有"字，它經常是加在國名、地名、部落名的前面，如：有虞、有扈、有仍、有莘、有熊、有庳、有濟，等等。在《書經》裏這一類的例子是很多的。現在試舉幾個例子：

何憂乎驩兜，何遷乎有苗。[驩兜有什麼值得害怕的？苗部落有什麼值得驅逐的？](《皋陶謨》)

有夏多罪，天命殛之。[夏后氏有罪，上帝命令我去誅滅它。](《湯誓》)

殷既墜厥命，我有周既受。[殷已經喪失了它所受的天命，我們周國已經接受了這個天命。](《君奭》)

有殷受天命惟有歷年。[殷受天命已經很多年了。](《召誥》)

普通名詞的前面，也有加"有"字的。下面是《書經》的一些例子①：

予欲左右有民，汝翼。[我想要幫助并且保護老百姓，請你協助。](《益稷》)

盤庚遷於殷，民不適有居。[盤庚搬到殷地去，老百姓不喜歡新的地方。](《盤庚》)

有王雖小，元子哉！[王雖然年紀很小，但他是天的第一個兒子

---

① 例子多采自楊樹達《高等國文法》。

啊!](《召誥》)

下面是《詩經》的一些例子①:

　　摽有梅,其實七兮。[梅子落了,在樹上的只有七成啦。](《召南·摽有梅》)

　　發彼有的。[把箭射在目標上。](《小雅·賓之初筵》)

　　豺虎不食,投畀有北;有北不受,投畀有昊。[(把他)扔到北方的荒野……(把他)交給老天爺去發落。](《小雅·巷伯》)

下面是其他各書的一些例子②:

　　友于兄弟,施于有政。[實施在政治上。](《論語·爲政》引《書經》)

　　孔甲擾於有帝。[孔甲順從上帝的意旨。](《左傳·昭公二十九年》)

　　但是我們很難得出結論説一切名詞都能具備這種形態。相反地,某些名詞却總是和"有"字黏在一起,例如"衆"字可能是奴隸的通稱,《書經》裏常常把"衆"説成"有衆"。

　　今爾有衆……。[現在你們這些奴隸……。](《湯誓》)

　　有衆率怠弗協。[奴隸們都怠工,不同統治者合作。](同上)

　　乃正厥位,綏爰有衆。[於是測正南北的方向,撫慰奴隸們。](《盤庚》)

　　簡孚有衆。[原句大意是:誠實可靠,爲奴隸所信服。簡,誠也;孚,信也。](《吕刑》)

　　除了"有"字之外,還有"於"字和"句"字,見於"於越"和"句吳"。

　　於越入吳。(《春秋·定公五年》)

　　太伯之奔荆蠻,自號句吳。(《史記·吳太伯世家》)

---

①② 例子多采自楊樹達《高等國文法》。

　　古人以爲這是外族語言裏專有名詞的"發聲"（略等於詞頭）①。那也是有一定的根據的。

　　總之，假定上古名詞是有詞頭的話，它的規則還是不能十分確定的。到了戰國以後，除了仿古之外，就不再有這一類的詞頭了②。

　　到上古末期，産生了一個新的詞頭"阿"字。"阿"本是歌部字，在上古念[a]，在中古念[ɑ]。現代於"山阿"（大陵曰阿）的"阿"念[ə]，於詞頭的"阿"念[a]，這種分别是上古和中古所没有的。可以説，現代詞頭"阿"字保存了古音，"山阿"的"阿"字則跟着一般歌韻字發展了。

　　詞頭"阿"字最初用作疑問代詞"誰"字的詞頭（阿誰）③。而"阿誰"可能是從"伊誰"變來的。"伊誰"在《詩經》裏已經出現了。

　　有皇上帝，伊誰云憎？［上帝究竟憎惡誰？］（《小雅·正月》）

　　伊誰云從？惟暴之云。［暴，《詩序》説是"暴公"。］（《小雅·何人斯》）

　　到了漢代以後，"伊誰"變了"阿誰"。

　　道逢鄉裏人，家中有阿誰？（《漢樂府·十五從軍征》）

　　羹飯一時熟，不知貽阿誰。（同上）

　　向者之論，阿誰爲失？（《三國志·龐統傳》）

　　從此以後，"阿"字的用途也擴大了。它不但可以作人名和親屬稱呼的詞頭，也可以作人稱代詞的詞頭。它作爲人名的詞頭是從小字

---

① 《史記·吳太伯世家》索隱："顔師古注《漢書》以吳言'句'者，夷之發聲，猶言於越耳。"

② 《辭海》"有"字下注云（新版《辭海》已删此語）："語首助詞，如虞曰有虞，夏曰有夏。按此爲用在名詞之前，亦有用於動詞之前者，如俗云有勞、有請之類是也。"這是很不科學的説法。第一，古今語法不能混爲一談；第二，語法是逐漸發展的，所有的發展都應該是連續的，不應該是中斷的；第三，既然名詞和動詞的情況不同，就不能相提并論。

③ 也許會有人想起"阿衡"（伊尹）。《詩經·商頌·長發》："實維阿衡，實左右商王。"但是，鄭箋云："阿，倚；衡，平也。伊尹，湯所依倚而取平，故以爲官名。"可見"阿"字并非詞頭。黄庭堅詩"直待阿衡來説詩"，指的是匡衡，"阿"字確是詞頭，但已經不是《詩經》裏所謂"阿衡"了。

（小名）開始的。《漢武故事》説武帝的后小字阿嬌，這還不一定靠得住，因爲《漢武故事》是僞書。但是曹操小字阿瞞，劉禪小字阿斗，總算是可靠的。現在我們再舉幾個作爲人名的詞頭的例子：

見阿恭，知元規非假。[阿恭，指庾會。]（《世説新語·雅量》）

阿連才悟如此，而尊作常兒遇之。[阿連，指謝惠連。]（《南史·謝靈運傳》）

忽出唤曰：“阿鼠”。子文不覺應曰：“諾。”[阿鼠，指周子文。]（《法苑珠林·漁獵篇》）

作爲親屬稱呼的詞頭的有如下幾個例子：

阿翁詎宜以子戲父？[阿翁，指祖父。]（《世説新語·排調》）

阿爺無大兒，木蘭無長兄。（《木蘭辭》）

阿奴火攻，固出下策耳。[阿奴指弟，這是周顗對周嵩説的話①。]（《晉書·周顗傳》）

阿婆，佛法言有福生帝王家。（《南史·齊本紀下·廢帝鬱林王紀》）

隆昌之末，阿戎勸吾自裁。[阿戎指從弟②。自裁，自殺。]（《南史·王思遠傳》）

作爲人稱代詞的詞頭的有如下幾個例子：

阿你酒能昏亂，吃了多饒啾唧。（王敷《茶酒論》）

鵁鶄隔門遥唤：“阿你莫漫輒藏……”（《燕子賦》）

登阿儂孔雀樓。（《異苑·鬼仙歌》）

現代北京話裏已經没有了詞頭“阿”。在現代的某些方言裏，除了“阿誰、阿你”等不再存在外，其他的兩種用途都還繼承下來。此外，有些方言還把“阿”字加在數詞前面表示排行，例如粵語的“阿三”。

詞頭“老”字來源於形容詞“老”字，最初是表示年老或年長的意

---

① 一説“阿奴”是尊輩對卑輩時用的，適用於男和女。

② 胡三省《通鑑》注：“晉、宋間人多呼從弟爲阿戎，至唐猶然。”

思。後來由這種形容詞“老”字逐漸虛化成詞頭。詞頭“老”字可以用於人和動物兩方面。這兩種“老”字都是在唐代產生的。

　　某些稱謂之前可以加詞頭“老”字，例如“老姊、老兄”。這些都見於唐代的史料。《晉書·郭奕傳》：“大丈夫豈當以老姊求名？”《撫州曹山元證禪師語錄》：“也要老兄定當。”這個“老”字不像是表示年長的意思，而僅僅是一個詞頭。後來一直繼承了這種用法。現在只舉出幾個《儒林外史》裏的例子：

　　匡超人走到跟前，請教了一聲“老客”，拱一拱手。（第十七回）

　　哎呀！原來是老弟，幾時來的？（同上）

　　那人見牛玉圃，嚇了一跳，説道：“原來是老弟。”牛玉圃道：“原來是老哥。”（第二十二回）

　　姓上加“老”，雖然好像是起源很早，《論語·述而》“竊比於我老彭”；但是“老彭”無論是指兩人（老子和彭祖）或指一人（殷賢大夫），“老”字都不能算是詞頭。姓上加“老”，實際上是起於唐代。白居易《編集拙詩成二十五卷因題卷末戲贈元九、李二十》詩“每被老元偷格律”，“老元”就是指元稹。後來這種用法也一直沿用下來，例如：

　　包貴，宣城人，善畫虎，名聞四遠，號爲老包。（《圖繪寶鑒》卷三）

　　老戴，忘其名，吳郡昆山人。（同上，卷四）

　　這潑魔這般眼大，看不見老孫。（《西游記》第二回）

　　既然姓上可以加“老”，名字上也就有可能加“老”了。就現在所看到的史料來看，名字上加“老”比姓上加“老”起源晚一些，最初見於宋代的史料。例如：

　　老可能爲竹寫真，小坡今與石傳神。［老可，指文與可。這裏雖然是“老”和“小”對稱，但“老”還是可以認爲是詞頭。］（蘇軾《題過所畫枯木竹石》三首之一）

　　快誦老坡《秋望賦》，大千風月一毫端。［老坡，指蘇東坡。］（范成大《寄題永新張教授無盡藏》）

　　排行上加"老"起源最晚。中古於排行只用"阿"(如今粤語)[1]，例如《南史·臨川王傳》："阿六，汝生活大可[很好]。"到什麼時候才可以用"老"字呢？現在還没研究清楚。不過至少在清代以前已經可以這樣用了。現在只舉出《儒林外史》裏的一些例子：

　　　　趙氏有個兄弟趙老二在米店裏做生意。(第六回)

　　　　楊執中定睛看時，便是他第二個兒子楊老六。(第十一回)

　　　　阿叔道："好呀！老二回來了。"(第十六回)

　　　　潘三出去看時，原來是開賭場的王老六。(第十九回)

　　　　龍老三，你又來做什麼？(第二十九回)

　　"老婆、老師"的"老"，最初都不是詞頭。在宋代，"老婆"的"老"還是表示年老的意思，《景德傳燈録》卷八："苦哉浮杯，被老婆摧折。""老婆"指凌行婆。到了元代，妻子也可以稱"老婆"了，這時，"老"字才變成了詞頭，例如：

　　　　家中有錢財，有糧食，有田土，有金銀，有寶鈔，則少一個標標致致的老婆。(《元曲·秋胡戲妻》第二折)

　　　　我兩個不曾娶老婆哩。(同上，《兒女團圓·楔子》)

　　"老師"出現很早，《史記·孟子荀卿列傳》："齊襄王時，而荀卿最爲老師。"但是這裏的"老"只是表示年輩最尊的意思，而不是詞頭。到了明代中葉，門生稱座主爲老師[2]，這時"老師"是表示齒德俱尊的意思，"老"字還不能就認爲是純粹的詞頭。不過"老"已經有了詞頭化的迹象了。到了清代，"老師"的"老"才真正變成了詞頭，例如：

　　　　兩人見是老師的位，恭恭敬敬，同拜了幾拜。(《儒林外史》第七回)

　　　　他拜我做老師我還不要，我會他怎的？(同上，第三十一回)

　　動物的名稱上加詞頭"老"字，唐代也已經有了。朱揆《諧噱録》：

---

① 吴方言"老、阿"并用。

② 主持考試的人叫座主。

"大蟲老鼠,俱爲十二屬。"可見,"鼠"稱"老鼠"起於唐代①。到了宋代,"虎"也可以稱"老虎"(王惲《趙邈齪虎圖行》詩:"眈眈老虎底許來,抱石踞坐何雄哉!"),"烏鴉"也可以稱"老鴉"(陶穀《清異録》"巴陵陳氏累世孝謹,鄉里以老鴉陳目之,謂烏鴉能反哺也")。現代方言(如吳語及一部分粵語)也稱"烏鴉"爲"老鴉"。

詞頭"老"字,一直到現代,也没有什麽發展;它不能適用於一切名詞。

現在談名詞詞尾的産生及其發展的歷史。

詞尾"子"字比詞尾"兒"字産生得早。當然,要把詞尾"子"字和非詞尾"子"字區别開來是相當困難的。就現代普通話來説,鑒定詞尾的主要標準是輕音,但是古代的史料并没有把輕音記録下來。現在我們只能憑意義來看它是不是詞尾。有六種"子"字不應該認爲詞尾:第一,是"兒子"的"子",例如《詩經·小雅·斯干》"乃生男子……乃生女子",其中的"男子、女子"實在等於説"男兒子、女兒子";第二,是作尊稱用的"子",例如"夫子、君子";第三,是指禽獸蟲類的初生者,例如"虎子(《後漢書·班超傳》"不入虎穴,不得虎子")、鶴子、龍子、蠶子";第四,是指鳥卵,例如"雞子、鳳子";第五,是指某種行業的人,例如"舟子、漁子";第六,是指圓形的小東西,例如《史記·高祖本紀》"左股有七十二黑子"。

但是,在某些情况下,我們就不容易斷定了。例如:

童子佩觿。[觿,音携,是象骨做的錐子樣的束西,解繩結用的。](《詩經·衛風·芃蘭》)

胸中正則眸子瞭焉。[心裏頭正派,眼裏瞳人就明亮。](《孟子·離婁上》)

---

① 漢代已有"老鼠",《方言》:"伏翼,或謂之老鼠,亦謂之仙鼠。"《辭源》解釋説:"按《釋名》,老而不死曰仙,伏翼即蝙蝠,古云鼠所化,故有老鼠仙鼠之名。"由此可見,漢代,"老鼠"的"老"不是詞頭。

又聞項羽亦重瞳子。(《史記·項羽本紀·贊》)

鄉者夫人兒子皆以君。〔先前所看見的那位太太和那些孩子都因你而貴。〕(《漢書·高帝紀》)

拜請百福,賜我喜子。〔喜子,小蜘蛛長脚者。人們以爲遇見它會有喜事來臨。〕(《易林·朋夷》)

因此,我們至少可以説在上古時代"子"字已經有了詞尾化的迹象①。特別是像《禮記·檀弓下》"使吾二婢子夾我"(疏"婢子,妾也"),只有把"子"字認爲詞尾,然後容易説得通。《釋名·釋形體》説:"瞳子……子,小稱也。"小稱就是它詞尾化的基礎。

魏晉以後,詞尾"子"字逐漸普遍應用起來了,例如:

凡五穀種子,泡鬱則不生。(《齊民要術·收種·第二》)

在馬坊教諸奴子書。〔奴子,奴僕。〕(《魏書·温子昇傳》)

快牛爲犢子時,多能破車。(《晉書·石季龍載記上》)

何物漢子! 我與官,不肯就! (《北齊書·魏蘭根傳》)

可憐青雀子,飛來鄴城裏。(同上,《神武帝本紀下》)

今本無上書年月日子。(《南史·劉子遜傳》)

之才爲剖得蛤子二,大如榆莢。(《北史·徐之才傳》)

貴妃放康國猧子於坐側。〔猧子,狗類。〕(《酉陽雜俎·忠志》)

人踐之,子必繁也。俗謂之嫁茄子。(同上,《草篇》)

楊枝晨在手,豆子雨已熟。(杜甫《別贊上人》)

泥融飛燕子,沙暖睡鴛鴦。(同上)

莫抛破笠子,留作敗天公。(李群玉《嘲賣藥翁》)

未戴柘枝花帽子,兩行宫監在簾前。(王建《宫詞》)

緫得紅羅手帕子,當心香畫一雙蟬。(同上)

小片慈菇白,低叢柚子黄。(元稹《景申秋》八首之六)

---

① 上古還有"妻子"的説法,例如《詩經》:"妻子好合。"其中的"子"有可能是詞尾,但是也有可能認爲"妻子"是一個偏舉的詞,像"國家"一樣。

一騎紅塵妃子笑，無人知是荔枝來。（杜牧《過華清宫》三首之一）

詔宫人及近侍宫人皆服衫子，亦曰半衣。（《中華古今注·衫子背子》）

北齊有長帽、短靴、合裤、襖子。（《舊唐書·輿服志》）

賊平之後，方見面子。（同上，《張濬傳》）

宫中號娘子，儀禮與皇后等。（《新唐書·貴妃楊氏傳》）

臨民訟，以骰子擲之，而勝者爲直。（《新五代史·吴越世家》）

好遣秦郎供帖子，盡驅春色入毫端。（蘇軾《次韻秦少游王仲至元日立春》）

劄子，猶堂帖也。（《却掃編》卷上）

即以釵子插冠中，謂之插釵子。（《東京夢華録·娶婦》）

家家無酒，拽下望子。（同上，《中秋》）

或戲謂此二詩乃落葉及柳謎子。［謎子，謎語。］（《苕溪漁隱詩話·宋朝雜記下》）

逐日沿江岸采掇鰕蜆……居民目爲蜆子和尚。（《五燈會元》）

天平船子過華亭。（范成大《送壽老往雲間行化》）

患蜀人鐵錢重，不便貿易，設質劑之法……謂之交子。［交子，宋代的一種紙幣。］（《宋史·食貨志》）

户部司郎錢端禮被旨造會子。［會子，宋代的一種紙幣。］（同上）

一切都可以證明：在中古時期，名詞詞尾“子”字已經很發達了，并且它有構成新詞的能力。交子是我國紙幣的開始，會子是後來另一種鈔票，這些新詞都由詞尾“子”字來構成。

詞尾“兒”字的起源比詞尾“子”字晚些。

“兒”的本義是小兒（《説文》“兒，孺子也”），因此，凡未脱離小兒的實際意義的都不能認爲是詞尾，例如：

黄鬚兒竟大奇也。（《三國志·魏書·曹彰傳》）

何物老嫗！生寧馨兒！［什麽老太婆！生了這樣的兒子！］（《晉書·王衍傳》）

有些"兒"字雖不用本義,但是表示舊社會所謂下等人(如"侍兒")或不道德的人(如"偷兒"),也不算詞尾,例如:

從史嘗盜愛盎侍兒。(《史記·袁盎晁錯列傳》)

偷兒,青氈我家舊物。(《晉書·王獻之傳》)

"兒"字的用爲詞尾,是從小兒的意義發展來的。可能開始是用爲小字(小名)的詞尾。這種用法一直傳到後代,例如:

世祖武皇帝……小諱龍兒。(《南齊書·武帝本紀》)

梁高祖武皇帝……小字練兒。(《南史·梁本紀上》)

昨見羅兒,面顏憔悴,使人惻然。(《南史·孝義傳下》)

已而有娠,而生敬兒,故初名苟兒,又生一子,因苟兒之名,復名猪兒,宋明帝嫌苟兒名鄙,改爲敬兒,故猪兒亦改爲恭兒。(《南史·張敬兒傳》)

時洛陽進合蒂迎輦花……,帝命寶兒持之。(《隋遺録》)

谷兒抹琵琶。(白居易《小庭亦有日》)

鄜州籍中有紅兒,善爲音聲。(《摭言·海叙不遇》)

雪兒者,李密之愛姬。(《北夢瑣言·逸文》)

克用少驍勇,軍中號曰李鴉兒。(《新五代史·唐本紀》)

周太祖少賤,黥其頸上爲飛雀,世謂之郭雀兒。(《新五代史·東漢史家》)

鳥獸蟲類也用"兒"字,但是其中有兩種情況:第一種情況是確指鳥獸蟲類的初生者,例如:

可憐巢裏鳳凰兒。(庾信《楊柳歌》)

鵝兒黄似酒。(杜甫《舟前小鵝兒》)

病起巢成露鶴兒。(李洞《贈王惠大師》)

養得新生鸂鶒兒。(花蕊夫人《宮詞》)

魚子或破碎,鼉兒尚狎恰。(蘇舜欽《檢書詩》)

晚來弄水船頭濕,更脱紅裙裹鴨兒。(孫光憲《采蓮詞》)

第二種情況才是用作詞尾,例如:

菱花胃雁兒。（王維《戲題示蕭氏甥》）

猧兒偏吠客。（高啓《題李迪畫犬》）

打起黄鶯兒，莫教枝上啼。（金昌緒《春怨》）①

驚起沙灘水鴨兒。（李群玉《釣魚》）

東池蝦蟆兒，無限相跳梁。（梅堯臣《梅雨》）

有時穿入花枝過，無限峰兒作隊飛。（韓琦《柳絮詞》）

由於文字上缺乏輕音的表示（而且當時詞尾不一定就用輕音），我們在古書中不容易劃清這兩種情況的界限。

“孩兒”的“兒”也不一定是詞尾。可能像“嬰兒”一樣，“兒”字有它的實在意義，例如：

一雙前進士，兩個阿孩兒。（《摭言·慈恩寺題名游賞賦咏雜記》）

至今洛中人呼應天禪院爲香孩兒營。（孔平仲《談苑》卷一）

鄜州田氏作泥孩兒名天下。（《老學庵筆記》卷五）

彭祖聞年八百，陳郎猶是小孩兒。（《南部新書》戊）

至於無生之物，無所謂初生者，“兒”字的詞尾性就非常明顯了，例如：

小車兒上看青天。（邵雍《小車吟》）

船兒傍舷回。（梅堯臣《重送楊明叔》）

深注唇兒淺畫眉。（蘇軾《成伯席上贈所出妓川人楊姐》）

又以油麵糖蜜造爲笑靨兒。（《東京夢華録·七夕》）

京師八月……皆以新葫蘆兒棗兒爲遺。（同上，《秋社》）

如果作一個比較謹慎的説法，應該説詞尾“兒”字是從唐代才開始產生的②。

小稱容易發展爲愛稱。但是，就普通話來説，只有“兒”字發展爲

---

① 《佩文韻府》及《千家詩》均作蓋嘉運詩。這裏根據《全唐詩》及《唐詩三百首》。

② 在此以前，《白頭吟（皚如山上雪）》已有“男兒重意氣”一例。但是這個“兒”可能本來也有它的實在意義，到後來才變了。這些都還難肯定。

愛稱，"子"字没有發展爲愛稱。比較"老頭兒"與"老頭子"、"小猫兒"
與"小猫子"。

在開始變爲詞尾的時候，"兒"和"子"不一定都念輕音。至少是可輕
可重，否則没法子把"兒"和"子"放在律詩裏。名詞兒化的情形也比較後
起，所以詞尾"兒"字能在律詩中獨占一個音節，甚至於用作韻脚。"兒"字
獨成一個音節，在今天某些方言裏還是這樣，例如杭州和冀南。

名詞兒化以後，韻母在一定條件下受兒化的影響，例如"盤兒"變
爲[p'ar]、"小孩兒"變爲[çiau xar]等。這些都是現代漢語一課裏所
講過的，這裏不再詳細討論了。

在現代各地漢語方言裏，名詞形態發展情況并不一致，特別是在
"兒、子"的問題上。南部方言(粤、閩、客家)基本上維持着上古漢語的
情況，很少或完全不用詞尾"兒"和"子"。廣州話只説"刀"，不説"刀
子"[1]；只説"鉸剪"，不説"剪子"；只説"鐵鉗"，不説"鉗子"；只説"竹"，不
説"竹子"；只説"禾"，不説"稻子"；只説"葉"，不説"葉子"。像"筷子"一
類的詞，在粤語裏是非常罕見的，而且也不普遍，如廣西南部有些地方就只
説"筷"，不説"筷子"[2]。詞尾"兒"字在粤語裏更絶對不用了[3]。

吳方言除個别地方(如杭州)外，一般只用詞尾"子"字，不用"兒"
字，例如蘇州話只説"桃子"，不説"桃兒"。"子"字的應用範圍也比較
窄些，例如蘇州只説"繩"，不説"繩子"；只説"剪刀"，不説"剪子"。

除了"子"和"兒"之外，比較常用的詞尾是"頭"字。

首先我們要撇開似是而非的情況，例如"石頭"這個詞的時代很
早。今天的南京，在東漢末就稱爲石頭城[4]。但是，石頭又稱石首，可

---

[1]　廣州有"刀仔"一類的説法，但"刀仔"的意義是小刀，并不等於普通話的"刀子"。廣州
"仔"念[tʃei]，子念[tʃi]，也并不同音。

[2]　也有相反的情況，例如"桃、李"在博白叫做"桃子、李子"。但是博白的"子"字只用於果名，可
見那是"開花結子"的"子"，并不是詞尾。

[3]　廣西博白有"豬兒、鷄兒"一類的説法，那只是小豬、小鷄的意思。博白的"兒"等於廣州的
"仔"。

[4]　東漢末，孫權移治秣陵，改名石頭城。

見“頭”字是有實義的。“碼頭”在唐代就有了①，但當時寫作“馬頭”，可見“頭”字仍有實義。像下面所舉的“被頭、號頭、年頭”，其中的“頭”字也都不能算作詞尾：

被頭不暖空沾泪②，釵股欲分猶半疑。（韓偓《惆悵》）

凡役，數萬人曳一大木，千人置號頭，頭一嘱，千人齊和。（《舊唐書·薛懷義傳》）

乃取年頭月尾，孤經絶句。（《新唐書·楊瑒傳》）

真正的詞尾“頭”字應該像下面這些例子：

洒水有物如三四歲小兒……常没水中，出膝頭，小兒不知，欲取弄戲，便殺人。（《水經注·洒水》）

前頭看後頭，齊著鐵鉅鉾。（《企喻歌》）

願隨仙女董雙成，王母前頭作伴行。（項斯《送官人入道》）

兩邊角子羊門裏，猶學容兒弄鉢頭。（張祜《容兒鉢頭》）

可見詞尾“頭”字的産生，應該是在六朝。

宋元以後，詞尾“頭”字用得更加普遍了，例如：

徐步當車饑當肉，鋤頭爲枕草爲氈。（黄庭堅《次韻胡彦明同年羇旅京師寄李子飛》三章之三）

一時念頭差了。（《京本通俗小説·菩薩蠻》）③

則離得半個日頭。〔半個日頭，半天。〕（王實甫《西厢記》第四本，第四折）

我也有盼着他的日頭。〔日頭，日子。〕（同上第五本，第一折）

只見一般的囚徒……却在晴日頭裏晒着。（《水滸傳》第二十八回）

只見厨桌上有些雞毛和雞骨頭。（同上，第四十六回）

戴宗撚指間走到跟前看時……有二十副座頭。（同上，第三十九回）

---

① 《通鑑·唐紀》穆宗長慶二年：“於黎陽築馬頭，爲渡河之勢。”

② “被頭”指被，“頭”字作詞尾，那是吳方言。但這裏“頭”對“股”，可見“頭”字仍有實義。

③ 此例以下到“舌頭”一例，都是從研究生齊衝天未刊稿中采用的。

又將那各房頭搬出去的箱籠物件,從頭仔細尋遍。(《西游記》第
十六回)

牙齒變做門扇,舌頭變做菩薩。(同上,第六回)

"五四"以後,由於西洋語言的影響,現代漢語有了一些新興的名
詞詞尾。

首先應該指出一些似是而非的情況。在"工人、詩人"等詞中,
"人"字不能認爲詞尾。無疑地,"工人、詩人"在現代漢語裏都是單
詞,不是仂語,但是,它們的構成方式是和上古"匠人、稽人"相同的,
"人"字也有它的實義。況且《國語·周語》裏已經有"工人"出現("工
人展車"),更無所謂新興的詞尾了。

"主義"並不是詞尾,因爲"主義"可以獨立成爲意義,和西洋詞
尾-ism 不同。如果我們承認"主義"是新興的詞尾,那只是從漢語和
西洋語言對比所得的結論。

"者"字的情況比較不同一點。古代漢語的"者"字一般只放在動
詞和形容詞後面,如"作者、隱者、來者、老者、高者、大者",或者放在叙
述性仂語後面,如"將命者、負版者、竊鈎者"。至於像"帝國主義者"
之類,"者"字放在名詞仂語後面,的確是屬於詞尾的性質。

"家"字也有詞尾性質。中國古代早有"法家、名家"之類,但那和
今天的"藝術家、建築家"之類到底有些不同。"法家、名家"的"家"是
學派的意思,我們不能說"一個法家、一個名家"。可是現在我們可以
說"一個藝術家"或"一個建築家"。不過"藝術家"等的"家"也是從
"法家"等的"家"發展來的。

真正新興的名詞詞尾是"品、性、度"等。

"品"字當物品講,本來就是鴉片戰爭以後的事。《易經·乾卦》
"品物流形","品物"只是庶物(衆物,萬物)的意思。"品"字的另一意
義是品第(品級),所謂"神品、妙品"大致等於現在所謂"超級、特級"。
"品"字當物品講是來自日本。日本人把英語的 things(複數)譯爲"物
品",food 譯爲"食品",work 譯爲"作品",production 譯爲"生產品"或

“産品”，我們就照樣采用了①。

　　“性”字和英語詞尾-ty、-ce、-ness 大致相當。這也是受了日本譯文的影響。日本人把英語的 possibility 譯爲“可能性”，importance 譯爲“重要性”（“重大性”），impermeability 譯爲“不滲透性”（“不可滲透性”）等，我們都采用了。當然我們自己也創造了一些。最有趣的是日本人把 necessity 譯爲“必要”，我們已經采用了。我們常常説“没有……的必要”，就是説没有這種 necessity。最近我們又創造了一個“必要性”，於是“必要”和“必要性”造成了一對駢詞。

　　“度”字大致相當於英語詞尾-th，如 length 譯爲“長度”，strength 譯爲“强度”等。也有不是-th 的，例如 height 譯爲“高度”，speed 譯爲“速度”等。這也是受了日本譯文的影響。

　　應該指出，“度”字這個詞尾的産生是比較晚的。大約在 20 世紀 20 年代以前，它還没有産生，這可以從當時出版的英漢字典（例如《英華合解辭彙》）得到證明②。

第三節　　單位詞的發展

　　漢語裏有一種特殊的名詞，叫做單位詞（或稱量詞）。單位詞主要有兩種：第一種是度量衡單位，如“尺、寸、升、斗、斤、兩”等；第二種是天然單位，如“個、隻、枚、匹、顆、次、回”等。第一種是一般語言都具備的；第二種是東方語言所特有的，特別是漢藏系語言所特有的。

　　就它與其他詞類配合的情況來説，單位詞也有兩種：一種是指稱事物單位的，如“個、隻”等，與名詞配合；另一種是指稱行爲單位的，如“次、回”等，與動詞配合。

①　英語 beverage 本來可以仿照“食品”的結構方式譯爲“飲品”，但因日本人譯爲“飲料”，我們也就跟着譯爲“飲料”了。

②　參看王力《中國語法理論》。

在本節裏,我們先談事物單位,然後再談行爲單位。

在上古漢語裏,事物數量的表示,可以有三種方式:第一種方式是最常見的,就是數詞直接和名詞結合,數詞放在名詞前面,不用單位詞,例如:

五事:一曰貌,二曰言,三曰視,四曰聽,五曰思。(《書經·洪範》)

一言以蔽之。[用一句話來概括它。](《論語·爲政》)

我亦欲正人心,息邪説,距詖行,放淫辭,以承三聖者。[三聖,三個聖人,指大禹、周公、孔子。](《孟子·滕文公下》)

人皆有七竅,以視、聽、食、息。(《莊子·應帝王》)

方士有言黃帝時爲五城十二樓,以候神人於執期。(《漢書·郊祀志下》)

第二種方式在上古是比較少見的,就是把數詞放在名詞的後面,不用單位詞,例如:

越翼日戊午,乃社於新邑,牛一,羊一,豕一。[第二天戊午,在新建的洛邑祭祀土神,(祭品是)一頭牛,一隻羊,一頭猪。](《書經·召誥》)

齊爲衛故,伐晉冠氏,喪車五百。[……,喪失了五百輛兵車。](《左傳·哀公十五年》)

有虞氏官五十,夏后氏官百。(《禮記·明堂位》)

漢王聽其計,使盧綰劉賈將卒二萬人,騎數百,渡白馬津。[將,率領。騎,騎兵。](《史記·高祖本紀》)

召所從食漂母賜千金,及下鄉亭長錢百。[錢百,一百個錢。](《漢書·韓信傳》)

第三種方式在上古也是比較少見的,就是把數詞放在名詞的後面,兼帶單位詞,例如:

不稼不穡,胡取禾三百廛兮。["廛"是"纏"字的假借,三百廛就是三百束。](《詩經·魏風·伐檀》)

萊人使正輿子賂夙沙衛以索馬牛皆百匹①。[索，精選的。](《左傳·襄公二年》)

皆賜玉五瑴，馬三匹。[玉一雙叫做一瑴。](《左傳·莊公十八年》)

子産以幄幕九張行。(《左傳·昭公十三年》)

負服矢五十個。(《荀子·議兵》)

如果是度量衡單位，就必須用第三種方式，例如：

當秦之隆，黃金萬鎰爲用。[二十四兩叫做一鎰。](《戰國策·秦策》)

漢王賜良金百鎰，珠二斗。(《史記·留侯世家》)

令民入米六百斛爲郎。(《漢書·王莽傳下》)

有時候，名詞省略了，就只剩數詞和單位詞，這種單位詞往往是表示度量衡單位的，例如：

養弟子以萬鍾。[鍾，上古的量名。](《孟子·公孫丑下》)

郡守，秦官，掌治其郡，秩二千石。(《漢書·百官公卿表上》)

漢語的單位詞起源很早。在殷虛卜辭中，我們能看見的單位名詞就有：丙(馬五十丙)、朋(貝十朋)、卣(鬯三卣)、升(鬯二升)[“鬯”是古代祭祀時用的一種香酒]，等。但是，這些單位詞只限於度量衡單位(升)、容量單位(卣)和集體單位(十貝爲朋、若干馬爲丙)②，還沒有天然單位如“匹、張”等。

原始的天然單位的表示方法是在數詞後面再加同樣的一個名詞，例如殷虛卜辭中所見：

羌百羌。

人十㞢六人。[“㞢”就是“有”字。]

直到西周金文中還存在着這種結構方式，例如：

---

① “馬牛”和“百匹”之間有“皆”字，可見上古單位詞有它的獨立性，并非必須黏附於名詞。
② 殷代的“升”也可認爲容量單位。

玉十玉。

田十田。

孚人萬三千八十一人,孚馬□匹,孚車卅兩,孚牛三百五十五牛,羊卅八羊。[“孚”同“俘”。]

但是,關於人的天然單位就用“人”爲單位詞①,數詞前面不一定也是“人”字,例如殷虚卜辭中所見:

羌十人。

羌十人又五。

在先秦時代,度量衡制度建立以後,出現了許多度量衡單位詞,如“丈、尺、寸、升、斗、石、斤、鈞、鎰”等。但是,天然單位的單位詞還是很少見的,據我們所知,只有“匹(指馬)、乘、兩(指車)、張(指幄幕)、个(指矢)”等極少數的幾個字②。我們可以説,天然單位的單位詞在先秦已經萌芽了,但真正的發達還在漢代以後。最常見的是“枚”字,例如:

木器髤者千枚。[髤,塗漆的意思。](《史記・貨殖列傳》)

尚有徑寸之珠,照車前後各十二乘者十枚。(《史記・田敬仲完世家》)

請干將鑄作名劍二枚。(《吴越春秋・闔閭内傳》)

遂不舉觴,賜良鰒魚百枚。(《東觀漢記・吴良傳》)

乃命左右悉取珊瑚樹,有三尺、四尺、條榦絶世,光彩溢目者六七枚。(《世説新語・汰侈》)

得鯉魚長一尺者一萬五千枚。(《齊民要術・養魚》)

---

① “人”是一般名詞,不是特别用來表示天然單位的,所以我們可以説卜辭還没有天然單位詞。

② 《大學》引《書經》:“若有一个臣。”《左傳・昭公二十八年》:“君亦不使一个辱在寡人。”這兩個“个”字都應作“介”。《書經・秦誓》原文正作“如有一介臣”。如果先秦時代已經有了指人的單位詞“个”字,何以漢代的“个”字又只指竹的單位了呢? 顯然先秦還没有這樣的“个”。又,《考工記・輪人》有“一枚、四枚”等語,這“枚”是度量衡單位(十分之一寸),不是天然單位。

土中得玉璧七枚。(《水經注·泗水》)

於田中得銅鐸五枚。[鐸,鈴狀的東西。](《晉書·郭璞傳》)

有人於嵩高山下得竹簡一枚。(《晉書·束皙傳》)

古製澡盤一枚。(《梁書·劉之遴傳》)

荀勖作新律笛十二枚。(《晉書·樂上》)

送金釵二十枚與其愛妾杜氏。(《南史·周盤龍傳》)

此外還有"頭、隻、株、顆、塊①、枝、根、條、片、朵、把、粒、架、面、錠"等②,例如:

唯橋姚已致馬千匹,牛倍之,羊萬頭。(《史記·貨殖列傳》)

乃賜奔戎珮玉一隻。(《穆天子傳》卷三)

成都有桑八百株。(《三國志·蜀志·諸葛亮傳》)

以玉盤盛仙桃七顆。(《漢武內傳》)

東方朔得風聲木十枝以獻。(《洞冥記》)

於其室前生草一根,莖葉甚茂。(《北史·孝行·王崇傳》)

與之繩萬條,以爲錢貫。[錢貫,就是穿錢的繩子。](《朝野僉載》)③

對酒雲數片,捲簾花萬重。(岑參《春半與群公同游元處士別業》)

黃四娘家花滿蹊,千朵萬朵壓枝低。(杜甫《江畔獨步尋花》七絕句之六)

玄鬢看成一把絲。[黑頭髮眼看變成一把白絲了。](白居易《府齋感懷酬夢得》)

丹砂一粒不曾嘗。(白居易《對鏡偶吟贈張道士抱無》)

草堂書一架,苔徑竹千竿。(李咸用《山居》)

---

① "塊"字還找不到較早的例子。但是《顏氏家訓·書證篇》:"北土通呼物一由改爲一顆。""由"即"塊"字。據此則單位詞"塊"在南北朝已通行於北方。

② 其中有些用於物質名詞的單位詞,如"雲數片"的"片"等,它的性質接近度量衡單位的單位詞。

③ 編者注:文集本刪去此例,換爲王褒《燕歌行》的"薔薇花開百重葉,楊柳拂地數千條"。

腰鼓百面如春雷,打徹涼州花自開。[腰鼓,是當時的一種鼓,敦
煌壁畫裏可以看到它的形狀。](蘇軾《惜花》)

秦少游有李廷珪墨半錠。(《後山談叢》卷一)

在發展過程中,有些單位詞的應用範圍擴大了,有些應用範圍縮
小了,有些應用範圍轉移了,有些新興,另有一些消失了。

範圍擴大的例如"个(箇、個)、隻、條"和"張"。"个"字原來只是竹
的單位,例如《史記·貨殖列傳》:"木千章,竹竿萬个。"《荀子·議兵》:
"負服矢五十个。"也因爲箭是竹做的。直到《新唐書·西域傳》還説"或
以竹一箇植舍外",曾鞏詩《幽谷晚飲》還説"旁坐竹相圍,竦竦碧千箇"。
但事實上,"个"字的應用範圍在唐代已經擴大了許多:水果稱"箇"(岑
參詩《送滕元擢第歸蘇州拜親》"橘懷三箇去,桂折一枝將"),鳥類亦稱
"箇"(杜甫詩《絕句》四首之三"兩箇黃鸝鳴翠柳")。同時,人也可以稱
"箇"了(杜甫《秋野》五首之四"砧響家家發,樵歌箇箇同"①)。

隻,《説文》:"鳥一枚也。"可見"隻"在最初只是普通名詞,後來用
作單位詞的時候,開始也只指鳥類。像下面的例子還用的是本來的
意義:

常於家豫炙雞一隻。(《後漢書·徐偍傳》注)

數隻珍禽寒月在,千株古木熱時稀。(黃滔《商山贈隱者》)

但是,"隻"字的用途逐漸擴大到獸類和無生之物,如:

載玉萬隻。(《穆天子傳》卷二)

一隻短舫艇,一張斑鹿皮。(白居易《秋池獨汎》)

看見一隻犬打香卓根前過來。(《元曲·殺狗勸夫》第四折)

條,《説文》:"小枝也。"可見"條"在最初也是普通名詞。後來發
展爲單位詞,也可能先用於樹木方面。除前面所引六朝王褒的用例
外,還有唐代的一些例子,如:

楊柳千條花欲綻。(沈佺期《奉和春日幸望春宮應制》)

---

① 一作"樵聲箇箇同"。

風折垂楊定幾條。（高啓詩）①

以上這些"條"字可能用的是原義。後來用途擴大了，細長、狹長（或長）的東西一般都可以稱"條"。"繩萬條"已見上文，此外還有一些例子：

謹上襪三十五條。["襪"是贈送的衣服。]（《西京雜記》卷一）

剩鋪黄金綫幾條。（孫棨《題妓王福娘牆》）

張，上文所引《左傳》的"幄幕九張"，説明平面的東西可以叫"張"。《三國志·魏書·倭傳》："今以絳地交龍錦五匹，絳地縐粟罽十張，……答汝所獻貢直。""罽十張"的"張"仍舊是"幄幕十張"的"張"。但是，"張"字本來是張弓的意義，所以弓弩也用"張"爲單位詞，如《後漢書·明帝八王傳》："寵有强弩數千張。"琴稱"張"和弓稱"張"有關係，因爲琴弦和弓弦有相同之點。白居易詩《東院》："淨名居士經千卷，榮啓先生琴一張。"紙稱"張"是後起的現象，如楊萬里詩《燈下讀山谷詩》："百年人物今安在？千載功名紙半張。"這種"張"又繼承了"幄幕九張"的"張"，因爲紙的功用是在它的平面的。

範圍縮小的如"枚"字②，在漢魏六朝，"枚"字的應用範圍很大。至少可以説它適用於鳥類（《説文》"鳥一枚"見上）、魚類（《東觀漢記》"鰒魚百枚"見上）和一切器物（劍二枚、珠十枚、木器千枚、珊瑚六七枚、璧七枚、銅鐸十二枚、竹簡一枚、澡盤一枚、笛十二枚、金釵十二枚，均見上）。但是，在現代漢語裏，它的應用範圍縮小到了極點。現在像"一枚針、兩枚獎章"之類，有些是方言，有些是書面語言；在普通話的口語裏，"枚"字簡直可以不用了。

範圍的轉移，例如"盞"字，原先一般是用來指酒（亦作"琖"），例如毛滂詞《蝶戀花·送茶》："七盞能醒千日臥。"③但是現在"盞"字不

---

① 編者注：文集本將該例換爲賀知章《咏柳》的"萬條垂下緑絲縧"。

② "枚"在最初也是普通名詞。《説文》："枝幹也。"《詩經·周南·汝墳》："伐其條枚。""枚"和"條"都由枝的實義發展爲單位詞，但是發展的結果不一樣。

③ 編者注：該例文集本換爲李清照《聲聲慢》的"三杯兩盞淡酒，怎敵他晚來風急？"

再用作酒的單位詞，而是用作燈的單位詞了①。

新興的單位詞例如"頂、挂"等，消失的單位詞例如"株、章"（指樹木）等。當然所謂消失是指在口語中已經死去；至於仿古的文言中，它們仍舊可能存在的。

一般說來，單位詞是由普通名詞演變而成的，并且它們的語法意義就是由它們的本來意義引申的，例如"顆"的本義是小頭（據《說文》），後來用作單位詞，就指稱小而圓的東西，如"橘（例見上）、柑（蘇軾《傳柑》：寄與維摩三十顆）、荔枝（蘇軾《食荔枝》：日啖荔枝三百顆）等。又如"條"的本義是小枝，就指稱細長的東西（見上文）。"塊"的本義是土塊，就指稱一般方形而有體積的東西，如說"一塊糖"。這是語源學方面的事，這裏不詳細討論了②。

就名詞、數詞、單位詞三者的結合方式來說，有一種發展情況是非常值得重視的，那就是，在先秦時代，數詞兼帶天然單位詞或度量衡單位詞的時候，位置是在名詞的後面的。殷虛卜辭也沒有例外。本節到這裏爲止，所舉的例子都是合於這個規則的。先秦只說"馬十匹"，不說"十匹馬"；只說"幄幕九張"，不說"九張幄幕"③。後代沿用先秦這個規則，情況也非常普遍。同時我們也觀察到，就在先秦時代，數詞及其容量單位詞的位置已經可以放在名詞的前面，例如：

一簞食，一瓢飲。［簞，是竹子編的盛飯的器具。食，就是飯。飲，在這裏也是名詞，指喝的東西。］（《論語·雍也》）

非其道則一簞食不可受於人。（《孟子·滕文公下》）

一簞食，一豆羹，得之則生，弗得則死，呼爾而與之，行道之人弗

---

① 這可能是因爲油燈所用的器皿也是"盞"的緣故。

② 比較詳細的討論見於王力《中國語法理論》。

③ 《孟子·告子下》："力不能勝一匹雛。"朱駿聲《說文通訓定聲》認爲"匹"是"仦"［"仦"讀若輟，小也］之誤字，又疑是"鷔"的意思。總之，他不承認這"匹"字是單位詞。那是對的。《公羊傳·僖公三十三年》："匹馬隻輪無反者。""匹"和"隻"都是修飾語，不是單位詞。注云："匹馬，一馬也。"朱駿聲云"失之"。朱說甚是。

受。[豆,盛肉盛湯的飲食器具,瓦器,或木製,均有。](《孟子·告子上》)

今之爲仁者,猶以一杯水救一車薪之火也。(同上)

金重於羽者,豈謂一鉤金與一輿羽之謂哉。(同上,《告子下》)

到漢代以後,不但數詞及其容量單位詞可以放到名詞前面去,而且,度量衡單位詞和天然單位詞也都可以放在名詞的前面了,例如[1]:

一尺布,尚可縫;一斗粟,尚可舂。(《史記·淮南衡山列傳》)

賜黔首里六石米,二羊。(同上,《秦始皇本紀》)

大王誠能出捐數萬斤金行反間,……(同上,《陳丞相世家》)

以上度量衡單位

陸地……千足羊,澤中千足彘。[那時是以“足”(脚)的數目來計算猪羊的。](《史記·貨殖列傳》)

安邑千樹棗,燕秦千樹栗,蜀漢江陵千樹橘,淮北常山已南河濟之間千樹萩。[“千樹”就是“一千棵”。](同上)

千畦薑韭。(同上)

越使諸發以一枝梅遺梁王。(《説苑·奉使》)

以上天然單位

到了中古時代,單位詞移動位置的情形更加普遍起來,例如:

其人乃以一隻履與臣。(《洞冥記》)

且將一寸心,能容萬斛愁。(庾信《愁賦》)[2]

采桑三市路,賣酒七條街。(毛褒《日出東南隅行》)

作縣唯日食一升飯而莫飲酒。(《南齊書·傅琰傳》)

可覓萬斛米見與,當爲尊公作佳傳。(《晉書·陳壽傳》)

吾不能爲五斗米折腰向鄉里小兒。(同上,《陶潛傳》)

---

[1] 但也要辨別似是而非的情形。《史記·高祖本紀》:“吾以布衣提三尺劍取天下。”《秦始皇本紀》:“上可以坐萬人,下可以建五丈旗。”那是指“三尺之劍、五丈之旗”。這是指屬性,不是指數量。

[2] 編者注:文集本删去此例。

是歲旦,慶之夢有人以兩匹絹與之。(《南史·沈慶之傳》)

一張紙,兩張紙,容量小兒作天子。[據説這是當時并州的童謠。隋煬帝的弟弟楊諒小名叫阿容,"諒"與"量"同音,所以被認爲楊諒要作皇帝的先兆。](《北史·隋宗室諸王庶人諒傳》)

當時四十萬匹馬,張公嘆其才盡下。(杜甫《天育驃騎歌》)

日糴太倉五升米,時赴鄭老同襟期。(杜甫《醉時歌》)

長塘湖,一斛水中半斛魚。(張籍《長塘湖樂府》)

偶依一株樹,遂抽百尺條。(白居易《有木詩》八首之七)

春風小檻三升酒,寒食深爐一碗茶。(白居易《自題新昌居止因招楊郎中小飲》)

如何一柱觀,不礙九枝燈。(李商隱《楚宮》)

一字新聲一顆珠。(薛能《贈歌者》)

十九條平路,言平又嶮巇。(裴説《棋》)

裙拖六幅湘江水,鬢聳巫山十朵雲。(李群玉《同鄭相并歌姬小飲戲贈》)

"陟"字若五朵雲。(《新唐書·韋陟傳》)

寧食三斗艾,不見屈突蓋;寧食三斗葱,不逢屈突通。(同上,《屈突通傳》)

房州有異人常戴三朵花。(蘇軾《三朵花詩·序》)

細雨裏殘千顆淚,輕寒瘦損一分肌。(蘇軾《紅梅》三首之二)

記得觀燈鳳樓上,百條銀燭淚闌干。(王禹偁《杏花》七首之一)

壺中一粒長生藥,待與蘇州太守分。(《中山詩話》)

自起兩間小屋,以爲祠堂。(《宋書·郭世道傳》)

這是很重要的轉變,可以説是一種飛躍。當數詞和單位詞放在普通名詞後面的時候,它們的關係是不够密切的(《左傳》"馬牛各十匹","各"字可以把單位詞和名詞隔開);後來單位詞移到了名詞前面,它和名詞的關係就密切起來,漸漸成爲一種語法範疇。從此以後,漢語名詞分爲百數的種類,每一種類有特定的單位詞(天然單位)。最後的結果是名詞和數詞的結合不能不借單位詞作中介（在口語裏不能再說"三人"，而必須說"三個人"；不能再說"四馬"，而必須說"四匹馬"）。由於仿古的書面語言的混淆，我們還不能斷定從什麽時代起，單位詞在口語裏成爲名詞和數詞結合所必需的中介；但是，依理推測，在六朝時代既然有"七條衢"的説法，恐怕除了文人學士之外，也就很少人再說"七衢"了。

在中古以後，單位詞前面的數詞如果是"一"，這"一"字往往可以不用，例如：

權時作个慰安人。（《維摩詰經變文》）

方要做好事，又似乎有箇做不好事底心。（《朱子語類輯略》卷二）

學者初看文字，只見得箇渾淪物事。（同上）

呼个丫環領那尼姑進去。（《清平山堂話本·戒指兒記》）

單位詞還有一種用途，就是用在名詞後面，不加數詞，當做名詞的詞尾。這種名詞往往是無定的，至少不是單數的[1]，例如：

車輛　船隻　馬匹　布匹　煤塊　書本

物件　房間　槍枝　鹽斤　紙張

這種結構是相當後起的[2]。雖然中古時期有"釵朵、鈿朵、梅朵、蓮朵"的説法，例如：

釵朵多而訝重。（庾信《春賦》）

千峰鈿朵會稽山。（元稹《送十一郎游剡中》）

粉片妝梅朵，金絲刷柳條。（白居易《新春江次》）

花房膩似紅蓮朵。（白居易《畫木蓮花寄元郎中》）

但是，這些"朵"字都是名詞，不是單位詞[3]。到宋元時代，單位詞確已用作詞尾，例如：

---

① "房間"是例外。

② 參看王力《中國語法理論》。

③ 《易經·中孚》："月幾望，馬匹亡。"更不是後代所謂"馬匹"。"匹"應該是"亡"的修飾語。

凡寫文字，須高執墨錠。（朱熹《訓學齋規》）

吾手下官員皆不似翼德。（《三國志平話》卷上）

却説周瑜用帳幕船隻，曹操一發箭，周瑜射了左面。（《三國志平話》卷中）

比這種用法更晚，單位詞還有另一用法，就是在單位詞後面加上詞尾“子、兒、頭”等，單位詞本身重新轉化爲普通名詞，如“個子很大、隻兒不大、件頭小”等。這種情形只限於北方話，而且只有一二百年的歷史（《兒女英雄傳》第四回“你瞧不得那件頭小”）。

＊　　＊　　＊　　＊　　＊

表示行爲單位的單位詞（“次、回、趟”等）的産生，要比表示事物單位的單位詞晚得多。

在唐代以前，除了兩次的意義用“再”之外，關於行爲的稱數，一律用數目字加在動詞的前面[1]，例如：

弩八，八發而止。［發，發射。］（《墨子·迎敵祠》）

趙孟欲一獻，子其從之。［這一句意思是：趙孟願意用最簡單的禮節。獻，獻酒，是當時宴會的禮節儀式；一獻是最簡單的禮節。］（《左傳·昭公元年》）

子三困我於朝。［你在朝廷上難爲了我三次。］（同上，《襄公二十二年》）

公四不視朔。［春秋時代的諸侯，每月初一日要正式辦一次公，叫做“視朔”。］（同上，《文公十六年》）

又與之遇，七遇皆北。［北，敗逃。］（同上，《文公十六年》）

九頓首而坐。（同上，《定公四年》）

宋殤公立，十年十一戰。（同上，《桓公二年》）

五就湯五就桀者，伊尹也。（《孟子·告子下》）

是故百戰百勝，非善之善者也。（《孫子·謀攻》）

---

[1]　參看王力《中國語法理論》。

凡六出奇計。(《史記·陳丞相世家》)

千變萬化,不可窮極。(《列子·周穆王》)

唐代以後,表示行爲單位的單位詞如"回(迴)、次"等,逐漸出現了,例如:

一柱觀頭眠幾回?[一柱觀,一個廟的名稱。](杜甫《所思》)

自今已後知人意,一日須來一百回。(杜甫《三絶》之二)

一日踏春一百回。(孟郊《濟源寒食》)

早潮纔落晚潮來,一月周流六十回。(白居易《潮》)

家去幾千里,月圓十二回。(于鄴《寄北客》)

已向公門奉新餽,麴材和糴凡幾次。[當時政府用官價强制購買人民的糧食,叫"和糴"。](王禎《艾麥歌》)①

一般表示行爲單位的單位詞只有"回、次"兩個字,看來"次"比"回"的産生要晚得多②。此外還有"遭"字最初表示環繞或轉動的次數:

華膏隔仙羅,虛繞千萬遭。(孟郊《寒地百姓吟》)

繞燈不去千百遭。(薩都剌《燈蛾來歌》)

賈客停非久,漁翁轉幾遭?(僧可朋《賦洞庭》)

後來,它的用法也一般化了,例如:

若十日不獲得這件公事時,怕不先來請相公去沙門島走一遭。(《水滸傳》第十七回)

押司胡亂去走一遭。(同上,第二十一回)

"遍"字表示讀書完畢的次數,例如:

吾於書,讀不過三遍,終身不忘。(韓愈《張中丞傳後叙》)

文字尚看兩遍乎?(《東坡別集》)③

---

① 編者注:末二例文集本删去,换爲張籍《祭退之》詩的"三次論静退,其志亦剛强"。

② 編者注:文集本删"看來……晚得多"一句。

③ 編者注:文集本删去該例。

後來"遍"字也一般化了,例如:

玉梅將賊兵打劫及范希周救取成親之事述了一遍。(《馮玉梅團圓》)

走了七八遍,逕趲入茶坊裹來。(《水滸傳》第二十四回)

表示時間長久的行爲單位,有"場、番"等,也都見於唐宋的史料中,例如:

願掃鸚鵡洲,與君醉百場。(李白《自漢陽病歸寄王明府》)

天公見玉女,大笑億千場。(李白《短歌行》)

花園欲盛千場飲,水閣初成百度過。(元稹《追昔游》)

牀下酒瓶雖不滿,猶應醉得兩三場。(白居易《十二月二十三日作兼呈晦叔》)

春風莫撼流蘇帳,待妾分明夢一場。(孫蕡《秋閨思》)

不知明早添多少,日暮閒來數一番。(楊萬里《初夏三絕句》)

行爲單位的"場"和"番"都來自事物單位的"場"和"番"。"番"字最初表示輪番的事物,例如:

五日一番風候,謂之花信風。……最後凡二十四番。(《荆楚歲時記》)

初番放出林,末番任供口。[第一批(笋),使它們成長爲(竹)林;最後一批,聽憑供作食品。](蘇轍《養竹》)

後來它的意義就和行爲單位的意義沒有分別了(徐凝《玩花》:"一番弄色一番退,小婦輕裝大婦愁。"楊萬里《中秋與諸子果飲》:"幾年今夕一番逢,千古何人此興同。")。"場"字表示時間長久,可能起源於科場的"場"(參加考試的人在場屋中所費時間最久),例如:

明法舊試六場,更定試七場。(《宋史·選舉志》)

癸亥,詔以四場試進士。(同上,《神宗紀》)

後來用途擴大了,就泛指時間長久的次數了,例如:

內翰昔日富貴,一場春夢。(《侯鯖錄》卷七)

語道深暫話一場,感君親切爲宣揚。(朱熹《次韻林擇之聽話》)

至於像"頓、陣"等字也是先用來表示事物單位的,例如:

頓頓食黄魚。（杜甫《戲作俳諧體遣悶》二首）

船頭大銅環，摩挲光陣陣。（劉禹錫《淮陰行》五首）

陣陣寒香壓麝臍。（林逋《梅花》又二首之二）

昨夜三更雨，今朝一陣寒。（韓偓《懶起》）

一陣凉從雨後生。（李獻甫《夏夜》）

當行爲單位詞發展出來以後，行爲單位詞和事物單位詞有一個不同之點：事物單位詞一般是在名詞的前面，行爲單位詞一般是在動詞的後面。

＊　　　＊　　　＊　　　＊　　　＊

在現代方言裏，單位詞基本上是一致的，但是，也不免有些出入。刀子和椅子稱"把"或稱"張"，船稱"隻"稱"條"或稱"張"，狗稱"條"或稱"隻"等等，都要看地域而定。甚至有些地方稱人爲"隻"（廣東南部和廣西南部某些方言），這也沒有什麽可怪的。如果"竹一個"可以逐漸演變成"一個人"，爲什麽"鳥一隻"不可以逐漸演變爲"一隻人"呢？

第四節　數詞的發展

漢語的數詞屬於基本詞彙之列，所以幾千年來很少變化。但是，也不能説是一成不變的。有些數詞和稱數法曾經起過變化。現在分別加以叙述。

首先要討論的是"兩"字。大家知道，在現代漢語裏，"兩"和"二"的用途并不完全相等。單位詞前面不能用"二"（我們説"兩個人"，不説"二個人"）；零數又不能用"兩"（我們説"十二個人"，不説"十兩個人"）。此外，序數不能用"兩"（我們説"第二"，不説"第兩"；説"二樓"，不説"兩樓"）。

在上古時代，"兩"和"二"的差別比現代的差別大得多，我們可以説它們毫無共同之點。上古的"兩"，最初是表示天然成雙的事物①。當它用作單位詞的時候，這種意義最爲明顯，例如：

之子于歸，百兩御之。〔用一百輛車來迎接她。〕(《詩經·召南·鵲巢》)

葛屨五兩，冠綏雙止。〔草鞋五雙，帽子上的飄帶兩根。〕(《詩經·齊風·南山》)

車有兩輪，所以車以"兩"爲單位。直到現代，"兩"還沿用作爲車的單位名稱，寫作"輛"。關於鞋子之類，現代稱"雙"，但是我們知道，晉代還以"兩"爲屨的單位名稱，例如，《世說新語·雅量》"未知一生當着幾量屨"("幾量"他處引作"幾兩")。

當"兩"字用作數詞的時候，也經常表示天然成雙的事物。此外，凡被古人認爲成雙的事物，自然也可以用"兩"②，例如：

髡彼兩髦，實維我儀。〔這兩句話的意思是：垂着兩髦的青年才是我要嫁的人。髡，惰感切，髮下垂貌。男子未冠之前披着頭髮，長齊眉毛，分向兩邊梳着，叫作"髦"。〕(《詩經·鄘風·柏舟》)

兩造具備。〔原告被告雙方都到齊了。〕(《書經·呂刑》)

我叩其兩端而竭焉。〔兩端，兩頭也。〕(《論語·子罕》)

我兩靷將絕。〔"兩靷"是兩條纏束在馬胸部的皮帶，用來牽引車軸，使車前進。〕(《左傳·哀公二年》)

---

① 徐灝《説文解字注箋》於"兩"字下注云："凡雙行者皆曰兩，故車兩輪，帛兩端，履兩枚皆以兩偶……今直用爲一二之數，非古義矣。"邵瑛《説文解字群經正字》於"兩"字下注云："今經典統用兩字。據《説文》，如《易·説卦傳》'參天兩地'，韓注：'兩，耦也。'《周禮》'太宰九兩'，鄭注：'兩猶耦也。''立其兩'注：'兩，謂兩丞。''媒氏五兩'注：'十端也，必言兩者，欲得其配合之名。'《左·閔二年傳》：'重錦三十兩'，杜注：'以二丈雙行故曰兩。'……并當作兩。"可見古代文字學家對"兩"的本義是深切瞭解的。

② 《論語·八佾》："邦君爲兩君之好，有反坫。"《左傳·僖公十五年》："上天降災，使我兩君匪以玉帛相見，而以興戎。"在兩國外交上，兩國之君被認爲成雙(配對或敵對)。《詩經·齊風》："并驅從兩肩(豣)兮……并驅從兩牡兮……并驅從兩狼兮。"因爲并驅，所以稱"兩"。

五管在上，兩髀爲脇。［兩髀，指兩股的外部。］（《莊子·人間世》）

兩涘渚崖之間，不辨牛馬。［河的兩岸和河中沙洲之間（距離遼遠），連牛和馬都分辨不出來。］（同上，《秋水》）

願君堅塞兩耳，無聽其談也。（《戰國策·趙策》）

後代所謂“兩楹、兩廡、兩袖、兩翼、兩漢、兩晉、兩都、兩京、兩淮、兩湖、兩粵”，都是成雙的意思①。

在先秦時代，“兩”字就有了兩種引申的意義：第一種引申的意義是，本來是獨一無二的事物，在特殊情况或假設情况下，就以兩個并稱，例如：

并后匹嫡，兩政耦國，亂之本也。［兩政，指兩個政府或政權。］（《左傳·桓公十八年》）

吾未至乎事之情，而既有陰陽之患矣；事若不成，必有人道之患，是兩也。［我還沒有實際去做，已經有患得患失的心病；事情如果不能成功，一定又會有罪。這種情況真正是進退失據，內外不安。］（《莊子·人間世》）②

行衢道者不至，事兩君者不容。（《荀子·勸學》）

齊秦立爲兩帝。（《戰國策·齊策》）

楚人有兩妻者。（同上，《秦策》）

第二種引申意義是指兩件事物處在同一情況之下。“兩”字作爲動詞的修飾語，放在動詞前面，表示甲物和乙物都是如此，例如·

與其譽堯而非桀，不如兩忘而閉其所譽。（《莊子·外物》）

盜跖大怒，兩展其足。（同上，《盜跖》）

吾欲兩用公仲公叔其可乎？（《戰國策·韓策》）

①　這種意義大致等於俄語的 оба。
②　編者注：該例文集本增爲：“是兩也，爲人臣者不足以任之。”譯之爲：“這兩種情況，做人臣的實在承受不了。”

　　楚强則秦弱，秦强則楚弱，此其勢不兩立。(同上，《楚策》)

　　兩國敵侔交争，其勢不兩利。[敵侔(音謀)，勢均力敵之意。](同上，《楚策》)

　　今大王垂拱而兩有之。[垂拱，即垂衣拱手。](同上，《趙策》)

　　周地賤媒，爲其兩譽也。(同上，《燕策》)

　　目不能兩視而明，耳不能兩聽而聰。(《荀子·勸學》)

　　君子兩進，小人兩廢。[無論環境順利不順利，君子的態度行爲都是正派的，合於道德的；小人都是不正派的，不合乎道德的。](同上，《不苟》)

　　故人一之於禮義則兩得之矣，一之於情性則兩喪之矣。[所以人們如果用禮義作爲準則，那麽，兩方面都可以得到；如果用嗜好喜愛作爲準則，那麽，兩方面都會喪失。](同上，《禮論》)

　　現代漢語裏還殘存着這種結構，如"兩全其美、兩敗俱傷、勢不兩立"等，它們已經不是自由組合了。在口語裏，一般的説法是"兩件事情都忘了(兩忘)、兩個人都用(兩用)"等等。

　　從漢代開始，"兩"和"二"的範圍漸漸交錯起來了。《易經·説卦》"參天兩地而倚數"，這是合於先秦語法的；但是司馬相如《難蜀父老》已經説成"參天貳地"[①]。在先秦應當用"二"的，到了漢代就可以用"兩"了。試比較下面的兩個例子：

　　成師以出，而敗楚之二縣，何榮之有焉？(《左傳·成公六年》)

　　二人視事數月，而兩縣皆治。(《漢書·薛宣傳》)

　　甚至在同一部書裏，用法也不一致了，例如：

　　今恐二郡兵少，不足以守而發之。(《漢書·趙充國傳》)

　　大將軍王鳳薦慶忌前在兩郡著功迹。(同上，《辛慶忌傳》)

---

① 原文是："故馳騖乎兼容并包，而勤思乎參天貳地。""貳"和"二"從來就是同音字，只是寫法上的不同。古人於某些特定意義寫作"貳"，例如《周禮》："乃施灋(古"法"字)於官府，而建其正，立其貳。"正，就是正的。貳，就是副的。

從此以後，“兩”和“二”在某種程度上竟成爲同義詞，例如《晉書·左思傳》：“班固兩都，理勝其辭；張衡二京，文過其意。”“兩”和“二”是可以互换的。又如杜甫詩句：

二男新戰死(《石壕吏》)——自有兩兒郎(《奉先劉少府新畫山水障歌》)

二京陷未收(《送樊二十三侍御赴漢中判官》)——何由見兩京(《悲秋》)

二公化爲土(《寄薛三郎中》)——兩公壯藻思(《遣懷》)

二三豪俊爲時出(《洗兵馬》)——野航恰受兩三人(《南鄰》)

也看不出“兩”和“二”的分别來了。當然，在任何時期，零數(非整數)都不能用“兩”(“十兩”不成話)。這就是説，在零數的位置上，“二”始終没有讓位給“兩”。而在天然單位詞的前面，“兩”漸漸占了“二”的位置(“二個、二隻”不成話)。“兩”和“二”還保留着一種分别，而且這種分别是有用的，就是基數和序數的分别“兩級”和“二級”在意義上是不同的。

這裏附帶談一談“雙”字。“雙”和“兩”的分别主要在於：“兩”字指天然成雙的事物，“雙”字强調相配成對(“雙雁、雙鯉、雙燕”)。從語源來看，二鳥爲雙，可見“雙”字不一定用來表示天然成雙的東西。再説，在多數情況下，“雙”并不是純粹數詞①，而是帶形容詞性質。在先秦時代，“雙”字罕見②，所以也不至於和“兩”字用法相混。到漢代以後，“兩”和“雙”的用途自然也有交又的地方，例如“無雙”和“無兩”、“雙手”和“兩手”，都是没有差别的。

其次我們要討論“再”字。在上古時代，要表示行爲的次數，就把數詞放在動詞前面，上節已經談過了。但是，如果是兩次的話，應該加

---

① 在許多地方，“雙”等於俄語的 пара 和 парный。

② 《詩經》一見，《墨子》一見，《莊子》一見(還是在可疑的《盜跖篇》)。《荀子》這樣大的一部書，没有一個“雙”字。

在動詞前面的不是"二"字,而是"再"字。

上古漢語裏的"再"字和現代漢語裏的"再"字,在意義上有很大的差別。上古的"復"等於現代的"再"("復至"＝"再來"),而上古的"再"等於現代的"兩次"("再來"＝"來兩次")。

《論語·公冶長》裏有一個典型的例子:"季文子三思而後行。子聞之,曰:'再,斯可矣。'"孔子的意思是説兩次就够了。

下面我們將列舉相當數量的例子來證明:在整個上古時期,"再"字始終只有兩次的意義①,沒有復的意義,例如:

五歲再閏。[每五年閏兩次。](《易經·繫辭上》)

再朝而會以示威,再會而盟以顯昭明。[朝見兩次而後會見一次②,會見兩次而後締盟一次。](《左傳·昭公十三年》)

諸侯之禮……出入四積,再問,再勞。[饋芻米四次,慰問兩次,慰勞兩次。](《周禮·秋官·大行人》)

加皮弁,如初儀,再醮,攝酒。[斟兩次酒。](《儀禮·士冠禮》)

一再則宥,三則不赦。[犯罪一次兩次還可以寬宥,三次就不赦了。](《國語·齊語》)

智士不再計,勇士不怯死。[智士用不着考慮兩次。](《戰國策·齊策》)

一呼而不聞,再呼而不聞,於是三呼邪?[叫一次没聽見,叫兩次也没聽見,於是叫三次。](《莊子·山木》)

吾再逐於魯。[我在魯國被逐兩次。](同上)

君再欲殺之,再欲活之。[兩次想殺了它,又兩次想不殺它。](同上,《外物》)

曾子再仕而心再化。[做官兩次,心情變化兩次。](同上,《寓言》)

---

①　上古的"再"等於俄語的 дважды（два жра за）,英語的 twice;現代的"再"等於俄語的 снова（ещё раз）,英語的 again。

②　杜注:"三年而一朝,六年而一會。"

一歲而再獲之。［一年收成兩次。獲，同"穡"。］(《荀子·富國》)

良時不再至，離別在須臾。［良時不會來兩次的。］(无名氏《別詩》)

一顧傾人城，再顧傾人國。［顧盼一次，顧盼兩次。］(《漢書·外戚傳》)

女無二歸，男有再聘。［男人可以結婚兩次。］(潘岳《答贊虞新婚箴》)

"再"字這種意義一直沿用到唐宋以後，例如：

融皋再稔，方聞外户之謡；昧谷千箱，坐溢康衢之奏。［一年穀熟兩次。］(王勃《乾元殿頌·序》)

或一日再賜，一月累封。［一天賞賜兩次。］(《新唐書·突厥傳論》)

率精兵屯河東戰陽谷，再遇再北。［交鋒兩次，連敗兩次。］(同上，《田弘正傳》)

七歲時見庾信《哀江南賦》再讀輒誦。［讀兩遍就能背誦。］(同上，《蔣乂傳》)

但是，至少從唐代開始，"再"就產生了新的意義。在杜甫的詩句裏，關於"再"字，有仿古的用法，也有新興的用法。

在仿古方面，杜甫運用了一些老結構，例如：

客游雖云久，主要月再圓。［主人要求月亮圓兩次客人才走。］①(《贈李十五丈別》)

一步再血流，尚驚矰繳勤。［走一步流兩次血。］(《暇日小園散病》)

人生不再好，鬢髮白成絲。［人生不能年青兩次。］(《薄暮》)

南菊再逢人臥病，北書不至雁無情。［南國菊花開時，兩次都碰上我害病。］(《夜》)

久嗟三峽客，再與暮春期。［兩次都和暮春相遇。］(《暮春題瀼西新賃草屋》)

---

① 趙注："言公留李丈必須兩月也。"

有時在古義的基礎上加上誇張的語氣,含有再三的意思,例如:

臨歧別數子,握手淚再滴。[眼淚不斷地流。](《發同谷縣》)

吾衰將焉托,存歿再嗚呼

再有朝廷亂,難知消息真。[再亂,指安禄山和吐蕃兩次之亂。]
(《傷春》之四)

至於新興的用法,杜甫所用的"再"字表現着一個過渡時期。由舊
的意義轉到新的意義不是一種突變,我們在這裏得到了證明。在杜甫
時代,"再"字由兩次的意義轉到第二次的意義,於是和"復"的意義接
近了;但是還有一個不同之點,就是還不像現代漢語的"再"能當"又
一次"講。譬如"不再來",在上古的意思應該是不來兩次;在唐代新
興的意思應該是不來第二次。至於已經來過兩次,就不能說"不再
來",只能說"不復來"了。在下面這些杜甫的詩句中,"再"字非常明
確地表示了第二次的意義:

朝廷雖無幽王禍,得不哀痛塵再蒙①![塵再蒙,即皇帝第二次蒙
難。](《冬狩行》)

寺憶新游處,橋憐再渡時。[憶新游,顯示今次是第二次。](《後
游修覺寺》)

再哭經過罷,離魂去住銷②。(《哭王彭州掄》)

故老仍流涕,龍髯幸再攀。[可喜皇帝仍舊回來了。"再"是第二
次的意思。](《洛陽》)

至於不是第二次的行爲,在唐代就還只用"復",不用"再",例如:

老夫復欲東南征,乘濤鼓枻白帝城。(《桃竹杖引》)

先帝貴妃今寂寞,荔枝還復入長安。(《解悶》之九)

"不再"和"不復"在杜甫詩中是嚴格地區別開來的。"不再"是不
可能有兩次,或不會有第二次;"不復"則是簡單地表示情況的變遷,

---

① 趙注:"明皇以禄山之禍,已蒙塵於蜀矣;今天子又以吐蕃之故,蒙塵於外。"

② 趙注:"言已嘗哭嚴公靈櫬矣,今又再哭其幕中之王君也。"

例如：

　　人生不再好。(《薄暮》)

　　京都不再火，涇渭開愁容。(《往在》)

　　邊秋陰易夕，不復辨晨光。(《秦州雜詩》之十七)

　　自從失詞伯，不復更論文。[詞伯，指作文章的老手。](《懷舊》)
這種區別也是符合上古的語法的。

　　到了後來，"再"字就和"復"字混用了。如果説原始意義的"再"是副詞性的數詞("兩次")，那麽後起意義的"再"就和數詞不發生很大的關係了。

　　從什麽時候起，"再"在口語裏才完全代替了"復"，在書面語言裏才和"復"成爲等義詞呢？我們還没有研究清楚。而且當它變了純粹副詞之後，和數詞無關，這裏也用不着討論了。

　　其次，我們要討論零數的表示法。古今人對零數的概念是不一樣的。在上古漢語裏，十被認爲整數，十以下被認爲零數，因此，"十"字一般不能直接和零數結合，中間往往加上一個介詞。在殷虚卜辭裏，這個介詞是"虫"("有")字和"又"字，例如：

　　得人十虫六人。

　　自今十年虫五。

　　旬虫二日。

　　十犬又五犬。

　　十月又一月。

　　到了《書經》裏更爲嚴格了，"十"和零數的中間必須加上"有"字，全書没有例外，例如：

　　十有一月朔巡守，至於北岳。(《舜典》)

　　肇十有二州，封十有二山。(同上)

　　惟十有三祀，王訪於箕子。(《洪範》)

　　肆高宗之享國五十有九年。(《無逸》)
如果有百數，"百"和"十"之間還要加"有"字，例如：

朞三百有六旬有六日①。["朞"與"期"同,謂一周年也。](《堯典》)

到了春秋、戰國時代,雖然也有人沿用這種"有"字:

吾十有五而志於學。(《論語·爲政》)

孔子行年五十有一而不聞道。(《莊子·天運》)

吾求之於陰陽,十有二年而未得。(同上)

即去大梁百有二十里耳。(《荀子·強國》)

但是,就在同一部書裏,也没有依照這個規則:

今臣之刀十九年矣。(《莊子·養生主》)

以奸者七十二君。[奸,同"干",求見的意思。](同上,《天運》)

鼓之二十五弦皆動。(同上,《徐无鬼》)

三年之喪,二十五月而畢。(《荀子·禮論》)

可見當時一般口語已經不用"有"字了。

現代的零數另有一種說法,就是零位(zero),例如"三百零六、一百零八"等。這"零"的概念和上古的"有"字并没有歷史的聯繫,它產生得比較晚。古代不用"零"字,只説"三百六、一百八"等,例如:

初入元,百六陽九。(《漢書·律曆志》)

十纏九十八結,爲百八煩惱。(《智度論·佛土願》)

冬至後一百五日爲寒食。(《荆楚歲時記》)

至於孝平,郡國百三,縣邑千四百八十七。(《後漢書·郡國志序》)

零位的表示,首先是從數學上的演算開始的。因爲演算時用籌式(即數碼),碰到有零位的數字,用筆寫下來的時候,容易引起差誤,所以創造一種"0"號以代零位,例如 6020 作⊥〇 = 〇。"0"號的應用,最早見於宋代數學家的著作②,但是在當時一般的書面語言裏還不是用"零"字來表示。《三國志平話》:"展開看之,乃二百單五年事。"用"單"不用"零"。《水滸傳》也只稱"一百單八"英雄,不稱"一百零

---

① 十日爲旬。這裏應該瞭解爲三百又六十日又六日。

② 參看錢寶琮《古算源考》7頁和83頁。

八"。後來《紅樓夢》第一回才説女媧氏煉成頑石"三萬六千五百零一塊"。可見"零"字是近代才産生的。

　　其次我們討論到分數。關於上古和中古的分數,分母往往是"兩、三、十、百"①。爲了在書面語言上和一般的"三、十"區別開來,又往往寫作"參、什",例如:

　　　以兩之一卒適吳,舍遍兩之一焉。(《左傳·成公七年》)

　　　大都不過參國之一②。(同上,《隱公元年》)

　　　其實皆什一也。(《孟子·滕文公上》)

　　　累三而不墜,則失者十一。(《莊子·達生》)

　　　魏成子以食禄千鍾,什九在外,什一在内。(《史記·魏世家》)

　　　郡國被灾,什四以上毋收田租。(《漢書·成帝紀》)

　　　而人衆不過什三,然量其富居什六。(同上,《地理志》)

　　　既對尚書而空遣去者復什六七矣。(《潛夫論·述赦》)

　　　然其窮涸不能自致於水,爲獱獺之笑者,蓋十八九矣。(韓愈《應科目時與人書》)

　　　惟知心之難得,斯百一而爲收。(韓愈《別知賦》)

"千一"雖然罕見,"萬一"却是常見,因爲可以作爲誇張之用,例如:

　　　本非臣等所能萬一。(《後漢書·鄧騭傳》)

　　　冀臣愚直,有補萬一。(同上,《劉瑜傳》)

有時候也説成"幾分之幾",這是今天分數稱謂的來源,例如:

　　　秦地天下三分之一。(《漢書·地理志》)

"幾分之幾"如果加上名詞,按古代説法是加在"分"字後面,"之"字前面,例如:

　　　太初曆法,一月之日,二十九日九百四十分日之四百九十九。(《史記·曆書》索隱)

———————————

① 注意:分母用"兩"不用"二"。

② 《論語·泰伯》"三分天下有其二",皇疏本作"參"。

這和現代"九百四十分之四百九十九日"的説法是不同的。

最後，我們討論序數的發展，也就是詞頭"第"字的産生及其發展的問題。

在上古時期，序數和基數是没有分别的。"三月不違仁"的"三月"和"七月流火，九月授衣"的"七月、九月"，形式上是相同的。關於月份不加"第"字，這種説法沿用到今天。此外，今天我們還説"二等、三等、二樓、三樓"，不説"第二等、第三樓"等，這是保存着上古語法。這種以簡單的數詞作爲序數的用途已經漸漸縮小了。

"第"本作"弟"，是次第的意思。有了次第就是有了順序，有了順序就有了高低。《史記・禮書》："子夏，門人之高第也。""高第"就是排在前幾名。"第一"最初的意義應該是排在一位，"第"字用爲動詞。下面的兩個例子可以證明"第"字最初是排位次的意思：

列侯畢已受封，奏位次，皆曰："平陽侯曹參身被七十創，攻城略地，功最多，宜第一。"(《漢書・蕭何傳》)

於是孝文帝乃以絳侯勃爲右丞相，位次第一；平徙爲左丞相，位次第二。(《史記・陳丞相世家》)

但是，"第"字在漢代也已經用爲序數的詞頭了，例如《史記・太史公自序》："作周本紀第四。"[1]漢代有複姓第二、第五、第八等（最著名的是東漢初期的第五倫）[2]。

在"第"字用爲詞頭的初期，雖有"第一、第二、第四"等，但是後面還不帶名詞。帶名詞是漢末以後的事，例如：

光武帝……生於濟陽宫後殿第二内中。［内中，謂後庭之室也。］(《論衡・吉驗篇》)

云有第三郎，窈窕世無雙……云有第五郎，嬌逸未有婚。(《孔雀

---

[1] 《通志》："其先齊諸田，漢武帝徒之諸陵，以門秩次第而名。田廣之孫田登爲第二氏。"又引《風俗通》云："亦齊諸田之後。田廣弟田英爲第八門，因氏焉。"

[2] 詞頭"第"字産生後，仍然可以不用"第"字，例如《説文》的目録就説："一部一，上部二，示部三，三部四，王部五"等。

東南飛》)

極進,然故是第二流中人耳。(《世説新語·品藻》)

不識南塘路,今知第五橋。(杜甫《陪鄭廣文游何將軍山林》十首之一)

家擅無雙譽,朝居第一功。(李商隱《輒復五言四十韻》)

公第一人,何下坐?(《新唐書·宋璟傳》)

這是很重要的一次演變,因爲有了名詞在後頭,序數的性質更確定了。

第五節　人稱代詞的發展

上古人稱代詞:第一人稱有"吾、我、卬、余、予、台(音怡)、朕"等;第二人稱有"汝(女)、若、乃、而、戎"等;第三人稱有"其、之、厥"等。

從意義上説,這些人稱代詞應該分爲兩大類:第一類是純然指人的人稱代詞,即第一、二人稱;第二類是兼指事物的人稱代詞,即第三人稱。

從語音上説,這些人稱代詞也應該分爲兩類:第一類代詞相互間是雙聲的關係,靠着韻母起屈折作用,即第一、二人稱;第二類代詞相互間是叠韻的關係,靠着聲母起屈折作用,即第三人稱。

第一人稱分爲兩個系統:

ŋ 系　　ŋɑ 吾　　　　ŋa 我　　ŋaŋ 卬

d 系　　dǐə 余,予　　dǐə 台　　dʻɪ̯əm 朕

第二人稱只有一個系統:

n 系　　n̠ǐɑ 汝　 n̠ǐa 爾　 n̠ǐak 若　 nə 乃　 n̠ǐə 而　 n̠ǐwəm 戎

第三人稱也只有一個系統:

ǐə 系　 gʻǐə 其　 tǐə 之(還有"kǐwat 厥"自成一類)

依上表看來,上古人稱代詞具有相當整齊的系統,各詞都有對應關係:"吾、余、予"和"汝"相配;"我"和"爾"相配;"卬"和"若"相配;"台"和"而"相配;"朕"和"戎"相配。"乃"是"而"的變相,"厥"可能

是"其"的變相。

這樣,我們能不能説上古漢語的人稱代詞有"變格"呢？這還是一個尚待解决的問題。

"予"和"余"是在寫法上有分别。它們自古就是同音詞,因此不發生變格的問題。《書經》用"予",《左傳》用"余"①,這種事實證明了不同的時代或不同的作者有不同的寫法。

但是,如果在同一部書裏,特别是在同一篇文章裏,甚至在同一個句子裏,同時用"吾"和"我"(或同時用"吾"和"予"等),或者同時用"汝"和"爾",就不能歸結於時代不同和作者不同。如果説毫無分别的兩個人稱代詞在一種語言中(口語中)同時存在,并且經常同時出現,那是不能想像的。

現在我們先討論第一、二人稱各代詞之間的區别。這是比較難於斷定的。

從殷代到西周,"朕"和"乃"(而)一般限用於領格②,例如:

汝能庸命巽朕位。[你們能遵奉天命,就擔任我的職位。](《書經·堯典》)

命汝作納言,夙夜出納朕命。[一天到晚處理我的教令。](同上,《舜典》)

臣作朕股肱耳目。(同上,《益稷》)

無廢朕命。(《詩經·大雅·韓奕》)

汝弗能使有好於而家。[你不能使(他們)對你的國家有貢獻。](《書經·洪範》)

而邦其昌。(同上)

其害於而家,凶於其國。(同上)

---

① "汝"和"女"的情况也是一樣。《書經》用"汝",《論語》用"女"。

② 關於"朕"用於領格,是從金文中看出來的。《書經》裏有一些例外,如《書經·堯典》"朕在位七十載"。但是,《書經》的流傳經過很多波折,個别的例外不足以妨害規則的建立。

古我先王暨乃祖乃父胥及逸勤。［從前我的先王和你們的祖父、父親都共過甘苦。］（同上，《盤庚》）

勉出乃力。（同上）

春秋戰國以後，"朕"字漸漸兼用於主格了，但是"乃"（而）仍以用於領格爲常，例如：

而先皆季氏之良也。［而先，你的先人。］（《左傳·定公八年》）

王曰："舅氏，余嘉乃勳。"［我襃揚你的功績。］（同上，《僖公十一年》）

若纂乃考服。［你繼承你爸爸的事業。］（《禮記·祭統》）

汝知而心與左右手背乎？（《史記·孫子吳起列傳》）

必欲烹而翁，則幸分我一杯羹。（同上，《項羽本紀》）

必欲烹乃翁，幸分我一杯羹。（《漢書·項籍傳》）

除此之外，"余（予）、吾、我、卬"相互間的界限，"汝（女）、爾、若、戎"相互間的界限，還没有人能够劃分清楚。《書經·盤庚》説"聽予一人之作猷"［聽從我謀畫］，《酒誥》却説"惟我一人弗恤"［恤，憂也，即同情、關心的意思］。甚至在同一篇（《大誥》）裏，前面説"惟我幼冲人"［冲，幼也］，後面却又説"肆予冲人永思艱"。在類似的結構中，所用的第一人稱代詞不一致。

"吾"和"我"的分别，就大多數的情况看來是這樣："吾"字用於主格和領格，"我"字用於主格和賓格①。當"我"用於賓格時，"吾"往往用於主格；當"吾"用於領格時，"我"往往用於主格。在任何情况下，"吾"都不用於動詞後的賓格，例如：

如有復我者，則吾必在汶上矣。［如果有再來找我的，……］（《論語·雍也》）

二三子以我爲隱乎？吾無隱乎爾。［你們以爲我留下一手嗎？我

---

① 高本漢以爲"我"只用於賓格，那是没有根據的。參看王力《中國文法學初探》，《清華學報》十一卷 1 期 26～28 頁。

沒有留下什麼呀。]（同上，《述而》）

如有用我者，吾其爲東周乎？（同上，《陽貨》）

今者吾喪我。（《莊子·齊物論》）

吾思夫使我至此極者而弗得也。[我在想使我到這個地步的原因，可是想不出來。]（同上，《大宗師》）

既已知吾知之而問我。（同上，《秋水》）

吾以爲得失之非我也。（同上，《田子方》）

我張吾三軍而被吾甲兵。[張，大規模地擺列開，含有誇耀的意思。]（《左傳·桓公六年》）

我善養吾浩然之氣。（《孟子·公孫丑》）

彼以其富，我以吾仁；彼以其爵，我以吾義。（同上）

故善吾生者，乃所以善吾死也。[善，處理得妥善。]（《莊子·大宗師》）

與之爲無方，則危吾國；與之爲有方，則危吾身。[同他做不合道理的事，就危害我的國家；同他做合道理的事，就危害我自己。]（同上，《人間世》）

"吾"字起源較晚。甲骨文中還不見。《書經》中只一見（《微子·泰誓》）。

"汝"和"若"沒有什麼分別。魚鐸互轉是常有的事。《論語》的"吾語女"，到了《莊子》的《天運》《秋水》《庚桑楚》也都作"吾語女"（《漁父》作"吾語汝"），而《莊子·人間世》卻説成"吾將語若"和"吾語若"，可見"若"就是"汝"。

就現有的史料觀察，還看不出"汝"和"爾"的分別來①。《書經·盤庚》有"格汝衆"[格，來也]、"則惟汝衆自作弗靖"[靖，安也]、"邦之臧，惟汝衆"[臧，善也]，卻又有"凡爾衆，其惟致告"[致告，致我誠，告汝衆]、"罔罪爾衆"[罔，無也]。在同一篇內，同一結構方式（後面

---

① 如果"吾"和"我"有分別的話，似乎"汝"和"爾"也應該有分別，因爲從語音上看，"吾"和"汝"對應（ŋa，nˇɑ），"我"和"爾"對應（ŋa，nˇa）。但是，現有的史料不能證明這種分別。

都有“衆”字），時而用“汝”，時而用“爾”。

在個別作品中，“汝”和“爾”嚴格地區别開來，例如《禮記·檀弓》有如下的一段話：

商！汝何無罪也！吾與汝事夫子於洙泗之間，退而老於西河之上，使西河之民疑汝於夫子，爾罪一也；喪爾親，使民未有聞焉，爾罪二也；喪爾子，喪爾明，爾罪三也。而曰汝何無罪歟！［事，伺候。退，退休。老，養老。疑汝於夫子，以爲你的道德學問和夫子差不多。］

王充《論衡》引這段話，大同小異①，但是，“汝、爾”的位置完全相同。這裏“汝”字在主格和賓格，“爾”字在領格。這可能是書面語言人爲的分别，不是從歷史上發展下來的。

“卬、台、戎”等比較少見，更看不清楚它們的變格，這裏不討論了。

第三人稱的情形比較單純。“其”字用於領格，“之”字用於賓格，“厥”的用途和領格的“其”大致相同，例如：

天用勦絶其命。［上帝因而要滅絶他。］（《書經·甘誓》）

厥田惟上下，厥賦中上，厥貢鹽絺。［它的土地是上等中的下級，它的賦（貢）是中等中的上級，它的貢物是鹽和細葛布。］（同上，《禹貢》）

今時既墜厥命。［墜，喪失，敗壞。］（同上，《召誥》）

無念爾祖，聿脩厥德。［全句大意是：懷念你的祖父，把自己的德行修養成他那個樣子。無念，念也。］（《詩經·大雅·文王》）

盡其心者，知其性也。（《孟子·盡心》）

北冥有魚，其名爲鯤。（《莊子·逍遥游》）

安民則惠，黎民懷之。（《書經·皋陶謨》）

暫遇奸宄，我乃劓殄滅之。［劓，割也。殄，絶也。］（同上，《盤庚》）

學而時習之，不亦説乎！（《論語·學而》）

“之”在最初的時候，可能也用於領格。在先秦時代，比較常見的殘存形式是“爲之……”（《論語·公冶長》“千室之邑，百乘之家，可使

① 《論衡》“未有聞焉”作“無有異聞”。

爲之宰也")①。但是就大多數的史料看來,"之"字只能認爲賓格代詞。

上古第三人稱不用於主格,同時也就是不用於主語。凡是現代漢語需用主語"他"或"他們"的地方,在上古漢語裏就只用名詞來重複上文,或者省略了主語。名詞複説的有如下的幾個例子:

> 齊侯欲以文姜妻鄭太子忽,太子忽辭。(《左傳·桓公六年》)
>
> 且私許復曹衛。曹衛告絶於楚。(同上,《僖公二十八年》)
>
> 臾駢之人欲盡殺賈氏以報焉。臾駢曰:"不可"。(同上,《文公六年》)

主語省略的有如下的幾個例子:

> 公謂公孫枝曰:"夷吾其定乎?"對曰:"臣聞之,唯則定國。"[夷吾其定乎,夷吾可以安定晉國嗎。則,法則。](《左傳·僖公九年》)
>
> 以告,遂使收之。(同上,《宣公四年》)
>
> 郤子至,請伐齊,晉侯弗許;請以其私屬,又弗許。[私屬,家衆。](同上,《宣公十七年》)

上古有一個"彼"字可用於主語,但是"彼"字的指示性很重,又往往帶感情色彩,并不是一般的人稱代詞,例如:

> 彼奪其民時,使不得耕耨以養其父母。(《孟子·梁惠王》)
>
> 彼丈夫也,我丈夫也,吾何畏彼哉?(同上,《滕文公》)

在多數史料中,整部書不見一個主語"彼"字,如果它是一般的人稱代詞的話,決不會這樣少見的。

"其"字在某些情況下,很像句子形式(子句)中的主語②。但是,實際上它仍是處於領格,例如《孟子·告子》"其爲人也好善"實際上等於説"樂正子之爲人也好善"。依上古語法,一個動詞可以名物化,整個謂語形式也可以轉化爲名詞仂語,作爲"其"所領的事物,例如:

---

① 參看《馬氏文通》校注本上册 44～45 頁。

② 《馬氏文通》説"所爲語者,惟一'彼'字用於句之主次,而讀之主次則用'其'字"(上册 41 頁)。馬氏所謂"讀",就是我們所謂句子形式(子句)。

其至,爾力也;其中,非爾力也。〔中,去聲,動詞,射中。〕(《孟子·萬章》)

愛之欲其生,惡之欲其死。(《論語·顏淵》)

王若隱其無罪而就死地,則牛羊何擇焉?(《孟子·梁惠王》)

故其就義若渴者,其去義若熱。(《莊子·列禦寇》)

上古人稱代詞的單複數沒有明確的界限。當然,有些人稱代詞是專用於單數的,如"朕、予(余)、台、卬";但是,"我、吾、爾、汝"(女)則可以兼用於單數和複數,例如:

非我一人奉德不康寧。(《書經·多士》)

帝曰:"我其試哉!"(同上,《堯典》)

太宰知我乎! 吾少也賤,故多能鄙事。(《論語·子罕》)

汝惟小子,乃服惟弘王。(《書經·康誥》)

人奪汝妻而不怒,一抶汝,庸何傷?(《左傳·文公十八年》)

爾愛其羊,我愛其禮。(《論語·八佾》)

以上單數。

天既訖我殷命……故天棄我。(《書經·西伯戡黎》)

我國家禮亦宜之。(同上,《金縢》)

二公曰:"我其爲王穆〔敬〕卜。"(同上)

我二人共貞。〔我們兩個人共同應這個吉兆。〕(同上,《洛誥》)

楚弱於晉,晉不吾疾也;晉疾,楚將辟之,何爲而使晉師致死於我?〔辟,同"避"。〕(《左傳·襄公十一年》)

汝無侮老成人。(《書經·盤庚》)

爾不從誓言,予則孥戮汝,罔有攸赦。(同上,《湯誓》)

我無爾詐,爾無我虞。〔我們不欺騙你們,你們也不必防備我們。〕(《左傳·宣公十五年》)

以吾一日長乎爾,無吾以也……如或知爾,則何以哉?〔因爲我比你們年紀都大(老了),人家不要用我了……假若有人瞭解你們,那你們怎麼辦呢?〕(《論語·先進》)

以上複數。

有人設想，"我"字在殷代表示複數，"余"字表示單數；到了西周，主賓格第一人稱的"余、我"有混同的趨向，但是"余"仍表示單數，而"我"兼表單複數。這種假設是有考慮的價值的。從語音的對應看來（和"余、我"比較來看），在原始時代，"汝、爾"也應該是單複數的分別①。"吾"和"余"同韻部，在原始時代應該也屬於單數。這些假設都還有待於多方面的證實。

至於第三人稱的"其"（厥）和"之"，自上古到後代，一直都兼用於單複數。下面只舉出一些用於複數的例子：

今惟民不靜，未戾厥心。［没有定下他們的心來。］（《書經·康誥》）

夫事其君者，不擇事而安之，忠之盛也。（《莊子·人間世》）

又惟殷之迪諸臣，惟工乃湎於酒，勿庸殺之，姑惟教之。（《書經·酒誥》）

長沮桀溺耦而耕，孔子過之。（《論語·微子》）

此二人者，豈借宦於朝，假譽於左右，然後二主用之哉！（《史記·魯仲連鄒陽列傳》）

秦吏卒尚衆，其心不服。至關中不聽，事必危。不如擊殺之。（同上，《項羽本紀》）

鍾毓兄弟小時，值父晝寢，因共偷服藥酒。其父時覺，且托寐以觀之。（《世説新語·言語》）

昔武王伐紂，遷頑民於洛邑。得無諸君是其苗裔乎？（同上）

上古人稱代詞的形態問題是一個很複雜的問題，至今還没有人作深入的研究，作出全面可靠的結論。研究的方法應該是：第一，捨棄少數例外，尋求主要根據；第二，以同時代、同地域的語言作爲分析對象，使其不相雜亂；第三，排除僞書；第四，不拘泥於西洋語言的形態，也不

---

① 依《書經》統計，"爾"用於複數比"汝"多些。

拘泥於和現代漢語的對比。

$$* \quad * \quad * \quad * \quad *$$

在中古時期,關於人稱代詞的發展,有兩件重要的事實:第一,原來人稱代詞的"變格"逐漸消失了,"吾"與"我"在語法作用上已經没有分別了,"其"字也不專用於領格而可以用於主語和賓語了;第二,第三人稱代詞出現了新形式,即"伊、渠、他"。現在分别加以叙述。

"吾"字除了在否定句("不吾知")的情況下,在先秦一般不用於賓語①。但是,到了戰國時代,這個規則已經不能嚴格遵守了,例如:

吾服女也甚忘,女服吾也亦甚忘。……雖忘乎故吾,吾有不忘者存。[服,思。女,汝。忘,忽,忽然遽盡的意思。](《莊子·田子方》)

故辟門除涂,以迎吾入。[所以大開城門、掃除道路來迎接我進去。](《荀子·議兵》)

到了漢代,也有"吾"字用於賓語的情況,例如:

且吾度足下之智不如吾,勇又不如吾。(《史記·酈生陸賈列傳》)

過汝,汝給吾人馬酒食極欲。(同上)

到了中古時期,這種情況就更爲常見。所以我們認爲這種結構應該算入中古時期,例如:

足下昔稱吾於潁川。[足下從前向潁川先生(以地名代人名)贊揚我。](嵇康《與山巨源絶交書》)

今人歸吾,吾何忍棄去。(《三國志·蜀書·先主傳》)

吾道如是,道豈在吾?(王維《六祖碑銘》)

碧山不負吾。(《藝文類聚》)②

嫂常撫汝指吾而言曰……(韓愈《祭十二郎文》)

豈惟主忘客?今亦我忘吾。(蘇軾《客位假寐》)

---

① 這裏指動詞後的賓語。至於介詞後的賓語,似乎出現較早,如《左傳·成公十六年》"夫子嘗與吾言於楚",《桓公六年》"是其生也與吾同物"。但是,即使就介詞後的賓語而論,亦以用"我"字爲常。

② 編者注:文集本删去此例。

　　這種情形的產生,應該是由於"吾"在口語裏已經消失,否則在語法上没法解釋第一人稱代詞爲什麽會用兩個代詞。以"吾"代"我",純然是仿古。仿古而不合古法,是不足怪的。但是,古代詞章家一生涵泳於古文中,畢竟容易爲古文所潛移默化。直到桐城派古文,就大多數情況而論,這種錯誤的仿古還是避免了的。

　　"其"字用於賓語,出現於晉代以後的史料中①,例如:

　　可引軍避之,與其空城。(《三國志·魏書》)

　　今夕風甚猛,賊必來燒軍,宜爲其備。(同上,《滿寵傳》)

　　從子將婚,戎遺其一單衣。(《晉書·王戎傳》)

　　孔稚珪從其受道法。(《南齊書·褚伯玉傳》)

　　至於主語,則出現於南北朝以後②,例如:

　　其若見問,當作依違答之。(《宋書·劉邵傳》)

　　其恒自擬韓、白,今真其人也。(《南齊書·垣崇祖傳》)

　　乞白服相見,其永不肯。(同上,《魚復侯子響傳》)

　　這也是違反先秦語法的。這種情況的產生,也是由於當時已經產生了新形式"伊、渠、他"等(見下文),著書的人不甘心用當代口語,而用古代的形式。"伊、渠、他"等字既然可以用於主語和賓語,作者就以爲古人的"其"字也可以用於主語和賓語了。

　　到了中古時代,第三人稱代詞有了"伊、渠、他"三個形式。"伊"字大約起源於第 4 世紀到第 5 世紀,唐代繼續使用着,例如:

　　恢乃云:"羊鄧是世婚,江家我顧伊,庾家伊顧我。不能復與謝哀兒婚。"(《世説新語·方正》)

---

① 這是吕叔湘先生所發現的。例子也采自吕先生原來搜集的例子。見吕著《漢語語法論文集》181～182 頁。

② 這也是吕叔湘先生所發現的。例子也采自《漢語語法論文集》182 頁。在《穀梁傳》裏,已經有了"蔡人不知其是陳君也"(桓公六年),"何以知其是陳君也?"(同上)等例,但是,其中的"其"還不是一個獨立的句子的主語,而只是一個句子形式(子句)裏的主語。它和南北朝後作主語的"其"還是有不同的。

王長史語劉曰:"伊詎可以形色加人不?"(同上)

伊必能克蜀。(同上,《識鑒》)

使伊去,必能克定西楚。(同上)

勿學汝兄,汝兄自不如伊。(同上,《品藻》)

令伊旦夕添香,日夜禪堂暖熱。(《維摩詰經菩薩品變文》乙)

悶即交伊曲曲,閑來即遣唱歌。(同上)

"渠"字始見於《三國志·吳書·趙達傳》:"女婿昨來,必是渠所竊。""渠"字應該認爲是從"其"字變來的(《廣韻》渠,强魚切。其,渠之切。同屬群紐)①。到了唐代,"渠"字就大量出現了。下面是從《游仙窟》裏摘出的一些例子:

今朝忽見渠姿首,不覺殷勤着心口。

聞渠擲入火,定是欲相燃。

渠未相撩撥,嬌從何處來?

天生素面能留客,發意關情并在渠。

眼多本自令渠愛,口少元來每被侵。

女人羞自嫁,方便待渠招。

聊將代左腕,長夜枕渠頭。

即今無自在,高下任渠攀。

"伊、渠"在六朝、唐代的時候很重要。到了宋代,由於"他"在口語裏的更普遍的應用,"伊、渠"已經很少見了。到了現代,除官話地區用"他"外,"伊、渠"仍在一些方言中使用着:上海話用"伊"(但是已由影母變爲喻母),廣州話用"渠"(寫作"佢";"佢"和"渠"只有聲調上的差別),客家話也用"渠"(但是念成不送氣的)。

---

① 呂叔湘先生以爲"渠"字"大概就是'其'的變式",并且以爲"六朝的非領格的'其'可能就是傳寫口語裏的'渠'"。參看《漢語語法論文集》182頁。

"他"字起源於唐代①，例如：

繡羽銜花他自得，紅顏騎竹我無緣。［繡羽，指鳥。紅顏，指兒童。］（杜甫《清明》二首之一）

妒他心似火，欺我鬢如霜。（白居易《酬思黯戲贈同用狂字》）

顧我無衣搜藎篋，泥他沽酒拔金釵。（元稹《遣悲懷》三首之一）

眼前讎敵都休問，身外功名一任他。（元稹《放言》五首之一）

直欲危他性命，作得如許不仁。（《燕子賦》）

雖作拒張，又不免輸他口子。（《游仙窟》）

計時應拒得，佯作不禁他。（同上）

況維摩，難比喻，語似河傾兼海注，問我無言向對他，所以如今不敢去。（《維摩詰經菩薩品變文》甲）

宋代以後，"他"字就更普遍地應用了。現在只舉出宋代的幾個例子，例如：

這箇却須由我不由他了。（《朱子語類輯略》卷四）

聖人知天命以理，他只是以術。（同上）

或是他天資高俊，被他瞥見得這箇物事，亦不可知。（同上，卷六）

然小行者被他作法，變作一個驢兒。（《大唐三藏取經詩話》上）

外有一庫，可令他守庫。（同上）

人稱代詞的"他"是從無定代詞的"他"來的，"他"字等於"其他"的"他"，它在上古的意義是別的。"他"在上古可以指事物，亦可寫作"它"，例如《詩經·鄘風》"之死矢靡它"，《小雅·鶴鳴》"它山之石，可以攻玉"（後人引作"他山"），《孟子·梁惠王下》"王顧左右而言他"；又

---

① 楊樹達《高等國文法》70頁引《後漢書·方術傳》"還他馬，赦汝罪"一例，以爲其中的"他"是第三身人稱代詞。查《後漢書》原文爲"長房曾與人共行，見一書生，黄巾被裘；無鞍騎馬，下而叩頭。長房曰：'還它馬，赦汝死罪。'人間其故，長房曰：'此狸也；盗社公馬耳！'"不管其中的"它"寫成"他"或"它"的形式，都不應認爲是人稱代詞，而仍然應該認爲是無定代詞，作別人解。因爲并不是在前文已經説到了某人，後面才用"它"來指此人，而是一開始就用"它"。

可以指人，例如《詩經·鄭風》"子不我思，豈無他人"，《小雅·巧言》"他人有心，予忖度之"。人稱代詞的"他"正是從"他人"的"他"來的。

"他"的中古音在歌韻（故亦寫作"佗、它"），現代讀入麻韻。這和本章第二節所講"阿"字的情況一樣，口語裏比較容易保存古音，"他"字的古音［t'a］保存下來作爲一個"强式"①。

有些人稱代詞表面上像新的形式，實際上是由古音演變來的，只是字形不同罷了。

你，《廣韻》"乃里切，秦人呼傍人之稱"，似乎是唐代新産生的一個詞。其實"你"也是一個强式，是"爾"字古音保存在口語裏（ȵĭa→nĭə→ni）。《通雅》説："'爾、汝、而、若'乃一聲之轉，'爾'又爲'尒'，'尒'又作'你'，俗書作'你'。"這個語源的解釋是正確的。

我們在這裏得出一個結論："我、你、渠"（由"其"字變來）自古以來就是人稱代詞；"伊、他"是中古時代發展出來的人稱代詞。兩者的情況并不一樣：第一、二人稱没有産生新形式代替舊形式的問題，第三人稱除"渠"外産生了新形式。從中古時期起，在實際口語裏，"其"和"之"已經不用了，而代之以"伊、渠、他"三個形式（在某些結構裏是"他的"代替了"其"）。這樣一來，第三人稱在中古時期起了兩大變化：（一）第三人稱可用於一般主語（例如"他自得"等）；（二）第三人稱一般只指人，很少指物了（指物的例子，如《王昭君變文》"冬天野馬從他瘦，夏月犁牛任意肥"；《朱子語類輯略》卷五"此等詩如何肯放過！只是看得無意思，不見他好處"；"讀書之法，既先識得他外面一箇皮殼了，又須識得他裏面骨髓"）。

＊　　＊　　＊　　＊　　＊

近代漢語人稱代詞的主要發展是形尾"們"字的産生。

---

① 在語言學上，强式的涵義不止一種。本書中所謂"强式"，是指抗拒類化、對於一般的變化成爲不規則的一種形式。參看馬魯梭《語言學術語辭典》（J. Marouzeav, Lexiaue de la termi-nologie linguistique）97頁。

　　上文説過,上古人稱代詞單複數采取同一的形式。在先秦時代,只在《左傳》裏有一個"吾儕",凡兩見①。這種"儕"是儕輩的意思,"吾儕"等於現在説"我們這一類的人","儕"字并非形尾。漢代以後,有"屬、曹、等、輩",并且漸漸多見,例如:

　　　　雍齒尚爲侯,我屬無患矣。(《史記·留侯世家》)

　　　　不者,若屬皆且爲所虜。(同上,《項羽本紀》)

　　　　我曹言願自殺。(《漢書·霍光傳》)

　　　　不願汝曹效之也。(馬援《戒兄子書》)

　　　　公等録録,所謂因人成事者也。(《史記·平原君虞卿列傳》)

　　　　且公等義不辱。(同上,《張耳陳餘列傳》)

　　　　如彼等者無足與計天下事。(同上,《黥布列傳》)

　　　　情之所鍾,正在我輩。(《世説新語·傷逝》)

　　　　每至佳句,輒云應是我輩語。(《晉書·孫綽傳》)

　　這些字都是同義詞(成語有"曹輩、等輩、儕輩、曹屬"等),它們還保有一定的實義,所以可以説"此屬、此輩"等②。它們和"們"字的最大差别在於:"們"字成爲複數的固定形尾;"儕、曹、等、屬、輩"則不是固定的,而且没有成爲形尾。

　　在書面語言上,"們"在最初寫作"懣"(滿),後來寫作"瞞(䁆)、門、們"③,例如:

　　　　對酒當歌渾冷淡,一任他懣嗔惡。(趙長卿《念奴嬌·小飲江亭有作》)

　　　　不因你瞞番人在此,如何我瞞四千里路來?(《齊東野語》)

---

① 《左傳·襄公十七年》:"吾儕小人皆有闔廬以辟燥濕寒暑。"《襄公三十年》:"吾儕小人,食而聽事猶懼不給命。"

② 《史記·留侯世家》:"陛下起布衣,以此屬取天下。"《晉書·張賓載記》:"右侯捨我去,令我與此輩共事,寧非酷乎?"

③ 關於"們"字,參看吕叔湘《漢語語法論文集》145~168頁。這裏的例子也多采自此書(吕先生認爲"們"的最初形式是"弭"和"偉")。同時可參看張相《詩詞曲語辭匯釋》669頁。

學人言語十分巧。看他門得人憐，秦吉了。(辛棄疾《千年調》)

在他們説，便如鬼神變怪，有許多不可知的事。(《朱子語類》)

形尾"們"的産生大約在第 10 世紀到 11 世紀之間[①]。到了《元曲》裏，它被寫成"每"，例如：

他每都恃着口强。(《元曲·玉鏡臺》第一折)

賢每雅静看敷演。["賢每"是"你們"的尊稱。](《元曲·錯立身》第一出)

"們"的來源還不清楚[②]。看來"們"字也經過單複數不分的階段，也就是説，它并不單純表示複數，只簡單地作爲人稱代詞和某些指人的名詞(特别是有關人倫方面)的詞尾。"懣、門、每"不表示複數的例子，在宋元詞曲中很不少[③]，例如：

自家懣都望有前程。(晁元禮《鵲橋仙》)

我扶你門歸去。(《元曲·張協狀元》第四十一出)

教他好看承我爹娘，料他每應不會遺忘。(巾箱本《琵琶記》第二十三出)

這種複雜的情形，還有待於更進一步的研究。

在北方方言裏，在宋代，有一個新興的第一人稱代詞"咱"字(等於"我")，後來加上形尾"們"字，成爲"咱們"。到近代後期，"咱們"和"我們"有了明確的分工："咱們"是包括式，包括對話人在内；"我們"是排除式，不包括對話人在内[④]。

＊　　＊　　＊　　＊　　＊

現代漢語受西洋語法的影響，人稱代詞的形態在書面語言裏發生兩種重大的變化：

---

① 如果認爲它前身是"弭"字，則産生時代可以提早一兩百年。
② 吕叔湘先生以爲來自"輩"字，但是他也不十分肯定。
③ 參看張相《詩詞曲語辭匯釋》670 頁。
④ 在《紅樓夢》等書中，"咱們"和"我們"有明確的分工，在現代北京話中，也有人把"我們"用在包括式。

　　第一種變化是"他"字分化爲"他、她、它"①。這是受了西洋人稱代詞性別的影響,分爲陰、陽、中三性。"他、她、它"在當時,一般人瞭解爲相當英語的 he、she、it;實際上,它們的複數形式"他們、她們、它們"比英語分得更細(英語複數人稱代詞不分性別)。這是漢語構詞法所決定了的,因爲"們"比較富於獨立性,不像英語 they 是一個整體,所以有可能構成"我們、你們、他們"。

　　第三人稱的性別區分,最初是由於少數人的提倡,創始於 1917 年②。本來希望在口語中造成一種分別("她"念"伊","它"念"拖"),後來是失敗了。這一件事實是很富於啓發性的:一方面,它告訴我們,一種民族語言吸收外語語法來豐富自己能够達到什麽程度;另一方面,它也告訴我們,語法是具有不可滲透性的,語言的發展有它的内部規律,不是以人們的意志爲轉移的。

　　第二種變化是"它們"的應用。本來,指物的"他"(即"它")在漢語裏是非常罕見的③,至於複數形式更是絶對不用了。但是,由於吸收外國語語法的緣故,在書面語言裏也漸漸有"它們"出現了,甚至出現在典範的白話文著作裏,例如:

　　(野雀野鹿)爲什麽當初不逃到人類中來,現在却要逃到鷹鸇虎狼間去? 或者,鷹鸇虎狼之於它們,正如跳蚤之於我們罷。(魯迅《夏三蟲》)

　　如果要直接地認識某種或某些事物,便只有親身參加於變革現實、變革某種或某些事物的實踐的鬥爭中,才能觸到那種或那些事物的現象,也只有在親身參加變革現實的實踐的鬥爭中,才能暴露那種或那些事物的本質而理解它們。(《毛澤東選集》第一卷 276 頁,1952年北京版,平裝本)

　　這些國家的絶大多數都在執行着和平中立的外交政策。它們在國

_____

① 　最初寫作"牠",後來改作"它"。最近幾年來,有人恢復了"牠"字,和"它"同時并用:動物用"牠",無生之物用"它"。

②③ 　參見王力《中國語法理論》。

際事務中起着愈來愈大的作用。(劉少奇《中國共産黨中央委員會向第八次全國代表大會的政治報告》)

今後長時期内,可能在口語裏還不能接受這種新的形態,但是,它所起的增加語言明確性的作用將使它在書面語言中更加普遍地應用起來,那是肯定了的。

　　　＊　　　＊　　　＊　　　＊　　　＊

最後,我們要談一談人稱代詞的禮貌式。

《孟子·盡心下》裏説:"人能充無受爾汝之實,無所往而不爲義也。"可見漢族自古就以爲用人稱代詞稱呼尊輩或平輩是一種没有禮貌的行爲。自稱爲"余、我"之類也是不客氣的。因此古人對於稱呼有一種禮貌式,就是不用人稱代詞,而用名詞。稱人則用一種尊稱,自稱則用一種謙稱。

在先秦時代,禮貌式大致可以分爲五類:

(一)自稱不用"余、我"等,而用自己的名,例如:

巫馬期以告,子曰:"丘也幸,苟有過,人必知之。"(《論語·述而》)

樂正子見孟子曰:"克告於君,君爲來見也。"(《孟子·梁惠王下》)

平原君曰:"勝已泄之矣。"(《戰國策·趙策》)

(二)稱人以爵位或身份,自稱也可用身份,例如:

敢煩大夫謂二三子,戒爾車乘,敬爾君事,詰朝將見。[大膽地麻煩您告訴他們幾個人,準備好你們的兵車,嚴肅地對待你們君王的國家人事,明天早晨咱們的軍隊將要見面。](《左傳·僖公二十八年》)

以是藐諸孤,辱在大夫,其若之何?[把這些幼小的孤兒托付給您,您將怎樣對待他們呢?](同上,《僖公九年》)

公子若反晉國,則何以報不穀?(同上,《僖公二十四年》)

君之訓也,二三子之力也,臣何力之有焉。(同上,《成公二年》)

公西華曰:"正唯弟子不能學也。"(《論語·述而》)

（三）稱人以美德，如"子、先生、叟"等①；自稱以不德，如"寡人［寡德之人］、不穀"［不善］等，例如：

非不説子之道，力不足也。（《論語・雍也》）

勝請召而見之於先生。（《戰國策・趙策》）

王曰："叟不遠千里而來。"（《孟子・梁惠王上》）

叟何人邪？叟何爲此？（《莊子・在宥》）

先君之思，以勗寡人。（《詩經・邶風・燕燕》）

豈不穀是爲？（《左傳・僖公四年》）

（四）以地代人，作爲尊稱②，例如：

問曰："陛下嘗軔車於趙矣。"（《戰國策・秦策》）

足下有意爲臣伯樂乎？（同上，《燕策》）

（五）以他所使令的人來代他，例如：

寡人將帥敝賦以從執事。（《左傳・昭公二十五年》）

這種情況是由於社會的封建制度已經建立，尊卑之別甚嚴的緣故。一個人有了名還要有字，就是以便於稱呼。在《論語》裏，只是説及第三人的時候，尊稱用字（如子夏、子貢），到了漢代，對稱也用字來代替"爾"了（《漢書・蘇武傳》"令子卿知吾心耳"）。

秦漢以後，封建制度更嚴，禮貌式也更加講究。尊稱除了由爵位變來如"君、公"外，還有：左右（例如《漢書・司馬遷傳》"是僕終已不得舒憤懣［煩悶］以曉［告諭］左右"）、大人（例如《世説新語・言語》"大人豈見覆巢之下復有完卵乎？"［"大人"在這裏指父親而言]）、丈人（例如《世説新語・德行》"丈人不悉恭，恭作人無長物"），等。謙稱還有：下走（例如《漢書・蕭望之傳》"下走將歸延陵之皋"）、賤子（例

---

① 《儀禮・士冠禮》注："子，男子之美稱。"《戰國策・衛策》注"先生，長者有德之稱"（先生，最初是先我而生之意）。"叟"也是指長者。

② 後代還有"閣下"（例如韓愈《再與鄂州柳中丞書》："征兵滿萬，不如召募數千，閣下以爲何如？"）、"殿下"（葉夢得《石林燕語》："制獨天子稱陛下，至殿下則諸侯皆得通稱。至唐初制令，惟皇太子皇后百官上疏稱殿下。至今循用之。"）等，也是以地代人的尊稱。

如《漢書・樓護傳》"時請召賓客,邑居樽下,稱賤子上壽")、貧道(例
如《世説新語・言語》"支道林嘗養數匹馬……曰'貧道重其神駿'"),
等。而皇帝也有了特定的自稱形式,即"朕"(《史記・秦始皇本紀》
"天子自稱曰朕","二世與趙高謀曰'朕年少,初即位'"),和特定稱呼
臣子的形式,即"卿"(例如《史記・虞卿列傳》"趙王召虞卿曰……'卿
以爲奚如?'")。

　　此種禮貌式,歷代都有變更,都有新興的形式。現代北京話裏有
"您"和"怹",它們是另一類型的禮貌式,因爲它們不是名詞,而是人
稱代詞。

　　我們知道:"您"在宋元史料裏并不表示尊稱,而是表示你們①。
實際上,"您"就是"你們"的合音,例如:

　　咱是您的姊夫。(《五代史平話・唐史》)

　　您孩兒們識個甚麽? (同上,《周史》)

　　教您夫妻盡百年歡偶。(《董西厢》卷八)

　　若您兄弟送他,我却官中共您理會。(《劉知遠諸官調》)

　　"怹"也應該是"他們"的合音,但是不見於宋元詞曲。"您"的語
音發展是 nim→nin,"怹"的語音發展是 t'am→t'an。後來,"您"和"你
們"有了分工,"您"用於單數,"你們"用於複數。在分工以前,可能有
共同表示複數的階段,因爲在別的語言中也有複數轉化爲單數尊稱的
事例(法語 vous、俄語 вы)。"您"是這樣,"怹"也該是這樣②。不過,
這兩個尊稱的命運并不相同·"您"字逐漸進入普通話裏,"怹"字却逐
漸趨於消滅了。

----

① 此外還有"俺"表示我們(也可以表示"我"),"偺"表示咱們。參看吕叔湘《漢語語法論文集》
　　161～168 頁。但是,正如"你每"不一定表示複數一樣,"您"也不一定表示複數。

② 有人説,北京話的 mmə("我們"的省略)是表示單數謙稱。這也可以備一説。

第六節　指示代詞、疑問代詞等的發展

　　在上古漢語裏,指示代詞和人稱代詞的關係非常密切。"其、之"兩字是比較明顯的例子。楊樹達先生把"其、之"歸入指示代詞,是有相當理由的①。"其、之"既然可以指物,就和第一、二人稱專指人的不同。殷虛卜辭中不用"其、之"作人稱代詞,可見它們不是和"余、汝"等人稱代詞同時產生的,可能是它們先用作指示代詞,然後發展爲人稱代詞。

　　"之"字用於指示的時候,是用作定語的(所謂"指示形容詞"),它是近指的指示代詞②,等於現代的"這",例如:

　　之子于歸,宜其室家。(《詩經·周南·桃夭》)

　　之子于歸,遠送於野。(同上,《邶風·燕燕》)

　　乃如之人兮,逝不古處。[這兩句話的意思是:就是這個人呵,他不能用舊時的恩情來對待我。鄭箋:"之人,是人也。"古,故也。處,遇也。](同上,《日月》)

　　之人也,之德也,將磅礴萬物以爲一世蘄乎亂。[蘄,音"其",求也。亂,治也。](《莊子·逍遥游》)

　　之二蟲又何知!(同上)

　　雖然,之二者有患。(同上,《人間世》)

　　之八者,存可也,亡可也。(同上,《在宥》)

　　之數物者,不足以厚民。(同上,《庚桑楚》)

　　之人之言不可以當,必不審。(《墨子·經説下》)

　　之馬之目盼則爲之[謂之]馬盼,之馬之目大而不謂之馬大;之牛

---

① 楊樹達《高等國文法》88~95頁。

② 《馬氏文通》認爲這種"之"字和"其"字是指示代字(校注本46頁、50頁),我們同意這個看法。

之毛黄則謂之牛黄,之牛之毛衆而不謂之牛衆。(同上,《小取》)

“其”字用於指示的時候,也是用作定語的,它是特指(非近指,亦非遠指)的指示代詞,略等於現代漢語的“那種、那個”。它具有特定的意義,古人用它來表示它後面的名詞所代表的人物是適當的,例如:

非其鬼而祭之,諂也①。(《論語·爲政》)

若由也,不得其死然。(同上,《先進》)

苟有其備,何故不可。(《左傳·昭公五年》)

語道而非其序者,非其道也。語道而非其道者,安取道?(《莊子·天道》)

今欲舉大事,將非其人不可。(《史記·項羽本紀》)

僕誠以著此書,藏之名山,傳之其人。[李善注:“其人,謂與己同志者。”](《文選》司馬遷《報任安書》)

第二人稱“若、爾”兩字,同樣地可以用作指示代詞,作爲定語。“若”字以用於近指爲常,例如:

君子哉若人! 尚德哉若人!(《論語·憲問》)

君如有憂中國之心,則若時可矣。(《公羊傳·定公四年》)

聞若言,莫不揮泣奮臂而欲戰。(《戰國策·齊策》)

爲天下之長患,致黔首之大害者,若説爲深。[成爲天下永久的禍患,并且爲老百姓招來大害的,這個學説最甚。](《吕氏春秋·振亂》)

“爾”字則以用於遠指爲常,但在某些情況下,近指和遠指的分別是不清楚的。“爾”字用於定語,在上古還没有見到過;但在南北朝的時候,“爾”字就已經有這種用法了,例如:

許掾嘗詣簡文,爾夜風恬月朗。[掾,首長的助理人員。詣,到。](《世説新語·賞譽下》)

爾時話已神悟,自參上流。(同上,《言語》)

爾夕三更,子恪徒跳奔至建陽門上。(《南史·豫章·王子恪傳》)

---

① 鄭注云:“非其祖考而祭之者,是諂求福。”其説非是。

　　"爾"和"若"是有共同的來源的,但是在語法作用上,它們有一個不同之點:在用作指示代詞的情況下,"若"字不能用作賓語及謂語,而"爾"字可以用作賓語及謂語,等於現代漢語的"那個、那樣"或"這個、這樣",例如:

　　孔子在衛,有送葬者,而夫子觀之,曰:"善哉爲喪乎! 足以爲法矣,小子識之!"子貢曰:"夫子何善爾也?"(《禮記·檀弓》)

　　王曰:"若如公言,并不如此二人邪?"謝云:"身意正爾也。"(《世説新語·品藻》)

　　名教中自有樂地,何爲乃爾也? (同上,《德行》)

　　王曰:"君何以不行?"江曰:"恐不得爾。"(同上,《方正》)

　　"爾"字用於那樣或這樣的意義,直到唐宋以後,例如:

　　使嘉賓不死,鼠子敢爾邪? (《晉書·郗超傳》)

　　果爾,後將易吾姓也! (同上,《桓温傳》)

　　正自不能不爾耳。(同上,《謝安傳》)

　　未能免俗,聊復爾耳。(同上,《阮咸傳》)

　　汝等不應爾。(《南史·裴邃傳》)

　　再思喟然曰:"吾等誠負天下。"巨源曰:"時當爾耳。"(《新唐書·韋巨源傳》)

　　事已爾,叵奈何? (同上,《賈餗傳》)

　　朕推赤心於人腹中,寧肯爾耶? (《宋史·太祖紀》)

　　在上古時期,更常見的指示代詞是"此、斯、是"等。它們都是近指。"此"和"斯"的分别在最初可能是由於方言的不同,《論語》不用"此"字,《孟子》則以用"此"字爲常,例如:

　　先王之道,斯爲美。(《論語·學而》)

　　誰能出不由户? 何莫由斯道也? [户,同現代的"門"。古代"一扉(門)曰户,兩扉曰門"。](同上,《雍也》)

　　天之未喪斯文也,匡人其如予何! (同上,《子罕》)

　　子告之曰:"某在斯,某在斯。"(同上,《衛靈公》)

賢者而後樂此，不賢者雖有此不樂也。（《孟子·梁惠王上》）

賢者亦有此樂乎？（同上，《梁惠王下》）

此無他，與民同樂也。（同上）

至於"是"和"斯、此"的分别，我們還看不出來；"是"字和"斯、此"一樣，可以用作主、賓語，也可用作定語，例如：

是良史也……是能讀三墳五典，八索九丘。（《左傳·昭公十二年》）

是食言多矣，能無肥乎？［食言，即説了話不算數。肥，胖。］（同上，《哀公二十五年》）

王既罷兵歸，而代王來立，是爲孝文帝。（《史記·齊悼惠王世家》）

君與大夫不善是也。［不善是，即"不以此爲善"。］（《左傳·襄公二十六年》）

足下欲持是安歸乎？［您想帶着這些功勞歸宿到哪裏去？］（《史記·淮陰侯列傳》）

内見疑强大，外倚蠻貊以爲援，是以日疏。（《史記·韓王信盧綰列傳》）

以上用於主、賓語。

夫子至於是邦也，必聞其政。（《論語·學而》）

有是三者，何鄉［向］而不濟？（《左傳·昭公四年》）

是心足以王矣。（《孟子·梁惠王上》）

誠哉，是言也！（《史記·楚元王世家》）

以上用於定語。

值得注意的是"斯、此、是"的上古音都屬於支部，而且同屬齒音（斯，心母；此，清母，同屬齒頭。是，禪母，屬正齒）[1]。如果説它們之間的差别是有形態變化的關係，那完全是可能的，只是現在還不能證實罷了。

和"此"相對立的是"彼"字，"彼"字是十足的遠指代詞，例如：

---

[1]　此外還有"兹"字屬精母之部，音亦相近。

彼以利合，此以天屬也。(《莊子·山木》)

是亦彼也，彼亦是也。彼亦一是非，此亦一是非。(同上，《齊物論》)

息壤在彼。(《戰國策·秦策》)

以德若彼，用力如此。(《史記·秦楚之際月表序》)

"彼"字上古音在歌部，"此"字上古音在支部，歌支本相近。在原始時期，它們可能是同部。假定在原始時期，"此"是[ts'ɪa]，"彼"是[pɪa]，那又顯然是形態變化的關係了。

＊　　＊　　＊　　＊　　＊

現在要談到現代漢語指示代詞"這"和"那"是什麼時代產生的，它們是怎樣發展來的①。

"這"字在唐代就出現了，宋代更多，有時候寫作"者、遮"，例如：

牟尼這日發慈言。(《維摩詰經菩薩品變文》)

這個修行是道場。(同上)

這賊爭敢輒爾猖狂？[怎麼敢動輒如此猖狂？](《張義潮變文》)

又來這裏作麼？(《筠州洞山悟本禪師語録》)

不是者箇道理。(同上)

者回舉似師，師肯之。(同上)

雖然如此，也須實到者箇田地始得。["者箇田地始得"是這個地步纔可以的意思。](《雲門語録》)

擾擾受輪迴，秖緣疑這箇。(王安石《擬寒山拾得》二十首)

細想從來，斷腸多處，不與者番同。(晏幾道《少年游》)

待我遮裏兵纔動，先使人將文字與番人。(《揮塵録餘話》)

這箇風俗如何得變？(《李延平集》卷二)

莫輕這一粒，百千粒盡從這一粒生。(《指月録》卷十五)

《説文》："者，別事詞也。"朱駿聲《説文通訓定聲》云："今'者番、

---

①　參看吕叔湘先生的《這那考原》，見《漢語語法論文集》179～181頁。

者回’字,俗以‘迎這’字爲之[“迎這”的“這”音彦]。”可見朱氏以爲指示代詞“這”字是從上古的“者”字來的。但是,“者”字一向是被飾代詞(見下文),怎麼能夠忽然掉換了一個相反的位置,變爲定語呢①?

比較近理的推測應該是由指示代詞“之”字轉變而來。“之”和“者”同屬照母。由於口語和文言讀音的分道揚鑣,“之”字的口語音到了中古,和文言的“者”音相混了(聲調微異),就有人借“者”字表示。但是,許多人覺得“者”字并非本字,所以又寫作“遮”。至於“這”本音彦,是迎的意思(據《玉篇》),爲什麼能被借用來作指示代詞,還是一個謎。

“那”字在唐代也出現了,宋代以後就繼承下來,例如:

戰王問那大王。(《妙法蓮花經變文》)

雅頌在於此,浮華致那邊。(釋尚顔《言興》)

“那”字的來源比較簡單。如果不是上古的指示代詞“若”字,就是“爾”字。我們比較地相信是來自“爾”字,因爲上古指示代詞“爾”字用途比較廣,應用的歷史比較長,這樣就和“那”字接得上了。

在現代副詞“這麼”和“那麼”産生之前,在唐宋時代,和“這麼、那麼”的用法大致相當的有“能、能爾、能許、能樣、能底、能亨、能地、能箇、如許、爾許、寧許”等②,例如:

芳意何能早,孤榮亦自危。[《爾雅》:“木謂之華,草謂之榮。”草的花叫“榮”。](張九齡《庭梅咏》)

若教俯首隨繮鎖,料得如今似我能。[假如使(他自己)低頭受束縛的話,預料現在也會像我這樣的。](蘇軾《成都進士杜暹伯升出家,名法通,往來吳中》)

俄變見金蛇能紫,玉蟾能白。(劉克莊《丁巳中秋》)

數樹直青能爾瘦,一軒殘照爲誰留?(陳師道《絕句》四首之一)

---

① 呂叔湘先生也認爲“這”的本字“大概就是者字”。但是他的話也不是十分肯定的。

② 參看張相《詩詞曲語辭匯釋》319~321頁、324~325頁。

着花能許瘦,落子不多長。(楊萬里《秋見橘花》二首之一)

玉蕊縱妖嬈,恐無能樣嬌。(侯寘《簪髻》)

最愛河堤能底巧,截他山脚不勝齊。(楊萬里《望姑蘇》)

他年青史總無名,你也能亨,我也能亨。(徐淵子《一剪梅》)

客路如天杳杳,歸心能地寧寧。(石孝友《朝中措》)

貧養山禽能箇瘦,病閱芳草就中肥。(皮日休《夏首病愈因招魯望》)

問怎生禁得如許無聊!(柳永《臨江仙》)

相府如潭,侯門似海,那得煙霄爾許高!(葛長庚《沁園春》)

天公寧許巧,剪水作冰花。(陸暢《驚雪》)

這些都可能是來自"爾"字。上文説過,"爾"字本來就有這樣或那樣的意義。"寧馨"可能是"爾"字的方言變形。"爾、寧"古雙聲,"寧"破裂爲"寧馨","寧馨"叠韻。"寧馨、能亨、爾許、寧許、能許"等都是一聲之轉(雙聲或叠韻),它們代表着不同的時代和不同的方言。這樣看來,更可以證明"那"字來自"爾"字了。由於當時"地、底"可以用做詞尾,所以"能"的後面又可以帶"地"或"底",成爲"能地、能底"等形式。

此外,在唐宋人的語録裏,已經有了"恁麼"這樣一個形式。從語音上看,"恁麼"就是後代的"那麼",但在最初的時候,"恁麼"既可以表示那麼,也可以表示這麼,例如:

我不恁麼道。(《筠州洞山悟本禪師語録》)

恁麼,則無出頭處。(同上)

爭得恁麼多知?(《瑞州洞山良价禪師語録》)

大有人笑子恁麼問。(同上)

曹山無恁麼閒工夫。(《撫州曹山元證禪師語録》)

恁麼,則拱手去。(同上)

古往今來多少聖賢豪傑,韞經綸事業不得做,只恁麼死了底何恨!(朱熹《答陳同叔書》)

在宋元的詞曲裏,"恁麼"只寫作"恁"(有時候作"惹"),或者在

"恁"字後面加個詞尾"的",例如:

十四、五,閑抱琵琶尋。堂上簸錢堂下走,恁時相見已留心,何况到如今。(《默記》引《望江南》詞)①

便只恁成辜負。(黃機《水龍吟》)

婆婆!我且問你,你挑着恁多鞋做甚麽?(巾箱本《琵琶記》第十一出)

早知恁的難拚,悔不當初留住!(柳永《晝夜樂》)

小官暗想來只得如此;若不恁的呵,不濟事。(《玉鏡臺》第二折)

到了《水滸》裏②,"恁的"又寫做"恁地",例如:

偌大一個少華山,恁地廣闊;不信没有箇獐兒兔兒?(第一回)

老人家,如何恁地下禮?折殺俺也!(第四回)

阮小二道:"休恁地説。"(第十五回)

"這麽"和"那麽"的出現可以説是很晚的事,但是我們還没有研究清楚它們最初出現在什麽時代。下面我們引了一些《紅樓夢》的例子:

璉二奶奶要傳,你們也敢這麽回嗎?(第七十一回)

熬了這麽大年紀。(第五十五回)

你打諒我是和你們姑娘那麽好性兒。(第七十四回)

我也没那麽大精神和他們儘着吵去。(第八十二回)

＊　　　＊　　　＊　　　＊　　　＊

疑問代詞自古就分爲指人和指物兩種,而且大致可以分爲三系,如下:

(一)ẓ 系(指人)

　　(甲)主、賓語:誰 ẓǐwəi

　　(乙)主語(常用於選擇):孰 ẓǐəuk

---

① 編者注:該例文集本爲柳永的《受恩深》:"待宴賞重陽,恁時盡把芳心吐。"

② 編者注:此五字文集本删。

（二）ɤ系（指物）

　　　何 ɤa　曷 ɤat　胡 ɤɑ　奚 ɤĭe①

（三）○系（指處所）

　　　惡（烏）ɑ　安 an　焉 ĭan

現在分別加以叙述。

"誰"字指人，用於主語和賓語，例如：

誰生厲階，至今爲梗？［誰種下的禍根？到現在還是一個大害。］
（《詩經·大雅·桑柔》）

誰能執熱，逝不以濯？［誰能够用手拿熱東西而不先用水洗手
呢？］（同上）

以上用於主語。

吾誰欺？欺天乎？（《論語·子罕》）

寡人有子，未知其誰立焉。（《左傳·閔公二年》）

吾誰與爲親？（《莊子·齊物論》）

以上用於賓語。

偶然也用於定語，例如：

吾不知誰之子，象帝之先。（用"之"字作爲中介。）（《老子》）

何法之道，誰子之與也？（不用"之"字作爲中介。）（《荀子·王霸》）

"誰"的另一形式是"疇"字，用法相同，例如《書經·堯典》："疇咨
若時登庸。""誰"和"疇"在語音上的差別，可能是由於地域的不同或
時代的不同。

"孰"字主要是用於選擇，而且不能用於賓語（"吾誰欺"不能説成
"吾孰欺"，"未知其誰立"雖然表示選擇，也不能説成"未知其孰
立"）②，例如：

女與回也孰愈？（《論語·公冶長》）

---

① ɤ系還有"侯、遐、號"等（見《高等國文法》317頁）。因爲罕見，所以不討論。

② 偶然可以用於介詞賓語，例如《論語·顏淵》："百姓足，君孰與不足？"

師與商也孰賢?（同上,《先進》）

哀公問弟子孰爲好學。（同上,《雍也》）

父與夫孰親?（《左傳·桓公十五年》）

三者孰知正處?……四者孰知正味?……四者孰知天下之正色哉?［處,指居住的處所。］（《莊子·齊物論》）

"孰"字還可以指無生之物,而"誰"字則没有這種功能,例如:

五色不亂,孰爲文采? 五聲不亂,孰爲六律?（《莊子·馬蹄》）

"何"字指物,以用於賓語爲常①,例如:

內省不疚,夫何憂何懼?［反省没有虧心的事,那又耽心什麽害怕什麽呢?］（《論語·顔淵》）

然而天何欲何惡者也?（《墨子·法儀》）

朕又何知?（《莊子·在宥》）

無禮何以正身?（《荀子·修身》）

今夫仁人也,將何務哉?［務,動詞,做的意思。］（同上,《非十二子》）

"何"字用爲定語,兼指人和事物,例如:

齊宣王問卿。孟子曰:"王何卿之問也?"［何卿,謂哪一種或哪一類的卿。卿,官名。］（《孟子·萬章下》）

是何人也?（《莊子·養生主》）

嗟我何人,獨不遇時當亂世!（《荀子·成相》）

以上指人。

"何器也?"曰:"瑚璉也。"［瑚璉,古代宗廟裏用來盛黍稷的一種器皿。］（《論語·公冶長》）

此何木也哉?（《莊子·人間世》）

子何術之設?［您用了什麽樣的方法?］（同上,《山木》）

此何怪也?（《荀子·榮辱》）

何世而無嵬? 何時而無瑣?［嵬瑣,卑鄙鬼祟的行爲或人物。］

---

① 偶然也指人,如《詩經·小雅·蓼莪》:"無父何怙? 無母何恃?"

（同上，《正論》）

以上指事物。

"何"字用爲狀語，大致等於現代漢語的"爲什麼、怎麼"，例如：

夫子何哂由也？［哂，始引切，笑也。］（《論語·先進》）

先生何止我攻鄭也？（《墨子·魯問》）

何先生之憊邪？［憊，很疲乏的意思。］（《莊子·山木》）

故周公南征而北國怨，曰："何獨不來也？"東征而西國怨，曰："何獨後我也？"（《荀子·王制》）

ɤ系"曷、奚、胡"的應用範圍比"何"字窄得多，它們不能指人。"奚"用於賓語的比較少見，"曷、胡"用於賓語的更是個別的情況①。它們通常只用作狀語，很少用作定語，例如：

衛君待子而爲政，子將奚先？［"子將奚先"就是您先做些什麼呢？］（《論語·子路》）

問臧奚事，則挾策讀書；問穀奚事，則博塞以游。［問臧幹什麼，……問穀幹什麼。臧、穀，皆指奴僕。］（《莊子·駢拇》）

以上用作賓語。

子奚不爲政？（《論語·爲政》）

子奚哭之悲也？（《韓非子·和氏》）

時日曷喪？予及汝皆亡！［這太陽什麼時候毀滅，我和你一起毀滅掉吧。］（《書經·湯誓》）

天曷不降威？（同上，《西伯戡黎》）

曷足以美七尺之軀哉？（《荀子·勸學》）

人盡夫也，父一而已，胡可比也？［世人都可以作爲你選擇丈夫的對象，而父親只有一個，怎麼可以相比呢？］（《左傳·桓公十五年》）

誰爲君夫人？余胡弗知？（同上，《襄公二十六年》）

---

① 《馬氏文通》引《詩經·邶風》"胡爲乎泥中"，説"蓋'胡、曷'二字，惟爲'爲'字所司，未見有司於其他介詞者"（校注本上册88頁）。

同始異終，胡可常也？（同上，《昭公七年》）

又胡可得而有邪？（《莊子·知北游》）

子胡不南見老子？（同上，《庚桑楚》）

以上用作狀語。

指物的“何、奚”又可以兼指處所，例如：

有是三者，何鄉而不濟？（《左傳·昭公四年》）

子路宿於石門。晨門曰：“奚自？”［晨門，閽人也，司晨昏啓閉之人。］（《論語·憲問》）

就先秦的情形來説，○系“惡、安、焉”，只是專指處所，例如：

君子去仁，惡乎成名①？（《論語·里仁》）

“天下惡乎定？”吾對曰：“定於一。”（《孟子·梁惠王上》）

惡在其爲民父母也？［其爲民父母之道在什麼地方呢？］（同上）

居惡在？仁是也？路惡在？義是也？（《孟子·盡心上》）

惡往而不暇？（《莊子·達生》）

行賢而去自賢之行，安往而不愛哉？［做善良的事而去掉自以爲善良的行爲，到哪裏不受人歡迎呢？］（同上，《山木》）

視其所以，觀其所由，察其所安，人焉廋哉？人焉廋哉？［觀察他的行爲、動機，再看他是否心安（樂善），人還能在哪裏藏匿呢（怎麼還能作僞騙人呢）？］（《論語·爲政》）

天下之父歸之，其子焉往？（《孟子·離婁上》）

有些雖然不顯然指處所，并且大致叫以由“何、曷、胡、奚”代替，但是，由於本義不同，引申義也有細微的分別。這一類的“惡、安、焉”，實際上只等於現代漢語“哪裏”的活用。“惡得、惡能、安能、焉能、焉得”等於“哪裏能够”，安知、焉知等於“哪裏知道”，例如：

① 《公羊傳》何注和《禮記·檀弓》鄭注都説“‘惡乎’猶‘於何’也”。我們認爲“惡”字本身就有“於何”的意思（“乎”在這裏只起詞尾作用），所以能單説“惡”。既表示“於何”，就是表示處所。

惡得有其一以慢其二哉？［其一,指有爵無德之人君。其二,指有德有齒之賢者長者。］(《孟子·公孫丑下》)

吾惡能知其辯？［辯,指利害、是非的分別。］(《莊子·齊物論》)

暴而不戢,安能保大？［殘暴而且不能消弭戰爭,哪裏能够保持領有天下呢?］(《左傳·宣公十二年》)

吾以夫子爲天地,安知夫子之猶若是也？(《莊子·德充符》)

子非魚,安知魚之樂？(同上,《秋水》)

鶴實有禄位,余焉能戰？(《左傳·閔公二年》)

棖也慾,焉得剛？(《論語·公冶長》)

焉知其所終,焉知其所始？(《莊子·山木》)

總之,疑問代詞ẓ系、ɣ系、○系之間的分別,在先秦是相當清楚的,到漢代以後,界限變爲不那麽清楚了。但是,"誰"仍指人,保存爲今天的"誰";"何"仍指物,在今天,則説成"什麽"。這個大界限仍是清楚的。

從南北朝起,史料中出現了一個"底"字,它的意義和"何"字相同,例如:

日冥當户倚,惆悵底不憶？(《子夜歌》)

單身如螢火,持底報郎恩？(《歡聞歌》)

我與歡相憐,約誓底言者？(《懊儂歌》)

徒勞無所獲,養蠶特底爲？(《采桑度》)

持底唤歡來？花笑鶯歌咏。(《西烏夜飛》)

到了唐代,"底"字用得更普遍了。在杜甫詩句中,有下面的一些例子:

文章差底病？回首興滔滔！［差,治癒的意思。］(《赴青城縣出成都寄陶王二少尹》)

花飛有底急？老去願春遲。(《可惜》)

久待無消息,終朝有底忙？(《寄邛州崔録事》)

盤渦鷺浴底心性？獨樹花發自分明。(《愁》)

陶冶性靈存底物？新詩改罷自長吟。(《解悶》之七)

在唐代其他詩文和宋代詩文中，"底"字也是常見的，特別是"底事"，例如：

空勞酒食饌，持底解人頤？〔解人頤，令人開笑顏的意思。〕(王維《慕容承攜素饌見過》)

緣底名愚谷？都由愚所成。(王維《愚公谷》三首之二)

有底忙時不肯來？(韓愈《同水部張員外籍曲江春游寄白二十二等人》)

不知楊六逢寒食，作底歡娱過此辰？(白居易《寒食日寄楊東川》)

若抛風景長閒坐，自問東京作底來？(白居易《早出晚歸》)

朝真暮僞何人辨？古往今來底事無？(白居易《放言》五首之一)

甯戚飯牛緣底事？陸通歌鳳亦無端。〔飯，動詞，喂也。無端，是沒來由或沒有理由的意思。〕(元稹《放言》五首之四)

柳映江潭底有情？(李商隱《柳》)

風流真底事？常欲傍清羸。(李商隱《贈宗魯筇竹杖》)

渠將底物爲香餌？一度抬竿一簡魚。(杜荀鶴《釣叟》)

年年道我蠶辛苦，底事渾身着苧蔴？(杜荀鶴《蠶婦》)

吹皺一池春水，干卿底事？(《南唐書·馮延巳傳》)

詩人情味真嘗遍，試問於君底事虧？(蘇軾《次韻柳子玉過陳絶糧》二首之)

試看白居易詩中"何人"和"底事"對舉，就知道"何"和"底"是同義詞。但是，"何"字是怎樣發展爲"底"字的呢？這還是尚待研究的問題①，因爲從語音看來，"何"和"底"似乎并沒有什麽歷史關係。

現代漢語裏的"什麽"(甚麽)不是從"何"演變來的，也不是從

---

① 唐顏師古《匡謬正俗》説："俗謂何物爲'底'，此本言'何等物'，後省'何'，直云'等物'耳。……今人不詳根本，乃作'底'字，非也。"這種揣測的話是靠不住的。

“底”演變來的。“什麼”在唐代就産生了。《集韻》説：“不知而問曰‘拾没’。”在唐代，“什麼”也有寫作“是勿”的，例如：

　　玄宗問黄幡綽：“是勿兒可憐？”對曰：“自家兒可憐。”(趙璘《因話録》)

　　　但是一般總只是寫作“什麼、什没、甚麼、甚没、甚末”，或者單寫一個“甚”字(“甚”是“甚麼”的合音)，例如：

　　和尚有什麼事？(《筠州洞山悟本禪師語録》)

　　彌勒什麼時下生？(同上)

　　不説不行時，合行什麼路？(同上)

　　前生爲什没不修行？(《佛説阿彌陀經講經文》)

　　他不飢，吃甚麼飯？(同上)

　　爲甚麼不全肯？(《瑞州洞山良价禪師語録》)

　　大衆吃箇甚麼？(同上)

　　單于言：“作甚没來？”(《李陵變文》)

　　時節恁麼熱，向甚處迴避？(《撫州曹山元證禪師語録》)

　　耶孃甚處傳書覓？(《敦煌零拾·雀踏枝》)

　　韓愈問牛僧孺：“且以拍板爲什麼？”(《摭言》)

下面是一些宋元時候的例子：

　　劫劫地走覓什麼？(蘇軾《醉僧圖頌》)

　　在此作什麼？(《景德傳燈録》卷四)

　　説箇道理如此，看是甚麼人卜得？(《朱子語録》)

　　我父親是誰？名唤做甚末？(《元曲·認金梳》)

　　　除了“什麼”之外還有“遮莫”。“遮莫”和“什麼”可能有語音上的聯繫。《才調集》載李白《寒女吟》：“下堂辭君去，去後悔遮莫！”“悔遮莫”就是“悔什麼”[1]。後來“遮莫”又寫成“者麼、者末、折莫”等，例如：

_____

[1]　這是根據張相的解釋(《詩詞曲語辭匯釋》上册146頁)。但是這首詞有人懷疑不是李白的作品。

茶寮山上一頭陀,新來學者麽?（徐淵子《阮郎歸》）

問甚麽官人令史,者末儒流秀士,浪子人兒。（《雍熙樂府》六）

管甚麽抹土搽灰,折莫擂鼓吹笛。（《錯立身》戲文第五折）

現代漢語的"怎麽",在唐代只用"爭"字來表示。到宋代才用"怎"字,同時産生了"怎生、怎麽（怎末）、怎的"等,例如:

見説綠楊堪作柱,爭教紅粉不成灰?（白居易《燕子樓》三首之三）

若是有情爭不哭? 夜來風雨葬西施。（韓偓《哭花》）

笑問鴛鴦兩字怎生書?（歐陽修《南歌子》）

怎生便信得他?（《朱子全書·孟子》）

韋郎去了,怎忘得玉環分付?（姜夔《長亭怨慢》）

却怎麽這顏色不加搽?（《元曲·漢宮秋》第一折）

這厮利害……我可怎末了?（同上,《黃花峪》第四折）

你嗓磕他怎的?（同上,《曲江池》第三折）

"爭"（"怎"的前身）的産生時代在第 8 世紀前後,和"什麽"同時。它的來源還不清楚。和"爭"差不多同時的還有個"作麽生"也是表示怎麽的意思①。"作麽生"在唐代禪家語録裏用得很普遍②,例如:

上堂曰:"向時作麽生? 奉時作麽生? 功時作麽生? 共功時作麽生? 功功時作麽生?"僧問:"如何是向?"師曰:"吃飯時作麽生?"（《筠州洞山悟本禪師語録》)③

狹路相逢時作麽生?（同上）

那箇究竟作麽生?（《瑞州洞山良价禪師語録》）

或到險處又作麽生牽?（《撫州曹山元證禪師語録》)④

"爭"和"怎"是 tsəŋ 和 tsəm 的差別。"怎麽"是"怎"的分音,正像

---

① 編者注:"和'爭'差不多同時的"几字文集本爲"唐代以後"。

② 編者注:該句文集本没有。

③ 編者注:該例文集本無。

④ 編者注:末二例文集本改爲歐陽修的《六一詩話》:"太瘦生,唐人語也。至今猶以生爲語助,如作麽生、何似生之類是也。"

“那麼”是“恁”的分音一樣。“作麼生”和“争”或“怎生”在語音上是可以相通的。“怎生”可能來自“作麼生”（“怎”是“怎麼”的合音）。但是，“作麼生”和“争”差不多是同時出現的，我們很難肯定哪一個在先哪一個在後①。

現代漢語的“哪”字，直到“五四”時代，還寫作“那”（和指示代詞“那”字同一寫法）。實際上，在中古時代，疑問代詞“那”字比指示代詞“那”字常見。依現有史料看來，疑問的“那”的産生時代早於指示的“那”。

上文説過，上古的 ȥ 系到今天還有一個“誰”字，上古的 ɣ 系後來説成“什麼”。那麼，上古指稱處所的○系呢？依我們觀察，真正對處所提出疑問，就用“何處”；如果是活用的疑問（反詰），就用“那”字來代替上古的“惡、安、焉”。

這個“那”字的産生時代比“什麼”和“争”都早得多。大約在漢末就産生了，例如：

處分適兄意，那得自任專？（《孔雀東南飛》）

生人作死别，恨恨那可論？（同上）

那得方低頭看此邪？［方，只管的意思。］（《世説新語·政事》）

到了唐代，已經用得很普遍了。例如：

安曰：“外論不爾。”答曰：“人那得知？”（《晉書·王羲之傳》）

在下那得有此才？（《北史·高聰傳》）

世人那得知其故？（杜甫《送孔巢父謝病歸游江東兼呈李白》）

但見新人笑，那聞舊人哭？（杜甫《佳人》）

衰疾那能久？應無見汝期！（杜甫《遣興》）

咫尺不相聞，平生那可計？（韓愈《除官赴闕至江州寄鄂岳李大夫》）

看來“那”字的語法意義是來自上古的“安”和“焉”。“安”和“焉”收音於-n，可能轉化爲 na（那）。

---

① 文集本删“但是……在後。”

*　　*　　*　　*　　*

最後簡單地談一談"者"和"所"的發展。《馬氏文通》把"者"和"所"都認爲接讀代字（即一般所謂關係代詞），這樣模仿西洋語法雖然不妥，但是，"者"和"所"是同一性質的代詞[①]，那是可以肯定的。"者"和"所"在上古語音系統中是同屬於魚部的（者 ȶia，所 ʃia）。它們都是指示代詞之一種。

"者"字是被飾代詞，一般用於定語的後面。這定語可以是形容詞，可以是動詞，也可以是謂語形式，例如：

犧牲玉帛，待於二竟，以待强者而庇民焉。（《左傳·襄公八年》）

鐻成，見者驚猶鬼神。[鐻，上古的一種樂器。]（《莊子·達生》）

知我者其天乎？（《論語·憲問》）

肉食者鄙，未能遠謀。（《左傳·莊公十年》）

此外，還有兩種結構形式：一種是放在"昔"字後面，表示時間（後來有"乃者、曩者"等）；另一種是放在數詞後面，表示并舉，例如：

昔者辭以病。（《孟子·公孫丑下》）

乃者我使諫君也。（《史記·曹相國世家》）

曩者以汝爲達。（《列子·黄帝》）

二者不可得兼。（《孟子·告子上》）

二者無一焉。（《史記·汲鄭列傳》）

"者"字的用法一直保留在文言文裏，但是後來在口語裏又産生了一種新的形式，就是"的"字，例如"見者"説成"看昦的"，"知我者"説成"瞭解我的"。這種"的"字和"者"字的性質是不同的："看見的"是"看見的人"的省略；"見者"并不是"見者人"的省略。"的"字在這裏具有定語語尾的性質。後來"的"字發展爲詞尾，如"釣魚的、賣柴的"。但是這些詞尾和定語語尾没有明確的界限。這些"的"字都没

[①]　以前我在《中國語法理論》上説"所"字是動詞的前附號，不承認它是指示代詞。現在修正我的意見。

有指示性。依我們看來，"的"和"者"在語音上雖有相似之處，但并没有歷史的關係。

"所"字經常放在外動詞（及物動詞）的前面，它的語法作用是使這個動詞、整個謂語形式或整個句子形式都變爲定語的性質。這個定語後面可以是名詞，也可以是"者"字（兩個指示代詞前後相應），例如：

　　所連收天下之百姓，不尚同其上者也。（《墨子·尚同上》）

　　仲子所居之室，伯夷之所築與？（《孟子·滕文公下》）

　　臣之所好者，道也。（《莊子·養生主》）

　　所聽視者近，而所聞見者遠。（《荀子·不苟》）

這種"者"字往往可以不用，名詞如果是泛指人、地和事物的也往往不用，於是定語變爲名詞性仂語①，例如：

　　仲子所居之室，伯夷之所築與？抑亦盗跖之所築與？（《孟子·滕文公下》）

　　召其所好，去其所惡。（《莊子·庚桑楚》）

　　聖王之道也，儒之所謹守也。（《荀子·王霸》）

漢代以後②，"所"字獲得了一種新的語法意義，就是在被動句中作爲動詞的詞頭。在這種情況下，它喪失了它的指示作用，例如：

　　漢軍却，爲楚所擠。（《史記·項羽本紀》）

　　微趙君，幾爲丞相所賣。（同上，《李斯列傳》）

　　衛太子爲江充所敗。（《漢書·霍光傳》）

　　食於道旁，乃爲烏所盗肉。（同上，《黄霸傳》）

　　范睢爲須賈所讒。（《論衡·變動篇》）

等到下文第十八節，我們再回到被動句的問題上來。

"所"字這兩種主要的用法一直沿用到今天，但也不是没有發展的。

---

①　"所"字的用法相當複雜，這裹爲篇幅所限，只能談一個大概。

②　楊樹達《高等國文法》引《禮記·檀弓》："世子申生爲驪姬所譖。"查無此語。并且《禮記》可能是漢代的作品。

本來,"所"字後面的動詞和前面的主語合起來成爲定語的時候,它們強調的往往是施事者,如在"仲子所居之室"這一個結構裏,"仲子"是被"所"字強調指出的(不是別人,而是仲子)。到了現代,"所"字所強調的(所要特別指出的)就不再限於施事者,例如在"我昨天所買的書"裏,"所"字所要特別指出的并不是"我",而是"昨天"。所以"我"字還可以省去,單説成"昨天所買的書"。在下面的一個例子中,"所"字所要特別指出的也不是施事的人,而是要强調行爲發生的處所:

只有在社會實踐過程中……,人們達到了思想中所預想的結果時,人們的認識才被證實了。(《毛澤東選集》第一卷273頁)

"所"字在現代一般口語裏已經很少用了,甚至完全不用,例如"他所住的房子",只説成"他住的房子"就够了。但是,"所"字仍然應該在文學語言中保留下來,因爲在某些情況下它是能够增强語言的明確性的。

第七節　動詞的發展

和名詞一樣,上古漢語動詞也有類似詞頭的前加成分,最常見的是"爰、曰、言"三個字。"爰、曰"是雙聲,而且是寒月對轉;"爰、言"是叠韻,而且同屬喉音。它們在語音上有密切的關係,可以認爲同一個詞的轉化。

爰 ɣiwan　　曰 ɣiwat

言 ŋĭan

下面是一些例子:

爰居爰處,爰喪其馬。(《詩經·邶風·擊鼓》)

爰居爰處,爰笑爰語。(同上,《小雅·斯干》)

爰始爰謀,爰契我龜。[刮好龜甲算個卦。](同上,《大雅·緜》)

爰采麥矣，沬之北矣。[全句大意是：要采麥子啦，在沬北采呀。沬，衛國的地名。]（同上，《鄘風·桑中》）

曰爲改歲，入此室處。[快要過年了，回到房子裏來往。]（同上，《豳風·七月》）

朋酒斯饗，曰殺羔羊。[帶上兩樽酒，宰上一隻羊羔。]（同上）

我送舅氏，曰至渭陽。[我送舅舅，到渭水北岸。]（《同上，《秦風·渭陽》）

天方艱難，曰喪厥國。（同上，《大雅·抑》）

曰歸曰歸，歲亦莫止。[要回家要回家，一年就要完了。]（同上，《小雅·采薇》）

言告師氏，言告言歸。[告訴保姆，已經請准回娘家了。]（同上，《周南·葛覃》）

彼汾一方，言采其桑。[在那汾河邊上，采些兒桑葉。]（同上，《魏風·汾沮洳》）

翹翹錯薪，言刈其楚。[大意是：砍柴要砍荊樹。翹翹，高大貌。錯薪，雜亂的柴草。楚，牡荊。]（同上，《周南·漢廣》）

靜言思之，不能奮飛。[靜靜地想一想，恨不能展翅高飛。]（同上，《邶風·柏舟》）

試比較"爰喪"和"曰喪"、"爰采"和"言采"、"曰歸"和"言歸"，就知道它們的語法意義是一樣的。

聿，又作"遹"，也是動詞的前加成分，例如：

聿求元聖。[求一個大聖人。]（《書經·湯誥》）

無念爾祖，聿修厥德。（《詩經·大雅·文王》）

爰及姜女，聿來胥宇。[來考察房屋的地址。]（同上，《緜》）

昭事上帝，聿懷多福。[祈求更多的幸福。]（同上，《大明》）

遹求厥寧①，遹觀厥成。[求其安寧，觀其成功。]（同上，《文王有

---

① 前面還有一句"遹駿有聲"。可能"遹"字不限於作爲動詞的詞頭。

聲》)

匪棘其欲,遹追來孝。[大意是:不是急於滿足自己的願望,而是追述祖宗的勤勉和孝順。棘,急。來,勤。](同上)

"聿、遹"同音,屬餘母,在上古應該念 dˇiwət。但是聯緜字有:聿皇(《漢書·楊雄傳》"武騎聿皇"[聿皇,輕疾貌])、遹皇(張衡《思玄賦》"察二紀五緯之綢繆遹皇"[遹皇,往來貌]),那麼,"聿"和"遹"又應該屬雲母,念 ɣiwət。這樣,它們和"爰"是雙聲,和"曰"尤其相近(曰 ɣiwat:聿 ɣiwət),怪不得它們也用作動詞的詞頭了。

上古漢語動詞還有類似詞尾的後加成分,就是"思"字和"止"字。"思"和"止"是叠韻,而且同屬齒音,例如:

南有喬木,不可休思①。漢有游女,不可求思。漢之廣矣,不可泳思。江之永矣,不可方思。(《詩經·周南·漢廣》)

昔我往矣,楊柳依依;今我來思,雨雪霏霏。(同上,《小雅·采薇》)

亦既見止,亦既覯止,我心則降。[已經見了他了,已經遇見他了,我的心就放下來了。](同上,《召南·草蟲》)

既曰歸止,曷又懷止?[已經出嫁了,怎麼又想她呢?](同上,《齊風·南山》)

高山仰止,景行行止。[景行,大道。](同上,《小雅·車舝》)

君子至止,言觀其旂。[入朝的大臣來到,可以辨認出旗子。](同上,《庭燎》)

以上所述各字算不算詞頭、詞尾,尚待進一步的研究。比方"思"和"止"一般都在一句的後面,也像語氣詞。即使算是詞頭、詞尾,它們在後代也沒有留下任何痕迹。

下面我們要談現存的動詞詞尾的歷史。先談詞尾"得"字。

詞尾"得"字來自動詞"得"字。從漢代開始,"得"字就可以放在

---

① 今本作"不可休息"。

動詞的後面。後代也一直沿用着這種結構,例如:

民采得日重五銖之金。(《論衡·驗符篇》)

漁者網得神龜焉,漁父不知其神也。(同上,《講瑞篇》)

世或有謂神仙可以學得,不死可以力致者。(嵇康《養生論》)

隱機倚不織,尋得爛熳絲。(《樂府·青陽度》)

一尺鱸魚新釣得,兒孫吹火荻花中。(鄭谷《淮上漁者》)

有客師事金身仙,用金買得山中田。(鮑溶《玉山謠奉送王隱者》)

借得茅齋岳麓西,擬將身世老鋤犂。(韓偓《小隱》)

但是這種"得"字具有很明顯的獲得的意義,它還有動詞的性質。嵇康《養生論》的"得"和"致"并舉,就更可以看出這點。

"得"字後置以後,在另一些句子裏,"得"字又具備了另一種意義,即達到行爲的目的的意義,而這種意義往往使"得"字成爲倒裝的"能"("料得"="能料")①。這樣"得"字就開始虛化了。唐人詩文中很多這種例子:

蒼天變化誰料得? 萬事反覆何所無? (杜甫《杜鵑行》)

數莖白髮那拋得? 百罰深杯亦不辭! (杜甫《東游園歌》)

亂後誰歸得? 他鄉勝故鄉。(杜甫《得舍弟消息》二首之一)

不知臨老日,招得幾人魂? (同上)

曾隨織女渡天河,記得雲間第一歌。(劉禹錫《聽舊宮中樂人穆氏唱歌》)

飲食吃得些些子。(《天下傳孝十二時》)

兄且如何出得身? (《季布罵陳詞文》)

卒倉没人關閉得。(《大目犍連變文》)

---

① 但是,"得"并不是代替"能"的,因此,它能和"能"字同時并用,例如白居易《春題湖上》:"未能拋得杭州去,一半勾留爲此湖。"《季布罵陳詞文》:"不問未能諮説得,暨聞垂問即申陳。"

但是,這種"得"字和動詞之間還可以被"不"字甚至被"未"字隔開,例如①:

今壹受詔如此,且使妾搖手不得。(《漢書·孝成許皇后傳》)

田爲王田,買賣不得。(《後漢書·隗囂傳》)

天邊老人歸未得。(杜甫《天邊行》)

唇焦口燥呼不得。(杜甫《茅屋爲秋風所破歌》)

故林歸未得。(杜甫《江亭》)

君王掩面救不得。(白居易《長恨歌》)

由此可見,這種"得"字還不是真正的詞尾。不過詞尾"得"字也正是從這種"得"字發展來的。

真正的詞尾"得"字是在唐代産生的,這個時代,詞尾"得"字已經有了兩種性質:一種是作爲遞繫句的動詞詞尾②,例如:

旆下依依認得真。(《季布駡陳詞文》)

直欲危他性命,作得如許不仁。(《燕子賦》)

到了宋代,這種"得"字更爲常見了。下面是從宋人語録中摘出的一些例子:

只是見得不完全。(《朱子語類·四纂》卷一)

此條記得極好。(同上)

周子看得這理熟。(同上)

看他裏面推得辛苦。(同上,卷四)

此事看得極好。(同上)

後來見荆公用得狼狽,更不言兵。(同上)

温公力行處甚篤,只是見得淺。(同上)

趙忠簡却曉事有才,好賢樂善,處置得好。(同上)

---

① 下面頭兩個例子采自楊樹達《詞詮》卷二。

② 關於遞繫句,可參看王力《中國語法理論》。

另一種是作爲緊縮句的動詞詞尾①，例如：

太子既生之下，感得九龍吐水，沐浴一身。(《八相成道變文》)

目連雖是聖人，煞[嚇]得魂驚膽落。(《大目乾連冥間救母變文》)

王郎才見公主面，唬得魂魄膽飛颺。(《醜女緣起變文》)

感得天下欽奉，萬姓依從。(《茶酒論》)

到了宋代，由於"得"字和使成式配合，來表示能够，這時，詞尾"得"字又獲得了第三種性質，即作爲能願式中的動詞詞尾②，例如：

若不融，一句只是一句在肚裏，如何發得出來？(《朱子語類·四纂》卷二)

只這個天下人拈掇不起，還有人拈掇得起麽？(《景德傳燈錄》)

縱使青春留得住，虛語，無情花對有情人。(《六一詞·定風波》)

江南游女，問我何年歸得去。(《東坡詞·減字木蘭花》)③

這三種性質的動詞詞尾"得"字是同一來源的，就是由原來的獲得意義轉化爲達成，由達成的意義更進一步的虛化，而成爲動詞的詞尾。它作爲遞繫式和緊縮式的動詞詞尾的時候，是表示造成某種情況。但是緊縮式的詞尾"得"字後面可以用句子形式，而且往往表示誇張("煞得很厲害，以致魂驚膽落")。當它作爲能願式的動詞詞尾的時候，是表示達到某種目的。因爲遞繫式和能願式的詞尾"得"是同源的，所以能用同一的結構形式，例如"修理得好"在不同的上下文裏可能有不同的意義，在遞繫式裏，"修理得好"表示修理的結果良好；在能願式裏，"修理得好"表示能修理好。

在後代的文藝作品中，這三種性質的"得"字都可以寫成"的"字。這只是寫法的不同，所以不詳細討論了。

---

① 關於緊縮句，參看王力《中國語法理論》。
② 關於這類"得"字，參看王力《中國語法理論》。
③ 後三個例子采自呂叔湘《漢語語法論文集》64~65頁。

* * * * *

如果説現代漢語有形態的話,它的形態首先表現在動詞詞尾"了"和"着"上面。嚴格地説,它們不是詞尾(суффиксы, suffixes),而是形尾(окончания, endings),因爲已經不是構詞法的問題,而是構形法的問題了①。

在現代漢語裏,"了"和"着"表示動詞的情貌(體)。"了"表示完成貌,"着"表示進行貌。"了"表示時點,"着"表示時面(時綫)。但是,它們并不是從開始就具有這樣明確的職能的,它們經過了曲折的發展過程。

"了"字在先秦史料中没有出現。《説文》:"了,尥[尥音鳥]也,從子無臂,象形。"這是"了戾"的"了"["了戾"是繚繞的意思],和今天的"了"毫無關係。魏晉以後,"了"字的另一種新的意義就是瞭解(朱駿聲認爲是"憭"字的假借)。郭璞《爾雅·序》:"其所易了,闕而不論。"這種意義的"了"在南北朝最爲常見(如佛家的"了悟"),直到今天,它還作爲"瞭(了)解"的構詞成分。但是,這種意義的"了"字和完成貌"了"字也没有歷史關係。

和完成貌"了"字有歷史關係的是終了(内動)、了結(外動)的意義的"了"字。這種"了"在漢代已經出現了。王褒《僮約》:"晨起早掃,食了洗滌。"雖然《説文》没説到這種意義,但是,《廣雅·釋詁》四説:"了,訖也。"這就説明漢代已經產生了這種意義。由此看來,"終了"和"了結"的"了"比"瞭(了)解"的了出現得更早。這兩種意義大約是不同來源的,恰巧它們都假借"了戾"的"了"作爲書寫的形式罷了。

"終了"和"了結"的"了"在晉代以後史料中頗爲常見,它還是動詞的性質,例如:

---

① 參看王力《關於漢語有無詞類的問題》,見《北京大學學報》1955 年 2 期 136~142 頁;又見《漢語的詞類問題》(論文集)第二集 47~56 頁。

儀常規畫分部，籌度糧穀，不稽思慮，斯須便了。(《三國志·蜀志》)

官事未易了也。(《晉書·傅咸傳》)

且有小市井事不了。(同上，《庾純傳》)

岱宗夫如何？ 齊魯青未了。(杜甫《望岳》)

爲客無時了，悲秋向夕終。(杜甫《大曆二年九月三十日》)

若無知足心，貪求何日了？ (白居易《西掖早秋直夜書意》)

就在唐人詩句中，"了"字已經在很多地方不用作謂詞，而逐漸虛化。實際上它變了補語的性質，僅僅表示行爲的完成，例如：

半啼封裹了，知欲寄誰將？ (孟浩然《閨情》)

二三豪傑爲時出，整頓乾坤濟時了。(杜甫《洗兵馬》)

待將袍襖重抄了，盡寫襄陽播搢詞。(段成式《寄温飛卿箋紙》)

因把剪刀嫌道冷，泥人呵了弄人髻。[泥，動詞，軟纏的意思。] (秦韜玉《咏手》)

春風爲開了，却擬笑春風。(李商隱《寄遠》)

何日桑田俱變了，不教伊水向東流？ (李商隱《嘲桃》)

這種"了"字顯然還含有完畢(或終了)的意義，所以在散文中有時候還寫成"已了、既了"，例如：

太子作偈已了，即便歸宮。(《八相變文》)

思惟既了，忽於衆中化出大樹。(《降魔變文》)

但是，就一般情況來說，"了"字已經很像形尾，因爲它已經緊貼在動詞後面了。下面是唐代俗文學裏的一些例子：

吃了張眉豎眼，怒鬪宣拳。(《茶酒論》)

今既償了，不得久住。(《董永行孝》)

便與將絲分付了，都來只要兩間房。(同上)

二人醉了便進路，更行十里到永莊。(同上)

咒雖萬種作了，鳳凰要自難漫。(《燕子賦》)

示現皆生佛國，看了却歸天界。(《八相變文》)

任伊鐵作心肝，見了也須粉碎。(《維摩詰經菩薩品變文》)

　　那麽,這種"了"字算不算真正的形尾呢? 仔細看來,它還不是形尾,因爲當動詞後面帶有賓語的時候,"了"字是放在賓語的後面,而不是緊貼着動詞的,例如:

　　朝來洞口圍棋了,賭得青龍直幾錢? (曹唐《小游仙詩》九十八首之十五)

　　但得上馬了,一去頭不回。(曹鄴《去不返》)

　　他時書劍酬恩了,願逐鸞車看十洲。(李中《宿廬山白云峰重道者院》)

　　皇帝舍愸收勑了,君作無憂散憚身。[舍,同"捨",也就是赦的意思。愸,疑是"罪"字。勑,同"敕"。](《季布罵陳詞文》)

　　盡頭呵責死屍了,鐵棒高臺打一場。(《地獄變文》)

　　作此語了,遂即南行。(《伍子胥變文》)

　　煞[殺]子胥了,越從吴貸粟四百萬石。(同上)

　　但是作爲真正的形尾"了"字,在南唐已經出現了,因爲它緊貼着動詞而且放在賓語的前面。不過,這時候,這種"了"是很少見的,例如:

　　林花謝了春紅,太匆匆! (李煜《烏夜啼》)

　　到了宋代,雖然一般仍像唐代一樣,"了"字放在賓語的後面,例如:

　　刻石了,多乞數本,爲人來求者多。(歐陽修《與杜訢論祁公墓志第二書》)①

　　九龍咸伏,被抽背脊筋了,更被脊鐵棒八百下。(《大唐三藏取經詩話》第七)

　　我小年曾作此賊了,至今由[猶]怕。(同上,第十一)

　　也須是做一件事了,又理會一件。(《朱子語類·四纂》卷一)

　　印第一箇了,印第二、第三箇。(同上)

但是真正的形尾"了"字,在宋代已經逐漸多起來了,例如:

　　等閒妨了繡功夫。(歐陽修《南歌子》)

---

① 這個例子是研究生郭錫良供給的。

花影低徊簾幕捲,慣了雙來燕燕。(毛滂《酒家樓望其南有佳客,招之不至》)

更添了幾聲啼鴂。(姜夔《琵琶仙》)

如今都教壞了學生,箇箇不肯讀書。(《朱子語類·四纂》卷一)

今觀孔子弟子,除了顏、曾之外,其他説話便皆有病。(同上)

大約在宋代有一個新舊規則同時并用的時期,到了元代以後,新規則戰勝了舊規則,人們不再説(例如)"做一件事了,又理會一件",而是説"做了一件事,再做一件"了,例如:

緣何屈了他?(《京本通俗小説·菩薩蠻》)①

不合信媒人口,嫁了張員外。(同上,《志誠張主管》)

咱自去擄了同川。(《五代史平話·梁史》上)

使敬塘偷了好馬一匹騎坐逃去了。(同上,《晉史》上)

怎知卧龍又投了劉備!(《三國志平話》卷中)

武侯使計捉了呂凱、杜旗,奪了雲門關,上關賞了軍,安撫了百姓。(同上,卷下)

我欲待起兵南侵,又恐怕失了數年和好。(《元曲·漢宮秋》第二折)

我問劉員外借了十個銀子。(同上,《鴛鴦被》楔子)

我與了他兩丸藥。(同上,《張天師》楔子)

從此以後,漢語動詞形尾"了"字有了固定的位置,形成了今天"了"字的職能。

形尾"着"的來源和"了"稍有不同。

"着"本作"著"②。"著"字有幾種意義,幾種讀音。最常見的意義是"顯著"的"著"和"著書"的"著",都讀知母御韻。另有兩個常見的意義:第一是"附著"的"著",讀入澄母藥韻;第二是"著衣"的"著",讀

---

① 我們認爲只有《大唐三藏取經詩話》是宋代作品(可能還是北宋)。《京本通俗小説》和《五代史平話》《三國志平話》等都是元代作品,或者是經元代人改寫過的。

② 《説文》有"箸"無"著"。如果根據《説文》,還應該説"著"本作"箸"。

入知母藥韻。後人爲了要求分別,把入聲的"著"寫成"着"。形尾"着"字就是從附着的意義演變而來的①。

　　附着的"着"在最初的時候是純粹的動詞。這種意義一直沿用到後代。下面是一些附着或和附着有關的例子:

　　伯棼射王,汰輈及鼓跗,着於丁寧。[原句大意是:(箭)越過了車輈,到了鼓架子那裏,射在鉦上。丁寧,鉦也,古樂器,軍中用之以節鼓。](《左傳·宣公四年》)

　　風行而著於土。(《左傳·莊公二十二年》)

　　惟著意而得之。(《楚辭·九辯》)

　　而淮陽之比大諸侯,廑如黑子之著面。(《漢書·賈誼傳》)

　　甘露如飴蜜者,著於草木不著五穀。(《論衡·是應篇》)

　　常恐祖生先吾著鞭。(《晉書·劉琨傳》)

　　俱道適往,著手成春。(司空圖《詩品》)

　　紛紛忽降當元會,着物輕明似月華。(李建勛《和元宗元日大雪登樓》)

　　在漢末,"着"字已經有了虛化的迹象,它不是句中的謂詞,而是放在動詞後面和動詞構成使成式的結構,例如:

　　今鐘皷無所懸着……如必有所懸着……。(《論衡·雷虛篇》)

　　到了南北朝以後,"着"字開始虛化。一方面,它不用作謂詞;另一方面,它在某種程度上保存着附着的意義。在這種情況下,動詞加"着"字構成一個類似使成式的結構。這時候,"着"字一般只用於處所狀語的前面,并且常常和"前、後、上、下、中、邊"等字相照應,例如:

　　長文尚小,載箸車中。(《世説新語·德行》)

　　文若亦小,坐箸膝前。(同上)

　　刻木作班鳩,有翅不能飛。摇著帆檣上,望見千里磯。(晉樂府《歡聞變歌》六首之四)

---

① 吕叔湘先生説得對(《漢語語法論文集》6頁):"以著字輔助動詞,初以表動作之有所著,繼以表事態的持續。"

寄君蘼蕪葉,插著叢臺邊。(吳均《與柳惲相贈答》六首之六)

雷公若二升碗,放著庭中。(《三國志·魏書·曹爽傳》注)①

不如待其來攻,躄著泗水中。(同上,《呂布傳》注)

以綿纏女身,縛着馬上,夜自送女出。(同上)

是以今者多有鵠手迹,魏武帝懸著帳中,及以釘壁,玩之以爲勝。
(《晉書·衛瓘傳》)

這種"着"字頗有"在"字的意義(附着某處就是在於某處),但是
它是連上念的,不是連下念的,所以和"在"不同。在這個時候,動詞後
面并不帶有賓語。

到了唐代,帶"着"字的動詞後面開始可以有賓語,"着"字的意義
也有了變化,它帶有到的意思,例如:

唧泥點汙琴書內,更接飛蟲打著人。(杜甫《絶句漫興》九首之三)

還應説著遠行人。(白居易《邯鄲冬至夜思家》)

道著姓名人不識。(白居易《惻惻吟》)

日暮拂雲堆下過,馬前逢著射雕人。(杜牧《游邊》)

方響聞時夜已深,聲聲敲著客愁心。[方響,樂器。](雍陶《夜間
方響》)

故没没然無一人道著名字。(陸龜蒙《送豆盧謁宋丞相序》)

往還二十餘年,不曾共説著文章。(《嘉話録》)

暗中摸索著,亦可識之。(同上)

這一類的"着"字演變到現代漢語裏,多數念重音[tʂau],所以它
不是形尾。在此情況下,動詞加"着"也構成了類似使成式的結構。

真正形尾"着"字似乎還是繼承了表示處所的"着"字。下面這些
例子顯示着過渡時期的情況,因爲這些"着"字還只表示着一種静態,
而没有表示行爲正在進行中,例如:

堆着黄金無買處。(王建《北邙行》)

---

① 《三國志》注作者是南北朝宋裴松之。

真正表示行爲在進行中的形尾"着"字在宋代已經存在了,例如:

見世間萬事顛倒迷妄,耽嗜戀著,無一不是戲劇。(《朱子語類‧輯略》卷二)

如戰陳厮殺,擂著鼓,只是向前去,有死無二。(同上,卷七)

但是進行貌的形尾"着"字的普遍應用是由元代的史料證實的,例如:

見一頂轎兒,兩個人抬着。(《京本通俗小說‧碾玉觀音》)

撞着八個大漢,擔着一對酒桶。[撞着不表示進行貌。](《宣和遺事》元集)

他一則說家道貧窮,二則倚着他容貌出衆,全然不肯。(《元曲‧漢宮秋》第一折)

只見一個男子搭着個婦人。(同上,《爭報恩》楔子)

不要歪厮纏,衙裏久等着哩。(同上,《張天師》楔子)

孩兒,你兩口兒將着一半兒,俺兩口兒留下這一半兒。(同上,《合汗衫》第二折)

吾乃漢江龍神是也,掌管着萬里長江。有楚昭公弟兄妻子四口兒,明日到此,駕着漁船一隻,過江逃難。(同上,《楚昭公》第三折)

到宋代,"着"字已經像現代漢語的"着"一樣,用在謂語形式的狀語裏,例如:

今認下著頭去做,莫要思前算後,自有至處。(《朱子語類‧輯略》卷二)

似擔百十斤擔相似,須硬著筋骨擔。(同上)

上文所說的表示靜態的"着"字也沿用下來,例如:

又寫着三十六個姓名,又題着四句道。(《宣和遺事》亨集)

只恁地關着門在這裏。(《京本通俗小說‧碾玉觀音》)

脊背後披着一帶頭髮。(同上,《西山一窟鬼》)

在元代,最值得注意的是連"同"字後面也可以跟着"着"字了,例如:

同着殿中侍御史陳師錫共寫着表文一道。(《宣和遺事》元集)

如果拿"了"和"着"相比較,我們可以說,作爲表示情貌的形尾,"了"比"着"的時代早些。同時形尾"了"的普遍應用時代也比"着"早些,就拿《朱子語類》來說,其中"了"字已經很多了,而"着"字好像還處於萌芽狀態,只有少數的例子。

但是,直到元代,"了"和"着"的分工還是不够明確的。有時候,"着"字表示行爲的完成,等於現代漢語裏的"了"字,例如:

同着殿中侍御史陳師錫共寫着表文一道。[寫着表文等於說"寫了表文"。](《宣和遺事》元集)

楊志因等候我了,犯着這罪。[犯着這罪等於說"犯了這罪"。](同上)

若不實說,便殺着你。[便殺着你等於說"便殺了你"。這是有條件的完成。](《三國志平話》卷中)

有時候,"了"字又表示行爲的持續,等於現代漢語裏的"着"字,例如:

太后指了天曰:"您從吾兒求做天子,何得謊說?"[比較:"崔寧指着前面道。"](《五代史平話·晉史》)

到了明代以後,特別是17世紀以後,"了"和"着"才有了明確的分工。這是漢語語法的一大進步。

總之,動詞形尾"了"和"着"的產生,是近代漢語語法史上劃時代的一件大事。它們在未成爲形尾以前,經歷過一些什麽發展過程,是值得我們深切注意的。

$$* \quad * \quad * \quad * \quad *$$

上面說過,表示情貌的形尾"着"字是由附着於某一處所的意義演變來的,這就牽涉到一個動向問題。在南北朝時代,"着"的動向是向下、向前等("坐箸膝前、懸著帳中")。不僅"着"字是這樣,其他類似形尾的字也是這樣。

"過"字也是表示動向的,它表示着從甲處所到乙處所的過程。等到它虛化以後,它表示行爲的成爲過去,例如"看過、吃過"。它所表示的過去的意念比完成貌所表示的更爲强烈,而且它往往表示一種經歷,所以有時候在"了"字前面再加"過"字,如"看過了戲、吃過了飯"。在否定語裏,要强調行爲没有實現,也用"過"字,例如"没有吃過飯、没有看過戲";但是不能再用"了"字,例如"没有吃過了飯、没有看過了戲"就不行。由於它後面可以加形尾"了"字,所以它本身還不能認爲形尾①。

這一個"過"字在唐代已經有了萌芽。到了宋代,就逐漸多起來了。例如:

今人以至鈍之才而欲爲至敏底工夫,涉獵看過,所以不及古人也。(《朱子語類•輯略》卷五)

而今只是那一般合看過底文字也未看,何況其他。(同上,卷二)

蓋爲是身曾親經歷過,故不敢以是責人爾。(同上,卷四)

看過了後,無時無候,又把起來思量一遍。(同上,卷五)

如欲理會道理,理會不得,便掉過三五日,半月日,不當事。(同上)

每日讀書,只是讀過了,便不知將此心去體會。(同上)

須事事理會過,將來也要知箇貫通處。(同上,卷六)

"起來"和"下去"在某些情況下也是表示情貌的。"起來"表示開始貌("笑起來、唱起來"),"下去"表示繼續貌("念下去、搞下去")②。"起來"的表示情貌也是較晚的事,大概在元代產生,例如:

恐怕火盆内有小炭延燒起來。(《水滸傳》第十回)

倘或路上與小人彆拗起來,楊志如何敢和他爭執得。(同上,第十六回)

---

① 蘇聯鄂山蔭教授認爲"過"字是表示未完成和多次的情貌的動詞詞尾(глагольный суффикс несовершенно-многократного вида),見於他所著的《華俄辭典》(646頁)。龍果夫教授也有類似的意見,他認爲"過"字所表示的過去是没有完成的,没有結束的,還容許有重復一次的可能的,他舉的例子是"你去過上海嗎?——去過一次"(《現代漢語語法研究》129～130頁)。

② 參看王力《中國語法理論》。

那對過衆軍漢見了，心内癢起來。（同上）

老僧聞言就歡喜起來道……。（《西游記》第十六回）

如果有賓語，賓語就夾在"起"和"來"的中間，例如：

且説史進就中堂又放起火來。（《水滸傳》第三回）

吳用勸他弟兄們吃了幾杯，又提起買魚事來。（同上，第十五回）

看那些人放起火來。（《西游記》第十六回）

"下去"的表示情貌，是由於"起來"的類化（аналогия，analogy）。它的起源最晚（《紅樓夢》中還没有）。在《兒女英雄傳》中，才發現用"下去"表示繼續貌的例子[1]：

便静静兒的聽他唱下去。（第三十八回）

底下要只這等一折折的排下去，也就没多的話説了。（同上）

待要隱忍下去……天長日久……更不成事。（同上，第三十回）

五四運動以後，新興的動詞詞尾有"化"字。這個詞尾大致等於英語的-ize，多數使名詞轉化爲動詞，也有少數是使形容詞轉化的，例如：

工業化 industrialize　　　　　機械化 mechanize

現代化 modernize　　　　　　歐　化 Europeanize

庸俗化 vulgarize　　　　　　具體化 concretize

這樣用"化"字對譯，是由日本譯文傳到中國的。當然，由於類化的結果，我們自己也可以創造一些"化"尾的動詞，例如"形象化、規律化"等。

第八節　形容詞和副詞的發展

在漢語裏，形容詞和副詞的界限在某些情况下不是十分清楚的。爲了叙述的便利，就并在一節裏討論。

上古漢語的形容詞也像動詞一樣，有些類似詞頭的附加成分。但

---

[1]　例子引自吕叔湘《中國文法要略》233～234頁，1956年。

是,某些附加成分是否應認爲詞頭,比動詞的"詞頭"更成疑問,因爲它們不是專作形容詞的附加成分的。現在舉出一個"其"字爲例:

北風其涼,雨雪其雱。[雱,盛大的樣子。](《詩經·邶風·北風》)

静女其姝,俟我於城隅。[一個純潔的姑娘很美麗,在城墙角上等着我。](同上,《静女》)

蟋蟀在堂,歲聿其莫。[蟋蟀進了廳堂,一年又快完了。](同上,《唐風·蟋蟀》)

我來自東,零雨其濛。[我從東方回來,正下着濛濛的細雨。](同上,《豳風·東山》)

再舉出一個"有"字爲例:

不我以歸,憂心有忡。[不讓我回家,心裏十分憂鬱難過。](同上,《邶風·擊鼓》)

彤管有煒,説懌女美。[紅管紅得耀眼,使我更加喜愛你的美麗。](同上,《静女》)

有洸有潰,既詒我肄。[你很粗暴,老給我一些苦差事。](同上,《谷風》)

新臺有泚,河水瀰瀰。[新建築的臺很輝煌,黄河的流水滿又平。](同上,《新臺》)

既然還不能斷定這些附加成分和形容詞的形態有關,所以不詳細討論了。

但是,有一類字必須肯定是形容詞或副詞的詞尾,那就是"如、若、然、爾、而"等。它們都是一個詞的變形:

如 n̠ɽa　　爾 n̠ɽa　　然 n̠ɽan

若 n̠ɽak　　而 n̠ɽə　　耳 n̠ɽə

"如、若、爾"在上古時期較爲常見,"而、耳"比較少見,例如:

屯如邅如,乘馬班如。[困難而且多阻礙,騎着馬跼蹋不前。](《易經·屯卦》)

襃如充耳。[笑迷迷地,好像耳朵被塞住似的(好像聾子似的)。] (《詩經·邶風·旄丘》)

婉如清揚。[眉目之間很秀氣。](同上,《鄭風·野有蔓草》)

子之燕居,申申如也,夭夭如也。[孔子休息的時候,總是很平靜很安然的。](《論語·述而》)

孔子三月無君,則皇皇如也。[皇皇如,不安心貌。](《孟子·滕文公下》)

天下晏如也。[天下很太平。](《史記·司馬相如列傳》)

用史巫,紛若,吉无咎。[紛若,盛多的樣子。](《易經·巽卦》)

桑之未落,其葉沃若。[沃若,茂盛的樣子。](《詩經·衛風·氓》)

如有所立卓爾,雖欲從之,末由也已。(《論語·子罕》)

鼓瑟希,鏗爾,舍瑟而作。[瑟奏得很徐緩,鏗然一聲停住了,放下了瑟,站立起來。](同上,《先進》)

子路率爾而對。[率爾,輕率地,不加思考地。](同上)

夫子莞爾而笑。[莞爾,微笑的樣子。](同上,《陽貨》)

突而弁兮。[突然戴起(成人的)帽子來啦。弁,古代一種帽子的名稱。](《詩經·齊風·甫田》)

頎而長兮。[個子高高大大的。](同上,《猗嗟》)

突耳加冠爲成人。(《詩經·甫田》"突而弁兮"鄭箋)

徒勞其心切切耳。(同上,"勞心切切"鄭箋)

我其以信相誓旦旦耳。(同上,《衛風·氓》"信誓旦旦"鄭箋)

"然"字的壽命最長,從《詩經》時代起,直到"五四"時代止,"然"字始終在書面語言中用爲副詞的詞尾,例如:

終風且霾,惠然肯來。[既颳風,又塵土飛揚,你很樂意地到我這裏來。](《詩經·邶風·終風》)

斐然成章,不知所以裁之。[斐然,有條理的意思。](《論語·公冶長》)

天油然作雲,沛然下雨,則苗浡然興之矣。(《孟子·梁惠王上》)

凄然似秋,煖然似春。(《莊子·大宗師》)

反紃察之,則偶然无所歸宿。[這句話大意是:反覆仔細研究它一下,就覺得疏遠而没有中心。紃,同"循"。偶然,疏遠貌。](《荀子·非十二子》)

若朋友交游,久不相見,卒然相覩,歡然道故。(《史記·滑稽列傳》)

士大夫悵然失望。(《漢書·陸賈傳》)

德璉常斐然有述作之意。(魏文帝《與吳質書》)

主上頃見徵,欻然欲求伸。[欻然,欲動之貌。](杜甫《奉贈韋左丞丈二十二韻》)

觸則兕觥犀角,尩尩然置於座中。(《游仙窟》)

漂流百戰偶然存,獨立千載誰與友。(蘇軾《鳳翔八觀·石鼓歌》)

猛然見了把頭低。(《西廂記》第四本第三折)

我這裏決然安你不得了。(《水滸傳》第四回)

果然有些好處,大家都有益。(《脂硯齋重評石頭記》第六回)

直到現代漢語裏,我們還說"忽然、突然"等。但是,"然"字在現代已經只能在特定的範圍內應用了。

"然"字在没有成爲詞尾以前,應該是一個實詞。我們的意思不是指燃燒的意義(《説文》"然,燒也"),而是説它本來是一個指示性的形容詞,略等於現代漢語的"這樣",例如:

宜爾室家,樂爾妻帑。是究是圖,亶其然乎?[亶其然乎,即不當真是這樣嗎?](《詩經·小雅·常棣》)

其然,豈其然乎?[皇疏:"然,如此也。"](《論語·憲問》)

吾何爲獨不然?[趙注:"然,如是也。"](《孟子·公孫丑下》)

奚以知其然也?(《莊子·逍遥游》)

吾意善治天下者不然。(同上,《馬蹄》)

木直中繩,輮以爲輪,其曲中規……輮使之然也。(《荀子·勸學》)

連詞"然而、然則"的"然"和副詞"雖然"的"然"都是從這種"然"字來的。在最初的時候,它們應認爲兩個詞。

上文第六節説過，"爾"也有這樣的意思。"爾、然"在語音上是歌寒對轉，所以在意義上也有相通的地方。

"然"字由獨立的詞發展爲副詞詞尾，這是很自然的演變（"忽然"的原始意義是很快的樣子，後來才變爲單詞）。英、法等語裏，副詞的詞尾-ly 和-ment 本來也都是獨立的詞。由詞變爲詞尾，這是語言發展過程中常見的事實。

帶着詞尾"然"字的副詞，在起初的時候，詞根多數還是單音的，例如上文所舉的"惠然、斐然、油然、沛然、凄然、偶然、卒然"等。但是，從戰國時代起，"然"字前面的形容詞已經可以用叠音了①，例如：

子貢蹙蹙然立不安。（比較《孟子·公孫丑上》："曾西蹙然曰。"）["蹙蹙然"或"蹙然"，都是表示不安的樣子。]（《莊子·天運》）

或者這個形容詞的原始形式就是叠音，例如：

宋人有閔其苗之不長而揠之者，芒芒然歸。（比較《詩經·商頌》："宅殷土芒芒。"）[上面《孟子》的"芒芒然"是疲倦得昏頭昏腦的樣子，《詩經》的"芒芒"是廣闊無垠、望不清楚的樣子。兩詞應是同源。]（《孟子·公孫丑上》）

有些叠音詞已經成爲不可分割的一個整體，不能再減爲單音，而且不能認爲由形容詞變來，例如：

昔者莊周夢爲胡蝶，栩栩然胡蝶也。[栩栩然，活潑生動的樣子。]（《莊子·齊物論》）

俄而子來有病，喘喘然將死。[喘喘然，上氣不接下氣的樣子。]（同上，《大宗師》）

季徹局局然笑曰……（同上，《天地》）

撋撋然用力甚多而見功寡。[撋撋然，勤奮的樣子。]（同上）

子貢卑陬失色，頊頊然不自得。[卑陬，慚愧害怕的意思。頊頊（音旭）然，若有所失的樣子。]（同上）

---

① 我們認爲，就一般情況説，形容詞加詞尾"然"字變爲副詞。

汲汲然唯恐其似已也。[汲汲然,很惶恐的樣子。](同上)

晲晲然在纆繳之中,而自以爲得。[眼睛睜得大大的,被束縛在繩索中反而自以爲很舒適。](同上)

人且偃然寢於巨室,而我嗷嗷然隨而哭之。(同上,《至樂》)

這種副詞是漢語中最形象化的成分,它們的應用也就是擬聲法和繪景法①。在上述這些例子當中,"局局、嗷嗷"是擬聲方面的副詞;"栩栩、喘喘、揖揖、項項、汲汲、晲晲"是繪景方面的副詞。我們知道,在起初的時候,這種擬聲或繪景的叠音副詞是不用"然"字的,例如:

呦呦鹿鳴,食野之苹。(《詩經·小雅·鹿鳴》)

蹙蹙靡所騁。[很狹窄局促,沒有馳騁的地方。](同上,《節南山》)

足蹜蹜如有循。[蹜蹜,走路輕輕的樣子。](《論語·鄉黨》)

後來也就用這種叠音作爲形容詞的詞尾。這種結構最初見於《楚辭》,例如:

穆眇眇之無垠兮,莽芒芒之無儀。[眇眇,同"渺渺",微遠貌。穆,空虛的狀態。儀,物像。](《九章·悲回風》)

藐蔓蔓之不可量兮,縹綿綿之不可紓。["藐蔓蔓"和"縹綿綿",都是形容遙遠的樣子。紓,繫托的意思。](同上)

此後歷代都沿用下來,例如:

滂洋洋而四施兮,蓊湛湛而不止。(《高唐賦》)

詭隆崇以梔壯,崛巍巍而特秀。[巍巍,高峻的樣子。](嵇康《琴賦》)

天色低淡淡,池光漫油油。(元稹《韋氏館與周隱客杜歸和泛舟》)

今言道無不在,無適無不適,固是;只是説得死搭搭地。若説鳶飛……魚躍……則是活潑潑地。(《朱子語類》卷六十四)

暖溶溶玉醅,白冷冷似水,多半是相思淚。[玉醅,美酒也。](《西廂記》第四本第三折)

---

① 參看王力《中國語法理論》。

一碗熱騰騰、碧瑩瑩綠畦香稻米飯。(《紅樓夢》第六十二回)

臉上永遠紅撲撲的。(老舍《駱駝祥子》)

＊　　＊　　＊　　＊　　＊

現在我們談一談形容詞詞尾(兼作一切定語的語尾)"的"字的歷史①。

"的"字的較早形式是"底"字,首先見於唐代禪家的語錄②,例如:

不錯底事作麽生?(《筠州洞山悟本禪師語錄》)

如大地火發底道理。(同上)

只是醜陋底人。(《撫州曹山元證禪師語錄》)

自少養得底兒子。(同上)

沙門豈不是具大慈悲底人。(《撫州曹山本寂禪師語錄》)

如何是常在底人。(同上)

下面是一些宋人語錄和宋詞中的例子:

理只是人理,甚分明,如一條平坦底道路。(《河南程氏遺書》卷十八)

真實底事作麽生舉?(《景德傳燈錄》卷二十一)

暖底雪,活底花,嫩底柳。(《南湖詩餘》張鎡《美人》)

太極……不是空底物事。(《朱子語類·四纂》卷一)

忽不娶齊女,亦是好底意思。(同上)

自古無不曉事底聖賢,亦無不通變底聖賢,亦無關門獨坐底聖賢。(《朱子語類》卷一一七)

一向大家都認爲"底"字是從"之"字來的③。這是可以相信的。

---

① 參看高名凱《唐代禪家語錄所見的語法成分》,見《燕京學報》第三十四期61~62頁,以及呂叔湘《論底、地之辨兼及底字的由來》,見《漢語語法論文集》51~58頁。這裏的例子多采自高、呂兩先生的論文。

② 編者注:文集本刪"禪家的語錄"。所舉例換爲《醜女緣起》:"惟願如來慈念力,爲説前生修底因。"

③ 章炳麟《新方言》:"今凡言之者,音變如丁兹切,俗或作的。"

"之"的上古音是 tɪ̯ə，後來在文言中的演變情形是 tɪ̯ə→ɕɪ̯ə→tɕɪ̯ə→tʂɿ。在白話裏的演變情形是 tɪ̯ə→ti①。這樣就構成一種駢詞："之"和"底"并存。但是，上文第二章第一節裏説過，駢詞雖同出一源，由於各自發展，意義可以分歧。就"之"和"底"來説，它們的語法作用也有不同之處。"之"字是介詞②，所以必須放在名詞的前面；"底"字是詞尾，所以它的後面可以沒有名詞，甚至它可以放在句末。像下面這些例子，就只能用"底"（的），不能用"之"：

只認得驢前馬後底。(《瑞州洞山良价禪師語録》)③

王介甫家，小底不如大底，南陽謝師宰家，大底不如小底。(《默記》)

今日不好，明日好，不是將好底換了不好底。(《朱子語類》卷十三)

不知官職是誰底？金碗是誰底？(《四朝聞見録》乙集)

客又疑這仙翁，唐玄都觀裏咏桃花底？(《後村長短句·居厚弟生日》)

有些學者以爲這種"底"（的）字是從"者"字來的④。這種説法遭遇三重困難：第一，"者"字在上古音屬魚部，在中古音屬麻韻上聲，它怎樣演變成爲"底"[ti] 音，很難得到一個滿意的解釋；第二，"底"（的）字顯然是形容詞的詞尾和定語的語尾，"冷的水"和"冷的"裏面的"的"字顯然是同一性質的，説成兩個來源，很難有説服的力量；第三，人稱代詞後面的"底"（的），如"你底（你的）、誰底"（誰的），并不能譯成古文的"汝者、誰者"等。我們以爲這種"底"（的）字仍舊是來自古代的"之"字。由於發展的結果，它由介詞變爲詞尾，最後這些帶詞尾"底"（的）的形容詞和定語都可以名物化。在形

---

① 錢大昕説："古人多舌音，後代多變爲齒音，不獨知徹澄三母爲然也。……《詩》'何以舟之'，傳云'舟，帶也'。古讀'舟'如'雕'，故與'帶'聲相近。'彫、雕、琱、鵰'皆從'周'聲，'調'亦從'周'聲，是古讀'周'亦如'雕'也。……今分'周'爲照母，……非古音之正矣。""之"亦屬照母，可能更早的讀音是 tɪ̯ə，它在白話裏就作爲一個强式一直保存下來。

② "之"字又屬於代詞，不在本節討論之列。

③ 編者注：此例文集删。

④ 章炳麟《新方言》："今人言底言的，凡有三義：在語中者，的即之字；在語末者，若有所指，如云冷的、熱的，的即者字。"

容詞和定語名物化了之後，"底"（的）字本身似乎具有指代作用，其實不是的①。

在唐宋時期，另一形容詞詞尾是"地"字。"地"字是和"底"字同一來源的。"地"和"底"的分工是："底"用於一般的形容詞和定語，"地"用於聯綿字，例如：

直是不出門，亦是草漫漫地。（《筠州洞山悟本禪師語録》）

山曰："許多時雨水爲甚麼未滿？"僧無語。師代曰："甚麼劫中曾增減來，道吾代云滿也？"雲岩云："湛湛地。"（同上）②

任孜孜求告不回頭，誚滿眼汪汪地泪。［誚，音"瞧"，渾也，同現代的"只是"相當。］（晁元禮《步蟾宫》）

人死後渾如悠悠地逝水。［"渾如"就是好像。］（《董西厢》）

造化可能偏有意，故教明月玲瓏地。（《漱玉詞・漁家傲》）

三萬六千排日醉，鬢毛只恁青青地。（《稼軒詞・爲金伯熙壽》）

由於聯綿字（特別是疊音詞）往往被用爲狀語，所以"地"字又是副詞的詞尾，例如：

箇箇作大師子貌，吒呀地哮吼一聲。（《景德傳燈録》卷十三）

今學者不見有奮發底意思，只是如此悠悠地過。（《朱子語類》卷一二一）

若某則不識一箇字，亦須還我堂堂地做箇人。（《象山先生集》卷三十五）

平白地爲伊腸斷。（《東坡詞・王都尉席上贈侍人》）

即使不是聯綿字，只要是用爲狀語的，也都寫成"地"字，例如：

早知恁地難拼，悔不當初留住。（《樂章集・晝夜樂》）

只爲如此，所以祖師特地西來。（《景德傳燈録》卷十三）

---

① 由於謬誤的語源，中古以後有人在這種地方用"者"字，例如《國史補》："楊貴妃生於蜀，好食荔枝；南海所生，尤勝蜀者。"

② 編者注：前二例文集本删。

不住地偷覷知遠。(《劉知遠諸宫調》)

我們可以説,在近代漢語裏,用"底"作詞尾的是有關性質或種類的形容詞,用"地"作詞尾的是有關狀態的形容詞和副詞①。

在書面語言裏,"底"改寫作"的"最先見於宋人的話本②,而話本是經過元人改寫的。當時"的"字已經不念入聲,所以能表示[ti]音。後來"的"字變了輕聲,又念[tə]音了。所以"的"字的應用,實際上是元代以後的事。下面是一些例子:

孔夫子是春秋世儒道的宗師,要扶持這三綱五常。(《秦并六國平話》卷上)

帝認的是愛弟張飛。(《三國志平話》卷下)

高俅低低的奏曰:"陛下,天色明也……"。(《新刊大宋宣和遺事》亨集)

林教頭是個性急的人,摸不着便要殺人放火。(《水滸傳》第十回)

你的鳥刀有甚好處,叫做寶刀?(同上,第十二回)

"五四"以後,漢語語法受西洋語法的影響,在書面語言裏把形容詞的詞尾和副詞的詞尾區别開來,前者用"的",後者用"地";甚至有人把名詞定語的語尾和代詞詞尾也另定爲一類,和"的"字區别開來,寫作"底"[科學底研究(the study of science, изучение науки)、科學的研究(Scientific research, научное изучение)、科學地研究(to study scientifically, научно изучать)三者有别]。

下面是列寧的《做什麽》中譯本的一個例了。在這譯本中,"底、的、地"是嚴格地區别開來的③:

群衆底高潮是繼續不斷、前後相承地擴大起來了,不僅在它所開

① 參看朱德熙《現代漢語形容詞研究》,見《語言研究》第一期,1956年。

② 《朱子語類·四纂》卷一有一句"如何都唤做外面入來的",這"的"字恐怕是傳抄之誤。

③ 一般説來,名詞領格和代名詞領格譯出後加"底"字,形容詞和定語譯出後加"的"字,副詞和狀語譯出後加"地"字。但名詞領格譯成漢語後變爲動詞或其他詞性者,仍用"的"字。列寧《做什麽》58～59頁,莫斯科,外國文書籍出版局1950年。

始發生的地方没有停止下去，而且普及到新的區域和新的民衆階層。

"底"和"的"的分别，在漢語史料中是找不出根據來的，因此這種分别還很少人遵守。至於"的"和"地"的分别，雖然現代和宋代不盡相同（今天不再寫成"悠悠地逝水"，而只寫成"悠悠的逝水"），但是基本上還是遵守了宋人的分别，因爲如上文所説，宋人對於狀語的語尾是一向用"地"不用"的"的。在今天，雖然還有少數作家對於狀語語尾不用"地"字，而和定語語尾一樣寫做"的"字，或者把"地"和"的"混同起來，但是，絶大多數的作家對於"的"和"地"已經給予明確的分工。這種受西洋語法影響的情況，和"他"字分化爲三性是同一類型的：在書面語言裏，吸收外語語法來豐富自己的語言的目的是達到了；但是，在口語裏，"底、的、地"在這種用途上，讀音完全相同，語法的不可滲透性仍是保持着的[1]。

"五四"以後，産生了一些新興的副詞，其中一大部分就是利用這個副詞詞尾"地"字來構成的。上文説過，宋人的"地"字主要加在聯綿字的後面；加在仂語後面如"不住地"已經少見，至於名詞後面，照例是不能加上"地"字。"五四"以後，特别是解放以後，名詞後面加"地"構成副詞的情況漸漸多起來了，例如：

科學地	научно	創造性地	творчески
決定性地	решительно	唯心主義地	идеалистически

這是一個能産的構詞法，以後這一類的新詞還會大量增加的。

其次是"上"字逐漸詞尾化。"原則上、實際上、基本上"等詞的"上"字，在現代漢語裏，當用它來翻譯西洋語言的前置詞（介詞）的時候（"原則上" = в принципе，"實際上" = в действительности，"基本上" = в основом），這個"上"字是當作後置詞用的。但是，既然只用"上"，不用"在……上"，"上"字就不容易令人意識到後置詞的作用，而終於詞尾化了。將來在拼音文字裏，無疑地應該寫作 yuanzeshang、shijishang、

----

① 宋代的"底"和"地"在讀音上有無分别，是尚待研究的問題。

jibenshang 等。

＊　　＊　　＊　　＊　　＊

關於上古漢語的副詞，還有一件事情值得特別注意的，就是否定副詞"弗、勿"的用法。經過多人的分別研究①，大家承認：在謂語的中心詞是外動詞的時候，"弗"和"勿"所修飾的外動詞一般不能帶賓語。除了"弗"和"勿"之外，在上古漢語裏，還有"不"和"毋"兩個否定副詞；而"不"和"毋"後面的外動詞是經常地帶着賓語的。但是，"不"和"毋"的分別，是一般性否定和禁止性否定的分別，"弗"和"勿"的分別也是一般性否定和禁止性否定的分別。這四個字在語音上也是有非常明確的對應規律的：

　不 pǐwə　　毋(無)mǐwɑ　　弗 pǐwət　　勿 mǐwət

"弗"和"勿"同屬上古音物部，"不"屬之部，"毋"屬魚部，但上古之魚兩部是常常相通的。

《公羊傳・桓公十年》何休注："弗者，不之深也。"可見古人是注意到"弗"和"不"的分別的。"弗"和"毋"的分別，古人也應該同樣注意到。儘管在甲骨文中"弗"和"不"、"勿"和"毋"的界限并不十分清楚，在《書經》中"弗"和"不"的界限也不清楚②，但是，就多數上古史料看來，特別是就多數的先秦史料看來，"弗"和"勿"後面的動詞不帶賓語是無可爭辯的事實。下面試列舉一些典型的例子。由這些例子看來，在同一句子中，"弗"後或"勿"後的外動詞不帶賓語，前面沒有"弗、勿"的外動詞則帶賓語：

　天亦縱棄之而弗葆。[葆"就是"保"，保護、保佑的意思。]（《墨

---

① 關於"弗"和"不"，參看加貝倫茨(G. v. d. Gabelentz)《漢語語法》(Chinesische Grammatik 452 頁，1881)；丁聲樹《釋否定詞"弗""不"》(《慶祝蔡元培先生六十五歲論文集》967～996頁，1935)。關於"勿"和"毋"，參看吕叔湘《論毋與勿》(《漢語語法論文集》12～35頁)；格拉哈姆(A. C. Graham)《一個可能的合音詞：勿 ＝ 毋＋之》(《倫敦大學東方非洲研究院學報》十四卷一期 139～148 頁，1952)。

② 參看吕叔湘《論毋與勿》，見《漢語語法論文集》20～21 頁。

子・非命上》)

　　"縱棄"後面有"之"字,"弗葆"後面沒有"之"字。

　　至德者,火弗能熱,水弗能溺,寒暑弗能害,禽獸弗能賊。非謂其薄之也;言察乎安危,寧於禍福,謹於去就,莫之能害也。[薄,迫也,靠近。](《莊子・秋水》)

　　"弗能熱"等後面沒有"之"字,"莫"後面有"之"字。

　　然則國亂將弗治與? 曰:"國亂而治之者,非案亂而治之之謂也。"[國家亂了去治好它,不是說依照原來的亂把它治好。案,據也。](《荀子・不苟》)

　　"弗治"的後面沒有"之"字,其他兩個"治"字後面有"之"字。

　　子路問事君。子曰:"勿欺也,而犯之。"[欺,欺騙。犯,糾正他的過失。](《論語・憲問》)

　　"勿欺"後面沒有"之"字,"犯"後面有"之"字。

　　齊侯將許之。管仲……對曰:"……君其勿許。"(《左傳・僖公七年》)[1]

　　"許"後面有"之"字,"勿許"後面沒有"之"字。

　　取之而燕民悅,則取之……取之而燕民不悅,則勿取。(《孟子・梁惠王下》)

　　"取"後面有"之"字,"勿取"後面沒有"之"字。

　　最富於啓示性的有如下的一個例子:

　　施諸己而不願,亦勿施於人。(《中庸》)

　　依古人的考證,"諸"是"之於"的合音(見下節)。上句等於說"施之於己而不願",但下句不能說"亦勿施諸人",因爲如果這樣說,就等於說"亦勿施之於人",那樣就不合上古語法了。

　　直到漢代,就一般說,還保留着上古"弗、勿"的用法[2],例如:

――――――――――

① 最後三例采自呂叔湘著《論毋與勿》。

② 當然也有例外,見呂叔湘著《漢語語法論文集》21～22頁。

公輸……作雲梯之械，設以攻宋，曷爲弗取？……九攻而墨子九却之，弗能入。(《淮南子·脩務》)

非其事者勿仞也，非其名者勿就也，無故而有顯名者勿處也，無功而富貴者勿居也。[仞，認也，承諾的意思。](同上，《人間》)

已矣！將軍勿復言。(《史記·白起王翦列傳》)

有人設想，"弗"是"不之"的合音，"勿"是"毋之"的合音①。這一個假設遭遇一個困難："之"屬之部，"弗、勿"屬物部，之物兩部在上古很少相通的痕迹。如果所謂合音只是指"不、毋"的全音和"之"字的聲母(pǐwə + ṭ-→pǐwət；mǐwɑ + ṭ-→mǐwət)，那又不合於上古漢語合音的通例。惟一近理的設想是上古否定副詞的形態變化，由於屈折形式，"弗"和"勿"是兼攝了代詞賓語的職能，但是這不能認爲合音。

"不"和"毋"的用法，和"弗、勿"的用法恰恰相反。關於"不"字，用不着舉例。關於"毋"(無)字，我們略舉幾個例子，例如：

無友不如己者。[不要同比自己壞的人交朋友。](《論語·學而》)

無易樹子，無以妾爲妻。[不要更換已經立了的世子，……](《孟子·告子下》)

毋絶其愛，親之道也。(《左傳·文公十五年》)

將軍毋失時。(《史記·張耳陳餘列傳》)

"毋"和"無"是同音字，又可見上古漢語裏就用"有無"的"無"作爲禁止詞。

如果一句(或相連的兩句)之中，"弗、不"并用或"勿、毋"并用，更足以證明它們分工的明確，例如：

弗食不知其旨也。[不吃，就不知道它的味美。](《禮記·學記》)

又曰："君子勝不逐奔，揜函弗射，施則助之胥車。"應之曰："……勝將因用儒術令士卒曰‘毋逐奔，揜函勿射，施則助之胥車’，暴亂之人

---

① "不之"合音見呂叔湘著《漢語語法論文集》19 頁所引 Boodberg 的説法；"毋之"合音見格拉哈姆的論文。

也得活,天下害不除。"[逐,追趕。奔,逃跑,指逃跑的人。掩音"掩",困迫也。函,與"陷"通。掩函,指敵人被圍困的時候。施則助之胥車,文義不明,可能有脱誤。](《墨子·非儒下》)

無道人之短,無説己之長。施人慎勿念,受施慎勿忘。(崔瑗《座右銘》)①

由此看來,"不、弗、毋、勿"之間顯然是有分別的。

"莫"字在上古本來是否定性的無定代詞,在意義上類似現代漢語"没有人、没有誰、誰也不"("莫之敢指"等於説"誰也不敢指它")②;又類似現代漢語的"没有什麽、什麽也不"③,例如:

蝃蝀在東,莫之敢指。[蝃蝀,虹也。](《詩經·鄘風·蝃蝀》)

終窶且貧,莫知我艱。[既匱乏又貧窮,没有人瞭解我的苦處。](同上,《邶風·北門》)

莫我知也夫!(《論語·憲問》)

君仁,莫不仁;君義,莫不義。(《孟子·離婁上》)

莫壽於殤子,而彭祖爲夭。[没有誰比未成年就死了的小孩子更長壽,而彭祖倒算是早死的。](《莊子·齊物論》)

莫神於天,莫富於地,莫大於帝王。(同上,《天道》)

但是,"毋、勿"在上古同屬明母,"毋"和"莫"又是魚鐸對轉,所以在發展過程中,"莫"漸漸和"毋、勿"合流了(當然"毋"和"勿"更是混同了)④。《漢書·王莽傳》"其去剛卯,莫以爲佩;除刀錢,勿以爲利"[剛卯,當時一種佩帶的飾物。刀錢,當時一種貨幣。去,禁止。除,廢止]。"莫"和"勿"對舉,這是"莫、勿"混同的開始。到後來,"莫"在口語裏代替了"毋"和"勿"。唐人詩句中,這種"莫"字比"毋、勿"更明顯地反映着口語。下面是杜甫的一些詩句:

---

① 最後兩例采自吕叔湘著《論毋與勿》。
② 俄語:никто;法語:personne;德語:niemand;英語:nobody。
③ 俄語:ничто;法語:rien;德語:nickts;英語:nothing。
④ 現代漢語還留下一些痕跡,例如"莫大的光榮、莫名其妙"。

君莫笑劉毅從來布衣願，家無儋石輸百萬。[……家裏連一石米也沒有，但一輸就是百萬。](《今夕行》)

炙手可熱勢絕倫，慎莫近前丞相嗔。(《麗人行》)

志士幽人莫怨嗟，古來材大難爲用。(《古柏行》)

且看欲盡花經眼，莫厭傷多酒入唇。(《曲江》之一)

傳語風光共流轉，暫時相賞莫相違。(《曲江》之二)

這個"莫"字一直沿用到現代漢語裏。雖然北京話裏很少用它了，但是就整個官話區域而論，它還是很占勢力的一個副詞。

　　　　*　　　*　　　*　　　*　　　*

最後，我們談一談"相"字。《馬氏文通》把"相"字歸入代詞，劉復以爲應該歸入副詞①。我們認爲後一説是比較正確的②，但是，我們還得承認它是帶有指代性的副詞。

在先秦時代，"相"的基本意義是交互。就詞彙意義説，它是指施事者同時成爲同一種行爲的受事者；就語法作用説，它所修飾的必須是外動詞，而且不能帶賓語，例如：

唯之與阿，相去幾何？善之與惡，相去何若？[應諾與斥訶，相差多少？善良與罪惡，又差多少？](《老子》二十章)

人與人相愛，則不相賊[害]。(《墨子·兼愛中》)

諺所謂輔車相依、唇亡齒寒者，……[輔車相依，腮和牙床彼此互相依賴。](《左傳·僖公五年》)

四人相視而笑，莫逆於心。(《莊子·大宗師》)

父子相親，何爲不仁？(同上，《天運》)

但是，無論從詞彙意義説，或者是從語法作用説，都容許有一些特殊情況：第一，從詞彙意義説，有時候"相"字只表示遞相的意思，并不表示交互，例如：

---

① 劉復《中國文法講話》172～173頁。《馬氏文通》校注本有引文(103頁)。

② 著者自己從前也認爲代詞，現在改用劉説，而加以補充。

故有無相生,難易相成,長短相形,高下相傾,音聲相和,前後相隨。[相生、相成、相形、相傾、相和,都表示交互,但"相隨"并不表示交互,它只表示後者隨前者,更後者復隨其後,所以是遞相的意思。](《老子》)

今世殊死者相枕也,桁楊者相推也,刑戮者相望也。[現在的時代,犯罪而死的一個接一個,帶枷鎖的一個跟一個,受刑被殺的一個挨一個。殊,誅也。桁楊,指夾頸夾腿(脛)的刑具。](《莊子·在宥》)

後世其人與人相食與!(同上,《徐无鬼》)

有時候,"相"字只表示單方面的行爲,例如:

地之相去也,千有餘里;世之相後也,千有餘歲。["相去"是交互,"相後"不是交互。](《孟子·離婁下》)

夫驥一日而千里,駑馬十駕則亦及之矣。將以窮無窮,逐無極,與其折骨絕筋,終身不可以相及也,將有所止之。(《荀子·修身》)[1]

"相"字所修飾的動詞僅指單方面行爲的時候,它本身已經失去了交互的意義,但是它的指代性仍然存在。這樣,它在意義上就近似倒裝的"我"、倒裝的"爾"等,例如:

其能降以相從也;無滋他族實偪處此,以與我鄭國爭此土也。[希望能委屈些聽從我;……](《左傳·隱公十一年》)

始吾與公爲刎頸交;今王與耳旦暮且死,而公擁兵數萬,不肯相救。(《史記·張耳陳餘列傳》)

小生迺欲相吏耶?[吏,此處用作致動。相吏,吏我也,即使我爲吏也。](《漢書·朱雲傳》)

易世矣,宜勿復相怨。[改變了一個時代了,應該不要再恨我了。](同上,《游俠傳》)

這種"相"字的意義和交互的意義、遞相的意義都在書面語言中沿用下來。

---

[1] 編者注:"逐無極,與其"的斷句文集本爲"逐無極與? 其"。

第二,從語法作用説,有時候"相"字所修飾的動詞可以是一個内動詞。這樣,"相"字也喪失了交互的意義,只是近似大家的意義,例如:

上下相喜而慶之。(《荀子·議兵》)

今世以侈靡相競,而亡制度。(賈誼《論時政疏》)

傳言相誤,非於徑路。(《易林》卷一)

夫人相樂,無所發覎,故聖人爲之作樂,以和節之。(《淮南子·本經訓》)

出門萬里客,客中逢嘉友,未言心相醉,不在接杯酒。(陶潛《擬古詩》)

"相"字在現代口語裏不能成爲自由組合的副詞了。但是,我們有種種方式來代替"相",例如以"你愛我,我愛你"代替"相愛",以"你幫助我,我幫助你"代替"相助"。語言的表達方式是多種多樣的,語言的變化是無窮的。

第九節　介詞和連詞的發展

在漢語裏,介詞和連詞的界限不是十分清楚的。我們給它們一個總名,叫做聯結詞,所以并在一節裏加以叙述。爲篇幅所限,本節裏只談"於、之、以、而、則、與"六個聯結詞的發展。其中有專用爲介詞的,即"於、之、以";有專用爲連詞的,即"則";有兼用爲介詞和連詞的,即"而、與"。

(一)"於"的發展

漢代以後的學者一向認爲"于、於、乎"是同義詞[1],又有人以爲

---

[1] 　《説文》:"于,於也。"《廣雅·釋言》:"於,于也。"《吕氏春秋·貴信》"又況乎人事"注:"乎,於也。"

"諸"是"之於"的合音①。關於"諸"是"之於"的合音,那是没有疑問的。"于、於、乎"三字有没有分别呢? 那就成爲問題了。在先秦某些書籍中(《左傳》《墨子》《荀子》等),"于、於、乎"同時應用,我們很難説純然是由於時代不同②。

于,羽俱切。於,央居切。乎,户吴切。它們的上古音如下表:

　　于 ɣǐwa　　　於 ǐa　　　乎 ɣa

"于"是"於"的較古形式,甲骨文的介詞用"于"不用"於",《書經》和《詩經》《易經》也以用"于"爲常。由此看來,"于"和"於"是駢詞。"於"字後起,除了繼承"于"的原始意義外,它還兼有後起的一些意義,而這些後起的意義就不用"于"來表示。

"于"的原始意義只限於表示行爲發生的處所(包括方向等)和時間③,以及表示對人的關係,例如:

流共工于幽州,放驩兜于崇山,竄三苗于三危,殛鯀于羽山。[流、放、竄,放逐的意思。殛,殺的意思。有人説殛也只是放逐。](《書經·舜典》)

至于碣石,入于海。(同上,《禹貢》)

朋淫于家。[聚衆在家裏,不作正事。](同上,《益稷》)

自朝至于日中昃不遑暇食。[從早晨到晌午以後都没有工夫吃飯。](同上,《無逸》)

我式克至于今日休。[我因而能够達到今天這樣美好。](同上,《君奭》)

王訪于箕子。(同上,《洪範》)

----

① 顧炎武《日知録》:"之於爲諸。"
② 段玉裁《説文解字注》:"此字(指'於')既出,則又于於爲古今字……凡經多用于,凡傳多用於。"這種見解是很普遍的。
③ 高本漢作《左傳的真僞及其性質》,他以爲《左傳》"於"字多用於人名的前面,"于"字多用於地名的前面(《僞書通考》上册403頁有引文)。"于"字的原始意義也許專指處所。但是,從甲骨文起,"于"字已經用於對人了。

聞于上帝。(同上,《康誥》)

以《荀子》爲例,其中的"于"字也合於這個規則,例如:

君臣上下,貴賤長幼,至于庶人,莫不以是爲隆正。(《王霸》)

而衆賓皆從之至于門外。(《樂論》)

居于砥石遷于商。(《成相》)

厲王流于彘。(同上)

先民有言,"詢于芻蕘",言博問也。[徵求意見,徵求到割草打柴的人。](《大略》)

但是,如果有下列兩種情況之一者,就只能用"於",不能用"于"。

(甲)"於"字前面所介的是形容詞(往往用於比較級),例如:

青取之於藍,而青於藍;冰水爲之,而寒於水。(《勸學》)

君子養心莫善於誠。(《不苟》)

故與人善言,暖於布帛;傷人之言,深於矛戟。(《榮辱》)

辨莫大於分,分莫大於禮,禮莫大於聖王。[分,讀去聲。](《非相》)

故贈人以言,重於金石珠玉;勸人以言,美於黼黻文章;聽人之言,樂於鐘鼓琴瑟。(同上)

(乙)"於"字後面所支配的是整個謂語形式,例如:

此無它故焉,生於節用裕民也。(《富國》)

若是,則夫朝廷群臣,亦從而成俗於不隆禮義,而好傾覆也。[隆,尊重,重視。](《王霸》)

是特奸人之誤於亂説以欺愚者。(《正論》)

唐鞅蔽於欲權而逐載子,奚齊蔽於欲國而罪申生。(《解蔽》)

由此我們可以得出結論:對於"于"的原始意義,用"于"、用"於"均可;對於"於"的新興意義和新興的語法作用,就必須用"於"。

關於"乎"字,我們看不出它和"於"的差別。"于"的原始意義可以用"乎",例如:

俄則束乎有司,而戮乎大市。[不久就被官府逮捕,在市集上殺掉了。](《非相》)

今君人者辟稱比方,則欲自并乎湯武。[現在統治人民的人比擬自己時,就要把自己説成和商湯周武王一樣。辟、稱、比、方,同一意義。](《强國》)

"於"的新興意義也可用"乎",例如:

故人莫貴乎生,莫樂乎安;所以養生安樂者莫大乎禮義。(《强國》)

其數則始乎誦經,終乎讀禮;其義則始乎爲士,終乎爲聖人。[數,程序。義,目的。](《勸學》)

僅僅有一個例外,就是"惡乎"不能换成"惡於",例如:

學惡乎始? 惡乎終?(《勸學》)

這大約是一種凝固的結構形式了。

"諸"字很簡單,它就是"之於"的合音①,例如:

士大夫遇諸塗不與言。(《大略》)

失之己而反諸人,豈不亦迂哉? [自己做錯了而責備別人,不是也太不合理了嗎?](《法行》)

關於先秦時代"于、於、乎、諸"四個介詞的語法作用及其相互間的分別,大致就是如此。到了後代,在書面語言裏,這四個字仍舊沿襲下來,但是"于"和"於"的分别就完全泯没了。

"於"字用於表示行爲發生的處所的時候,在現代口語裏一般説成"在"字,但是"於"和"在"的詞性并不相同。"於"字是純粹的介詞,"在"字是動詞。

(二)"之"的發展

介詞"之"字和代詞"之"字同出一源。在最初的時候,指示代詞

---

① "諸"還有用爲"之"或"於"的,例如《儀禮·士昏禮》注曰:"諸,之也。"又《鄉射禮》"則薦諸其席",注:"諸,於也。"這是特殊的情况。應該是先有"之於"合音的用法,後來才有可能用爲"之"或"於"。

"之"字放在名詞後面複指,表示領有。"麟之趾"的原始意義是麟它趾,"公侯之事"的原始意義是公侯他們事情。這種解釋可以拿兩件事實來證明:第一,上古人稱代詞後面不能加"之",先秦没有"吾之、我之、余之、汝之、爾之"等①;第二,在先秦史料中,"之"字作爲名詞定語的介詞的占大多數,例如:

予欲觀古人之象。(《書經·益稷》)

今予惟恭行天之罰。(同上,《甘誓》)

歸妹,天地之大義也。[歸妹,嫁妹也,卦名。](《易經·歸妹》)

謙,尊而光,卑而不可踰,君子之終也。[人謙虚,地位高就更爲光榮,地位低也不被輕視。(謙虚)是君子所終身致力終身享用的。](同上,《謙》)

關關雎鳩,在河之洲。(《詩經·周南·關雎》)

羔羊之皮,素絲五紽。(同上,《召南·羔羊》)

當然,"之"字也可以作形容詞定語的介詞,甚至作謂語形式的介詞,如《荀子·勸學》"是故無冥冥之志者,無昭昭之明;無惛惛之事者,無赫赫之功",《易經》"不速之客"等。但那是比較少見的。

關於"之"字的句法作用,下面第十五節裏還再談到。

(三)"以"的發展

"以"字的主要用途(作爲工具語的介詞),從上古一直沿用到今天的書面語言裏("以土地分給農民、以身作則"),這裏不詳細討論。只有一點需要説明的,"以"字雖然可以譯成現代口語的"拿"或"用",但是詞性不同。"以"字是純粹的介詞,而"拿"和"用"是動詞。

"所以"在今天是一個連詞,但是,在上古時期,"所以"還應該認

---

① 《馬氏文通》卷七以爲"之"字可以介於代詞和名詞之間,但所舉的是漢代的例子,而且舉"若斯之難"爲例。在"若斯之難"中,應該認爲"若斯"是整個狀語,"之"字把它介紹給"難"字,不應該認爲只介紹"斯"字。

爲兩個詞，"以"字有它表示工具語的本來意義，例如：

多男子則多懼，富則多事，壽則多辱，是三者非所以養德也。[這三樣東西不是拿來養德的東西。]（《莊子·天地》）

此下之所以事上，非上之所以畜下也。[這是下面拿來侍奉上面的，不是上面拿來養畜下面的。]（同上，《天道》）

"所以"除了表示工具語以外，也可以表示原因，例如：

是非之彰也，道之所以虧也。[這是道虧的原因。按字面：這是道因以虧損的原因。]（《莊子·齊物論》）

志意致修，德行致厚，智慮致明，是天子之所以取天下也。[這是天子取天下的原因。按字面：這是天子憑藉來取天下的東西。]（《荀子·榮辱》）

如果這種"所以"放在句首，就很像今天的連詞"所以"，例如：

去順效逆，所以速禍也。[速，招致的意思。]（《左傳·隱公三年》）

既不能强，又不能弱，所以斃也。（同上，《僖公七年》）

但是，我們只能說連詞"所以"是由這種情況發展出來的，不能說上古的"所以"是連詞。真正連詞"所以"的產生，最可靠的證據是"所以"後面有主語。杜甫《送從弟亞赴河西判官》詩裏説"坐看清流沙，所以子奉使"[馬上就可以肅清流沙一帶地方，所以你被派遣到那裏去]。這裏的"所以"才真正變爲連詞了。

（四）"而"的發展

"而"字在上古兼連、介兩性。正是由於古代虛詞有兼連、介兩性的（除"而"外還有"與"字），所以比較妥當的名稱應該是聯結詞。

"而"字的基本職能是把兩種行爲或性質聯結在一起。在"五四"以前，"與"和"而"的分工是："與"聯事物，"而"聯行爲或性質，例如：

直而溫，寬而栗，剛而無虐，簡而無傲。（《書經·舜典》）

質直而好義，察言而觀色。（《論語·顏淵》）

由於"而"字所聯結的兩種行爲或兩種性質之間有着種種不同的

關係，所以似乎顯得“而”字有各種不同的作用，時而是正接（“美而艷、有條而不紊”），時而是反接（“溫而厲”，“不有祝鮀之佞，而有宋朝之美”），時而是先後關係（“烹而食之”），時而是因果關係（“玉在山而草木潤，淵生珠而崖不枯”），等等。但是這些不同的關係都是上下文所決定的，不是“而”字所決定的。“而”字只有一種基本職能，就是把兩種行爲或性質聯結起來。

以上所講的“而”字都是連詞性的，但是，在兩種情况下，“而”字是介詞性的：第一種是“而”字把聯綿字或其他副詞介紹給動詞，例如：

啓呱呱而泣。（《書經·益稷》）

欲常常而見之，故源源而來。（《孟子·萬章》）

始舍之，圉圉焉，少則洋洋焉，悠然而逝。［剛放開它的時候，呆呆的，待了一會兒，摇頭擺尾的，一下子就游走了。］（同上）

夫子莞爾而笑。（《論語·陽貨》）

第二種是“而”字把謂語形式狀語介紹給動詞，例如：

因其所大而大之，則萬物莫不大。［從它大的那一方面來看，以爲它大，那麽，萬物没有不大的。］（《莊子·秋水》）

此龜者，寧其死爲留骨而貴乎？寧其生而曳尾於塗中乎？（同上）

這第二種結構形式因爲和現代漢語的發展規律相適應，所以它有新的生命力。今天我們說“爲祖國語言的純潔和健康而鬥爭”，“而”字是不可缺少的。文學語言不但要以口語爲源泉，還要以古代語法來豐富它，給了它新的生命。“而”字就是一個很好的例了。

“然而”當“但是”講，也是古代語法的殘留。“然”是如此，“而”字在最初的時候，既用於反接（“然而”＝“但是”），又用於正接（“然而”＝“那麽”）①。後來是前者戰勝了後者。

---

① 《國語·晉語》：“文公學讀書於曰季，三日，曰：‘吾不能行悒，聞則多矣。’對曰：‘然而多聞以待能者，不猶愈也？’”《莊子·大宗師》：“求其爲之者而不得也，然而至此極者，命也夫！”

（五）"則"的發展

"則"字的問題比較簡單，它一律用於正接。它和正接的"而"的分別是："而"用於簡單句；"則"用於緊縮句，例如《孟子・公孫丑》"仁則榮，不仁則辱"就是兩個緊縮句。"則"字前面的話總是時間修飾或條件限制，例如：

> 故人無禮則不生，事無禮則不成，國家無禮則不寧。（《荀子・修身》）
>
> 是故財聚則民散，財散則民聚。（《大學》）
>
> 刑罰深則國亂。（《墨子・辭過》）

"則"字用於句首，就成爲複合句的正式連詞，例如：

> 宗邑無主，則民不威。（《左傳・莊公二十八年》）
>
> 信能行此五者，則鄰國之民仰之若父母矣。（《孟子・公孫丑》）

"然則"當"那麼、由此看來"講。實際上，"然"是如此，"則"是那麼，"然則"本來是兩個詞，即既然如此，那麼……就的意思。後來由於它們常常結合在一起，就凝固起來，成爲一個連詞了。

（六）"與"的發展

"與"字也兼有連、介兩性，例如《史記・淮陰侯列傳》："足下與項王有故，何不反漢，與楚連和？"第一個"與"字可認爲連詞，第二個"與"字可認爲介詞。但這樣用西洋的語法概念去解釋古代語法是危險的。實際上，正如"而"字的基本職能在於聯結兩種行爲或兩種性質一樣，"與"字的基本職能在於聯結兩種事物，而不管它們之間的關係如何。

在現代漢語裏，"和"代替了"與"（當然"與"字還殘存着）。這個"和"字是怎樣發展來的呢？它是由動詞發展來的，最初是拌和的意思，後來發展爲連帶的意思。"和"字的後一種用法大約是從晚唐（第9世紀）開始的，例如：

> 時挑野菜和根煮，旋斫生柴帶葉燒。（杜荀鶴《山中寡婦》）
>
> 蒹葭影裏和煙臥，菡萏香中帶雨披。（楊朴《蓑衣》）

燈下和愁睡，花前帶酒悲。（雍陶《自述》）

落葉和雲掃，秋山共月登。（李頻《山居》）

在這些詩句中，"和"都和"帶"或"共"互文，可見"和"只是連帶（連在一起）的意思①，後來才逐漸發展爲連詞的。

上文説過，"與"和"而"的分工，是前者聯結事物，後者聯結行爲或性質。在聯結兩個句子形式的時候，也用"而"不用"與"（"玉在山而草木潤"）。在西洋語言裏，在多數情況下，"而"和"與"是用同一連詞表示的。"五四"以後，漢語也受了西洋語法的影響，逐漸用"和"來聯結行爲或性質，例如：

他這個發端使我安慰和感激。（葉聖陶《隔膜》）

還沒有組織起來和武裝起來。（《毛澤東選集》第二卷 345 頁，1952 年，平裝本）

一方面爭取時間加強抗戰力量，同時促進和等候國際形勢的變動和敵人的内潰。（同上，401 頁）

中國只要堅持抗戰和堅持統一戰綫，其軍力和經濟力是能够逐漸地加強的。（同上，459 頁）

有些同志，在過去，是相當地或是嚴重地輕視了和忽視了普及。（同上，第三卷 881 頁）

目前最急需解決的問題是必須保證現有的一百萬左右合作社儘可能增加生産和增加社員收入。（劉少奇《中國共産黨中央委員會向第八次全國代表大會的政治報告》）

以上是聯結行爲的。

會館裏的被遺忘在偏僻裏的破屋是這樣地寂靜和空虚。（魯迅《傷逝》）

河水和池水一樣地深藍和静定。（葉聖陶《曉行》）

---

① 從連帶義的"和"又一度發展爲誇張的"和"，例如秦觀《阮郎歸》"衡陽猶有雁傳書，郴陽和雁無"［郴陽連雁也没有］。參看張相《詩詞曲語辭匯釋》上册 128 頁。

他不期然而然地取在手裏，手心起冷和硬的感覺。（同上）

但是，改變生産資料私有制爲社會主義公有制這個極其複雜和困難的歷史任務，現在在我國已經基本上完成了。（劉少奇《中國共産黨中央委員會向第八次全國代表大會的政治報告》）

爲了語言的進一步明確化，我們逐漸在文學語言裏把連詞的"與"和介詞的"與"區別開來。本來，在《紅樓夢》裏，我們就看見一個"同"字是專門用作介詞的，例如：

藕官接了，笑嘻嘻同他二人出來。（第五十九回）

我梳了頭，同媽都往你那裏去吃晚飯。（同上）

現在我們就把"和"和"同"嚴格地區別開來，前者用作連詞，後者用作介詞①。它們在書面語言裏的正式分工是由《憲法》開始的（1954）。

我國同偉大的蘇維埃社會主義共和國聯盟、同各人民民主國家已經建立了牢不可破的友誼，我國人民同全世界愛好和平的人民的友誼也日見增進，這種友誼將繼續發展和鞏固。我國根據平等、互利、互相尊重主權和領土完整的原則同任何國家建立和發展外交關係的政策，已經獲得成就，今後將繼續貫徹。（《序言》）

在這裏，"和"和"同"有了明確的分工，"和"的新職能（聯結兩種行爲）也在這裏表現出來。從1954年以後，許多正式文件都采用了這一種新興的語法形式。這一種新形式在口語裏也會有很大的前程，因爲它有歷史的憑藉的緣故。

---

① 也曾經有人企圖用"跟"作介詞，用"和"作連詞。著者本人就這樣做過。

歷　史　句　法　學

第十節　構詞法的發展①

漢語構詞法的發展是循着單音詞到複音詞的道路前進的。歷代複音詞都有增加。鴉片戰爭以後，複音詞大量增加。現在漢語複音化的趨勢并未停止。

漢語複音化有兩個主要的因素：第一是語音的簡化；第二是外語的吸收。將來實行拼音文字的時候，拼音文字也會成爲漢語複音化的第三因素，因爲複音化是減少同音詞的重要手段之一。

依照本書第二章所述，上古漢語的語音是很複雜的：聲母、韻腹、韻尾，都比現代普通話豐富得多；和中古音相比較，也顯得複雜些。有些字在上古是不同音的，到中古變爲同音了（虞：愚；謀：矛；京：驚）。《廣韻》裏有些所謂重紐字（虧，去爲切，闚，去隨切；遺，渠追切，葵，亦渠追切，但另列），也就是這種情況的反映。現在我們還不十分瞭解唐末和宋代的實際語音情況，但是有種種迹象使我們相信從第 8 世紀起，實際語音要比《切韻》系統簡化了一半②。到了《中原音韻》時代（14 世紀）又比第 8 世紀的實際語音簡化一半以上。單音詞的情況如果不改變，同音詞大量增加，勢必大大妨礙語言作爲交際工具的作用。漢語的詞逐步複音化，成爲語音簡化的平衡錘。這樣的瞭解，并不等

---

① 構詞法本來是跨形態和句法兩方面的，但就漢語的特點來説，構詞法放在句法裏來談比較妥當。

② 唐詩宋詞的用韻，都沒有《切韻》音系那樣複雜。編者注："一半"文集本作"一倍"，下同。

於承認語言的發展是由於人爲的結果，相反地，語言的本質（交際工具）決定了語言的發展規律，漢語的詞的複音化正是語音簡化的邏輯結果。今天閩、粤各方言的語音比較複雜，複音詞也就少得多，可以作爲明確的例證。

　　另一因素是外語的吸收。如果是音譯，原來是複音詞，譯出來自然也是複音詞。上古外來語如"琵琶、葡萄、苜蓿、薏苡、荔支"，中古外來語如"菩薩、羅漢"等①，近代外來語如"鴉片"等，現代外來語如"沙發、邏輯"等，都是屬於這一類的。甚至原來是單音詞，譯出後也可以變爲雙音詞，例如"伏特"（volt）。

　　如果是意譯，就更非複音不可。漢語新詞的產生，其重要手段之一，本來就是靠仿語的凝固化（見下文）。至於吸收外語，在絕大多數情況下，就是靠着主從仿語來對譯單詞。既然是仿語，至少有兩個音節，例如：火車（train）、電話（telephone）、發動機（engine）、火車頭（locomotive），至少有兩個音節。這樣就説明了爲什麼鴉片戰爭以後，漢語複音詞大量增加。事實上，隨着資本主義的侵入，不能不創造新詞來反映新事物，而所謂創造新詞其實就是翻譯外國的名詞和術語。

　　以上講的是漢語複音化的主要原因②。下面我們要談一談漢語構詞法的發展概況。

　　我們必須承認：上古漢語是以單音詞爲主的。這種承認，和資產階級學者污衊我們漢語是低級語言毫無共同之點。他們輕視單音節語，并非單純地由於一詞一音的現象，更重要的是他們以爲每詞只有一個音節就不可能有形態變化，而沒有形態變化就是沒有語法。這樣一連串地推論下去，他們才得到漢語是低級語言的結論。現在我們知

---

① 原文不一定是雙音，譯後往往縮成雙音，或逐漸簡化爲雙音，如"菩薩"本該是"菩提薩埵"（Bodisatva），"羅漢"本該是"阿羅漢"（alokham）。

② 當然，語言隨着社會的發展而發展，詞彙必然越豐富越紛繁；即使語音不簡化，也不吸收外來語，漢語也會逐漸走上複音化的道路，因爲這是漢語發展的內部規律之一。不過，由於有了這兩個重要因素，漢語複音化的發展速度更快了。

道,聲母和韻母的變化就是上古漢語的形態變化①;而且虛詞特别豐富,也就豐富了漢語的語法,我們決不能説單音節語就没有語法。

但是,從先秦的史料看來,漢語已經不是純粹的單音節語。就名詞來説,"國家、天下、天子、君子、大夫"等,已經老早由仂語變了單詞,例如:

其惟吉士,用勱相我國家。[勱,勉力。相,治理。](《書經·立政》)

見龍在田,天下文明。(《易經·乾卦》)

百辟卿士,媚於天子。[百辟卿士,指諸侯百官。媚,悦,愛。](《詩經·大雅·假樂》)

窈窕淑女,君子好逑。(同上,《周南·關雎》)

大夫不均,我從事獨賢。[這兩句話的意思是埋怨大夫役使不公平。賢,勞苦。](同上,《小雅·北山》)

形容詞和副詞由於聯綿字的緣故,有相當數量的雙音詞,這用不着再説了②。即以非聯綿字而論,形容詞也有一些雙音詞,例如:

以伯舅耋老。(《左傳·僖公九年》)

商紂暴虐,鼎遷於周。(同上,《宣公三年》)

惟其紛糅而將落兮。(《楚辭·九辯》)

致禮以治躬則莊敬,莊敬則嚴威。(《禮記·樂記》)

同樣,動詞也是有雙音的,例如:

爲命,裨諶草創之,世叔討論之,行人子羽修飾之,東里子産潤色之。[行人,官名,掌外交之事。](《論語·憲問》)

文公恐懼,綏靖諸侯。(《左傳·成公十三年》)

殄滅我費滑,散離我兄弟,撓亂我同盟,傾覆我國家。(同上)

---

① 退一步説,縱使漢語没有任何形態變化,但是它能表示任何複雜的思想感情,也不能認爲是低級語言。

② 例如"窈窕、參差、蒙戎、猗儺、黽勉、疾速、勉强"等等。

洪水横流，氾濫於天下。(《孟子·滕文公上》)

到了中古時期，雙音詞逐漸增加。我們很容易誤會，以爲雙音詞的大量增加只是鴉片戰争以後的事，以爲只是受了外語的影響。實際上，漢語由單音詞過渡到雙音詞的發展，是漢語發展的内部規律之一。遠在唐代，漢語雙音詞已經非常豐富了。現在我們只從三篇變文裏舉出一些雙音詞來看，就會覺得它們是出乎意外的多，而且多數一直傳到現代，豐富了現代漢語的詞彙①，例如：

思量	悲哀	歡喜	疲勞	踴躍	恭敬	容許	供給	贊揚
驚惶	抛棄	忍受	尋求	慈悲	疲倦	指揮	報答	非常

以上《妙法蓮花經變文》

光輝	玲瓏	商量	提携	排比	推延	痊可	慰問	羞慚
推辭	朦朧	揀選	堅固	雷同	安慰	磨練	妨礙	光明
怕懼	子細	等閒	帶累	擁護	酌度	根基	殷勤	允許
恐怕	增益	田地	僧徒	如許	多少疑問詞	利益		
攪擾	軟弱	隨時						

以上《維摩詰經菩薩品變文》甲

計較	眷屬	萌芽	分明	千萬叮囑語	秀麗	豔麗	容貌
功行	奢華	自在	願意	巡游	因緣	究竟	希奇	煎熬
暖熱	遲滯	湯藥	差錯	迡隘窄隘				

以上《維摩詰經菩薩品變文》乙

鴉片戰争以後，特别是最近一二十年以來，複音詞在漢語中，特别在政治論文和科學論文中，占了壓倒的優勢，例如(按詞分寫)：

人民	民主	專政	需要	工人階級的	領導。	因爲	只
有	工人階級	最	有	遠見，	大公無私，	最	富於	革命的

---

① 這不是説，到了晚唐時代才有這些雙音詞。其中有許多是比較古的，例如"悲哀"見於嵇康《琴賦》序("賦其聲音，則以悲哀爲主")。甚至有來自上古的，例如"踴躍"和"恭敬"見於《詩經》(《邶風·擊鼓》"踴躍用兵"，《小雅·小弁》"維桑與梓，必恭敬止")。

徹底性。　整個　革命　歷史　證明，　没有　工人階級的　領

導，　革命　就　要　失敗，　有了　工人階級的　領導，　革命　就

勝利　了。　在　帝國主義　時代，　任何　國家的　任何　別的

階級，　都　不　能　領導　任何　真正的　革命　達到　勝利。

中國的　小　資産階級　和　民族　資産階級　曾經　多次　領導

過　革命，　都　失敗　了，就　是　明證。毛澤東《論人民民主專

政》

在七十個詞當中，有五十個複音詞，占百分之七十一强①。當然，目前

詞和仂語的界限還没有定論②，但是，複音詞比單音詞多得多，那是毫

無疑問的。

　　漢語複音詞的構成，可以分爲三大類：（一）聯綿字；（二）詞根加

詞頭、詞尾；（三）仂語的凝固化。就漢語發展的情况説，聯綿字變化最

少，因爲有關聯綿字的變化只是詞彙方面的變化，而不是語法的變化。

詞頭、詞尾的變化比較多。上古的詞頭、詞尾（如果有的話），大部分并

没有沿用下來，而中古以後又有一些新興的詞尾。但是，詞頭、詞尾在

漢語中是不多的，在構詞法上不占很重要的位置。至於仂語的凝固

化，就是説，仂語在發展過程中凝固起來，成爲單詞，如上古的“天子”、

中古的“歡喜”等，在漢語構詞法中是主要的。對譯外語的新詞，也常

常經過這條道路：仂語→複合詞→複音詞。

第十一節　繫詞的産生及其發展

　　要討論繫詞的産生及其發展，必須先給繫詞下一個定義。繫詞是

在判斷句中把名詞謂語聯繫於主語的詞。就漢語來説，真正的繫詞只

---

① 這種統計是不够科學的。這裏只是用來説明複音詞對單音詞的比重是很大的，而不是
　　要求準確的數字。

② 著者本人在這裏所作的分析和四年前的分析就有出入。參看王力《漢語的詞類》，見《語
　　文學習》1952 年 4 月號，30～31 頁。

有一個"是"字。"甘地是印度人、鯨魚是獸類、她是一個好學生",這些都是判斷句,其中的"是"字都是繫詞。但是,我們不能說"是"字在任何情況下都是繫詞。缺乏主語的往往不是繫詞("是我忘了,請你原諒");當謂語不是名詞性質的時候,謂語前面的"是"字也不是繫詞("他實在是很愛你")。繫詞這一個概念是從邏輯學來的。它的任務是聯繫主謂兩項,缺一不可。

在現代漢語裏,判斷句以用繫詞爲常。在上古漢語裏,情況正相反。名詞不需要繫詞的幫助就可以構成判斷,例如:

是故里長者,里之仁人也。[因此,里長是里中的仁人。](《墨子·尚同上》)

然則今之鮑函車匠皆君子也。[鮑,亦作"鞄",鞄人,治革之工也。函,即函人,製甲者也。](同上,《非儒下》)

百里奚,虞人也。(《孟子·萬章上》)

南冥者,天池也。齊諧者,志怪者也。(《莊子·逍遥游》)

此予宅也。(同上,《則陽》)

彼後王者,天下之君也。(《荀子·非相》)

禮者,治辨之極也,強國之本也,威行之道也,功名之總也。(同上,《議兵》)

管仲夷吾者,潁上人也。(《史記·管晏列傳》)

夫天者,人之始也;父母者,人之本也。(同上,《屈原賈生列傳》)

由這些例子看來,在名詞謂語後面,一般總要加上語氣詞"也"字,同時也就靠着這個"也"字來煞句。主語後面可以加"者"字,也可以不加"者"字。這種"者"字只是複指上文的名詞,以引起下文。所以當主語是代詞("彼丈夫也,我丈夫也","此予宅也")的時候,就不能再加"者"字。

有了"者"字之後,句末可以不用"也"字。但是這種情況是很少見的,例如:

天下者,高祖天下。(《史記·魏其武安侯列傳》)

有時候，"者、也"都可以不用。那也是比較特殊的情況，例如：

　　窈窕淑女，君子好逑。(《詩經·周南·關雎》)

　　子之所慎：齊、戰、疾。[齊，同"齋"。](《論語·述而》)

　　荀卿，趙人。(《史記·孟子荀卿列傳》)

　　朕高皇側室之子。(《漢書·文帝紀》)①

　　舜本臣敝素所厚吏。(同上，《張敞傳》)

在先秦時代，有些"是"字很像繫詞，例如：

　　富與貴，是人之所欲也……貧與賤，是人之所惡也。(《論語·里仁》)

　　君曰："可矣。是真畫者也。"(《莊子·田子方》)

　　但是，實際上這種"是"字并不是繫詞，而是指示代詞，和"此"的意義相近。就第一個例子來說，指示代詞"是"複指主語"富與貴、貧與賤"；就第二個例子來說，前面沒有主語，因爲它本身就是主語。

　　關於"是"字不是繫詞，有一個例子最富於啓發性：

　　和氏之璧，隋侯之珠，三棘六異，此諸侯之所謂良寶也。可以富國家，衆人民，治刑政，安社稷乎？曰：不可。所謂貴良寶者，爲其可以利也。而和氏之璧，隋侯之珠，三棘六異，不可以利人。是非天下之良寶也。今用義爲政於國家，人民必衆，刑政必治，社稷必安。所爲貴良寶者，可以利民也，而義可以利人。故曰：義天下之良寶也。[棘，鬴，空足曰鬴。異，翼。三棘六異，九鼎也。](《墨子·耕柱》)

　　由《墨子》這個例子看來，"此諸侯之所謂良寶也"用"此"字，"是非天下之良寶也"用"是"字，可見"是"就是"此"。假使上面説成"是諸侯之所謂良寶也"(上古確有這種説法，如上文所舉"富與貴，是人之所欲也")，也不能認爲"是"是繫詞。最後説"義天下之良寶也"，不説"義是天下之良寶也"或"義爲天下之良寶"，這就充分證明了先秦時代的判斷句不用繫詞。

　　上古漢語常有"是也"的説法，我們認爲這種"是"字是形容詞，即

① 編者注：該例文集改爲"農，天下之本。"

“是非”的“是”，略等於現代所謂“對”或“不錯”，例如：

　　“是魯孔丘與？”曰：“是也。”曰：“是知津矣。”［“這是魯國的孔丘嗎？”“不錯，（就是他）。”“這樣，他就知道渡口了。”］①（《論語·微子》）②

　　大節是也，小節是也，上君也。大節是也，小節一出焉，一入焉，中君也。大節非也，小節雖是也，吾無觀其餘矣。［“是”就是“對”。“非”就是“不對”。］（《荀子·王制》）

　　另一種“是也”的“是”字是複指上文，近似就是這個、就是這樣的意思。在這種情況下，它仍舊是指示代詞，例如：

　　臣聞七十里爲政於天下者，湯是也。（《孟子·梁惠王下》）

　　取之而燕民悦，則取之。古之人有行之者，武王是也。取之而燕民不悦，則勿取。古之人有行之者，文王是也。（同上）

　　地籟則衆竅是已，人籟則比竹是已。［籟，凡空虛所發之聲叫做籟。比竹，排簫之類。“是已”就是“是也”的語氣加强，“已”和“也”在語音上和意義上都相近。］（《莊子·齊物論》）

　　《書經》裏有些“惟”字很像繫詞，例如：

　　予惟小子。（《大誥》）

　　爾惟舊人。（同上）

---

①　黎錦熙先生在他的《比較文法》裏引此一例，注云“兩是字似同動而實非”（114 頁。力按：黎先生所謂“同動”，就是我們所謂“繫詞”）；又説“馬氏亦曾説此‘是’字爲指代，所謂‘先以“是”字指上文，而明所推之理’（《文通》九）是也；然於‘是魯孔丘與？曰：是也’則詮兩‘是’字皆爲‘決辭’（即決定的同動）（《文通》一），不知上‘是’字固指代，下‘是’字乃形容詞是非之是，則爲然否副詞耳。古文中，如‘是則’，猶云‘這就是’或‘那麼就’；‘則是’亦當解爲‘那麼這就是’：‘是’字皆屬指代”（127 頁）。黎先生的意見是完全正確的。

②　此例和《論語·微子》一例：“子爲誰？”曰：“爲仲由。”曰：“是魯孔丘之徒與？”對曰：“然。”一般人總喜歡用來作爲根據，以證明先秦有繫詞。但是，這種例子太少，不能拿來否定通例；並且我們也曾經説明，“是”是連繫主謂兩項的，這種例子也不合我們所下的繫詞的定義。再者，《史記·孔子世家》用這段話時，把“是孔丘之徒與？”寫成“子，孔丘之徒與？”可見原文不一定是“是”字。

但是，如果就"惟"字的用途全面觀察，就知道它不是繫詞①。《書經·湯誓》："予惟聞汝衆言。"《多方》："爾惟克勤乃事。""惟"字在"予、爾"後面，并不是繫詞。另外，就《禹貢》的幾個例子看看：

厥土惟白壤。

厥貢惟土五色。

厥土黑墳。［墳，肥，又有墳起的意思。］

厥土白墳。

厥貢鹽絺。

拿第一個例子和第三、四個例子比較，拿第二個例子和第五個例子比較，就可以看出"惟"字并不是必需的。

"惟"字應該是純粹的虛詞，不是繫詞，它是類似詞頭的東西。這裏牽涉到一個研究方法問題：翻譯的研究法是很危險的，以今譯古和以外譯中具有同樣的危險性。

"惟"和"爲"在現代漢語裏是同音字，所以令人容易誤會"惟、爲"是古今字。實際上，上古"惟"屬餘母微部，"爲"屬匣母歌部，聲母和韻母都不相同，不可能是同一個詞的不同寫法。

"爲"字本身不是一個繫詞，而是一個動詞，和"惟"字的詞性不同。"爲"的本義是做（"惟"字沒有這種意義），在上古某些句子裏，它具有一種引申的意義，使我們能夠譯成現代的"是"字，例如：

余爲伯儵，余而祖也。（《左傳·宣公三年》）

長沮曰·"夫執輿者爲誰？"子路曰："爲孔丘。"［執輿，執轡也。］（《論語·微子》）

桀溺曰："子爲誰？"曰："爲仲由。"（同上）

這是叙述句代替了判斷句。在用"也"字煞句的情況下，一般不用"爲"字。"也"字煞句是上古判斷句的基本形式；在特殊情況下，"爲"字才是必需的。譬如說，在主語和判斷語指稱同一事物的時候，"爲"

---

① 《馬氏文通》沒有把"惟"字算作斷詞（繫詞），這是對的。

字就不可以省,例如:

　　知之爲知之,不知爲不知,是知也。[這裏的"是"字是指示代詞。](《論語·爲政》)

　　爾爲爾,我爲我,雖袒裼裸裎於我側,爾焉能浼我哉?[就是在我旁邊赤身露體,你怎能弄髒了我呢?](《孟子·公孫丑上》)

　　但是,這種"爲"字并不是真正的繫詞,因爲:(一)它不是普遍應用的,而是偶然出現的;(二)只有在特殊情況下才有用它的必要。因此,如果説上古以省略繫詞爲常,這種説法還是錯誤的,是以一般最常見的結構形式爲省略形式的主觀的看法①。

　　"爲"字不是繫詞,還可以從另一事實來證明。直到今天,漢語的繫詞只用於判斷句,不用於描寫句(繫詞的活用除外),"菊花黄"是描寫句,"菊花是黄的"是判斷句,形容詞名物化,"菊花是黄"不成話。但是,"爲"字可以用於描寫句,例如:

　　師直爲壯,曲爲老。(《左傳·僖公二十八年》)

　　民爲貴,社稷次之,君爲輕。(《孟子·盡心下》)

　　"爲"的本義是做。在許多語言裏,做的意義都容易引申爲多種意義,甚至引申爲近似"是"的意義。在越南語裏,làm 是做,但 làm nguò'i 是"是人",đ'âng làm nguò'i 是"人"(直譯是"物之爲人者"),làm vua 是"是王"(很像漢語"成則爲王,敗則爲寇"的"爲")②。但是,正如越南語裏不應該認爲 làm 是繫詞(越南語的繫詞是 là),漢語裏也不應該認爲"爲"是繫詞。

　　繫詞應該是屬於基本詞彙的。如果是這樣,那麼,它就不輕易給新興的詞代替,可是"爲"字在後來消失了。如果説上古的繫詞又有"是",又有"爲",可能性更小,因爲在同一個語言中同時有兩個繫詞是不可能的。

━━━━━━━━━━

① 《馬氏文通》説"斷其爲是者,斷詞可省"(校注本下册 415 頁)。這種解釋是不對的。

② 參看巴爾比耶《越法字典》(Barbier, Dictionnaire Annamite-française),làm 字條,又 đ'âng 字條。

　　一般人總認爲"非"字等於"不是"。那也只是拿現代語來翻譯上古語的結果。實際上，"非"字在上古也并不是繫詞，它只是一個否定副詞。在上古漢語裏，要對形容詞謂語或動詞謂語加以否定，就用"不"字；要對名詞謂語加以否定，就用"非"字①。"不"和"非"在不同的謂語中起相同的作用，它們的詞性是一樣的②。總之，"非"字并非"是"的反面。我們試拿正反對比的句子來看，就會發現反面用"非"字，正面并沒有用"是"字，例如：

　　此仁也，義也……此非仁也，非義也。(《墨子·天志中》)

　　夫帥師，專行謀，誓軍旅，君與國政之所圖也，非太子之事也。[率領軍隊，決定行動，動員官兵，是君王和執政大臣所謀劃的，不是太子的事。](《左傳·閔公二年》)

　　若夫山林川澤之實，器用之資，皂隸之事，官司之守，非君之所及也。[至於山林、河流、湖泊裏的産物，日常生活所需要的東西，是小職員和政府有關部門的職守，不是君王所直接過問的。](同上，《隱公五年》)

　　此非君子之言，齊東野人之語也。(《孟子·萬章上》)

　　此庸夫之怒也，非士之怒也。(《戰國策·魏策》)

　　由此看來，先秦時代沒有真正的繫詞，這是肯定了的。有些同志以爲先秦時代漢語已經是很發達的語言，不應該落後到這個地步。這種看法是錯誤的。俄語直到今天，現在時的繫詞是不用的。在印歐語裏，正常的名句(即判斷句)是不用繫詞的③。語言的發達與否，要看它能否表達最複雜的思想，而不是看它有没有這個或那個語法形式。

---

① 除了這種用途外，"非"字還有別的用途。參看王力《中國文法中的繫詞》(《清華學報》十二卷 1 期)。

② 上古的"非"略等於俄語 я не учитель(我不是教員)裏面的 не。所不同者，在俄語裏，這種情況下，應該認爲現在時的 быть 被省略了；在上古漢語裏，不能認爲繫詞被省略，而是根本不用繫詞。

③ 參看房特利耶斯《語言論》(Vendryes, Langage) 144～145 頁。

＊　　＊　　＊　　＊　　＊

"是"字是由指示代詞發展爲繫詞的。發展的過程是這樣:在先秦時代,主語後面往往用代詞"是"字複指,然後加上判斷語。主語可以是一個或幾個名詞,如"富與貴,是人之所欲也";也可以是一個或幾個句子形式,或謂語形式,如"千里而見王,是予所欲也"(《孟子·公孫丑下》)。

無論是這種或那種情況,"是"字經常處在主語和謂語的中間,這樣就逐漸産生出繫詞的性質來。試拿《孟子·梁惠王下》"滕小國也"爲例,大約也經過這麽一個階段:"滕,是小國也"("是"在這裏仍舊是這個的意思),然後達到"滕是小國"①。下面我們再舉出一個更富於啓發性的例子:

余,而所嫁婦人之父也。(《左傳·宣公十五年》)

余是所嫁婦人之父也。(《論衡·死僞篇》)

從上面這兩個例子的對比中,我們可以看出,《左傳》不用"是"而《論衡》用"是"。這就更可以顯示出這種演變的過程來。

漢語真正繫詞的産生,大約在公元第 1 世紀前後,即西漢末年或東漢初葉②。在王充《論衡》裏已經有不少"是"字是當繫詞用的③,例如:

余是所嫁婦人之父也。(《死僞篇》)

---

① 龍果夫教授也同意這個見解。他説"指示代詞'是'首先變成贅餘的、有强調作用的代名詞性的助詞,然後變爲(語氣的)繫詞(《現代漢語語法研究》30 頁,譯文見《中國語文》1955 年 1 月號 15 頁)。他在附注裏請讀者比較俄語 дети-это наше будущее("兒童是我們的將來")。

② 《史記》裏也有一些繫詞,如《豫讓傳》:"此必是豫讓也。"但是《史記》有經後人改動的地方,這類例子又少,爲謹慎處理材料起見,未敢拿來作爲證據。《穀梁傳》有不少繫詞"是"字,因此書年代未能考定,也不采用。但是,《穀梁傳》無論如何不是先秦時代的作品。

③ 我一向以爲繫詞始於東晉,盛於南北朝。1956 年夏天,洪誠先生對我説,《論衡》裏有許多繫詞的例子。我因此得以修正我的結論,謹此志謝。

如以鬼非人也,則其信杜伯非也;如以鬼是死人,則其薄葬非也。
(《薄葬篇》)

騶夷氏是其後也。(《龍虛篇》)

海外西南有珠樹焉,察之是珠,然非魚中之珠也。(《説日篇》)

夫孔子雖云“不及地尺”,但言“如雨”,其謂實之者皆是星也。
(同上)

王充以爲“古今語殊,四方談異”,他主張“文字與言同趨”(皆見
《自紀篇》),所以他不避免當時的口語。

但是,繫詞在判斷句中起經常作用,繫詞句在口語裏完全代替了
上古的判斷句,仍是中古時期的事。在這個時期,繫詞句有兩大標志:
第一,它擺脱了語氣詞“也”字,“是”字成爲必要的,而不是可有可無
的繫詞①,例如:

問今是何世,乃不知有漢,無論魏晉。(陶潛《桃花源記》)

張玄中、顧敷是顧和中外孫。[中外孫,兩個孫子,即一個親孫子,
一個外孫。](《世説新語·言語》)

豫章太守顧邵是雍之子。(同上,《雅量》)

力士是東郭門外官奴。(《西京雜記》卷一)②

檀公三十六策,走是上計。(《南齊書·王敬則傳》)

佛是破惡之方,道是興善之術。(同上,《顧歡傳》)

佛是外國之神。(《高僧傳·佛圖澄傳》)

弟子是嶺南新州白姓。(《壇經·行由第一》)

孔老釋迦皆是至聖。(宗密《原人論·序》)

第二,繫詞“是”字加否定副詞“不”字,在口語裏代替了上古的“非”,
例如:

---

① 就是《論衡》裏,繫詞“是”字還是可有可無的。《論衡·薄葬篇》:“杜伯死人,如謂杜伯
爲鬼,則夫死者審有知。”它并不説“杜伯是死人”。

② 《西京雜記》僞托劉歆,其實是梁吴均的作品。

劫劫生生,輪迴不絶……都由此身本不是我。(《原人論》)

余亦不是仵茄之子,亦不是避難之人。(《伍子胥變文》乙)

渠本不是我,我本不是渠。(《撫州曹山元證禪師語録》)

沙門豈不是具大慈悲底人。(《撫州曹山本寂禪師語録》)①

　　"是"字用爲繋詞以後,又産生許多種活用法,其中最主要的就是承認或否認某一件事實,有時候是追究原因,例如:

　　庾曰:"君復何所憂慘而忽瘦?"伯仁曰:"吾無所憂,直是清虚日來,滓穢日去耳。"(《世説新語·言語》)

　　自是君身有仙骨,世人那得知其故。(杜甫《送孔巢父謝病歸游江東兼呈李白》)

　　實不是愛微軀,又非關足無力。(杜甫《逼仄行》)

　　人生氣稟,理有善惡,然不是性中元有此二物相對而生也。(《近思録》卷一)

　　昨夜晚,是有這般一個人挑着個紅羊皮匣子過去了。(《水滸傳》第五十五回)

　　我不是不會,就是未諳得。(《明高僧傳》卷六)

　　我方纔不過是説話取笑兒。(《紅樓夢》第四十一回)

由承認的意思又産生了變相的容許式,例如:

　　奴才説是説了,還得太太告訴老太太,想個萬全的主意纔好。(《紅樓夢》第九十六回)

　　雛是雛,却飛了好些了。(同上,第一百〇八回)

　　我給是給你,你若得他的謝禮,可不許瞞我的。(同上,第二十八回)

　　偺們走是走,我就只捨不得那姑子。(同上,第一百一十二回)

　　"是"字還有其他活用法,因爲比較次要,就不再討論了。

---

① 　後兩例采自高名凱《唐代禪家語録所見的語法成分》,見《燕京學報》34 期。編者注:文集本改爲《舜子變》:"第三不是別人,是小弟象兒。"

第十二節　詞序的發展

詞序是漢語語法的主要内容。就一般説,漢語的詞序是固定的。從歷史上看,漢語的詞序并没有多大的變化(見本章第一節),但也不能説完全没有變化。在本節裏,我們將談一談各個時期的詞序變化,特别是從上古到中古的詞序變化。

主—動—賓的詞序,是從上古漢語到現代漢語的詞序①。但是,在上古漢語裏,有一些特殊的情况,就是賓語可以放在動詞的前面。這種結構是有條件的,總的條件是:這個前置的賓語必須是一個代詞。

在原始時代的漢語裏,可能的情况是這樣:代詞作爲賓語的時候,正常的位置本來就在動詞的前面(像法語一樣)。到了先秦時代,由於語言的發展,這種結構分爲三種情况:

第一種情况是完全抛棄了舊形式,僅僅留下若干殘迹,例如:

民獻有十夫予翼。[民間賢人有十個人協助我。](《書經·大誥》)

惟我事,不貳適;惟爾王家我適。[天下事已歸屬我們,不再歸屬别國,你殷國也已歸屬我們了。](同上,《多士》)

赫赫師尹,民具爾瞻。[威嚴的尹太師,老百姓眼睛都看着你。](《詩經·小雅·節南山》)

在指示代詞當中,"是"字比較能保存原始的結構。在某些情况下,"是"字可以自由地放在動詞前面,例如:

葛之覃兮……是刈是濩,爲絺爲綌。[葛漸漸長得長了……割了它來煮煮它,做成細葛布和粗葛布。](《詩經·周南·葛覃》)

維彼忍心,是顧是復。[忍,殘忍。顧,顧念。復,重復。](同上,

---

① 從殷虛卜辭起,漢語的句子的主要形式就是主—動—賓的形式。參看管燮初《殷虛甲骨刻辭的語法研究》15頁。

《大雅·桑柔》）

爾貢包茅不入，王祭不共，無以縮酒，寡人是徵；昭王南征而不復，寡人是問。〔包茅，束裹起來的菁茅，用來滲去酒裏的渣滓。共，供。縮酒，滲酒。南征不復，巡狩南方沒有生還。是徵，要這東西。是問，質問這件事。〕（《左傳·僖公四年》）

代詞"是"用做介詞"以"的賓語（表示因此的意思）的時候，在上古一般是放在介詞的前面的；而且"是以"這個結構作爲凝固形式一直流傳在後代的文言裏，例如：

敏而好學，不恥下問，是以謂之文也。（《論語·公冶長》）

當今之君，其蓄私也，大國拘女累千，小國累百，是以天下之男多寡無妻，女多拘無夫。（《墨子·辭過》）

三施而無報，是以來也。（《左傳·僖公十五年》）

非我與吾子之罪，幾天與之也。吾是以泣也。（《莊子·徐无鬼》）

此小人之桀〔傑〕雄也，不可不誅也。是以湯誅尹諧，文王誅潘止……。（《荀子·宥坐》）

內見疑强大，外依蠻貊以爲援，是以日疏。（《史記·韓王信盧綰列傳》）

惜其不成，是以就極刑而無愠色。（《漢書·司馬遷傳》）

故虛實之事并傳世間，真僞不別也，世人惑焉，是以難論。（《論衡·談天篇》）

母孫二人，更相爲命，是以區區不能廢遠。〔更，迭，先後交替。區區，牽掛戀念的意思。廢，拋棄。遠，遠離。〕（李密《陳情表》）

是以有力者遇之，熟視之若無睹也。（韓愈《應科目時與人書》）

於兹吾有望於子，是以終及大喜也。（柳宗元《賀進士王參元失火書》）

由指示代詞"是"字構成的另一個凝固形式是"是謂"，"是謂"譯成現代漢語是"人們把它叫做"或"我們把它叫做"，例如：

觀其事上利乎天，中利乎鬼，下利乎人。三利無所不利，是謂天德。(《墨子·天志中》)

彼民有常性，織而衣，耕而食，是謂同德。(《莊子·馬蹄》)

獨往獨來，是謂獨有；獨有之人，是謂至貴。(同上，《在宥》)

天下之非譽，無益損焉，是謂全德之人哉！(同上，《天地》)

與天地爲合，其合緡緡，若愚若昏，是謂玄德。[緡，音"民"。緡緡，密合貌。](同上)

此三材者而無失其次，是謂人主之道也。(《荀子·君道》)

殺人者不死，而傷人者不刑，是謂惠暴而寬賊也。(同上，《正論》)

除此以外，還有"自"字和"相"字。"自"字作爲代詞賓語的時候，總是放在動詞的前面(《莊子·人間世》"山木自寇也，膏火自煎也")。"相"字是代詞性的副詞，所以也總是放在動詞的前面。這裏不詳細討論了。

這些結構之所以被認爲殘迹，是因爲到了先秦時代，除了凝固形式外，一般已不再用主語—代詞賓語—動詞這種結構方式了。正常的結構已變爲：主語—動詞—代詞賓語，例如：

將安將樂，棄予如遺。(《詩經·小雅·谷風》)

起予者商也。(《論語·八佾》)

故天棄我，不有康食。(《書經·西伯戡黎》)

惠而好我，攜手同行。(《詩經·邶風·北風》)

天惟畀矜爾。[畀，給與。矜，憐。](《書經·多士》)

天保定爾，亦孔之固。(《詩經·小雅·天保》)

天其運乎？地其處乎？日月其爭於所乎？孰主張是？孰維綱是？孰居无事推而行是？(《莊子·天運》)

其誰能睹是而不樂也哉？(《荀子·王霸》)

第二種情況是完全保存着舊形式。這種情況所依存的條件有兩個：第一個條件是賓語是一個疑問代詞，例如：

吾誰欺？欺天乎？（《論語·子罕》）

子墨子曰：“……子將誰毆？”耕柱子曰：“將毆驥也。”[毆，與“驅”同。驥，好馬。]（《墨子·耕柱》）

吾誰使正之？[我叫誰正確地判斷它？]（《莊子·齊物論》）

吾誰與爲鄰？（同上，《山木》）①

管仲曰：“公誰欲與？”公曰：“鮑叔牙。”（同上，《徐无鬼》）

且夫暴國之君將誰與至哉？彼其所與至者必其民也。[而且暴虐的君主將帶誰來(打仗)呢？]（《荀子·議兵》）

予何言？（《書經·益稷》）

人而無止，不死何俟？[人連個儀表都沒有，不死還等什麼？]（《詩經·鄘風·相鼠》）

無父何怙？無母何恃？[怙、恃，都是依靠的意思。]（同上，《小雅·蓼莪》）

何爲則民服？（《論語·爲政》）

居上不寬，爲禮不敬，臨喪不哀，吾何以觀之哉？（同上，《八佾》）

客何好？……客何能？（《戰國策·齊策》）

奚取於三家之堂？（《論語·八佾》）

天下之父歸之，其子焉往？（《孟子·離婁上》）

問臧奚事，則挾策讀書；問穀奚事，則博塞以游。（《莊子·駢拇》）

其中“何以”這個結構一直流傳到後來的書面語言裏，成爲一個凝固的形式，例如：

後有大者，何以加之。（《史記·淮陰侯列傳》）

若復數年，則損三分之二也，當何以圖敵？（諸葛亮《出師表》）

卿等何以得存？（《世說新語·政事》）

吾小人輟飧饔以勞吏者，且不得暇，又何以蕃吾生而安吾性邪？（柳宗元《種樹郭橐駝傳》）

---

① “與”是來自動詞的介詞，“誰”是介詞後的賓語。

愚觀賈生之論,如其所言,雖三代何以遠過?(蘇軾《賈誼傳》)

吾不知信陵君何以謝魏王也。(唐順之《信陵君救趙傳》)

第二個條件是賓語雖是一個名詞,但有一個指示代詞複指①,例如:

日居月諸,下土是冒。[太陽啊月亮啊,普照着大地。](《詩經·邶風·日月》)

秉國之均,四方是維,天子是毗,俾民不迷。[掌握着國家大權,保護四方,輔助天子,使人民不致迷失方向。](同上,《小雅·節南山》)

愎諫違卜,固敗是求,又何逃焉?[不聽別人勸告,違背卜卦所得的預兆,這本來就是找敗仗吃,還逃避什麼呢?](《左傳·僖公十五年》)

君亡之不恤,而群臣是憂,惠之至也。[君王不把自己的流亡放在心上,却還掛念着群臣,真是仁愛到極點了。](同上)

今吳是懼而城于郢。[現在害怕吳國,在郢築起城墙來。](同上,《昭公二十三年》)

處所介詞在這種情況下也能起複指作用,特別是“焉”字,因爲“焉”字本來就含有“於是”的意義。有時不用“焉”而用“於”或“于”;“於、于”也可以認爲是“於是”的省略,例如:

赫赫南仲,玁狁于襄。[赫赫,很威武的樣子。襄,除也。玁狁是襄,平定玁狁的意思。](《詩經·小雅·出車》)

我周之東遷,晉鄭焉依。[《國語·周語》作“晉鄭是依”。](《左傳·隱公六年》)

王貪而無信,唯蔡於感。[感,與“憾”同,恨也。](同上,《昭公十一年》)

名詞賓語前置而又有“是”字複指的時候,名詞賓語前面往往還有

---

① 這種用作複指的指示代詞主要是“是”字,偶然也用“斯”字,例如《詩經·豳風》:“朋酒斯饗,曰殺羔羊。”

詞頭"唯(惟)"字。我們知道,在殷虛卜辭中,賓語前置是不能不用"唯"(或"叀")字的①。"是、唯"并用,可説是新舊語法的混合,例如:

無非無儀,唯酒食是議。[家事處理得好不好與女子無關,女子只是籌劃籌劃酒飯。儀,善也。](《詩經·小雅·斯干》)

哀哉爲猶,匪先民是程,匪大猶是經;維邇言是聽,維邇言是争。[他對於事情的籌劃真可悲觀呀! 不傚法前人的經驗,不依照正當的道理,只是聽信小人的話,只和小人商量。](同上,《小旻》)

除君之惡,惟力是視。(《左傳·僖公二十四年》)

率師以來,惟敵是求。(同上,《宣公十二年》)

余雖與晉出入,余唯利是視。[出入,往來的意思。](同上,《成公十三年》)

寡人將帥敝賦以從執事,唯命是聽。[我將要率領着我的兵跟隨着你,絕對聽從你的命令。](同上,《昭公二十五年》)

荀偃令曰:鷄鳴而駕,塞井夷竈,惟余馬首是瞻! (同上,《襄公十四年》)

直到今天,我們還説"唯利是圖、唯你是問"等,這是上古語法的殘迹。

代詞"之"字和"是"字有同樣的作用(因爲"之"字本來是一個指示代詞,見上文第六節),名詞賓語靠着代詞"之"字的複指②,也可以提到動詞的前面,例如:

先君之思,以勗寡人。[鄭玄箋:"戴媯思先君莊公之故,故將歸猶勸勉寡人以禮義。"](《詩經·邶風·燕燕》)

燕婉之求,得此戚施。[想找個稱心如意的丈夫,誰知嫁這樣一個駝背。](同上,《新臺》)

---

① 參看管燮初《殷虛甲骨刻辭的語法研究》17 頁。

② 有人把這類"之"字認爲介詞。但是,我們在第九節裏説過,介詞"之"字本身也是從代詞來的。

　　吾以子爲異之問，曾由與求之問。［我以爲你問別的事呢，你倒是問仲由和冉求的事。］(《論語·先進》)

　　非子之求而蒲之愛，董澤之蒲可勝既乎？［不注意去找回兒子來而只是捨不得幾枝箭，咱們董澤的箭材難道還用得完嗎？］(《左傳·宣公十二年》)

　　寡君其罪之恐，敢與知魯國之難？［敝國君王擔心自己的罪過還來不及呢，哪裏還敢過問魯國的急難呢？］(同上，《昭公三十一年》)

　　虢多涼德，其何土之能得？［涼德，不德之事。涼，薄。］(同上，《莊公三十二年》)

　　君亡之不恤，而群臣是憂。［這裏"之、是"對舉，它們的語法作用是一樣的。］(同上，《僖公十五年》)

　　不但名詞賓語可以用代詞複指，連代詞賓語本身也可以用另一代詞複指，它更能顯出是一個前置的賓語。這種結構是"是之"①，例如：

　　古者民有三疾，今者或是之亡也。［亡，無。古時候人們有三種毛病，現在的人也許連這個也沒有了。］(《論語·陽貨》)

　　……嫫母力父，是之喜也。(《荀子·賦》)

　　"是之謂"是一種凝固形式，最爲常見。由於"是謂"也可以説成"此謂"(《莊子·大宗師》"此謂坐忘"，《徐无鬼》"此謂真人")，所以"是之謂"也可以説成"此之謂"。"是"和"此"所代的是名詞，所以有時候不用"是、此"，而用名詞或名詞性仂語，例如：

　　是以聖人和之以是非，而休乎天鈞。是之謂兩行。［天鈞，天然平等。兩行，任憑天下萬物各是其是、各非其非的意思。］(《莊子·齊物論》)

　　若然者，雖直而不病。是之謂與古爲徒。(同上，《人間世》)

　　……無所逃於天地之間。是之謂大戒。(同上)

　　……農夫朴力而寡能，則上不失天時，下不失地利，中得人和，而

────────

① 《書經·無逸》："此厥不聽，人乃訓張爲幻。""此厥"也許屬於這種情況。

百事不廢。是之謂政令行。(《荀子·王霸》)

失乎由是,死乎由是,夫是之謂德操。德操然後能定,能定然後能應。能定能應,夫是之謂成人。(同上,《勸學》)

以上是"是之謂"。

太上無敗,其次敗而有以成。此之謂用民。(《墨子·親士》)

故《周書》曰:"國無三年之食者,國非其國也;家無三年之食者,子非其子也。"此之謂國備。(同上,《七患》)

四方之民莫不俱至。此之謂聖治。(《莊子·天地》)

人雖有知,無所用之。此之謂至一。(同上,《繕性》)

有左有右,有倫有義,有分有辯,有競有爭。此之謂八德。(同上,《齊物論》)

以上是"此之謂"。

於事爲之中,而權輕重之謂求。(《墨子·大取》)

无爲爲之之謂天,无爲言之之謂德,愛人利物之謂仁,不同同之之謂大,行不崖異之謂寬,有萬不同之謂富。故執德之謂紀,德成之謂立,循於道之謂備。(《莊子·天地》)

禮義之謂治,非禮義之謂亂也。(《荀子·不苟》)

三得者具而天下歸之,三得者亡而天下去之。天下歸之之謂王,天下去之之謂亡。(同上,《王霸》)

以上是名詞性仂語後面帶"之謂"。試比較《莊子·徐无鬼》"以德分人謂之聖,以財分人謂之賢",《荀子·修身》"是是非非謂之智,非是是非謂之愚",就知道"之"是代詞。

如果我們承認"所"字有代詞性,那麼,它也是放在動詞前面的[①]。這樣,我們可以看見很整齊的幾種凝固形式,互相對應:

何以:是以:所以

何謂:是謂:所謂

---

① 《馬氏文通》認爲代詞"所"字放在動詞的前面。參看校注本上册 63 頁。

　　第三種情况是舊結構和新結構同時存在,這種情况最明顯地表現在否定句的代詞賓語上。《馬氏文通》曾經指出,外動詞前面有否定副詞①,或者有主語"莫、無"(馬氏把"無"也認爲無定代詞)的時候,賓語如果是一個代詞②,總是放在外動詞的前面(校注本下册 508 頁)。這個規律不能没有例外。上文説過,没有任何條件限制的代詞賓語首先變换了位置,另一方面,疑問代詞賓語和某些凝固形式保存着舊結構:這是兩個極端。在否定句中,形成了一種過渡狀態:新形式產生了,舊的形式還没有消亡。這種情况非常複雜③。要看具體的否定詞是什麽,也要看具體的代詞賓語是什麽。大致説來,否定詞是"莫、未、毋(無)"等字的,代詞賓語是"吾、余、汝(女)、爾"等字的,動詞後置的情况比較前置的情况要多得多。下面是一些動詞後置的例子:

　　汝念哉,無我殄。[你記着啊,不要忘了我的話。殄,絶。](《書經·康誥》)

　　無我怨。(同上,《多士》)

　　今予惟不爾殺。(同上)

　　謂他人父,亦莫我顧。(《詩經·王風·葛藟》)

　　豈不爾思?(同上,《衛風·竹竿》)

　　雖速我訟,亦不女從。[速,招致。訟,訴訟。](同上,《召南·行露》)

　　蝃蝀在東,莫之敢指。(同上,《鄘風·蝃蝀》)

　　居則曰:"不吾知也。"(《論語·先進》)

　　以吾一日長乎爾,毋吾以也。(同上)

　　子路有聞,未之能行,唯恐有聞。(同上,《公冶長》)

---

①　這個否定副詞如果和動詞距離太遠,特别是被工具語隔開,就不能適用這個規律。

②　"子"字是名詞,不是代詞。當它被用爲"汝"的意義的時候,只是借名詞爲尊稱。漢代"卿"字也是這樣。

③　參看周光午先生的《先秦否定句代詞賓語的問題》(武漢大學第二次科學討論會論文,油印本,後來發表在《語法論集》第三集)。

予無樂乎爲君,唯其言而莫予違也。如其善而莫之違也,不亦善乎? 如不善而莫之違也,不幾乎一言而喪邦乎? (同上,《子路》)

我未見力不足者,蓋有之矣,吾未之見也。(同上,《里仁》)

僕句不余欺也。(《左傳·昭公二十五年》)

是區區者而不余畀,余必自取之。(同上,《昭公十三年》)

莫余毒也已! (同上,《僖公二十八年》)

我無爾詐,爾無我虞。(同上,《宣公十五年》)

無適小國,將不女容焉。(同上,《僖公七年》)

晉國之命,未是有也。(同上,《襄公十四年》)

隣國未吾親也。(《國語·齊語》)

丘也聞不言之言矣,未之嘗言,於此乎言之。(《莊子·徐无鬼》)

　　有人認爲疑問代詞賓語和否定句代詞賓語放在動詞前面的句子是倒裝句,那是不對的,因爲依照先秦正常的語法結構正是應該這樣。假定在先秦史料中發現“吾欺誰、莫毒余”等,那才應該認爲倒裝句,因爲那種結構不是正常的。

　　有些結構最能表現過渡狀態。現在舉出“不我”和“不己”這兩個結構爲例:

　　(甲)代詞賓語在動詞前面:

胡能有定? 寧不我顧? (《詩經·邶風·日月》)

昊天上帝,則不我遺。(同上,《大雅·雲漢》)

子不我思,豈無他人? (同上,《鄭風·褰裳》)

日月逝矣,歲不我與。(《論語·陽貨》)

不患人之不己知,患不知人也。(同上,《學而》)

君子病無能焉,不病人之不己知也。(同上,《衛靈公》)

愧不若黃帝,而哀不己若者。(《莊子·徐无鬼》)

　　(乙)代詞賓語在動詞後面:

爾不許我,我乃屏璧與珪。(《書經·金縢》)

不知我者謂我何求。(《詩經·王風·黍離》)

有事而不告我。(《左傳·襄公十八年》)

且人之欲善,誰不如我?(同上,《僖公九年》)

以其不從己而敗楚師也。(同上,《成公十七年》)

不見己焉爾,不得類焉爾。(《莊子·德充符》)

聖人不愛己。(《荀子·正名》)

另有一些結構,則表現着新形式已經完成,代詞賓語已經不再前置,而是後置了。在這一點上,最明顯的一種結構就是"不……之"[1],例如:

不舒究之。(《詩經·小雅·小弁》)

吾不知之矣。(《論語·泰伯》)

仁不能守之。(同上,《衛靈公》)

雖有骨肉之親,無故富貴,面目美好者,實知其不能也,不使之也。(《墨子·尚貢下》)

其妻曰:"子得所求而不從之,何其懷也。"(《國語·晉語》)

苟不充之,不足以事父母。(《孟子·公孫丑上》)

若我而有之……若我而不賣之。(《莊子·徐无鬼》)

若不知之……若不聞之。(同上,《則陽》)

天下不知之。(《荀子·性惡》)

　　　　　＊　　　＊　　　＊　　　＊　　　＊

到了漢代,疑問代詞賓語後置的結構逐漸發展出來了,例如:

山戶獨仿徨,愁思當告誰?(《古詩十九首·明月何皎皎》)

蘭澤多芳草,采之欲遺誰?(同上,《涉江采芙蓉》)

夫如是,累害之人,負世以行;指擊之者,從何往哉?(《論衡·累害篇》)

盜跖日殺不辜,肝人之肉,暴戾恣睢,聚黨數千,橫行天下,竟以壽

---

[1]　在用"不"的否定句中,代詞賓語"之"前置的只有極個別的例外。《吕氏春秋·離俗覽》:"苟可得已,則必不之賴。"

終,是獨遵何哉?(同上,《禍虛篇》)

　　至於否定句中的代詞賓語,到了漢代,後置的情況表現得更爲明顯了,例如:

　　九合諸侯,一匡天下,諸侯莫違我。(《史記·封禪書》)

　　莫知我夫。(同上,《孔子世家》)

　　到了南北朝以後,這種疑問代詞賓語和否定句中代詞賓語後置的發展已經在口語中完成了。從此以後,凡是在書面語言裏運用先秦時代那種代詞賓語前置的結構的(如古文作家),那只是仿古,而并不反映口語。

*　　*　　*　　*　　*

　　關於處所狀語和工具狀語的位置,也有它的發展過程,現在加以叙述。

　　所謂處所狀語,在這裏專指介詞"於(于)"字及其賓語而言。在殷虛卜辭中,處所狀語的位置還沒有十分固定,它可以放在動詞之後(如"告于父丁"),又可以放在動詞之前(如"于父丁告"),但是放在動詞後面的結構是常見的結構。西周以後,這種常見的結構成爲唯一的結構,處所狀語必須放在動詞(及其賓語)的後面[1],例如:

　　子擊磬於衛。(《論語·憲問》)

　　藏於心者,無以竭愛;動於身者,無以竭恭;出於口者,無以竭馴。[懷在内心的都是仁慈,表現在外貌的都是恭敬,嘴裏説出來的都是文雅的、合乎道理的話。](《墨子·修身》)

　　民以爲將拯己於水火之中也。(《孟子·梁惠王下》)

　　逢蒙學射於羿。(同上,《離婁下》)

　　本在於上,末在於下,要在於主,詳在於臣。[根本大權在君主,枝葉瑣碎的事務權在臣下;君主總攬大綱,臣下管理細目。](《莊子·天道》)

―――――――――――――

[1]　當然也還有個別的例外,例如《書經·酒誥》:"人無於水監,當於民監。"

利澤施於萬世。（同上，《天運》）

吾非至於子之門則殆矣。吾長見笑於大方之家。［殆，危也。大方，大道也。］（同上，《秋水》）

莊子行於山中。（同上，《山木》）

特別是單音節内動詞（如“在、至、行”）和被動性的動詞（如“利澤施於萬世、見笑於大方之家”）直到很遠的後代，也只能放在處所狀語的前面。

但是，相反地，如果“於”是對於的意義，就已經不是一般的處所狀語（見下文第十四節），它就可以放在謂語甚至主語的前面，例如：

不義而富且貴，於我如浮雲。（《論語·述而》）

我於周爲客。（《左傳·昭公二十五年》）

於周室，我爲長。（同上，《哀公十三年》）

到了漢代，一般處所狀語漸漸可以移到動詞的前面，例如：

褒於道病死，上閔惜之。（《漢書·王褒傳》）

宰相不親小事，非所當於道路問也。（同上，《丙吉傳》）

從此以後，處所狀語又變爲前置後置均可了。直到動詞“在”字代替了介詞“於”字，一般處所狀語的位置才固定在動詞前面，例如“在家吃飯”（不是“食於家”）；但是表示動作的施事者或受事者因動作的結果達到什麼處所時，這個處所狀語仍舊是放在動詞後面的，例如“他掉在井裏、把書扔在地下”等①。

所謂工具狀語，在這裏專指介詞“以”字及其賓語。在上古，工具狀語放在動詞前面或後面都可以，例如：

以旦代某之身。（《書經·金縢》）

以二干戈，虎賁百人，逆子釗於南門之外。［逆，迎也。］（同上，《顧命》）

天將以夫子爲木鐸。［木鐸，上古鈴類，金口木舌，振之以警衆人

---

① 參看王還《説“在”》，見《中國語文》1957 年 2 月號。

者。](《論語・八佾》)

以戈逐子犯。(《左傳・僖公二十三年》)

許子以釜甑爨,以鐵耕乎?(《孟子・滕文公上》)

方今之時,臣以神遇而不以目視。(《莊子・養生主》)

以上是放在動詞前面。

殺人以梃與刃,有以異乎?(《孟子・梁惠王上》)

嫂溺,援之以手者,權也。[權,變通也。](同上,《離婁上》)

夫大塊載我以形,勞我以生,供我以老,息我以死。[大自然把形
體給予我,用生活來使我勞苦,用衰老來使我安閒,用死來使我休息。]
(《莊子・大宗師》)

夫堯既已黥汝以仁義,而劓汝以是非矣。[堯已經用仁義是非等
道德觀念把你殘害了。黥,上古刑罰,在臉上刺字。劓,刑罰,割鼻
子。](同上)

以上是放在動詞後面。

如果工具狀語被活用來表示原因,它的位置就只能在動詞的前
面,例如:

君子不以言舉人,不以人廢言。(《論語・衛靈公》)

乃孔子則欲以微罪行,不欲爲苟去。[至於孔子,就願意拿個小錯
誤作爲藉口而離職走開,不願意無緣無故地離開。](《孟子・告子
下》)

乃欲以一笑之故殺吾美人,不亦甚乎?(《史記・平原君虞卿列
傳》)

到了近代漢語裏,動詞"拿"字代替了介詞"以"字,於是"拿"字及其賓
語(謂語形式)所組成的工具狀語的位置也就固定在動詞的前面,例如:

武松自在房裏拿起火筯簇火。(《水滸傳》第二十四回》)

張青拿起剪刀替武松把前後頭髮都剪了。(同上,第三十一回)

拿真心待你,你倒不信了。(《紅樓夢》第四十七回)

但是,"以"字及其賓語所構成的工具狀語在書面語言裏仍然相當

常見,而且像"給以經濟的援助"一類的結構,工具狀語放在動詞後面,還不是"拿"字式所能代替的。

＊　　＊　　＊　　＊　　＊

在可能式中,也有詞序的發展過程。這裏談一個"得"字。先秦的"得"字表示客觀情況的容許,和表示能力的"能"字是有分別的[①],例如:

後死者不得與於斯文也。[後生小子就不可能和這個(傳統的)文化接觸了。](《論語·子罕》)

趨而避之,不得與之言。(同上,《微子》)

其詳不可得聞也。(《孟子·萬章下》)

二者不可得兼。(同上,《告子上》)

漢代以後,這種表示客觀情況的容許的"得"字的位置可以移到動詞後面去(參看上文第七節),例如:

民采得日重五銖之金。(《論衡·驗符篇》)

世或有謂神仙可以學得,不死可以力致者。(嵇康《養生論》)

亂後誰歸得? 他鄉勝故鄉。(杜甫《得舍弟消息》)

這種後置的"得"字,不僅用於肯定句,而且可以用於否定句。也就是說,這種"得"字和動詞之間還可以被"不"字或"未"字隔開,例如:

今壹受詔如此,且使妾搖手不得。(《漢書·孝成許皇后傳》)

田爲王田,買賣不得。(《後漢書·阮諝傳》)

天邊老人歸未得。(杜甫《天邊行》)

等到使成式普遍應用以後(參看下文第十六節),又有一種新的可能式出現,就是把"得"字放在動詞的後面,成爲"打得破、煮得爛"一類的結構(在這種結構中,"得"字已經變爲詞尾)。但是,在否定句中

---

① 這種"得"字是從獲得的意義發展來的,所以"得"字後面可以帶聯結詞"而"字,如《論語·公冶長》:"夫子之文章可得而聞也。"

并不是用"不得"來否定(因爲"得"字是詞尾),而是插入一個"不"字。後者似乎比前者的時代還早些,例如:

巧兒舊來鑷未得,畫匠迎生摸不成。(《游仙窟》)

大杖打不死,三具火燒不煞。(《舜子至孝變文》)

饒你丹青心裏巧,彩色千般畫不成。(《醜女緣起變文》)

剪不斷,理還亂,是離愁。(李煜《烏夜啼》)

冉冉秋光留不住。(李煜《謝新恩》)

可見最晚在第 10 世紀(南唐時代),這種使成式中插入"不"字表示對可能的否定的結構就已經出現了。

在現代某些粵方言地區(如廣西博白)有"不打得破、不煮得爛"(譯意)的説法。但這種結構在全國方言裏是少見的。

＊　　＊　　＊　　＊　　＊

"五四"以後,有一些新興的詞序。

原來漢語的條件式和容許式,都是從屬部分在前,主要部分在後的。在西洋語言裏,條件式和容許式的從屬部分前置後置均可。"五四"以後,漢語受了西洋語法的影響,這從屬部分也有了後置的可能,例如:

所以什麽謊都可以説,只要説得好聽;做賊,賭錢,都可以做,只要做得好看。(丁西林《一隻馬蜂》)

可是我得省些錢,萬一媽媽叫我去……我可以跑,假如我手中有錢。(老舍《月牙兒》)

女媧圓睁了眼睛,好容易才省悟到這便是自己先前所做的東西,只是怪模怪樣的已經都用什麽包了身子,有幾個還在臉的下半截長着雪白的毛毛了,雖然被海水黏得像一片尖尖的白楊葉。(魯迅《故事新編·補天》)

蘭花烟的香味頻頻隨着微風,襲到我官覺上來……雖然那四個人所坐的地方是在我廊下的鐵紗窗以外。(林徽因《窗子以外》)

人稱代詞所代的名詞,本來應該出現在人稱代詞的前面(所以叫做"先詞")。但是在西洋語言裏,如果複合句的從屬部分放在主要部分的前面,人稱代詞放在從屬部分,其所代替的名詞放在主要部分,雖然表面上看來是顛倒了(先詞反而後置),但是重點突出。"五四"以後,漢語語法有時候也受這種結構的影響,直到目前也還有出現,例如:

> 在他們逗留北京的期間,蘇加諾總統和外交部長魯斯蘭·阿卜杜加尼,同隨行人員中的其他印度尼西亞領道人員一起,同毛澤東主席進行了幾次會談,周恩來總理和中華人民共和國的其他領導人員也參加了這些會談。(《關於蘇加諾總統訪問我國的聯合新聞公報》,《新華半月刊》1956 年第二十一號)

"他們"在其所代替的"蘇加諾總統和外交部長阿卜杜加尼"的前面。

可能由於這是聯合新聞公報,采用這種結構形式,以便譯成各種語言。但是,這一結構形式也顯然是漢語所能容許的,否則不可能出現在政府的正式文件裏。

在西洋語言裏,在敘述對話的時候,往往先把所說的話寫出,然後指出這話是誰說的。如果所說的話不止一句,往往先把第一句話或者第一句話的一個部分寫在前面,中間指出說話人是誰,其餘的話都放在後面。這一種結構形式在"五四"以後也爲漢語的文學語言所吸收了,例如:

> "我是虫豸,好麼?……"小 D 説。(魯迅《阿 Q 正傳》)

> "完了?"趙太爺不覺失聲的説,"那裏會完得這樣快呢?"(同上)

> "那位邵大爺,"年長的農人向我説,因爲水車停了,顯出他的聲音的響亮,"他有一次真是石頭一般地定心,叫人萬萬學不來。……"(葉聖陶《曉行》)

> "根據我過去的經驗,"他搶口回答道,"也只有往多處報呵!"(茅盾《腐蝕》)

有人指出,條件式和容許式之類的複合句從屬部分後置的情况,古代漢語也有,如《左傳·閔公二年》:"孝而安民,子其圖之,與其危身以速罪也。"先叙述對話,後指出説話人,這種情況古漢語也有,如韓愈《張中丞傳後叙》:"嵩無子,張籍云。"①這一種論據是不正確的。我們不能從古書堆中找出極其偶然的現象來和現代相當普遍的現象相比。那樣的比較是没有意義的。

第十三節　詞在句中的臨時職務

有些詞,在詞典裏并不屬於某一詞類,但是,在句子裏它能有這一詞類的職能。我們把這種職能稱爲詞在句中的臨時職務。

在漢語語法學上有所謂"致動"和"意動"②。用作致動和意動的詞本來都不是動詞(或本來不是外動),但是,在一定條件下它們有動詞(外動)的職能。但致動和意動之間又是有差别的,所以分别加以叙述。

(甲)致動就意義上説,它是使賓語所代表的事物具有某一性質、行爲,或成爲另一事物。當説話人要使賓語所代表的事物具有某一性質的時候,就把表示這一性質的形容詞放在賓語前面(這是動詞經常所在的位置),使它本身帶有動詞的性質。這樣,可以説是形容詞作動詞用,例如:

古之善爲道者,非以明民,將以愚之。[使民聰明,使民愚。](《老子》六十五章)

君子之於禽獸也,見其生不忍見其死,聞其聲不忍食其肉;是以君子遠庖厨也。[使庖厨遠隔。](《孟子·梁惠王上》)

夫固國者,在親衆而善隣。[使國鞏固。](《國語·晉語》)③

---

① 三十年前我在《甲寅周刊》第一卷第三十五號 8～13 頁《文話平議》一文裏這樣説過。
② "致動"和"意動"是由陳承澤首先提出來的,楊樹達在《高等國文法》中采用了這兩個術語。本節舉例多采自《高等國文法》。參看該書 133～143 頁。
③ 親衆,楊樹達《高等國文法》引作"親仁"。

夫民勞而實費，又無尺寸之功，破宋肥仇而世負其禍矣。[攻破了宋國，使仇敵壯大起來，以後就要世世代代受這個害了。](《戰國策·燕策》)

傭徒鬻賣之道也，不足以合大衆，美國家。[（這是）買賣人做生意的辦法，不能够使大衆團結，使國家富强。](《荀子·議兵》)

儒者在本朝則美政，在下位則美俗。[使政美，使俗美。](同上，《儒效》)

虛囹圄而免刑戮。[使監獄空虛。](賈誼《過秦論》)

上求魚，臣乾谷。[使谷乾，也就是把山谷弄乾。](《淮南子·說山》)

上素驕淮南王，弗爲置嚴傅相，以故至此。[養成淮南王驕縱。](《史記·淮南衡山列傳》)

吾寧不能言而富貴子？子不足收也。[使子富貴。](同上，《張儀列傳》)

衣以溫膚。[使膚溫。](《論衡·道虛篇》)

當說話人要使賓語所代表的事物具有某一不及物的行爲的時候，就把表示這一行爲的内動詞放在賓語前面。賓語前面本該是外動詞的位置，所以這内動詞變爲帶有外動詞的性質。但是這種動詞畢竟和一般外動詞不同，并不是行爲施及賓語，而是使賓語所代表的事物有此行爲。這可以說是内動詞作外動詞用，例如：

小子鳴鼓而攻之可也。[使鼓鳴，就是敲鼓。](《論語·先進》)

夫子所謂生死而肉骨也。[使死者復生。](《左傳·襄公二十二年》)

吾懼君以兵，罪莫大焉。[使君懼，也就是威脅。](同上，《莊公十九年》)

成王發府，見周公禱書，乃泣，反周公。[使周公返。反，就是返。](《史記·魯周公世家》)

走白羊樓煩王。[使白羊樓煩王逃走，也就是趕走了白羊樓煩

王。](同上,《衛將軍驃騎列傳》)

乃與趙衰等謀醉重耳,載以行。[使重耳醉。](同上,《晉世家》)

今尊立其子,將疑衆心。[使衆心疑。](《後漢書·張步傳》)

當説話人要使賓語所代表的事物具有某一及物的行爲的時候,就把表示這一行爲的外動詞放在賓語前面。這個外動詞所表示的行爲并不是主語所表示的事物發出的,而是賓語所表示的事物發出的,甚至二者都不是,而是第三者所發出的,例如:

嘗人,人死;食狗,狗死。[嘗人,就是使人嘗之,食狗,就是使狗食之,本來都可認爲致動,但是後來"食"讀去聲(音飼),獨立使用,就不再被瞭解爲致動。](《吕氏春秋·離俗覽·上德》)

吴王濞反①,欲從閩越,閩越未肯行。[使閩越從己。](《史記·東越列傳》)

夫割地包利,五伯之所以覆軍禽將而求也。[禽將,是使其將被擒,擒的行爲出自第三者。](《史記·蘇秦列傳》)

當説話人要使賓語所代表的事物成爲另一事物的時候,就把表示這另一事物的名詞放在賓語前面,使它帶有動詞的性質。這可以説是名詞作動詞用,例如:

吾見申叔,夫子所謂生死而肉骨也。[使白骨變爲血肉,也就是使死人復生。](《左傳·襄公二十二年》)

齊桓公合諸侯而國異姓。[封異姓使爲國。](《史記·晉世家》)

(乙)意動就意義上説,并不能使賓語所代表的事物變爲某種性質,只是主觀上認爲它具有這種性質。一般地説,這是形容詞作動詞用,例如:

登東山而小魯,登太山而小天下。[認爲魯小,認爲天下小。](《孟子·盡心上》)

人主自智而愚人,自巧而拙人。[認爲自己很聰明,很巧,别人很

---

① 楊樹達《高等國文法》引作"吴王反"。

愚,很笨。](《吕氏春秋・審分覽・知度》)

　　細萬物,則心不惑矣。[以萬物爲小。](《淮南子・精神》)

　　乃勇子胥也。[以子胥爲勇。](《越絶書》)

　　但是,按平常的結構,形容詞在名詞前面或名詞在名詞前面都是作爲定語的。致動和意動是修辭上的一種手段。如果要表示致動和意動,而又没有任何標志,就有誤會的可能。這種缺點往往從修辭手段上得到補償,譬如利用駢偶,就可以幫助讀者瞭解其爲致動或意動。"生死而肉骨"比單説"生死"或單説"肉骨"容易瞭解得多。但是,更常見的辦法是使修辭手段和語法形式相結合,就是利用代詞來造成致動和意動。在漢語裏,就一般説,代詞是不能被修飾的,代詞前面不可能有定語("者"字例外),代詞用於領位的時候也不可能有定語,因此,除"者"字以外,代詞前面的形容詞、内動詞和名詞都當然變爲致動或意動,例如:

　　人潔已以進。[使已潔,也就是把自己弄乾净。](《論語・述而》)

　　既庶矣,又何加焉? 曰:富之。[使之富。](同上,《子路》)

　　欲潔其身而亂大倫。(同上,《微子》)

　　正其衣冠。[使他的衣帽端正。](同上,《堯曰》)

　　匠人斲而小之。[匠人砍小了它。](《孟子・梁惠王下》)

　　厚其墙垣。[把圍墻砌厚。](《左傳・襄公三十一年》)

　　乃召趙莊而貴之①。[使之貴。](《戰國策・趙策》)

　　君子之學也以美其身。[使其身美,就是提高他自己。](《荀子・勸學》)

　　以上是形容詞作動詞用,致動。

　　拱把之桐梓,人苟欲生之,皆知所以養之者。[使它生長。](《孟子・告子上》)

　　華元夜入楚師登子反之床,起之。(《左傳・宣公十五年》)

---

① 乃召趙莊,楊樹達《高等國文法》引作"乃召莊"。

施氏逆諸河，沈其二子。［施氏在黃河邊迎接她，把她的兩個兒子沉到水裏去。］（同上，《成公十一年》）

我落其實而取其材。［使其果實落。］（同上，《僖公十五年》）

吾欲輔重耳而入之晉。［我想要幫助重耳，把他送入晉國。］（《韓非子·十過》）

蘇秦乃激怒張儀，入之於秦。［把他送入秦國。］（《史記·蘇秦列傳》）

進不滿千錢，坐之堂下。［送禮不够一千錢的，叫他坐在堂下。］（同上，《高祖本紀》）

買臣深怨，常欲死之。［使他死，就是弄死他。］（《漢書·朱買臣傳》）

匈奴使其貴人至漢。病，服藥，欲愈之。（同上，《匈奴傳上》）

故爲風雨以還汝軍①。（《吳越春秋·勾踐伐吳外傳》）

以上是内動詞作外動詞用，致動。

爾欲吳王我乎？［你想使我做吳王嗎？］（《左傳·定公十年》）

令我百歲後，皆魚肉之矣！［假使我死了，大家都會宰割他了。］（《史記·魏其武安侯列傳》）

以上是名詞作動詞用，致動。

踰墻相從，則父母國人皆賤之。［以爲他卑賤，也就是輕視他。］（《孟子·滕文公下》）

三過其門而不入，孔子賢之。［孔子以爲他很好。］（同上，《離婁下》）

彼長［年長，年紀大］而我長之［以之爲長，尊敬之］，非有長於我也；猶彼白而我白之，從其白於外也。［那個人年長因而我尊敬他，不是我主觀認爲他年長的；好比那件東西白因而我認爲它白，是依據它客觀具有的白的性質。］（同上，《告子上》）

---

① 還汝軍，楊樹達《高等國文法》引作"還吾師"。

管仲,世所稱賢臣,然孔子小之。[孔子以爲他不够好。](《史記·管晏列傳》)

顯王左右素習知蘇秦,皆少之,弗信。[都以爲他很壞,也就是都瞧不起他。](同上,《蘇秦列傳》)

時充國年七十餘,上老之。[皇帝以爲他太老。](《漢書·趙充國傳》)

此其言圍,何也? 久之也。(《穀梁傳·隱公五年》)

少年壯其意,又素受恩,皆許諾。(《後漢書·劉盆子傳》)

世祖愈美其意。(同上,《馬武傳》)

以上是形容詞作動詞用,意動。

夫人之,我可以不夫人之乎?[大家認爲他是夫人,我可以不認爲他是夫人嗎?](《穀梁傳·僖公八年》)

這是名詞作動詞用,意動。

致動和意動,在結構形式上完全没有分别,我們只能憑上下文來斷定它們是致動或是意動。依上面所舉例子看來,“匠人斲而小之”的“小”是致動,但在“管仲,世所稱賢臣,然孔子小之”裏面,“小”是意動;“君子之學也以美其身”的“美”是致動,“世祖愈美其意”的“美”是意動;“古之善爲道者,非以明民,將以愚之”的“愚”是致動,“人主自智而愚人”的“愚”是意動。

在《詩》《書》《易》等較早的史料中,致動和意動甚爲罕見。致動和意動的普遍應用,始於春秋末期或戰國初期。後來在所謂古文中一直應用,例如韓愈《原道》“人其人,火其書,廬其居”的第一句第一個“人”和第三句的“廬”都是致動,“諸侯用夷禮,則夷之”的第二個“夷”是意動。

代詞不但可以使它前面的詞形成致動和意動,而且可以使它前面的詞具有一般動詞的用途,例如:

士兵之。[以兵器擊之。](《左傳·定公十年》)

“孰能一之?”對曰:“不嗜殺人者能一之。”[誰能統一它? 不好殺

人的人能統一它。]（《孟子·梁惠王上》）

　　老吾老，以及人之老；幼吾幼，以及人之幼。[第一個"老"字是尊敬、奉養的意思，第一個"幼"字是愛護、撫育的意思。]（同上）

　　文王之圃，方七十里……與民同之。[和老百姓共同享用它。]（同上，《梁惠王下》）

甚至代詞本身也可以采用這一方式而變爲動詞，例如：

　　且也相與吾之耳矣！庸詎知吾所謂吾之乎？[而且，大家都把自己看成是"我"就算了，怎麽知道我們把自己看成"我"的意義呢？]（《莊子·大宗師》）①

　　本章第六節裏說過，"所"字後面跟着的往往是個外動詞，因此，"所"字就能發生使形容詞、內動詞或名詞帶有外動詞的性質的作用，例如：

　　上之所是，必皆是之；所非，必皆非之。（《墨子·尚同上》）

　　毛嬙西施，人之所美也。（《莊子·齊物論》）

　　夫天地者，古之所大也。（同上，《天道》）

　　所貴於天下之士者……。[之所以以天下之士爲貴者……。]（《戰國策·趙策》）

　　其所厚者薄，而其所薄者厚。[人所重視的受到輕視，所輕視的反而受到重視。]（《禮記·大學》）

　　以上是形容詞作動詞用。

　　苶然疲役而不知其所歸。[很困乏的從事於勞役，而不知道自己的歸宿。苶然，疲困的樣子。]（《莊子·齊物論》）

　　涕泣灑衣裳，能不懷所歡？[所歡，所愛的人。]（劉楨《贈五官中郎將》四首之三）

　　以上是內動詞作外動詞用。

---

① 中古的例子有《魏書·陳奇傳》："（游雅）嘗衆辱奇，或爾汝之。"《隋書·楊伯醜傳》："見公卿不爲禮，無貴賤皆汝之。"

不忘其所始，不求其所終。(《莊子・大宗師》)

封賀所子弟子侍中中郎將彭祖爲陽都侯。[封張賀的過繼子即他弟弟的兒子侍中中郎將彭祖爲陽都侯。](《漢書・宣帝紀》)

乃敢昧死自陳所天。[所天，指皇帝。](《後漢書・梁竦傳》)

以上是名詞作動詞用。

"能、可、自、相"後面以帶動詞爲常，因此，如果它們後面帶名詞或形容詞，那就是名詞作動詞用，或形容詞作動詞用，例如：

參日而後能外天下……七日而後能外物……九日而後能外生。[外天下，就是把天下看成身外之物，即忘掉天下。外物，就是把事物看成身外之物，即忘掉事物。外生，就是把生命看成身外之物，即忘掉生命。](《莊子・大宗師》)

道可道，非常道；名可名，非常名。[道，説得出的，它就不是經常的道；名，叫得出的，它就不是經常的名。](《老子》)

山木自寇也，膏火自煎也。[山上的樹木是自己砍伐自己的。](《莊子・人間世》)

精而又精，反以相天。[相天，彼以此爲天，此亦以彼爲天。](同上，《達生》)

小生乃欲相吏耶？[後生小子竟想要叫我做僚屬嗎？](《漢書・朱雲傳》)

以上是名詞作動詞用。

大澤焚而不能熱，河漢沍而不能寒。[(天氣熱到)大湖都乾了也熱不壞他，(冷到)黃河和漢水都封凍了也凍不壞他。](《莊子・齊物論》)

可貴可賤也，可富可貧也。(《荀子・仲尼》)

是故君子不自大其事。[所以君子不誇大自己的工作。](《禮記・表記》)

以物觀之，自貴而相賤。[用萬物自己的眼光來看，總是以爲自己貴重而以爲人家卑賤。](《莊子・秋水》)

物與物何以相遠？［相遠，彼此離開很遠。］（同上，《達生》）

以上是形容詞作動詞用。

由於"能、可、相"後面以帶外動詞爲常，所以放在它們後面的内動詞也帶有外動性質，例如：

其行盡如馳，而莫之能止。［光陰如飛一樣地逝去，没有人能使它停止。］（《莊子·齊物論》）

人莫鑑於流水，而鑑於止水；唯止能止衆止。［没有誰會在流動着的水裏照自己的，總是在静止的水裏照；只有静止才能使一切要求静止的東西静止下來。］（同上，《德充符》）

其去弗能止。（同上，《知北游》）

其去不可止。（同上，《繕性》）

是終始本末不相坐。［這是原因和結果、根本和枝葉不相關聯。］（同上，《天地》）

"不"字後面經常只帶形容詞和動詞，不帶名詞，因此，名詞如果放在"不"字後面，它就帶有形容詞或動詞的性質，例如：

信如君不君，臣不臣，父不父，子不子，雖有粟，吾得而食諸①？［信如君不君，就是假如爲君的不按照爲君的道理做事。］（《論語·顏淵》）

上德不德，是以有德。［上德不在於表現爲形式上的德，因此就是有德。］（《老子》三十八章）

以道莅天下，其鬼不神。［用"道"這個原則來面臨天下，就可以使鬼不起作用。］（同上）

此果不材之木也。［不材，不成材料。］（《莊子·人間世》）

下與上同德則不臣……上與下同道則不主。［臣和君用同樣的態度辦事，那他就不成其爲臣了；君和臣用同樣的方法辦事，那他就不成

---

① 上文云"君君，臣臣，父父，子子"，意義很不容易瞭解；下文有"君不君"等，相襯之下，意義就明確得多。

其爲君了。](同上,《天道》)

物物而不物於物。[支配事物而不爲事物所支配。](同上,《山木》)

不比周,不朋黨,倜然莫不明通而公也。[不結私黨,正正派派的沒有什麼不光明磊落、大公無私的事。比周、朋黨,都是結黨營私的意思。](《荀子·強國》)

高者不旱,下者不水。[高的地方不受旱,低窪的地方不被淹。](同上,《富國》)

在這種情況下,形容詞和動詞的界限是不十分清楚的。這也可以説明:在漢語裏,形容詞和動詞是很接近的①。

在漢語裏,純粹的副詞是很少的,只有"最、極、太、稍、頗、甚、漸、再、又、嘗、曾、已、將、既、竟、乍、方、甫、忽、皆、都、安、奚、惡、焉、胡、豈、盍、曷、不、弗、勿、毋"等②。其他各類的詞在句中擔任狀語,都是臨時職務。最常見的是形容詞作副詞用,就上古漢語和中古漢語來説,大約占狀語的半數以上,例如:

今天大旱。[現在天時十分乾旱。](《墨子·兼愛下》)

小用之則不困。(同上,《尚賢中》)

名,公器也,不可多取。(《莊子·天運》)

今予病少痊。(同上,《徐无鬼》)

刀刃若新發於硎。[刀口好像在磨刀石上新開出來的一樣。](同上,《養生主》)

以德報怨,厚施而薄望。[施,施與。望,責求。](《史記·游俠列傳》)

此外還有名詞作副詞用和動詞作副詞用。名詞作副詞用,大致可

---

① 這和西洋語言正相反。在西洋語言裏,名詞和形容詞是很接近的。

② 編者注:文集本沒有"安、奚、惡、焉、胡"五詞。

分爲兩類:(甲)取其形似,等於現代説"像某物似的",例如①:

庶民子來。(《詩經·大雅·靈臺》)

豕人立而啼。(《左傳·莊公八年》)

嫂蛇行匍伏。(《戰國策·秦策》)

无入而藏,无出而陽,柴立其中央。[不要深藏在裏面,也不要暴露在外面,而要像一段木頭似的站在中間。](《莊子·達生》)

天下雲集而響應,贏糧而景從。[天下人民像雲似的聚集起來,像回聲似的響應號召,背着糧食像影子似的跟隨着。響,回聲。景,同"影"。](賈誼《過秦論》)

此特群盜鼠竊狗盜耳②。(《史記·劉敬叔孫通列傳》)

夫匈奴之性獸聚而鳥散。(同上,《平津侯主父列傳》)

州郡各共興軍聚衆,虎争天下。(同上,《南越列傳》)

丁壯號哭,老人兒啼。(同上,《循吏傳》)

以有司爲欲屠滅之也,必雉兔逃入山林險阻。(《漢書·嚴助傳》)

(乙)表示當作某一身份、某一資格等,等於現代説"當作某物來(對待)",例如:

今而後知君之犬馬畜伋。[今天才知道君王是把我當作狗馬一樣養着。](《孟子·萬章下》)

彼秦虜使其民。[秦國把他的人民當作俘虜一樣來使用。](《戰國策·趙策》)

高后兒子畜之。(《史記·齊悼惠王世家》)

兩人交歡而兄事禹。(同上,《酷吏列傳》)

長事袁絲,弟畜灌夫籍福之屬。(同上,《季布欒布列傳》)

父事朱家。(同上,《游俠列傳》)

---

① 例子多采自楊樹達《高等國文法》。

② 狗盜耳,楊樹達《高等國文法》引作"狗偷"。

請爲大王六畜葬之。(同上,《滑稽列傳》)

是親戚受城而國人計功也。[以親戚資格受封,以國人資格計功。](同上,《平原君虞卿列傳》)

范中行氏皆衆人遇我,我故衆人報之;至於智伯,國士遇我,我故國士報之。[衆人,普通人。國士,全國推崇的人物。](同上,《刺客列傳》)

竊恐陛下……庸臣遇湯。(《漢書·陳湯傳》)

民母之子皆奴畜之。(同上,《衛青傳》)

動詞作副詞用的情況比較少見,例如:

生拘石乞而問白公之死焉。[活捉住石乞。](《左傳·哀公十六年》)

婦人不立乘。(《禮記·曲禮上》)

五羖大夫之相秦也,勞不坐乘,暑不張蓋。[百里奚做秦國的相的時候,累了不坐着乘車,熱了也不張傘蓋。](《史記·商君列傳》)

破廣軍,生得廣。(《漢書·李廣傳》)

是時,富豪皆爭匿財。(同上,《卜式傳》)

近代漢語的“狼吞虎咽”等,現代漢語的“死守、飛奔”等,都是這種語法結構的殘迹。

但是,在近代漢語和現代漢語裏,名詞和動詞作副詞用的情況已經是非常少見了。名詞和形容詞作動詞用的情況也非常少見了。

最近幾年來(解放以後),又有一種新的致動出現。這種新的致動的特點是:(一)只用雙音詞,不再用單音詞;(二)只用形容詞,不用名詞,例如:

爲了鞏固我們黨同人民群衆的親密關係,必須繼續加强我們在各方面群衆中的工作。(劉少奇《中國共產黨中央委員會向第八次全國代表大會的政治報告》)

魯迅的翻譯豐富了中國的新文藝。反過來,魯迅的創作又使中國的新文藝豐富了世界文藝。(郭沫若《魯迅先生逝世二十周年紀念大

會開幕詞》)

少先隊的許多活動……豐富了他們的課餘生活。(胡耀邦《中國新民主主義青年團第二届中央委員會向第三次全國代表大會的報告》)

加强團員的群衆觀點,密切團組織同團外青年的聯繫。(同上)

端正學習的態度。(同上)

"鞏固、豐富、密切、端正"等和"加强、擴大、加深、矯正"等是不相同的:前者是致動,是單詞;後者是使成式,是仂語。我們創造了使成式"加强"來表示 усиливать(strengthen)的意義,而并没有創造使成式"加富"來表示 обогащать(enrich),所以只好利用古代原有的致動結構。其餘如"密切"和"端正"等的用於致動,也都是適應語言的需要而産生的。

形容詞的致動用法如果占了優勢,形容詞的原來用途反而被廢置不用,這個致動就有可能成爲正式動詞。試以"端正"爲例,"端正"本來是個形容詞。《史記·儒林列傳》:"太常擇民年十八已上儀狀端正者,補博士弟子。"直到現代,也還有"五官端正"一類的話。但是,作動詞用的"端正"已經比形容詞"端正"用得更普遍了。這樣,"端正"就有可能取得正式動詞的資格。

第十四節　名詞的關係位

漢語的名詞(或名詞仂語),就其在句中的位置來説,有居於主位的(即主語),有居於賓位的(即賓語,包括介詞後的賓語),有居於領位的(即名詞定語,如"馬蹄"的"馬"),也有居於關係位的。凡名詞(或名詞仂語),直接和動詞聯繫,或者放在句首、句末,以表示時間、處所、範圍,或者表示行爲所憑藉的工具、行爲之所由來等等,這個名詞(或名詞仂語)所處的位置就叫做關係位。在這種位置上的名詞(或名詞仂語)就叫做關係語。

在上古漢語裏,時間的表示,可以用介詞帶賓語的結構,例如:

子於是日哭,則不歌。(《論語·述而》)

棺椁三寸,衣衾三領,不得飾棺,不得晝行,以昏殣,凡緣而往埋之,反無哭泣之節。[殣,掩埋。凡緣,穿着平常衣服,不穿喪服。](《荀子·禮論》)

文以五月五日生。(《史記·孟嘗君列傳》)

於今面折庭爭,臣不如君。[面折,當面反駁皇帝(這裏指呂后)。庭爭,在朝廷上諫諍。臣不如君,我不如你。](同上,《呂后本紀》)

但是,也往往不用介詞,只用關係語。從上古到今天都是這樣,例如:

七月流火,九月授衣。[七月裏火星西下,九月裏寒衣分發。](《詩經·豳風·七月》)

朝聞道,夕死可矣。(《論語·里仁》)

吉月必朝服而朝。[每月初一一定穿上朝服去朝見君王。](同上,《鄉黨》)

晉侯在外十九年矣。(《左傳·僖公二十八年》)

八月庚辰,宋穆公卒。(同上,《隱公三年》)

雖有天下易生之物也,一日暴之,十日寒之,未有能生者也。[暴,同"曝",曬也。](《孟子·告子上》)

今吾日計之而不足,歲計之而有餘。(《莊子·庚桑楚》)

臣以《詩》三百五篇朝夕授王。(《漢書·儒林傳》)

駑牛一日行百里。(《世説新語·品藻》)

自後賓客絶百所日。(同上,《規箴》)

憲宗之十四年,始定東平,三分其地。(韓愈《鄆州溪堂詩·序》)

午時采蓮舡至。(《大唐三藏取經詩話》下)

長者一日思念考妣之恩,又憶前妻之分。(同上)

今日且喜光臨草寨。(《水滸傳》第十九回)

兩公子又留了一日。(《儒林外史》第十回)

星期日的早晨,我揭去一張隔夜的日曆。(魯迅《頭髮的故事》)

　　處所的表示，雖然也可以用介詞帶賓語的結構（例子見上文第十二節），但是也可以只用關係語。這種關係語可以放在動詞的前面，或者放在句末。放在動詞的前面的①，例如：

　　彭氏之子半道而問曰："君將何之？"（《墨子·貴義》）

　　及寡人之身，東敗於齊，長子死焉。（《孟子·梁惠王上》）

　　我欲中國而授孟子室。［我想在國中給孟子蓋房子。］（同上，《公孫丑下》）

　　君王宜郊迎，北面稱臣。［北面，面向北。古代帝王面向南坐，他的臣屬都面向北朝見他。］（《史記·酈生陸賈列傳》）

　　迺病免家居。［於是推病離職，在家裏閒住。］（同上）

　　獨奈何廷辱張廷尉？［廷辱，在朝廷上污辱。］（同上，《張釋之馮唐列傳》）

放在句末的，例如：

　　象至不仁，封之有庳。（《孟子·萬章上》）

　　子產使校人畜之池。（同上）

　　黃帝尚不能全德，而戰涿鹿之野。（《莊子·盜跖》）

　　於是天子始種苜蓿蒲陶肥饒地。（《史記·大宛列傳》）

　　項王往擊齊，徵兵九江。（同上，《黥布列傳》）

　　章邯夜銜枚擊項梁定陶。（《漢書·高帝紀》）

　　對於放在句末的這種關係語，一般語法書以爲是省略了介詞"於"字。其實這只是關係語的應用，無所謂省略。特別是當這個關係語含有"……之側、……之間、……之上、……之下、……之中"等，更是往往不用介詞②，例如：

　　坎坎伐輻兮，寘之河之側兮。［輻，車輪上從中軸向四周放射安裝

---

①　黎錦熙先生把這種關係位叫做副位（《比較文法》95～97頁），也就是因爲它處在副詞的位置。黎先生説（68頁）："凡實體詞用爲句中之'副詞的附加語'者，則爲在副位。"

②　有人把名詞後面的"上、下"等詞都叫做後置詞，那是不合適的。特別是有"之"字在前面，顯得"上、下"等是名詞。

的直木,這裏指製輻的木材。](《詩經·魏風·伐檀》)

昔者楚熊麗始討此睢山之間。(《墨子·非攻下》)

有牽牛而過堂下者。(《孟子·梁惠王上》)

王巾笥而藏之廟堂之上。[巾笥,就是放在竹筐裏,蓋上布。](《莊子·秋水》)

不如食以糠糟,而錯之牢筴之中。[牢筴,就是豬圈。](同上,《達生》)

又況乎昆弟親戚之謦欬其側者乎?[謦欬,喻言笑也。](同上,《徐无鬼》)

諸侯趨走堂下。(《荀子·儒效》)

魏其謝病,屏居藍田南山之下數月。(《史記·魏其武安侯列傳》)

範圍的表示,在上古漢語裏,有時可以用介詞帶賓語的結構,例如:

必不得已而去,於斯三者何先?(《論語·顔淵》)

燕於姬姓獨後亡。(《史記·燕召公世家》)

但是,也往往不用介詞,只用關係語,例如:

萬事莫貴於義。[在一萬件事物當中,沒有一件比義更貴重的。](《墨子·貴義》)

與之參國政,正是非,如是,則國孰敢不爲義矣!君臣上下貴賤長少全於庶人,莫不爲義,則天下孰不欲合義矣

事孰爲大? 事親爲大。守孰爲大? 守身爲大。[在各種侍奉的事情當中……。在各種守護的事情當中……。](《孟子·離婁上》)

一些語法書所謂分母性的詞①,實際上也就是關係語的應用,它在

---

① 《馬氏文通》説(校注本上册 229 頁):"至《梁惠王下》'王之臣有托其妻子於其友而之楚游者'句,'王之臣'乃約數之母,非起詞也,猶云'王臣之中有如是之人者'。"

句中的職務也是表示範圍的,例如:

志士仁人,無求生以害仁,有殺身以成仁。[在志士仁人之中。]
(《論語·衛靈公》)

仲尼之徒,無道桓文之事者,是以後世無傳焉。[在孔子的門生
中。](《孟子·梁惠王上》)

宋人有閔其苗之不長而揠之者,芒芒然歸。[在宋人之中。](同
上,《公孫丑上》)

今天下之君有好仁者,則諸侯皆爲之敺矣。[天下的君王之中。
敺,古文"驅"字。](同上,《離婁上》)

還有另一種情況,就是表示關於某一個問題,或對於某一種事物
的,也是屬於範圍的表示。在現代漢語裏,對於這種範圍的表示,我們
通常在名詞(或名詞仍語)的前面加上新興的介詞"關於"或"對於",
這是受了西洋語法的影響。在漢語原有的語法裏,只用"於",不用
"關於"或"對於",例如:

回也,非助我者也,於吾言無所不説。[對於我的話沒有不高興
的。](《論語·先進》)

我於周爲客。[對於周來説。](《左傳·昭公二十五年》)

萬鍾則不辨禮義而受之,萬鍾於我何加焉。[一萬鍾糧食對於我
有什麽益處呢? 鍾,六斛四斗。](《孟子·告子上》)

於趙則有功矣,於魏則未爲忠臣也。[對於趙國來説……;對於魏
國來説……。](《史記·信陵君列傳》)

儒者所謂中國者,於天下乃八十一分居其一分耳。[對於天下來
説。](同上,《孟子荀卿列傳》)

但是,常常是連"於"字也不用,只簡單地把這種名詞(或名詞仍
語)放在句首作爲關係語,例如:

禮之用,和爲貴;先王之道,斯爲美。[關於禮的應用,以和爲貴;
對於先王之道來説,以禮爲美。](《論語·學而》)

寧武子,邦有道則知,邦無道則愚。["寧武子"像一個題目,下面

叙述的是關於寧武子的事情。]（同上，《公冶長》）

疇昔之羊子爲政，今日之事我爲政。[關於從前的羊，你出主意；關於今天的事，我出主意。]（《左傳·宣公二年》）

矢人豈不仁於函人哉？矢人惟恐不傷人，函人惟恐傷人，巫匠亦然。故術不可不慎也。[造箭的工匠難道比造鎧甲的工匠不仁愛嗎？造箭的惟恐（他造的箭）不能殺傷人，造鎧甲的惟恐殺傷了人，巫祝和做棺材的也是一樣。所以我們對於職業不能不謹慎選擇。]（《孟子·公孫丑上》）

財物貨寶以大爲重，政教功名反是，能積微者速成。[對於財物貨寶來説，越大越好；對於政教功名來説，恰恰相反，越能積累細微，成功越快。]（《荀子·强國》）

凡表示行爲所憑藉的工具，也可以用介詞帶賓語的結構（例子見上文第十二節），但是，也可以只用關係語。一般語法書所謂"以"字的省略，實際上就是這種關係語的應用，例如：

秦惠王車裂商君以徇。[車裂，古代的酷刑，用車把人拖裂。徇，示衆。]（《史記·商君列傳》）

使秦破大梁而夷先王之宗廟，公子當何面目見天下乎？[拿什麼面目去立在天下人中間呢？]（同上，《信陵君列傳》）

群臣後應者，臣請劍斬之。（《漢書·霍光傳》）

被污惡言而死。（《史記·酷吏列傳》）

有些用在句末的關係語（如表示稱謂的），完全不能用介詞的，也可以歸到這一類中去，例如：

一穀不收謂之饉，二穀不收謂之旱，三穀不收謂之凶，四穀不收謂之餽，五穀不收謂之饑。[一種莊稼沒有收成叫做饉……。]（《墨子·七患》）

能體純素，謂之真人。[能够瞭解"純"和"素"的道理的，我們叫他做真人。]（《莊子·刻意》）

凡表示價值的，也可以用關係語，例如：

請買其方百金。(《莊子·逍遥游》)

死馬且買之五百金,况生馬乎?(《戰國策·燕策》)

句子形式中間插入"之"字,有時候也變了關係語,例如《莊子·逍遥游》:"鵬之徙於南冥也,水擊三千里。"關於這種情况,我們在下節裏再詳細討論。

中古時期以後,也産生了一些新的關係語,其中最主要的一種關係語就是被動句中的施事者。它不是主語,也不是賓語,而是處在關係位的名詞,例如《世説新語·言語》:"禰衡被魏武謫爲鼓吏。""魏武"是處於關係位的,因爲"禰衡被謫爲鼓吏"已經成爲結構完整的一句話(比較《世説新語·文學》"殷中軍被廢東陽",《雅量》"裴叔則被收"。這些都没有關係語),"魏武"插進去,只是指出施事者是誰罷了。

五四運動以後,關係位大大地減少,代之以介詞(如"關於、對於、由於")帶賓語,或類似的結構,或者另换一個説法,使句子的組織更加嚴密,從而加强語言的明確性。的確,古代有些關係語是不够明確的,如《孟子》"故術不可不慎也"就容易讓人誤會"慎"是"術"的謂語。但是,在現代漢語裏,關係位仍然是存在的。除了"今天開學"的"今天"等表示時間的名詞顯然是處於關係位的以外,"東邊來了一個人"的"東邊"、"這裏不賣票"的"這裏"、"我在北京住了三年"的"三年"、"三千塊錢買了一架鋼琴"的"三千塊錢"等,也都是處於關係位的。甚至像"美國侵略軍被我們打敗了"的"我們",也仍然應該認爲是處於關係位的。這樣的分析是比較地適合於歷史發展的情况的。因此我們可以説,自古至今,漢語裏的關係語是始終存在的,但是,古代的關係語常見些,現代的關係語少見些;就現代來説,一般口語裏的關係語常見些,政論和科學論文的關係語少見些。如此而已。

第十五節　句子的仂語化

句子的仂語化,是古代漢語的句法的重要手段之一。特别是在上古漢語裏,這種句法手段是經常被運用的。在本節裏,我們只講關於這種句法手段的兩種結構方式:第一是在主語和謂語中間插入介詞"之"字,使它變爲名詞性仂語;第二是在主語和謂語中間插入"所以",使它變爲名詞性仂語。

(一)介詞"之"使句子結構變爲仂語結構

句子多數是包含着若干仂語的;但是,句子本身又可以轉化爲仂語。試拿《論語》"君子之至於斯也,吾未嘗不得見也"爲例。"至於斯"是個仂語(謂語形式),"君子至於斯"是一個句子結構。現在把介詞"之"插入主語和謂語中間,"君子之至於斯"又變了仂語。"也"字在這種地方的作用不是煞句,而是引起下文。"君子至於斯"本來已經成爲完整的句子,插入"之"字反而不完整,再加上引起下文的語氣詞"也"字,更表示這只是一個關係語,句子的主要部分還在後頭。這裏所説的這種"……之……也"的結構,翻譯成爲現代漢語,就是"當……的時候"("當孔子到了這裏的時候")。當然,從語法結構上看,它們是不相同的。

這種"……之……也"結構,經常表示時間修飾,例如:

君子之至於斯也,吾未嘗不得見也。(《論語·八佾》)

賢者之治國也,蚤朝晏退,聽獄治政。[獄,指訴訟之事。](《墨子·尚賢中》)

鵬之徙於南冥也,水擊三千里。(《莊子·逍遥游》)

人之生也,與憂俱生。(同上,《至樂》)

有時候可以不用"也"字,單用"之"字,例如:

夫君子之居喪,食旨不甘,聞樂不樂,居處不安。[君子居喪(守孝)的時候,吃着好東西也没味道,聽到音樂也不快樂,坐卧都不能安寧。](《論語·陽貨》)

有時候索性用"之時"代替"也"字,使時間修飾的意思更加明顯,例如:

始臣之解牛之時,所見无非牛者。[我起初殺牛的時候,眼睛裏所看到的總是一個整體的牛。](《莊子·養生主》)

"其"的意義等於名詞加"之",所以如果是承接上文不用名詞而用代詞的時候,不能用"之"只能用"其",例如:

人之生也柔弱,其死也堅强。[人活着的時候身體是軟的,死了的時候身體是硬的。](《老子》第七十六章)

這種結構如果不用動詞,只在"之"字後面安置"於"字及其賓語,還可以作爲説明或解釋的對象,例如:

君子之於天下也,無適也,無莫也。[適,厚。莫,薄。](《論語·里仁》)

君之於人也,誰毀誰譽?(同上,《衛靈公》)

民之於仁也,甚於水火。[人民對於仁德的需要,比對於水、對於火的需要還要迫切。](同上)

寡人之於國也,盡心焉耳矣。(《孟子·梁惠王上》)

孔丘之於至人,其未邪?[孔丘比起最高明的人,還是不够吧?](《莊子·德充符》)

現代漢語用句子形式主語和句子形式賓語的地方,在上古漢語裏用的是名詞性仂語,而不是句子形式①,例如:

禄之去公室,五世矣。[用人的權柄不在政府,已經五輩子了。](《論語·季氏》)

夷狄之有君,不如諸夏之亡也。(同上,《八佾》)

君子之過也,如日月之食焉。[君子犯錯誤,好像日蝕月蝕似的。意思是説,君子犯了錯誤人們看得見,改正了的時候,依然光明,受人敬重。](同上,《子張》)

吾之不遇魯侯,天也。(《孟子·梁惠王下》)

庸詎知夫造物者之不息我黥而補我劓,使我乘成以隨先生邪?

---

① 關於句子形式,參看王力《中國語法理論》。

[怎麽知道萬物的主宰者不醫好我所受的殘害,使我帶着原來完好的基礎來跟先生學習呢? 息,消滅。乘,載。成,完成。](《莊子·大宗師》)

吾在天地之間,猶小石小木之在大山也。……計四海之在天地之間也,不似礨空之在大澤乎? 計中國之在海內,不似稊米之在大倉乎? [礨空,蟻穴之類。](同上,《秋水》)

在感嘆句裏,描寫性謂語移到主語的前面,這主語如果是由句子形式轉成,也要加"之"字,例如:

巍巍乎,舜禹之有天下也,而不與焉! [與,去聲,豫也。不與,不相干的意思。](《論語·泰伯》)

大哉,堯之爲君也! ……巍巍乎其有成功也! 煥乎其有文章! ["其"和"之"有同樣的作用。](同上)

久矣哉,由之行詐也! [行詐,使用不誠實的手段。](同上,《子罕》)

有時候,"之"字似乎是多餘的,其實也是因爲要表示感嘆,例如:

宰我出。子曰:"予之不仁也!"(《論語·陽貨》)

由此看來,上古漢語這種結構中的動詞(或動詞仂語)近似一種行爲名詞(action noun),中古以後,在口語中漸漸喪失了這種結構,只有古文作家模仿這種結構寫成書面語言。大約口語中的"的(底)"字產生後,這種結構就在口語中絕迹了,因爲"的"是詞尾(語尾),不是介詞,所以沒有把介詞"之"字這種功能繼承下來。

"五四"以後,漢語受西洋語法的影響,重新采用了這一個古老的形式。我們知道西洋語法裏的行爲名詞是很多的。英、法語以-tion、-ment等收尾的詞,德語以-ung 等收尾的詞,俄語以-ение、-тие等收尾的詞,基本上都是屬於行爲名詞一類的。首先我們在翻譯外語的時候感到若干便利,後來我們自己寫文章的時候也感到若干便利,所以句子形式轉成名詞性仂語這一種結構形式又相當盛行了。當然我們也不可能是復古;我們把"之"字換成"的"字,又把"也"字去掉,而且也不再用於時間修飾、説明和解釋的對象，我們只把這種結構形式用於主語和賓語①，例如：

開始了人民和軍隊的真正巷戰。(《列寧全集》中譯本第二卷 61 頁)

憲警的惡毒迫害使得任何經濟組織都無法存在。(《斯大林全集》中譯本第一卷 15～16 頁)

這種理論，阻礙農民運動的興起。(《毛澤東選集》第一卷 19 頁)

戰爭的不可避免和中國的不能速勝，就建立在這個日本國家的帝國主義制度及其強的軍力、經濟力和政治組織力上面。(同上，第二卷 437 頁)

這一個事例又一次證明了漢語接受外語的影響是在本身可能的基礎上進行的。

(二)"所以"把謂語結構和句子結構變爲仂語結構②

"所以"這個仂語，在古代漢語裏是最常見的凝固形式之一。《馬氏文通》把"所"字認爲"接讀代字"(即關係代詞)，雖然引起某些語法學家的反對，但是"所"字的帶有代詞性，這一點是不能不承認的。譬如説"五穀，所以養人也"(《孟子·滕文公上》"五穀熟而民人育"趙注)，譯成現代漢語該是："五穀乃是拿來養育人民的東西。""拿來"是譯"以"字的，"的東西"是譯"所"字的。這樣只是意譯(因爲直譯不可能)，但是"所以"在這裏把謂語形式"養人"轉成名詞性仂語"所以養人"，由譯文可以看得出來。由於它轉成了名詞性仂語，所以還可以加上"者"字，例如：

拱把之桐梓，人苟欲生之，皆知所以養之者。(《孟子·告子上》)

---

① 在魯迅先生的作品裏，我們可以看到一些直接繼承古代的用法，只是把"之"字改爲"的"字，例如《革命時代的文學》："在自然界裏也這樣。鷹的捕雀，不聲不響的是鷹，吱吱叫喊的是雀。貓的捕鼠，不聲不響的是貓，吱吱叫喊的是老鼠。"

② 謂語結構和句子結構是同一性質的東西。

假使除去"所以"(或"所以……者")以後,剩下來的不是謂語形式,而是句子形式,那麼,加上"所以"以後,它仍舊轉成仂語,例如:

女商曰:"先生獨何以説吾君乎?　吾所以説吾君者,横説之,則以詩書禮樂,從説之,則以金板六弢……而吾君未嘗啓齒。今先生何以説吾君,使吾君説若此乎?"[從,縱也。金板、六弢,或云《周書》篇名,或曰"六弢"即"六韜",太公兵法也。弢,音同"韜"。](《莊子·徐无鬼》)

這是一個典型的例子。"先生獨何以説吾君乎"等於説"先生拿什麼來討好我的君侯"。"吾所以説吾君者"等於説"我拿來討好我的君侯的(東西)"。"何"字和"所"字同樣地放在"以"字前面,位置相等,職能也相等①。

當"所以"插入句子形式的時候,前面還可以加上"之"字,例如:

凡君之所以安者,何也?(《墨子·所染》)

堯、舜、禹、湯、文、武之所以王天下,正諸侯者,此亦其法已。(同上,《尚賢中》)

"所以"有其比較抽象的意義,就是表示憑藉,例如:

學則三代共之,皆所以明人倫也。(《孟子·滕文公上》)

故天下大器也,而不以易生,此有道者之所以異乎俗者也。[就憑這個與俗人不同。這是有道者所憑藉來區別於俗人的(東西)。](《莊子·讓王》)

是其所以爲靈公也。[就憑這一類事情造成靈公這樣一個人。](同上,《則陽》)

"所以"還有更抽象的意義,就是表示原因。其實表示憑藉的意義是從"用(拿)"的意義來的,表示原因的意義又是從憑藉的意義來的,

---

① 《馬氏文通》説"'以'司'所'字,則必後焉"(校注本下册337頁),就是説"以"字所支配的是"所"字。這和"何以"的結構是一樣的,因爲在"何以"這個仂語中,"以"字所支配的是"何"字。

例如：

　　是非之彰也，道之所以虧也。（《莊子·齊物論》）

　　彼知矉美，而不知矉之所以美。［矉，同“顰”，蹙額，把眉頭皺起來。］（同上，《天運》）

　　吾知道之可以貴，可以賤，可以約，可以散。此吾所以知道之數也。［約，聚。數，術。］（同上，《知北游》）

　　君非自知我也。以人之言而遺我粟；至其罪我也，又且以人之言。此吾所以不受也。（同上，《讓王》）

“所以然”也就是“它成爲這樣的原因”，例如：

　　惡識所以然？惡識所以不然？（《莊子·齊物論》）

　　今予動吾天機，而不知其所以然。（同上，《秋水》）

　　上古的“所以”，似乎可以解釋爲“因此”，例如“道之所以虧也”似乎可以解釋爲“道因此就虧了”。但是，這樣解釋是錯誤的：第一，這樣解釋是誤認仂語爲句子形式；第二，這樣解釋有許多地方講不通，例如：

　　道之所以虧，愛之所以成。［道虧的原因，也就是愛成的原因。］（《莊子·齊物論》）

假使解釋爲“道因此虧，愛因此成”，那就和原意不符了。

　　在上古漢語裏，“所以”不但不是因此的意思，而且正相反，有時候它被用來引起下文，用來追究原因，“所以”所構成的名詞性仂語成爲說明和解釋的對象，例如：

　　所以謂人皆有不忍人之心者：今人乍見孺子將入於井，皆有怵惕惻隱之心。（《孟子·公孫丑上》）

　　在現代漢語的書面語言裏，這種結構（包括“所以”和“之所以”）仍然保留下來，而且往往在下文用“因爲、爲了”或“由於”和上文的“所以”或“之所以”相呼應，例如：

　　我們中國共産黨人所以要找這根“矢”，就是爲了要射中國革命和東方革命這個“的”的。（《毛澤東選集》第三卷821頁）

日本人和汪精衛之所以特別愛好國民黨和三民主義者，就是因爲這個黨這個主義當中有可以給他們利用的地方。（同上，第三卷929頁）

我們所以强調這個問題，除了因爲上面説的各種舊思想在青年中間還有重要影響以外，還因爲現在二十歲左右的青年在新中國成立的時候還是十多歲的少年，他們没有經歷多少舊社會的黑暗生活，没有參加過嚴酷的階級鬥争。（胡耀邦《中國新民主主義青年團中央委員會向第三次全國代表大會的報告》）

某些青年群衆之所以"鬧事"，常常是由於領道上的缺點和錯誤和思想政治工作做得不够所引起的，……（同上）

我們對於上古的"所以"，最重要的一點就是承認它有使謂語結構和句子結構變爲仂語結構的功能，因此，它和現代漢語連詞"所以"是大不相同的①。

一方面我們要認識上古漢語的"所以"和現代漢語的"所以"之間的區别，另一方面我們又不能不承認它們之間的歷史繼承關係。上古漢語的"所以"既然能表示原因，就有可能轉變爲"故（因此）"的意思。"是非之彰也，道之所以虧也"有可能變爲"是非彰明，所以道虧"。

"所以"之變爲因果連詞，是由於它有可能放在句首，例如：

去順效逆，所以速禍也。［速，招致。］（《左傳·隱公三年》）

既不能强，又不能弱，所以斃也。（同上，《僖公七年》）

歲云秋矣，我落其實而取其材，所以克也。［到了秋天了，（在這個時候，卦兆説）我們（像風一樣）吹落他們的果實，獲取他們的木材。這是斷定打勝仗的原因。］（同上，《僖公十五年》）

但是，"所以速禍也"等於説"此其所以速禍也"，這個"所以速禍"仍只是仂語。

到了中古時期，"所以"逐漸過渡到因果連詞。過渡的特徵有兩

---

① 關於句子結構轉成仂語結構，參看《馬氏文通》校注本下册521～523頁。

個：它放在句首；句末没有"也"字，例如：

區區微節，無所獲申。豈得復全交友之道，重虧忠孝之名乎？所以忍悲揮戈，收泪告絶。（《後漢書·臧洪傳》）

偷本非禮，所以不拜。（《世説新語·言語》）

當然我們也可以解釋爲"此吾所以忍悲揮戈，收泪告絶也"，"此吾所以不拜也"；但是，既然缺少"也"字，就不很像，倒反近似後代的連詞"所以"。到了唐代，"所以"就完全變爲連詞（當然先秦的用法仍舊保存着），它的特徵是"所以"後面可以有主語，例如：

坐看清流沙，所以子奉使。[馬上就可以肅清流沙一帶地方，所以你被派遣到那裏去。]（杜甫《送從弟亞赴河西判官》）

在上古漢語裏，"所以"是本來應該直接放在動詞的前面的（至多只能插進否定副詞或一般副詞），現在既然被主語隔開，它就不再能具有原來的職能了。

第十六節　使成式的産生及其發展

使成式（causative form）是一種仂語的結構方式。從形式上説，是外動詞帶着形容詞（"修好、弄壞"），或者是外動詞帶着内動詞（"打死、救活"）；從意義上説，是把行爲及其結果在一個動詞性仂語中表示出來。這種行爲能使受事者得到某種結果，所以叫做使成式①。

這種使成式在上古時期是比較少見的，因爲如本章第十三節裏所述，上古有一種致動用法，它的作用是和使成式相似的。用爲致動的詞和使成式的差别是：致動只用一個詞，使成式共用兩個詞；致動是一種臨時職務，使成式是一種經常職務。試看下面的比較：

---

① 我在《中國語法理論》裏認爲，内動詞帶内動詞（"餓死"）和内動詞帶形容詞（"站累"）這兩種結構也是使成式。現在我以爲使成式的第一成分應該限於外動詞，這樣才和一般所謂 causative 相當，所以這裏不把這兩種結構歸在使成式内。

小之：削小它　　　　潔之：洗乾净它

正之：糾正它　　　　死之：殺死他

廣之：放寬它　　　　活之：救活他

由致動發展爲使成式，是漢語語法的一大進步。因爲致動只能表示使某事物得到某種結果，而不能表示用哪一種行爲以達到此一結果，例如“小之”可以是“削小它”，也可以是“裁小它、砍小它”等；“正之”可以是“糾正它”，也可以是“改正它、扶正它”等；“潔之”可以是“洗乾净它”，也可以是“刷乾净它、冲乾净它”等；“死之”可以是“殺死他”，也可以是“藥死他、打死他、吊死他、淹死他、折磨死他”等。使成式的産生，使漢語語法更完善、更能表達複雜的思想。

使成式是在什麽時代産生的呢？依我們現在考察到的史料看來，使成式産生於漢代，逐漸擴展於南北朝，普遍應用於唐代。

我們討論使成式，首先應該撇開那些似是而非的情況，例如：

撓亂我同盟，傾覆我國家。（《左傳·成公十三年》）

“撓亂”好像是使成式。但是，我們以爲“撓亂”是用同義的詞素構成的雙音詞。《詩經·秦風·小戎》“亂我心曲”［箋：心曲，心之委曲也］，其中“亂”用爲動詞。“撓亂”的“亂”，意義和這個“亂”字相仿。又如：

必有事焉而勿正，心勿忘，勿助長也。無若宋人然。宋人有閔其苗之不長而揠［拔］之者，芒芒然歸。謂其人曰：“今日病矣；予助苗長矣。”其子趨而往視之，苗則槁矣。天下之不助苗長者寡矣。以爲無益而捨之者，不耘苗者也；助之長者，揠苗者也。非徒無益，而又害之。（《孟子·公孫丑上》）

這裏只有一個“助長”，其餘都是“助苗長、助之長”。可見“助長”是省略兼位名詞的遞繫式，而不是使成式，又如：

齊襄公使彭生醉拉殺魯桓公。（《史記·鄭世家》）

這不是使成式,因爲這裏"拉殺"兩個動詞是并列的(拉而殺之)①,按行爲的先後排在一起。像這一類的結構還有下面這些例子②:

若火之燎于原,不可嚮邇,其猶可撲滅?(《書經·盤庚》)

秦虜滅韓王安。[秦國俘虜了韓王安,滅了韓國。](《史記·燕召公世家》)

遂攻出獻公。[出,驅逐,就是趕出去。](同上,《衛康叔世家》)

魏囚殺懷君。(同上)

齊伐取我隆。(同上,《魯周公世家》)

其父而欲弑代之,況他人乎?[對自己爸爸尚且還要殺了他,代替他,何況別人?](同上,《晉世家》)

秦繆公乃發兵送内[納]重耳。(同上)

公令胥童以兵八百人襲攻殺三郤。[這裏有三個動詞。](同上)

但是,就在漢代,使成式已經產生了。從形式上說,在漢代,外動詞帶内動詞的使成式和外動詞帶形容詞的使成式都已經存在了,例如:

楚騎追漢王,漢王急,推墮孝惠魯元車下。(《史記·項羽本紀》)

孟舒豈故驅戰之哉?(同上,《田叔列傳》)

乃激怒張儀。(同上,《蘇秦列傳》)

射傷郤克,流血至履。(同上,《齊太公世家》)

陳餘擊走常山王張耳。(同上,《張丞相列傳》)

呼旦以警起百官,使凤興。[報曉以驚醒官員們,使他們早起。](《周禮·春官·鶏人》鄭注)

隓……,讀若相推落之墮。(《説文解字》)

以上是外動詞帶内動詞。

群儒既以不能辯明封禪事,又牽拘於詩書古文,而不敢騁。(《史

---

① 這裏事實上是三個動詞并列(醉、拉、殺),不過我們現在只談這兩個動詞。

② 例子多采自楊樹達《高等國文法》174～175 頁。

記・孝武帝本紀》)

今諸侯王皆推高寡人,將何以處之哉?(《漢書・高帝紀》)

及仲舒對册,推明孔氏,抑黜百家。(同上,《董仲舒傳》)

鳳[王鳳]不内省責,反歸咎善人,推遠定陶王。(同上,《元后傳》)

今陛下以未有繼嗣,引近定陶王。(同上)

使陛下奉承天統,欲矯正之也。(同上,《李尋傳》)

漢氏减輕田租。(同上,《王莽傳》)

田,填也,五穀填滿其中也。(《釋名》)

以上是外動詞帶形容詞。

從意義上説,使成式也可以分爲兩種:外動詞帶内動詞的使成式,其施事者的行爲的結果是使某事物有某種行爲;外動詞帶形容詞的使成式,其施事者的行爲的結果是使某事物有某種情況。

到了南北朝以後,使成式的應用就更爲普遍了。現在只是隨便舉出一些例子:

遂能驅走董卓,掃除陵廟,忠勤王室,其功莫大。(《後漢書・公孫瓚傳》)

微過斥退,久不復用。(同上,《伏湛傳》)

阿奴欲放去耶?(《世説新語・德行》)

復於地取(鷄子)内[納]口中,嚙破即吐之。(同上,《忿狷》)

結珠爲簾,雜寶異香爲屑,使數百人於樓上吹散之,名曰芳塵。(《拾遺記》)

無令長相思,折斷緑楊枝。(李白《宣城送劉副使入秦》)

衆雛爛漫睡,喚起沾盤飱。(杜甫《彭衙行》)

今日壓倒元白矣。(《唐書・楊嗣復傳》)①

看三百篇中,那箇事不説出來。(《朱子語類輯略》卷六)

---

① 　編者注:今本《舊唐書・楊嗣復傳》《新唐書・楊嗣復傳》均無此語。作者當另有所本。

以上是外動詞帶內動詞。

臣以愚頑，顯備大位，犬馬氣衰，猥得進見，論難於前，無所甄明。（《後漢書·魯恭傳》）

庶裁定聖典，刊正碑文。（同上，《盧植傳》）

幽薊已削平，荒徼尚彎弓。（杜甫《贈蘇四徯》）

群公有慚色，王室無削弱。（杜甫《過郭代公故宅》）

只要去看明白未讀底，不曾去紬繹前日已讀底。（《朱子語類輯略》卷二）

公只是將那頭放重，這頭放輕了，便得，若兩頭平也不得。（同上，卷六）

以上是外動詞帶形容詞。

使成式既然是兩個詞的組合，這兩個詞就有可能被別的詞隔開。上面所舉的"驅戰、激怒、辯明、矯正"等可以理解爲"驅之使戰、激之使怒、辯之使明、矯之使正"，可見適宜於插入使成式中間的是賓語，例如：

吹歡[情人]羅裳開，動儂含笑容。（《子夜四時歌·夏歌》）

石角鈎衣破，藤枝刺眼新。（杜甫《奉陪鄭駙馬》二首其一）

復吹霾翳散，虛覺神靈聚。（杜甫《雷》）

誰能拆籠破，從放快飛鳴。（白居易《鸚鵡》）

長繩百尺拽碑倒，麤沙大石相磨治。（李商隱《韓碑》）

檢書燒燭短，看劍引杯長。（杜甫《夜宴左氏莊》）

寒天催日短，風浪與雲平。（杜甫《公安縣懷古》）

禮樂攻吾短，山林引興長。（杜甫《秋野》五首其三）

這種情況之所以産生，可能是因爲在使成式發展的前一階段動詞和補語的關係還不是很密切的。宋代以後，雖然還可以發現個別的這樣的例子（例如《水滸傳》二十回"次日清早，王婆收拾房裏乾净了"），但是，從一般情況來看，應該説，至少從宋代以後，使成式中的動詞和補語已經結合得很密切了。

在近代漢語裏,上面所説的那兩種形式的使成式(外動詞帶內動詞、外動詞帶形容詞)都繼續沿用下來。其中外動詞帶內動詞的使成式越來越多,成爲一種頗占優勢的語法結構。現在就兩種形式再舉出一些例子:

我等就那半路裏攔住取了。(《水滸傳》第十五回)

展開豹皮幅子看時,中間一個(金鈴)有茶鍾大。(《西游記》第七十回)

連連在飯店裏住了幾天,盤纏也用盡了。(《儒林外史》第二十八回)

是怕這氣兒大了,吹倒了林姑娘;氣兒暖了,又吹化了薛姑娘。(《紅樓夢》第六十五回)

不意去年大蟲趕逐野獸,將住房壓倒,母親肢體折傷,疼痛而死。(《鏡花緣》第十回)

以上是外動詞帶內動詞。

要打便打毒些,不要人情棒兒。(《水滸傳》第二十八回)

如今只消到城裏問明底細,替他把這幾兩債負弄清了就是。(《儒林外史》第九回)

一句話,又把寶玉説急了。(《紅樓夢》第三十二回)

只見杯盤果菜俱已擺齊了。(同上,第五十回)

想是連日聽舅舅時常讀他,把耳聽滑了。(《鏡花緣》第三十一回)

以上是外動詞帶形容詞。

在近代,外動詞帶形容詞的使成式在意義上又有了一種新的發展,這就是施事者的行爲的結果不是使別的事物有某種情況,而是使自己有某種情況。但是這一類句子一直到現代也不常見,例如:

低頭見是襲人哭了,方知踢錯了。(《紅樓夢》第三十回)

把這個樣兒看慣了,也都不理論了。(同上,第二十七回)

到了宋代,"出來"之類作爲外動的結果,如果動詞後面還有賓語

的話,賓語可以夾在"出"和"來"的中間,例如:

以此做出事來,事親則必孝,事君則必忠,與朋友交則必信。(《朱子語類輯略》卷四)

聖人做出這一件物事來,使學者聞之,自然歡喜。(同上,卷五)

元代以後,這種用法就更普遍起來了。現在只是隨便舉出幾個例子:

書中吊下金錢來了也。(《元曲·金錢記》)

董超、薛霸都吐出舌頭來。(《水滸傳》第九回)

晁蓋等慌忙扶起三人來,吳用就血泊裏拽過頭把交椅來。(同上,第十九回)

却說那梢公搖開船去,離得江岸遠了。(同上,第三十七回)

眼下可以拿出萬金來,以爲爐火藥物之費。(《儒林外史》第十五回)

湘雲只得扶過他的頭來。(《紅樓夢》第二十一回)

掛起簾子來。(同上,第二十三回)

"五四"以後,使成式起了一個相當大的變化,就是外動詞帶形容詞的使成式大量增加。外動詞帶形容詞的使成式雖然在漢代就產生了,但是,一直到近代漢語裏,它還是用得不太多。"五四"以後,漢語受西洋語言的影響,這種結構逐漸占了優勢。因爲西洋語言有許多動詞(或行爲名詞)是來自形容詞的,而這種來自形容詞的動詞(或行爲名詞),拿我們的使成式的結構來翻譯它們,最爲適當,例如:

改善 improve,улучшать

增強 strengthen,усиливать

擴大 widen,расширять

革新 innovation,нововведение

改正 correction,исправление

當然也增加了一些外動詞帶內動詞的使成式,例如"改進、增進"等,也利用了一些舊形式,如"展開"等。

在現代漢語裏,有些使成式逐漸單詞化了,例如"推翻、擴大、改善、革新"等,由於它們的背景是西洋語言的單詞,同時也由於它們不能被"不"字或"得"字隔開,它們就逐漸喪失其爲使成式,而成了一個僅僅是用使成式的結構構成的新詞。

第十七節　處置式的産生及其發展

在現代漢語裏,有一種特殊的語法結構,就是處置式。就形式上說,它是用一個介詞性的動詞"把"字把賓語提到動詞的前面("一定要把淮河修好")①;就意義上説,它的主要作用在於表示一種有目的的行爲,一種處置②。

處置式在較早時代,更常見的結構是"將"字式。所以我們在本節裏同時討論兩種處置式:"將"字式和"把"字式③。

在上古時期和中古的上半期——即7世紀以前,漢語裏還没有處置式的存在。在現代漢語裏用處置式的地方,在唐代以前只能用一般的動賓結構:

　　　　把它喝完:盡飲之

　　　　把它打敗:敗之

像下面所引《史記》的一句話:

　　　皆沉船,破釜甑,燒廬舍。(《項羽本紀》)

如果譯成現代漢語,最適當的譯法卻是處置式:都把船搞沉了,把鍋和飯甑打破了,把房子燒光了。

"將"和"把",在唐代以前都是純粹的動詞,例如:

---

① 龍果夫教授把"把"字歸入"動詞—前置詞"。見他所著《現代漢語語法研究》第103節124~127頁,譯文見《中國語文》1955年8月號第34頁。

② 正如動詞不都表示動作一樣,處置式不都表示處置。但是,在現代漢語裏,這一種結構的主要作用是表示處置;它在現代的文學語言裏更是表示處置。可見處置的作用是主要的,能産的。我們認爲抓住一種結構的主要作用來給它一個名稱是合理的。

③ 在寫這一節的時候,參考了吕叔湘先生的《把字用法的研究》(《漢語語法論文集》第125~144頁),還參考了北京大學兩位研究生——向熹和祝敏徹——的手稿。

無將大車。[不要趕大車。](《詩經・小雅・無將大車》)

闕黨童子將命。[將命,傳話的意思。](《論語・憲問》)

及將幣之日,執書以詔王。[到送幣帛禮物的那一天,拿着儀式程序,把它告訴天子。](《周禮・春官・大史》)

禹親把天之瑞令以征有苗。[把,拿着。瑞令,作爲上天的命令的憑證的一塊玉。](《墨子・非攻下》)

無把銚推耨之勞,而有積粟之實。[把銚,拿大鋤。](《戰國策・秦策》)

相待甚厚,臨別把臂言誓。(《後漢書・呂布傳》)

直到唐代以後,"將"和"把"仍舊沿用爲純粹動詞,例如:

將炙啖朱亥,持觴勸侯嬴。(李白《俠客行》)

令其兄子將米百車往饟之。[饟,送飯,送糧食。這裏是賑濟的意思。](《舊唐書・張萬福傳》)

步人抽箭大如笛,前把兩矛後雙戟。(韓翃《寄歌舒僕射》)

每冬月,四更竟,即敕把燭看事。(《南史・梁武帝紀》)

唐代的"將"和"把"的意義很富於啓示性,因爲它們在某種程度上成爲同義詞,就是拿或持的意思。試看李白詩以"將炙"和"持觴"對舉,可見"將"和"持"是同義詞①。在唐人的詩句中,有些很像處置式的句子其實都只是一種緊縮式(積累式的緊縮),這就是説,其中的"把"字仍舊是純粹動詞(拿的意思),例如:

醉把茱萸子細看。(杜甫《九日藍田崔氏莊》)

詩句無人識,應須把劍看。(姚合《送杜觀罷舉東游》)

兩鬢愁應白,勞心把鏡看。(李頻《黔中罷職將泛江東》)

但是,介詞性的動詞"把"字正是從這種有實在的動作意義(拿義)的"把"字逐漸虛化而成的。下面的兩句杜詩的比較,可以顯示"把"字虛化的過程:

———————————

① 律詩的對句一般是用同類詞相對,但有時候也用同義詞相對。

醉把青荷葉。(《陪鄭廣文游何將軍山林》)

醉把茱萸子細看。(《九日藍田崔氏莊》)

"醉把茱萸"的"把"應該是和"醉把青荷葉"的"把"同一詞性,都是動詞。"把茱萸子細看"應當解作"拿着茱萸而子細觀看"。但是,拿是爲了看的,而看的也正是茱萸,於是句子的重音逐漸轉移到"看"上,"把"字也就漸漸虛化了。又試看下面一個例子:

莫愁寒族無人薦,但願春官把卷看。(杜荀鶴《入關因別舍弟》)

"把卷看"和"把劍看、把鏡看"是有分別的。"把劍看"的是詩句,不是看那劍,"把鏡看"的是兩鬢,不是看那鏡子;而"把卷看"的"看"卻正是看那卷子。因此,就意義上説,"把卷看"是處置式,而"把劍看"和"把鏡看"不是。但是,就結構形式上説,它們的結構完全是一樣的,可見"把卷看"的"把"在當時還没有完全喪失動詞的性質。從這一點上看,動詞虛化的過程就更加明顯了。

正如現代漢語"拿"字所在的謂語形式可以用作工具語一樣,唐代的"將"和"把"所在的謂語形式也可以用作工具語,例如:

直把春償酒,都將命乞花。(韓愈《嘲少年》)

輕將玉板敲花片,旋把金鞭約柳絲。(張祜《公子行》)

處置式和工具語的區別是:在處置式中,賓語放在動詞前面,動詞後面不能再有賓語(至少是不能有直接賓語);在工具語中,動詞後面可以有賓語,因爲動詞前面的謂語形式只起着狀語的作用。但是,在唐代,"將"字和"把"字可以同樣地適用於處置式和工具語[1]。

就處置式來説,在較早時期,"將"字用得較多[2]。杜甫的詩句中已經有了這樣的一些例子:

---

[1] 從前我認爲"將"和"把"在唐代的用法是有分別的,"將"用於工具語,"把"用於處置式(《中國語法理論》)。那是錯誤的。現在根據研究生祝敏徹的論文(未發表)來更正。從前我疑心《紅樓夢》裹用"將"字是"謬誤的存古"(同書),現在知道這種懷疑是没有根據的。

[2] 就工具語來説也是如此。

已用當時法，誰將此義陳？（《寄李十二白》）

見酒須相憶，將詩莫浪傳。（《泛江送魏十八》）

念我常能數字至，將詩不必萬人傳。（《公安送韋二少府匡贊》）

由此可見，處置式的產生大約在 7 世紀到 8 世紀之間。到了中、晚唐以後，"把"字用於處置式的情況更加普遍起來，例如：

莫把杭州刺史欺。（白居易《戲醉客》）

悠然散吾興，欲把青天摸。（皮日休《初夏游楞伽精舍》）

不把庭前竹馬騎。（《維摩詰經講經文》其五）

把他堂印將去。（《嘉話錄》）

但是，"將"和"把"似乎沒有分工。往往在同一對句中，上句的1用"將"，下句的處置式用"把"，例如①：

心將潭底測，手把波文裹。（皮日休《釣車》）

將洞任迴環，把雲恣披拂。（皮日休《桃花塢》）

如將月窟寫，似把天河撲。［寫，瀉，傾瀉。撲，翻倒。］（皮日休《吳中苦雨》）

而且往往在同一對句中，處置式和工具語交錯着，用"將"用"把"也是隨便的，例如：

莫將天女與沙門，休把眷屬惱菩薩。（《維摩詰經講經文》其五）

在《水滸傳》裏，還是這種情況，一句話裏面，"將、把"兩用，但是它們的界限是不清楚的，例如②：

那個人便將手把武松頭髮揪起來。（第三十二回）

把白勝押到廳前，便將索子綁了。（第十八回）

就大牢裏把宋江、戴宗兩個摑扎起，又將膠水刷了頭髮。（第四十回）

以上是"把"字用於處置式，"將"字用於工具語。

---

① 這些例子采自研究生祝敏徹的論文（手稿）。
② 這些例子采自研究生向熹的論文（手稿）。

吳用便把手將髭鬚一摸。（第二十二回）

軍士把鎗將秦明妻子首級挑起在鎗上。（第三十四回）

智深……把左手拔住上截……將那株綠楊樹帶根拔起。（第七回）

以上是"把"字用於工具語，"將"字用於處置式。

直到清代（確實時期待考），在普通話裏，處置式和工具語所用的介詞性的動詞才有了分工。1 用"把"字（或"將"字）；工具語用"拿"字。下面是一些《紅樓夢》的例子①：

把你林姑娘暫安置在碧紗廚裏。（第三回）

便把手絹子打開，把錢倒了出來。（第二十六回）

以上是處置式。

拿真心待你，你倒不信了。（第四十七回）

他吃了酒，又拿我們來醒脾了。（第八回）

以上是工具語。

在現代普通話裏，這種分工一直嚴格地保存下來。但是，并不是所有的方言都是這樣。在吳方言裏，"拿"字用於工具語，同時也用於處置式，上海人既説"拿米燒飯"（＝"拿米煮飯"），又説"拿飯吃脱"（＝"把飯吃掉"）。

還有一件事值得注意：粤語和客家話，在一般口語裏是不用處置式的。"把它吃掉"譯成廣州話是"食咗佢"，譯成客家話是"食了渠"②。這并不足怪，因爲 7 世紀以前的漢語本來是沒有處置式的。

在處置式産生的初期，賓語後面可以只有一個單音節的動詞，例如"把琴弄、把天摸、把卷看"等。這種結構一直沿用到現代的歌曲唱

---

① 參看王力《中國現代語法》。《儒林外史》所代表的是安徽話，所以也沒有這種分別，例如第二十六回："把這銀子買了一所房子。"

② 當然，在知識分子嘴裏可以有"將"字，甚至可以有"把"字。那是受近代書面語言和普通話的影響。

詞裏。但是，一方面由於語言節奏的理由①，賓語提前了，單音節動詞
就顯得孤單；另一方面（這是更重要的一方面），由於帶了補語，比較適
宜於賓語提前（"把房子打掃乾净"比較"打掃乾净房子"更順口），所
以處置式的動詞後面逐漸帶有補語，至少也帶一個"了"字或"着"字。
根據第二個理由，我們可以説，當處置式的賓語後面只有一個單音節
的動詞的時候，處置式還不是必須應用的；至於動詞後面帶有補語的
時候，雖然最初不一定要求賓語提前，也不一定要求使用處置式（例如
《水滸傳》第十七回"立脚住了不走"，第二十回"次日清早，王婆收拾
房裏乾净了"），但是，發展到現代，動詞是不再適宜於和它的補語分離
了。由於使成式的普遍應用（使成式的第二成分是補語），近代漢語動
詞後帶補語的情況越來越普遍，處置式的應用也就跟着普遍起來。

　　使成式和處置式的關係是非常密切的。在現代漢語裏，在大多數
情況下，處置式是和使成式結合着用的，例如我們説"一定要把淮河修
好"，不説"一定要把淮河修"，也不常説"一定要修好淮河"（雖然這種
説法還是容許的）。這一種語法結構，至少在宋代就已經産生了，
例如：

　　今看來反把許多元氣都耗却。（《朱子語類輯略》卷五）

　　易得將下面許多工夫放緩了。（同上，卷六）

　　若將此心推轉，看這一篇極易。（同上）

　　公只是將那頭放重，這頭放輕了，便得；若兩頭平也不得。（同上）
在近代的小説、戲曲中，我們看見無數這一類的結構，例如：

　　把一天好事都驚散。（《董西厢》）

　　你把我老子都藥死了。（《元曲·竇娥冤》）

　　我把那爲官事都參透。（同上，《陳州糶米》）

　　把索子都割斷了。（《水滸傳》第九回）

---

①　在唱詞方面，由於押韻，或者由於字數限制，在處置式賓語後用單音節動詞，那又是另一
　　方面的理由。

輕輕把石頭掇開。（同上，第十回）

將葫蘆裏冷酒都吃盡了。（同上）

武松先把脊背上包裹解下來，放在桌子上。（同上，第二十七回）

把那墳冢一頓築倒。（《西游記》第八十六回）

叫子弟把他的批語塗掉了讀。（《儒林外史》第十八回）

當下三人把那酒和飯都吃完了。（同上，第二十九回）

只見一人進來，將他二人按住。（《紅樓夢》第十五回）

你把那穿衣鏡的套子放下來。（同上，第五十一回）

在帶“得”字的緊縮句中，“得”字後面的話也帶有補語的性質。因此，這種結構和處置式的關係也是相當密切的，例如：

把這些禮物擺的(得)好看些。（《元曲·救風塵》）

林冲把陸虞侯家打得粉碎。（《水滸傳》第七回）

此外，處置式的動詞還往往跟着動量補語、處所補語等，例如：

把可憎的婿臉兒飽看了一頓。［可憎，可愛。］（《董西廂》）

楊志先把弓虛扯一扯。（《水滸傳》第十三回）

我也把甲馬拴在他腿上。（同上，第五十三回）

把衆人都留在莊上。（同上，第四十回）①

把棺材就停在房子中間。（《儒林外史》第二十六回）

由此可見，在近代和現代漢語裏，處置式賓語後面的動詞，一般是必須帶有補語或類似補語的成分的。

就意義方面説，處置式的用法，到了近代也漸漸超出了處置的範圍。特別是在元明以後，它可以用來表示一種不幸或不愉快的事情。處置式的動詞本該是外動詞；在這種情況下，它可以是内動詞或不表示處置的外動詞，例如：

將那一艙活魚都走了。（《水滸傳》第三十八回）

正是他們把個選事壞了。（《儒林外史》第十八回）

---

① 編者注：此例文集本改爲第三十六回的“"那人……却把包裹行李都提在後屋内。"

偏又把鳳丫頭病了。(《紅樓夢》第七十六回)

把我那要強的心，一分也没了。(同上，第十一回)

把姑娘的東西丢了。(同上，第七十三回)

先把太太得罪了。(同上，第七十四回)

誰知接接連連許多事情，就把你忘了。(同上，第二十六回)

到現代漢語裏，這種處置式仍然繼續應用着，例如：

主人聽了主婦的話，把一腔俠情冷了下來。(葉聖陶《一生》)

説起那柳色堆在四周，映入水裏，幾乎滿望都綠，教人把什麽都忘了。(葉聖陶《搭班子》)

謀到一個位置不容易，怕把它丢了。(葉聖陶《抗争》)

但是，就全國範圍來説，這種用法是很不普遍的。最普遍的用法是用賓語提前的結構來表示處置。就漢語句法發展的趨勢來看，處置式是能産的，有發展前途的。

在近代後期，處置式有了新的發展。在過去的處置式中，賓語既然提前，動詞後面就不能再帶賓語(雙賓語和保留賓語除外，例如《紅樓夢》第二十四回"把你嘴上的胭脂賞我吃了罷"；七十四回"將角門皆上鎖")。但是，到了近代後期，我們已經發現了一種新興的處置式，賓語提前了，動詞後面還有賓語。我們在《兒女英雄傳》裏找到一個例子：

把從前的話作個交代。(第二十一回)

到了現代漢語裏，這種情形的處置式才普遍應用起來。在現代典範的白話文著作裏，這種處置式也是常見的①，例如：

我們要分辨真正的敵友，不可不將中國社會各階級的經濟地位及其對於革命的態度，作一個大概的分析。(《毛澤東選集》第一卷3頁)

聰明的孫中山看到了這一點，得了蘇聯和中國共産黨的助力，把

---

① 參看馬漢麟《新興的"把"字句》，見《南開大學學報》(人文科學)1955年第一期。下面的頭兩個例子也采自馬先生的文章。

三民主義重新作了解釋。（同上，第二卷686頁）

　　我們知識分子出身的文藝工作者，要使自己的作品爲群衆所歡迎，就得把自己的思想感情來一個變化，來一番改造。（同上，第三卷873頁）

這種結構的特點是不難看出的，"交代、分析、解釋、變化、改造"都是行爲名詞，"作"字要和它們結合起來才成爲一個完整的概念，所以它們和一般的賓語不同。這樣就不一定要用使成式或者帶別的補語，而可以輕易地解決了語言的節奏問題。

　　處置式是漢語語法走向完善的標志之一。由於賓語的提前，賓語後面能有語言的停頓，使較長的句子不顯得笨重。更重要的是：由於賓語的提前，顯示這是一種處置，一種達到目的的行爲，語言就更有力量。"一定要把淮河修好、把革命進行到底"，這種語句的力量不是一般的結構形式所能比擬的。

第十八節　被動式的發展

　　被動式應用範圍的廣狹，隨着語言的不同而不同，也隨着時代的不同而不同①。拿漢語和西洋語言來比較，漢語的被動式的範圍要小得多；拿上古漢語和現代漢語相比較，上古漢語的被動式的範圍也小得多，特別是先秦時代的被動式。

　　當我們討論被動式的時候，指的是具有結構特點的被動式，而不是概念上的被動，因此，我們在這裏有必要先把概念的被動撇開。經常被人誤會爲被動式的，主要是下列的兩種結構：

---

① 房特利耶斯在他的《語言論》（122~123頁）裏説："某些語言比較喜歡用前者（力按：指主動式），另一些語言比較喜歡用後者（力按：指被動式），又有些語言兩者并用，這一切都只是歷史發展的結果。事實上，法語雖然有一個主動式和一個被動式（後者應用範圍很小），而印歐語似乎僅僅只有主動式（力按：法語來自印歐語）；其他某些語言卻又傾向於只用被動式。"

　　第一是"可"字句及其類似的結構。把"可、足"等字後面的動詞解釋爲含有被動意義,這對於瞭解古代漢語是有好處的;"可見"和"能見"顯然是不同的概念。但是,從結構上看,它和"能"字句并没有什麼區別,例如:

　　萬民之所便利,而能强從事焉,則萬民之親可得也。[(對於)人民大衆認爲方便有利的事,能够努力去做,就可以得到人民大衆的擁護。](《墨子·尚同中》)

　　夫道有情有信,無爲無形,可傳而不可受,可得而不可見。[情,實也或理也。有情有信,即有它的必然性和規律性。](《莊子·大宗師》)

　　抑爲采色不足視於目與? 聲音不足聽於耳與? 便嬖不足使令於前與? [便嬖,善於奉承、親信得寵的小臣。或者是因爲彩色還不够眼睛看的嗎? 音樂歌唱還不够耳朵聽的嗎? 善於奉承的小臣還不够跟前使唤的嗎?](《孟子·梁惠王上》)

　　人固未易知,知人亦未易也。(《史記·范睢蔡澤列傳》)

　　第二是借用一般主動的形式來表示被動的意義,例如:

　　諫行言聽。[勸諫被采納、施行,意見被接受。](《孟子·離婁下》)

　　魯酒薄而邯鄲圍。[魯國(所送的)酒不好而趙國的首都被圍。](《莊子·胠篋》)

　　昔者龍逢斬,比干剖,萇弘胣,子胥靡。[胣,丑倚切,音褫,刳腸也。靡,爛之於江中也。](同上)

　　在現代漢語裏,如"飯没有吃完,菜吃完了"之類,也是屬於這種情况的。

　　在遠古漢語裏,在結構形式上没有被動和主動的區別。直到甲骨、金文裏也還是這種情况。真正的被動式在先秦是比較少見的,而且它的出現是春秋以後的事。當時的被動式可以大致分爲三個類型:第一類是"於"字句,第二類是"爲"字句,第三類是"見"字句。

（一）説出施事的人物或處所，把外動詞放在“於”字的前面。古人似乎把施事的人物和施事的處所看做同類的東西，所以運用同一的結構形式。本來外動詞是要求賓語的①，現在外動詞後面没有賓語，并且緊跟着介詞“於”字，可見行爲是施及於主語所代表的事物的了。例如：

禦人以口給，屢憎於人。［用詭辯來對付別人，往往被人憎惡。口給，口才便捷。］（《論語·公冶長》）

郤克傷於矢。（《左傳·成公二年》）

勞心者治人，勞力者治於人。（《孟子·滕文公上》）

物物而物於物，則胡可得而累邪？［支配事物而不爲事物所支配，那麽，怎麽能够拖累（他）呢？］（《莊子·山木》）

通者常制人，窮者常制於人。［飛黄騰達的時常支配別人，走投無路的時常受別人支配。］（《荀子·榮辱》）

人之情，寧朝人乎，寧朝於人也？（《戰國策·趙策》）

以上是“於”字介紹施事的人物。

傅説舉於版築之間，膠鬲舉於魚鹽之中，管夷吾舉於士，孫叔敖舉於海，百里奚舉於市。［舉，被選拔出來。版築之間，指築土打墻的地方。士，指士的階層，所以也可以看作處所。］（《孟子·告子下》）

吾再逐於魯，伐樹於宋，削迹於衛，窮於商周，圍於陳蔡之間。（《莊子·山木》）

以上是“於”字介紹施事的處所。

這一個形式一直沿用到漢代以後。例如：

故内惑於鄭袖，外欺於張儀。［惑，蒙蔽的意思。］（《史記·屈原

---

① 這只是就一般情况來説的，不能没有例外。有時候，是賓語省略了，如《書經·甘誓》“用命賞于祖，弗（《史記·夏本紀》引作“不”）用命戮于社”［用命，遵奉命令。祖，這裏指祖宗的牌位。社，土神，這裏指土神的牌位］；有時候，由於有了否定詞“勿、弗”等，所以不用賓語，如《論語·顔淵》“己所不欲，勿施於人”；有時候，雖然有賓語出現，但是它被介詞隔開，如《論語·爲政》“攻乎異端，斯害也已”。

賈生列傳》）

　　然而兵破於陳涉，地奪於劉氏者，何也？（《漢書·賈山列傳》）

　　廉頗者……以勇氣聞於諸侯。（《史記·廉頗藺相如列傳》）

　　帝年八歲，政事壹決於光。（《漢書·霍光傳》）

　　然則人君劫於臣，已失法也。（《論衡·非韓篇》）

　　前不遇於魯，後不遇於齊，無以異也。（同上，《刺孟篇》）

　　（二）用"爲"字作爲助動詞，"爲"字和被動詞的中間插入一個關係位名詞，這個名詞所代表的是施事者。例如：

　　不爲酒困。（《論語·子罕》）

　　止，將爲三軍獲。（《左傳·襄公十八年》）

　　道術將爲天下裂。［爲天下裂，被天下人所割裂。］（《莊子·天下》）

這一個形式也沿用到漢代。例如：

　　身死人手，爲天下笑者，何也？（賈誼《過秦論》上）

　　身客死於秦，爲天下笑。［客死，死在外國或他鄉。］（《史記·屈原賈生列傳》）

　　多多益善，何爲爲我禽？（同上，《淮陰侯列傳》）

　　僕以口語遇遭此禍，重爲鄉黨戮笑。［戮，在這裏是侮辱的意思。］（司馬遷《報任安書》）

關係語也可以被省略。例如：

　　使身死而爲刑戮。（《墨子·尚賢中》）

　　貴爲天子，富有天下，而身爲禽［擒］者，其救敗非也。（賈誼《過秦論》中）

　　誠令成安君聽足下計，若信者亦已爲禽矣。（《史記·淮陰侯列傳》）

　　胥［伍子胥］之父兄爲戮於楚。（同上，《吳太伯世家》）

　　靈公少侈，民不附，故爲弒易。（同上，《晉世家》）

而且,這種結構漸漸被"爲……所"式所代替了(見下文)①。

（三)用"見"字作爲助動詞。"見"字句和"爲"字句的不同之點是:"爲"字和被動詞的中間可以插進一個關係位名詞(即施事者);"見"字和被動詞的中間不能插進一個關係位名詞,例如:

年四十而見惡焉,其終也已。[上了四十歲還被人家厭惡,那他就算完了。]（《論語·陽貨》)

投我以桃,報之以李,即此言愛人者必見愛也,而惡人者必見惡也。(《墨子·兼愛下》)

出必見辱。(同上,《公孟》)

盆成括見殺。(《孟子·盡心下》)

百姓之不見保,爲不用恩焉。[保,安也,安撫保育的意思。]（同上,《梁惠王上》)

見侮不辱。[被欺侮而不以爲恥辱。]（《莊子·天下》)

休居鄉不見謂不修,臨難不見謂不勇。[見謂,被評論。不修,品行不好。]（同上,《達生》)

君子……見由則恭而止,見閉則敬而齊……小人則不然……見由則兑而倨,見閉則怨而險。[見由,被信任。見閉,被阻塞,不被信任。止,不放縱。齊,自求進步,不怨恨別人。兑,喜悦。倨,傲慢。險,陰險,險惡。]（《荀子·不苟》)

故君子恥不修,不恥見污;恥不信,不恥不見信;恥不能,不恥不見用。(同上,《非十二子》)

齊桓公……於天下不見謂修。(同上,《王霸》)

凡人之動也爲賞慶,爲之則見害傷,焉止矣。[凡,大抵也。慶,賜也,義同賞。焉,於是也或則也。]（同上,《議兵》)

---

① 《馬氏文通》(校注本上册204頁)解釋"道術將爲天下裂"一句説"即'天下所裂'也。天下,'裂'之起詞,其止詞乃'所'字,隱而不言"。這是顛倒歷史的説法。"爲天下裂"并没有省略什麽。

明見侮之不辱，使人不鬥。人皆以見侮爲辱，故鬥也；知見侮之爲不辱，則不鬥矣。［説明被欺侮不算是丢臉，可以使人們不争鬥。人們都以被欺侮爲丢臉，所以争鬥；懂得被欺侮不算丢臉，就不會争鬥了（這種主張是荀子所反對的）。］（同上，《正論》）

有時候，“爲”和“見”對舉，可見它們在表示被動的意義上是有共同之點的，例如：

厚者爲戮，薄者見疑。［情節重大的被殺，情節輕微的被懷疑。］（《韓非子·説難》）

有時候，“爲、見”并用，“爲”字放在關係語（施事者）的前面，“見”字放在被動詞的前面，它們的位置并不衝突，例如：

烈士爲天下見善矣。［烈士被天下人贊美。］（《莊子·至樂》）

“見”字雖然不能帶關係語，但是，在有表示施事者的必要的時候，可以結合“於”字句來表示，例如：

吾長見笑於大方之家。（《莊子·秋水》）

“見”字句的被動式一直沿用到漢代以後，例如：

齊趣下三國，不且見屠。［齊國趕快投降三國，不然全城就要被屠殺。下，正義、索隱：“以兵威服之曰下。”］（《史記·齊悼惠王世家》）

根［王根］言雖切，猶不見從。［見從，被聽從的意思。］（《漢書·張禹傳》）

臣聞武帝使中郎將蘇武使匈奴，見留二十年不降。［見留，被拘留。］（同上，《燕剌王旦傳》）

先絕齊而後責地，則必見欺於張儀；見欺於張儀，則王必怨之。［責，討取。］（《史記·楚世家》）

臣誠恐見欺於王而負趙。（同上，《廉頗藺相如列傳》）

　　　＊　　　＊　　　＊　　　＊　　　＊

到了漢代，被動式有了新的發展。主要表現在兩種形式：第一種是“爲……所”式；第二種是“被”字句。

（一）“爲……所”式是由先秦的被動式“爲”字句發展出來的。我們知道,先秦的"所"字有兩重性質:一方面,它具有代詞性;另一方面,它所接觸的一般是外動詞,外動詞後面往往不再帶賓語。而被動式的動詞也必須是一個外動詞,它的後面也不能帶賓語。這樣,被動式"爲"字句在被動詞前面插入一個"所"字不是偶然的,而是一種類化的結果。在表示被動的情況下,"所"字失去了原來的代詞性,而成爲外動詞的詞頭,例如:

漢軍却,爲楚所擠。[却,退却。擠,壓。楚,指楚軍。](《史記・項羽本紀》)

無爲有國者所羈。[不要被君主束縛住。](同上,《老莊申韓列傳》)

吾悔不聽蒯通之計,乃爲兒女子所詐。[兒女子,小孩子和婦女。詐,騙。](同上,《淮陰侯列傳》)

及爲匈奴所敗,乃遠去。(同上,《大宛列傳》)

爲解[郭解]所殺。(同上,《游俠列傳》)

衛太子爲江充所敗。(《漢書・霍光傳》)①

章由是見疑,遂爲鳳[王鳳]所陷。(同上,《王章傳》)

范睢爲須賈所讒。(《論衡・變動篇》)②

這個結構沿用下來,成爲文言文被動式的正常格式。甚至後代白話文的"被"字句,有時候也受文言文的影響,插入一個"所"字(例如《紅樓夢》第五十八回"父母已亡,或被叔伯兄弟所賣")。

(二)"被"字句大約萌芽於戰國末期③,例如:

---

① 《馬氏文通》把"衛太子爲江充所敗"解釋爲"衛太子爲江充所敗之人",楊樹達不同意他的解釋。這種解釋當然是有毛病的,因爲片面地着重形式,没有結合意義。但是,就發展的過程來説,我們應當承認有這麽一個階段。《馬氏文通》引《漢書・王吉傳》的一個例子"夏則爲大暑之所暴炙,冬則爲風寒之所匽薄"(校注本上册 204 頁)。其中有"之"字,可以證明這一發展過程。

② 有時候,"爲、所"之間省略了關係語,例如《史記・項羽本紀》:"若屬皆且爲所虜。"

③ 《墨子・貴義》:"厚者入刑罰,薄者被毀醜。""毀醜"和"刑罰"對舉,疑是名詞,"被"字大約只是動詞,不是助動詞。

今兄弟被侵，必攻者，廉也；知友被辱，隨仇者，貞也。（《韓非子·五蠹篇》）

萬乘之國，被圍於趙。（《戰國策·齊策》）

國一日被攻，雖欲事秦，不可得也。（同上）

到了漢代，"被"字句就普遍應用起來了。這種"被"字的作用大致和"見"字相當[1]；當時的"被"字句還不容許有關係語（施事者）出現，只是簡單地把"被"字放在被動詞的前面，例如：

錯卒以被戮。［晁錯終究因此被殺。］（《史記·酷吏列傳》）

被污惡言而死。［被污於惡言而死。］（同上）

信而見疑，忠而被謗，能無怨乎？（同上，《屈原賈生列傳》）

被戮辱者不太迫乎？（《賈子·階級篇》）

石慶雖以謹得終，然數被譴。［石慶雖然因爲謹慎而獲得善終，然而屢次被（皇帝）譴責。］（《漢書·公孫賀傳》）

屈原，楚賢臣也，被讒放逐，作《離騷賦》。（同上，《賈誼傳》）

或有忠而被害，或有孝而見殘。（崔駰《大理箴》）

身完全者謂之潔，被毀謗者謂之辱。（《論衡·累害篇》）

曾子見疑而吟，伯奇被逐而歌。（同上，《感虛篇》）

實孝而賜死，誠忠而被誅。（同上）

* 　　* 　　* 　　* 　　*

到了中古時期，被動式又有了新的發展。不僅"被"字句用得更普遍了，更重要的是："被"字句也能插入關係語（施事者），它在一般口語裏逐漸代替了"爲……所"式。

我們先從南北朝談起。在這個時代，"被"字後面不帶關係語的情況比較普遍，例如：

暉剛於爲吏，見忌於上，所在多被劾。（《後漢書·朱暉傳》）

慕進者蒙榮，違意者被戮。（同上，《臧洪傳》）

---

① 　例如《史記·屈原列傳》："信而見疑，忠而被謗，能無怨乎？""見、被"對舉，可以證明。

永平五年,兄固[班固]被召詣校書郎。(同上,《班超傳》)

及丹被徵,遣子昱候於道。(同上,《王丹傳》)

孔融被收,中外惶怖。[收,逮捕。](《世說新語·言語》)

李弘度常嘆不被遇。[被遇,是被執掌政權者所瞭解、所信任、所重用的意思。](同上)

謝爲太傅長史,被彈[彈劾]。(同上)

嵇康被誅後,山公舉康子紹爲秘書丞。(同上,《政事》)

殷中軍被廢,徙東陽。(同上,《文學》)

參佐無不被繫束。[繫束,即捆綁。](同上,《規箴》)

王武子被責,移第北邙下。[責,斥退的意思。](同上,《汰侈》)

兄泌娶妻,始入門,夜被劫。(《宋書·宗愨傳》)

遵考從弟思考亦被遇,歷朝官,極清顯。(同上,《劉遵考傳》)

金雖重而見鑄,桂徒芳而被折。(江淹《傷友人賦》)

牽牛娶織女,借天帝二萬錢下禮,久不還,被驅在營室中。[營室,中國古代的星座名稱,二十八宿(星座)之一。](《荆楚歲時記》)

衣冠舊貴,被逼偷生。(梁元帝《敕餘黨令》)

及瓊被選爲螯厔令,卿猶言相中不見,而瓊果以暴疾未拜而終。[拜,授官。終,死。](《魏書·寇讚傳》)

歸時會被喚,且試入蘭房。(陳後主《采蓮詞》)

但是,帶關係語(施事者)的"被"字句在漢末已經有了萌芽,如蔡邕《被收時表》就有"五月二十日,臣被尚書召問"的句子。到了4、5世紀就更多一些,例如:

禰衡被魏武謫爲鼓吏。(《世說新語·言語》)

亮子被蘇峻害。(同上,《方正》)

以後也就沿用下來了,例如:

若官未通顯,每被公私使令,亦爲猥役。(《顏氏家訓·雜藝篇》)

舉體[全身]如被刀刺。(同上,《歸心篇》)

這樣,"被"就由"見"字的意義轉到"爲"字的意義上,也就是説,

“被”字句除了承擔“見”字句的職務以外，還承擔了“爲”字句的職務。“被蘇峻害”和《左傳》的“爲三軍獲”、《史記》的“爲我禽［擒］”，在結構上是一樣的。我們可以設想：不加“所”字的“爲”字句一直沿用在口語裏，直到帶關係語的“被”字句產生的時代爲止。這樣，就口語來說，“被”字句就正好接替了“爲”字句。

　　唐代以後，雖然“被”字句仍然可以不用關係語，例如：

　　舍長！官禁貴人，汝亦被拘邪？（《晉書·元帝紀》）

　　而黃初中，柴玉、左延年之徒復以新聲被寵。（同上，《樂志》）

　　烈［胡烈］與諸將皆被閉。［閉，禁閉、拘囚的意思。］（同上，《胡奮傳》）

　　故仲由以兼人被抑，冉求以退弱被進。（同上，《張華傳》）

　　惟盛洛無母，獨不被打。（《周書·晉蕩公護傳》）

　　丹朱不應乏教，甯越不聞被捶。（《南史·王裕之傳》）

　　山濤、王戎以貴顯被黜。（同上，《顏延之傳》）

　　桑落之敗，藩艦被燒。（同上，《胡藩傳》）

　　巧詐者雖事彰而獲免，辭弱者乃無罪而被罰。（《北史·蘇綽傳》）

　　大抵被陷者甚衆。（《隋書·刑法志》）

　　莫愁劍閣終堪據，聞道松州已被圍。（杜甫《黃草》）

　　所遇多被傷，呻吟更流血。（杜甫《北征》）

　　嵇康養生被殺戮。（杜甫《醉爲馬所墜》）

　　及秋將辭去，因被留以執事。（韓愈《與孟東野書》）

　　行中第一爭先舞，博士旁邊亦被欺。（王建《宮詞》）

　　未至而翰被縛云。（《新唐書·哥舒翰傳》）

　　鸇性尤相黨，其同類有被侵者，輒往赴救之。（羅願《爾雅翼》）

但是，帶關係語（施事者）的被動式越來越多了。現在只舉少數的一些詩句爲例：

　　夫子嵇阮流，更被時俗惡。［嵇阮流，嵇康、阮籍一流人物。惡，厭惡。］（杜甫《有懷台州鄭十八司戶》）

　　一朝被馬踏，唇裂板齒無。（杜甫《戲贈友》）

且爲辛苦行,蓋被生事牽。[牽,牽縛。被生事牽,被生活所牽縛。](杜甫《贈李十五丈別》)

共被微官縛,低頭愧野人。(杜甫《獨酌成詩》)

縱被微雲掩,終能永夜清。(杜甫《天河》)

拙被林泉滯,生逢酒賦欺。(杜甫《夔府書懷》)

江上被花惱不徹,無處告訴只顚狂。[徹,盡也。](杜甫《江畔獨步尋花》)

行義惟愁被衆知。(張籍《贈王司馬》)

幸自襧衡人未識,賺他作賦被時輕。(秦韜玉《鸚鵡》)

帶醉由人插,連陰被叟移。(薛能《海棠》)

報道幽人被渠惱。(朱熹《賦水仙花》)①

肯信春光被雨欺。(楊巨源《早春即事呈劉員外》)

這一個發展階段——"被"字句帶關係語的階段——很重要,因爲它爲現代漢語被動式奠定了基礎,現代漢語的被動式絕大多數是帶關係語的。

＊　　　＊　　　＊　　　＊　　　＊

以上我們談的被動式,在被動詞的後面都是沒有賓語的,因爲受事者已轉爲主語,自然用不着賓語了。這是一般的被動式。但是到了唐代,被動式又有了新的發展,"被"字的前面有主語,動詞的後面仍然有賓語,而賓語所代表的人物又是主語所代表的人物所領有的。因此,在這類被動式裏,主語只不過是個間接的受事者,而動詞後的賓語才是直接的受事者,例如:

常被老元偷格律。(白居易《戲贈元九、李十二》)

這裏主語被省略了。

娘子被王郎道着醜貌。(《醜女緣起變文》)

縱有衰蓬欲成就,旋被流沙剪斷根。(《王昭君變文》)

---

①　編者注:文集本刪此例。

這種被動式以後也就一直沿用下來了，例如：

何濤先折了許多人馬，獨自一個逃得性命回來，已被割了兩個耳朵，自回家將息。（《水滸傳》第二十回）

我一時被那厮封住了手，施展不得。（同上，第四十四回）

小二哥正待要叫，被時遷一掌打腫了臉，做聲不得。（同上，第四十六回）

賈政還欲打時，早被王夫人抱住板子。（《紅樓夢》第三十三回）

　　　　　＊　　　＊　　　＊　　　＊　　　＊

對任何語言來説，被動式都不能簡單地瞭解爲主動式的反面；并非一切主動式都能轉爲被動式①。特別是在漢語裏，被動式的使用範圍是比較狹窄的，但是它又不是没有規律的。那麽，在什麽條件之下，漢語使用被動式呢？ 如果我們從被動式發展的歷史來看，這個問題就會弄清楚的。

我們應該先從“被”字的意義的發展過程來看。這并不是説一個字的意義的發展能決定一種語法結構的發展；我們的意思只是説，一種新興的語法結構是采取了和它相適應的詞彙形式來表現的。

《説文》：“被，寝衣也。”引申爲動詞，就是覆蓋的意義，而施及的意義又是從覆蓋的意義來的。《書經·禹貢》“西被于流沙”［西邊擴展到流沙一帶］，《堯典》“光被四表”［四表，四海之外］，《荀子·臣道》“澤被生民”，《賦篇》“功被天下”，《不苟》“去亂而被之以治”等，都是這個“被”字。這種意義的“被”字，一般是用於好事方面的。

“被”字用爲動詞，還有另一種意義，就是蒙受、遭受的意義。這種意義和覆蓋的意義自然是同一來源的②，但是，在詞義的應用上却大有

---

① 據説有些語言傾向於只用被動式（參看405頁注①）。那麽，在這些語言裏，也并非一切被動式都能轉爲主動式。

② 這種意義是由加於身上的意義來的。《墨子·尚賢中》：“傅説被褐帶索。”《兼愛下》：“被甲嬰冑將往戰。”《魯問》：“翟慮被堅執鋭，救諸侯之患。”這種“被”字生出覆蓋的意義，而覆蓋的意義又生出遭受的意義。

分別①。第一種意義是主動地覆蓋或施及某一事物,第二種意義是被動地蒙受或遭受某一事物。被動式的"被"字不是來自第一種意義的,而是來自第二種意義的,因此,我們首先必須考察:在"被"字用作動詞的時候(動詞後面帶賓語),在第二種意義下,到底有什麽特點。下面是一些例子:

下施之萬民,萬民被其利。(《墨子·尚賢中》)

寡人不祥,被於宗廟之祟。(《戰國策·齊策》)

百姓無被兵之患,髡有璧馬之寶,於王何傷乎?(同上)

秦王復擊軻,被八創。[被八創,(荊軻)受了八處傷。](同上,《燕策》)

晉獻惑於驪姬兮,申生孝而被殃。[被殃,蒙受灾禍。](《楚辭·七諫》)

處非道之位,被衆口之譖。[處在不應當處的地位,受衆人的毀謗。](《韓非子·奸劫弑臣》)

被德含和,繽紛蘢蓯。[繽紛,雜糅。蘢蓯,聚會。](《淮南子·俶真訓》)

行直而被刑,則修身者不勸善。(同上,《主術訓》)

同日被霜,蔽者不傷。(同上)

高祖被酒,夜徑澤中,令一人行前。[被酒,喝醉了酒。徑,取道於。](《史記·高祖本紀》)

國新被寇。[國家剛剛遭受了侵略。](同上,《南越尉佗列傳》)

平陽侯曹參身被七十創,攻城略地,功最多。(《漢書·蕭何傳》)

請命乞恩,受辱被耻。(《吳越春秋·勾踐歸國外傳》)

臣得微勞,被受爵邑。[我能够因爲微薄的功勞獲得爵位和土地的封賞。](蔡邕《讓高陽鄉侯章》)

有囚於家被病,自載詣獄。[有個犯人在家裏害了病,自己坐着車

---

① 第一種意義譯成俄語是 покрывать,第二種意義譯成俄語是 подвергаться,參看鄂山蔭教授《華俄辭典》。

到監獄去。］（《後漢書・虞延傳》）

官衣亦有名，端午被恩榮。（杜甫《端午日賜衣》）

被疾山谷間，累旬，食盡。［過了幾十天，食物吃完了。］（《新唐書・膠東郡王道彦傳》）

然巨盜起，天下被其毒。［天下都受他的害。］（同上，《刑法志》）

在上列十八個例子中（這些例子是隨意列舉的），只有四個是叙述好事的（“萬民被其利、被德含和、被受爵邑、端午被恩榮”），其餘都是叙述不幸或者不愉快的事情的。在這些例子中，我們又可以證明，助動詞“被”字的確是從這一類的動詞“被”字（即表示遭受意義的）演變而來的，因爲像“被衆口之讒”減去“之”字就成爲“被衆口讒”，這樣賓語就轉爲被動詞，“被”字也就由動詞虚化爲助動詞了。

現在我們再考察一下：被動式是否也像上面所述的以“被”字爲主要動詞的句子那樣，基本上是用來表示不幸或者不愉快的事情的。在上文所舉漢代不帶關係語的“被”字句當中，全部表示不幸的事情；在南北朝不帶關係語的“被”字句十八個例子當中，表示不幸的占十二個；在唐代以後不帶關係語的“被”字句十七個例子當中，表示不幸的占十五個；在南北朝和唐代以後帶關係語的“被”字句（包括又帶賓語的）共二十三個例子當中，全部表示不幸或者不愉快的事情。當然這些例子是隨意找來的，不能作出確實的統計。但是，我們也曾根據《世説新語》全書做過一次統計，全書的“被”字句共二十七個①，另有遭受意義的動詞“被”字兩個②，其中就有二十二個是表示不幸或者不愉快的事情的。

---

① 除上文已舉的九個例子外，還有十八個例子如下：鼠被害（《德行》）；嵇中散既被誅（《言語》）；殷中軍被廢東陽、被責免官（《文學》）；裴叔則被收、爾時已被遇（《雅量》）；後皆被知遇（《識鑒》）；世胄亦被遇（《賞譽》）；猶不被判、身被徵作禮官、會當被縛（《規箴》）；未被舉（《豪爽》）；豐被誅（《賢媛》）；桓南郡被召（《任誕》）；殷中軍被廢（《黜免》）；顔被禮遇（《讒險》）；爲盧志所讒被誅、逮周侯被害（《尤悔》）。——根據文學古籍刊行社 1956 年影印本。

② 這兩個句子是：夏侯玄既被桎梏（《方正》）；忽被篤疾（《尤悔》）。

這一種語法結構的表示不幸，并不限於"被"字句。"爲"字句和"爲……所"式也是如此。上文所舉"不爲酒困"等十二個例句，全部是表示不幸或者不愉快的事情的。又所舉"爲楚所擠"等八個例句，也全部是表示不幸或者不愉快的事情的。

"被"字句在唐代以前，有時候還不帶任何感情色彩，例如上文所舉《晉書》"仲由以兼人被抑，冉求以退弱被進"。但是，就壓倒多數的例子看來，我們説漢語被動式的作用基本上是表示不幸或者不愉快的事情，這話是没有危險的。同時，就絶大多數的"例外"看來，似乎還是有它們的規律的：它們所表示的絶大多數是關於在上者的恩寵，像《世説新語》的"被遇、被舉、被徵、被知遇、被禮遇"，又像上文所舉的"被召、被選、被寵"等。在杜甫的詩句中，"被"字用於遭受意義并且作爲主要動詞而又不表示不幸的，只有一句"端午被恩榮"；"被"字用於被動式而又不表示不幸的，只有一句"猶被賞時魚"。我們很容易覺察到，這也是和在上者的恩寵有關的。我們可以這樣設想：在古代封建社會裏，一般人以爲在上者的恩寵是和灾禍一般地不可抗拒的，所以要用被動式。這只是一個假設。這個假設能否成立，都不會影響到我們的結論，就是被動式的作用基本上是表示不幸或者不愉快的事情。

被動式這種基本作用發展的結果，使"被"字句有可能脱離了被動式的正常結構甚至脱離了被動的意義而單純地表示不幸。最晚在唐代，被動式開始部分地脱離了正常的軌道，例如：

其時被諸大臣道："大士！太子是妖精鬼魅。"(《八相成道變文》)

至神廟五里以來，泥神被北方大王唱一聲。(同上)

從變文這兩個例子看來，還没有表示不幸的意思，但就後代一般的情況看來，這類脱離正常軌道的被動式還是用來表示不幸的。

這種表示不幸的脱離常軌的句子可以大致分爲兩種情況：第一種情況是施事者在動詞前，受事者在動詞後，和一般主動賓的結構相似，但是，"被"字放在主語的前面。除非詞序變換，否則不能成爲被動式，例如：

被猴行者騎定馗龍。(《大唐三藏取經詩話》第七)

被楊行密拿了龐師古。(《五代史平話·梁史》)

被我咬斷繩索,到得這裏。(《水滸傳》第六十五回)

被你殺了四個猛虎。(同上,第四十四回)

被我罵那老猪狗,那婆子便來打我。(同上,第二十六回)

第二種情況,在結構上和第一種相同,只是没有被動的意味,"被"字僅僅用來表示一種不幸的遭遇,而且詞序不能變換成爲被動式,例如:

白虎精聞語,心生忿怒。被猴行者化一團大石,在肚内漸漸會大。(《大唐三藏取經詩話》第六)

只見馗龍……喊動前來。被猴行者隱形帽化作遮天陣。(同上,第七)

那單可及素號驍勇……却被李思安將兵馬藏伏在四處了。(《五代史平話·梁史》)

却被劉鄩將五千軍在河曲田地裏藏伏了,四面鼓噪,圍了晉王數重。(同上,《唐史》)

由上述兩種情況看來①,宋元兩代"被"字句的用途雖然擴大了,却顯得没有定型。同時,這些情況更有力地證明了被動式的作用不是單純地變主動爲被動;相反地,"被"字句可以拿主動式的姿態出現,只要求達到一個目的,就是表示不幸或者不愉快的事情。這種脱離正軌的結構在後代逐漸被淘汰了。語法是逐步趨向完善的,我們於此又一次得到了證明。

* * * * *

被動式和處置式有一個共同點:它們都是動詞後面不帶賓語的。從意義方面説,差不多所有的帶關係語的被動式都可以轉爲處置式

---

① 另有一些類似的情況,例如主語雖然代表施事者,但是後面又用代詞復指(《大唐三藏取經詩話》第八"項下是和尚兩度被我吃你,袋得枯骨在此");又如"被"字句雖然可認爲有被動意義,但是這種被動意義是不清楚的(同書第十七"被法師將刀一劈,魚分兩段")。

（侵略軍被我們打敗了：我們把侵略軍打敗了）。近代處置式要求同時把行爲的結果說出來，近代被動式也要求同時把行爲的結果說出來。由此可見，語法結構相互間是有它們的聯繫性的。從語言節奏方面說，在處置式中，賓語提前了，單音節動詞放在後面就顯得孤單，被動式也不能例外。因此，帶關係語的被動式發展的結果，也和處置式一樣，同使成式結合起來。

下面是一些被動式和使成式結合的例子：

於是王郎既被唬倒，左右官人一時扶接，以水灑面。（《醜女緣起變文》）

我因八百歲時偷吃十顆，被王母捉下。（《大唐三藏取經詩話》第十一）

時護衛者數人，皆爲阿計替揮去。（用"爲"不用"被"，是仿古。）（《大宋宣和遺事》利集）

全忠被克用搏倒。（《五代史平話·唐史》）

關興、張苞縱馬衝突，被亂箭射回。（《三國演義》第八十四回）

諸葛亮今番被吾識破。（同上，第九十回）

我準定被這厮們燒死了。（《水滸傳》第十回）

自從被動式和使成式經常結合以後，就一般情況說，被動式的動詞就不能再是孤單的。"我們把侵略軍打"不成話；"侵略軍被我們打"也同樣不成話。在近代和現代漢語裏，必須說成"侵略軍被我們打敗了"（用使成式），然後語意才完整了，節奏才諧和了。

當然，除了使成式之外，被動式也可以和別的形式相結合：或者在被動詞後面跟着動向補語，例如《儒林外史》第二十九回"被他三人拉到聚升樓酒館裏"；或者在被動詞後面簡單地跟着一個"了"字或"着"字，例如《三國演義》第七十一回"今定軍山已被劉封、孟達奪了"，《水滸傳》第十一回"遠遠望見枕溪靠湖一個酒店，被雪漫漫地壓着"。這些情況和處置式完全相同，所以不必多談了。

*　　*　　*　　*　　*

“五四”以後，漢語受西洋語法的影響，被動式的使用範圍擴大了。這就是説，不一定限於不幸或者不愉快的事情，例如：

二十來的歲，他已經很大很高，雖然肢體還没被年月鑄成一定的格局，可是已經像個成人了。（老舍《駱駝祥子》）

金桂被村裏選成勞動英雄，又選成婦聯會主席，李成又被上級提升到區上工作。（趙樹理《傳家寶》）

其實那位青年教師只不過把幾十年以前即被科學所鐵般確定的學理重述一下罷了。（《社會發展簡史》2 頁，解放社 1950 年）

勞動乃是奴隸的命運。在自由民中間，勞動被認爲是可恥的一回事。（同上，88 頁）

但是，一般説來，這種語法結構只在書面語言上出現。在口語中，被動式的基本作用仍舊是表示不幸或者不愉快的事情。我們首先應當注意到，在現代普通話的一般口語裏，被動式已經不再用“被”字表示，而是用“叫、讓、給”等字表示；凡用“叫、讓、給”等字來表示的被動式，它們的應用範圍仍舊和傳統一樣，并没有擴大。也就是説，它們仍舊表示那些對主語所代表的事物來説是不幸或者不愉快的事情，例如：

誰知道那孩子又會給狼銜去的呢？（魯迅《祝福》）

再哭！一家人家給你哭完了！（葉聖陶《一生》）

這話偏生又讓我聽見了。（冰心《姑母》）

好像活人得叫死人管着似的。（老舍《黑白李》）

稽察長叫反動派給炸了醬。（老舍《上任》）

這句話却不料叫金旺他爹聽見。（趙樹理《小二黑結婚》）

由此可見，接受外語語法的影響是有一定限度的。它可以在某種程度上影響到書面語言（因爲適合漢語本身的需要），但是，在一般口語裏，歷史因素還占着主要的地位。幾千年來的語言習慣，不是一下子可以改變過來的。

第十九節　遞繫式的發展

　　普通的句子只有一次連繫,就是把謂語連繫在主語的後面;但是有時候,一個句子裏可以包含兩次連繫,而第一次連繫的謂語的一部分或全部分又兼用做第二次連繫的主語。這樣的句子結構,我們就叫做"遞繫式"。遞繫式又可以分爲好幾類①;在本節裏,我們只着重談賓語兼主語的遞繫式(即所謂"兼語式")的發展。但同時也談到謂語兼主語的遞繫式的發展。

(一)賓語兼主語的遞繫式

　　如果我們把"有"字認爲外動詞②,那麼,"有"字句也有遞繫式。這種遞繫式一直沿用到現在,例如《論語·學而》"有朋自遠方來",直到今天我們還差不多是這樣説的。關於這一方面,就不多談了。現在所要詳細討論的是"季氏使閔子騫爲費宰"(《論語·雍也》)這一類型的遞繫式③。

　　在先秦時代,"使、令、遣"這一類的詞往往用於遞繫式,例如:

　　晉侯使呂相絕秦。[晉侯派呂相到秦國去聲明同它斷絕關係。](《左傳·成公十三年》)

　　使農夫行此。(《墨子·節葬下》)

　　使身死而爲刑戮。(同上,《尚賢中》)

　　使子貢往侍事焉。(《莊子·大宗師》)

　　使離朱索之而不得。[叫離朱去找它(玄珠),找不到。](同上,《天地》)

---

①　參看王力《中國語法理論》。

②　我是把它認爲是外動詞的。參看王力《中國文法學初探》。

③　所謂遞繫,是從結構形式上看,并不是從意義上把一個句子割裂爲兩個句子。我在《中國現代語法》裏説"初繫和次繫具有不可分性",就是這個意思。

是使群臣百姓皆以制度行。(《荀子·王制》)

不能使人必用己。(同上,《非十二子》)

令彭氏之子御。(《墨子·貴義》)

令陶者爲薄甀。[陶者,燒瓦器的工人。](同上,《備城門》)

令賈士主將皆聽城鼓之音而出。(同上,《備梯》)

毋令水潦能入門中。[潦,與"澇"同,大水也。](同上,《備突》)

令余且會朝。(《莊子·外物》)

乃遣子貢之齊。[之齊,到齊國去。](《墨子·非儒下》)

遣他候奉資之。[這句話的意思是:派其他的瞭望人員把東西送給他。候,候望者,軍事上的瞭望偵察人員。](同上,《號令》)

到了漢代以後,除沿用"使、令、遣"等詞外,還使用其他的動詞構成遞繫式,於是遞繫式的應用範圍更加擴大了,例如:

始皇乃使將軍蒙恬發兵三十萬人……(《史記·秦始皇本紀》)

欲令魏先事秦,而諸侯効之。(同上,《張儀列傳》)

秦王拜斯爲客卿。(同上,《李斯列傳》)

王見而說之,使將而佐魏章略定漢中地。[派他帶着兵幫助魏章占領漢中一帶地方。強取叫"略"。](同上,《甘茂列傳》)

趙受之,因封馮亭爲華陽君。(同上,《白起列傳》)

乃令樊噲召高祖。(《漢書·高帝紀》)

而遣沛公西收陳王、項梁散卒。[收,收撫,招集。](同上)

羽因留沛公飲。(同上)

范增數目羽擊沛公。[目,用眼色暗示。](同上)

正月,張耳等立趙後趙歇爲趙王。(同上)

上善之,於是拜錯爲太子家令。(同上,《晁錯傳》)

使人讀《漢書》。(《世說新語·識鑒》)

署數十人爲官屬。(同上)

明晨起,呼謝安、王坦之入。(同上,《雅量》)

徐喚左右扶憑而出。(同上)

山公舉阮咸爲吏部郎。(同上,《賞譽》)

引長明灌街里。[長明,一溝渠的名稱。](《水經注·濁漳水》)

又徙長安洛陽銅人置諸宮前。(同上)

詔中書舍人常景爲寺碑文。(《洛陽伽藍記·永寧寺》)

願借明駝千里足,送兒還故鄉。(《木蘭辭》)

能令公子百重生,巧使王孫千回死。(《游仙窟》)

即喚香兒取酒。(同上)

令母在後設齋供養諸佛法僧及諸乞來者。(《大目乾連冥間救母變文》)

逢師僧時,遣家僮打棒。(《目連緣起變文》)

古者,教小子弟自能言能食即有教。(《朱子語類》卷二)

婆子又勸宋江吃兩杯。(《水滸傳》第二十一回)

對不上來,就叫你儒大爺爺打他的嘴巴子。(《紅樓夢》第八十八回)

“使、令”等詞後面的名詞雖然處於兼位(賓語兼主語),但是,當古人用人稱代詞來代替名詞的時候,由於没有表示兼位的人稱代詞,就只能用賓語代詞“之”字來表示,例如:

取瑟而歌,使之聞之。(《論語·陽貨》)

若使之治國家,則此使不智慧者治國家也。(《墨子·尚賢中》)

上賢,使之爲三公;次賢,使之爲諸侯;下賢,使之爲士大夫。(《荀子·君道》)

正是由於它是處於兼位,所以這個賓語代詞“之”字是容易被動摇的。在中古時期,“之”字在這種地方漸漸讓位給“其”字,例如:

修德使其來,羈縻固不絶。(杜甫《留花門》)

勸其死王命,慎莫遠奮飛。(杜甫《甘林》)

我們知道,在中古時期,口語裏有了“伊、渠、他”之後,文言裏的

“其”字也就不限定用於領位,至少它可以用於包孕句裏的主位①,且又是偏於主語的性質。這一個轉變很重要。這可以説明:遞繫式中的兩繫是一個整體,其中處在兼位的名詞或代詞既不能單純地認爲賓語,也不能單純地認爲主語。

由於“使、令、叫、唤”等動詞的詞彙意義的要求,在漢語裏使用遞繫式是必要的②。“五四”以後,漢語的表達内容豐富了,這一類遞繫式的使用範圍就比任何時期都更加擴大,例如:

既是她的婆婆要她回去,那有什麽話可説呢。(魯迅《祝福》)

然而叫他離開飯鍋去拚命,却又説不出口。(魯迅《在鐘樓上》)

教會學校不是還請腐儒做先生,教學生讀四書麽?(魯迅《忽然想到》)

所以印這個材料,是爲了幫助同志們找一個研究問題的方法。(《毛澤東選集》第三卷809頁)

馬克思、恩格斯、列寧、斯大林教導我們認真地研究情況。(同上,817頁)

下面是一些最近時期的例子:

以便動員全國人民爲實現第二個五年計劃所規定的各項任務而努力。(《中國共産黨第八次全國代表大會關於發展國民經濟的第二個五年計劃的建議》)

必須大力發展農業生産,使農業的發展和工業的發展互相協調。(同上)

在工業品采購工作中,推行按質分等論價和在部分産品中實行選購辦法,以督促落後工廠改進生産,提高産品質量,增加産品的花色品

---

① 在非常軌的文言文裏,“其”字甚至可以自由地用於主位,例如《宋書·劉邵傳》:“其若見問,當作依違答之”[依違,不作決定或兩可的意思];《南齊書·垣崇祖傳》“其恒自擬韓、白”[韓、白,指韓信、白起]。參看吕叔湘《漢語語法論文集》182頁。

② 在西洋語言裏,在這種情況下,使用原動詞(infinitives)或行爲名詞(actionnouns)。參看王力《中國語法理論》。

種。(同上)

鼓勵知識分子獨立思考和自由討論。(同上)

繼續派遣高等學校畢業生和教師到國外去學習我們缺乏的學科。(同上)

同時應該逐步地推廣小學教育,并且注意幫助農業生產合作社舉辦兒童識字班。(同上)

在兼位名詞顯然可知的情況下,它可以被省略,這樣就使不同施事者的兩種行爲并列在一起。從上古到現代都有這種情況,例如:

無使滋蔓,蔓難圖也。[不要叫他滋長蔓延,蔓延開就難於設法了。](《左傳·隱公元年》)

寡人有弟不能和協,而使糊其口於四方。[糊其口於四方,流浪國外、到處寄食。糊口,以粥果腹的意思。](同上,《隱公十一年》)

謁者復通。盜跖曰:"使來前。"孔子趨而進。(《莊子·盜跖》)

塞下之民,禄利不厚,不可使久居危難之地。(《漢書·晁錯傳》)

寶光妻傳其法,霍顯召入其第使作之。(《西京雜記》)

吏來而呼曰:"官命促爾耕,勗爾植,督爾獲。"(柳宗元《種樹郭橐駝傳》)

這高俅……若留住在家中,倒惹得孩兒們不學好了。(《水滸傳》第二回)

其中湘雲最熟,南安太妃因笑道:"你在這裏聽見我來了還不出來,還只等請去。"(《脂硯齋重評石頭記》第七十一回)

下面是兩個最近時期的例子:

統購商品中屬於農民的自留部分和非統購統銷的商品,應該容許在國家的統一領道下自由買賣。(《中國共產黨第八次全國代表大會關於發展國民經濟的第二個五年計劃的建議》)

同時注意發展少數民族地區的文化教育事業,大力培養少數民族的幹部和科學技術人員,幫助創造和改革少數民族的文字,幫助建立醫療衛生機構和電影放映隊,并且加强少數民族文字出版物的發行工

作。(同上)

總之,賓語兼主語的遞繫式(兼語式)的來源是很遠的。自先秦到現在,兩千多年來,除了人稱代詞(由"之"到"其")有所變更以外,成爲最鞏固的一種結構。"五四"以後,這種遞繫式有了新的發展,那只是動詞多樣化了,它的結構形式仍然是和兩千年前一樣的。

(二)謂語兼主語的遞繫式

在現代漢語裏,行爲名詞用作主語的,本來就不多;至於行爲名詞前面再加領位名詞或領位代詞作爲主語(如英語 his arrival was too late, 直譯是:他的到來是太晚了),那就更不合於現代漢語的語言習慣了。但是我們有一種遞繫式,它使謂語兼作主語("他到得太晚了"),它的用途就能和行爲名詞前面加領位名詞或領位代詞的結構的用途大致相等。

在上古漢語裏,我們有一種類似上述的領位名詞或領位代詞加行爲名詞的結構,就是用"其"字(或名詞帶"之"字)放在動詞或謂語形式的前面,使它們成爲名詞的性質(參看上文第十五節),在這種情況下,往往用語氣詞"也"字停頓一下,然後接上描寫語。但是,這種結構還不能認爲是遞繫式①,例如:

> 仁者,其言也訒。[說話說得很慎重。](《論語·顏淵》)
> 鳥之將死,其鳴也哀;人之將死,其言也善。(同上,《泰伯》)
> 獨孤臣孽子,其操心也危,其慮患也深。(《孟子·盡心》)
> 且夫水之積也不厚,則其負大舟也無力。(《莊子·逍遥游》)
> 吾生也有涯,而知也無涯。②(同上,《養生主》)
> 其作始也簡,其將畢也必巨。(同上,《人間世》)
> 則聖人之利天下也少,而害天下也多。(同上,《胠篋》)

---

① 以前我認爲這種結構也是遞繫式(《中國語法理論》),現在覺得那種說法是不妥當的。
② "吾"在領位。"有涯、無涯"等於形容詞;這是叙述語的形式而有描寫語的用途。

君子之求利也略，其遠害也早。〔用的功夫少，叫做“略”。〕（《荀子·修身》）

然而其禁暴也察，其誅不服也審。〔察、審，都是認真、仔細、絲毫不馬虎的意思。〕（同上，《强國》）

子發之致命也恭，其辭賞也固。〔子發回覆命令回覆得很恭敬，辭却賞賜則辭却得很堅决。〕（同上）

這種結構似乎在中古時期消失了。代替它興起的是一種另有來源的結構，也就是“得”字句。遞繫式“得”字句大約産生於唐代，例如“旆下依依認得真”（《季布駡陳詞文》）。到了宋代，這種遞繫式更爲普遍應用了（參看本章第七節），例如：

他不是擺脱得開，只爲立不住，便放却，忒早在裏。（《上蔡語録》）

只是見得不完全。（《朱子語類·四纂》卷一）

周子看得這理熟。（同上）

這種“得”字顯然是從可能式來的（“看得這理熟”是“能把這理看熟”）；但是，它發展到了這個地步，它有它的獨立性。“得”字後面的部分顯然是和上面所舉的上古漢語各例中“也”字後面的部分一樣，應該認爲全句的謂語，也就是説話人所要着重指出的東西。“得”字前面的部分和“也”字前面的部分稍有不同；“得”字前面的動詞或謂語形式并没有任何語法成分使它名詞化，所以整句的結構應該是一個遞繫式。這裏又是新結構代替舊結構的一個事例。

這裏順便談一談“得”字構成的緊縮句（結果式的緊縮）[1]。它和遞繫式“得”字句同出一源，也産生於唐代，例如本章第七節所舉的“太子既生之下，感得九龍吐水，沐浴一身”（《八相成道變文》）。到了宋代以後，這種緊縮句更爲普遍應用了，例如：

便有富貴郎君，也使得七零八落；或撞着村沙子弟，也壞得棄生就

_____

[1]　參看王力《中國語法理論》。

死。(《新刊大宋宣和遺事》亨集)

　　禁不得這般愁悶,直瘦得肌膚如削。(同上,前集)

　　徽宗叫苦不迭,向外榻上忽然驚覺來,唬得渾身冷汗。(同上)

　　即時渾家來救得蘇醒。(《京本通俗小說·西山一窟鬼》)

　　咬得牙齒剝剝地響。(同上,《碾玉觀音》)

　　遞繫式的"得"字句和緊縮句的分別是:前者是描寫性質,後者是敘述性質;前者只表示行爲的狀況,後者表示行爲的結果(多用於誇張);前者在第二繫裏不能用主語,後者在第二部分可以用主語。

　　現在回到遞繫式。謂語兼主語的遞繫式在最初的時候,動詞後面可以帶賓語,例如"周子看得這理熟"。在元明小說裏,這種情況還不少見,例如:

　　奉承得他好。(《京本通俗小說·碾玉觀音》)

　　二來怪他開得門遲了。(同上,《錯斬崔寧》)

到了《紅樓夢》裏,這種情況就很少見了。我們只找到一個例子:

　　若說爲伏侍得你好……(第十九回)

　　在現代漢語裏,就一般說,這種結構是避免了的。我們只說"他把事情辦得很好"①,或者說"他辦事辦得很好"。也就是說,或者把賓語提到動詞前面去,或者在賓語後面重複一個動詞,總之要使"得"字和後面的描寫語緊接起來。

第二十節　語氣詞的發展

　　漢語的語氣詞所表示的語氣雖然近似西洋語言的語氣(наклонение, mood),但是,在語法結構上却大不相同。西洋語言的語氣是由動詞的形態變化來表示的,漢語的語氣是由句末的虛詞來表示的。這種虛詞所表示的不是一個動詞的語氣,而是全句的語氣。因此,我們把語氣

_____

①　也可以説"他事情辦得很好。"

詞放在句法裏談。

在西周以前，漢語可能没有語氣詞。《馬氏文通》把語氣詞（他所謂“助字”）分爲傳信與傳疑兩類，但是在西周以前，傳信可以不用肯定語氣詞，傳疑可以用虚詞“其”字（當時代詞和語氣副詞没有分家）。《書經·多士》“我其敢求位？”這種結構是從殷代就沿用下來的。此外，否定性的問句在西周以前也可以不用任何傳疑的虚詞①。

春秋時代以後，語氣詞逐漸産生和發展了。爲篇幅所限，我們不能一一加以叙述。在上古漢語裏，我們只選擇了“也、矣、乎、哉、歟（與）、耶（邪）”六個字；在現代漢語裏，我們只選擇了“的、了、嗎（麽）、呢（哩）”四個字，作重點的叙述。《馬氏文通》所謂傳信助字就是陳述語氣，所謂傳疑助字就是疑問語氣。上面這些語氣詞是分屬於這兩類的。

（一）陳述語氣詞

在上古漢語裏，用於陳述語氣的語氣詞，主要是“也、矣”兩字。這兩個語氣詞一直沿用到近代的文言文裏。“也”和“矣”的分工主要是：前者表示一種狀況，後者表示一種過程；前者不着眼在時間的因素，後者着眼在時間的因素，例如“可知也”表示某事是可以被知道的，説話人并没有考慮到這種可知的性質是一向具備的還是現在具備的；如果説“可知矣”，説話人的意思是説，以前未可知，而現在變爲可知了。因此，凡過去的事情用“矣”，没有發生的事情用“也”；事情既然没有發生，就説不上過程，只是一種狀況而已，例如：

由也，升堂矣，未入於室也。（《論語·先進》）

吾聞其語矣，未見其人也。（同上，《季氏》）

一般説來，“也”字用於判斷句，“矣”字用於叙述句，例如：

王曰：“騁而左右，何也？”曰：“召軍吏也。”“皆聚於中軍矣。”曰：

---

① 參看鄭權中《漢語句尾疑問詞和被動語態演變的研究》，見《復旦學報》1955 年第二期。

“合謀也。”“張幕矣。”曰：“虞卜於先君也。”“徹幕矣。”曰：“將發命
也。”“甚囂且塵上矣。”曰：“將塞井夷竈而爲行也。”“皆乘矣，左右執
兵而下矣。”曰：“聽誓也。”“戰乎？”曰：“未可知也。”“乘而左右皆下
矣。”曰：“戰禱也。”（《左傳·成公十六年》）

凡說明事情的可能性、解釋原因、進行推理等等，都屬於判斷的範圍，
用“也”字，例如：

夫子之文章，可得而聞也；夫子之言性與天道，不可得而聞也。
（《論語·公冶長》）

孔子主我，衛卿可得也。［主我，作我的賓客。］（《孟子·萬章上》）

非富天下也，爲匹夫匹婦復仇也。［不是貪圖天下的財富，而是爲
老百姓報仇。富天下，以天下爲富（而貪之）。］（同上，《滕文公下》）

無處而餽之，是貨之也。［無緣無故而送給我東西，這是賄賂我。］
（同上，《公孫丑下》）

凡說明事情在某種條件下就變了狀況，或表示目前已經成爲某種狀
況，都屬於敘述的範圍，用“矣”字，例如：

朝聞道，夕死可矣。（《論語·里仁》）

事君數，斯辱矣；朋友數，斯疏矣。［數，音“朔”，煩瀆也，再三勸
告的意思。］（同上）

言忠信，行篤敬，雖蠻貊之邦行矣。（同上，《衛靈公》）

晉侯在外，十九年矣。（《左傳·僖公二十八年》）

在上古漢語裏，“也”不但用來煞句，有時候它還被用來表示一個
小停頓，并表示這個句子沒完，例如《論語·公冶長》：“女與回也孰
愈？”《左傳·襄公十一年》：“子產之從政也，擇能而使之。”“矣”字亦
偶有這種用法，例如《論語·里仁》：“其爲仁矣，不使不仁者加乎其
身。”但是這種結構對後代的影響不大，這裏不詳細討論了。

中古時期以後，“也”字在一般口語裏的使用範圍應當是逐漸縮小
了的，因爲繫詞“是”字被普遍使用起來了，例如“豫章太守顧邵是雍
之子”（《世說新語·雅量》）就代替了“伯夷叔齊，孤竹君之二子也”

(《史記·伯夷列傳》)那樣的老結構。繫詞"是"字的引申用法更進一步縮小了"也"字的使用領域,例如"故當是妙處不傳"(《世說新語·文學》)就代替了"妙處不傳也"一類的老結構。

在近代漢語裏,語氣詞"的"(由語尾"的"變來)在某種程度上類似"也"字的用途,例如:

因鳳丫頭爲巧姐兒病着,耽擱了兩天,今日才去的。(《紅樓夢》第八十五回)

莫非林妹妹來了,聽我和五兒説話,故意嚇我們的?(同上,第一百〇九回)

等回明了,我們自然過去的。(同上,第六十八回)

本來就要去看的。(同上,第八十五回)

試拿《孟子·梁惠王下》"克告於君,君爲來見也"和"本來就要去看的"相比較,就知道"的"和"也"有類似之點。但是,我們只能認爲新的語法形式代替了舊的語法形式,不能認爲"的"和"也"有任何歷史聯繫。

"了"字是由動詞形尾發展爲語氣詞的,這就説明了形尾"了"字和語氣詞"了"字的界限不是十分清楚的(例如"他來了")。但是,如果從歷史上看,就清楚了,因爲語氣詞"了"字繼承了"矣"的用法。當然,我們不能認爲"了"和"矣"有任何歷史淵源,我們只是説,語氣詞"了"字所承擔的職務本來是"矣"字所承擔的。這樣,我們只要看:凡能譯成文言"矣"字的"了"字都是語氣詞①。

"了"字用作語氣詞,大約是在 10 世紀到 11 世紀之間,因爲宋人語錄已經有它了,例如:

若只管説,不過一兩日都説盡了。(《朱子語類·四纂》卷一)

過得此二關……便一節易似一節了。(同上)

---

① 方言也能證明這一點。在蘇州話裏,和形尾"了"字相當的是"仔"字,和語氣詞"了"字相當的是"哉"字。

公更添説與道爲二物，愈不好了。（同上，卷二）

想得高山更上去，立人不住了。（同上，卷五）

動詞形尾和語氣詞同時并用，就造成一個簡單句子共有兩個"了"字，例如：

某之説却移了這位次了。（同上，卷二）

（二）疑問語氣詞

上古疑問語氣詞主要是四個：乎、哉、歟（與）、耶（邪）①。

首先應該指出："歟（與）"和"耶（邪）"大約是没有分別的。從語音上説，"與"和"邪"在上古都屬魚部（與 dĭɑ、邪 diɑ）。《論語》等書用"與"不用"耶（邪）"②。這樣，我們可以把這四個字分爲三種用途③：

純粹傳疑：乎

純粹反詰：哉

要求證實：歟（與）、耶（邪）

（1）純粹傳疑，是因爲問者并没有瞭解任何有助於回答這一問題的材料。如果對話人不答覆，説話人就很難猜得着答案，例如：

管仲儉乎？（《論語·八佾》）

厩焚，子退朝，曰："傷人乎？"（同上，《鄉黨》）

交鄰國有道乎？（《孟子·梁惠王下》）

吾恐齊之攻我也。可救乎？（《墨子·魯問》）

---

① 有人以爲"也、矣"也用於疑問語氣，其實并非"也、矣"本身能表示疑問，而是因爲前面有了疑問副詞。即使没有疑問副詞，也不必把"也、矣"曲解爲疑問語氣詞，因爲語調本身就能表示疑問。

② 有些書雖"與、邪"并用，似乎也可通用，例如《莊子·天地》："其亂而後治之與？"一本作"邪"。

③ 參看王力《中國語法理論》。我説："'乎'字的普通用途是純粹傳疑，'哉'字的普通用途是純粹反詰，'歟'字信多於疑，'耶'字問中帶訝。"現在看來，這話基本上還是對的；只有"歟、耶"的分別是靠不住的。

這只是指句中没有任何反詰副詞來説的。如果句中有反詰副詞(如"而況今之人乎")或類似反詰副詞的詞組(如"不亦樂乎"),那又不同了。

(2)"哉"字和"乎"字的最大分別是:"乎"字不靠疑問代詞或疑問副詞的幫助,它本身可以表示疑問;"哉"字永遠不能表示純粹的疑問,而且要靠疑問代詞或反詰副詞的幫助,才能表示反詰,例如:

不遇故去,豈予所欲哉?(《孟子·公孫丑下》)

豈能使五穀常收而旱水[旱潦]不至哉?(《墨子·七患》)

誰敢不賓服哉?[賓,也是服的意思。](同上,《非攻中》)

雖强勁何益哉?(同上,《非命上》)

焉用言之哉?(同上,《魯問》)

"哉、乎"作爲語氣詞,還表示感嘆等等,這裏不詳細討論了。

(3)"歟(與)"字作爲疑問語氣詞,它的一般特點是要求證實。這就是説,説話人猜想大約是這樣一件事情了,但是還不能深信不疑,所以要求對話人予以證實,例如:

女弗能救與?(《論語·八佾》)

是魯孔丘與?(同上,《微子》)

然則師愈與?[那麼師(子張)勝過商(子夏)嗎?](同上,《先進》)

則文王不足法與?[那麼,周文王還不够作爲準則嗎?](《孟子·公孫丑上》)

抑王興甲兵,危士臣,構怨於諸侯,然後快於心與?(同上,《梁惠王上》)

《墨子》《莊子》《荀子》等書,在這一用途上,常常不用"與"而用"耶"(邪),例如:

國既已治矣,天下之道盡此已邪?[一國已經治理好了,治天下之道到這裏就完了嗎?](《墨子·尚同下》)

然則物无知邪?(《莊子·齊物論》)

然則子无師邪?(同上,《田子方》)

是其市南宜僚邪?(同上,《則陽》)

子自謂才士聖人邪？（同上，《盜跖》）

此夫始生巨其成功小者邪？［這是在開始的時候大而完成的時候小的那種東西嗎？］（《荀子·賦篇》）

但是，應當注意到：在這些著作裏，"邪（耶）"同時也用於純粹傳疑（《莊子·在宥》"叟何人邪？"），而且用於純粹反詰（《莊子·齊物論》"庸詎知吾所謂知之非不知邪？"）。可見由於方言的不同①，"與"和"邪"用途的廣狹也不相同。

"乎、與、邪"有一個共同點：它們都可以用於選擇性的疑問，例如：

滕，小國也，間於齊楚，事齊乎？事楚乎（《孟子·梁惠王下》）

敬叔父乎？敬弟乎？（同上，《告子上》）

不知論之不及與？知之弗若與？［不知道是言論趕不上他呢，還是知識比不上他？］（《莊子·秋水》）

子巧與？有道與？（同上，《知北游》）

求牧與芻而不得，則反諸其人乎？抑亦立而視其死與？［找牧地和芻草找不到，那麼，就把所放的牛羊退還給原來的主人呢，或者只是站在旁邊看着它們死掉呢？這裏"乎、與"互用。］（《孟子·公孫丑下》）

人生受命於天乎？將受命於戶邪？［人們的命運決定於天呢，還是決定於房門？這裏"乎、邪"互用。］（《史記·孟嘗君列傳》）

如果加上了選擇性的疑問，上古的疑問句就可以分爲四種，我們試看它們和現代漢語的疑問句是怎樣對應的：

（1）純粹傳疑（乎），在現代漢語裏往往用正反並列法，例如"管仲儉乎？"現代說成"管仲儉不儉？"或"管仲算不算儉？""傷人乎？"現代說成"傷人沒有？"這種正反並列法的來源很早，例如《孟子·公孫丑上》："如此則動心否乎？"《公孫丑下》："子之持戟之士，一日而三失伍，則去之否乎？"《莊子·天地》："既已告矣，未知中否？"這種"否"字

---

① 《馬氏文通》（校注本 472 頁）説："'邪'係楚音，此戰國時南學北漸之證。"

也可以寫作"不"(《廣韻》"不"有方久一切,與"否"同音),例如《世説新語·言語》:"二兒可得全不?""否"字在某種程度上也可以認爲疑問語氣詞。杜甫詩句"黃屋今安否?"[皇帝現在平安嗎?]"拾遺[官名,此處係稱呼杜甫]能住否?""渭水秦山得見否?"其中的"否"字完全可以代替"乎"字的用途,雖然它和"乎"不能認爲同義詞。

在上古用"乎"的地方,現代也可以用"嗎"或用"呢"。没有疑問代詞或疑問副詞的地方用"嗎",例如《論語》"管仲儉乎?"可譯爲"管仲儉嗎?"有疑問代詞或疑問副詞(包括反詰副詞)的地方用"呢",例如《史記·淮陰侯列傳》"安能鬱鬱久居此乎?"可譯爲"怎麼能够愁悶地長久居住在這裏呢?"

(2)純粹反詰(哉),在現代漢語裏用"呢"字。在現代漢語裏,凡用反詰副詞的句子(用"難道"是例外)必須用"呢",因此,就原則上説,一切表示反詰的"哉"字都可以譯成"呢"字①。

(3)要求證實(歟、耶),在現代漢語裏用"嗎"字。《論語·八佾》:"女弗能救與?"譯成現代漢語是"你不能挽救過來嗎?"②

在《莊子》等書裏,有些"邪"字是表示純粹傳疑或反詰的,當句中有疑問代詞或疑問副詞的時候,譯成現代漢語就不是"嗎"而是"呢",例如《莊子·駢拇》:"何以知其然邪?"譯成現代漢語是"怎麼樣知道它是這樣呢?"

(4)要求選擇(乎、歟、耶),在現代漢語裏用"呢"字,例如《孟子》"事齊乎?事楚乎?"譯成現代漢語是"事齊呢?還是事楚呢?"

由此可見,現代疑問語氣詞和古代疑問語氣詞不能成爲簡單的對應,説得更清楚些就是"嗎"和"呢"的分工不等於"乎"和"哉"的分工,或"乎"和"歟、耶"的分工。"嗎"是獨立性的疑問語氣詞,本來没有疑

①　關於"豈"和"哉"相應的句子,如果把"豈"譯成"難道",就得用"嗎"譯"哉"。如果把"豈"譯成"哪裏",就仍舊用"呢"。在《紅樓夢》裏一般以"豈"和"呢"相應。

②　在現代漢語裏,有一個"吧"字比"嗎"字的疑問語氣更輕,例如"你累了吧?"這裏不打算討論它。

問的句子要靠它來表示疑問；"呢"是依存性的疑問語氣詞，必須句子本身已經表示了疑問，它才能幫助疑問的語氣。這樣我們就能瞭解爲什麼選擇性的疑問也用"呢"字；實際上，選擇性的句子（事齊？事楚？）本身已經構成了疑問，正反并列法（"他來不來？"）本身也構成了疑問，所以，如果加上疑問語氣詞，就只能加"呢"，不能加"嗎"。現代疑問語氣詞和古代疑問語氣詞的用途是交錯的，因爲現代疑問語氣詞不是來自古代疑問語氣詞，而是來自其他的詞。

現在我們來談一談"嗎、呢"的來源。

(1)"嗎"的較古形式是"麼"。我們知道，"麼"在中古屬戈韻（據《集韻》），起初念 muɑ（細也），後來由於韻頭失落，變爲 ma，估計借用爲語氣詞的時候，"麼"已經是 ma，後來整個歌戈韻演變爲 o、uo、ə，只有"他、麼"等少數字成爲強式，沒有參與變化。最後才有人采用了比較適合於後代音系的諧聲偏旁的"馬"字，寫作"嗎"①。

"麼"應該是從"無"演變來的。"無"的上古音是 mǐwɑ，它的文言音和白話音是分道揚鑣的：文言音逐漸變爲輕唇（mǐuɑ→mǐwu→vǐwu→vu→wu）；白話音則保留着重唇的 m 而喪失了韻頭。廣州的"冇"（mou）、上海的"嘸没"（m̩mə）、北京的"没有"（mei iou 即"無有"），都是由上古的 mǐwɑ 變來的。語氣詞"無"能保持更多的原來形式，所以從中古到現在，在普通話裏，一直是 mɑ②。

從唐人詩句中，我們看見大量的"無"字被用作疑問語氣詞，實際上它就是"麼"的前身，例如：

庭中犢鼻昔嘗挂，懷裏琅玕今在無？［犢鼻，就是犢鼻褌，跑堂的所繫的圍裙。］（李頎《別梁鍠》）

肯訪浣花［浣花溪，杜甫當時住在這裏］老翁無？（杜甫《入奏

---

① 《水滸傳》《西游記》《儒林外史》《紅樓夢》，直到《鏡花緣》等，都寫作"麼"。"嗎"字作爲疑問語氣詞，是非常後起的。

② 在詩句中，"無"字仍押虞魚韻。可能是讀文言音來凑韻。

行》)

幕下郎君安隱無? 從來不奉一行書! ["安隱"即"安穩", "安隱無"即"平安麽"。](杜甫《投簡梓州幕府》)

但恐抵忌諱,未知肯聽無? [抵,觸犯。](元結《別何員外》)

道子[吳道子,唐代畫家]雖來畫得無? (元稹《再酬復言》)

江水猿聲睡得無? (元稹《與李十一夜飲》)

可惜今朝山最好,强能騎馬出來無? (白居易《贈錢員外》)

晚來天欲雪,能飲一杯無? (白居易《問劉十九》)

今日池邊識我無? (白居易《蘇州故吏》)

遥知天上桂花孤,試問嫦娥更要無? (白居易《東城桂》)

不知疏野性,解愛鳳池無? (白居易《答裴相公乞鶴》)

善眼仙人憶我無? (李商隱《送臻師》)

妝罷低聲問夫婿,畫眉深淺入時無? (朱慶餘《近試上張籍水部》)

洛公曾到夢中無? (陸龜蒙《奉和襲美懷華陽潤卿博士》)

尤其是"否"和"無"對舉的時候,更顯示着它是從正反并列法發展出來的疑問語氣詞,例如:

青衫乍見曾驚否? 紅粟難賒得飽無? (白居易《和張十八秘書》)

降魔須戰否? 問疾敢行無? (盧綸《送契玄法師》)

江州司馬平安否? 惠遠東林住得無? (楊巨源《寄江州司馬》)

但是,早在晚唐,就已經有些詩人用"麽"字了[①]:

衆中遺却金釵子,拾得從他要贖麽? (王建《宮詞》)

南齋宿雨後,仍許重來麽? (賈島《王侍御南原莊》)

不知陶靖節,還動此心麽? (李中《聽蟬》)

叮嚀與訪春山寺,白樂天真也在麽? (齊己《送僧歸洛中》)

語氣詞"麽"由"無"變來,現代方言可以爲證。粵語大部分地區(廣西及廣東南部)和客家話大部分地區,都拿"無"作爲疑問語氣詞。

①　"麽"又作"磨、摩、末"。參看張相《詩詞曲語辭匯釋》上册351~352頁。

粵語寫作“冇”（“佢嚟冇”＝“他來嗎”），客家寫作“冇”或“無”（“你食猪肉無”＝“你吃猪肉嗎”）。

（2）“呢”的産生比“麽”晚得多，它的來源也頗難確定。《集韻》：“呢，乃倚切，聲也。”這可能還是“呢喃”的“呢”。在上古時代，“爾”字可以用作疑問語氣詞①，例如《公羊傳·隱公二年》：“然則何譏爾？”從語音上説，由“爾”變“呢”是説得通的；但是，從上古到近代，中間有將近一千年的空白點，歷史的聯繫無從建立起來。因此，這種假定是不能成立的。

在“呢”字普遍應用之前，近代漢語裏有和“呢”大致相當的兩個語氣詞，即“那”和“哩”。就大多數情況看來，“那”是表示疑問的，“哩”是表示誇張的。“那”的來源可能很早，《後漢書·逸民傳》有“公是韓伯休那，乃不二價乎？”但是，在唐宋的史料裏，我們還没發現這種“那”字。在《元曲》裏，表示疑問語氣的“那”才普遍應用起來，例如：

> 他是官宦人家小姐，怎生與你爲妻那？（《鴛鴦被》）
> 我是個女孩兒，羞答答的怎生去那？（同上）
> 嫂嫂，假如哥哥覺來，怎生好那？（《殺狗勸夫》）
> 嗒手裏無錢呵，可着甚的去買那？（《合汗衫》）
> 我且問你，你那兒可姓什麽那？（同上）
> 父親，你好下的也，怎生着人打死我那？（《東堂老》）
> 你不道來我姓李你姓趙，俺兩家是甚麽親那？（同上）
> 哥哥，你唤我做甚麽那？（《燕青博魚》）
> 相公，你爲何不肯認老相公那？（《曲江池》）

“那”字除主要用作表示疑問語氣外，有時也可以用來表示誇張語氣，例如：

> 小姐，你揀個好財主每，好秀才每，或招或嫁，可不好那。（《鴛鴦被》）
> 我無事也不來，你許下這狗兒，我特來取那。（《殺狗勸夫》）
> 母親，你好喬也！丢了一個賊漢，又認了一個禿廝那。（《合汗衫》）

---

① 這裏根據楊樹達《詞詮》的説法。

你犯下十惡大罪,須饒不得你那。(《爭報恩》)

別人家不似這般利害那。(《燕青博魚》)①

"那"字只出現於《元曲》裏;《水滸傳》《西游記》等書并没有用"那"來表示疑問或誇張。

"哩"字在元代也已經普遍地應用了。"哩"字大概產生於 13 世紀左右。《正字通》説:"哩,音里,元人詞曲借爲助語。""哩"的較早形式可能是"裏"。據吕叔湘先生的考證,唐宋時代有一個語氣詞"在裏",宋人多單言"裏"(例如《同話録》"若還替得你,可知好裏";《履齋詩餘》"春意,春意,只怕杜鵑催裏");"哩"就是"裏"的另一個寫法②。在元代,"哩"主要是用來表示誇張語氣,例如:

說漢朝大臣來投見哩。(《元曲·漢宫秋》)

二位老丞相,他還不信哩。(同上,《陳州糶米》)

俺兄弟兩個將一瓶兒酒來與哥哥上壽哩。(同上,《殺狗勸夫》)

門前有個親眷尋你哩。(同上,《合汗衫》)③

兀那没眼的大漢,店門首有你個鄉親親唤你哩。(同上,《燕青博魚》)

在後花園中亭子上,正在那裏吃酒哩。(同上)

哎,我等那崔鶯鶯怎的,我只等着桂花仙子哩。(同上,《張天師》)

店裏有個好女子請你哩。(同上,《救風塵》)

都是你這兩個歹弟子孩兒弄窮了我哩。(同上,《東堂老》)

若嫁得這箇官人,可知好哩。(《京本通俗小説·西山一窟鬼》)

但是,在《元曲》裏,"哩"字有時也用來表示疑問語氣,例如:

你怎麽量米哩? 俺不是私自來糶米的。(《陳州糶米》)

仙子,可再有何人思凡哩? (《張天師》)

你父親立與我的文書上,寫着的甚麽哩? (《東堂老》)

---

① 編者注:該例文集本改爲:"我道你是好人那。"

② 參看吕叔湘《漢語語法論文集》4 頁。

③ 編者注:該例文集本改爲:"似印板兒記在心上,不曾忘着哩。"

孩兒也，你又做甚麼買賣哩？（同上）

在《元曲》用"哩"表示疑問語氣的例子裏，"哩"字似乎都可以用"那"字來代替。試對比下面兩組例子，就可以看出"哩、那"在這一點上用法没有分别，例如：

(1) 張千，你説甚麼哩？（《陳州糶米》）

　　兀那老的，你説甚麼那？（《合汗衫》）

(2) 你做甚麼哩？（《救風塵》）

　　孩兒也，你來做甚麼那？（《東堂老》）

《水滸傳》裏用"哩"字，但是"哩"字僅僅用來表示誇張語氣[①]，而不表示疑問語氣，例如：

你兀自不知哩。（第二十三回）[②]

將去鎖在大牢裏，求生不得生，求死不得死，大鐵鏈鎖着，也要過哩。（第二十八回）

老爺方才睡，你要偷我衣裳也早些哩。（第三十一回）

到《西游記》裏，"哩"字也仍然用來表示誇張語氣，例如：

我有用他處哩。（第十七回）

這和尚還説不是賊哩。（第二十五回）

還有賠綁的在這裏哩。（同上）

但是，在一點上《西游記》和《水滸傳》不同，《西游記》的"哩"可以兼用於疑問語氣，例如：

你在那裏〔哪裏〕叫我哩？（第二十一回）

你把那個〔哪個〕姐姐配我哩？（第二十三回）

你幾時又吃人肉哩？（第二十八回）

現代漢語裏用"呢"不用"哩"。"呢"的出現時代似乎也應該推到

---

① 全書只有一個例外，第二回："如今世上人，那個頂着房走哩。"這個"哩"字是表示反詰語氣的。

② 編者注：該例文集本改爲第三回的"大郎，你兀自賴哩"。

元代。在《元曲》裏,我們可以看到個別用"呢"的例子,例如:

　　婆婆,俺那孩兒的呢?(《合汗衫》)

　　天那! 攬了我一個好夢,正好意思了呢!(《東堂老》)

但是,它出現的次數非常少,而且那些句子也不是完整的句子。到《西游記》裏,"呢"字也偶然出現,而且也是用在不完整的句子裏(例如第二十四回:"你娘呢? 你老婆呢?")

　　到了《儒林外史》裏,"呢"字的用法有了發展。它專用來表示疑問語氣,而且它可以用在一個完整的句子裏,例如:

　　還是古人的呢? 還是現在人畫的?(第一回)

　　却是誰作的呢?(第二回)

　　要至親做甚麼呢?(第四回)

　　況且你又有個病人,那裏方便呢?(第十六回)

　　做孫子的又不曾得罪叔公,爲甚麼要打我呢?(第二十三回)

　　到了《紅樓夢》裏,情況大不相同。《紅樓夢》不用"哩"而用"呢"。而且特別值得注意的是:"呢"字出現的頻率很大,比起《西游記》裏用於疑問的"哩"字或《儒林外史》的"呢"字,多得多了,例如:

　　誰叫你去打劫呢?(第六回)

　　何嘗不是這樣呢?(第十回)

　　你們多早晚才念夜書呢?(第十四回)

　　我那裏有這工夫説閒話呢?(第二十四回)

　　昨兒寶丫頭他不替你圓謊,你爲什麼問着我呢?(第二十八回)

　　"呢"的較早形式是什麼呢? 吕叔湘先生以爲"呢"即"哩"的變形[1]。這一説法不是沒有理由的。在北方話裏,n 和 l 的界綫雖然相當分明,但也不是絕對不可以相通(弄,今北京文言讀 luŋ,白話讀 nəŋ),所以由"哩"變"呢"也是有可能的。但是這一説法還不是很完滿的,因爲

---

[1]　參看吕叔湘《漢語語法論文集》4~6 頁。吕先生還用現代方言(蘇州話)相印證。他的説法有相當大的説服力。

它沒有照顧到《元曲》的"那"字和在元曲中就已出現了的"呢"字。因此，關於"呢"的來源問題，今天還不能得到定論。

＊　　＊　　＊　　＊　　＊

總起來說，漢語語氣詞的發展有一個特色，就是上古的語氣詞全部都沒有留傳下來，"也、矣、乎、哉、歟、耶"之類，連痕迹都沒有了。代替它們的是來自各方面的新語氣詞，譬如說，有來自語尾的"的"、有來自形尾的"了"、有來自否定詞的"麼"、有來歷還不明的"呢"。近代漢語還有一些新興的語氣，如祈使語氣，用語氣詞"吧"（罷）。說得更近些，還有一個用途越來越大的"啊（呀、哇、哪）"。這些都是現代漢語講得很詳細的，這裏就從略了。

第二十一節　省略法的演變

我們談省略法，首先要避免主觀主義。譬如先假定某一個句子成分"照理"是應該有的，哪怕它經常不出現，甚至從來沒有出現過，也硬說它是被省略了，那就是主觀的看法。因此，我們認爲被省略了的東西，必須是在正常的情況下經常出現的，至少是出現和省略的機會差不多相等。這裏所謂正常的情況是必須從歷史上看的；假使拿現代漢語爲標準來談古代漢語的省略法，那就和拿現代漢語爲標準來談古代漢語的倒裝法，同樣地是不合理的。

在上古漢語裏，某些結構，在某種程度上可以認爲省略。但是，這種解釋也不能是絕對的，因爲"省略"比不省略的情況更爲常見。現在只談兩種情況：（一）主語的省略，着重在"則"字後面的省略；（二）賓語的省略，着重在"以"字和"爲"字後面的省略。

（一）主語的省略，和第三人稱代詞的不用作主語有關（參看本章第五節）。除非重複上文已出現的名詞（《左傳·桓公六年》"齊侯欲以文姜妻鄭太子忽，太子忽辭"），否則只好省略了主語，例如：

孺悲欲見孔子，孔子辭以疾。將命者出戶，取瑟而歌，使之聞之。

［傳話的人出了門,(孔子)拿過瑟來(彈着)歌唱,故意叫孺悲聽見。］(《論語·陽貨》)

孔子下,欲與之言。趨而辟之,不得與之言。［"趨而辟之"的主語是接輿,"不得與之言"的主語是孔子。辟,同"避"。］(同上,《微子》)

以告,遂使收之。［邴夫人以告,邴子遂使收之。收,收養。邴子,邴國國君。］(《左傳·宣公四年》)

邰子至,請伐齊,晉侯弗許;請以其私屬,又弗許。［杜氏注:"私屬,家衆也。請以其私屬,請求用他自己的軍隊伐齊。］(同上,《十七年》)

1"則"字可以幫助人們瞭解主語的變換,所以"則"字後面往往可以省略主語,例如:

季康子問:"使民敬、忠以勸,如之何?"子曰:"臨之以莊,則敬;孝慈,則忠;舉善而教不能,則勸。"［(在上位者)臨之以莊,則(民)敬。］(《論語·爲政》)

有時候,上古漢語利用省略法,簡單到那個地步,不但是西洋語言所不能及,同時也是現代漢語所不能及,例如:

子曰:"隱者也。"使子路反見之。至則行矣。［(子路)回到那裏,(丈人)已經走了。］(《論語·微子》)

但是,這仍舊和第三人稱代詞的不用爲主語有關。試看《莊子·德充符》"我先出則子止,子先出則我止",第一、第二人稱用於主語的時候,是不可省略的。

(二)在上古漢語裏,一般賓語的省略是很少見的。只有在平行句的第二句的否定語裏,賓語才往往被省略了[1],例如:

吾弟則愛之,秦人之弟則不愛也。(《孟子·告子上》)

一簞食,一豆羹,得之則生,不得則死。(同上)

---

① 參看《馬氏文通》校注本上冊 279 頁。

至於介詞後的賓語被省略的就比較多了。最常見的賓語的省略是在介詞“以”字和“爲”字的後面。其所省略的應該認爲是代詞“之”字或“此”字。但是，這裏所謂“省略”就僅僅是爲分析的便利而説的；實際上有許多地方根本不能補出這個代詞賓語來。

這裏先談“以”字後面賓語的省略，例如：

吾嘗終日不食，終夜不寢，以思，無益，不如學也。[以思，用（這些時間）（這樣的專心）來思考。]（《論語·衛靈公》）

子路行，以告。[以告，把（這事）告訴（孔子）。]（同上，《微子》）

苟行王政，四海之內，皆舉首而望之，欲以爲君。（《孟子·滕文公下》）

有司莫以告。[官吏們没有誰把（這種情況）告訴（你）。]（同上，《梁惠王下》）

子力行之，亦以新子之國。[也用來使你的國家面貌一新。]（同上，《滕文公上》）

我非堯舜之道，不敢以陳於王前。（同上，《公孫丑下》）

如果徹底瞭解了“以”字後面賓語的省略，就能認識到，上古漢語的“以爲”和“可以”并不等於現代漢語的“以爲”和“可以”。現代漢語的“以爲”和“可以”都是雙音詞（單詞）；上古的“以爲”和“可以”都應該瞭解爲兩個詞的結合[1]，而“以”字後面還省略了一個賓語，例如：

今燕虐其民，王往而征之，民以爲將拯己於水火之中也。[2]（《孟子·梁惠王下》）

剖之以爲瓢，則瓠落無所容。[剖開它拿（它）來做成瓢，就大得裝什麼東西都不合適。瓠落，廓落，大的樣子。]（《莊子·逍遥游》）

---

[1]　漢代以後，“以爲”和“可以”才逐漸凝固成爲複音詞，例如《史記·淮南王世家》：“乃復問被曰：‘公以爲吳興兵，是邪非邪?’被曰：‘以爲非也。’”又如《史記·袁盎列傳》：“司馬引袁盎起，曰：‘君可以去矣!’”

[2]　這個“以爲”和“剖之以爲瓢”的“以爲”在語法形式上是完全一樣的。在意義上，則“剖之以爲瓢”是指具體行爲，“以爲將拯己”是指抽象的猜想。

爲善無近名，爲惡無近刑，緣督以爲經，可以保身，可以全生，可以養親，可以盡年。[做好事不要接近榮譽，做不好的事不要觸犯刑法，遵循平常的途徑把它作爲經常準則，用這樣的態度來處世就可以保全身體，可以保全生命，可以養活父母，可以達到應有的壽命。緣，順。督，中。經，常。]（同上，《養生主》）

吾知道之可以貴，可以賤，可以約，可以散。[約，聚。]（同上，《知北游》）

現在談到"爲"字後面賓語的省略，例如：

雖然，每至於族，吾見其難爲，怵然爲戒，視爲止，行爲遲。[族，筋骨交錯聚結的地方。]（《莊子·養生主》）

妻不下紝，嫂不爲炊。[紝，織布機上的綫縷，這裏指織布機而言。]（《戰國策·秦策》）

自如淳于髡以下，皆命曰列大夫，爲開第康莊之衢，高門大屋，尊寵之。（《史記·孟子荀卿列傳》）

巨竊見大赦之後，奸邪不爲衰止。（《漢書·匡衡傳》）

以上所談的這些省略法，一直沿用在後代的文言文裏。至於近代的口語，在多數情況下不能再沿用這些省略法。

＊　　　＊　　　＊　　　＊　　　＊

有一種省略法是先秦常見的，後代漸漸罕見了，到了近代的白話文裏更是幾乎絕迹；但是，"五四"以後，受了西洋語法的影響，卻又"復興"了。那就是對話中的省略法。

在先秦對話裏，"曰"字的主語往往承前而被省去[1]，例如：

---

[1]　有時候，"曰"字只表示自問自答，例如《論語·陽貨》：
　　謂孔子曰："來！予與爾言。曰：'懷其寶而迷其邦，可謂仁乎?'曰：'不可。''好從事而亟失時，可謂知乎?'曰：'不可。'日月逝矣，歲不我與！"孔子曰："諾！吾將仕矣。"
　　有時候，"曰"字表示另起一個意思，例如《論語·憲問》：
　　子路曰："桓公殺公子糾，召忽死之，管仲不死。曰：未仁乎?"
　　參看王引之《經傳釋詞》42頁"曰"字條。

樊遲請學稼。子曰："吾不如老農。"請學爲圃。曰："吾不如老圃。"(《論語·子路》)

子曰："賜也,女以予爲多學而識之者與?"對曰："然。非與?"曰:"非也,予一以貫之。"[識,音"志",記住的意思。](同上,《衛靈公》)

有時候,在不妨礙瞭解的情況下,連"曰"字也省略了,例如:

陳亢問於伯魚曰："子亦有異聞乎?"對曰:"未也。嘗獨立,鯉趨而過庭。曰:'學詩乎?'對曰:'未也。''不學詩,無以言。'鯉退而學詩。他日,又獨立。鯉趨而過庭。曰:'學禮乎?'對曰:'未也。''不學禮,無以立。'鯉退而學禮。——聞斯二者。"(《論語·季氏》)

"求,爾何如?"對曰:"方六七十,如五六十,求也爲之,比及三年,可使足民。"[方六七十,如五六十,意思是六七十里或五六十里見方的小國。](同上,《先進》)

客指孔子曰:"彼何爲者也?"子路對曰:"魯之君子也。"……又問曰:"有土之君與?"子貢曰:"非也。""侯王之佐與?"子貢曰:"非也。"客乃笑而還。(《莊子·漁父》)

在現代的文藝作品的對話裏,也正是采取這一類的叙述方式。不過,由於分行寫出,就更加清楚了,例如:

但總不免着了急,忍不住要問,便局局促促的説:

"先生,我家的寶兒什麼病呀?"

"他中焦塞着。"

"不妨事麼? 他……"

"先去吃兩帖。"

"他喘不過氣來,鼻翅子都扇着呢?"

"這是火克金……"(魯迅《明天》)

車夫毫不理會,——或者并没有聽到,——却放下車子,扶那老女人慢慢起來,攙着臂膊立定,問伊説:

"你怎麼啦?"

"我摔壞了。"(魯迅《一件小事》)

省略是語言所必有的事；只要不妨礙瞭解，省略完全是可能的。關於省略法的演變是談不完的，因爲省略的可能性是各種各樣的。

第二十二節　"五四"以後新興的句法

關於"五四"以後新興的句法，我們在以上各節裏常常談到，例如：

先詞後置（第十二節）、新興的致動（第十三節）、新興的被動式（第十八節），等等。

現在我們再談一談以前沒有機會談到的"五四"以後新興的句法。不過，這也都只是舉例的性質。

在本節裏，我們打算談四個問題：

"無定冠詞"的產生及其受到限制、新興的聯結法、新興的平行式——共動和共賓、新興的插語法。

現在分別加以叙述。

（一）"無定冠詞"的產生及其受到限制

大家知道，英語、法語、德語等都有冠詞（articles）。西洋所謂冠詞，是一種特殊的形容詞，放在一般的名詞的前面。它們的作用是顯示後面跟着的詞是屬於名詞性質；因此即使不是名詞（不修飾名詞的形容詞、不定式動詞等），只要緊跟在冠詞後面，也就帶有名詞性質。冠詞又細別爲兩種：一種是有定冠詞，表示後面的名詞所代表的事物是有定的（例如上文已經提到的事物）；另一種是無定冠詞，表示後面的名詞所代表的事物是無定的（例如不能確指的事物）。有定冠詞和漢語的結構距離很遠，所以漢語不能接受它的影響。無定冠詞恰恰相反，它是漢語所最容易接受的。在法語和德語裏，無定冠詞是借用數字"一"字（法語 un、une，德語 ein、eine、ein）來表示的；在英語裏，無定冠詞雖然不是借用數詞"一"字來表示，但是它所用的 a、an 也帶有

"一"的意思①。因此,我們用"一個、一種"之類來對譯,實在是方便得很。久而久之,我們自己寫的文章,也喜歡用"一個、一種"等。當然,我們不需要在現代漢語語法裏另立"無定冠詞"一條(没有有定冠詞和它相配,也是不能成立的);我們只是説,在我們的傳統語法裏,這些"一個、一種"本來是可以不用的。

"一個"自然是漢語所原有的,但是,"五四"以後,"一個"的用途擴大了,本來不用"一個"的地方也用上了,例如:

但究竟還看見尖劈的尖,也算得一個缺點。(魯迅《高老夫子》)

它的食量,在我們其實早是一個極易覺得的很重的負擔。(魯迅《傷逝》)

其實這在我不能算是一個打擊。(同上)

我揀了一個機會,將這些道理暗示她。(同上)

只有一個虚空。(同上)

給我一個難堪的惡毒的冷嘲。(同上)

然而正當這時候,一個後悔又兜頭撲上他的全心靈。(茅盾《子夜》)

在農業合作化以後,工農聯盟進到了一個新的更高的階段。(劉少奇《中國共産黨中央委員會向第八次全國代表大會的政治報告》)

他們在我國也是一個重要的社會階層。(同上)

在"五四"以前的白話文裏,用"一個"往往是着重在指出數量(例如《紅樓夢》第六十七回"這屋裏單你一個人惦記着他,我們都是白閑着混飯吃的","奴才再不敢撒一個字兒的謊"),否則往往省去"一"字(例如《紅樓夢》第六十八回"二姐是個實心人,便認做他是個好人","妹妹這樣伶透人,要肯真心幫我,我也得個膀臂");在新興的句法中,"一個"只是指出後面跟着的是名詞或名詞性仂語。

"一種"比"一個"更富於啓示性。在唐代,"一種"只是同樣的意

①　英、法等語法裏,數目字被認爲是形容詞,所以我們説冠詞是一種特殊的形容詞。

思(例如杜甫《自瀼西荆扉且移居東屯茅屋》四首之二“東屯復瀼西，一種住清溪”，李白《江夏行》“一種爲人妻，獨自多悲栖”)；當然，一個種類也可以稱爲“一種”(杜甫《憶弟》二首之一“即今千種恨，惟共水東流”)。今天我們説“笙是樂器之一種”，仍是一個種類的意思。但是，一般加在名詞前面的“一種”并不表示什麽種類，它只執行着一種“無定冠詞”的職務。它所管的是抽象名詞和近似抽象名詞的名詞。我們知道，漢語的抽象名詞的前面本來是不帶單位詞的(例如《紅樓夢》第七十回“偺們重新整理起這個社來，自然要有生趣了”)。“五四”以後，受了西洋語言的影響，就要用“一”來表示“無定冠詞”。但是用了“一”字必須要帶單位詞，因爲現代漢語的數詞和名詞結合的時候不能不用單位詞，那麽，要用原有的單位詞就只好用“一個”(“一個負擔、一個後悔”)。這樣用是可以的，但是和具體名詞沒有分別了。爲了更加明確，最好是把具體名詞和抽象名詞區別開來(實際上是把原來帶單位詞和不帶單位詞的名詞區別開來)，前者用原有的“一個、一隻、一件、一條”等，後者用“一種”(“一種負擔、一種後悔”)，例如：

幸虧薦頭的情面大，辭退不得，便改爲專管温酒的一種無聊職務了。(魯迅《孔乙己》)

其實也不過一種手段。(魯迅《頭髮的故事》)

在我是一種驚異和悲哀。(魯迅《風筝》)

而且他對於我，漸漸的又幾乎變成一種威壓。(魯迅《一件小事》)

好順風呀！使我感到一種强烈的快慰。(葉聖陶《隔膜》)

這是何等可怕的消息，使他周身起一種拘攣的感覺。(葉聖陶《飯》)

對面一張椅子裏坐着吳少奶奶，説不出的一種幽怨和遐想，深刻在她的眉梢眼角。(茅盾《子夜》)

他感到疲乏，可是很痛快的，值得驕傲的，一種疲乏，如同騎着名馬跑了幾十里那樣。(老舍《駱駝祥子》)

這對他不僅是個經驗，而也是一種什麽形容不出來的擾亂，使他

不知如何是好。（同上）

　　這難道不是因爲我們的政權是一種完全新式的政權——人民民主專政的政權的原故嗎？（劉少奇《中國共產黨中央委員會向第八次全國代表大會的政治報告》）

　　從上面所舉的例子中可以看出，某些作家有時用"一個"，有時用"一種"，這是"一個"和"一種"在語法上還沒有明確分工的緣故。但是，在開始的時候，就有些作家把它們的用法區別開來：在具體名詞前用"一個"，在抽象名詞前用"一種"。後來一般人也都遵守這種用法。所以有時我們會看到，在同一個詞的前面，以前會用"一個"，而現在就用"一種"，例如：

　　它的食量，在我們其實早是一個極易覺得的很重的負擔。（魯迅《傷逝》）

　　由此可見，把這種聯盟看作一種徒然的負擔，是錯誤的。（劉少奇《中國共產黨中央委員會向第八次全國代表大會的政治報告》）

　　這種無定冠詞性的"一個"和"一種"在漢語語法的發展上起了很大的作用；它不但能憑藉造句的力量使動詞、形容詞在句中的職務（主語、賓語等）更爲明確（"一個後悔又兜頭撲上他的全心靈"，"在我是一種驚異和悲哀"，"使我感到一種強烈的快慰"），更重要的是，在很長的修飾語前面放一個"一個"或"一種"，令對話人或讀者預先感覺到後面跟着的是一個名詞性的仂語（魯迅《傷逝》"給我一個難堪的惡毒的冷嘲"，老舍《駱駝祥子》"一種明知不妥，而很願試試的大膽與迷惑緊緊的捉住他的心"），這樣就大大地增加了語言的明確性。

　　在過去某些作家也曾經有過偏向，就是凡遇到英、法、德語用無定冠詞的地方都用"一個"或"一種"，某些"一個"和"一種"實在是贅疣。解放以後，俄語對漢語的影響逐漸占了優勢。讓我們先從翻譯上看。從英、法、德語譯出的文章會有許多"無定冠詞"，而從俄語譯出的文章可以完全不用一個"無定冠詞"（因爲原文沒有冠詞）。假定我們翻譯斯大林的《馬克思主義與語言學問題》是從法語譯本轉譯過來的，就會

譯出許多"無定冠詞"來,例如斯大林對書中第一個問題所下的結論,從法語譯本轉譯出來將是[1]:

（甲）一個馬克思主義者不能把語言認爲是一個基礎上的一種上層建築;

（乙）把語言與上層建築混爲一談,就是犯了一種嚴重的錯誤。

僅僅兩句話當中,就用了兩個"一個"和兩個"一種"（因爲法譯本在這些地方用了無定冠詞）,而現在從俄語直接譯出的中譯本就沒有一個"無定冠詞"[2]:

（甲）馬克思主義者不能把語言認爲是基礎上的上層建築;

（乙）把語言與上層建築混爲一談,就是犯了嚴重的錯誤。

在現代,翻譯作品對漢語的影響是很大的,因此,解放以後,報紙、雜志上的"一個"和"一種"就減少了許多。

（二）新興的聯結法

連詞是漢語所固有的,至於聯結的方式,漢語和西洋語言也有不同之點。魯迅説:"老兄,你可知道頭髮是我們中國人的寶貝和冤家。"這樣用"和"字就是新興的用法。依照老的説法,我們只能説"頭髮不但是中國人的寶貝,而且是中國人的冤家"。一般説來,"五四"以前的判斷句在同一主語後面不用并行的判斷詞（指并行的名詞）,因此,這樣的語法結構是新興的。

當三個以上的人或三件以上的事物聯結在一起的時候,按漢語的老辦法,是先把它們分爲兩類或三類,然後把連詞插在這兩類或三類的中間[3],例如:

---

[1] 根據莫斯科外文出版局的法譯本,原文是:a) un marxiste ne peut considérer la langue comme une superstructure sur une base; b) confondre la langue avec la superstructure, e' est commettre une grave erreur.

[2] 8頁,人民出版社本。

[3] 參看王力《中國現代語法》。

這裏王夫人和李紈、鳳姐兒、寶釵姊妹等，見大夫出去，方從厨後出來。(《紅樓夢》第四十二回)

鳳姐和李嬸娘、平兒又吃了兩杯酒。(同上，第五十回)

難爲你孝順老太太、太太和我。(同上，第四十四回)

薛蟠、賈珍、賈璉、賈蓉并幾個近族都來了。(同上，第四十七回)

薛姨媽和寶釵、香菱并兩個年老的嬷嬷連日打點行裝。(同上，第四十八回)

"五四"以後，由於西洋語法的影響，漸漸把連詞限定在最後兩個人或兩件事物的中間，例如：

這些幹部、農民、秀才、獄吏、商人和錢糧師爺，就是我的可敬愛的先生。(《毛澤東選集》第三卷 810 頁)

看着他們，再看看自己的喜棚、壽堂，畫着長板坡的挂屏，與三個海碗的席面，他覺得自己確是高出他們一頭。(老舍《駱駝祥子》)

不大會兒，失去了國土、自由與權利。(老舍《斷魂槍》)

國家的很多工作，例如農業、小型和中型的工業、地方的運輸事業、地方的商業、中小學教育、地方的衛生事業和地方的財政等等，中央只應當提出一般的方針政策和大體的規劃。(劉少奇《中國共產黨中央委員會向第八次全國代表大會的政治報告》)

三個以上的動詞(或動賓結構)的聯結，也用同樣的辦法，例如：

只會片面地引用馬克思、恩格斯、列寧、斯大林的個別詞句，而不會運用他們的立場、觀點和方法，來具體地研究中國的現狀和中國的歷史，具體地分析中國革命問題和解決中國革命問題。(《毛澤東選集》第三卷 817 頁)

……才能使大家學會應用馬克思主義的方法去觀察問題、提出問題、分析問題和解決問題。(同上，861 頁)

口似乎專爲吃飯喝茶與吸烟預備的。(老舍《駱駝祥子》)

三個以上的形容詞(或定語)的聯結，也用這樣的辦法，例如：

現在我所見的故事清楚起來了，美麗、幽雅、有趣，而且分明。(魯

迅《好的故事》）

只是摸摸這凉、滑、硬而發顫的杆子，使他心中少難過一些而已。（老舍《斷魂槍》）

我覺得在路上時時遇到探索、譏笑、猥褻和輕蔑的眼光。（魯迅《傷逝》）

他一走出學校，就仿佛進了仇敵的國土，只看見些冷酷、譏諷與鄙夷的目光。（葉聖陶《校長》）

用"或"字來聯結的時候，按漢語的老辦法，是每一項的前面都加上一個"或"字，例如：

快帶了他去，或打，或殺，或賣，我一概不管。（《紅樓夢》第七十四回）

現在我們也用不着這樣多的"或"字，因爲依照西洋語法，只在最後兩項中間放一個"或"字就夠了，例如：

……又搭上他平日不和他們一塊喝酒，賭錢，下棋，或聊天，他的話只能圈在肚子裏，無從往外説。（老舍《駱駝祥子》）

每人報告着形容着或吵嚷着自己的事。（同上）

走，得扛着拉着或推着兵們的東西。（同上）

（三）新興的平行式——共動和共賓

這裏指的是平行的能願動詞共帶一個動詞，以及平行的不同時間的同一動詞共同支配一個賓語的情況①。現在分別加以叙述。

（1）平行的能願動詞共帶一個動詞，例如：

倘使插了草標到廟市去出賣，也許能得幾文錢罷，然而我們都不能，也不願這樣做。（魯迅《傷逝》）

她是來享受，她不能，不肯，也不願，看別人的苦處。（老舍《駱駝祥子》）

---

① 這裏所謂動詞，兼指繫詞；所謂賓語，兼指繫詞後面的名詞（判斷詞）。

能够而且必須在戰略的防御戰中采取戰役和戰鬥的進攻戰。（《毛澤東選集》第二卷 354 頁）

但是文藝作品中反映出來的生活却可以而且應該比普通的實際生活更高，更强烈，更有集中性，更典型，更理想，因此就更帶普遍性。（同上，第三卷 883 頁）

這個過程可能而且一定會發生許多痛苦，許多磨擦，但是只要大家有決心，這些要求是能够達到的。（同上，899 頁）

也可以是兩個相同的能願動詞，只是所用的副詞不同，例如：

就單説三條大活駱駝，也不能，絶不能，只值三十五塊大洋！（老舍《駱駝祥子》）

有時候，可以用某些動詞（或動賓結構）和一個能願動詞來造成平行式，共帶一個動詞，例如：

中國幼稚的資産階級還没有來得及也永遠不可能替我們預備關於社會情况的較完備的甚至起碼的材料。（《毛澤東選集》第三卷 811 頁）

他没法，也不會，把自己的話有頭有尾的説給大家聽。（老舍《駱駝祥子》）

也可以只用一個能願動詞，再加一個表示時間的副詞，來造成平行式，例如：

你仍然像在特别包厢裏看戲一樣，本身不會，也不必參加那齣戲。（林徽因《窗子以外》）

在西洋語法裏，能願動詞一般被用爲助動詞（特别在英、法等語言裏是如此），而表示過去的"有"（英語 have、法語 avoir 等）更常常用爲助動詞，并且有兩個助動詞共帶一個動詞的結構形式，所以現代漢語在一定程度上吸收了這種方式。

（2）在西洋語言裏，動詞有時間的變化。漢語裏没有這種變化。我們當然不能説這是漢語的缺點；在許多情况下，動詞不表示時間是完全可以的。但是，在一些情况下，動詞表示時間也的確有它的好處。在漢語裏，我們雖不能以形態變化來表示時間，但是我們可以用一些

副詞或副詞性結構來表示時間,例如:

現在,受過和正在受着殖民主義灾害的國家和人民愈益認識到,美帝國主義是當前最大、最貪婪的殖民主義者。(劉少奇《中國共產黨中央委員會向第八次全國代表大會的政治報告》)

但是,發展我國教育的目的,現在是、將來也是服務於社會主義的生產建設。(胡耀邦《中國新民主主義青年團第二屆中央委員會向第三次全國代表大會的報告》)

兩個或兩個以上的動詞共用一個賓語的結構在先秦已經有了(參看本章第十六節),但是這種結構在後代并沒有得到發展,而且很少應用。"五四"以後,這種結構又漸漸普遍應用起來了,例如:

使犧牲者直到被吃的時候爲止,還是一味佩服贊嘆它們。(魯迅《狗、猫、鼠》)

透進并逗留一些乳白的光。(老舍《駱駝祥子》)

每人報告着形容着或吵嚷着自己的事。(同上)

有些同志,在過去,是相當地或是嚴重地輕視了和忽視了普及。(《毛澤東選集》第三卷881頁)

……觀察、體驗、研究、分析一切人,一切階級,一切群衆,一切生動的生活形式和鬥争形式,一切文學和藝術的原始材料,然後才有可能進入創作過程。(同上,883頁)

耐心地等待和幫助他們從思想上真正地認識自己的錯誤。(劉少奇《中國共產黨中央委員會向第八次全國代表大會的政治報告》)

有時候,動詞也可以有各自的狀語,這是漢語原來所沒有的結構,例如:

每個領導者都必須善於耐心地聽取和從容地考慮反對的意見。(劉少奇《中國共產黨中央委員會向第八次全國代表大會的政治報告》)

從以上的例子中可以看出,現代的共賓結構有一個特點,就是動詞之間往往用"和"或"或"等來聯結①。

（四）新興的插語法

漢語本來也有過一些插語法②，例如：

好姐姐，——不是我說，你又該惱了，——你懂得什麽？懂得也不傳這個舌了。（《紅樓夢》第二十回）

倒是這個和尚道人，阿彌陀佛，才是救寶玉性命的。（同上，第八十一回）

但是，"五四"以後，有些插語顯然是和老辦法不同的。老的插語法往往是插進一兩句不相干的話，新的插語法不是這樣。我們隨便舉出幾種情況來說：

（1）附注式的插語，例如：

做工的人，傍午傍晚散了工，每每花四文銅錢，買一碗酒，——這是二十多年前的事，現在每碗要漲到十文，——靠櫃外站着，熱熱的喝了休息。（魯迅《孔乙己》）

曾經常常，——幾乎是每天，出入於質鋪和藥店裏。（魯迅《吶喊·自序》）

五虎棍、開路、太獅少獅……雖然算不了什麽——比起走鑣來——可是到底有個機會活動活動，露露臉。（老舍《斷魂槍》）

恰巧有輛剛打好的車——定作而沒錢取貨的——跟他所期望的車差不甚多。（老舍《駱駝祥子》）

忽然一種懷疑——人類普遍的玄秘的懷疑——侵入他的心裏。（葉聖陶《一課》）

（2）用"他想、他以爲、他曉得、某某說"等等插入一個句子裏，好

---

① 上古可以用"而"來聯結，這時候，動詞後面的賓語一般是代詞"之"字，例如《左傳·襄公二十三年》："豹自後擊而殺之。"

② 參看王力《中國現代語法》。

像把句子隔開爲兩半；或者插在一個複合句的中間，把分句隔開。前一種插語法還比較少見，例如：

假如他平日交下幾個——他想——像他自己一樣的大漢，再多有個虎妞，他也不怕。（老舍《駱駝祥子》）

有了自己的車，他以爲，就有了一切。（同上）

虎姑娘一向，他曉得，不這樣打扮。（同上）

"那倒不要緊，"賬房先生説，"總有人看的。交卸了的關官和還没有做關官的隱士，不是多得很嗎？"（魯迅《出關》）

上面説過，本節裏所談的"五四"以後新興的句法都只是舉例性質的。關於這一方面，深入而全面的研究工作還做得太少；同時，作爲一個教本，也不能用很大的篇幅來討論這個問題，所以只談到這裏爲止。

第二十三節　句法的嚴密化

句法的嚴密化，和邏輯思維的發展是有密切關係的。所謂嚴密化，是指句子由簡單到複雜的發展。上文我們曾經討論過的一些句法現象（如使成式、處置式等）的産生和發展，都是使漢語句法走上嚴密化的重要事實。本節我們打算全面地分析和比較一下歷代的句子結構，着重地來談談這個問題。

甲骨文的句子是非常簡單的。一方面是由於書寫的困難和文體（卜辭）的限制；另一方面也可以證明當時的句子的確也很簡單。金文的句子比較複雜一點，也就是因爲金文所代表的時代比甲骨文要晚一些，甚至晚得多。

《書經》的句子也是很簡單樸素的，例如：

夏王率遏衆力，率割夏邑。有衆率怠弗協。曰："時日曷喪？予及汝皆亡！"夏德若兹，今朕必往。爾尚輔予一人，致天之罰。予其大賚汝。爾無不信，朕不食言。爾不從誓言，予則孥戮汝，罔有攸赦。[這一段語可以譯爲：夏王妨礙老百姓的勞動，宰割夏國（的老百姓）。老百姓都怠工，不同統治者合作。他們說："這太陽什麼時候毀滅？我和你一起毀滅掉吧！"夏王的罪惡已到這種程度，現在我一定要去討伐他。你們好好地協助我，把上帝的懲罰加給夏王。我就大大地賞你們。你們不要不相信，我決不會說了話不算數。你們不服從我的命令，我就連你兒子一齊都殺掉，一個也不饒恕。遏，止也，絕也。尚，庶幾也，謂心所希望。孥戮，戮及兒子。罔，同"無"。攸，近似"所"。]（《湯誓》）

《易經》比起《書經》來，除了風格不同之外，句子也稍爲複雜了些，例如：

豫順以動，故天地如之，而况建侯行師乎？天地以順動，故日月不過而四時不忒；聖人以順動，則刑罰清而民服。豫之時義大矣哉！［豫卦的卦象是順着條理來行動，所以連整個天地都和它一樣，何況封建諸侯和用兵這些事情呢？天地順着條理行動，所以太陽和月亮的運轉不出毛病，一年四季也不出差錯。聖人順着條理行動，就可以使刑罰合理，老百姓心服。豫卦的意義真大啊！]（《豫卦》）

《論語》的文體和《易經》很相近似，句子的結構也差不多①，例如：

子曰："若聖與仁，則吾豈敢？抑爲之不厭，誨人不倦，則可謂云爾已矣。"［孔子說：談到"聖"和"仁"，我怎麼敢當？如果說我學習不厭倦，教誨別人也不厭倦，那麼，可以這樣說，也只能這樣說。]（《述而》）

比較一下上面三段引文，我們可以看出，在《書經》裏，複合句中分句之間的關係是用意合的方法來表現的；而在《易經》《論語》裏，這種關係是用"故、况、則"等語法成分（連詞）表示出來的，這樣，句子的結構當然也就比較複雜而嚴密了。

戰國以後，漢語的句法進入了一個新的發展階段。戰國的句法比春秋時代的句法複雜多了。所謂簡單和複雜，自然和句子的長短有關：拿《孟子》和《論語》來比，《孟子》的句子的平均字數多得多。但

---

① 　郭沫若先生認爲《周易》是戰國初年的作品（《十批判書》2 頁），大約是可信的。

是,簡單和複雜的主要標準不在於句子的長短,而在於句子結構的嚴密程度。有了比較嚴密的結構,然後更適宜於表達比較嚴密的思想。

後代的文人喜歡學習《孟子》《莊子》的文章,其原因之一就是這兩部書的文氣很盛。所謂氣盛,就是句子的結構非常緊湊,非把全句念完就没法子停頓下來。

現在我們舉出一種很容易證明的例子。試以反詰句爲例:一般説來,在反詰句裏,前面有疑問代詞或疑問副詞,句末有疑問語氣詞。這樣,疑問副詞(或疑問代詞)和疑問語氣詞的中間,如果話長了,就表示語氣緊湊,非一口氣念下去不可了,例如:

金重於羽者,豈謂一鉤金與一輿羽之謂哉?(《孟子·告子下》)

湯使人以幣聘之。囂囂然曰:"我何以湯之聘幣爲哉?我豈若處畎畝之中,由是以樂堯舜之道哉?"湯三使往聘之。既而幡然改曰:"與我處畎畝之中,由是以樂堯舜之道,吾豈若使是君爲堯舜之君哉? 吾豈若使是民爲堯舜之民哉? 吾豈若於吾身親見之哉?"(同上,《萬章上》)

庸詎知吾所謂知之非不知邪? 庸詎知吾所謂不知之非知邪?(《莊子·齊物論》)

予惡乎知説生之非惑邪? 予惡乎知惡死之非弱喪而不知歸者邪? ……予惡乎知夫死者不悔其始之蘄生乎? [我哪裏知道喜歡活着不是糊塗呢? 我哪裏知道厭惡死亡不是像幼年失掉家鄉而不知道自己的歸宿一樣呢? ……我哪裏知道已經死了的人不後悔他自己當初對生的追求呢?](同上)

彼又惡能憒憒然爲世俗之禮,以觀衆人之耳目哉? [他又哪裏能够煩亂地做一些世俗的禮節,用來滿足大家的視聽呢? 憒憒,煩亂也。觀,示也。](同上,《大宗師》)

漢魏的散文,基本上是按照戰國時代的句子組織來寫的。六朝駢文造成了書面語言的桎梏,我們在駢文中看不出邏輯思維發展的痕迹來。到了唐代,才又是漢語句法嚴密化的另一個新階段。

佛教的傳入中國,對漢語的影響是大的。聲明的影響只是在漢語體系的説明上（如等韻學）；因明則影響到邏輯思維的發展①。唐代是佛教比較成熟的時期，唐代的漢族知識分子，在邏輯思維上或多或少地都受過佛教的影響。

邏輯思維的發展在語言結構形式中的具體表現可以有兩方面：一方面是把要説的話儘可能概括起來，成爲一個完整的結構。唐劉知幾《史通》批評《公羊傳》的一段話："郤克眇，季孫行父禿，孫良夫跛，齊使跛者逆［迎］跛者，禿者逆禿者，眇者逆眇者。"②他説"齊使"以下可以改爲"各以其類逆"（《史通》卷六《叙事篇》）。姑勿論在修辭學上重叠有重叠的好處，即以"各以其類逆"這一類概括性的叙述而論，也不是漢代的史料中所容易找到的。

下面舉韓愈的文章爲例，來説明這一個問題，例如：

視時屋食之貴賤，而上下其坁之傭以償之。［比照當時房租伙食的貴賤，來提高或降低他自己做泥水活的工資，用來支付房租和伙食。］（《坁者王承福傳》）

這樣簡潔的一句話，如果換一個不善於修辭的人來説，可能要説上幾句才能達意。而事實上，這是把許多不同的情況加以概括的結果。

邏輯思維的發展表現在語言結構形式中的另一方面就是：化零爲整，使許多零星的小句結合成爲一個大句，使以前那種藕斷絲連的語句變爲一個有機聯繫的整體。這樣，句子雖然長了，但是語言不是變爲拖沓，而是更簡練了。下面我們還是引韓愈的文章來作例子：

官以諫爲名，誠宜有以奉其職，使四方後代知朝廷有直言骨鯁之臣，天子有不僭賞從諫如流之美，庶岩穴之士聞而慕之，束帶結髮，願進於闕

---

① 聲明大致等於現代所謂語法（包括語音），因明大致等於現代所謂邏輯。

② 《公羊傳·成公二年》的原文是："前此者，晉郤克與臧孫許同時而聘於齊，蕭同侄子者，齊君之母也，踊於棓而窺客，則客或跛或眇，於是使跛者迓跛者，使眇者迓眇者。"［踊，登也，上也。棓，登高的木板。］《穀梁傳·成公元年》的原文是："冬十月，季孫行父禿，晉郤克眇，衛孫良夫跛，曹公子手僂，同時而聘於齊。齊使禿者御禿者，使眇者御眇者，使跛者御跛者，使僂者御僂者。蕭同侄子處臺上而笑。"［僂者，駝背的人］《史通》所引和《公羊》《穀梁》都不盡相同，也許另有所據。

下而伸其辭説,致吾君於堯舜,熙鴻號於無窮也。[官名既然叫做"諫議大夫",就應該有稱職的行爲,使天下後世知道朝廷上有正直、敢説話的官員,皇帝有賞賜得當、從諫如流的美德,這樣,山林隱居的賢人聽到以後就一心向往,願意整理自己的衣冠,到皇帝這裏來發表他們的意見,使我們的皇帝能成爲唐堯虞舜,永遠享有隆盛的大名。](《爭臣論》)

這是一個相當複雜的句子。主要的骨幹是一個按斷句("官以諫爲名,誠宜有以奉其職"),其餘部分是表示目的的從屬句,但是從屬之中有從屬,"庶"字以下是説明前面所述的行爲的目的的,"致"字以下又是説明"庶"字以下所述的行爲的目的的;此外還有平行的結構,有謂語形式狀語("束帶結髮"),就更形成了句子的複雜性。但是,整句的結構還是嚴密的。

從唐代到鴉片戰爭以前,漢語的句子組織的嚴密性沒有什麽顯著的變化。就是從鴉片戰爭到五四運動時期,也不過有一些政論的文章(如梁啓超、孫中山的著作)在某種程度上接近西洋的句子結構,而且這種接近性是很小的。

＊　　　＊　　　＊　　　＊　　　＊

"五四"以後,漢語的句子結構,在嚴密性這一點上起了很大的變化。基本的要求是主謂分明,脈絡清楚,每一個詞、每一個仂語、每一個謂語形式、每一個句子形式在句中的職務和作用,都經得起分析。這樣,也就要求主語儘可能不要省略,聯結詞(以及類似聯結詞的動詞和副詞)不要省略,等等。古代漢語不是沒有邏輯性,只是有些地方的邏輯關係可以意會而不可以言傳,現在要求在語句的結構上嚴格地表現語言的邏輯性。

所謂句子結構的嚴密化,一方面是上面所説的要求每一個句子成分各得其所,另一方面還要求語言簡練,涵義精密細緻,無懈可擊。這兩方面的關係也是很密切的。要求簡練就是使語言更經濟;要求涵義精密細緻,就自然使句子增長了,但不是故意拖長的①。

下面我們將分爲六種情況來討論現代漢語的句子結構是怎樣嚴密化了的。

(一)定語。上古漢語的定語總是比較短的;唐代以後,雖然有了一些比較長的定語,但是,比起現代漢語來,無論在長度上,在應用數量上,都相差很遠。在定語的性質上(如結構的複雜性),也往往有所不同,例如:

救治像我父親似的被誤的病人的疾苦。(魯迅《吶喊·自序》)

至於自己,却也并不願將自以爲苦的寂寞,再來傳染給也如我那年青時候似的正做着好夢的青年。(同上)

這是我們交際了半年,又談起她在這裏的胞叔和在家的父親時,她默想了一會之後,分明地、堅決地、沉静地説了出來的話。(魯迅《傷逝》)

也没有一般洋車夫的可以原諒而不便效法的惡習。(老舍《駱駝祥子》)

常常聽到一些同志在不能勇敢接受工作任務時説出來的一句話:没有把握。(《毛澤東選集》第一卷278頁)

長定語的作用是把一些在一般口語裏可能分爲幾句(或幾個句子形式)的話,改變組織方式,作爲一句話説了出來,這樣在句子結構上就顯得緊凑②。

(二)行爲名詞。行爲名詞的應用,是化零爲整的最有效的手段之一。本來,行爲用動詞表示,動詞的一般用途是用作謂語的中心詞,這是漢語的語法傳統。但是,如果這樣做,就往往是一件行爲用一個叙述句,語言就不够經濟了。行爲名詞的應用,可以産生簡練的效果,

---

① 文藝作品的句子一般是比較短的,這裏顯示着文體的不同。本節着重在討論句法的嚴密化,主要是指政論及科學論文等。但文藝作品裏的長句子也舉了一些。

② 我們這樣説,并不是鼓勵長句,反對短句。句子的長短所表現出來的優點和缺點,要從文體來決定,也要從其所起的作用來決定。

例如：

十年内戰時期的經驗，是現在抗日時期的最好的和最切近的參考。（《毛澤東選集》第三卷 812 頁）

國民黨政府所采取的對日消極作戰的政策和對内積極摧殘人民的反動政策，招致了戰爭的挫折，大部國土的淪陷，財政經濟的危機，人民的被壓迫，人民生活的痛苦，民族團結的破壞。（同上，1056 頁）

毫無疑問，社會主義國家的存在，社會主義國家對於民族獨立運動的同情和支持，大大地便利了這一運動的發展和勝利。（劉少奇《中國共產黨中央委員會向第八次全國代表大會的政治報告》）

應該改善對知識分子的使用。（《中國共產黨第八次全國代表大會關於發展國民經濟的第二個五年計劃的建議》）

就可以加速國民經濟的發展，求得以蘇聯爲首的社會主義各國的經濟和文化的共同高漲。（同上）

當然，行爲名詞的應用，有時候也和作家的風格有關。不過從句法的嚴密化來看，行爲名詞的巨大作用是應該加以肯定的。

（三）範圍和程度。古人説話，往往不能精密地估計到一個判斷所能適用的範圍和程度。古人所謂“不以辭害意”，就是希望聽話人或讀者能瞭解所下的判斷也容許有些例外。但是，今天我們的語言要求具有科學性，就不能再用“不以辭害意”爲自己辯護，而是要做到辭意相稱，并且在某些情况下要做到“説話有分寸”。因此，在句子裏面表示某一判斷（某一叙述、某一描寫）的範圍和程度，是加強語言的明確性的必要手段，例如：

北京的冬季，地上還有積雪，灰黑色的秃樹枝丫叉於晴朗的天空中，而遠處有一二風箏浮動，在我是一種驚異和悲哀。（魯迅《風箏》）

只會片面地引用馬克思、恩格斯、列寧、斯大林的個别詞句，而不會運用他們的立場、觀點和方法。（《毛澤東選集》第三卷 817 頁）

在第一個五年計劃期間，我們一般地還不能够自己製造重型的和精密的機器。（劉少奇《中國共產黨中央委員會向第八次全國代表大

會的政治報告》)

對一部分手工業可以逐步地實行機械化或者半機械化。(《中國共產黨第八次全國代表大會關於發展國民經濟的第二個五年計劃的建議》)

以上是指出範圍。

在一定程度上參加了新民主主義革命。(劉少奇《中國共產黨中央委員會向第八次全國代表大會的政治報告》)

直到現在,他們仍然是我國具有比較豐富的文化知識,擁有比較多的知識分子和專家的一個階級。(同上)

全國資本主義工商業已經基本上實現了全行業的公私合營。(同上)

凡是社會所需要和原料供應充足的輕工業,都應該充分發揮原有設備的生產潛力,并且應該適當地提高輕工業的投資比重。(同上)

以上是指出程度。

(四)時間。古代漢語并不是沒有時間的表示;但是,現在我們的時間觀念更強,常常考慮到一件事情的時間因素,所以在現代漢語裏,時間的表示更爲常見,例如:

兩年以來,特別是一九三三年上半年起,因爲我們開始注意,因爲群衆生產合作社的逐漸發展,許多手工業和個別的工業現在是在開始走向恢復。(《毛澤東選集》第一卷127頁)

在全行業公私合營以後,贖買的形式采取定息的制度,即在一定時期內,由國家經過專業公司支付資本家一定的利息。(劉少奇《中國共產黨中央委員會向第八次全國代表大會的政治報告》)

國民經濟的技術改造,在第二個五年內必須首先集中在重工業特別是機器製造工業和冶金工業方面。(同上)

在兩千多年以前,漢語就用"將"字表示將來(《論語·陽貨》"吾將仕矣";《孟子·公孫丑上》"今人乍見孺子將入於井")。但是,到了近代口語裏,反而缺乏純粹表示將來的副詞("要、就要、快要"等都不是純粹表示將來的)。現在我們爲了時間觀念表示得更明確,仍沿用古代的"將"字,例如:

　　關於這個建議，周恩來同志將代表黨中央委員會作專門的報告。（劉少奇《中國共產黨中央委員會向第八次全國代表大會的政治報告》）

　　糧食、棉布和其他重要消費品如食油、食糖、煤油、煤炭等的供應，都將有所增長。（同上）

　　（五）條件。條件的表示，是表示事物的依存關係。現代的人們，特別是具有馬克思主義思想的人們，當他們考慮一件事的可能性的時候，必然同時考慮到這件事所依賴的條件。因此，當我們陳説一件事情的時候，就往往把這個或這些條件同時説了出來。這裏指的不是所謂"條件式"（conditional mood），而是某些狀語結構，例如：

　　至於遠距離的分兵，則要在好一點的環境和在比較健全的領導機關兩個條件之下才有可能。（《毛澤東選集》第一卷 108 頁）

　　八路軍、新四軍及其他人民軍隊，應《在一切可能條件下》，對於一切不願投降的侵略者及其走狗實行廣泛的進攻。（同上，第三卷 1143 頁）

　　他們在一定條件下願意參加反對帝國主義反對國民黨反動統治的鬥爭。（劉少奇《中國共產黨中央委員會向第八次全國代表大會的政治報告》）

　　同時各地區應該根據當地的需要和可能修建地方性的簡易公路、大車路和其他道路。（《中國共產黨第八次全國代表大會關於發展國民經濟的第二個五年計劃的建議》）

有時候，時間和條件是互相關連着的。像下面的一個例子，表面上是時間修飾，實際上是條件限制：

　　在優先發展重工業的同時，應該在農業發展的基礎上，適當地加速輕工業的建設。（同上）

　　（六）特指。特指也是語言的一種細緻的表現方法，它在指出某一事物的共同情況的同時，還指出這一事物當中的某一小類更適合於這種情況，例如：

　　中國共產黨是在複雜的環境中工作，每個黨員，特別是幹部，必須鍛鍊自己成爲懂得馬克思主義策略的戰士，片面地簡單地看問題，是無法

使革命勝利的。(《毛澤東選集》第三卷 813 頁)

這一些偉大的歷史變化,是同帝國主義的,特別是美帝國主義的願望背道而馳的。(劉少奇《中國共產黨中央委員會向第八次全國代表大會的政治報告》)

某些行業還應該適當分散,并且容許一部分手工業者,特別是特種手工藝品的生産者繼續獨立經營。(《中國共產黨第八次全國代表大會關於發展國民經濟的第二個五年計劃的建議》)

上面這六種情況,都只是舉例的性質。事實上,鴉片戰争以後,特別是"五四"以後,漢語句子結構的嚴密化,要比上面所説的六種情況複雜得多。

應該指出,現代漢語句子結構的嚴密化,并非單純地由於西洋語法的影響。整個人類的邏輯思維都是發展的——特別是受過馬克思主義的訓練的人們。有了現代的思想,必然要用現代的語言來表達;除非思想回到古代的樸素狀態,否則不可能回到古代的語言,也不可能停留在五十年前的狀況。在幾百年前,西洋語言的句子結構也并没有像今天這樣嚴密。因此,如果説没有西洋語法的影響,今天漢語可能會産生另一些新的結構,那是不錯的;但如果説没有西洋語法的影響,漢語的句子就不會像今天這樣嚴密,那就不對了①。

＊　　＊　　＊　　＊　　＊

在結束語法發展這一章以前,我們要談一談關於漢語語法發展的一些結論,及其今後發展的基本趨向。

在語言的各種要素中,語法是比較富於穩固性的。但是,由於漢語有三千多年的史料,從這麼豐富的史料中,我們還是可能看出,漢語語法的變化是比較顯著的。像繫詞、被動式、使成式、處置式的産生及其發展,像名詞詞尾、動詞詞尾和形尾、形容詞詞尾(兼定語語尾)的産

---

① 這裏所討論的句子的嚴密性包括兩方面:一方面是指邏輯性很强;另一方面是指主謂分明,句子的每一個成分都經得起分析。這兩方面是相互聯繫着的。

生及其發展,像代詞、單位詞的發展,甚至語氣詞的交替等等,都是漢語語法史上的大事件。最值得注意的是"五四"以後的語法發展的速度。現代漢語曾經接受和正在接受西洋語言的巨大影響,這種影響包括語法在內,這是不能否認的事實。但是直到現在爲止,事實證明,漢語是按照自己的內部發展規律來接受這種影響的。

今後漢語語法發展的基本趨向主要是兩方面:(一)在構詞法上,今後創造的新詞絕大多數將是雙音詞,雙音詞對單音詞的比重將逐年增加。將來改用拼音文字以後,可能産生一些"音譯"的新名詞①,它們可以達到三個音節以上。(二)在句法上,將來的句子結構會更加嚴密化,邏輯和語法將要結合得更緊,使句子經得起分析。現在句法謹嚴的文章還不多。將來國家注重語言教育,可以做到一般書報上的文章在句法上都沒有毛病。這樣發展,是向健康的道路上發展。

---

① 這個名稱不妥當,因爲既是"音譯",就是一種純粹的借詞,而不是什麼翻譯。

第四章　詞彙的發展

第一節　漢語基本詞彙的形成及其發展

漢語的歷史很長，它的基本詞彙可以追溯到幾千年以前。在奴隸時代以前的遠古時期，基本詞彙和一般詞彙幾乎可以説是没有差别的。在甲骨文時代，這二者之間的界限也還是不大的。

基本詞彙包括名詞、動詞、形容詞裏的一部分詞和代詞、數詞、聯結詞等。

在甲骨文裏，動詞和形容詞的數目比起名詞來是不多的，這可能是受了卜辭的性質的限制。不過，現代漢語所用的動詞和形容詞，有一部分在甲骨文裏已經出現了。動詞的"出、來、入、立、射、在"等，形容詞的"大、小、多、少、新、舊、黃、白、黑、老"等，都是從甲骨文起就一直沿用下來的。到先秦時代，動詞和形容詞便大量地出現了，而其中有很多也是作爲基本詞或詞素一直沿用到現代。

代詞作爲基本詞，應該是較後起的。在甲骨文裏，甚至在整個先秦時代，有一些代詞（例如第三人稱的主格代詞）還没有出現；而且有一些代詞可能是從名詞轉來的，在造字的時候，并没有特別爲代詞造字（例如"汝"就常寫成"女"）。代詞作爲基本詞，雖然比較穩固，但是也是有變化的。先秦時代有一些代詞在後代消失了，例如"汝"；有一些轉化了，例如"他"字由指示代詞轉化爲人稱代詞。

　　數詞作爲基本詞,起源也比較晚。數目概念的形成,應該是文化相當發達以後的事;而從文字上看,有些數詞是假借別的字來表示的,所以,數詞的出現,至少要在名詞、動詞出現之後。不過,在甲骨文裏,"一、二、三、四、五、六、七、八、九、十、百、千、萬"等數詞都已經出現了。由此可知,現代漢語裏一些基本的數詞是從幾千年以前起一直沿用下來的。

　　聯結詞的出現更晚。有一些聯結詞是從動詞轉來的。在先秦時代,我們還可以看到有一些聯結詞仍然可以作動詞用,例如"以"(《論語・子路》"雖不吾以,吾其與聞之")和"與"(《墨子・天志下》"不與其勞獲其實,已非其有所取之故")。先秦時代的聯結詞,留存到現代口語裏的已經很少了。現代漢語中所用的聯結詞大多數都是後代逐漸産生出來的。

　　在本節裏,我們主要是討論名詞裏的基本詞。名詞裏的基本詞,大致説來,應該包括:(一)自然現象的名稱;(二)肢體的名稱;(三)方位和時令的名稱;(四)親屬的名稱;(五)關於生產(漁獵、畜牧、農業)的詞;(六)關於物質文化(宮室、衣服、傢具)的詞。現在分別加以叙述。

(一)自然現象的名稱

　　自然現象的名稱應該是遠古基本詞彙的一個主要部分。幾千年沿用下來的基本詞有"風、雨、雷、電、冰、霜、雪、星、雲、露、水、火、山、土、天、地"等[①],例如:

　　天大雷電以風,禾盡偃。(《書經・金縢》)

　　烈風雷雨弗迷。(同上,《舜典》)

　　禹平水土。(同上,《吕刑》)

　　若火之燎于原,不可嚮邇,其猶可撲滅。[嚮邇,接近,靠近。](同

----

① 　編者注:文集本没有"天"。

上,《盤庚》)

謂行多露。(《詩經・召南・行露》)

北風其凉,雨雪其雰。(同上,《邶風・北風》)

風雨如晦,雞鳴不已。(同上,《鄭風・風雨》)

出其東門,有女如雲。(同上,《鄭風・出其東門》)

嘒彼小星,三五在東。[嘒,音"喙",光芒微弱的樣子。](同上,《召南・小星》)

乃生女子,載寢之地。[使她睡在地上。](同上,《小雅・斯干》)

履霜堅冰至。(《易經・坤卦》)

"日"和"月"在上古當然也是基本詞。但是,在現代漢語裏,"日"已經讓位給"太陽","月"已經讓位給"月亮"。後者還保留"月"字作爲詞素,這裏不詳細討論。"日"的轉變爲"太陽",在漢語詞彙演變史中是一個很有趣的、很典型的例子,所以值得追溯它的歷史。

先秦的"陽"字早已有了日光的意義(《詩經・小雅・湛露》"匪陽不晞"[①];《孟子・滕文公上》"秋陽以暴之")。但是,"太陽"二字連在一起是漢代的事,那時"太陽"的"陽"是"陰陽二氣"的"陽"。"太陽"在最初并不專指"日",而是指極盛的陽氣或這種極盛的陽氣的代表物,例如:

日,實也,太陽之精不虧。(《說文解字》)

六月,坤之初六,陰氣受任於太陽。[初六,陰爻的開始。任,孕。](《漢書・律曆志》)

遂人爲遂皇,以火紀。火,太陽也,陽尊,故托遂皇於天。(《尚書大傳・略說》)

但是,《淮南子・天文訓》説:"日者陽之主也……月者陰之宗也。"

這就是"日"稱"太陽、月"稱"太陰"的來源。"月"稱"太陰"到後代只用於特殊的場合,沒有能在全民語言中生根,算是失敗了;"日"稱

---

① 毛傳:"陽,日也。"所謂"日"也是指日光。

"太陽"却成功了,例如:

王公曰:"使太陽與萬物同暉,臣下何以瞻仰?"(《世説新語·寵禮》)

若太陽下同萬物,蒼生何由仰照?(《晉書·王導傳》)

天雞警曉於蟠桃,踆烏晰耀於太陽。(李白《大鵬賦》)

葵藿傾太陽,物性固莫奪。(杜甫《自京赴奉先咏懷五百字》)

幸因腐草出,敢近太陽飛?(杜甫《螢火》)

願君光明如太陽。(李賀《宮娃歌》)

在唐代,"太陽"只是"日"的別名,它在口語裏是否完全代替了"日",還不敢斷定。但是,我們相信,它這樣常常見用,至少從宋代起,它已經進入了基本詞彙了。

(二)肢體的名稱

肢體的名稱自然也很早就産生了。它也是屬於基本詞彙的,但是它的穩固性没有自然現象的名稱的穩固性那麼大。幾千年沿用下來的只有"心、手"等很少的一些詞,例如:

否則厥心違怨。(《書經·無逸》)

執子之手,與子偕老。(《詩經·邶風·擊鼓》)

多數的關於肢體的名稱,如"耳、身、眉、鼻、髮"等,到了現代漢語裏,都做了雙音詞的詞素,它們在上古顯然是獨立的基本詞,例如:

遺大投艱于朕身。[遺,留給。大,大責任。投,交給。艱,艱難的事業。](《書經·大誥》)

匪面命之,言提其耳。[匪,非但。](《詩經·大雅·抑》)

蓁首蛾眉。[蓁首,額方廣像蓁一樣。蛾眉,眉彎曲細長,像蛾的觸鬚一樣。](同上,《衛風·碩人》)

既多受祉,黄髮兒齒。[祉,福。](同上,《魯頌·閟宫》)

噬膚滅鼻无咎。[噬,咬。](《易經·噬嗑》)

有些肢體名稱,如"首、領、面、目、口、齒、足、肌、膚"等,在上古顯

然是屬於基本詞彙的,例如:

　　皆再拜稽首。(《書經·康王之誥》)

　　臣作朕股肱耳目。(同上,《益稷》)

　　否則厥口詛祝。(同上,《無逸》)

　　手如柔荑,膚如凝脂,領如蝤蠐,齒如瓠犀,螓首蛾眉。巧笑倩兮,
美目盼兮。[荑,嫩茅。蝤蠐,天牛的幼蟲。瓠犀,瓠瓜的子。倩,口頰
含笑的樣子。盼,黑白分明。](《詩經·衛風·碩人》)

　　匪面命之,言提其耳。(同上,《大雅·抑》)

　　啓予足,啓予手。(《論語·泰伯》)

　　風雨節而五穀孰,衣服節而肌膚和。(《墨子·辭過》)

　　則若性命肌膚之不可以易也。(《荀子·哀公》)

但是,到了後代,在一般口語裏,"頭"代替了"首","頸"代替了"領"
(在現代普通話裏,"脖子"又代替了"頸"),"臉"代替了"面","眼"代
替了"目","嘴"代替了"口","牙"代替了"齒","脚"代替了"足",
"肉"代替了"肌","皮"代替了"膚"。

　　"頭"和"首"的聲音雖然相近,但是"首"屬審母幽部,"頭"屬定母
侯部,古音并不相同。戰國以前,只有"首"没有"頭"。金文裏有很多
"首"字,却没有一個"頭"字。《詩》《書》《易》都没有"頭"字。到了戰
國時代,"頭"字出現了。它可能是方言進入普通話裏的。作爲"首"
的同義詞,它在口語裏逐漸代替了"首",例如:

　　今有刀於此,試之人頭,倅然斷之,可謂利乎?(《墨子·魯問》)

　　鴻蒙拊髀雀躍掉頭曰:"吾弗知! 吾弗知!"(《莊子·在宥》)

　　若手臂之扞頭目而覆胸腹也。[扞,保護。](《荀子·議兵》)

《墨子》說"長椎柄長六尺,頭長尺"(《備城門》),又說"椎柄長六尺,
首長尺五寸"(《備蛾傳》),可見"頭"和"首"是同義詞。《荀子》說"此
夫身女好而頭馬首者與?"(《賦篇》),也可見"頭"和"首"是没有分别
的。在口語裏,同義詞達到了意義完全相等的地步是不能持久的,所
以"首"在口語裏逐漸讓位給"頭",例如下面的諺語:

諺曰:白頭如新,傾蓋如故。[白頭,在這裏指認識了一輩子的朋友。蓋,車蓋。傾蓋,在這裏指路上碰到的新認識的朋友。](《史記·鄒陽列傳》)

竃下養,中郎將;爛羊胃,騎都尉;爛羊頭,關內侯。(《後漢書·劉玄傳》)

新興的用途(例如無生之物的頭)也往往用"頭"不用"首",例如:

常步行以百錢挂杖頭。(《晉書·阮修傳》)

我寧山頭望廷尉,不能廷尉望山頭!(同上,《蘇峻傳》)

采蓮渡頭礙黃河,郎今欲渡畏風波。(梁簡文帝《烏栖曲》)

像這些地方,再也不能用"首"了。

《説文》:"頸,頭莖也。"《廣韻·清韻》:"頸在前,項在後。"可見"頸"字在最初大約是指脖子的前面的部分。"頸"字在戰國時代就已經出現了,例如:

今遂至使民延頸舉踵曰:"某所有賢者,贏糧而趣之。"(《莊子·胠篋》)

人知貴生樂安而棄禮義,辟之是猶欲壽而殇頸也。(《荀子·强國》)

有時候,"頸"字似乎也可以表示脖子,例如:

夫馬陸居則食草飲水,喜則交頸相靡,怒則分背相踶。(《莊子·馬蹄》)

如果説"頸"在這裏仍指脖子的前面部分,那麼,"交頸"就很難瞭解了。不過,"頸"字普遍用來表示脖子的意義是在漢代以後,例如:

刳腹絕腸,折頸摺頤。(《史記·春申君列傳》)

百越之君,俛首係頸,委命下吏。(同上,《秦始皇本紀》)

日出暘谷,入于虞淵,莫知其動,須臾之間,俛人之頸。(《淮南子》)

見一士焉,深目玄準,雁頸而鳶肩。(《論衡·道虛篇》)

"臉"字出現較晚。《説文》没有"臉"字。到6世紀以後,"臉"字才出現。不過，當時"臉"只有"頰"的意義，而不是"面"的同義詞。"臉"字的這種意義，一直沿用到唐宋時代。杜牧《冬至日寄小侄阿直》："頭圓筋骨緊，兩臉明且光。"溫庭筠《玉蝴蝶》："芙蓉凋嫩臉，楊柳墮新眉。""臉"字在口語中代替了"面"字是很後的事。關於"臉"的詞義發展，參看本章第六節。

　　《說文》："眼，目也。"《釋名》："眼，限也。"可見漢代已有"眼"字。但戰國以前是沒有"眼"字的。戰國時代也還少見，漢代以後才漸漸多見。

　　"眼"在最初的時候，只是指眼球，例如：

　　聶政大呼，所擊殺者數十人，因自皮面、抉眼、屠腸，遂以死。(《戰國策·韓策》)

　　子胥抉眼。(《莊子·盜跖》)

　　巽……其於人也爲寡髮，爲廣顙，爲多白眼。[廣顙，高額。多白眼，眼珠白多黑少。](《易經·說卦》)

　　抉吾眼，置之吳東門，以觀越之滅吳也。(《史記·吳太伯世家》)

　　露眼赤精①，大聲而嘶。(《漢書·王莽傳》)

這樣，它是和"目"有分別的。後來由於詞義的轉移，"眼"就在口語裏代替了"目"。

　　"嘴"本作"觜"，原指鳥嘴②。"觜"字大約起源於東漢，《說文》有"觜"字。晉潘岳《射雉賦》"裂膆破觜"，指的是鳥嘴。但是《廣雅·釋親》說"柴，口也"，"柴"當即"觜"字，可見當時"觜"字已經兼指鳥嘴和人嘴。

　　"牙"字起源很早，《詩經》時代就出現了。《本草綱目》說"兩旁曰牙，中間曰齒"；段玉裁《說文解字注》說："統言之，皆稱齒稱牙，析言

---

①　《說文》無"睛"字。"瞔"下云："童子精也。"王筠《說文句讀》說："精即是睛，與童子爲一物。"可見在漢代"睛"只指童子，"眼"則指眼眶中的一切。

②　《說文》："觜，鴟舊頭上角觜也。"這是從字形傅會，未必可信。鳥嘴本稱"喙"或"咮"，到漢代又稱"觜"。

之,則前當唇者稱齒,後在輔車者稱牙。"這些解釋大約是可信的。

先秦時代,"牙"字不多見;而且常用於"爪牙"這一熟語中,例如:

誰謂鼠無牙? 何以穿我墉? (《詩經·召南·行露》)

鳥獸之肉,不登於俎,皮革齒牙,骨角毛羽,不登於器。(《左傳·隱公五年》)

故差論其爪牙之士,皆列其舟車之衆,以攻中行氏而有之。(《墨子·非攻中》)

彼愛其爪牙,畏其仇敵。(《荀子·富國》)

至少到了中古時代,"牙、齒"的分別在口語中已經不存在了,而"牙"也就代替了"齒"。

《説文》:"脚,脛也。"《釋名·釋形體》:"脚,却也,以其坐時却在後也。"可見"脚"的本義是小腿,例如:

羊起而觸之,折其脚。(《墨子·明鬼下》)

乳閒股脚。(《莊子·徐无鬼》)

晉侯捽搏,捶笞臏脚。[臏脚,一種刑罰,就是割掉膝蓋骨。](《荀子·正論》)

孫子臏脚,兵法修列。(司馬遷《報任安書》)

昔司馬喜臏脚於宋,卒相中山。(《史記·鄒陽列傳》)

臣觀其舌齒牙,樹頰胲,吐唇吻,擢項頤,結股脚,連脽尻。(《漢書·東方朔傳》)

《莊子》和《漢書》"股、脚"連用,就是指大腿和小腿。但是,到了中古,"脚"在基本詞彙中已經代替了"足",這裏有一個典型的例子:

潛無履,王弘顧左右爲之造履。左右請履度,潛便於坐伸脚令度焉。(《晉書·陶潛傳》)

《説文》:"肌,肉也。"段玉裁説("肉"字注):"人曰肌,鳥獸曰肉。"[1]朱駿聲也説(《説文通訓定聲》"肉"字注):"在物曰肉,在人曰

---

① 徐灝《説文解字注箋》云:"此亦强爲分別。"但是,如果就一般情況而論,段注是對的。

肌。”就一般情況來説,這話完全是對的。《孟子》所謂“衣帛食肉”(《梁惠王》)當然是指雞豚的肉。但是,在和“骨”對稱的時候,雖然指人,也可以稱“肉”①,例如:

　　衣三領,足以朽肉;棺三寸,足以朽骸。(《墨子·節用中》)

　　棺三寸,足以朽骨;衣三領,足以朽肉。(同上,《節葬下》)

　　楚之南,有炎人國者,其親戚死,朽其肉而棄之,然後埋其骨。(同上)

　　吾使司命復生子形,爲子骨肉肌膚。(《莊子·至樂》)

　　安禽獸行,虎狼貪,故脯巨人而炙嬰兒矣……彼乃將食其肉而齕其骨也。(《荀子·正論》)

至於“肉刑”,也不稱爲“肌刑”,例如:

　　治古無肉刑,而有象刑。〔治古,上古太平之世。象刑,要犯罪的人穿上有特種識別的衣服,以表示精神上、名譽上的懲罰,叫做“象刑”。〕(《荀子·正論》)

　　非獨不用肉刑,亦不用象刑矣。(同上)

可見“肌”雖然絕對不能用於鳥獸,“肉”却不是絕對不能用於人,只是這種應用是有條件的而已。

　　“皮”字在先秦却是專指獸皮來説的,獸的皮叫做“皮”,人的皮叫做“膚”,分别得很清楚,例如:

　　島夷皮服。〔海島上的人穿皮衣。〕(《書經·禹貢》)

　　具鑪橐,橐以牛皮。〔橐,鼓風用的風箱一類的東西。〕(《墨子·備穴》)

　　以上指獸皮。

　　餓其體膚。(《孟子·告子下》)

　　無使土親膚。(同上,《公孫丑下》)

　　蚊虻噆膚,則通昔不寐矣。〔噆,齧。通昔,通夕。〕(《莊子·天

① 林義光《文源》云:“生人之肉曰肌,俗亦或稱肉。”他大約看見骨肉多指死人,所以説生人之肉曰肌。那種解釋不是正確的,因爲有些地方不指死人。

運》）

噬膚滅鼻无咎。［噬，咬。］（《易經·噬嗑》）

以上指人的皮膚。

到了漢代，"皮"字才用於人的皮膚，例如：

乃割皮解肌，訣脈結筋。（《史記·扁鵲倉公列傳》）

（三）方位和時令

方位和時令的概念的形成，比起自然現象和肢體來，應該是晚得多；因爲這應該是人類文化相當發達以後的事。但是，在我們現在所能看見的最古的史料——三千多年前的甲骨文中，已經有許多表示這些概念的詞出現了。關於方位，在甲骨文裏，"東、西、南、北、上、下"俱全；關於時令，甲骨文只有"年、月、日"和"春、秋"，可見四季的概念是比較後起的。

關於方位，有下列的一些例子：

西序東嚮。［西序，西厢房。］（《書經·顧命》）

南至于華陰。（同上，《禹貢》）

爲壇於南方，北面。（同上，《金縢》）

光被四表，格于上下。（同上，《堯典》）

從造字的情況來看，可能是上下的概念的形成早於四方的概念。"上、下"是所謂指事字，屬於獨體，是所謂初文。東，據《説文》説是"日在木中"，那是靠不住的説法①。"南，草木至南方有枝任也。"也説不出個道理來。至於"西"和"北"，許慎以爲是鳥栖的"栖"和違背的"背"，更和四方無關。大約因爲四方的概念是後起的，就用假借字（連"東、南"也都可能是假借字）。

時令的"日、月"就是天象的"日、月"，這是很自然的發展，因爲每一次日升日落就是一天，每一次月圓就是一個月。天象的日和時令的

---

①　林義光《文源》云："按古作𣎅，中不從日（古日作⊖，不作日）。"

日,在古埃及文字裏也同屬於一個字(寫作◎),但是讀音不同(前者讀 re,後者讀 hrw)①。在漢語裏,不但同字,而且同音。至於天象的月和時令的月相一致,那是和我國古代的曆法(陰曆)有關係的。

"年、歲"和"春、秋",都是從農業用語發展來的。《説文》:"年,穀熟也。"上古史料完全證實了這個原始意義。在最初的時候,也許"年"只是穀,甲骨文中的"我受年"等於説"我受禾"。但是,到了周代,"年"已經是穀熟的意義了②,例如:

爾厥有幹有年于兹洛。(《書經·多士》)

祈年孔夙,方社不莫。[很早就祈求豐收,祭祀方神和社神也不晚。](《詩經·大雅·雲漢》)

五穀每年一熟,所以由穀熟的意義轉爲時令的年是很自然的。時令的"年"在先秦時代也已經出現了,例如:

天惟五年須暇之子孫。(《書經·多方》)

公其以予萬億年敬天之休,拜手稽首誨言。(同上,《洛誥》)

自我不見,于今三年。(《詩經·豳風·東山》)

《説文》:"歲,木星也。"這是以後起的意義當作本義。甲骨文中有"今歲、來歲"的説法,"歲"不是表時令的年歲;一歲最初可能是指一個收獲的季節。由這一意義再轉到穀熟或年成的意義,例如:

國人望君如望歲焉。[杜注:"歲,年穀也。"](《左傳·哀公十六年》)

人死則曰:"非我也,歲也。"是何異於刺人而殺之曰:"非我也,兵也。"王無罪歲,斯天下之民至焉。(《孟子·梁惠王上》)

樂歲粒米狼戾。(同上,《滕文公上》)

富歲子弟多賴,凶歲子弟多暴。(同上,《告子上》)

---

① 參看柯恩《文字論》(M. Cohen l'Ecriture)33 頁。

② "稔"字也有類似的情況,《説文》:"稔,穀熟也。"《左傳·襄公二十七年》"所謂不及五稔者"注:"年也。"

由穀熟或年成的意義再轉爲時令的年歲。“歲”的這一意義也是在很古的時候就出現了，例如：

期三百有六旬有六日，以閏月定四時成歲。（《書經·堯典》）

四五紀：一曰歲，二曰月，三曰日，四曰星辰，五曰曆數。（同上，《洪範》）

三歲爲婦，靡室勞矣。（《詩經·衛風·氓》）

嗟我婦子，曰爲改歲，入此室處。（同上，《豳風·七月》）

夏后殷周之相受也，數百歲矣。（《墨子·耕柱》）

“歲”在漢以後轉化爲年齡的意義（《漢書·武帝紀》“咸聞呼萬歲者三”）；這樣，在口語裏“年”和“歲”有了分工。在漢以前，年齡稱“年”不稱“歲”（《左傳·定公四年》“五叔無官，豈尚年哉？”）。時令的年和年齡的相通也是很自然的。法語的 an 既表示年，也表示年齡；但 année 一般只表示年，不表示年齡。其中年和年齡的關係及其分工，同漢語的情況有相仿佛的地方。

《説文》：“秋，禾穀熟也。”可見“秋”的本義和“年”差不多。關於“秋”的本義，也有兩個例子：

若農服田力穡，乃亦有秋。（《書經·盤庚》）

孟夏之月……靡草死，麥秋至。[靡草，莖葉細小的雜草。麥秋，麥子熟（的季節）。]（《禮記·月令》）

“秋”和“年”的本義雖相近，後來却發展爲不同的兩種意義。“秋”指穀熟的時期；一般穀物都是秋天收成的，所以把收成的季節叫做“秋”。

《説文》“春”作“萅”，解云：“推也，從日從艸，艸春時生也。”《尚書大傳·唐傳》：“春，出也，物之出也。”“春、推”文微對轉，“春、出”文物對轉。聲訓雖然不盡可靠，但是由於春天草木出地，所以把播種的季節叫做春天，那完全是可能的。

由此可見，古人舉“春秋”來代表四時（《詩經·魯頌·閟宮》“春秋匪懈”），上古把歷史叫做“春秋”（孔子修《春秋》），這并不是偶然的。一方面，因爲最初的時候一年只有春、秋兩季；另方面，因爲春和秋是和農業生産最有關係的季節。

"夏"字的來源,也可能和農業有關。《説文》:"夏,中國之人也。"這未必是本義。朱駿聲説:"此字本誼當訓大也,萬物寬假之時也。"這種解釋比較可取。楊雄《方言·一》:"秦晉之間凡物壯大謂之嘏,或曰夏。"又説:"自關而西,秦晉之間,凡物之壯大者而愛偉之謂之夏,周鄭之間謂之嘏。"夏天農作物長大了,這個季節就叫做夏,和"春、秋"二字正好相配。

《説文》:"冬,四時盡也。从仌,从夊。夊,古文終字。"這個解釋相當可信。"冬"的意思只是一年最後的一個季節。

下面是一些有關時令的例子:

期三百有六旬有六日,以閏月定四時成歲。[期,一周年。](《書經·堯典》)

歲二月,東巡守。(同上,《舜典》)

日中星鳥以殷仲春。[日中,晝夜平分,指春分節。鳥,星宿的名稱。殷,正,作爲標準的意思。](同上,《堯典》)

宵中星虚以殷仲秋。[宵中,指秋分節。虚,星宿的名稱。](同上)

日月之行則有冬有夏。(同上,《洪範》)

最初的時候,一年只分春、秋兩季,而没有分出夏、冬;春、秋時代才有夏、冬之分。從這時開始,一年才分四季。

(四)親屬的名稱

關於親屬的名稱,只談"父、母、子、女、祖、孫、伯、叔、兄、弟、姊、妹"這十二個詞及其變化。

"父"和"母"自古是基本詞。"父"和現代的"爸"、"母"和現代的"媽",很可能是一個來源。"父"的上古音是 b'ĭwɑ,"母"的上古音是 mĭwə,演變爲 pɑ、mɑ 完全是可能的。

"子、女"都是基本詞,不必詳細討論。只有"兒子"的"兒"字值得談一談。"兒"在先秦只是孩子的意思,例如《老子》:"常德不離,復歸於嬰兒。"由孩子到兒子,詞義的轉變是很自然的,所以到了漢代,"兒"字就兼有兒子的意義,例如《漢書·項籍傳》:"外黃令舍人兒,年十三,往説羽。"《廣雅·釋親》:"兒,子也。"就是承認這一個事實。

《説文》:"祖,始廟也。"甲骨文"祖"字作"且",不從"示",始廟之説自不能成立。"祖"原來就是親屬稱謂,但所稱的不限於一代,凡祖父的一輩和自祖父以上的皆稱"祖"。《説文》説:"子之子曰孫。"這是對的。但是,孫亦不限於一代。

"伯、叔"在上古只用於排行。"伯"是老大,"仲"是老二,"叔"是老三,"季"是老四。"伯、叔"有時也可以只指長幼,并且通用於男女,例如:

伯氏吹壎,仲氏吹篪。(《詩經·小雅·何人斯》)

問我諸姑,遂及伯姊。[伯姊,長姊。](同上,《邶風·泉水》)

周有八士:伯達,伯適,仲突,仲忽,叔夜,叔夏,季隨,季騧。(《論語·微子》)

鄉人長於伯兄一歲,則誰敬?(《孟子·告子上》)

舅姑之愛己,由叔妹之譽己也。[叔妹,小姑。](《後漢書·曹世叔妻傳》引班昭《女誡》)

在上古時代,表示父親的兄或弟要用"伯父"或"叔父",不能單用"伯、叔"。《釋名·釋親屬》:"父之兄曰世父……又曰伯父……父之弟曰仲父……仲父之弟曰叔父……叔父之弟曰季父。"例如:

喪禮,君與父母妻後子死,三年喪服,伯父叔父兄弟期,族人五月,姑姊舅甥皆有數月之喪。(《墨子·公孟》)

到了中古時代,才能單用"伯、叔"來代表父輩,例如:

諸姑伯叔,猶子比兒。(梁周興嗣《千字文》)

伯既如此,無心獨存。(《南史》)①

"兄、弟、姊、妹"没有什麽可討論的。值得討論的是:在現代口語

---

① 編者注:該例文集本換爲《顏氏家訓·風操》的"古人皆呼伯父叔父,而今世單呼伯叔"。

裏，"兄"讓位給"哥"，"姊"讓位給"姐"，這"哥、姐"是怎樣來的？

《説文》："哥，聲也，从二可，古文以爲歌字。"這和"哥哥"的"哥"没有關係。從唐代起，"哥"字開始在口語裏代替了"兄"字[①]，例如：

岐王等奏之云："邠哥有術。"（《舊唐書・邠王守禮傳》）

帝呼寧王爲寧哥。（《酉陽雜俎》）

上幸寧王第，叙家人禮，上曰："大哥好作主人。"（張九齡《敕賜寧王池宴詩序》）

這"哥"字可能是外來語。須待進一步的研究，才能確定。

《説文》："蜀謂母曰姐。"《廣雅》："姐，母也。"《廣韻・馬韻》："姐，羌人呼母。"《集韻》："姊，母也，或作姐。"我們認爲現代漢語的"姐"是"姊"字古音的殘留（上古"姊"讀 tsĭei，轉爲 tçie）；"蜀謂母曰姐"的"姐"字也是"姊"字的轉音（《説文》云"讀若左"）。音小變而意義跟着改變，在方言裏不乏其例。

（五）關於生産的詞彙

按照社會生産發展的過程來説，應該是由漁獵社會到畜牧社會，再由畜牧社會到農業社會。但是，我們最早的語言史料——甲骨文——是殷代的東西，而殷代已經被證實爲進入了農業時代。因此，我們在叙述古代關於生産的基本詞彙的時候，就不必把漁獵、畜牧和農業分期叙述，我們只須把這三種有關生産的基本詞作一個綜合的叙述就够了。

首先我們注意到農業詞彙和漁獵詞彙的歷史聯繫。"畋獵"的"畋"在上古都只寫作"田"，例如：

文王不敢盤于游田。［盤，樂。］（《書經・無逸》）

---

① "哥"又可以用來稱父。《舊唐書・王琚傳》："玄宗泣曰：四哥仁孝。"四哥指睿宗。《淳化閣帖》有唐太宗與高宗書，稱"哥哥敕"。這可能是用低一級的稱呼來表示親熱；如果"哥"有父義，則"四哥"不可解。清高翔麟《説文字通》云："北齊太子稱生母爲姊姊，宋時呼生母爲大姊姊。"這種情形與"哥"字同。

　　叔于田，巷無居人。（《詩經・鄭風・叔于田》）

在甲骨文裏，"田"字雖也常常當畋獵講，但也當耕田講（例如"王大令
衆人曰協田，其受年"）。大約在遠古時代，畋獵是主要的生産方式，後
來耕田是主要的生産方式，就把"田"字也用到耕田上來，同時把所耕
的土地叫做"田"①。

　　再拿"獲"和"穫"爲例。對於畋獵所得，叫做"獲"（甲骨文作
"隻"）；對於農作所得，叫做"穫"（甲骨文作"隺"）。其實它們是同音
詞，在口語裏是毫無分別的。

　　這裏我們順便談一個和語法有關的詞彙情況。在原始時代，名詞
和動詞往往是分不開的。這種情況，在生産方面更加突出。上面談到
的"田"字，它一方面是名詞，一方面又是動詞，就是很好的一個例子。
此外我們可以再舉"魚、禽、獸"三字爲例。"魚"本來是名詞（《書經・
禹貢》"淮夷蠙珠曁魚"），直到後來都是這樣。至於動詞，在最初的時
候也可以寫作"魚"。甲骨文裏有"王其魚"，"魚"是動詞。《左傳・隱
公五年》"公將如棠觀魚者"［魚者，捕魚的人］，亦只作"魚"。後來人
們在字形上就把名詞的"魚"和動詞的"漁"分開。但是"魚、漁"既然
同音，我們不可以爲文字所迷惑，把它們分爲不同的兩個詞。

　　"禽"可能是先用做動詞，後用做名詞（甲骨文作畢，象捕鳥的
網）。不管怎樣，先秦已經"禽、獸"并稱（《左傳・襄公二十一年》"然
二子者，譬於禽獸，臣食其肉而寢處其皮矣"；《孟子・離婁下》"人之
所以異於禽獸者幾希"），可見"禽"也用作名詞來指稱鳥類了。在最
初的時候，擒獲的鳥叫"禽"，後來詞義引申，獵獲的獸類，甚至於擒獲
的人，也都叫做"禽"。《易經・井卦》"舊井無禽"，擒的是獸類，《左
傳・襄公二十四年》"收禽挾囚"，擒的是人，也都只寫作"禽"。至於

——————————

① 後來耕田的田寫作"畋"，《書經・多方》："畋爾田。"《說文》："畋，平田也。"可見耕田的
　田正是應該寫作"畋"，和畋獵的"畋"同形。其所以這樣顯得混亂，就因爲二者本來都
　是主要的生産方式。卜辭田獵的"田"和耕田的"田"無別。

動詞的擒,經傳一般也寫作"禽",例如:

> 齊師敗績,知伯親禽顏庚。(《左傳·哀公二十三年》)
>
> 使死士再禽焉。(同上,《定公十四年》)
>
> 王乎[手]禽費中惡來,眾畔[叛]百走。(《墨子·明鬼下》)
>
> 引機發梁,適人可禽。(同上,《備城門》)
>
> 服者不禽,格者不舍。(《荀子·議兵》)

寫作"擒"的只有個別的例子:

> 是我兵未出而勁韓以威擒,强齊以義從矣。(《韓非子·存韓》)

"獸"字似乎只用作名詞了。其實不然。甲骨文有"王弜漁,其獸","獸"字是動詞。這個動詞後來寫作"狩",就看不出它和"獸"的真正關係,例如:

> 叔于狩,巷無飲酒。(《詩經·鄭風·叔于田》)
>
> 東有甫草,駕言行狩。(同上,《小雅·車攻》)
>
> 明夷于南狩。(《易經·明夷》)

"獸、狩"既然完全同音,我們就應該打破文字的障礙去看它們之間的詞義聯繫①。至於冬獵爲狩的說法只是後起的解釋,是不能拿來說明語源的。

其次,我們注意到某些詞雖然在後代死亡了,它們在上古可能算是基本詞。在漁獵時代,人們有必要辨別許多的魚類、鳥類和獸類。舉例來說,鹿類有鹿、有麋、有麢(麈)等,而且牝鹿叫做"麀",鹿子叫做"麛"(麝)。這是因爲當時確有仔細區別的必要。在畜牧時代,人們也有必要區別家畜的詳細種類。試以豬類爲例:

> 乃社于新邑,牛一,羊一,豕一。[社,某種祭祀。](《書經·召誥》)
>
> 有豕白蹢,烝涉波矣。[蹢,蹄。烝,眾。](《詩經·小雅·漸漸之石》)

----

① 《詩經·小雅·車攻》"搏獸於敖"箋:"獸,田獵搏獸也。"可見"獸"也用作動詞。《左傳·襄公四年》"獸臣司原","獸臣"就是主管打獵的官。

豕是總稱。

彼茁者葭，壹發五豝……彼茁者蓬，一發五豵。[茁，初生壯盛的樣子。葭，蘆葦。蓬，蓬蒿。]（《說文》：“豝，牝豕也。”又：“豵，生六月豚也。”）（同上，《召南·騶虞》）

言私其豵，獻豜于公。[私，自己留下。]（《說文》：“豜，三歲豕。”）（同上，《豳風·七月》）

陽貨欲見孔子，孔子不見。歸孔子豚。（《說文》：“豚，小豕也。”）（《論語·陽貨》）

既定爾婁豬，盍歸吾艾豭。[婁豬，求子豬，就是待配的母豬。艾，老。歸，送還。]（《說文》：“豬，豕而三毛叢居者。”又：“豭，牡豕也。”）①（《左傳·定公十四年》）

在農業時代，人們也有必要辨別穀物的種類，例如：

亟其乘屋，其始播百穀。（《說文》：“穀，百穀之總名。”）（《詩經·豳風·七月》）

王出郊，天乃雨，反風，禾則盡起。（《說文》：“禾，嘉穀也。”）（《書經·金縢》）

越其罔有黍稷。[越、其，發語辭。罔，無。]（《說文》：“黍，禾屬而黏者是也。”又：“稷，齋也，五穀之長。”）（同上，《盤庚》）

爰采麥矣，沬之北也。（《詩經·鄘風·桑中》）

有稷有黍，有稻有秬。（箋：“秬，黑黍也。”）（同上，《魯頌·閟宮》）

王事靡盬，不能蓺稻粱。[盬，止息。蓺，種植。]（《說文》：“粱，米名也。”朱駿聲云：“今小米之大而不黏者，其細而黏者謂之秫。”）（同上，《唐風·鴇羽》）

以上所舉的詞，只有少數是沿用到現代并一直作爲基本詞的（如

---

① 《爾雅·釋獸》：“豕子，豬。”朱駿聲從此說。“三毛叢居”確不好講，但“豕子”的意義對於《左傳》這一段話又講不通。《左傳》杜注：“婁豬，求子豬也。”

“猪、稻、麥”），其餘都變了僻字或不常用的字（這是指北方話來説的。方言有不同的情况，例如“禾”在粤語裹是常用字，而“稻”反而不是常用字），或僅僅作爲詞素來出現（如“高粱”的“粱”）。有些詞雖也沿用到現代，但是意義範圍縮小了，例如現代的“穀”字，只指稻子的果實，不再是五穀的總名了；現代粤語裹的“禾”字，也只指稻子，不再指一般的穀類了。

（六）關於物質文化的詞彙

關於物質文化的詞彙，我們只舉幾個例子來談談。總説起來，也必須聯繫社會的發展來看物質文化方面基本詞彙的發展。

（甲）宫室方面。“宫、室”二字起源都很早。它們都和穴居有關。遠古人民掘地爲穴，半陷在地平面下，尚未脱離原始生活穴居的情况。有一種連環穴，正像甲骨文的“宫”字（呂，宮）[①]。至於“室”字，它是和“垤”字相通的。《詩經·豳風·東山》“鸛鳴於垤”傳：“蟻冢也。”其實不但蟻冢[螞蟻窠]叫做“垤”，人冢也叫做“垤”，不過寫作“室”罷了。《詩經·唐風·葛生》“百歲之後，歸于其室”箋：“室猶冢壙也。”在遠古時代，室就是穴，穴就是室。到了殷代，有了版築堂基上棟下宇的建造[②]，室和穴才有了分别。所以《詩經·王風·大車》説“穀[生]則異室，死則同穴”，把室和穴區别開來了。

“屋”在最初只是帳幕之類（同“幄”）。《詩經·大雅·抑》“尚不愧于屋漏”，毛傳：“屋，小帳也。”《左傳·文公十三年》“大室[太室]之屋壞”，説“室”又説“屋”，可見“室、屋”不是相同的東西[③]。但是，在《詩經》時代，版築的房屋也可以用屋的名稱，叫做“板屋”。《詩經·秦風·小戎》：“在其板屋。”甚至“板”字也可以不用，而單説成“屋”。

---

①② 參看郭寶鈞《輝縣發掘中的歷史參考資料》，見《新建設》1954 年 3 月號，40 頁。

③ 《詩經·秦風·權輿》“夏屋渠渠”箋：“屋，具也。”也不是房屋的意思。參看徐灝《説文解字注箋》“屋”字下。

《詩經·召南·行露》：“誰謂雀無角？何以穿我屋？”這個“屋”可能就是指板屋。從此以後，“屋”的指帳幕的意義就逐漸消失而專指房屋了。

《説文》：“房，室在旁也。”這是正確的。段玉裁説：“凡堂之内，中爲正室，左右爲房，所謂東房西房也。”《書經·顧命》：“在西房……在東房。”《荀子·正論》：“侍西房。”都足以證明《説文》的解釋。

春秋以前沒有樓房，戰國有兩層的房子（據最近出土的模型），因此也就産生了“樓”字①，例如：

城上百步一樓。（《墨子·備城門》）

備穴者，城内爲高樓。（同上，《備穴》）

志愛公利，重樓疏堂。（《荀子·賦篇》）

（乙）衣服。關於衣服，只談帽子、褲子、鞋子和襪子。先秦時代，沒有現在這種帽子，只有所謂“冠”。而冠是二十歲才有資格戴的。《釋名·釋首飾》：“巾，謹也，二十成人，士冠，庶人巾。”“巾”作頭巾講，似乎是漢代的事。《説文》：“冃，小兒及蠻夷頭衣也。”這就是後代的“帽”字。《荀子·哀公》：“古之王者有務而拘領者矣。”“務”就是“帽”。但也都不一定像現代的帽子。

《説文》：“絝，脛衣也。”這是套褲（袴、絝）。若像現代的褲子，則叫做“褌”（朱駿聲説）。無論袴或褌都不見於先秦史料；當時人們只穿裳，不穿褲子。《説文》：“常［裳］，下帬［裙］也。”《詩經·魏風·葛屨》“可以縫裳”箋：“男子之下服。”

最早的時候，鞋子叫做“屨”，周末以後，又叫做“履”。“屨”和“履”是古今語的分別②，例如：

---

① 《孟子·告子》“方寸之木，可使高於岑樓”，趙注：“岑樓，山之鋭嶺者。”這“樓”不是樓房的“樓”。

② 段玉裁（《説文解字注》“屨”字下）説：“《易》《詩》《三禮》《春秋傳》《孟子》皆言屨，不言履，周末諸子漢人書乃言履。《詩》《易》凡三履，皆謂踐也。然則履本訓踐，後以爲屨名，古今語異耳。”

糾糾葛屨,可以履霜。(《詩經·魏風·葛屨》)

公懼,隊[墜]於車,傷足喪屨。反,誅[責]屨於徒人費。(《左傳·莊公八年》)

郤克傷於矢,流血及屨,未絕鼓音。(同上,《成公二年》)

今之禽獸麋鹿蜚鳥貞蟲,因其羽毛以爲衣裘,因其蹄蚤以爲絝屨,因其水草以爲飲食。(《墨子·非樂上》)

至舍,進盥漱巾櫛,脫屨戶外,膝行而前。(《莊子·寓言》)

以上是用"屨"。

是故聖王作爲宮室,便於生,不以爲觀樂也;作爲衣服帶履,便於身,不以爲辟怪也。(《墨子·辭過》)

今謂人曰:"予子冠履,而斷子之手足,子爲之乎?"必不爲。何故?則冠履不若手足之貴也。(同上,《貴義》)

夫迹,履之所出,而迹豈履哉?(《莊子·天運》)

以上是用"履"。

先秦還有所謂"扉"。"扉"是草做的,而且似乎是方言用語①,例如:

若出於陳鄭之間,共其資糧扉屨,其可也。(《左傳·僖公四年》)

後來又出現了"屩"("蹻"),例如:

嬴滕履蹻,負書擔囊。(《戰國策·秦策》)

躡屩而見之。(《史記·孟嘗君列傳》)

躡蹻擔簦。(同上,《平原君虞卿列傳》)

布衣草蹻而牧羊。(《漢書·卜式傳》)

《廣韻·藥韻》:"屩,草履也。"這樣,"屩"可能就是《左傳》裏所説的"扉",只是古今語不同而已。

到了漢代,"履"已經成爲鞋子的通稱,《方言》:"履,其通語也。"而且在漢代,又有了"鞮",是皮做的鞋子。"鞮、鞵"是古今字。中古

---

① 《方言》:"扉、屨、麤,履也。徐兗之郊謂之扉。"《釋名·釋衣服》:"齊人謂韋屨曰扉。"依這個解釋,"扉"就是方言詞。

以後，一般鞋子(不一定是皮做的)都叫做"鞋(鞵)"了，例如：

鄴下一領軍貪甚……坐事伏法，籍其家產，麻鞋一屋……。(《顏氏家訓·治家》)

白頭厭伴漁人宿，黃帽青鞋歸去來。(杜甫《發劉郎浦》)

美人蹋上歌舞來，羅襪繡鞵隨步没。(白居易《紅綫毯》)

竹鞵葵扇白絹巾，林野爲家雲是身。(白居易《游豐樂招提佛光三寺》)

剗襪步香堦，手提金縷鞋。(李煜《菩薩蠻》)

先秦已有襪子。《左傳·哀公二十五年》："褚師聲子韤而登席。""韤(襪)"古今字。顧炎武説："古人之韤，大抵以皮爲之。"

(三)傢具。關於傢具，只談床、桌子和椅子。

古人很早就有了床(《左傳·莊公八年》"遂入殺孟陽於床"；《宣公十五年》"登子反之床")。床是坐卧兩用的。上古的人坐於床，床前有几(段玉裁説)。供坐的床一直傳到近代。

上古没有桌子，只有几。几，長方形，很矮，在床前或席前。除几之外還有案，案只是上食的木盤加脚。《急就篇》"檈杅槃案"，顏注："無足曰槃(盤)，有足曰案。"漢梁鴻舉案齊眉，就是這個案。後來由食盤(木製)引申爲食桌，再由食桌引申爲一般的桌子。《後漢書·劉玄傳》已經有所謂"書案"。桌本作"卓"，後來寫作"棹、桌"，起源很晚，大約是在宋代(楊億《談苑》"咸平景德中，主家造檀香倚卓")。

上古的人們既然坐在席上或床上，所以没有椅子。南北朝人所謂"坐(座)"，大約已經是坐具。椅本作"倚"，後作"椅"，大約起源於宋代；據説是因爲後面可以倚靠，才叫"椅"。

＊　　＊　　＊　　＊　　＊

由上面所陳述的事實，可以引出下面的一些結論：

第一，漢語的基本詞彙是富於穩固性的；多數的基本詞有了幾千年(或者是幾百年)的壽命。在複音詞逐漸發展以後，有些基本詞轉變爲詞素(如"月亮"的"月")。

第二，基本詞彙雖然穩定，變化還是可能的。首先是跟着社會的發展而發展。古代需要區別的東西（如"犯、豵"），後代不再需要區別了。古代存在的東西（如"冠"），後代不再存在了。其次是轉化，如"眼、脚、屋、案"。有些轉化是跟社會發展有關係的，如"宮、室"。最後是方言和外來語的影響，如"頭、哥"。

第三，古代没有而後代產生的東西，當然需要產生新詞。戰國的"樓"字，宋代的"桌"字、"椅"字，都是好例子。

第四，一般詞彙的詞可以轉變爲基本詞彙的詞，例如"嘴"。反過來說，基本詞彙的詞也可以轉變爲一般詞彙的詞。

第五，階級習慣語和行業語也可以轉變爲基本詞彙，例如"太陽"本來是道家的行業語。反過來說，基本詞彙也可以轉變爲階級習慣語和行業語，例如人稱代詞"朕"字（"朕"字在先秦是一般的人稱代詞，秦以後變成了皇帝專用的人稱代詞）。

這些結論還不够全面，只是揀重要的來說一説罷了。

第二節　鴉片戰争以前漢語的借詞和譯詞

借詞和譯詞都是受别的語言的影響而產生的新詞，它們所表示的是一些新的概念。當我們把别的語言中的詞連音帶義都接受過來的時候，就把這種詞叫做"借詞"，也就是一般所謂音譯；當我們利用漢語原來的構詞方式把别的語言中的詞所代表的概念介紹到漢語中來的時候，就把這種詞叫做"譯詞"，也就是一般所謂意譯。有人以爲：音譯和意譯都應該稱爲外來語。我們以爲：只有借詞才是外來語，而譯詞不應該算做外來語。漢語的借詞和譯詞都可以分爲兩種：一種是來自國内各族的，另一種是來自國外的。

國内各族語言對漢語詞彙的影響是很自然的。中國歷史上曾經有過種族雜居的情況。在南北朝時代，所謂五胡十六國，就是種族雜居的時代，漢族語言不可避免地要受到他族語言的影響。北魏孝文帝禁用“胡語”（495），可見當時鮮卑語已經相當通行。顏之推在《顏氏家訓》裏批評漢族士大夫教子弟學習鮮卑語，以便作官①。那時已經是北齊時代，可見北魏禁胡語并沒有發生很大的效果。雜居的兩族互相學習語言，因而互相影響，這是必然的事。後來元人和滿人統治中國，漢語也一定受到過蒙古語和滿語的影響。不僅如此，在漢代以前，浙江、福建一帶就不是漢族所居住的地方（所謂“百越”），等到漢族人到了，也一定有一個種族雜居的時期。至於廣東、廣西等省的語言受他族語言的影響，更是意料中的事②。因此，現代漢語普通話和各地漢語方言裏就有不少受國內各族語言影響而產生的詞，例如“車站”的“站”字，就是從蒙古語借來的（原音 jam）③。又如現代北京話把“巷”叫做“胡同”，這“胡同（衚衕）”一詞首先見於元人的作品④，也可能借自蒙古語。粵語中的“惗（nɐm 細想）、一嗒”（jɐt kɐu 即“一團”）等詞可以肯定是從壯語裏借來的。此外各地漢語方言裏某些無字可表的、而又不能一一從《説文解字》和其他漢語字典裏找出它們的來源的詞，也可能是來自他族的語言。不過，因爲它們很早就進入了漢語詞彙裏，已經和漢語水乳交融，不容易考證出來就是了。

　　在本節裏，我們主要是討論第二種借詞和譯詞，就是來自國外的借詞和譯詞。

　　漢語中來自國外的借詞和譯詞又可以大致分爲三類：第一類是西域的借詞和譯詞，第二類是佛教的借詞和譯詞⑤，第三類是西洋的借詞

---

① 《顏氏家訓・教子篇》：“齊朝有一士大夫嘗謂吾曰：‘我有一兒年已十七，頗曉書疏。教其鮮卑語，及彈琵琶，稍欲通解。以此伏事公卿，無不寵愛。亦要事也。’吾時俯而不答。”
② 參看岑麒祥《從廣東方言中體察語言的交流和發展》，見《中國語文》1953 年 4 月號。
③ 漢語原來有個“站”字，它的本來意義是久立（依《廣韻》），它是“坐”的反義詞。參看羅常培《語言與文化》27 頁。
④ 《日下舊聞》：“‘衚衕’二字，元人有以入詩者。”
⑤ 中國傳統上所謂西域是包括印度在內的。佛教借詞和譯詞也是來自印度的。不過，因爲佛教借詞和譯詞影響大，所以分開來談。

和譯詞①。現在我們分別加以叙述。

（一）西域借詞和譯詞

西域的借詞和譯詞，大約是關於植物、動物、食品、用品、樂器等類的名詞。我們在這裏不能一一列舉，只揀一些比較容易知道的例子，舉出來談一談。

（1）葡萄。《史記·大宛列傳》："大宛在匈奴西南，在漢正西，去漢可萬里，有蒲陶酒，多善馬。"《通志略》二十四："葡萄藤生，傳自西域……張騫使西域，得其種而還，中國始有。"②

（2）安石榴。《博物志》："張騫使西域，得安石國榴種以歸，故名安石榴。"後來省稱爲"石榴"。

（3）苜蓿。《史記·大宛列傳》："馬嗜苜蓿，漢使取其實來，於是天子始種苜蓿蒲陶肥饒地。"

（4）師子。《漢書·西域傳》："烏弋有桃拔、師子、犀牛。""師子"就是獅子。

（5）篳篥。《通典》："篳篥出於胡中，其聲悲，胡人吹角以驚馬，後乃以筋爲首，竹爲管。"

（6）筋。《集韻·麻韻》："胡人卷蘆葉吹之也。"③

（7）酥。《説文》無"酥"字。《玉篇》卷十三："酥，酪也。"《韻會》："酥，酪屬，牛羊乳爲之，牛酥差勝。"《新唐書·地理志》："慶州順化郡土貢胡女、布、牛酥、麝、蠟。"

---

① 西域只指近東不包括西洋。而且西域借詞和譯詞同西洋的借詞和譯詞在時代上也距離很遠，所以區別開來談。

② "葡萄"應該是當時大宛語的譯音。這一個大宛語的詞大約是來自古波斯語的 Bàtak。美國籍德國學者勞弗爾（B. Lanfer）曾經這樣説過（見 Sino-Isanica 芝加哥，Field Museum of Natural History，1919）。波蘭赫邁萊夫斯基教授對此問題有很深入的討論，見於他所著的《以"葡萄"一詞爲例論古代漢語的借詞問題》（在北京大學的演講，發表在《北京大學學報》（人文科學）1957 年第 1 期）。

③ "琵琶、箜篌"等，疑皆來自西域，待詳考。

（8）玻瓈（頗黎）。《舊唐書·西域傳》："拂菻國貞觀十七年遣使獻赤玻瓈、綠金精，下詔答賚。"①韓愈《游青龍寺贈崔大補闕》："靈液屢進頗黎杯。"李商隱《飲食戲贈同舍》："半杯松葉凍頗黎。"

（9）靉靆。宋趙希鵠《洞天清禄集》："靉靆，老不辨細書，以此掩目則明。"《方輿勝略》："滿剌加國出靉靆。"《正字通》："靉靆，眼鏡也。"

以上所述，都是借詞。此外還有譯詞，一般是在漢語原有的名詞上面加上"胡"字，如"胡麻、胡瓜、胡豆（豌豆）、胡桃、胡荽、胡琴"等。"胡"的範圍很廣，例如"胡椒"來自摩伽陀國（見《酉陽雜俎》），摩伽陀屬印度，仍舊叫做"胡椒"。

這些借詞和譯詞以漢唐兩代産生的居多數。這是因爲漢唐兩代全盛時代都曾經采取向外擴張政策，所以和西域交通密切的緣故。

（二）佛教借詞和譯詞

佛教傳入中國，大概在漢武帝征服西域以後。漢明帝八年（65），派蔡愔到西域去求佛法；兩年後，蔡愔回來了，同時西域僧人摩騰、竺法蘭用白馬馱經到中國來，這是佛教正式傳入中國的開始。桓帝時，宮中立浮屠，譯佛經，佛教已爲統治階級某些人所信仰。自從東漢摩騰、竺法蘭同譯《四十二章經》，東晉鳩摩羅什翻譯《金剛經》《法華經》《維摩經》《阿彌陀經》，佛馱跋陀翻譯《華嚴經》之後，佛教更盛。佛家創造出天堂和地獄之説，爲被奴役的受苦受難的人們找到一條走向"極樂世界"的出路，所以佛教很快地爲人民所接受。統治階級利用它，一些國君信仰它（北魏宣武帝親講佛書，南朝梁武帝捨身同泰寺），更使佛教信徒滿天下了。佛教變成了人們生活不可缺少的一部分，佛教用語（包括借詞和譯詞）不可避免地要輸入漢語詞彙裏來。但是佛

---

① 拂菻國即東羅馬帝國。編者注：該出處文集本改爲《新唐書·西戎傳》："貞觀十七年拂菻王波多力遣使獻赤玻瓈、綠金精等物。"

教借詞和譯詞同西域借詞和譯詞有些不同：按時代的先後來説，西域借詞和譯詞的時代要早得多（大約早五百年），雖然後代也有一些；按影響的大小來説，佛教借詞和譯詞的影響要大得多。

我們先從佛教專門用語談起，例如：

禪（＝禪那）：静慮①　　　　　　偈（極藝切＝偈陀）：頌

般若：智慧　　　　　　　　　　菩提：覺

悉檀：成就　　　　　　　　　　闍梨：軌範

摩尼：寶珠　　　　　　　　　　摩訶：大，多，勝

優婆塞：信士　　　　　　　　　優婆夷：信女

刹：佛國，佛寺，塔，塔上所立竿柱

伽藍：佛寺　　　　　　　　　　蘭若：僧舍

假使只像上面所舉的例子，佛教用語對於漢語的影響是不大的，因爲那些佛教專門用語只能通行於鑽研佛教經典的少數人中間，不能成爲全民的語言。但是，另外有一些詞的情形就不同了，它們已經進入了全民的語言裏，例如：

（1）佛。初譯"浮屠、浮圖、佛圖、佛陀"，最後簡稱爲"佛"。

（2）塔。初譯"浮屠"（與"佛"同譯名），但梵語爲"窣堵坡"（或譯"率都婆"），故簡稱爲"塔"（此詞出現較晚）。

（3）僧。梵語"僧伽"的簡稱。"僧伽"是衆和合的意思。

（4）尼。梵語"比丘尼"的簡稱，原義是女子出家受具足戒者（男的稱爲"比丘"，就是和尚）。

（5）和尚。這是印度俗語"烏社、和社"的轉訛，本是"親教師"的意思。本來道行高的才叫和尚，後來"和尚"和"僧"變了同義詞。

（6）菩薩。全名是"菩提薩埵"，是大覺有情的意思（"有情"等於"衆生"，即一切的人類和動物）。

（7）羅漢。"阿羅漢"的簡稱，意譯是佛家聖者。

① 譯義不能和原義完全相當。正因爲如此，所以要用音譯。

（8）閻羅。鬼王的意思。

（9）地獄。梵語"泥犂"的意譯。

這些都是家喻户曉的字眼，它們的全民性是顯然的。《隋書·韓擒虎傳》："生爲上柱國，死作閻羅王，斯亦足矣。"《宋史·包拯傳》："關節不到①，有閻羅包老。"可見這些詞早已進入一般口語裏了。

如果只像上面這些詞，那還不算深入到漢語的血液裏，因爲它們還令人意識到它們是佛教的用語。一旦佛教衰微了，它們就會漸趨於死亡。

但是，還有一類的佛教用語，它們深入到漢語的血液裏，令人不能再意識到它們的來源。這樣，它們已經變了質，不能再認爲佛教用語了。它們的壽命還長得很呢！現在試舉幾個例子來看。

（1）世界。現在我們所謂"世界"，上古漢語裏叫做"天下"（當然先民心目中的天下要比現在的世界小得多）。"世界"這個名詞是從佛經來的，它的最初意義和現代意義還不相同。《楞嚴經》："世爲遷流，界爲方位。汝今當知，東、西、南、北、東南、西南、東北、西北、上、下爲界，過去、未來、現在爲世。"由此看來，"世"是時間的意思，"界"是空間的意思。"世界"本來是包括時間、空間來說的，略等於漢語原有的"宇宙"（《淮南子·原道訓》"紘宇宙而章三光"注"四方上下曰宇，古往今來曰宙"）。在佛經裏，世和界的分別是很嚴格的。"三世"指過去、未來和現在（如"三世因果"）；"三界"指欲界、色界和無色界。後來"世界"的意義到了大衆口語裏起了變化②，原來"世"的意義消失了，原來"界"的意義吞并了"世"的意義，大致保存着十方的意思，於是成爲現在所謂"世界"③。現在這一個詞已經進入基本詞彙了。"保衛世界和平"成爲一般的口號了。

（2）現在。"現在"本作"見在"。《論衡·正說篇》："夫《尚書》滅

---

① 通賄賂叫做"關節"。

② 可能在翻譯中就有出入，例如《智度論》和《俱舍論》（唐玄奘譯），其中的"大千世界"就是只指空間而言。

③ "眼界"等詞也都是從佛教用語來的。

絶於秦，其見在者二十九篇。"這裏的"見在"只是目前存在，和佛經"現在"的意義是不同的。翻譯佛經的人利用這個仍語翻譯梵語一個單詞，於是"現在"有了新的意義。和"世界"一樣，"現在"這一個詞已經進入了基本詞彙。"過去"和"未來"的情形也和這個情形相似，都是由於佛經的翻譯，由仍語變爲單詞（"未來"又演變爲"將來"），并且獲得了新的涵義。但是，在現代口語裏，它們還不像"現在"那樣和日常生活密切聯繫。

（3）因果。上古時代，"因、果"二字是不連用的。上古的"因"字是因依的意思，"果"字是果實的意思。翻譯佛經的人借它們來翻譯對稱的原因和結果。佛教以爲凡種因者必結果，因此有所謂"果報"或"報應"。現代利用"因果"來作哲學名詞，例如邏輯和辯證法的"因果"。

（4）結果。由結成果實引申爲原因所造成的後果。"結果"這個詞也是從佛教的"因果"來的。

（5）莊嚴。上古"莊、嚴"二字不連用，但它們是同義詞①。所以翻譯家就把它們組合成爲複音詞來翻譯佛經。《阿彌陀經》："功德莊嚴。"《華嚴探玄記》："莊嚴有二義，一是具德義，二交飾義。"現代漢語所謂"莊嚴"是嚴肅莊重的意思，和佛經原義不同，但它是由佛經的"莊嚴"發展來的。

（6）法寶。佛教以佛、法、僧爲三寶。法寶是三寶之一。《維摩經佛國品》："集象法寶，如誨道師。"這個名詞通過舊小説來轉變了意義，舊小説裏説道人和和尚有法寶。到了現代，"法寶"這個詞用得更普遍了，而且具有了新的意義，例如《毛澤東選集》第二卷 573 頁："統一戰綫，武裝門爭，黨的建設，是中國共産黨在中國革命中戰勝敵人的三個法寶，三個主要的法寶。"

（7）圓滿。晉譯《華嚴經》："顯現自在力，演説圓滿經。""圓滿"是圓融無礙的意思。現在我們説一件事情得到了圓滿的解決。

————————

① 嚴助、嚴光（即嚴子陵）、嚴遵等本皆姓莊，因避漢明帝諱改姓嚴。

（8）魔鬼。佛教傳入中國以前，漢語中没有"魔"字。"魔"是梵語"魔羅"的簡稱，其義爲障害、破壞等。《楞嚴經》："降服諸魔。"古人單用"魔"字，直到現代漢語裏，才説成"魔鬼"。

除此之外，佛教用語進入一般口語的還有許多，例如現代把讀書説成念書，這"念"字就是從佛教用語"念佛、念經"來的。我們説"緣份、因緣、姻緣"，這"緣"字也是從佛經來的。我們説"功德無量、五體投地"，整個成語都是佛教用語。

由上面的例子看來，佛教用語對於漢語的影響是巨大的。個別佛教用語在個別方言裏影響特別大，例如"世界"一例在粤方言裏用途特別廣，有：好世界（生活好）、捞世界（謀生）、嘆世界（享福）、傾世界（談生活）。"世界"簡直和"生活"差不多了。粤語本來有"前世冇修"的説法（冇，念[mou]，没有的意思），後來拆開來用："前世"變了埋怨的感嘆詞；"冇修"（有人寫作"冇收"）表示事情做不好。在吳方言裏，"作孽"表示可憐。

從上面佛教用語的具體事例看來，意譯比音譯更有發展的前途，例如"世界、現在、法寶、莊嚴、因果、圓滿"等，都容易和漢語原來的詞彙融爲一體。這一個意譯的優良傳統，一直到現代都没有改變。這是漢語在外語影響下産生新詞的特點。

（三）西洋借詞和譯詞

明清之際，我國開始了和歐洲的交通，西洋的傳教士和商人陸續來到了中國。他們從光輝的中國文化寶藏中吸取了不少的新東西，同時他們也把歐洲的文化介紹到我國來。這種文化交流自然影響到語言，因此，近代漢語裏也就出現了一些西洋語言的借詞和譯詞，例如：

（1）鴉片。《本草綱目》穀部"阿芙蓉"下説："阿芙蓉，一名阿片，俗作鴉片，是罌粟花之津液也。""鴉片"這個詞是從英語 Opium 借來的。

（2）火輪舟。《海國圖志》卷二①："有能造西洋戰艦,火輪舟……者爲科甲出。""火輪舟"在同書裏有時候叫"火輪船",也就是今天的"輪船"。

（3）火輪車。《海國圖志》卷八十三："且火機所施不獨舟也,又有火輪車。車旁插鐵管煮水壓蒸動輪,其後竪縛數十車,皆火車拉動,每一時走四十餘里。""火輪車"就是"火車"。當時"火車"這個詞也出現了,但是它專指火車頭,到後來它才代替"火輪車",指整個列車的。

（4）鐵轍。《海國圖志》卷八十三："欲施此車[指火輪車],先平其險路,鋪以鐵轍。""鐵轍"就是今天的"鐵軌"。

（5）轍路。《海國圖志》卷八十三："道光十年,英吉利國都兩大城間造轍路九十餘里,費銀四百萬員。""轍路"就是"鐵路"。但是"鐵路"這個譯名也已經出現了。同書同卷："西洋貿易不但航海,即其在本國水陸運載,亦力求易簡輕便之術:一曰運渠,一曰鐵路。"

（6）公司。《海國圖志》卷二："公司者,數十商輳資營運,出則通力合作,歸則計本均分,其局大而聯。"

（7）銀館。《海國圖志》卷八十三："銀館者,如中國之銀店,收銀代爲生息;但彼則國王自設之,或寄存銀,或支借,或出票。荷蘭國銀館始於萬曆三十七年。"因爲"銀館"（有時候譯作"銀鋪"）是外來的,所以譯名和原有的"銀店"有所區別,只是當時還沒有譯成"銀行"罷了。

此外,我們在《海國圖志》裏還看到"量天尺、千里鏡、自來火、千斤秤、螺絲釘、嗶嘰"以及"赤道、冷帶、温帶、熱帶、地球"等新詞,這些新詞有的是實物的名稱,有的是有關地理知識的名稱,都是漢語裏原來所沒有的。這些詞到了後來,雖然有些改變了譯名,例如"銀館"改

---

① 《海國圖志》,清人魏源撰。全書共一百卷,前六十卷成於 1842 年（道光二十二年）,後四十卷成於 1852 年（咸豐二年）。但是書中的新概念新名詞應該認爲在這以前已經傳入中國了。

爲“銀行”、“量天尺”改爲“寒暑表”、“千里鏡”改爲“望遠鏡”、“自來火”改爲“洋火”或“火柴”(但是吳語區直到今天還叫做“自來火”)、“千斤秤”改爲“起重機”、“冷帶”改爲“寒帶”,但是,它們的含義并没有什麼改變。

第三節　鴉片戰爭以後的新詞

鴉片戰爭以後,中國社會起了急劇的變化。隨着資本主義的萌芽[1],社會要求語言用工作上需要的新的詞和新的語來充實它的詞彙。特別是 1898 年(戊戌)的資產階級改良主義運動前後,“變法”的中心人物和一些開明人士曾經把西方民主主義的理論和一般西方文化傳播進來,於是漢語詞彙裏更需要增加大量的哲學上、政治上、經濟上、科學上和文學上的名詞術語。

現代漢語新詞的產生,比任何時期都多得多。佛教詞彙的輸入中國,在歷史上算是一件大事,但是,比起西洋詞彙的輸入,那就要差千百倍。

從鴉片戰爭到戊戌政變,新詞的產生是有限的。從戊戌政變到五四運動,新詞增加得比較快。五四運動以後,一方面把已經通行的新詞鞏固下來,另一方面還不斷地創造新詞,以適應不斷增長的文化需要。現在在一篇政治論文裏,新詞往往達到百分之七十以上。從詞彙的角度來看,最近五十年來漢語發展的速度超過以前的幾千年。

現代漢語新詞的產生,有兩個特點:第一個特點是儘量利用意譯;第二個特點是儘量利用日本譯名。現在我們分別敘述這兩個

---

[1]　“從(19 世紀)60 到 70 年代,湘淮軍閥在‘自强’的名義下,創辦了些軍需工業。他們聘雇外國技師,購用外國機器。他們也進行航運和煤礦的經營。在 80 年代,也開始有個別資本家在上海、武漢等處開辦小規模的五金工廠、造紙廠、火柴廠、繅絲廠”(中國歷史學會《中國歷史綱要》102 頁)。

特點。

（一）儘量利用意譯

　　現代漢語的新詞，雖然大多數是在西洋語言的影響下而産生的，但是有很多新詞不能認爲借詞。舉例來説，俄語借用英語的 tramway，就是把原詞吸收到俄語裏去；雖然改用俄語的字母，寫成 трамвай，但是它的讀音是和英語原音差不多的。這種情形是我們所謂音譯。在普通語言學上，一般所謂借詞也都是這種音譯。在現代漢語裏，這種音譯的情形很少。舉例來説，在較早時期的音譯有 dozen 譯爲"打臣"（後來簡化爲"打"）等；在較晚時期的音譯有 coffee 譯爲"咖啡"、sofa 譯爲"沙發"、soda 譯爲"蘇打"等。但是，比起意譯來，它們的數量是太少了。甚至有許多本來用音譯的詞，如 telephone 譯爲"德律風"、engine 譯爲"引擎"等，後來也改爲意譯，成爲"電話"和"發動機"等了。

　　英語 telephone 譯爲"電話"、engine 譯爲"發動機"，這一類譯法最爲常見，像上文所舉英語的 tramway，我們一開始就譯爲"電車"①。這是我們所謂意譯。意譯一般總是用仿語，而且以主從仿語占多數。等到仿語凝固化以後，才變爲單詞（參看第三章第十節）。

　　多數的新詞是由新的概念産生的。但是不能機械地瞭解新的概念，例如"政策"這一個概念，不能説原來漢人心目中絶對没有它，只是説没有經常地作爲一個概念來表現在語言裏。如果從這個角度上看，就連"可能、自然"之類也可以認爲新詞了。

　　意譯不算借詞，但是，有一種特殊的意譯是比較近似借詞的，那就是所謂"摹借"（英語 calque、俄語 калъка）。"摹借"是把外語中的一個詞（或一個成語）用同樣的構成方式搬到自己的語言裏來。這種詞往往有兩個以上的構成部分，摹借的時候就按照這些構成部分進行意

---

① "電車、電話、電信、電報"等可能是采用日譯，但這只能證明中日同樣喜歡意譯，不妨礙這裏的叙述。

譯，然後拼湊成詞，例如俄語摹借拉丁語"主語"這一個詞，拉丁原文是 subjectum，譯成俄語是 подлежащее（sub 和 под 是在下的意思，ject 和 лежать 是放置的意思）；又如俄語摹借拉丁語"感嘆詞"這一個詞，拉丁原文是 interjectio，譯成俄語是 междометие（inter 和 между 是在中間的意思，ject 和 метать 是投擲的意思）。漢語的"鐵路"就是一個摹借詞。在英語 railway 這一個詞裏面，rail 是"鐵條"，way 是"路"。如果拿法語來比較，法語"鐵路"叫做 chemin de fer，chemin 是"路"，fer 是"鐵"，就更顯得是摹借了。"機關槍"也是一個摹借詞。在英語 machinegun 這一個複合詞裏面，machine 是"機關"（機器），gun 是"槍"。在許多情況下，我們能知道摹借詞是從哪一種語言裏摹借過來的。就拿"機關槍"爲例，法語的"機關槍"叫做 mitrailleuse，俄語的"機關槍"叫做 пулемёт，可見漢語的"機關槍"不會是從法語或俄語等來的。德語的"機關槍"叫做 maschinengewehr，和英語 machinegun 的構詞法相同。由此可見，漢語"機關槍"不是從英語來的，就是從德語來的。英語對漢語的影響較大，我們有理由推斷漢語"機關槍"是從英語摹借來的。如果在同一語言裏有兩個同義詞，其中一個是複合詞，我們也就選中了這個複合詞而加以摹借，例如在英語裏"無綫電"說成 radio 或 wireless（前者是美國通用的，後者是英國通用的），我們選中了後者。

既然漢語在接受外語的影響的時候是儘量利用意譯來進行的，漢語裏的摹借詞也就比別的語言多些。讓我們舉兩個典型的例子來看。英語 football 傳到法語裏原封不動，仍舊是 football；傳到俄語裏，雖然用俄語字母改寫爲 футбол，也只不過是音譯。而我們的漢語却用摹借法把它吸收過來，以"足"對 foot，以"球"對 ball，於是譯成"足球"。英語 cocktail 傳到法語裏原封不動，傳到俄語裏雖然用俄語字母改寫爲 коктéйль，也只不過是音譯。而我們的漢語却用摹借法把它吸收過來,以"鷄"對 cock,以"尾"對 tail,再加上一個"酒"字,譯成了"鷄尾酒"①。

上節說過,意譯是漢語的優良傳統,因爲它簡單易懂,容易記憶,所以容易爲群衆所接受。意譯和漢字的特性也可能有點關係。預計拼音字母普遍推行以後,音譯可能增加一些,意譯可能減少一些;但是,意譯的優勢還是不容易動搖的。

(二)儘量利用日本的譯名

現代漢語中的意譯的詞語,大多數不是漢人自己創譯的,而是采用日本人的原譯②。換句話說,現代漢語吸收西洋詞語是通過日本語來吸收的。中國人介紹西洋文化在日本人之後,因此有可能通過日本語來吸收西洋文化。上一節已經說過,在鴉片戰争以前,由於海外交通,漢語已經吸收了一些西洋的詞語,例如"量天尺、轍路、銀館"等等。早期中國的啓蒙人物如嚴復等也曾經企圖自創譯名,但是這些譯名競争不過日本譯名。這一方面是由於鴉片戰争以前有一些譯名通行不廣或者是不大合乎科學,而嚴復等人的譯名又不太通俗,但更重要的一方面是明治維新給中國的政治影響。中國早期留學生以留學日本的爲多,他們很自然地把日本的譯名搬到中國來。其次,中國當時爲西洋語言(特别是英語)編詞典的人們由於貪圖便利,就照抄了日本人所編的西洋語言詞典的譯名。這樣,利用日本譯名就成爲一種風氣了。

在這種情况下,我們不應該認爲是漢語向日本語"借"詞。這些詞

---

① 漢語在接受外語的影響而産生新詞時,還可以用另外兩種辦法:(1)利用音譯把外語的詞翻譯過來,另外再加上一個用來表示大類名的詞,這裏所舉的"鷄尾酒"就是這樣的。其他的例子,如"啤酒",以"啤"譯 beer,再加上一個"酒"字;"卡車",以"卡"譯 car,再加上一個"車"字。(2)一半用音譯,一半用意譯,例如 ice-cream 譯成"冰激凌",ice 譯成"冰"是意譯,cream 譯成"激凌"是音譯。這第二種譯法是比較少見的。利用這兩種辦法産生的詞,我們仍舊認爲是借詞,而不另外獨立成一類。

② 現代漢語中的日本譯名,也有一些是音譯,例如"瓦斯、浪漫"等。不過這些音譯的詞很少,所以這裏撇開不談。

并不是日本語所固有的,它也不過是向西洋吸收過來的,就一般説,日本原有的詞我們并不需要借,因爲只有新概念才需要新詞,而新概念并不是日本原有的詞所能表示的。日本人創造了一些新詞來表達西洋傳到日本去的那些新概念,我們只是利用日本現成的翻譯,省得另起爐竈罷了。

爲什麽漢語和日本語可以共用一種譯名呢?因爲日本人翻譯西洋的新名詞就是用漢字翻譯的。漢語的成分在日本語裏是那樣根深柢固[①]。漢字在日本,簡直像希臘文和拉丁文在西洋各國一樣[②],它們可以被用來作爲構成日語新詞的基礎。日本語裏的漢字基本上是從中古漢語裏借過去的[③];日本語裏的漢字,才是真正來自漢語的借詞。現在,日本人用漢字構成了新詞,它們正好爲現代漢語服務。機械地抄襲,不敢用一個自造的譯名固然是不對的;但是避免日本譯名也是不必要的。

由日本傳到中國來的意譯的譯名,大致可以分爲兩種情況:第一種是利用古代漢語原有的詞語,而給予新的涵義;第二種是利用兩個漢字構成雙音詞,這些雙音詞按照漢語原義是講得通的(此類最多)。

(一)利用古代漢語原有的詞語,而給以新的涵義。如果漢人先譯,可能也是這樣譯的。但實際上是日本人先譯,中國人也就照抄了,例如:

革命。《易經・革卦》:"湯武革命,順乎天而應乎人。""革命"本來是變革天命的意思,拿來譯英語的 revolution。

教育。《孟子・盡心上》:"得天下英才而教育之。"《説文》"教"字下云:"上所施,下所效也。""育"字下云:"養子使作善也。"拿來譯英語的 education。

---

① 　參看第五章。

② 　唯一不同之點是:希臘語、拉丁語和現代西洋語言是同一來源的,而漢語和日本語没有親屬關係。

③ 　日本語中漢字的讀音,基本上也就是中古漢語的讀音,但是它也適應了日本語的語音特點。

　　文學。《論語·先進》:"文學,子游、子夏。""文學"本是文章博學的意思,所以《世説新語》把經學家鄭玄、服虔、何晏、王弼等人都歸入文學一類。拿來譯英語的 literature。

　　文化。《説苑·指武》:"凡武之興,爲不服也;文化不改,然後加誅。"束晳《補亡詩》:"文化内輯,武功外悠。"王融《曲水詩序》:"敷文化以柔遠。""文化"本來是文德教化的意思,所以和"武功"是對立的。拿來譯英語的 culture。

　　文明。《易經·乾卦·文言》:"天下文明。""文明"本來是有文章而光明的意思。拿來譯英語的 civilization。

　　經濟。《文中子》:"皆有經濟之道。""經濟"本來是經世濟民的意思,所以《宋史·王安石傳》論云:"安石以文章節行高一世,而尤以道德經濟爲己任,被遇神宗,致位宰相。"《元史·趙孟頫傳》:"知其書畫者不知其文章,知其文章者不知其經濟之學。"拿來譯英語的 economics。

　　封建。王者以土地分封諸侯,使之建國,謂之"封建"。《左傳·僖公二十四年》:"昔周公吊二叔之不咸,故封建親戚,以蕃屏周。"拿來譯英語的 feudal。

　　機械。《莊子·天地》:"有機械者必有機事。"機械原指桔槔之類。拿來譯英語的 machine 和 mechanical(現在一般只用於第二義)。

　　機會。韓愈《與柳中丞書》:"動皆中於機會。""機"是"隨機應變"的"機","會"是"適逢其會"的"會"。拿來譯英語的 opportunity。

　　惟一。《書經·大禹謨》:"惟精惟一,允執厥中。""惟"是類似詞頭的東西,"一"是專一的意思。拿來譯英語的 unique。

　　演説。《書經·洪範》疏:"更將此九類而演説之。""演説"本來是推演其説的意思。拿來譯英語的 oration 或 speech。

　　同志。《國語·晉語四》:"同姓則同德,同德則同心,同心則同志。"《後漢書·卓茂傳》:"六人同志,不仕王莽。""同志"本來是志向相同的意思。拿來譯英語的 comrade。

　　精神。《莊子·天道》:"水静猶明,而况精神!"《淮南子·精神訓》注：“精者神之氣，神者人之守也。”“精神”本是并列結構，拿來譯英語的 spirit。

具體。《孟子·公孫丑上》：“冉牛、閔子、顏淵則具體而微。”“具體”本來是具有全體的意思。拿來譯英語的 concrete。

專制。《淮南子·氾論訓》：“周公事文王也，行無專制。”《漢書·文帝紀》：“夫以呂太后之嚴，立諸呂爲三王，擅權專制。”①“專制”本來是獨斷行事的意思。拿來譯英語的 autocracy。

社會。《東京夢華録》：“八月秋社，市學先生預斂諸生錢作社會。”在社日（祭社神的日子）裏，同社的生員們集會，叫做“社會”。拿來譯英語的 society。

勞動。白居易《病假中龐少尹携魚相遇》：“勞動故人龐閣老，提魚携酒遠相尋。”“勞動”本來是勞駕的意思。拿來譯英語的 work。日譯本作“勞働”。

表象。《後漢書·志·天文上》：“表象之應。”②“表象”本來是表見之象的意思。拿來譯英語的 representation。

環境。《元史·余闕傳》：“環境築堡砦，選精甲外扞而耕稼其中。”“環境”本來是環繞所在的區域的意思。拿來譯英語的 environment，circumstance。

保險。《隋書·劉元進傳》：“其餘黨往往保險爲盜。”權德輿《歧公遺愛碑》：“朱崖黎民，保險三代。”“保險”本來是保據險要之地的意思。拿來譯英語的 insurance。

意味。杜牧《贈終南蘭若僧》：“始覺空門意味長。”《朱子全書》：“但實下工夫，時習不懈，自見意味。”“意味”本來是樂趣、意趣的意思。拿來譯英語的 signify，mean。

（二）利用兩個漢字構成按照漢語原義講得通的新詞。在這種情

---

① 　編者注：該例文集本改爲《史記·穰侯列傳》的“范睢言宣太后專制”。
② 　編者注：該例文集本改爲《史記·龜策列傳》的“預見表象，先收其利”。

況之下，如果漢人先譯，很可能不是這個樣子。但是，日本人先譯了，漢人看看也還順眼，也就用開了。漢字是我們自己的東西，所以現在青年一代很少人知道它們是"來自西洋，路過日本"的詞了。下面是千百新詞當中的一些例子①：

1. 名詞

哲學 philosophy	科學 science	物理學 physics②
化學 chemistry	企業 enterprise	歷史 history
體操 gymnastics	動員 mobilization	政策 policy
系統 system	政黨 party③	警察 police
獨裁 dictatorship	反應 reaction, response	單位 unit
關係 relation	物質 matter	成分 element
動議 motion	條件 condition	意識 consciousness
概念 concept	觀念 idea	直覺 intuition
命題 proposition	對象 object	目的 aim
主義 doctrine	定義 definition	原則 principle
代表 representation	出版 publication	前提 premise
進化 development	演繹 deduction	綜合 synthesis④
意圖 intention	背景 background	現象 phenomenon
現實 actuality	情報 information	

2. 形容詞

絕對 absolute	抽象 abstract	肯定 affirmative
否定 negative	積極 positive	消極 negative

---

① 關於由日本語傳來的譯名，參看高名凱、劉正埮著《現代漢語外來詞研究》88～98 頁；又王立達《現代漢語中從日語借來的語彙》，見《中國語文》1958 年 2 月號，91～93 頁。

② "物、理"二字在古代漢語是常常連用的，杜甫詩句中有"物理固自然"（《鹽井》）、"可以物理推"（《述古》三首之一）、"高懷見物理"（《贈鄭十八》）、"細推物理須行樂"（《曲江》二首之一）等。但是"物、理、學"三個字沒有連用過。

③ 這是 political party 的簡稱。

④ "演繹、綜合"在漢語裏可認爲動詞，在西洋原文則認爲名詞較妥。

主觀 subjective　　　客觀 objective　　　　直接 direct

間接 indirect

3. 動詞

改良、改善 improve　解放 librate　　　　批評、批判 criticize

概括 gereralize　　　制約 condition　　　　調整 adjust

以上各詞,大多數是早就在中國通行了的,有些甚至早到五四運動以前(如"革命"見於孫中山 1904 年《敬告同鄉書》,"專制、內容"見於孫中山 1894 年《倫敦被難記》);但也有些是晚近才采用的,例如"調整"這一個詞,似乎在抗日戰爭時期才普遍應用。"制約"這一個詞,雖然早就有人采用了,但只是用在一些專門書籍中;解放以後,馬列主義的書籍傳播很廣,物質現象互相制約着這一個真理爲廣大群衆所周知,"制約"這個詞才爲廣大群衆所接受了。

有時候,第一種譯名和第二種譯名是相輔而行的。有現成的詞語就借用,沒有就創造。因此,相配對的兩個詞也可能分屬兩種情況,例如"精神"是熟語,"物質"是創造"具體"是熟語,"抽象"是創造;"相對"(如《世説新語·言語》"何故作楚囚相對?")是熟語,"絶對"是創造。

以上所述,第一類的詞是最容易接受的,因爲它們本來是漢語裏的熟語。爲什麼不能更多地采用這一類的詞呢? 那只是因爲熟語合用的有限的緣故。

第二類的詞還可以細分爲兩類:第一類是和漢字的本來意義比較接近的,例如"歷史、政策、政黨、獨裁"等。這些詞大約可以按照漢字的本來意義推知大意,第二類是和漢字的本來意義相差頗遠的,例如"前提、企業、絶對、抽象"等。我們需要追溯這些詞的來源,然後能瞭解它們爲什麼是這樣形成的。"前提"是一個摹借詞(來自拉丁語 pre,前,missus,派遣);"企業"是一種雙關語,因爲 enterprise 同時有企圖或計劃的意思。"絶對"是無相對的意思,而 absolute 原義是獨立,獨立也就是沒有對立的東西。"抽象"是和"具體"對立的。英語的

abstract 就語源來説是來自拉丁語的 trahere（抽、拉），加上詞頭 abs（表示離開），意思是説從具體的東西抽出來的。那麼，爲什麼不叫做"抽體"而叫做"抽象"呢？這是因爲日本人在没有把 concrete 譯爲"具體"以前，曾經把 concrete 譯成"具象"的緣故。

有些譯名是經過幾次更改的，例如英語 logic 這一個詞，最初由嚴復譯爲"名學"（中國古代所謂名家是研究邏輯的），後來一般人没有采用嚴譯，而采用日譯"論理學"；抗日戰争時期，曾經一度改稱爲"理則學"；現在一般只用音譯的"邏輯"。又如 definition 這一個詞，嚴復譯爲"界説"，後來大家采用了日譯的"定義"。soda 曾用日譯的"曹達"，現在改用中譯的"蘇打"；"苛性曹達"則改爲"苛性鈉"。某些譯名的更動還有政治的原因，例如 dictator 最初譯爲"狄克推多"，後來改從日譯，稱爲"獨裁者"，dictatorship 則簡單地譯爲"獨裁"。但是，對於 dictatorship of proletariat（無産階級專政）裏面的 dictatorship 就應該譯爲"專政"。

也有一些新概念是由漢人自己創造的名稱來表示的，和日本譯名并不相同，例如：

president：日譯"大統領"，漢譯"大總統"①（簡稱"總統"）

cinematograph（movie）：日譯"映畫"②，漢譯"電影"

soap：日譯"石鹼"，漢譯"肥皂"

post-office：日譯"郵便局"，漢譯"郵政局"

postage-stamp：日譯"郵便切手"，漢譯"郵票"

engineer：日譯"技師"，漢譯"工程師"

automobile：日譯"自動車"③，漢譯"汽車"

---

① 《漢書·百官表》："太師太傅太保是爲三公，蓋參天子而議政，無不總統。""大總統"比三公的職權更大（因爲不另有天子在上），所以前面加一"大"字。同時，所以當時不用日譯的"大統領"，可能是怕引起誤解，因爲漢語原有的"統領"是指帶兵官。

② 但現在廣州人也叫做"影畫"，音同"映畫"。

③ automobile 按語源是自動的意思。

train：日譯"汽車"，漢譯"火車"

railway：日譯"鐵道"，漢譯"鐵路"①

station：日譯"停車場"②，漢譯"車站"

steamship，steamer：日譯"汽船"③，漢譯"輪船"

cooperation，cooperative society：日譯"組合"，漢譯一般作"合作社"

object：日譯"客語"，漢譯"賓語"。

除了采用日本語譯名以外，還有一部分向日本語借用的詞。但是，嚴格説來，這還不算純粹的借詞，因爲没有借用它的原音，例如：

取締。"取締"本來是管理、監守的意思，借到漢語裏來，逐漸變了限制和禁止的意思。

引渡。"引渡"是交出罪犯的意思。

見習。已經有了業務知識，但是要先看看人家做，練習練習，叫做"見習"。在日本軍校畢業初入營爲"見習軍官"，法政學校畢業生初入法院爲"見習法官"。

手續。"手續"是程序的意思。一件事（特別是公事）所必須通過的格式和次序，叫做"手續"。

下面我們要談一談社會主義社會詞彙的輸入。首先要聲明一點：語言是没有階級性的。上面所述的許多新詞，并不是資本主義社會所專有的詞彙。現在并不是因爲要向社會主義社會過渡，就要把鴉片戰争以來創造或吸收的新詞一律消滅掉。相反地，上述的詞語絶大多數是國際詞語，如"革命、文學、文化、哲學、科學、經濟、具體、抽象"等等，不但不是英語所獨有，而且也不是資本主義國家所獨有的。因此，這大量的新詞將永遠成爲漢語詞庫中的珍寶。現在所要談的是："五四"以來，特別是解放以後，由於社會主義的影響，漢語詞彙中又增加了一

---

① 在特殊情况下也説成"鐵道"，如"鐵道部、鐵道兵"。

② 漢語裏"停車場"指的是簡單一塊停車的空地。像火車站就不能叫做"停車場"。現在日本也叫"車站"了。

③ 漢語裏一般很少説"汽船"，不過偶然也用它。

些什麽新詞。

這些新詞大致可以分爲三類：一類是一些哲學上和思想作風上的新名詞，例如：

馬克思主義 марксизм 　　　　列寧主義 ленинизм

辯證唯物主義 диалектический материализм

主觀主義 субъективизм 　　　　客觀主義 объективизм

教條主義 догматизм 　　　　經驗主義 эмпиризм

形式主義 формализм 　　　　沙文主義 шовинизм

機會主義 оппортунизм 　　　　官僚主義 бюрократизм

關門主義 замкнутосъ

另一類是某些階級和某些派別的名稱，例如：

工人階級 рабочий 　　　　無産階級 пролетариат

資産階級 буржуазия 　　　　地主 помещик

富農 кулак 　　　　中農 середняк

取消派 ликвидаторы 　　　　召回派 отзовисты

又一類是某些新事物的名稱，例如：

拖拉機 трактор 　　　　康拜因 комбайн

集體農莊 колхоз 　　　　少先隊員 пионер

突擊隊員 ударник

由於中蘇文化的交流，漢語也吸收了一些俄語所特有的詞語，例如我們常説的“基本上”是由俄語的 в основом 來的。我們又説“嚴重的任務”，這“嚴重”也是從俄語的 серъёзный 來的①。

當然，社會主義社會的新名詞，并不是解放後才吸收到漢語裏的。但是，解放以後，它們才爲全國人民所普遍應用了。

---

① 俄語 серъёзный 一詞，有時應譯爲“嚴重”，有時應譯爲“重大”或“重要”。“嚴重的任務”本來只是重大的任務的意思，由於“嚴重”和“重大”在俄語裏同用一個詞，所以譯者把它們混同了。假使不受俄語的影響，這種混同就不會產生。譯文對漢語的影響是大的，不論在好的方面和壞的方面都是如此。

＊　　　＊　　　＊　　　＊　　　＊

現代漢語新詞的大量增加，使漢語大大地豐富了它的詞彙，而且使詞彙走向完善的境地。我們説豐富了，是因爲産生了大量新詞以後，任何複雜的和高深的思想都可以用漢語來表達；我們説完善了，是因爲詞彙國際化，每一個新詞都有了國際上的共同定義，這樣就能使它的意義永遠明確嚴密，而且非常鞏固。毛主席的偉大著作就是現代漢語的豐富性和嚴密性的具體表現。

漢語詞義的國際化，對國際文化的交流是非常有利的。在差不多所有的哲學名詞、科學名詞和文化用語上，全世界所表示的概念的内涵和外延都是一致的，這樣就避免了許多誤解和曲解，使我們和全世界人民能達到思想交流的目的而無所阻礙。

漢語大量地吸收外語的詞彙，對漢語的本質毫無損害。語言的本質是語法構造和基本詞彙，而基本詞彙是具有不可滲透性的，基本詞彙保存了，一般詞彙大大地擴張了，漢語的發展就是這樣正常而健康的。

第四節　同類詞和同源詞

上文第一、二、三節叙述了漢語詞彙發展的概況。從本節起，我們將要講一些有關漢語語義學的基本知識。

這一節講的是同類詞和同源詞。關於同類詞，主要是結合漢字的偏旁來談詞與詞之間的意義聯繫；關於同源詞，主要是結合語音來談詞與詞之間的親屬關係。而在這兩方面都會涉及語源學的問題。

(一)同類詞

遠在幾千年以前，漢字的體系已經相當完備了，甲骨文裏已經有了相當數量的形聲字。形聲字是合體字之一種，而且是最常見的一種；在常用的漢字當中，有百分之九十以上是形聲字。大多數的形聲字可以分爲左右或上下兩部分,其中一部分表示意義的範疇,另一部分表示聲音(參看第一章第八節)。既然漢字的偏旁表示了意義的範疇,可見幾千年前的漢人已經有了高度的概括能力。

研究《説文解字》的人們首先研究它的五百四十個部首,因爲部首表示了意義的範疇。許慎離開造字時代太遠了,自然不能對每一個字的意義範疇都解釋得很對,但是,在大多數情況下,許慎的解釋還是可靠的。如果不機械地遵守許説,就更能從文字的結構上追究許多詞的語源。"水、火、木、土"等部首是很容易瞭解的,但是有些部首就不是現代一般人所能瞭解的了。現在試舉出一些例子來看:

(1)欠部。《説文》:"欠,張口出氣也。"①瞭解了"欠"的本義之後,才懂得"吹、歌、歎、欷、歔、欬"等字爲什麼從"欠"②。

(2)斤部。《説文》:"斤,斫木斧也。"由此可以瞭解"斧、斫、斬、斯、斷、斯"等字爲什麼從"斤"③。

(3)示部。凡從"示"的字都和神有關,可見"示"的原始意義也是神。"禍、福"二字從"示",可見遠古人民認爲人的禍福是神所給予的。

(4)行部。《説文》:"行,人之步趨也。"其實"行"的原始意義是十字街。這樣,"街、衕(巷)、衙、衢"等字從"行"都好講了。有些字的古義也從字形上顯示出來。《説文》:"衝(衝),通道也。"這是後代所謂"要衝"和"首當其衝"的"衝"。《説文》:"術,邑中道也。"這可以說明爲什麼古人往往以"道、術"并舉。

(5)酉部。依甲骨文看來,"酉"就是一種盛酒器。所以從"酉"的字多與酒有關,例如"酌、酗、酣、酵、醉、醒、釀、酖"等。

(6)頁部。"頁"就是"首"字的或體。因此,"頭、顙、顏、領、頤、頜"等字都從"頁"。由此還可以認識一些字的古義,例如"須"就是

---

① 《説文》原文作"張口氣悟也",不好懂。桂馥《説文解字義證》云:"《御覽》引作張口出氣也。"今從《御覽》。

② 《説文》:"欬,屰气也。"《禮記·月令》:"國多風欬。""欬"就是"咳嗽"的"咳"字。

③ 《説文》:"斯,析也。"《詩經·陳風·墓門》:"墓門有棘,斧以斯之。"

"鬣"，"頌"是大頭（《詩經・小雅・魚藻》"有頌其首"），"題"就是
"額"（《山海經・北山經》"石者之山有獸焉，文題白身，名曰孟極"，注
"題，額也"），後來引申爲"題目"的"題"。

從意義偏旁去追究語源，雖然不是唯一有效的方法，也不失爲方
法之一，例如我們由此知道"領"的本義是脖子，而不是衣領；"顏"的
本義是眉目之間（據《說文》。《詩經・秦風・終南》"顏如渥丹"，鄭箋
"渥，厚漬也"），而不是現代所謂顏色①。下面我們再舉出一些有關語
源的例子：

本末。"本"的本義是樹根，"末"的本義是樹梢。

治理。"治"的本義是治水，所以從水②；"理"的本義是治玉，所以
從"玉"。遠古洪水爲災，所以"治"字起源很早；中國玉器和上古的禮
制關係密切，所以"理"字起源也較早。由於起源較早，所以引申義也
很早就産生了，例如《詩經・小雅・信南山》："我疆我理，南東其畝。"

種類。"種"的本義是穀的種類，"類"的本義是獸的種類。"類"
字從"犬"，"獸"字亦從"犬"③。漁獵時代和畜牧時代，人們看重獸的
分類；農業時代，人們看重穀的分類。

管轄。"管"的本義是竹管。上古時代，竹管可以做樂器（《說文》
"管，如箎，六孔"），也可以做鎖。"管轄"的"管"是從鎖（竹鎖）的意
義來的，例如《左傳・僖公三十二年》"鄭人使我掌其北門之管"，杜預
注："管，籥也。""轄"的本義是竪貫軸頭制轂之鐵（據《急就篇》顏注）。
《釋名・釋車》："轄，害也，車之害害也。"由"轄"的意義引申爲禁制的
意義，"管轄"的"轄"就是從此而來的。

責讓。"責"的本義是欠人家的財物，所以從"貝"。"責"也就是
後代的"債"字（據段玉裁、朱駿聲說）。《書經・金縢》："是有丕子之

---

① 但是古人所謂"顏色"却是用"顏"的本義，因爲"色"字的本義是"顏氣也"。

② 《說文》以"治"爲水名，恐非本義。

③ 《說文》："類，種類相似，唯犬爲甚。從犬，類聲。"這是曲解。

責於天。"這"責"字可以解作責任,也可以解作負債①。可見借債的事已經在西周以前的社會發生了;至於是否用高利貸的形式,還不可知。"責任"的"責"和"譴責"的"責",都是從"債"的意義引申來的。《説文》:"讓,相責讓也。"依《説文》的解釋,"讓"的本義是責怪別人做事做得不對。直到漢代這個意義還是常用的。《漢書·項籍傳》:"二世使人讓章邯。"雖然"禮讓"的"讓"在上古也是常用的,但至少可以承認"讓"字從"言"是根據責讓的意義的。

　　貨幣。《漢書·食貨志》:"貨謂布帛可衣,及金刀龜貝,所以分財布利通有無者也。""貨"的本義大約是交易的媒介,所以從"貝"。《説文》:"幣,帛也。"所以從"巾"。但是布帛本身也是財貨之一種(《孟子》"事之以皮幣"注"繒帛之貨也"),"帛"的本身也可以作爲交易的媒介,所以後來引申爲錢幣。《史記·吳王濞列傳》"亂天下幣",如淳注:"幣,錢也。"

　　關於這一方面的例子,《説文》家們可以舉出許多。總起來説,同部首的字就語源而論應該是同類字。不同部首,但是部首意義相通的,也可以認爲同類字,例如犬部和豸部相通(猫,貓),韋部和革部相通(韈,鞡),彳部和辵部相通(後,逡),等等。由同類字可以推知它們的詞義在原始時代有或多或少的聯繫。

(二)同源詞

　　憑同類字(部首)去研究語源,是《説文》家們的主要工作;但是這種研究方法是有其局限性的。特別是甲骨文出土以後,我們發現許多字形和小篆的字形并不相符,這樣,專靠《説文》來解釋語源,不但不夠,而且不一定可靠。自從王念孫父子以來,漢語語義學(訓詁學)有了一個新方向,就是脱離字形的束縛,從語音上去追究詞與詞之間的意義聯繫。朱駿聲、章炳麟、劉師培等人在這方面都有了不少的貢獻。

---

① 　孔穎達正義云:"責讀如《左傳》'施捨己責'之'責',謂負人物也。"

　　在人類創造語言的原始時代,詞義和語音是没有必然的聯繫的①。但是,等到語言的詞彙初步形成以後,舊詞與新詞之間決不是没有聯繫的。有些詞的聲音相似(雙聲叠韻),因而意義相似(參看第二章第一節)。這種現象并非處處都是偶然的。相反地,聲音相近而意義又相似的詞往往是同源詞。至於聲音完全相同而意義又非常接近(例如"獲、穫"),簡直可以認爲同一個詞的兩種寫法,至少也可以認爲同一個詞的引申。從語音的聯繫去看詞義的聯繫,這是研究漢語詞彙的一條非常寬廣的道路。如果用謹慎的科學態度,在這一個方向上進行鑽研,將來的收獲一定是大的②。

　　讓我們先從否定詞説起。在楊樹達先生的《高等國文法》裏,列舉了十六個否定詞,如果按上古語音來説,它們都是唇音字。其中十一個是明母字,五個是幫母字:

(1)屬明母的

莫　măk　　末　muăt　　蔑　miăt　　靡　mǐa　　曼　mǐwan

罔　mǐwaŋ　無、毋、亡　mǐwa　　　　勿　mǐwət　未　mǐwəi

(2)屬幫母的

不　pǐwə　弗　pǐwət　否　pǐwə　非　pǐwəi　匪　pǐwəi

這絶對不會是偶合的。我們還可以仔細分析:用於禁止語的,一般只用明母字,如"勿、毋、無";用於否定叙述和否定判斷的,一般只用幫母

①　房特利耶斯《語言論》(215頁)説:"語音和意義之間,并没有預定的對應;詞彙并不是從一系列的擬聲詞中産生出來的。"他舉法語 fleuve(河)一詞爲例,有人説 fl 這一個音群表示液體,但是像 ruissieau(溪)、rivière(小河)、torrent(急流)等詞裏面并不包含 fl,而像 fleur(花)這樣包含有 fl 的詞又并没有流動的意思。房特利耶斯的話是對的。

②　章炳麟的《文始》就是在這一方面所作的大胆的嘗試。書中以"初文"(獨體字)和"准初文"共五百一十個字,并舉四百三十七條,分隸二十三個古韻部,每條都以語音和意義相聯繫,共有五六千個字可以聯繫起來。他的方向是對的,但是方法上有缺點:第一,甲骨文出土後,他所根據《説文》的"初文"從根本上發生動摇;第二,有許多地方的聯繫顯得十分勉强。高本漢著有《漢語詞族》(Ward Families in Chinese,張世禄先生曾譯爲《漢語詞類》,1937年商務印書館出版),他的方法比章炳麟好,但是他的訓詁學修養較差,所以也不能有很大的貢獻。

字,如"不、弗、非、匪"。

其次,讓我們談談"左"和"右"。現在的"左、右",《説文》作ナ、ㄢ,甲骨文證實了《説文》這種寫法。最初的ナ、ㄢ是指具體的左手和右手。後來"右"字引申爲援助的意義,因爲援助別人是要用手的,而最能代表手的功能的是右手。援助的"右"字後來寫成"祐"或"佑",專指神助了。"左"的引申意義也是幫助的意思,但左手比起右手來處於次要的地位,它只能幫助右手,所以後來寫成"佐"字,專指輔佐。字形變了三次(ナ左佐,又右祐),但是它們的意義是同源的,聲音也是相同的。到了中古時代,才分爲上去兩讀:"左、右"讀上聲,"佐、佑"讀去聲。

其次,我們再談談"祝"和"咒"。這兩個詞好像毫無關係,其實它們的關係是很密切的。從語音説,"祝"和"咒"都屬章母覺部,"咒"屬長入,"祝"屬短入,所差無幾。原始時代的巫師的祝詞是可善可惡的,他們可以對神祝福,也可以對神咒人,所以"祝"和"咒"實際上是一個詞。《釋名·釋言語》:"祝,屬也,以善惡之詞相屬著也。"正是可善可惡的意思。《詩經·大雅·蕩》"侯作侯祝",毛傳:"作、祝,詛也。"可見"祝"就是"咒"。

由上面所舉的一些例子看,我們可以提出一個"詞族"的問題。這就是説,我們應該肯定某些詞相互間的親屬關係。遠在九百年前,就有王聖美創爲"右文"之説①。右文就是聲符,因爲它往往在字的右邊,所以叫做"右文"。這一派的文字學家主張凡同聲符的字其意義一定也有相通之處。這個意思是大致不錯的,但是它有缺點,因爲不容

---

① 沈括《夢溪筆談》云:"王聖美治字學,演其義以爲右文。古之字書,皆以左文。凡字其類在左,其義在右,如木類其左皆從'木'。所謂右文者,如'戔'小也,水之小者曰'淺',金之小者曰'錢',歹之小者曰'殘',貝之小者曰'賤',如此之類,皆以'戔'字爲義。"張世南《游宦紀聞》云:"自《説文》以字畫爲類,而《玉篇》從之,不知其右旁亦以類相從。如'戔'爲淺小之義,故水之可涉者曰'淺',疾而有所不足爲'殘',貨而不足貴者爲'賤',木而輕者爲'棧'。'青'爲精明之義,故日之無障蔽者爲'晴',水之無溷濁者爲'清',目之能見明者爲'睛',米之去粗皮者爲'精'。"這些話雖不免有牽强傅會之處,但是他們已經把問題提出來了。

否認,某些聲音相近似的詞的確是偶合的,造字的人采用同一聲符也僅僅是把它當做聲符來使用;反過來説,不用同一聲符的字所代表的詞却不一定没有親屬關係。所以我們研究詞族的時候,應該擺脱字形的束縛,從聲音和意義兩方面找它們的親屬關係。

仍以明母字爲例。有一系列的明母字表示黑暗或有關黑暗的概念,例如:

暮 māk　　墓 māk　　幕 mǎk　　霾 meə　　昧 muəi　　霧 mǐwa

滅 mǐāt　　幔 muan　　晚 mǐwan　茂 məu　　密 mǐět　　茫 mɑŋ

冥 mǐeŋ　　蒙 moŋ　　夢 mǐwəŋ　盲 meaŋ　眇 mǐau①

當然還有一個"明"字作爲反義詞而存在,但是我們在第二章第一節裏説過,在上古時代,反義詞也是有語音上的聯繫的。

再以影母字爲例。有一系列的影母字是表示黑暗和憂鬱的概念,以及與此有關的概念的,例如:

陰 ǐəm　　暗 əm　　蔭 ǐəm　　影 ǐɑŋ　　曀 iēt　　翳 iei

幽 iəu　　奥 āuk　　杳 ǐau　　黝 iəu　　隱 ien　　屋 ǒk

幄 eǒk　　烟 ǐən　　哀 əi　　憂 ǐəu　　怨 ǐwan　　冤 ǐwan

於邑 ɑ ǐəp 抑鬱 ǐēt ǐwǎt

再以日母爲例。有一系列的日母字是表示柔弱、軟弱的概念,以及與此有關的概念的,例如:

柔 ȵǐəu　　　　　弱 ȵǐauk　　　　　　荏(弱也)ȵǐəm

軟(耎、輭)ȵǐwan　兒 ȵǐe　　　　　　　蕤(草木花垂貌)ȵǐwəi

孺 ȵǐwo　　　　　茸(草初生之狀)ȵǐwoŋ　靭 ȵǐən

蠕(昆蟲動貌)ȵǐwan　壤(《説文》"柔土也")ȵǐaŋ　忍 ȵǐən

辱 ȵǐwǒk　　　　儒(音儒)ȵǐwo

再以陽部爲例。有一系列陽部字表示光明、昌盛、廣大、長遠、剛

---

① 也許應該把"晦、昏、墨"等字也算在内,因爲"晦"從"每"聲,"昏"從"民"聲,"墨"從"黑"聲,它們都和明母有關。

強等等的概念,例如:

陽 dǐaŋ	光 kuaŋ	明 mǐaŋ	朗 laŋ	亮 lǐaŋ	炳 pǐaŋ
旺 ǐwaŋ	王 ǐwaŋ	皇 γuaŋ	章 tǐaŋ	昌 tʻǐaŋ	張 tǐaŋ
揚 dǐaŋ	剛 kaŋ	強 gǐaŋ	壯 tʃǐaŋ	猛 meaŋ	長 dʻǐaŋ
永 ǐwaŋ	京(大也) kiaŋ		廣 kuaŋ	曠 kʻuaŋ	
洋 dǐaŋ	泱 ǐaŋ				

　　一種語言的語音的系統性和語法的系統性都是容易體會到的,唯有詞彙的系統性往往被人們忽略了,以爲詞彙裏面一個個的詞好像是一盤散沙。其實詞與詞之間是密切聯繫着的。這裏所講的同源詞,就是詞彙的系統性的現象之一。

第五節　古今詞義的異同

　　語言是發展的,所以古今的詞義是有變化的。當然,有些詞的意義自古至今都是一樣的,例如"馬、牛、羊、鷄"等。但是,另外有許多詞的意義起了變化。這種變化大小不等。變化大的,令人看不出歷史聯繫來,例如"集"字,《説文》作"雧",云:"群鳥在木上也。"引申爲鳥停留在樹上(《論語・鄉黨》"翔而後集"),"集合"的"集"是由此引申出來的,而一般人并不會意識到。變化小的,又令人根本不知道有變化,例如"紅"字在上古只是淺紅的意思(朱駿聲説其色在赤白黃之間),上古大紅叫做"朱"或"赤"。這種細微的分別并不是一般人所瞭解的。此外,還有字形雖同、詞義來源不同的情況,例如"頒"是大頭的意思,後來借爲頒布的"頒",這就不能從語源上追究它們之間的聯繫了。

　　在本節裏,我們不談變化大的,只談變化小的;因爲變化大的很容易被覺察到,古書上也往往有注解。變化小的就不一定有注解。爲了充分培養閱讀古書的能力,我們不應該不求甚解,而應該要求徹底瞭解。古人讀古書讀得多,所謂"涵泳其中",對於古今詞義的微別,他們是體會到的。但是,他們知其然而不知其所以然。清代文字學家們對於古今詞義的微別是相當注意的,但是把讀者的水平估計得很高,有些地方就不加以解釋了。在今天,我們就不能這樣做。我們應該把每一個詞在每一個時期的意義範圍加以確定,而不是囫圇吞棗,以差不多爲滿足。

擺在我們面前的迫切任務是編纂一部歷史性的漢語大詞典,這部詞典的主要工作是放在詞義的歷史研究上。在詞典中,詞義的歷史發展應該是分別研究的,又應該是互相聯繫的。

關於古今詞義的異同,我們曾經有機會舉過一些例子。在人體方面,我們講過“脚、眼、領”等;在時令方面,我們講過“年、秋”等;在數詞方面,有“兩、再”等,還有其他。在本節裏,我們還要舉出二十多個例子,來證明古今詞義的微別,其中有些是一般人所忽略了的,甚至有些是文字學家們所忽略了的。

(1)信*。這裏只談和書信有關的一些意義。在上古時期,書信只叫做“書”,不叫做“信”,例如:

叔向使詒子産書。(《左傳·昭公六年》)

郢人有遺燕相國書者。(《韓非子·外儲説左上》)

到了中古時期(大約在5世紀以前),“信”字有了使者的意義①,例如:

公卿將校……馳遣信就阮籍求文。(《世説新語·文學》)

幽州刺史鮮卑段匹磾數遣信要琨,欲與同獎王室。(《晉書·劉琨傳》)

“遣信”就是遣使。後代的人們不懂,以爲是“書信”的“信”,那是錯誤的。試看下面的兩個例子:

謝公與人圍棋。俄而謝玄淮上信至。看書竟,默然無言。(《世説新語·雅量》)

世子嘉賓出行於道上,聞信至,急取箋視。(同上,《捷悟》)

---

* 凡加＊號的詞是字書没有講清楚的,應特別注意。下同。

① “信”字産生使者意義,可能是由符信的意義産生的。最初的時候,使者可能拿着信物以爲憑信。

在前一個例子裏，"信"和"書"并舉；在後一個例子裏，"信"和"箋"并舉。可見"信"決不是"書信"的"信"。在6世紀以後，有"書、信"二字連用的例子：

> 別後花枝不共攀，別後書信不相關。（梁元帝《別詩》二首）

> 省郎憂病士，書信有柴胡。（杜甫《寄韋有夏郎中》）

> 書信中原闊，干戈北斗深。（杜甫《風疾舟中伏枕書懷》）

但是這"書信"也只是書與使者的等立仇語，并不等於現代所謂"書信"[1]。我們知道古代沒有郵政，人們和朋友通信，只能派人送信去；或者有人順路，就托他帶去。托人帶信叫做"寄信"，就是把書信寄托給他。現代把信交給郵局"寄發"的"寄"，是由寄托的意義引申出來的。在杜甫的時代，"書"和"信"的分別還是很清楚的，所以他説：

> 詩好幾時見，書成無信將。（《寄彭州高三十五使君適虢州岑二十七長史參》）

"書成無信將"，意思是説：信寫好了，可是沒有人送信（"將"就是"送"）。可見在盛唐時代，"書信"的"信"還是叫做"書"，不叫做"信"。在杜甫的詩句中，有些"信"字是消息的意思，例如：

> 忽得炎州信，遥從月峽傳。（《得廣州張判官叔卿書使還詩以示意》）

> 西憶歧陽信，無人遂却回。（《喜達行在》）

這就是信使向信函過渡的開始。大約幾十年以後，"信"字才真正具有現代所謂書信的意義了，例如：

> 寄信船一隻，隔鄉千萬重。（賈島《題朱慶餘所居》）

> 紅紙一封書後信，綠芽十片火前春。（白居易《謝李六郎中寄新蜀茶》）

"書後信"就是寫完了的信；而且既説"一封"，就一定不是人，而是書

---

[1] "省郎憂病士，書信有柴胡"，是説韋有夏郎中關懷杜甫的病，寫了一封書，派了一個人送柴胡（藥名）給他治病。

信了。

（2）幸。上古的人以爲禍福都是行爲的後果，但是也承認有所謂幸運。所謂幸，是指一種偶然的因素，使應得禍的人免於禍。所以《説文》説：“幸，吉而免凶也。”《論語·雍也》：“罔之生也幸而免。”①《中庸》：“小人行險以徼幸。”意思是説：小人做那些危險的事而希望得到偶然的幸運，以免於禍害。《左傳·宣公十六年》：“善人在上，則國無幸民。”意思是説：善人統治天下，國内就没有那些專做壞事而只是希望幸免於殺戮的人民。所謂不幸，是指一種偶然的因素，使應得福的人反而得禍。《論語·先進》：“有顔回者好學，不幸短命死矣。”意思是説，以顔回的德行來説，應該長壽，其所以短命，則是由於不幸。《左傳·僖公十九年》：“得死爲幸。”又《昭公三年》：“叔向曰‘幸而得死’。”這是客氣話。意思是説，以我的德行而論，本來不該得到壽終（所謂“保首領”）的，如果我有幸運，就得到壽終。王充是主張幸偶論的，他認爲一切禍福都是偶然，所以他的《論衡》有《幸偶篇》。“幸、偶”并舉，可見二字的意義是差不多的。《荀子·仲尼》説：“桓公兼此數節者而盡有之，夫又何可亡也？其霸也宜哉！非幸也，數也。”這個“非幸也，數也”，意思是説：這并不是偶然的，而是必然的後果。這種必然論也正是王充所反對的。總之，上古的“幸”字必須這樣解釋，否則不算懂得透徹，特别是對於“國無幸民”一類的句子講不通。但是這種意義很容易轉化爲運氣好和有福氣的意義。《論語·述而》；“丘也幸，苟有過，人必知之。”這個“幸”字就可以解釋爲運氣好。我們應該瞭解“幸”的本義，同時瞭解它的引申義②。

（3）祥。《説文》：“祥，福也。”段注：“凡統言則灾亦謂之祥，析言則善者謂之祥。”段玉裁的話是對的。在某些情况下，“祥”只表示預

---

① “罔”是邪曲誣罔。這種人如果不遭殺戮，只算幸運。

② 戴侗《六書故》：“福不當得而得，禍不當免而免曰幸。引之，則不以道而獲愛於上者謂之嬖幸、佞幸，上所行臨，臣民幸其至，因謂之幸。按：‘幸、倖’古今字。”

兆，例如《左傳·僖公十六年》："是何祥也？吉凶安在？"

　　（4）臭。上古"臭"字是氣味的意思，所以《廣韻·宥韻》說："臭，凡氣之總名。"《書經·盤庚》"若乘舟，汝弗濟，臭厥載"，疏："古者香氣穢氣皆名爲臭。"《易經·繫辭》："其臭如蘭。"意思是說：氣味像蘭花一樣地香。下面這些例子都可以爲證：

　　色惡不食，臭惡不食。（《論語·鄉黨》）

　　今譬於草木，寡君在君，君之臭味也。［臭味，是同樣的氣味或同類的意思。］（《左傳·襄公八年》）

　　一薰一蕕，十年尚猶有臭。［薰，香草。蕕，臭草。］（同上，《僖公四年》）

　　口之於味也，目之於色也，耳之於聲也，鼻之於臭也，四肢之於安佚也，性也。（《孟子·盡心下》）

　　一曰五色亂目，使目不明；二曰五聲亂耳，使耳不聰；三曰五臭薰鼻[①]，困惾中顙；四曰五味濁口，使口厲爽。［困惾，雍塞不通。中顙，傷額。厲爽，病傷。］（《莊子·天地》）[②]

　　如惡惡臭，如好好色。（《禮記·大學》）

　　口好味，而臭味莫美焉。［"莫美"是沒有比它更好的的意思］。（《荀子·王霸》）

　　由氣味的意義轉化爲惡臭的意義是很自然的。最能刺激人的不是香味就是臭味，所以氣味的意義的轉化非香即臭。法語 odeur 是氣味，但用於複數就表示香氣。至於形容詞 odorant 雖可釋爲氣味很大，但實際上指的是很香。英語 odour 和 smell 都是氣味的意思，兼指香味和臭味；但是由 odour 派生的形容詞 odorous（或 odoriferous）表示香的，而由 smell 派生的形容詞 smelly 却表示臭的。漢語裏的"臭"和英語的

---

①　五臭和五味的意思差不多，只不過觸於鼻者爲五臭，觸於口者爲五味。

②　《莊子·知北游》："臭腐復化爲神奇，神奇復化爲臭腐。""臭"疑是"朽"的借字。《易林》："冬藪朽腐，當風於道。"正作"朽腐"。

smell 有相似之點,氣味是向惡臭轉化的。現代吳方言(至少在蘇滬一帶)所謂"氣味得來"("味"念 mi)就是臭得很,而上古的"臭"字正是這樣地由氣味向惡臭轉化的。這一轉化過程在戰國末年就開始了。試看下面所引《呂氏春秋》的一段話:

> 人有大臭者,其親戚兄弟妻妾知識無能與居者,自苦而居海上。海上人有說(悅)其臭者,晝夜隨之而弗能去。(《遇合篇》)

可能《呂氏春秋》所謂"大臭"也只是氣味很大(狐臭之類),但是那個人的氣味的確是惡臭,可見所謂"臭"是經常指惡臭的了,所以曹植《與楊德祖書》說:"蘭茝蓀蕙之芳,眾人之所好,而海畔有逐臭之夫。"

(5)饑。《說文》對"饑"字的解釋是"穀不熟爲饑"。朱駿聲《說文通訓定聲》說:"與飢別。"朱駿聲的話是對的。"饑"的上古音在微部,"飢"的上古音在脂部,所以不能混同。"饑"是"饑荒、饑饉"的"饑","飢"是肚子餓,界限是很清楚的。雖然上古史料中有"饑、飢"通用的例子(《淮南子·天文訓》"天下大飢"),但是就一般情況而論,它們還是有分別的。

(6)涕。"涕"在上古是眼泪的意思。鼻涕在上古叫做"泗",不叫做"涕"(《詩經·陳風·澤陂》"涕泗滂沱",毛傳"自目曰涕,自鼻曰泗")[1],例如:

> 念彼共人,涕零如雨。[共人,恭慎之人。共,同"恭"。](《詩經·小雅·小明》)

> 有美一人,傷如之何! 寤寐無爲! 涕泗滂沱! (同上,《陳風·澤陂》)

> 孟孫才其母死,哭泣無涕,中心不戚。(《莊子·大宗師》)

"涕"由眼泪的意義轉化爲鼻涕的意義,是因爲哭的時候往往是眼泪鼻涕一齊來,所以有轉化的可能性。王褒《僮約》:"目泪下,鼻涕長一

---

[1]　鼻涕在上古又叫做"洟"。《易經·萃卦》"齎咨涕洟",孔疏:"自目出曰涕,自鼻出曰洟。"

尺。"可見到了漢代，"涕"字才當鼻涕講。

（7）文章。《考工記》："畫繢之事……，青與赤謂之文，赤與白謂之章。"這樣解釋文章未必完全正確。依我們的看法，先秦所謂"文章"，主要是指刺繡品，那是無可懷疑的，例如：

瞽者無以與乎文章之觀。（《莊子·逍遥游》）

是故駢於明者，亂五色，淫文章。［駢，并，加倍的意思。］（同上，《駢拇》）

滅文章，散五采，膠離朱之目，而天下始人含其明矣。（同上，《胠篋》）

勸人之言，美於黼黻文章。（《荀子·非相》）

雕琢刻鏤黼黻文章，所以養目也。（同上，《禮論》）

目好色，而文章致繁。（同上，《王霸》）

日夜合離，以成文章。①（同上，《賦篇》）

黼黻文章是所以成禮的（見《荀子·禮論》），所以文章可以作爲禮的具體表現，有時候，所謂"文章"也就是指禮而言，例如：

煥乎其有文章。（《論語·泰伯》）

夫子之文章②，可得而聞也；夫子之言性與天道，不可得而聞也。（同上，《公冶長》）

奥突之間，簟席之上，斂然聖王之文章具焉。［奥，室之西南隅。突，室之東南隅。］（《荀子·非十二子》）

綏綏兮其有文章也。［綏綏，安泰之貌。］（同上，《儒效》）

是以天下之紀不息，文章不廢也。（同上，《堯問》）

刺繡和作文有相似之點，所以"文章"由刺繡品的意義轉化爲作品的意義。這個轉化過程，在漢代就完成了，例如：

文章《爾雅》訓辭深厚。（《漢書·儒林傳》序）

---

① 這兩句話賦的是箴，也就是鍼（針）。這個例子確實地證明了"文章"就是刺繡品。

② 這個"文章"的意義範圍可能更廣些。劉寶楠《論語正義》云："據《世家》諸文，則夫子文章，謂詩書禮樂也。"

文章則司馬遷、相如。（同上，《公孫弘傳》贊）

劉向、王褒以文章顯。（同上）

從此以後，"文章"一般只指作品，特別是文藝作品，所以杜甫《有客》說"豈有文章驚海内"，《戲爲六絶句》說"庾信文章老更成"。

（8）風流。"風流"在最初是個名詞，表示風俗教化，或者是遺風（所以叫做"流"），例如：

其風聲氣俗，自古而然；今之歌謠慷慨，風流猶存耳。（《漢書·趙充國辛慶忌傳》贊）

士女沾教化，黔首仰風流。（《後漢書·王暢傳》）

到了後來，"風流"的意義轉化爲一種不十分固定的意義，大致是指士大夫階層所喜愛的一種生活方式，即所謂"雅"。用作名詞的時候，大致等於所謂雅事或雅興，例如：

門庭蕭寂，居然有名士風流。（《世説新語·品藻》）

英雄割據雖已矣，文彩風流今尚存。（杜甫《丹青引》）

不着一字，盡得風流。（司空圖《詩品》）

用作形容詞的時候，就指騷人雅士的品質，例如：

江左風流宰相，惟有謝安。（《南史·王儉傳》）

摇落深知宋玉悲，風流儒雅是吾師。（杜甫《咏懷古迹》五首之二）

"風流"既然是指士大夫的生活方式，當士大夫階層墮落的時候，自然也會歪曲了"風流"的原義。近代口語裏所謂"風流"，變爲指稱亂搞男女關係或嫖妓的行爲了。

（9）惡。在上古時期，凡不好就叫做"惡"。"惡"是"善"的反面，也是"美"的反面。在近代漢語裏，"惡"的意義範圍縮小了，只用於"善"的反面，不再用於"美"的反面。只有"醜、惡"二字連用的時候，還有"美"的反面的意思。在古書中，有"惡衣、惡食、惡臭、惡俗、惡地、惡業、惡肉、惡木、惡賓、惡客、惡詩、惡妄、惡歲"等，都應該從不好或醜的意義上瞭解，例如：

士志於道，而恥惡衣惡食者，未足與議也。（《論語·里仁》）

如惡惡臭,如好好色。(《大學》)

無國而不有美俗,無國而不有惡俗。(《荀子·王霸》)

盡王諸將善地,徙故王王惡地。(《史記·張耳陳餘列傳》)

博戲惡業也,而桓發用[因]之富。(同上,《貨殖列傳》)

蔬食惡肉,可得而食。(《列子》)

渴不飲盜泉水,熱不息惡木陰。(陸機《猛虎行》)

寧逢惡賓,不逢故人。(《西京雜記》二)

有時逢惡客,歸家亦少酣。(元結《將船何處去》)

進崔叔清詩百篇,德宗曰:"此惡詩,焉用進?"(中)

薄薄酒,勝茶湯,粗粗布,勝無裳,醜妻惡妾勝空房。(蘇軾《薄薄酒》)

陌上行歌忘惡歲。(陸游《蕎麥初熟刈者滿野喜而有作》)①

(10)完。在上古時期,"完"字只是完全、完整的意思。現代漢語"完全、完整、完備、完善"等詞,其中的"完"字就用的是原始意義。應該注意的是:從上古到近代,一般只用單音詞"完"字來表達這個意義,例如:

少有,曰:"苟完矣。"(《論語·子路》)

蓬戶不完。(《莊子·讓王》)

食則饘粥不足,衣則竪褐不完。(《荀子·大略》)

故凡能全國完身者,其唯知長短羸絀之化耶?(《呂氏春秋·審分》)

秦城不入,臣請完璧歸趙。(《史記·廉頗藺相如列傳》)

許歷爲完士,一言猶敗秦。(王粲《從軍》)

大人豈見覆巢之下復有完卵乎?(《世說新語·言語》)

有孫母未去,出入無完裙。(杜甫《石壕吏》)

家無完堵,地罕苞桑。(《隋書·高祖紀·文帝詔》)

蜀自南詔入寇……民失職無聊生。德裕至則完殘奮怯,皆有條

---

① 編者注:該例文集本改爲《越絕書·越絕外傳·枕中》的"夫陰陽錯繆,即爲惡歲"。

次。(《新唐書·李德裕傳》)

雙音詞"完全、完善、完備、完整",在很早的時代也産生了,例如:

韓之上地方數百里,完全富足而趨趙。(《荀子·議兵》)

其得漢繒絮以馳草棘中,衣袴皆裂敝,以示不如旃裘之完善也。
(《史記·匈奴列傳》)

獨斯碑首尾完備,可見當時之制也。(歐陽修《孔子廟碑跋》)

器械完整,貨財充實。(盧思道《後周興亡論》)

現代漢語"完畢、完了"的"完"産生的時代很晚。確實的時期待考。

(11)往*。《説文》:"往,之也。"《説文》只講得一個大概,實際
上,"往"字和"之"字的意義并不完全相同。"之、適、赴"這三個動詞
都要求賓語(《孟子·滕文公上》"滕文公爲世子,將之楚",《論語·雍
也》"赤之適齊也,乘肥馬,衣輕裘",《莊子·刻意》"此山谷之士,非世
之人,枯槁赴淵者之所好也");"往"字恰恰相反。在上古時期,"往"
字後面不帶賓語。凡用"往"字的地方,目的地是顯然可知的,或不需
要知道的,例如:

佛肸召,子欲往。(《論語·陽貨》)

王往而征之,夫誰與王敵?(《孟子·梁惠王上》)

被甲嬰胄將往戰。[嬰胄,戴上頭盔。"嬰"是繫縛的意思。](《墨
子·兼愛下》)

昔者湯將往見伊尹。(同上,《貴義》)

意越王將聽吾言,用我道,則翟將往。(同上,《魯問》)

大而無當,往而不返。(《莊子·逍遥游》)

裹飯而往食之。(同上,《大宗師》)

朞三年而百姓往矣。(《荀子·宥坐》)

但是,"往"字只排斥一般的賓語,它不排斥處所疑問賓語,也不排
斥"所"字,因爲它們都在它的前面,例如:

天下之父歸之,其子焉往?(《孟子·離婁上》)

惡往而不暇?(《莊子·達生》)

安往而不愛哉？［“愛”是被愛的意思。］（同上，《山木》）

朕也自以爲猖狂，而民隨予所往。（同上，《在宥》）

故成王之於周公也，無所往而不聽。（《荀子·君子》）

現代漢語裏“火車開往杭州”一類的結構是上古所沒有的。

（12）來*。“來”字和“往”字的情況一樣，在上古時期，它也排斥賓語。在古代，“來”是“往”的反義詞。凡用“來”字的地方，目的地是顯然可知的，例如：

有朋自遠方來，不亦樂乎？（《論語·學而》）

叟，不遠千里而來，亦將有以利吾國乎？（《孟子·梁惠王上》）

方舟而濟於河，有虛舩［船］來觸舟。（《莊子·山木》）

榮辱之來，必象其德。（《荀子·勸學》）

現代漢語裏“某人來北京”一類的結構是上古所沒有的。

（13）去*。“去”字在上古有兩個主要的意義：一個是離開的意義（去齊、去魯），另一個是除去的意義（《老子》“去甚，去奢，去泰”）。到了中古時期，韻書把它們分爲兩讀：前者讀去聲，後者讀上聲。其實後者是由前者引申出來的，後者只是前者的致動用法（“除去”也就是“使離開”）。“去”字作離開講，往往要求賓語，例如：

逝將去女，適彼樂土。（《詩經·魏風·碩鼠》）

枉道而事人，何必去父母之邦？（《論語·微子》）

微子去之，箕子爲之奴，比干諫而死。（同上）

桓公去國而霸諸侯。（《墨子·親士》）

孟子去齊，宿於晝。（《孟子·公孫丑下》）

孔子之去齊，接淅而行。去魯，曰：“遲遲吾行也，去父母國之道也。”（同上，《萬章下》）

故余將去女，入無窮之門，以游無極之野。（《莊子·在宥》）

辭其交游，去其弟子，逃於大澤。（同上，《山木》）

川淵枯則魚龍去之。（《荀子·致士》）

但是，這種“去”字也可以不帶賓語，仍然表示離開的意思，例如：

鳥乃去矣,后稷呱矣。(《詩經·大雅·生民》)

子未可以去乎?(《論語·微子》)

蚔鼃諫於王而不用,致爲臣而去。(《孟子·公孫丑下》)

效死而民弗去。(同上,《梁惠王下》)

今子不去,將忘子之故,失子之業。(《莊子·秋水》)

天道之與人道也,相去遠矣。①(同上,《在宥》)

地來而民去,累多而功少。(《荀子·王制》)

這種用法一直沿用到近代書面語言裏。在現代漢語裏,"去"字或者表示古代的"往"(你不去,我去),或者表示古代的"之"和"適"(去上海、去蘇聯)②。這樣,就造成了和古代相反的意義。依古代的詞義,"去上海"應該是離開上海(比較:"去齊"),但是現在變了到上海去了。

"去"字作除去講,一般要求賓語,例如:

善人爲邦百年,亦可以勝殘去殺矣。[勝殘,降服殘暴的人使不爲惡。去殺,廢除刑罰。](《論語·子路》)

必爲天之所欲,而去天之所惡。(《墨子·天志下》)

墮肢體,黜聰明,離形去知,同於大通。(《莊子·大宗師》)

去亂而被之以治……去污而易之以修。(《荀子·不苟》)

這種"去"字在現代口語裏,在固定的結構中,還常常用它,例如"去皮、去病、去污粉",又如"太長了,去一段"。

(14)留。《說文》:"留,止也。"在古代,"留"是"去"的反義詞③。

---

① 現在看來,"相去"的"去"是距離的意義,其實在上古是離開的意義的引申。

② "去"字表示古代的"之"和"適",是受方言的影響。本來在北方話裏只說"到上海去、到蘇聯去"。粵方言說"去上海、去蘇聯"。吳方言兩種方式都用。現在北方話也和吳方言一樣了。

③ "去"的反義詞還有"就"字,而且"去、就"常并舉,例如《孟子·公孫丑上》:"不受也者,是亦不屑就矣……援而止之而止者,是亦不屑去矣。"《莊子·人間世》:"回嘗聞之夫子曰:'治國去之,亂國就之。醫門多疾。'"《列禦寇》:"故其就義若渴者,其去義若熱。"《至樂》:"奚避奚處?奚就奚去?"《秋水》:"言察乎安危,寧於禍福,謹於去就,莫之能害也。"但是,"去、留"和"去、就"這兩種反義詞是不同的;"不離開"就是"留","接近"就是"就"。

用現代語來説，“留”就是不走的意思，也可以解作停留。因此，它本來
是個内動詞，例如：

　　不留不處，三事就緒。（《詩經·大雅·常武》）

　　善無主於心者不留，行莫辯於身者不立。（《墨子·修身》）

　　願留而受業於門。（《孟子·告子下》）

　　兼聽齊明而百事不留。（《荀子·君道》）

　　臣知虞君不用臣，臣誠私利禄爵且留。（《史記·秦本紀》）

　　可疾去矣，慎毋留。（同上，《越王句踐世家》）

“留”的引申意義是用於致動，即使不去、使不離開某一地點的意思，
例如：

　　殆非直留死者以安生也，是致隆思慕之義也。（《荀子·禮論》）

　　吕公因目固留高祖。（《史記·高祖本紀》）

　　單于亦輒拘留漢使，以相報復。（《漢書·匈奴傳》贊）

與此意義相近似的是使繼續存在（即遺留）的意義，例如：

　　寧其死爲留骨而貴乎？（《莊子·秋水》）

另有一種意義與此相關連的，就是使不實現（即保留）的意義，例如：

　　於是厚其禮，留其封，敬見而不問其道。（《墨子·非儒下》）

　　（15）回。“回”字，小篆作⊙，古文作回（據《説文》）。“回”在上古
是轉彎的意思（顔回，字子淵，“淵”是回水的意思，和“回”的意義相
近；《離騷》“回朕車以復路兮”），引申爲環繞（《墨子·辭過》“凡回於
天地之間，包於四海之内”），爲運轉（《荀子·儒效》“圖回天下於掌
上”），爲旋轉（《荀子·致士》“水深而回”）。這種回轉的意義引申爲
更抽象的意義，就是奸邪、邪曲的意思①，例如：

　　淑人君子，其德不回。（《詩經·小雅·鐘鼓》）

　　謀猶回遹，何日斯沮。（同上，《小旻》）

---

① 　在有文字記載的時候，“回”字的引申義已經通行，所以我們不應該從文獻的時代上判斷
　　引申義産生的先後。

君子不食奸，不受亂，不爲利疚於回。(《左傳·昭公二十年》)

蓋回曲之君也。(《晏子春秋·內問下》)

後來又引申爲回避的意義，亦寫作"迴、廻"。回避就不能向前走，所以它和"回朕車以復路兮"的"回"是同源的，例如：

廣漢見事生風，無所廻避。(《漢書·趙廣漢傳》)

奏案貪猾二千石，無所回忌。(《後漢書·左雄傳》)

最後才變爲歸的意義，那大約是唐代了，例如：

誰道山公醉？猶能騎馬回。(孟浩然《裴司士員司户見尋》)

古來征戰幾人回？(王翰《涼州詞》)

(16)購。在上古時代，"購"是懸賞徵求的意思，例如：

購吴王千金。(《史記·淮陰侯列傳》)

吾聞漢購我頭千金。(《漢書·項籍傳》)

後購求得書，以相校，無所遺失。(同上，《張安世傳》)

乃多以金購豨將。①〔顏注："購，設賞募也。"〕(同上，《高帝紀》)

　　直到宋元時代，"購、買"二字雖然連用起來了，也還不是今天購買的意思。當時口語裏大約已經沒有"購"字了，文人在書面語言裏着意仿古，把"購"字用來表示重金收買。這裏和上古不同之點在於不一定是懸賞，只要出大價錢就叫做"購"，例如：

吴興太守真好古，購買斷缺揮縑繒。(蘇軾《孫莘老求墨妙亭詩》)

栽培親荷鍤，購買屢傾橐。(司馬光《酬趙少卿樂園見贈》)

而長安秦漢故都，時時發掘所得，原父悉購而藏之。(歐陽修《集古録·古敦銘》)②

公來始購蓄，不憚道里艱。(蘇軾《次韻和劉京兆石林亭之作石本

---

① 這種意義一直沿用到唐初。《後漢書·光武紀》："購光武十萬户。"《陳書·沈炯傳》："僧辯素聞其名，於軍中購得之，酬所獲者鐵錢十萬。"

② 編者注：該例文集本文字有異，爲歐陽修《集古録跋尾·敦医銘》的"而咸鎬秦漢故都，其荒基破冢，耕夫牧兒，往往有得，必購而藏之"。

唐苑中物散流民間劉購得之》)

百金購書收散亡。(蘇軾《送劉道原歸覲南康》)

但是,"購"字就是從重金收買轉化爲今天的意義的。

(17)愛。"愛"字的一般意義一直沿用到現在,不必討論了。但是,在上古時期,"愛"字有一種特殊的意義,就是捨不得(有時候是吝嗇)。這種意義大約是從有感情(一般意義)引申出來的,有了感情就捨不得。但是,詞義轉化之後,就不能再解釋爲一般的意義——有感情,例如:

賜也,爾愛其羊,我愛其禮。(《論語・八佾》)

吾非愛死也,知不集也。(《左傳・襄公二十三年》)

甚愛必大費,多藏必厚亡。(《老子》)

百姓皆以王爲愛也,臣固知王之不忍也。(《孟子・梁惠王上》)

齊國雖褊小,吾何愛一牛?(同上)

愛其死,以有待也。(《禮記・儒行》)

(18)憐。《説文》:"憐,哀也。"即憐憫的意思。《爾雅・釋詁》:"憐,愛也。"這兩種意義一直沿用到唐宋以後。憐憫的意義沿用到現代漢語裏,可以不必討論。應該注意的是愛義的"憐",例如:

我見汝亦憐,何況老奴。(《世説新語・賢媛篇》注引《妒記》)

婉伸郎膝上,何處不可憐。(《子夜歌》)

憐歡好情懷,移居作鄉里。(同上)

韋侯別我有所適,知我憐君畫無敵。(杜甫《題壁上韋偃畫馬歌》)

馬官廝養森成列,可憐九馬爭神駿。(杜甫《韋諷録事宅觀曹將軍畫馬圖》)

東望少城花滿烟,百花高樓更可憐。(杜甫《江畔獨步尋花》之三)

尚憐詩警策,猶憶酒顛狂。(杜甫《戲題寄上漢中王》三首之三)

(19)勤。"勤"字在上古不是努力或用功的意思,而是勞苦、辛苦的意思。《説文》:"勤,勞也。"這是它的本義。今天我們還説"辛勤勞動”,“勤”就是“辛”。下面試舉出一些上古的例子：

恩斯勤斯，鬻子之閔斯。［我辛勤勞苦，就因爲育子才累病了。］
（《詩經·豳風·鴟鴞》）

萬民多有勤苦凍餒，轉死溝壑中者。（《墨子·兼愛下》）

今天下之君子之爲文學出言談也，非將勤勞其煩舌而利其唇吻
也。（同上，《非命下》）

民之於利甚勤。（《莊子·庚桑楚》）

其生也勤，其死也薄。（同上，《天下》）

直到唐代以後，“勤”的本義還在沿用着。杜甫詩句“敢忘帝力
勤”（《別蔡十四著作》）、“空念禹功勤”（《寄薛三郎中》）、“富貴必從
勤苦得”（《柏學士茅屋》）等，都是這個意義。但是，勞苦的意義是很
容易轉化爲努力或用功的意義的，因爲世界上沒有任何努力工作的人
是不勞苦的。韓愈《進學解》說“業精於勤荒於嬉”，可見就在唐代，除
了沿用舊義以外，也已經產生新的意義了。

（20）勸。“勸”在上古是鼓勵和受到鼓勵（被動意義）的意思。
《論語·爲政》：“舉善而教不能，則勸。”《荀子·强國》：“故賞不用而
民勸。”因此，“勸學”應該瞭解爲鼓勵人做學問（《荀子》有《勸學
篇》）；“勸農”應該瞭解爲鼓勵百姓從事農業（唐代有“勸農使”）。至
於近代所用“善言規勸”的“勸”、“勸解”的“勸”，那是很晚起的詞
義了。

（21）稍*。“稍”在上古是漸的意思，而不是略微的意思。一直到
中古還是這樣，例如：

自繆公以來，稍蠶食諸侯。（《史記·秦始皇本紀》）

其後秦稍蠶食魏，十八歲而虜魏王，屠大梁。（同上，《信陵君列傳》）

項羽乃疑范增與漢有私，稍奪之權。（同上，《項羽本紀》）

荏苒歲月頹，此心稍已去。（陶潛《雜詩》八首之五）

粉黛亦解苞，衾裯稍羅列。（杜甫《北征》）

天涯稍曛黑，倚杖更徘徊。（杜甫《課小豎鉏斫舍北果林》三首之三）

　　稍下巫山峽,猶銜白帝城。(杜甫《八月十五夜月》二首之二)

　　野哭初聞戰,樵歌稍出村。(杜甫《刈稻了咏懷》)

但是在唐代,"稍"字已經産生出略微的意義來了,例如:

　　皇姨有寡居者,持節入宮,粧飾稍過,上見之極不悅。(《因話錄》

卷一)

　　弟感其言,爲之稍節。(《唐語林》)

　　稍不如意,相顧笑議。(同上,又見《金華子雜編》)

　　稍留心爲學者,則妄穿鑿。(同上,又見《資暇集》)

　　(22)暫。《説文》:"暫,不久也。"等於現代的"短時間"(《左傳·

僖公三十三年》"婦人暫而免諸國","暫"是猝意,那可能是更古的意

義)。唐人用"暫"字還是這個意思,例如:

　　羈離暫愉悅,嬴老反惆悵。(杜甫《次晚洲》)

　　含情春晼晚,暫見夜闌干。(李商隱《無題》)

　　絕頂松堂喜暫游,一宵玄論接浮丘。(李中《寄廬山白雲峰重道者院》)

　　秉筆記錄,不暫廢輟。(《唐語林》)

　　看竹已知行處好,望雲空得暫時閑。(溫庭筠《春日訪李十四處士》)

　　烽火有時驚暫定,甲兵何地可安居。(郎士元《贈韋司直》)

後來變了在正式做甲事之前,暫時先做乙事的意思。如"暫行規程、暫

定條例"等。這種轉變是很自然的。

　　(23)僅。"僅"字在唐代是差不多達到的意思。它是甚言其多,

不像近代的"僅"字甚言其少,例如:

　　江國踰千里,山城僅百層。(杜甫《泊岳陽城下》)

　　爾後絕不相聞,迨兹僅一紀矣。(白居易《燕子樓詩序》)

　　潯陽僅四千,始行七十里。(白居易《初出藍田路作》)

　　士卒僅萬人。(韓愈《張中丞傳後叙》)

　　一游東諸侯,得錢僅百萬。(《唐語林》,又見《金華子雜編》)

　　某有中外親族數千口,兄弟甥侄僅三百人。(《唐語林》)

　　(24)消息。"消"是滅,"息"是生(《文選·七發》李善注),"消

息"本是等立伣語,等於説"消長",例如:

君子尚消息盈虚,天行也。(《易經‧剥卦》)

天地盈虚,與時消息。(同上,《豐卦》)

合散消息兮,安有常則?(賈誼《鵬鳥賦》)

衆芳芬鬱,亂于五風,從容猗靡,消息陰陽。(枚乘《七發》)

黄帝考定星曆,建立五行,起消息,正閏餘,于是有天地神祇物類之官。(《史記‧曆書》)

秋南春北,不失消息。(《易林》)

到了5、6世紀以後,"消息"才有音信的意義,例如:

欲覓行人寄消息,依常潮水暝應還。(梁元帝《別詩》二首)

鴻來雁度無消息。(駱賓王《疇昔篇》)①

聞道春還未相識,走傍寒梅訪消息。(李白《早春寄王漢陽》)

因君問消息,好在阮元瑜。(杜甫《送蔡希魯都尉還隴右》)

(25)時候。"時候"本來只是時令和氣候的意思,例如:

玉霜夜下,旅雁晨飛,想凉燠得宜,時候無爽。(梁簡文帝《與劉孝綽書》)

離亭向水開,時候復蒸梅。(李頻《明州江亭別段秀才》)

九月衣衫,二月衣袍,與時候不相稱。(《唐語林》,又見《因話録》卷一)

到了現代漢語裏,"時候"變了雙音詞,不再表示時令和氣候了。

(26)處分。唐代以前所謂"處分",是委任或安置、處置的意思,例如:

處分適兄意,那得自任專。(《孔雀東南飛》)

預處分既定,乃啓請伐吳之期。(《晉書‧杜預傳》)

其第三等人、第三次等人委中書門下,優與處分。(《唐大詔令

---

① 編者注:我們查閲的文獻均爲"鴻來雁度無音息"。該例文集本爲駱賓王《代女道士贈道士李榮》的"三鳥聯翩報消息。"

集》卷一百〇六）

　　聖上處分當州事驚人。（《唐語林》）

　　當嚴明有所，處分寬。（同上，又見《北夢瑣言》）

　　現代所謂"處分"，是對犯了罪或犯了錯誤的人的處理。

　　以上所舉的許多例子，都爲了證明一個道理，就是詞義是發展的，而且變化的情況要比一般人所料想的複雜得多。過去我們的文字學家們在這一方面做了許多研究工作，獲得了很大的成績。但是，如果爲了編寫一部漢語大詞典，古人的研究成果還是不够用的，因爲：（一）他們只注意上古，不大注意中古以後的發展；（二）他們只注意單音詞，不大注意複音詞。所以這一方面的工作是還需要投入巨大的人力，才能有所成就的。

　　在詞義的研究上，我們不能忘記語音、語法、語彙三方面的聯繫。"饑"和"飢"的分别、"涕"和"洟"的關係①，都是從語音上證明的；"往、來、去、留"等詞的古代詞彙意義，又是和語法意義密切聯繫着的。"去、留"等字的引申意義也是由致動而產生的。

第六節　詞是怎樣變了意義的

　　在語言裏，詞是能表者（它能表示一個概念），概念是所表者（詞所表示的是它）。能表者和所表者的關係不是天然的，而是歷史造成的，因此，這種關係就不是固定的，而是可以變化的。但是，能表者和所表者的關係既然是歷史造成的，它的轉變也就受一定的規律制約着。這就是說，能表者如果要換一個所表者，在正常的情況下，它只能轉化爲鄰近的或與原意有關的概念，而不能任意變換。這種轉化，在中國文字學上叫做"引申"。引申是從本來的意義生出一個新的意義來，舊意義和新意義之間的關係是可以說明的，例如"朝"字本來是早

――――――――――

①　"涕"和"洟"在上古音不但同部（脂部），而且聲母極相近（"涕"t'iei，"洟"dǐei）。

上的意思①,引申爲朝見的意思②。早上的"朝"和朝見的"朝"不同聲母(t:dʻ),是表示名詞和動詞的分別。爲什麼知道朝見的"朝"是從早上的"朝"引申出來的呢？因爲朝見是在早上進行的;如果晚上進行,上古就不叫做"朝",而叫做"夕"(《左傳·昭公十二年》"右尹子革夕")。從朝見的"朝"再引申爲"朝南、朝北"的"朝",因爲朝見總是面對面的。古人把被朝見者(帝王)的受朝叫做"南面"(《易經·説卦》"聖人南面而聽天下"),"南面"就是朝南;把朝見者的朝見叫做"北面"(《史記·田單列傳》"義不北面於燕"),"北面"就是朝北。由此可見,詞義的引申,并不一定是從一個樹幹生出許多樹枝來,有時候是枝外生枝,連綿不斷的。

依照西洋的傳統説法,詞義的變遷大約有三種情況:(一)詞義的擴大;(二)詞義的縮小;(三)詞義的轉移。漢語詞義的引申情況大致也可以歸入這三類。詞義的擴大和詞義的縮小都保留了原義的全部或一部分;詞義的轉移則是原義完全和這個詞脱離了關係。這三種情況的界限不是很清楚的;但是,爲了幫助瞭解詞義發展的内部規律,這種解釋還是有用的。

(一)詞義的擴大就是概念外延的擴大。換句話説就是縮小特徵,擴大應用範圍。這種情況在漢語中比較常見。下面試舉出一些例子來討論:

(1)江。"江"本是專有名詞,就是今天的長江②,例如.

江漢朝宗於海。[這裏説江漢入海,像諸侯朝見天子一樣。朝宗,朝見的意思。](《書經·禹貢》)

吳將泝[溯]江入郢。(《左傳·哀公四年》)

決汝漢,排淮泗,而注之江。(《孟子·滕文公上》)

---

① 古文字𦥑(朝)象日月并見於草莽之中。
② 《白虎通義·朝聘》:"朝者,見也。……因用朝時見故謂之朝。"
③ 《説文》:"江,江水,出蜀湔氐徼外岷山,入海。"

　　昔者楚人與越人舟戰於江。（《墨子·魯問》）

　　籍［項羽］與江東子弟八千人渡江而西。（《史記·項羽本紀》）

這個意義一直沿用到後代，凡只稱爲“江”者，一般總指長江（如江南、江北）。但是，“江”字早就有了變爲普通名詞的傾向，所以《禹貢》有所謂“三江、九江”。後來專有名詞後面加上“江”字，如《史記·貨殖列傳》：“浙江南則越。”“江”已經變了河流的通名。至於杜甫詩中屢屢説到的“江山”，更不一定都指的是長江了。等到別的河流也叫“江”，有時候爲了區別，原來的江只好加上形容詞，叫做“長江”。

　　（2）河。“河”和“江”的情況一樣，起初是專指黄河[①]，例如：

　　浮於洛，達於河。（《書經·禹貢》）

　　道河積石，至於龍門。（同上）

　　鳳鳥不至，河不出圖，吾已矣夫！（《論語·子罕》）

　　鼓方叔入於河，播鼗武入於漢。［鼓方叔，指擊鼓的樂師方叔。播鼗武，指搖鼗鼓的樂師武。］（同上，《微子》）

　　昔者舜耕於歷山，陶於河瀕，漁於雷澤。（《墨子·尚賢下》）

但是，《禹貢》裏已經有所謂“九河”。後來專有名詞後面加上“河”字，如《晉書·輿服志》：“橫汾河而祠后土。”“河”已經變了河流的通名。等到別的河流也叫“河”，有時候爲了區別，原來的河只好加上形容詞，叫做“黄河”（《漢書·功臣表》“使黄河如帶，泰山若礪”）。

　　（3）臉。《説文》沒有“臉”字。《集韻·琰韻》：“臉，頰也。”《韻會》：“臉，目下頰上也。”實際上，“臉”是面上搽胭脂的地方，所以古人稱“臉”限於婦女。大約在 6 世紀以後，才有“臉”字出現（胭脂在漢代已經有了），例如：

　　回羞出曼臉，送態表嚬蛾。（劉孝綽《同武陵王看妓》）

　　玉貌歇紅臉，長嚬串翠眉。（梁簡文帝《妾薄命》樂府）

　　紅臉桃花色，客別重羞看。（陳後主《紫騮馬》樂府）

_____

[①]　《説文》：“河，河水，出敦煌塞外昆侖山，發原注海。”

落花同淚臉，雙月似愁眉。(陳後主《有所思》樂府)

翠眉未畫自生愁，玉臉含啼還似笑。(江總《秋日新寵美人應令》)

滿面胡沙滿鬢風，眉消殘黛臉消紅。(白居易《王昭君》)

淚痕裛損胭脂臉，剪刀裁破紅綃巾。(白居易《山石榴寄元九》)

芳蓮九蕊開新艷，輕紅淡白勻雙臉。(晏殊《菩薩蠻》)

輕勻兩臉花，淡掃雙眉柳。(晏幾道《生查子》)

所謂"紅臉、臉消紅、胭脂臉"，可見"臉"是搽胭脂的地方；所謂"雙臉、兩臉"，可見當時一個人有兩個臉，不像現代一個人只有一個臉。由頰的意義引申到面的意義，這是詞義擴大的典型例子①。

　　從漢字的部首來看，可以發現無數的詞義擴大的例子，例如"雌、雄"本來限於鳥類，後來擴充到獸類(雄犬、雄獅)；"轉"本來限於車輪的運轉，後來擴充到一切轉動的行為。不過，由於詞的來源很古，到了我們所能接觸到的史料的時代，引申義久已通行，因此，我們并不能常常按照史料的先後，來證明詞義發展的程序和階段。

　　詞義擴大以後，會不會再縮小呢？一般說來，這種可能性是很小的。有些情況似乎可以證明這一種發展過程；實際上，那只是由於偶然的和特殊的因素，暫時產生擴大的現象，這種擴大并沒有鞏固下來，例如"細"字按部首應該依朱駿聲的解釋："絲之微也。"稍為引申，就成為一般的纖細的意義，和現代漢語的"細"是差不多的。但是，曾經有一個時期，"細"字擴大到兼表小的意義，例如：

細人之愛人也，以姑息。(《禮記·檀弓》)

夫自細視大者不盡，自大視細者不明。(《莊子·秋水》)

夫以畏壘之細民，而竊竊然欲俎豆予於賢人之間。[俎豆，用作動詞，是供養、祭祀的意思。](同上，《庚桑楚》)

① 古代的"臉"音同"檢"，現代的"臉"音同"斂"(上聲)。這種音變是完全可能的。在古代，k-、l-交替的情況是常有的。

　　不矜細行，終纍大德。(《書經·旅獒》)①

這種意義在後代也爲古文家所仿用(韓愈《進學解》"貪多務得，細大不捐"；《論佛骨表》"傷風敗俗，傳笑四方，非細事也")，但是到底沒有在人民口語中生根②。

　　又如"蟲"字，曾經一度擴大到動物的總稱③，例如：

　　蜩與學鳩笑之……之二蟲又何知？[學鳩，即鷽鳩，小鳩也。二蟲指蜩和學鳩。](《莊子·逍遥游》)

　　且鳥高飛以避矰弋之害，鼷鼠深穴乎神丘之下，以避熏鑿之患，而曾二蟲之無知。[二蟲指鳥和鼷鼠。](同上，《應帝王》)

　　虎者，戾蟲，人者，甘餌也。(《戰國策·秦策》)

　　馬，聾蟲也，而可以通氣志。(《淮南子·修務訓》)

但是，由於這種詞義的擴大并不鞏固，後代并沒有沿用下來。近代稱虎爲"大蟲"，這是凝固的結構，只能表示上古留下的一點痕迹罷了。

　　在現代方言裏，也有一些詞義擴大的情況。北京一帶所謂"土"，是兼指塵來説的④。粵方言所謂"泥"是兼指乾的土來説的。更有趣的是：蘇州所謂"爛泥"，也是兼指乾的土來説的。

　　(二)詞義的縮小就是概念外延的縮小。換句話説就是擴大特徵，縮小應用範圍。這種情況在漢語中比較少見。下面試舉出一些例子來討論：

　　(1)瓦。《説文》："瓦，土器已燒之總名。"這是"瓦"的本義，例如：

　　乃生女子……載弄之瓦。[傳："瓦，紡磚也。"](《詩經·小雅·斯干》)

---

① 《旅獒》是所謂僞古文《尚書》，時代不在先秦。
② 粵方言以"細"代"小"，但不是詞義的擴大，見下文。
③ 《大戴禮·曾子·天圓》："毛蟲之精者曰麟，介蟲之精者曰龜，鱗蟲之精者曰龍，倮蟲之精者曰聖人。"
④ 解放前，有人做了兩句詩來形容北京的市政不好。詩句是："無風三尺土，有雨一街泥。"

以瓦注者巧。① (《莊子·達生》)

有虞氏瓦棺。(《禮記·檀弓上》)

黃鐘毀棄,瓦釜雷鳴。(《楚辭·卜居》)

“瓦”既然是土器已燒之總名,當然屋上所蓋的也叫做“瓦”,所以《莊子·達生》説:“雖有忮心者不怨飄瓦。”後來詞義就縮小在這一個狹小範圍以內了。

(2)穀。《説文》:“穀,百穀之總名。”這是“穀”的本義,例如:

汝后稷,播時[是]百穀。(《書經·舜典》)

稷降播種,農殖嘉穀。[嘉穀,指稷,就是今天的小米。](同上,《吕刑》)

丈人曰:“四體不勤,五穀不分,孰爲夫子?”(《論語·微子》)

凡五穀者,民之所仰也,君之所以爲養也……五穀盡收,則五味盡御[進]於主;不盡收,則不盡御。一穀不收謂之饉,二穀不收謂之旱,三穀不收謂之凶,四穀不收謂之餽,五穀不收謂之饑。(《墨子·七患》)

人卒九州,穀食之所生,舟車之所通,人處一焉。[卒,盡也。人卒九州,指人類生活的整個大陸上。](《莊子·秋水》)

此外還有所謂“六穀、九穀”,都可以證明上古的“穀”字是百穀的總名,它的應用範圍是很廣的。但是到了後來“穀”的詞義縮小了,它只指稻子的果實,不再是百穀的總名了。

(3)生。在上古時期,“生”字有兩個主要意義:一個是生育的“生”(“生子”),另一個是生死的“生”。在現代普通話的一般口語裏,只説“死活”,不説“生死”。除了仿古以外,“生”的第二種意義只用作詞素,如“生存、生命、生物”等②。

(4)舅姑。在上古時期,“舅”字有兩個主要意義:一個是母之兄弟,另一個是夫之父。“姑”字有兩個主要意義:一個是父之姊妹,另一

----

① 疏:“注,射也。瓦器賤物,而戲賭射者既心無矜惜,故巧而中也。”
② 有些方言還保留着“生”字第二種意義,如粤方言和客家方言。

個是夫之母,例如:

　　我送舅氏,曰至渭陽。(《詩經·秦風·渭陽》)

　　這是指母之兄弟。

　　昔者吾舅死於虎。(《禮記·檀弓下》)

　　這是指夫之父。

　　問我諸姑,遂及伯姊。(《詩經·邶風·泉水》)

　　侄其從姑。(《左傳·僖公十五年》)

　　内行則姑姊妹之不嫁者七人。(《荀子·仲尼》)

　　以上指父之姊妹。

　　室无空虚,則婦姑勃谿。(《莊子·外物》)

　　姑妐知之曰:“爲我婦而有外心。”[妐,音“鍾”,舅也。](《吕氏春秋·孝行·遇合》)

　　以上指夫之母。

後來“舅”的夫之父的意義和“姑”的夫之母的意義在口語裏消失了。

　　我們説“生”和“舅、姑”等字在上古有兩個主要意義,這是一般的説法。嚴格説來,這是不恰當的。它們在最初只有一個總的意義。“生”字在最初可能只有活着的意義,生育的“生”是生死的“生”引申來的,生下兒女是讓他們能有生命(活着);甚至生熟的“生”也是由活着的意義來的,古人獵得的鳥獸,只要還没有燒熟,無論已殺未殺,都叫做“生”(“牲”也就是生的獸類)。“舅、姑”在最初也只有一個總的意義。譬如説,在最初的時候,凡和父母同輩的男人都叫做“舅”,凡和父母同輩的女人都叫做“姑”。這樣去瞭解,才是真正的詞義縮小。

　　定語代替了整個仂語,也應該算是詞義的縮小。舉例來説,“男”的原始意義是男性,“女”的原始意義是女性,“子”的原始意義是小孩。男孩叫做“男子”,兒子也叫做“男子”;女孩叫做“女子”,女兒也叫做“女子”,所以《詩經·小雅·斯干》説:“乃生男子……乃生女子。”在“男子、女子”這兩個仂語裏,“男”和“女”只是定語。但是後來它們可以脱離“子”字,單獨地表示兒子和女兒。“女”字表示女兒,是

很古的事了,例如:

　　凡諸侯之女歸寧曰來。(《左傳·莊公二十七年》)

　　將以其女爲后。(同上,《僖公二十四年》)

“男”字表示兒子,也不太晚,例如:

　　程嬰曰:“朔之婦有遺腹,若幸而男,吾奉之;即女也,吾徐死耳。”(《史記·趙世家》)

　　巨鹿都尉謝君男詐爲神人。[孟康注:“男者,兒也。”](《漢書·天文志》)

　　(三)詞義的轉移,包括甚廣。凡引申的意義既不屬於擴大,又不屬於縮小的,都可以認爲轉移。在本章第一節裏,我們講了一個典型的例子,就是“脚”字。它的意義由小腿轉移到身體最下部接觸地面的肢體(據《新華字典》)。此外,讓我們再舉一些例子:

　　(1)玄。“玄”的原始意義是黑的意思①,例如:

　　天命玄鳥。[“玄鳥”就是黑鳥,也就是燕子。](《詩經·商頌·玄鳥》)

　　北方曰玄天。②(《呂氏春秋·有始》)

　　服清白以逍遥兮,偏與乎玄英異色。③(《楚辭·七諫·怨世》)

由黑的意義轉到不辨是非的意義,就是道家所謂玄妙。老子所謂“知其白,守其黑”。守黑也就是守玄,例如:

　　玄之又玄,衆妙之門。(《老子》)

　　而大卜之德始玄同矣。(《莊子·胠篋》)

　　若愚若昏,是謂玄德。(同上,《天地》)

　　(2)窮。在上古時代,“窮”字用爲名詞的時候,表示盡頭(“無窮”)④;用爲形容詞的時候,表示盡(“窮途”);用爲動詞的時候,表示

---

①　《説文》:“黑而有赤色者爲玄。”這裏只説“黑”,是爲了説明詞義的轉移是從黑而來的。

②　高誘注:“北方十一月建子,水之中也,水色黑,故曰玄天也。”

③　王逸注:“玄英,純黑也,以喻貪濁。”

④　《説文》:“窮,極也。”“極”就是盡頭的意思。無路可通的地方叫做“窮”,所以從穴。

追究到底(《莊子·秋水》"以其至小,求窮其至大之域")。由此引申,就成困苦、不得志、走投無路等意義,例如:

　　君子固窮,小人窮斯濫矣。(《論語·衛靈公》)

　　窮則獨善其身,達則兼善天下。(《孟子·盡心上》)

　　君子通於道之謂通,窮於道之謂窮。(《莊子·讓王》)

　　孔子窮於陳蔡之間。(同上,《山木》)

　　窮寇勿迫,此用兵之法也。(《孫子·軍爭》)

　　死不再生,窮鼠齧貍。(《鹽鐵論·詔聖》)

　　在上古,"窮"和"貧"是有分別的。《莊子·德充符》説"窮達貧富","窮"是"達"的反面,而不是"富"的反面。但是,貧也是走投無路之一種,所以貧也可以稱爲"窮",例如:

　　萬鍾於我何加焉? 爲宫室之美,妻妾之奉,所識窮乏者得我與?(《孟子·告子上》)

　　無三年之蓄,謂之窮乏。(《淮南子·主術訓》)

　　振貸窮乏。(《漢書·食貨志上》)

　　在現代漢語裏,"窮"字的古義只殘存在固定形式裏,如"窮盡、無窮"等,而一般口語裏只有貧窮的"窮"。

　　在方言裏,同樣地有詞義轉移的情況。試舉"叫、喊"兩個詞爲例。客家方言的"叫"和廣州話的"喊"都表示哭。由叫喊到哭是詞義轉移的好例子。再舉"細"字爲例。在粤方言裏"細"代替了"小",如"細碟","幼"在某些地方代替了"細",如"幼紗"。

　　有時候,詞義的轉移只是詞義的加重或減輕,例如"誅"字,字形從言,最初只有責的意思(《論語·公冶長》"於予與何誅";《左傳·襄公三十一年》"誅求無時"),後來才轉爲殺戮的意思。由責以至於殺戮,這是詞義的加重。又如"賞"字,字形從貝,最初只有賞賜的意思(《説文》"賞,賜有功也";《周禮·載師》"賞田牧田"),後來才轉爲贊賞的意思(陶潛《移居》"奇文共欣賞");由用實物賞賜以至於用言語贊美,這是詞義的減輕。又試舉現代方言爲例。粤語以價賤爲"平",本來是像“平價、平糶”的“平”，只是價值相當的意思，由價值相當以至於價賤，也是一種詞義的加重。西南官話有許多地方稱價賤爲“相應”，可能也是這個道理。

詞義的轉化不一定就是新舊的代替，也就是説原始意義不一定因爲有了引申意義而被消滅掉。有時候，它們的新舊兩種意義是同時存在過（如“誅”字），或至今仍是同時存在（如“賞”字）。因此我們知道詞義的轉移共有兩種情形：一種如蠶化蛾，一種如牛生犢。

＊　　　＊　　　＊　　　＊　　　＊

我們談詞是怎樣變了意義的，不可誤會爲字是怎樣變了意義的。文字學上所謂假借往往只是同一字形而詞義毫無關連①，例如來麥的“來”假借爲來往的來；大頭的“頒”假借爲頒布的“頒”。這都是一種字形的借用，在詞義的發展上是沒有什麼可談的。又如近代性情的“性”假借爲性別的“性”，其間也并沒有任何淵源，只是由於日本人把英語的 sex 譯爲“性”，我們就采用了。這種地方，就只有詞彙學的意義，而沒有語義學的意義了。

詞義的變遷，和修辭學的關係是很密切的。在許多情況下，由於修辭手段的經常運用，引起了詞義的變遷。最常見的是隱喻法（metaphor）和譬喻法（allegory）。像上面所舉的例子，拿走投無路來形容窮困和貧乏是非常形象化的，久而久之，就引起了詞義的變遷。現在再舉三個例子：

（1）道理。《説文》：“道，所行道也。”可見“道”的本義是路的意思。《説文》：“理，治也。”朱駿聲説：“順玉之文而剖析之。”玉之文就是玉的紋理。引申起來，“道”是工作方法，“理”是客觀存在的內部規律。這樣譬喻是把抽象的概念形象化了。

（2）責任。在最初的時候，“責”是債的意思（見本章第四節），“任”是挑擔的意思（朱駿聲説）。承擔了任務好像負債，必須清償；而

---

① 《説文》：“假借者，本無其字，依聲托事，令長是也。”

任務本身就是一肩重擔,要不怕困難去完成它。《論語·泰伯》:"士不可以不弘毅,任重而道遠;仁以爲己任,不亦重乎? 死而後已,不亦遠乎?"這樣的雙關的語意,正是詞義發展過程的鮮明寫照。

(3)甘苦。《詩經·邶風·谷風》:"誰謂荼苦? 其甘如薺。"這裏的"甘"和"苦"是用的它們的本義。"甘"就是今天所謂"甜",有時候也等於今天所謂"好吃"。但是"甘"和"苦"在很早就有了轉化的意義。《左傳·僖公十年》:"幣重而言甘,誘我也。""言甘"就是話説得很甜。《左傳·莊公九年》:"請受而甘心焉。""甘心"就是心裏痛快。現在把心所自願叫做"甘心",就是從這個"甘心"的意義轉化而來的。《書經·盤庚》:"爾惟自鞠自苦。"《詩經·邶風·凱風》:"有子七人,母氏勞苦。""苦"已經轉化爲難過和辛苦的意義了。

第七節　概念是怎樣變了名稱的

上節談的是詞是怎樣變了意義的。我們也可以把問題倒轉過來:概念是怎樣變了名稱的[①]?

所謂一個詞變了意義,也就是説,某詞不再表示原來的概念。但是,只要世界上還存在着某一事物,我們的腦子裏就存在着和這個事物相當的概念;除非我們的祖先一向不曾有過這種概念,否則某一個詞義雖然消失了,這個概念并沒有跟着消失,它勢必找另一個能表者來表示它。下面是一些具體的例子:

(1)腿。"脚"字的小腿的意義消失了(見本章第一節),人們的小腿并不因此就不存在了,於是有必要創造(或借用)另一個詞來表示小腿。於是新詞"腿"字適應需要而產生了。《説文》没有"腿"字。《玉篇》卷七:"腿,腿脛也。"可見"腿"字產生得很晚,在"脚"字喪失了小腿的意義以後。"腿"的最初意義是小腿(至於大腿仍稱"股"),例如:

———————————

[①]　上節和本節的題目是仿照房特利耶斯《語言論》裏面的題目。

象胆隨四時在四腿。(《酉陽雜俎》)

鐵佛聞皺眉,石人戰摇腿。(韓愈《嘲鼾睡》)

王予可,字南雲,吉州人,衣長不能掩脛,故時人有哨腿王之目。(《中州集》)

可見小腿這一個概念已經變了名稱了。

(2)走。走路的概念,今天普通話用"走"字來表示,古人用"行"字來表示,例如:

有淡臺滅明者,行不由徑。(《論語·雍也》)

三人行,必有我師焉。(同上,《述而》)

立不中門,行不履閾。[中門,在門的中央。履閾,踩門限。](同上,《鄉黨》)

君命召,不俟駕行矣。[駕,駕車。](同上)

明日遂行。(同上,《衛靈公》)

三日不朝,孔子行。(同上,《微子》)

在現代粤方言和客家方言裏,走路的概念仍用"行"字來表示(不説"走路",只説"行路"),但是,在普通話裏,"走"字代替了古代的"行",而"行"字只用於固定形式(如"步行")裏了。

(3)跑。跑的概念,古代用"走"字表示,例如:

潁考叔挟輈以走。[輈,車轅。](《左傳·隱公十一年》)

走出,遇賊於門。(同上,《莊公八年》)

兵刃既接,棄甲曳兵而走。(《孟子·梁惠王上》)

猶水之就下,獸之走壙也。[壙,曠野。](同上,《離婁上》)

然而夜半有力者負之而走。(《莊子·大宗師》)

"跑"字起源很晚。《廣韻·肴韻》:"跑,足跑地也。薄交切。"這是指獸的前蹄挖地。杭州虎跑泉的"跑",就是這個意義。"奔跑"的"跑"可能是由跑地的"跑"轉化來的(今普通話轉爲上聲),而且這個意義在唐代就已經產生了。馬戴《邊將》:"紅繮跑駿馬,金鏃掣秋鷹。"裏面的"跑"已經是奔跑的意義,不過仍指獸類而言罷了。

(4)錯。現在我們所説的"做錯了事"的"錯"和"犯錯誤"的"錯",上古都用"過"字來表示(現在我們給犯了錯誤的學生或幹部以記過的處分,這個"過"字還保持着"過"字的古義),例如:

人之過也,各於其黨。觀過斯知仁矣。(《論語·里仁》)

不遷怒,不貳過。(同上,《雍也》)

古之君子,過則改之;今之君子,過則順之。(《孟子·公孫丑下》)

其過也,如日月之食,民皆見之。(同上)

然則聖人且有過與?(同上)

過錯的"過"是從走過去、超過的"過"引申來的。《説文》:"過,度也。"段注:"引申爲有過之過。"段玉裁的説法是可信的。

"錯"字在上古有交錯的意義;但是沒有錯誤的意義,例如:

陰陽錯繆,氛氣充塞。(《漢書·董仲舒傳》)

今春月寒氣錯繆,霜露數降。(同上,《王嘉傳》)

淖溺流遁,錯繆相紛而不可靡散。(《淮南子·原道訓》)

《辭海》在"錯"字條下有一條解釋是:"牴牾也,乖誤也。"這種解釋是不對的,容易引起誤會;"牴牾"和"乖誤"的意義不同,不應合爲一條。"錯"字具有錯誤的新義,是唐代和以後的事。正如走過、超過的"過"引申爲過錯的"過"一樣,交錯的"錯"引申爲錯誤的"錯"也是很自然的。唐代和以後"錯"用爲"錯誤"義的例子:

江邊老翁錯料事,眼暗不見風塵清。(杜甫《釋悶》)

何人錯憶窮愁日,愁日愁隨一線長。(杜甫《至日遣興》二首之一)

旁人錯比楊雄宅,懶惰無人作《解嘲》。(杜甫《堂成》)

仰面貪看鳥,回頭錯應人。(杜甫《漫成》二首之二)

合六州四十三縣鐵,不能爲此錯也。(《資治通鑒·唐昭宗三年》)

(5)怕。我們現在用"怕"來表示的概念,上古是用"畏"或"懼"來表示的,例如:

不侮矜寡,不畏强禦。(《詩經·大雅·烝民》)

君子有三畏：畏天命，畏大人，畏聖人之言。（《論語・季氏》）

知者不惑，仁者不憂，勇者不懼。（同上，《子罕》）

使者目動而言肆，懼我也，將遁矣。（《左傳・文公十二年》）

"怕"字在上古完全沒有畏懼的意思。《説文》："怕，無爲也。"《廣雅・釋詁》："怕，靜也。"司馬相如《子虚賦》："怕乎無爲。"用的就是這個作安靜無爲解釋的"怕"字，也就是淡泊的"泊"字。它和現代所説的害怕的"怕"，僅僅字形相同，没有淵源關係。害怕的"怕"，開始見於唐代，例如：

回波爾時栲栳，怕婦也是大好。（裴談《回波樂》）

老夫怕趨走，率府且逍遥。（杜甫《官定後戲贈》）

如何此貴重，却怕有人知？（杜甫《江頭五咏》之二）

直怕巫山雨，真傷白帝秋。（杜甫《更題》）

梁間燕雀休驚怕，亦未搏空上九天。（杜甫《姜楚公書角鷹歌》）

從什麼時代開始，"怕"字在口語裏完全代替了"畏"和"懼"，還不能斷定。但是，在現代普通話裏，畏和懼的概念已經完全用"怕"來表示了。

（6）偷。偷東西的偷的概念，先秦一般用"竊"字來表示。偷東西的人的概念，先秦用"盜"字來表示。《論語・顏淵》："季康子患盜，問於孔子。孔子對曰：'苟子之不欲，雖賞之不竊。'"《左傳・僖公二十四年》："竊人之財，猶謂之盜。"這兩個例子很清楚地説明了當時"竊"和"盜"兩個詞的意義，同時也顯示了它們的詞性的區別。在《論語》《左傳》裏，"竊"和"盜"的分別是很明顯的："竊"是動詞，"盜"是名詞。在先秦別的典籍裏，"盜"字雖然有時候會用作動詞，但那只是"盜"的用法的擴大；其中"竊"和"盜"的原始意義和詞性，也還是可以看出來的。下面我們再舉出一些用"竊"和"盜"的例子：

臧文仲，其竊位者與？（《論語・衛靈公》）

今有一人，入人園圃，竊其桃李。（《墨子・非攻上》）

盜愛其室，不愛其異室，故竊異室以利其室。（同上，《兼愛上》）

愛盜非愛人也，不愛盜非不愛人也。（同上，《小取》）

　　然則鄉之所謂知者,不乃爲大盜積者乎?(《莊子·胠篋》)
先秦的"偷"字是苟且或近似苟且的意思。《論語·泰伯》:"故舊不遺
則民不偷。"《左傳·文公十七年》:"齊君之語偷。"《離騷》:"惟黨人之
偷樂兮。"這裏的"偷"都是這個意思。由苟且的意思轉化到偷竊的意
思是很自然的。從漢代開始,"偷"字已經具有偷東西的人和偷竊兩種
意義了,例如:

　　楚將子發好求技道之士,楚有善爲偷者往見曰:"聞君求技道之
士;臣,偷也,願以技齎一卒。"子發……出見而禮之。左右諫曰:"偷
者,天下之盜也。何爲之禮?"君曰:"此非左右之所得與。"後無幾何,
齊興兵伐楚。……於是市偷請進曰:"臣有薄技,願爲君行之。"……偷
則夜解齊將軍之幬帳而獻之。……明又復往取其枕。……明日復又
往取其簪。(《淮南子·道應訓》)

　　及亡新王莽,遭漢中衰,專操國柄,以偷天下。[唐李賢注:"偷,竊
也。"](《後漢書·陳元傳》載元上疏)

　　逮及亡新,時漢之衰,偷忍淵圖,篡器慢違。[李賢注:"偷忍,猶偷
竊也。淵圖,謂秦中也。"](《後漢書·杜篤傳》載篤《論都賦》)

　　鍾毓兄弟小時,值父晝寢,因共偷服藥酒。(《世說新語·言語》)

　　偷本非禮,所以不拜。(同上)
在現代普通話口語裏,先秦"竊"所表示的概念,已經完全用"偷"來表
示;先秦"盜"所表示的概念,則用"小偷"或"賊"來表示了①。

　　(7)硬。硬的概念,上古用"堅"字或"剛"字來表示,例如:

　　不曰堅乎? 磨而不磷。[集解:"磷,薄也。……至堅者磨之而不
薄。"](《論語·陽貨》)

　　人之生也柔弱,其死也堅強。(《老子》)

---

① 先秦時代已有"賊"字。《荀子·正論》:"故盜不竊,賊不刺,狗豕吐菽粟而農賈皆能以
　貨財讓。"注:"私竊謂之盜,劫殺謂之賊。"朱駿聲說:"盜小而賊大,盜輕而賊重。"上古
　的"盜"和"賊",同現代普通話裏的"盜"和"賊"的意義相比,輕重恰恰相反。

堅則毀矣,銳則挫矣。(《莊子·天下》)

人亦有言:"柔則茹之,剛則吐之。"(《詩經·大雅·烝民》)

《説文》没有"硬"字。《廣雅·釋詁》:"鞕,堅也。"這個"鞕"就是後來的"硬"字,它可能産生於漢魏間。《廣韻·諍韻》:"鞕,堅牢,五更切。硬,上同。"下面是用"硬"字的較早的例子:

書貴瘦硬方通神。(杜甫《李潮八分小篆歌》)

硬骨殘形知幾秋,屍骸終是不風流。(皮日休《賦龜》,見《全唐詩話》)

"君飡止此,可謂薄;分我當畢之。"遂吃硬飯。(《酉陽雜俎》)

羨君齒牙尚牢潔,大肉硬餅如刀截。(韓愈《贈劉師服》)

醫云:"天寒膏硬。"公笑曰:"韓皋實是硬。"(《唐語林·雅量》)

到現代普通話裏,硬的概念已完全不用"堅"或"剛"表示了。

(8)吃(喫)。吃的概念上古用"食"字來表示,例如:

碩鼠碩鼠,無食我黍。(《詩經·魏風·碩鼠》)

彼狡童兮,不與我食兮。(同上,《鄭風·狡童》)

皎皎白駒,食我場苗。(同上,《小雅·白駒》)

君子食無求飽,居無求安。(《論語·學而》)

魚餒而肉敗不食。(同上,《鄉黨》)

量腹而食,度身而衣,自比於群臣,奚能以封爲哉。(《墨子·魯問》)

見其生不忍見其死,聞其聲不忍食其肉。(《孟子·梁惠王上》)

不食五穀,吸風飲露。(《莊子·逍遥游》)

一直到六朝時代還是如此,例如:

君得哀家梨,當復不蒸食不?(《世説新語·輕詆》)

有一客姥居店賣食。(同上,《假譎》)

桓公坐有參軍椅蒸薤不時解,共食者又不助而椅終不放,舉坐皆笑。(同上,《黜免》)

及食啖薤,庾因留白。(同上,《儉嗇》)

帝甚不平,食未畢,便去。(同上,《汰侈》)

王藍田性急,嘗食雞子,以箸刺之,不得,便大怒,舉以擲地。(同上,《忿狷》)

文帝以毒置諸棗蒂中,自選可食者而進。(同上,《尤悔》)

《説文》沒有"喫"字①。《玉篇》:"喫,唉喫也。"這個字大概唐代才產生。不過唐代關於液體的東西也可以說"喫",應用範圍比現在大,把我們現在説"喝"的也包括進去了。下面是一些例子:

但使殘年飽喫飯,只顧無事長相見。(杜甫《病後遇王倚飲贈歌》)

臨岐意頗切,對酒不能喫。(杜甫《送李校書二十六韻》)

相携行豆田,秋花藹菲菲。子實不得喫,貨市送王畿。(杜甫《甘林》)

梅熟許同朱老喫,松高擬對阮生論。(杜甫《絕句》四首之一)

"喫"字的這種用法,一直到元明時代還沒有改變。例如:

他無我兩個,茶也不吃②,飯也不吃。(《東堂老勸破家子弟》雜劇)

甚麼人吃我家的飯哩?(《凍蘇秦衣錦還鄉》雜劇)

你們不得洒家言語,胡亂便要買酒喫,好大膽!(《水滸傳》第十六回)

喫了早飯,衆頭領叫一個小嘍囉把昨夜擔兒挑了。(同上,第十二回)

他若來,我剝了他皮,抽了他筋,啃了他骨,吃了他心。(《西游記》第三十一回)

故此先來望你一望,求鍾茶喫。(同上,第十四回)

在現代普通話裏,關於液體的東西,一般不再說"喫"(吃),"喫"(吃)只用來表示古代動詞"食"字所表示的概念。

(9)喝。現代喝的概念,上古用"飲"字來表示,例如:

---

① 《説文新附》有"喫"字。鄭珍《説文新附考》説:"齧,噬也,即喫本字。"按:"齧"是疑母字,是以齒斷物的意思;"喫"是溪母字。鄭珍的説法是錯誤的。

② 元曲裏往往把"喫"寫成"吃"。《玉篇》卷五:"吃,語難也。"可見"喫"和"吃"本來是不相同的兩個字。

叔于狩,巷無飲酒。(《詩經·鄭風·叔于田》)

冬日則飲湯,夏日則飲水。(《孟子·告子上》)

到六朝時代也還是如此(《世説新語·方正》"周侯獨留與飲酒話別")。唐代以後,飲的概念就可以用"喫"字來表示了(見上文)。用"喝"來表示飲的概念,那是明代以後的事;《西游記》裏一般仍用"喫"字,只有少數用"喝"的例子,例如:

衆怪聞言大喜,即安排酒果接風,將椰酒滿斟一石碗奉上,大聖喝了一口。(第五回)

却説那怪物坐在上面,自斟自酌,喝一盞,扳過人來,血淋淋的啃上兩口。(第三十回)

在現代普通話裏,飲的概念已經完全用"喝"字來表示了。

"喝"可能是"呷"的變體。《説文》:"呷,吸呷也。"吸而飲叫做"呷"。"呷、喝"同屬曉母;當入聲消失後,"呷、喝"聲近。現代上海話"呷"仍念 haʔ。

從上面的例子看來,例如古人行的概念改用"走"來表示,古人走的概念改用"跑"來表示,可見概念的改變名稱不是孤立的現象,而是互相聯繫、互相影響的。

隨着時代的不同,概念外延的廣狹可以有所不同。概念外延的擴大或縮小,也引起名稱的變化。有時候,人們要求對某些事物區別得更仔細;有時候正相反,人們滿足於較大的類名。舉例來説,上古人們對於鳥的叫的行爲要求同別的叫的行爲區別開,因此就用"鳴"字來表示鳥的叫[1]。《説文》:"鳴,鳥聲也。"在《詩經》裏,我們可以找到很多例子:

黄鳥于飛,集於灌木,其鳴喈喈。(《周南·葛覃》)

---

[1] "鳴"字在很早的時候已經有了引申用法。在《詩經》時代,蟲叫、鹿叫、馬叫等都可以叫做"鳴",例如《豳風·七月》:"四月秀葽,五月鳴蜩。"《小雅·鹿鳴》:"呦呦鹿鳴,食野之苹。"《小雅·車攻》:"蕭蕭馬鳴,悠悠旆旌。"但是這并不妨礙我們對"鳴"的本義的解釋。

　　有瀰濟盈,有鷕雉鳴。濟盈不濡軌,雉鳴求其牡。(《邶風·匏有苦葉》)

　　雝雝鳴雁,旭日始旦。(同上)

　　風雨淒淒,雞鳴喈喈。(《鄭風·風雨》)

　　春日載陽,有鳴倉庚。(《豳風·七月》)

　　鸛鳴於垤,婦嘆於室。(同上,《東山》)

　　伐木丁丁,鳥鳴嚶嚶。(《小雅·伐木》)

　　鶴鳴於九皋,聲聞於野。(同上,《鶴鳴》)

　　宛彼鳴鳩,翰飛戾天。(同上,《小宛》)

不但這樣,對一些鳥獸的"叫"比"鳴"區別得更仔細,例如:

　　(1)雊。《説文》:"雊,雄雉鳴也。"《説文》所説的"雄雉鳴"應該瞭解爲雉鳴①,"雊"就是專指雉的叫,例如:

　　越有雊雉。(《書經·高宗肜日》)

　　雉之朝雊,尚求其雌。(《詩經·小雅·小弁》)

　　雁北鄉,鵲始巢,雉雊,雞乳。(《禮記·月令》)

　　野雞夜雊。(《史記·封禪書》)

　　有雉蜚集於庭,歷階升堂而雊。(《漢書·成帝紀》)

　　吾見玄駒之步,雉之晨雊也。(揚雄《法言》)

　　(2)吠。《説文》:"吠,犬鳴也。"它的應用範圍也是只限於犬。

　　無使尨也吠。(《詩經·召南·野有死麕》)

　　穴壘之中各一狗,狗吠即有人也。(《墨子·備穴》)

　　雞鳴狗吠相聞而達乎四境。(《孟子·公孫丑上》)

　　邑犬群吠兮。(《楚辭·九章》)

　　(3)唬。《説文》:"唬,虎鳴也。"又寫作"哮"。也是應用範圍窄

---

① 因爲雄雉善鳴,所以凡説雉雊,一般總指雄雉。正如雞鳴一般總指雄雞一樣。《説文》對於"鷕"字的解釋是"雌雉鳴也",那是因爲《詩經·邶風》"有鷕雉鳴"一句下面又有一句説"雉鳴求其牡",所以望文生義(段玉裁説)。"鷕"只是摹擬雉鳴的聲音,不是叙述雉鳴的行爲。

狹,專指老虎的,例如:

闞如虓虎。(《詩經·大雅·常武》)

直到中古時期,還有這種情況。試舉"唳、嘶"兩字爲例:

(1)唳。《廣韻》:"鶴鳴曰唳。"①例如:

華亭鶴唳,豈可復得聞乎!(《晉書·陸機傳》)

聞風聲鶴唳,皆以爲王師已至。(同上,《謝玄傳》)

唳清響於丹墀。(鮑照《舞鶴賦》)

獨步四十年,風聽九皋唳。(杜甫《贈秘書監江夏李公邕》)

馬來皆汗血,鶴唳必青田。(杜甫《秋日夔州咏懷寄鄭監李賓客一百韻》)

(2)嘶。《玉篇》:"嘶,馬鳴也。"例如:

馬嘶思故櫪,歸鳥盡斂翼。(杜甫《別贊上人》)

我馬向北嘶,山猿飲相喚。(杜甫《白沙渡》)

一匹齕草一匹嘶。(杜甫《題壁上韋偃畫馬歌》)

馬嘶未敢動,前有深填淤。(杜甫《溪漲》)

拄杖穿花聽馬嘶。(杜甫《中丞嚴公雨中垂寄見憶一絶奉答》二絶之二)

但是,概念的特殊化并不是永遠需要的。大家知道,在現代漢語裏,這些概念都統一起來,由"叫"字表示了。

我們不要以爲古人對於任何事物都先有大類名,然後加以特殊化。恰恰相反,許多特稱都是原始的,例如"吠"字就是原始時代的產物,在甲骨文裏也是畫一隻犬和一張嘴。又如"鳴"字,後來雖然可以擴大到獸類和蟲類(鹿鳴、馬鳴、牛鳴、蟬鳴),但那只是由特殊到一般的轉化。

概念的一般化,和社會的發展有關。在今天的社會裏顯然不需要像畜牧時代那樣把畜牲區別得非常精細,例如我們不再説"豚",只説

---

① 《説文》没有"唳"字,惟《新附》有之。

“小猪”，也不再區别豵（生六月豚）、豜（三歲豕。均見本章第一節）等等了。但這并不妨礙古語在現在作爲詞素保留下來，例如“馬駒、牛犢、羊羔”在北方話裏都是常説的，“牸”（母牛）在許多地方的農村裏還是通行着的（稱爲“牸牛”或“牛牸”）。

概念的一般化，又和時代和風俗有關。試舉鬍子這一個概念爲例。古人是没有剃鬍子的習慣的，中年以上，每人都有很長的鬍子，并且講究鬍子的美觀。因此，古人有必要把鬍子分爲三種名稱：兩頰上的鬍子叫做“髯”（《説文》“䫇，頰須也”），嘴上邊的鬍子叫做“髭”（《説文》“頾，口上須也”），嘴下邊的鬍子叫做“鬚”（《釋名·釋形體》“頤下曰鬚”），例如：

至於靈王，生而有頾。（《左傳·昭公二十六年》）

賁［飾］其鬚。（《易經·賁卦》）

有龍垂胡髯下迎黄帝。（《史記·封禪書》）

高祖爲人隆準而龍顔，美鬚髯。（同上，《高祖本紀》）

亦黑龍面而鳥噣鬢麋髭髯。（同上，《趙世家》）

博奮髯抵几。（《漢書·朱博傳》）

黄鬚兒竟大奇也。（《三國志·魏書·任城威王彰》）

鬍子的“鬍”字本作“胡”。當“胡、鬚”二字連用時，最初是表示像胡人樣的鬚，例如：

叔琮選壯士二人深目而胡鬚者，牧馬襄陵道旁。（《新五代史·氏叔琮傳》）①

最後，“胡”字脱離了“鬚”字，加上“髟”頭，并加上詞尾“子”字，成爲“鬍子”。同時，宋代以後在社會上已經有了剃鬍子和鑷鬍子的習慣②，没有必要再把臉上的毛細分爲三個概念了，於是“鬍子”就擴大

① 《舊五代史·氏叔琮傳》的記載是“乃於軍中選壯士二人深目虬鬚貌如沙陀者，令就襄陵縣牧馬於道間”。

② 《登科記》：“宋李迪美髭髯，御試時夢剃削俱盡。”虞集：“田翁無個事，對鏡鑷髭鬚。”

了範圍,吞并了"髯"和"髭"。在現代方言裏,還有一些地方叫做"鬍鬚",或簡單地叫做"鬚",但那"鬚"也是兼指"髯"和"髭"的。

概念的特殊化,也同樣地受了社會發展的影響。有些新的概念需要比較特殊的字眼去表示它。這所謂特殊的字眼,也不是從天上掉下來的,它只是從古代詞彙的倉庫裏取出來賦以新的生命,例如"貸款"的"貸"早已從口語中消失了,"貸款"就是借錢,爲什麼不索性説成"借錢"呢? 這因爲貸款是政府的一種制度,它不同於一般的借錢。這一類的特殊化的情況很多,我們不能主張"精簡"詞彙,把同義詞都加以"精簡"。

避諱和禁忌,是概念變更名稱的原因之一。避諱在中國古代社會是一件大事。犯諱可能遭受徒刑[1],甚至處死[2]。一般人的名諱影響不大,但是皇帝的名諱就有影響到漢語詞彙的可能。相傳西漢吕后名雉,所以改"雉"爲"野鷄"。直到今天的口語裏,"野鷄"是代替了"雉"的[3]。官名常常因避諱而改稱,例如晉代不稱"太師"而稱"太宰",就是因爲避司馬師的名諱;隋代不稱"中書"而稱"内史",是因爲避隋文帝楊堅的父親楊忠的名諱。

最典型的例子是一個"代"字。在上古時期,"代"字只有朝代的意義(周代、夏代),而没有世代的意義。在上古漢語裏,"代"和"世"不同:"三代"指夏、商、周三個朝代,"三世"指祖孫三世。"二代"指兩個朝代,"二世"指父子相傳的第二代。諸如此類,分别是很嚴的,例如:

> 周監於二代,郁郁乎文哉。(《論語・八佾》)
>
> 斯民也,三代之所以直道而行也。(同上,《衛靈公》)
>
> 三代之令王,皆數百年保天之禄。(《左傳・成公八年》)
>
> 三代之得天下也以仁。(《孟子・離婁上》)

---

[1]　《唐律・職制篇》:"諸府號官稱犯祖父名而冒榮之者,徒一年。"

[2]　乾隆四十二年,江西舉人王錫侯字貫案,以避諱不合乾隆皇帝的意志,以致殺戮多人。見陳垣《史諱舉例》108~109 頁。

[3]　在少數方言裏(例如廣西南部)還稱爲"雉鷄"。

自三代以下者，天下何其囂囂也。（《莊子·駢拇》）

以上“代”指朝代。

禄之去公室，五世矣。（《論語·季氏》）

五世其昌，并於正卿；八世之後，莫之與京。（《左傳·莊公二十二年》）

一世無道，國未艾也。（同上，《昭公元年》）

雖孝子慈孫百世不能改也。（《孟子·離婁上》）

君子之澤五世而斬。（同上，《離婁下》）

十二世有齊國。（《莊子·胠篋》）

以上“世”指世代。

到了唐代，由於唐太宗名李世民，所以大家避諱，特別是避“世”字。後此以後，世代的“世”改稱爲“代”，例如：

漢家李將軍，三代將門子。（王維《李陵咏》）

依唐代以前的説法，應作“三世將門子”。

周宣漢武今王是，孝子忠臣後代看。（杜甫《承聞河北諸道節度入朝》十二首之二）

除了避諱之外，其他的忌諱，也可能引起事物名稱的改變。古人忌虎，所以稱虎爲“大蟲”；今人忌蛇，所以稱蛇爲“長蟲”（北京話）。廣東人諱肝（因爲與“乾”同音），所以稱“猪肝”爲“猪潤”。這種例子還可以搜集不少。

和忌諱近似的一種情況是避褻。某些被認爲穢褻的詞語常常被改爲比較“雅”的或比較隱晦的詞語。爲了避免那些太穢褻的例子，這裏只舉“小便”爲例。漢代就有了“尿”（亦作“溺”）字。《説文》：“尿，人小便也。”可見當時的“尿”已經有了別名。別名還不止一個。“尿”又叫“前溲”（《史記·扁鵲倉公列傳》“令人不得前後溲”，索隱“前溲謂小便，後溲，大便也”），又叫“小遺”（《漢書·東方朔傳》“朔嘗醉入殿中，小遺殿上”，顏師古注“小遺者，小便也”）。同一個時代，同一個概念而有四種名稱，顯然是爲了避褻。但是，如果事物本身被認爲穢襲,改換名稱也不能解決問題。過了若干時期,又要找一個更“雅”或更隱晦的名稱來代替它了。有些人起用更古的別名。《左傳·定公三年》“夷射姑旋焉”,杜氏注:“旋,小便。”韓愈《張中丞傳後叙》就模仿着説:“巡起旋。”有些人另造別名。近代大小便叫做“解手”,小便叫做“小解”。還有一件事值得注意,就是改變“尿”字的讀音,把它讀成 sui。

　　和忌諱近似的另一種情況是委宛語(enphemism)。這是每一種語言都有的情況。有些詞語直説出來會令人不愉快,所以往往被人用曲折的方式説了出來(“委宛”就是曲折的意思)。現在試舉老、病、死三個概念爲例:

　　春秋逴逴而日高兮。(《楚辭·九辯》)

　　鰥寡孤獨,高年貧困之民,朕所憐也。(《漢書·宣帝紀》)

　　澤於劉氏最爲長年。(同上,《高五王傳》)

　　歸去知何日,相逢各長年。(姚合《送陸暢侍御歸揚州》)

　　卿年事已多,氣力稍減。(《南史·虞荔傳》)

　　以上指老。

　　有采薪之憂。(《孟子·公孫丑下》)

　　天子有疾稱“不豫”。①(《公羊傳·桓公十六年》何休注)

　　以上指病。

　　又重之以寡君之不禄。(《國語·晉語二》)

　　上與梁王燕飲,嘗從容言曰:“千秋萬歲後,傳於王。”(《史記·梁孝王世家》)

　　君即有不諱,誰可以自代者?(《漢書·丙吉傳》)

　　前以降及物故,凡隨武還者九人。(同上,《蘇武傳》)

　　元瑜長逝,化爲異物。(曹丕《與吳質書》)

　　撫存憐稚齒,嘆逝顧身衰。(劉長卿《哭張員外繼》)

---

① “不豫”原來只是不愉快的意思,《孟子·公孫丑下》:“夫子若有不豫色然。”

形神溘謝,德音如在。(李乂《節愍太子哀册文》)

辯才雖物化,參寥猶夙昔。(秦觀《送少章弟赴仁和主簿》)

以上指死。

由上面所舉的例子看來,以死的別名爲最多(我們還可以增加許多,如近代所謂"仙游、升天"之類),正因爲死是人們所最忌諱的,所以常常給它們找別名。

無論避諱、避褻、委宛語,往往只能産生一些同義詞,像"代"字那樣在口語中完全代替了"世"字的情況是很少的。舉例來説,秦避始皇嬴政諱,曾改"正月"爲"端月",後來没有沿用下來。而"屎、老、病、死"等詞,幾千年來還保存在基本詞彙裏,它們并没有因忌諱而被消滅了。

第八節　成語和典故

成語和典故,是語言的重要的材料。差不多每一種語言都有它的成語和典故①。漢語的歷史較長,所以它的成語和典故也較多,特別是後者。

有所謂仿古詞語(archaism),又有所謂新創詞語(neologism)。這兩種傾向在表面上是對立的。實際上,仿古詞語如果不能成爲成語,它就不能在人民口語中生根,結果只成爲個人或少數人所能瞭解的詞語,和語言的發展問題無關。假使今天還有人稱盤爲"案",稱小腿爲"脚",這是注定要失敗的。有些作家雖然没有走到這個極端,但他們所用的詞語也已經是一般人所難於瞭解的,例如章炳麟的文章就比唐宋人的文章難懂。仿古是不值得提倡的;雖然有人這樣做了,但這是開倒車。語言將順着它的内部規律發展,而不會受仿古主義者的影響。

---

① 成語和典故在西洋都可譯爲 phraseology;典故只是特殊的 phraseology。在中國,我們覺得有必要把它們區別開來:成語指一般的固定結構;典故則隱含着一個歷史故事或傳説。當然,二者之間的界限也不是很清楚的。

　　所謂新創詞語,嚴格説來,是不存在的。一切新詞都有它的歷史繼承性;所謂新詞,實際上無非是舊詞的轉化、組合,或者向其他語言的借詞,等等。現代漢語的新詞以仿語凝固化(組合)的一類爲最多,其中每一個詞素都有它的來歷。完全用新材料構成的新詞,不但在漢語裏是罕見的,在世界各種語言裏也是罕見的①。儘管有許多詞來歷不明,那只是我們還不知道它們的歷史罷了。

　　這裏我們所謂成語,是歷史上鞏固下來的固定詞組,它們不是仿古詞語,但是它們是"於古有徵"的,例如:

　　渴望戰爭、不要和平的,僅僅是少數帝國主義國家中的某些依靠侵略發財的壟斷資本集團。(毛澤東《中國共産黨第八次全國代表大會開幕詞》)

　　"壟斷"這個成語來自《孟子·公孫丑下》,原文是:"有賤丈夫焉,必求龍斷而登之,以左右望而罔市利。"《説文》引作"壟斷"②。

　　在原料的分配和其他一些問題上對於私營經濟基本上給予"一視同仁"的待遇。(劉少奇《中國共産黨中央委員會向第八次全國代表大會的政治報告》)

　　"一視同仁"這個成語來自韓愈的《原人》,原文是:"是故聖人一視而同仁,篤近而舉遠。"

　　在這裏,不顧具體情況,采取千篇一律的形式,是錯誤的。(同上)

　　"千篇一律"這個成語來自《藝苑卮言》:"白樂天詩千篇一律。"

　　科學上的真理是愈辯愈明的,藝術上的風格是兼容并包的。(同上)

　　"兼容并包"這個成語來自《史記·司馬相如列傳》,原文是:"故馳騖乎兼容并包,而勤思乎參天貳地。"

---

① 有人舉出唯一的例外,就是英語的 gas(法語 gaz,俄語 raɜ,漢語"瓦斯")。據説是荷蘭物理學家 Van Helmont 造出的一個新詞(據 Marouseau《語言學詞典》)。既然只有一個例外,就可以説這種情況不是正常的。

② "壟斷"本來是一個詞組,是岡隴之斷而高者的意思。現代變爲單詞。

　　我們説這不是仿古，而是運用成語，因爲仿古的人們要恢復已死的詞語，而運用成語的人們只是采取現代還通行着的固定形式。

　　成語的運用可以豐富口語的詞彙，例如壟斷（monopoly）這個概念如果不采用成語，就很難創造一個適當的名稱。成語的運用又可以使語言精錬，例如：“一視同仁、一勞永逸、一暴十寒”等，假使用一般口語來説，就要多費唇舌。最後，成語的運用又可以使語言形象化，例如“千篇一律、千鈞一髮、一帆風順、一敗塗地、一落千丈”等，假使用一般口語來説，不但話要説得長些，而且不一定能這樣恰到好處。

　　古人稱贊別人的文章的時候，曾經有過這樣一句話：“無一字無來歷。”①如果能正確地瞭解這句話，并且要求自己能這樣，對於語言的正常發展是會有很大的貢獻的。所謂“無一字無來歷”，主要是指儘可能運用古人用過的固定詞組，而不生造詞語。我們日常談話中的詞語也并不是没有來歷的，例如我們説“徹底肅清反革命分子”，這個“徹底”就出於《北史·宋世良傳》“非惟善政，清亦徹底”［善政，德政。清，廉潔］，而“肅清”也出於陸機的文章《漢高祖功臣頌》“二州肅清，四邦咸舉”［肅清，叛亂完全被削平的意思］。

　　成語的作用之一是加强語言的穩固性，因此，成語應該是一字不改的，甚至字的次序也不能稍有更動。舉例來説，“兼容并包”不能説成“兼蓄并涵”之類，甚至不能説成“兼包并容、并容兼包、并包兼容、兼并包容”等。學習寫作的人不是每一個人都知道這些成語的出處的，甚至有不少的人對於某些成語并不知道是成語；但是，向來指導寫作的老師們就告訴學生們要熟不要生，這樣就一直把語言的形式固定下來。

　　典故是把一段古代傳説或歷史故事壓縮成爲一個句子或詞組，例如“愚公移山、夸父追日、嫦娥奔月、女媧補天、精衛填海”等。這樣完

---

① 　黄庭堅曾説：“子美作詩，退之作文，無一字無來處。”張遠《杜詩會粹》序説：“……始信古人所云無一字無來歷，非虚語也。”

整的句子,還不是我們經常遇見的典故。更常見的是没頭没腦的一個詞組,甚至只是一個詞,例如只説"移山、追日、奔月、補天、填海",已經足够顯示整個典故了,甚至只説"夸父、精衛",簡單提一個人名也説明了問題,因爲神話裏的夸父和精衛也各只有那麽一個故事。

有些典故也是從古代傳説或歷史故事來的,但是不容易被人覺察到,例如:"陽春白雪、下里巴人"這兩個典故都出自宋玉《對楚王問》[①],而毛主席《在延安文藝座談會上的講話》就有這樣一段:

就算你的是"陽春白雪"吧,這暫時既然是少數人享用的東西,群衆還是在那裏唱"下里巴人",那麽你不去提高它,只顧駡人,那就怎樣駡也是空的。(《毛澤東選集》第三卷 886 頁)

有時候,也不一定是古代傳説或歷史故事的壓縮,而只是提出一個詞,最常見的是提出一個人名或地名。但是,這個詞也是有出處的,它可以使人聯想到古代典籍中的某一句話,并借此瞭解這個詞所指的是什麽,例如"文園"。杜牧《爲人題贈》:"文園終病渴,休咏白頭吟。"這個典故出自《史記·司馬相如列傳》:"相如拜爲孝文園令。"後人就用"文園"來暗指司馬相如。

凡文章裏面插入典故而不令人覺得是典故,就文章來説,是好文章;就語言來説,這種典故是有它的群衆基礎的,群衆對於它們相當熟悉,所以它們能和現代詞語水乳交融。

典故在語言裏所起的作用,和普通的成語是一樣的。典故能使語言精鍊,用極簡單的幾個字説出了很豐富的内容,譬如上面所引的"陽春白雪"和"下里巴人",其中包含着作家自嘆曲高和寡、不怪自己脱離群衆、反而怪群衆不識好貨的許多意思。典故又能使語言形象化,因爲它們往往令人想起整個生動的故事,例如"拔苗助長",對於熟悉

---

① 《文選》卷四十五,宋玉《對楚王問》:"客有歌於郢中者,其始曰'下里巴人',國中屬而和者數千人;其爲'陽阿薤露',國中屬而和者數百人;其爲'陽春白雪',國中屬而和者不過數十人;引商刻羽,雜以流徵,國中屬而和者不過數人而已。是其曲彌高,其和彌寡。"

這個典故的人來説，不但説明了冒進的錯誤，同時説明了冒進的原因——急躁情緒。而禾苗和農夫的具體形象，比之抽象説理，在修辭上是勝一籌的。甚至創造新詞也可以利用典故，例如"矛盾"（contradiction，противоречие）這個新詞就是從"以子之矛陷子之楯（盾）"的典故來的①。

　　成語和典故統稱爲用典。用典固然以不更動一字爲常例，但是也有特殊的情況。有時候，某些字眼太深奧了，爲了使它更通俗一些，更順口一些，小小修改也不是絕對不容許的。舉較古的例子來説，"杜漸防萌"已經改爲"杜漸防微"或"防微杜漸"②；"揠苗助長"已經改爲"拔苗助長"了。再，某些成語因爲用字深奧，很容易以訛傳訛，變了樣子，例如"每下愈况"已經變爲"每况愈下"③，而"莫名其妙、根深柢固"和"走投無路"已經寫成"莫明其妙、根深蒂固"和"走頭無路"了④。

　　在成語和典故上，顯示着語言巨匠對語言發展所起的積極作用。當一篇好文章或一篇好詩膾炙人口之後，久而久之，其中的妙語警句以及美麗的寓言或動人的故事就成爲語言吸收營養的對象，例如今天我們説"走馬看花"，誰也不會意識到這是用典。實際上，這是由孟郊《登科後》詩句"春風得意馬蹄疾，一日看遍長安花"脱化出來的。

　　在漢語文學語言史上也曾經有過反動的潮流，就是儘量脱離人民口語而句句用典。文人們所用的成語有時是割裂的，所用的典故有時是堆砌的。割裂成語的風氣開始於六朝，舉例來説，"于、也、而"等字本來是虛詞，它們和實詞結合不能構成名詞性仂語、形容詞性仂語等。

---

① 《韓非子·難勢》："人有鬻矛與楯者，譽其楯之堅，物莫能陷也。俄而又譽其矛曰：'吾矛之利，物無不陷也。'人應之曰：'以子之矛陷子之楯，何如?'其人弗能應也。"

② 《後漢書·丁鴻傳》："若敕政責躬，杜漸防萌，則凶妖銷滅，害除福湊矣。"湊，輳，聚集。

③ 《莊子·知北游》："正獲之間於監市履狶也，每下愈况。"章炳麟《新方言》："愈况，猶'愈甚也'。"

④ 楊顯之《臨江驛瀟湘秋夜雨》雜劇："淋得我走投無路。"編者注：現在爲"走投無路"。

但是,在六朝以後竟然有下列的這些成語:

1. 友于,指兄弟或兄弟間的情誼:

陛下隆於友于,不忍遏絕。(《後漢書·史弼傳》)

朱鮪涉血於友于。〔涉血,喋血。〕(《文選》丘遲《與陳伯之書》)

夏方盛彥,體至性以馳芬;庾袞顏含,篤友于而宣範。(《晉書·孝友傳》序)

這是仿用《論語·爲政》"惟孝友于兄弟"而加以割裂①。

2. 赤也,指羊舌赤:

斯乃赤也所以去魯,孟嘗所以出秦。(蕭統《七契》)

《左傳·襄公三年》有"赤也可"一句話。

3. 而立,指三十歲:

侍者方當而立歲。(蘇軾《殘句侍者方當而立歲》)

《論語·爲政》有"三十而立,四十而不惑"的話。

後人談到"夫唱婦隨"叫做"刑于之化"(仿用《詩經·大雅·思齊》"刑于寡妻"〔刑,法也。原來是以禮法對待其妻的意思〕),談到夫妻恩愛叫做"于飛之樂"(仿用《左傳·莊公二十二年》"鳳凰于飛"),也都是不顧詞的虛實、生硬割裂而成的。

另外一些割裂成語的例子,雖然不一定用虛詞,但是,如果不知道它的出處,也就無從知道它所表達的是什麼,例如:

在具瞻之地,自有國容,居無事之時,何勞武備?(《唐語林·政事上》)

嗟爾小子,亦克厥修。(同上,《文學》)

曝山椒之畏景,事等焚軀;起天際之油雲,法同剪爪。(《劇談錄》)

在上面的句子裏,用"具瞻"表示政治上崇高的地位,是取自《詩經·

---

① 曹植、陶潛、高適、杜甫等人的詩文中也都有"友于",這是風氣使然,我們不必爲他們隱諱。

小雅·節南山》"赫赫師尹,民具爾瞻";用"厥修"表示繼承祖父的德行,是取自《詩經·大雅·文王》"無念爾祖,聿修厥德";用"油雲"表示興起的雲朵,是取自《孟子·梁惠王》"天油然作雲"。這一些從古人語句中重點割取而成的"成語",雖然不含虛詞,但它也和"友于"之類一樣:兩者都是不合語法的,更是不會爲人民大衆所接受的。

堆砌典故也是六朝時代文人的通病。他們作文往往一句一典或一句數典,以炫耀他們的"博學"。實則這種文章是表達不出什麼真實的思想感情來的,例如謝惠連的《雪賦》有一段說:

臣聞雪宮建於東國(用《孟子·梁惠王下》"齊宣王見孟子於雪宮"),雪山峙於西域(用《漢書·西域傳》"天山冬夏有雪")。岐昌發咏於來思(用《詩經·小雅·采薇》"今我來思,雨雪霏霏"。"思"字本來是個詞尾,但是作者在這裏把"來思"當一個整體來看待),姬滿申歌於黃竹(用《穆天子傳》"天子游黃臺之丘……大寒,北風雨雪,有凍人,天子作詩三章以哀人夫:'我徂黃竹……'")。曹風以麻衣比色(用《詩經·曹風·蜉蝣》"麻衣如雪"),楚謠以幽蘭儷曲(用宋玉《風賦》"爲幽蘭白雪之曲")。

六句話只不過,堆上六個關於雪的典故,究竟表達了什麼思想感情呢?再說,堆砌典故本身雖然還不一定破壞語法,但堆砌典故往往和割裂古人語句相輔而行,而割裂語句就破壞語法的規律了。總之,割裂的成語和堆砌的典故都是嚴重脫離人民口語的,是漢語文學語言史上的逆流。在現代漢語裏,好的成語和典故被繼承下來了,不好的成語和典故被揚棄了。

一方面,成語和典故有可能破壞語法的常規,如上面所說的,但是在另一方面,——這是主要的一面——成語和典故又保持着許多古代的語法規律和虛詞。舉例來說,我們今天說"唯利是圖、唯你是問、何去何從",這是沿用三千年前的語法結構(見第三章第六節、第十二節);我們今天說"莫名其妙、自下而上、總而言之、三分之一、豈有此理、出乎意料之外",這是使用現代口語裏基本上已經死亡了的虛詞;

它們在固定的上下文中保存着古代語法的殘迹。

總而言之,成語和典故對語言發展能起一種調節作用,特別是在文學語言上,它們能增強語言的全民性。我們對於文言文,應該給予新的估價。特別是對於文言文中的富有生動、精練的優點的成語和典故,應該繼承下來。

＊　　　＊　　　＊　　　＊　　　＊

在結束詞彙這一章以前,讓我們做一個簡短的結論。

漢語的詞彙是千百世紀的産物,它是隨着歷史發展而逐漸豐富起來的。在發展過程中,它曾經屢次接受外語的影響。曾經有人設想過殷部族和周部族的語言的存在,如果此説可信的話,我們可以設想兩種語言的融合,而以殷部族的語言爲基础的漢語建立起來了。從此以後,還可以設想漢語在某些動蕩時期中接受了外語的影響,例如南遷的漢族人民的語言接受南方各少數民族的語言的影響;留在北方的漢族人民的語言接受當時非漢族的統治者的語言的影響。這些影響,主要是在詞彙方面。

在中古以後,漢語詞彙接受過兩次外語的大影響:第一是佛教借詞和譯詞,第二是西洋借詞和譯詞。後者的影響要比前者大得多。

1919 年以後的二三十年間,是漢語詞彙的大轉變時期。這種大轉變不但是語法方面所不能遭遇的,也是語音方面所不能有的。目前這個大轉變時期已經過去,應該吸收的國際詞語已經吸收得差不多了;今後爲了新事物而增添的新詞只是零星的,不是整批的。

意譯法在漢語接受外語的影響上起了很大的作用。這樣做的效果是:儘管在大轉變的時期中,漢語的詞彙還不至於面目全非;相反地,一般人在習而不察的情況下渡過去了。等到拼音字母實行以後,音譯可能逐漸多起來,但是絕對不至於把原來意譯成功的新詞再改爲音譯(例如像印度尼西亞語那樣,把總統説成"帕里惜顛德",把肥皂説成"撒房")。詞彙大轉變的時期既然過去了,今後需要吸收的新詞有限,意譯法的優勢還是保持着的。

　　今後詞義變遷的速度將要減小，特別是國際性的詞語，不容許我們擅自變更詞義。但是，這也要看我們的語言教育的力量的大小來決定。因此，在今天，漢語規範化是迫切的任務。

第五章 結 論

　　漢語至少有一萬年以上的歷史。殷虛甲骨文字距離現代三千多年,但是,依照甲骨文字的體系相當完備的情況看來,如果說五千年前我們的祖先就創造了文字,還算是謹慎的估計。在没有文字以前,早已有了語言。所以我們説漢語最少有一萬年以上的歷史,這句話毫無誇張的意味。

　　漢族在先秦自稱爲"華"、爲"夏"①。秦漢時代,外族人稱我們的祖先爲"秦人"(《漢書・西域傳》"馳言秦人,我匄若馬")。在漢武帝以後,中國聲威日振,外族人又稱我們的祖先爲"漢人"。"漢"是國名,同時也成了部族的名稱。"唐人"這個名稱在南洋和美洲也很普遍應用着,可見漢族是和"秦人、唐人"一樣,它是因國家的强盛而得名的。

　　漢語的基本詞彙和語法構造具有高度的穩固性。"誰謂雀無角,何以穿我屋?"(《詩經・召南》)"一日不見,如三月兮!"(同上,《王風》)這種詞句,幾乎令人不敢相信它們就是三千年前的語言!

　　上文説過,在五胡亂華時期,種族雜居,漢語曾經受過外族語言的影響,但是漢語的基本詞彙和語法構造始終完整的保存下來。在佛經

---

① 《書經・舜典》"蠻夷猾夏",傳:"夏,華夏。"《左傳・定公十年》:"夷不亂華。"章炳麟《文錄》説:"建華名以爲國,而種族之義亦在此。"近人以爲殷、周不同族。這樣,問題就複雜起來了。除非認爲殷族語言同周族語言融合以後成爲勝利者,否則問題得不到解決。

的翻譯中，意譯的勝利，也表現了漢語的不可滲透性：寧願利用原有的詞作爲詞素來創造新詞，不輕易接受音譯。這種意譯的優良傳統一直到今天還没有改變（近年來吸收社會主義社會詞彙仍然用意譯法，例如"無産階級、集體農莊"）。漢語對於外語的影響，有這樣大的適應性，就使漢語更加穩固了。

在明清兩代，提倡南曲的人往往説北曲"漸染胡語"，這可能是有根據的。我們可以研究元人統治中國以後，漢語所受蒙古語的影響；但是我們不能認爲所有我們感到陌生的詞語都是從蒙古語來的。有許多詞，在現代覺得陌生的，在宋人語録和宋詞中已經存在，而且在南北曲中也往往通用，例如"則個"，除在宋人語録和宋詞中出現外，又同時出現於北曲《董西厢》和南曲《琵琶記》①。蒙古語對漢語的影響也只是輸入一些詞，而漢語的穩固性還是不可懷疑的。

總之，漢語是世界上最具有悠久歷史而又最富於穩固性的語言之一。

*　　　*　　　*　　　*　　　*

漢語自秦漢以後，由於漢族文化的先進，逐漸傳入了外國，特別是日本、朝鮮和越南。日本語、朝鮮語和越南語都接受了漢語的巨大影響，向漢語吸收了大量的詞語，成爲它們自己的詞彙中的一個組成部分。

秦始皇派徐福（一作徐市）率童男女數千人入海求仙，有人説就是到了日本。那是靠不住的。但是，漢光武帝建武中元二年（57），倭國遣使入貢，這是事實。這是日本和我國交通的開始。自此以後，漢字就傳入了日本。據歷史記載，百濟王仁率織工并携《論語》《千字文》於晉武帝太康六年（284）到了日本②，可見至少在 3 世紀，日本已經有漢字流傳了。在日本，漢字的讀音共有三種：最早傳入日本的叫做"吴音"，後來

---

① 參看張相《詩詞曲語辭匯釋》上册 347 頁。

② 相傳《千字文》爲梁周興嗣所作，但《梁書》和《南史》都以爲王羲之寫《千字文》，可見《千字文》不止一種，而且起源較早。

傳入的叫做"漢音"，最後傳入的叫做"唐音"①，例如"京"字在"東京"〔to kio〕一詞裏念吳音，在"京師"〔kei çi〕一詞裏念漢音，在"北京"〔pe kin〕一詞裏念唐音。唐音很少見，所以一般只說吳音和漢音。吳音和漢音的研究，對於漢語史（特別是中古時期）是有很大幫助的。

　　日本漢字的讀音，又有音讀和訓讀的分別。音讀就是漢字的原音，實際上是古代漢語傳到日本以後，日本人依照他們的語音系統來讀出的。舉例來說，日本語沒有以-m、-p、-t、-k 收音的字，當日本人讀漢字的時候，對於這些收音的輔音，或者是改變了，或者是取消了，或者是在後面加上一個元音。-m 尾的字，一律改成-n 尾，例如②：

	吳音	漢音			吳音	漢音
感	kon	kan		念	nen	den
貪	ton	tan		凡	bon	han
三	son	san		今	kon	kin
險	ken	ken		甚	dʑin	çin
嚴	gon	gen		品	hon	hin
甜	den	ten				

-p 尾的字是屬於第二種情況，-p 失落了，例如：

	吳音	漢音			吳音	漢音
合	go	ko		法	ho	ho
納	no	do		急	ko	kiu
狹	gio	ko		邑	o	io
甲	kio	ko		入	niu	dʑu
獵	ro	rio		十	dʑu	çu
業	go	gi				

① 吳音是中國南部的讀音，吳大約就是指三國時代的吳。漢音大約是南北朝時代傳入的。唐音實際上是近代漢語的讀音。
② 注音根據高本漢《方言字彙》，見趙元任等所譯高著《中國音韻學研究》586～596 頁，又690～731 頁。

-t 尾和-k 尾的字是屬於最後一種情況。-t 尾的字,在吳音變爲-tçi 尾,
在漢音變爲-tsu 尾;-k 尾的字,在 a、o、u 後面變爲-ku 尾,在 i、e 後面變
爲-ki 尾。這樣,本來屬於單音節的漢字到了日本語裏變了雙音節,
例如:

	吳音	漢音			吳音	漢音
達	tatçi	tatsu		客	kiaku	kaku
殺	setçi	satsu		白	biaku	haku
舌	zetçi	setsu		或	uaku	koko
滅	metçi	betsu		鶴	gaku	haku
闊	kuatçi	kuatsu		略	riaku	riaku
脫	datçi	tatsu		學	goku	gaku
八	hatçi	hatsu		本	moku	boku
絕	zetçi	setsu		直	dʑiki	tçoku
日	nitçi	dʑitsu		力	riki	rioku
骨	kotçi	kotsu		益	iaku	eki
律	ritçi	ritsu		碧	hiaku	heki
勿	motçi	butsu		歷	riaku	reki
北	hoku	hoku				

訓讀實際上只是一種"譯讀",也就是把漢字念成日本字,例如:

木	boku	切手([郵]票)	kittɛ
子供(孩子)	kodomo	株式(股份)	kabusiki
立場	tatiba	場合	baai
見習	minarai		

日本在創造自己的方塊字的時候,也會依照漢字的造字方法來創
造,例如:

辻	tsudzi,街,十字街		俤	omokagɛ,面貌
籾	momi,未淘的米			

日本字母也是由漢字省筆而成的。日本字母有所謂片假名和平

假名。片假名等於我們的楷書,它們是從漢字的楷體减省而成的,例如イ[i]是"伊"字的簡化,ウ[u]是"宇"字的簡化,口[ro]是"吕"字的簡化。平假名等於我們的草書,它們的形體和漢字的草體差不多,例如か[ka]是"加"的變體,け[ke]是"計"的變體,せ[se]是"世"的變體,ぬ[nu]是"奴"的變體,や[ia]是"也"的變體等。

　　日本語和漢語本來是没有親屬關係的兩種語言,它們各有它們的基本詞彙和語法結構。但是,由於日本長期受到中國文化的影響,以致漢語借詞在日本語裏非常發達。它們發達到了這種程度,甚至在明治維新以後(19世紀末期)被用爲構成新詞的基礎。漢字比漢語的影響更大,某些道地的日本詞并非來自漢語,也可以用漢字來代表(訓讀);甚至專爲日本語而創造的字母(假名)也要以漢字爲根據。總之,漢語對日本語的影響是大的。

　　爲了證明漢語對日本語的巨大影響,讓我們看看翻譯的情况。下面是《人民日報》社論中的一段話:

　　中華人民共和國政府和蘇聯政府對日關係的政策,是根據不同社會制度的國家可以和平共處的原則。并且相信,這是符合各國人民的切身利益的。它們主張同日本按照互利的條件發展廣泛的貿易關係,并同日本建立密切的文化聯繫。同時,兩國政府表示願意采取步驟,使它們自己同日本的關係正常化。(《論日本和中國恢復正常關係》,1954年12月30日)

上面所引的原文,《前衛》雜志(1955年3月號)譯成這樣:

　　中華人民共和國政府とソ同盟政府の対日関係についての政策は,社会制度を異にする国家が平和的に共存できるという原則にもとずいている。またこれが各国人民の切実な利益に合致することを信ずる。また中ソた両国政府は,互恵の条件にもとずいて日本と広はんな貿易関係を発展させ,日本と密接な文化的連繫をうちたてることを主張する。同時に両国政府は,日本との関係を正常化させる措置をとる用意があることを明らかにする。

原文共 124 個漢字,譯文共包含 91 個漢字。這裏約有四分之三的漢
字用不着翻譯,或只是用漢字來譯漢字,如"不同"譯爲"異"、"和平"
譯爲"平和"、"共處"譯爲"共存"、"切身"譯爲"切實"、"符合"譯爲
"合致"、"互利"譯爲"互惠"、"密切"譯爲"密接"、"聯繫"譯爲"連
繫"、"步驟"譯爲"措置"。即使是近親的語言,也許還達不到這種相
似的程度。第四章第四節裏説過,現代漢語裏的新詞大多數來自日
本,怪不得許多詞語都用不着翻譯。但是就拿日本的文藝作品來説,
漢字雖然少些,數量也還是可觀的。

＊　　　＊　　　＊　　　＊　　　＊

　　相傳周武王封箕子於朝鮮,公元前 1119 年(周武王十六年)箕子
來朝,那是距今三千年前的事了。公元前 195 年(漢高祖十二年),燕
人衞滿亡命入朝鮮,自立爲朝鮮王。從此以後,中國和朝鮮的關係漸
漸密切起來。上面説過,晉初百濟王仁携《論語》《千字文》到了日本。
如果這件事可信的話,可見《論語》和《千字文》先在朝鮮流行①。5 世
紀前後,漢字已經被用作朝鮮的文字。到了 7、8 世紀,由於當時朝鮮
的統治階級也提倡漢字,所以漢字在朝鮮更加通行了。

　　漢字在朝鮮的使用情況大致可以分爲三個時期②:第一時期是鄉
札時期。在此時期以前,漢語在朝鮮統治階級上層使用,那是當作一種
外國語來使用的。後來,在 5 世紀前後,朝鮮人開始用漢字來記錄自己
的語言,叫做"鄉札"。"鄉札"就是本土的文字的意思,雖然用的是漢
字,但是有許多字念的并不是漢音,例如"夜"字念 pam;也有一些字念得
很近漢音,却和漢字原來的意義没有關係。總之,鄉札是漢人所看不懂
的。第二時期是吏讀時期③,這個時期大約在 7 世紀。這時漢語開始和
朝鮮語結合起來,實詞大致用漢語,虛詞大致用朝鮮語。舉例來説,有這

---

① 　百濟、高句麗和新羅被稱爲"三韓"。
② 　以下所述,到漢字在朝鮮歷史上的應用情況那一段爲止,是根據朝鮮專家柳烈教授所提
　　供的材料。我在這裏謹向柳烈教授致以由衷的謝意。如有錯誤,仍由我自己負責。
③ 　吏讀又名"吏札、吏吐、吏套",大約當時這種朝漢雜糅的文章只能流行於官吏之間。

樣一條法律："凡奴奸良人婦女者,加凡奸罪一等;良人奸他人婢者,減一等;奴婢相奸者,以凡奸論。"如果加上吏讀,就變爲這樣:

凡奴子亦(i)良人矣(ii)婦女乙(rɨl)①犯奸爲在乙良(hɒgiənɨlaŋ),凡奸罪良中(ai)加一等齊(hago);良人亦(i)他矣(ɒi)婢子乙(rɨl)行奸爲在乙良(hɒgiənɨlaŋ),減一等齊(hago);奴婢亦(i)相奸爲在乙良(hɒgiənɨlaŋ),凡奸例以(ro)論爲乎事(haolil)。

亦:表示主格。　　　　矣:表示領格。　　　乙:表示賓格。

爲在乙良:如果……則。　齊:爲,做。　　　　以:表示用格。

爲乎事:該做……。　　良中:表示處格(於格)。

第三時期是口訣時期。這個時期大約在 8 世紀以後。"口訣"的原意是語助詞,是指朝鮮人讀漢文時,在原文的句讀、段落之間所插入的朝鮮語的虛詞。代表口訣的也是漢字,但主要是借漢字的讀音(面:miən、古:ko[go]、羅:ra、伊:i、尼:ni、乙:r[l]),有時也借漢字的意義(爲:ha,做的意思)。後來這種漢字逐步趨向簡單化,結果形成了像日本片假名一類的式樣。加口訣的文章比較加吏讀的文章更接近漢語了。上面所引的一條法律,如果加上口訣,就變爲這樣:

凡奴奸良人婦女者ㄱ(miən),加凡奸罪一等ソロ(hago);良人奸他人婢者ㄱ(miən),減一等ソロ(hago);奴婢相奸者,以凡奸論ソ个(hara)。

ㄱ:"面"的簡體,……則的意思。

ソロ:"爲古"的簡體,做,……并,……而且。

ソ个:"爲羅"的簡體("羅"在朝鮮作"罖",故省作"个"),"做"的命令式。

由此看來,朝鮮語和漢字的關係相當複雜:有借漢字的聲音而不借它的意義的,有借漢字的意義而不借它的聲音的,有意義和聲音并借而分爲兩字的,也有純粹的借詞。現在分爲六種情況,分別加以叙述。

---

① 朝鮮語的 r 是一種閃音,按嚴式國際音標應該寫作 ɾ。

（1）借音。只借漢字的聲音而不借它的意義。這些字既用作借音，就没有固定的意義，只表示某些詞裏的那些音而已，例如：

可 ka　　例如 noni-ṭaḵa（游行如可。ˇ指濁化）。noni 是詞幹，表示游逛的意思；taka 是詞尾，表示某些動作、特徵和事實的轉變。

期 ki　　例如 pɒl-ki（明期）。pɒl 是詞幹，表示明的意思；ki 是名詞形的詞尾。

乃 na　　例如 pɒra-na（望阿乃）。pɒra 是詞幹，表示望的意思；na 是詞尾，表示可是、但是、而……等的意思。

内 nɒ　　例如 ha-nɒ-r(1)（爲内尸）。ha-nɒ 是詞幹，ha 是詞根，表示做、爲的意思；nɒ 是後綴，表示進行貌；r(1)是詞尾，表示將來時。

呂 ri　　例如 nuri（世呂）。nuri 是個名詞，表示世；"呂"只表示 nuri 的末音節 ri 而已。

乙 il(1,ɨl)　　例如 son-ir(il)（手乙）。son 是名詞，表示手的意思；ir(il)是對格助詞，用於輔音後，并表示賓語。又如 pəpu-rɨl（法兩乙）。pəpu 是"法兩"的朝鮮讀音；rɨl 是對格助詞，用於元音後，并表示賓語。

隱 in(n,nɨn)　　例如 tiŋiçu-nɨn（燈烓隱）。tiŋtçu 是名詞，表示"燈烓"的朝鮮讀音；nɨn 是助詞之一，用於弱性元音後，并表示指出、強調等的語氣。又如 kun-in（君隱）。kun 是"君"的朝鮮讀音；in 是助詞之一，用於輔音後，并表示指出、強調等的語氣。

（2）借訓。只借漢字的意義而不借它的聲音。這種情況等於日本的訓讀，例如：

滿 tsʰɒ	望 pɒra	慕 kiri	世 nuri
水 mɨl	誰 nu	去 ka	心 mɒzɒm

（3）借詞義。這是整個詞的對照，而不是漢字的對照，例如：

今日 onɒl　　何如 əʔti　　將來 riə

（4）借訓兼借音。先用借訓，再用借音，例如：

川理 nari(nari)等於漢語"川、江、津、渡口"等意思，ri 是"理"的借音。

（5）借訓，并用漢字表示尾音。如果只寫出一個漢字，令人不容易知道該念漢字的原音呢，還是該念訓讀的音。如果寫出一個漢字之後，再用漢字標出尾音，就令人知道這只可能是借訓了，例如：

心音 mɒzɒm（"音"表示以 m 收尾）。　　夜音 pam　雲音 kurum

栢史 tsas（"史"表示以 s 收尾）①。　　　　風未 pɒrɒmai（"未"表示以 mai 收尾）②。

（6）借詞。這是純粹的借詞，完全依照漢字的音義。當然這些漢字的讀音是通過朝鮮的語音系統來表現的，例如：

臣 sin　　　民 min　　　千手觀音 tsʰənsiu kuanɨm

朝鮮當時既然没有自己的文字，所以早在 6、7 世紀，就有漢字紀録下來的朝鮮民歌等③。直到 1443 年，朝鮮李氏世宗開始設立諺文廳，命鄭麟趾、申叔舟等創制朝鮮自己的文字，制成後，命名爲"訓民正音"。但是，當時的官府文書和統治階級及依附於他們的知識分子所用的書面的文學語言仍舊是漢語，所以，這一套字母對他們説來只能起一種輔助作用。而一般的老百姓——即使不占多數——仍然把訓民正音當作自己的唯一的文字。因此統治階級首先以訓民正音始創歌頌王室的《龍飛御天歌》，甚至儒、佛經典和農書、醫書、藥書、兵書等都用訓民正音注譯的所謂"諺解"來大量刊行。15 世紀以後，鄭澈（號松江）的巨著《松江歌辭》歌集見著於世。以後，詩人、騷客、小説家輩出，大家都使用訓民正音這種民族文字。訓民正音使朝鮮民族文學大放光芒。但是，當時的統治階級仍然打算把漢文貫徹下去；不過僅僅使用漢文總覺得不大方便，爲補充其不足，仍舊同吏讀和口訣的形式

---

① 尾音 s 是一種唯閉音（implosive）。

② "風未"是由於風的意思。

③ 參看《蘇聯大百科全書》"朝鮮語"條。《中國語文》1954 年 7 月號有譯文。朝鮮民歌例如《處容歌》等。

合并使用。到了 19 世紀末葉，當時的政府始不可能再頑强地保守下去，於是發布命令，在官府文書方面，也以諺文和漢文混合使用。現在在朝鮮民主主義人民共和國裏，幾乎一切著作全都用朝鮮民族字母來印刷了。

我們由此得出結論：（甲）漢語傳入朝鮮，遠在傳入日本之前；（乙）漢字在朝鮮語裏所起的作用，等於它在日本語裏所起的作用。只有一點不同：日本還没有停止使用漢字，朝鮮現在基本上廢除漢字了。

假使只有漢字在朝鮮作爲訓讀之用，那只是文化和政治的影響，而不是語言的影響。又假使漢語的詞和朝鮮語裏意義相當的詞在朝鮮平行地使用（如"夜"ia：pam），那雖算是語言的影響，但這種影響是不深的。如果某種意義只有漢語的借詞才可以表示出來，這種影響才是大的。最近五六十年來，朝鮮語通過日本語吸收了大量以漢語爲構詞基礎的西洋借詞，所以，從這一個角度看來，漢語對朝鮮語的影響是最近五六十年來才達到了頂點的。當然這些詞也不是十足的漢語借詞，因爲（一）它們來自日本，（二）它們用來表示來自西洋的新概念。

日俄戰争以後，1905 年，日本在朝鮮設總監，1910 年，日本吞并了朝鮮。朝鮮自從淪爲日本的殖民地以後，新詞不斷地從日本輸入。因此，在朝鮮語裏使用的有關資本主義文化的新詞，差不多完全是從日本照抄過來的，只不過改爲朝鮮習慣上對漢字的讀音罷了，例如：

方針 paŋ tɕʻim① 　　　　政策 tɕəŋ tɕʻɛk

科學 kua hak 　　　　　　技術 ki sul②

共産主義 koŋ san tɕu ɨi 　民主主義 min tɕu tɕu ɨi

由於新詞是直接從日本傳入的，所以當漢日對英譯名分歧的時候，朝鮮語從日譯不從漢譯，例如：

---

① 爲了印刷上和教學上的便利，這裏不用諺文。

② "術"在古漢語裏是收-t 韻尾的，但在朝鮮語的語音系統中，t 不能用作收音，所以凡漢語裏用-t 收音的詞，借到朝鮮語後，一律改成用-l 收音的。

英語	日譯	朝譯	漢譯
ministry	省	省	部
watch	時計	時計	錶
train	汽車	汽車	火車
cinema	映畫	映畫	電影
post	郵便	郵便	郵政
photography	寫真	寫真	照相

儘管這樣，朝鮮新詞是從日本來的，而日本新詞又基本上是以漢語單音詞爲構成新詞的基礎的，歸根結底，還是受了漢語的巨大影響。今後朝鮮語裏的新詞的創造，恐怕也還是脫離不了漢語的詞素的。

＊　　　＊　　　＊　　　＊　　　＊

越南在地理上和中國是毗連的。在先秦時代，越南和中國西南邊疆顯然早有接觸。到了秦代，越南已經屬於南越趙佗，歸象郡管轄①。到了公元前 111 年（漢武帝元鼎六年），漢武帝開九郡，設交趾刺史，這段事實見於《三國志·薛綜傳》②。傳裏還有幾句話説：“自斯以來，頗徙中國罪人雜居其間，稍使學書，粗知言語，使驛往來，觀見禮化……。”可見漢字是秦漢間傳入越南的，漢語也是這時才開始對越南有了廣泛的影響的。漢光武建武十六年（40），越南人民以女子徵側、徵貳爲首，反抗漢朝的統治。三年後，被馬援鎮壓下去。但在唐代以前，中國和越南的關係總是比較鬆弛的。唐朝置安南都護府，加强了封建統治，漢語對越語的影響大大地加深了。越語中的漢語借詞，叫做“漢越語”。漢越語大約也像日本的吳音和漢音一樣，分兩次傳入越南：第一

---

① 《史記·南越列傳》：“秦已破滅，佗即擊并桂林、象郡，自立爲南越武王。”《大越史記·安陽王紀》：“癸巳五十年（秦二世二年，前 208）秦行南海尉趙佗復來侵，南軍潰，王走入海。”同書《趙紀》：“甲午（前 207）趙佗自立爲南越武王。……遂并有桂林、象郡之地，攻安陽王滅之。至是……令二使典主交趾九真二郡。我安南遂屬趙。”——這段材料是陳修和先生供給的，謹此志謝。

② 《三國志·吳書·薛綜傳》：“昔漢武帝誅呂嘉，開九郡，設交趾刺史以鎮監之。”——這段材料也是陳修和先生供給的。

次在漢代,即公元前2世紀到2世紀;第二次在唐初,即7世紀。

在19世紀60年代以前,即法國統治越南以前,越南一直是使用漢字的。遠在13世紀,越南人已經大致依照六書的造字方法,用漢字偏旁造成一種"南字"(直譯是"字喃")①。在最初的時候,越南也曾采用借音的方法,例如cho[tʃɔ ˧](給)寫作"朱",có[kɔ ˥](有)寫作"固"。但是這個方法是不够的,因此就大量創造越南自己的方塊字,使它們和"儒字"(字儒)混合着用,其中有少數會意字;但是絶大多數是諧聲字,例如:

𡗶 giời [ʐɐi˩],天也,從天從上。

𠅍 mất [mət ˥],失也,從亡從失。

以上是會意。

𩄲 mây [məi ˧],雲也,從雨,迷聲。

𤝞 chuột [tʃuot˩],鼠也,從犬,术聲。

以上是中國型的諧聲字。

在諧聲字當中,大多數意符不是表示意義的範疇,而是表示意義的本身,這是和六書的原則有出入的,例如:

䞣 đoʔ[dɔ ˦],紅也,從赤,覩聲。

𢆫 may[mǎi ˧],幸也,從幸,枚聲。

𣩂 chết [tʃet ˥],死也,從死,折聲。

𨷑 mở[mɐ ˦],開也,從開,美聲。

這一類的諧聲字是最多的。

① 《大越史記·陳紀》:"仁宗壬午四年(1282)有鰐魚至瀘江,帝命刑部尚書阮銓爲文投之江中,鰐魚自去。帝以其事類韓愈,賜姓韓。銓善國語詩賦,人多效之。今爲國音詩者曰韓律,蓋始於此。""順宗乙亥八年(1395)……季犛因編《無逸篇》,譯爲國語,以教官家。"1911年越南人所編的《中學歷史撮要》説:"我南所傳之國語字話,盛行於陳。行遣宣詔時,兼講音義。蓋以下流社會,於漢字難知,故用土音以足人聽也。韓銓阮士固以善國語詩賦知名,當時通儒,豈專在漢字哉?胡季犛譯《無逸篇》爲國語以教順宗,固經筵蒙學之資,亦國粹之所存也。"——這段材料也是陳修和先生供給的。

　　現在越南所用的"國語"字母(拉丁化字母)是法國没有侵入越南以前,葡萄牙教士 Rhodes 造的。直到 1940 年日本侵略越南以前,漢字和南字還通行於越南鄉村和老年人中間。越南解放以後,漢字和南字完全不用了。但是,文字的改變并不意味着語言的改變;越南語中的漢語借詞,不但没有減少,而且隨時增加,因爲越南語經常從漢語中吸取新詞。

　　可以説,越南語裏也有文言和白話的分別。文言用漢語借詞,白話用越南原有的詞。當然,對於日本語和朝鮮語也應該這樣説,但是這種現象在越南語裏更加明顯。例如"天"在越南語裏是 giòi[ʐɐi˩],但是"天堂"則説成 thiên đàng〔t'ien˧daŋ〕,"天下"則説成 thiên hạ〔t'ien˧ha〕,用的是漢語的"天"字。

　　現代越南語中的新詞,大部分都是漢語借詞,例如:

　　　　民主 dân chủ〔zən˧tʃu˦〕

　　　　獨立 độc lâp〔dok˩ləp˩〕

　　　　勞動 lao động〔lau˧doŋ˩〕

　　爲了證明越南語裏有大量的漢語借詞,現在舉出一段譯文來看。原文是毛主席的《在延安文藝座談會上的講話》的一段:

　　　　立場問題。我們是站在無產階級的和人民大衆的立場。對於共產黨員來説,也就是要站在黨的立場,站在黨性和黨的政策的立場。在這個問題上,我們的文藝工作者中是否還有認識不正確或者認識不明確的呢? 我看是有的。許多同志常常失掉自己的正確的立場。(《毛澤東選集》第三卷 870 頁)

根據 1955 年越南文藝出版社譯本,有下列一些詞語是和漢語一致的:

　　　　或 hoặc〔hwăk˩〕

　　　　常常 thường thường〔t'ɯɐŋ˩ t'ɯɐŋ˩〕

　　　　同志 đông chí〔doŋ˩ tʃi˦〕

　　　　黨性 đảng tính〔daŋ˦ tiŋ˦〕

政策 chính sách［tʃiŋ˧˩ saʈ˧˩］

立場 lập trường［ləp˩ tʃɐɐŋ˩］

問題 vàn đề［vən˧ de˩］

階級無産 ＝ 無産階級 giai cấp vô sản［ʐai˧ kəp˧ vo˧ san˧］

黨員共産 ＝ 共産黨員 đảng viên cộng sản［daŋ˧ vien˧ koŋ˩ san˧］

大衆人民 ＝ 人民大衆 dại chung dân mân［dai˩ tʃuŋ˧ ʐən˧ mən˧］

工作文藝 ＝ 文藝工作 công tác văn nghệ［koŋ˧ tak˧ văn˧ ŋe˩］

除了“或”和“常常”之外，其餘都是新名詞。可以這樣說：凡是現代新造的詞語，差不多全是漢語借詞。上文說過：日語新詞是用漢語的詞素構成的，漢語的新詞大部分來自日本，而朝鮮語的新詞也出於同一的來源，現在越南語的新詞又來自漢語，這樣就使漢日朝越四種語言中的新詞達到了高度的一致性，也就有利於中日朝越四國的文化交流。這樣就顯得漢語在東、南亞的地位的重要。

越南語的定語是放在其所修飾的名詞的後面的。上文所舉的“無產階級、共產黨員、人民大衆、文藝工作”譯成越南語的時候，需要更動詞序。可見語法的不可滲透性。但是，所謂不可滲透，也不能看成絕對的。舉例來說，在越南語裏，對於“某某先生”這種同位語結構，“先生”這個稱呼是放在姓名的前面的（ông Hoàng văn Hoan ＝ 黃文歡先生）。但是聽說在“胡志明主席”這一個結構裏，已經采用了漢語的詞序（Hô chí minh chǔtich）。可見越南語的語法在一定程度上也受漢語語法的影響。

越南的人名和地名，一律用的是漢語。本來，人名和地名應該是最富於民族性的。日本的人名和地名雖也用漢字寫出，但是，其中大多數并不像漢族的人名和地名（犬養毅、濱吉、箱根、巢鴨）。朝鮮的人名和地名比較地像漢族的人名和地名（金日成、平壤），但是，也還不完全和漢人一樣。特別是在地名上。朝鮮一個地方往往有兩個地名，例如漢城的原名是 Seoul（俄文作 Сеул）。至於越南就不同了。可以說一切人名和地名都用漢語。越南人的姓不多,多數人集中在幾個大姓(阮、黎、陳等)。名往往用兩個字(單名的很少),而名的第一字往往是"文"字(范文同、黃文歡)。最有趣的是婦女的名的第一字一般都用"氏"字(黎氏菊)。可見越南語受漢語影響之深了。

＊　　　＊　　　＊　　　＊　　　＊

　　當我們討論到漢語對東、南亞的巨大影響的時候,不能强調這是中國對外擴張勢力的結果。中國從來沒有侵略過日本,但是漢語對日語的巨大影響是不容否認的。關於這種影響,應該從文化上尋找它的原因。唯有文化高的民族的語言才有可能影響文化較低的民族的語言。假使漢族古代文化不是高於東、南亞其他民族的話,漢語決不會在東、南亞發生那樣大的影響。

　　在將來,隨着中國國際地位的提高,漢語在東、南亞將成爲國與國之間的媒介語。漢語在世界上也將會像俄語在世界上一樣,全世界人民越來越多地學習它。五億六千萬人口所說的語言,是全世界應用最廣的語言;在我們的民族已經站起來了之後,我們的語言決不會再被人輕視的。在不太遠的將來,漢字拼音化了,更使國際友人學習漢語多一層便利①。中國進入社會主義社會的時代,也正是漢語在全世界傳播的時代。這是可以預言的。

----

① 　編者注:文集本沒有"在不太遠……一層便利"這一段話。

跋

　　這一部《漢語史稿》是依照高教部審訂的漢語史教學大綱編寫的。

　　1956 年 8 月高教部從東北人民大學調來許紹早同志作爲我的助手，加上北京大學助教唐作藩同志，進修教師黃鉞同志，連同我原有的助手左言東同志，組成了漢語史編輯室。當時我的《漢語史稿》上册已經完成付印，因此，上册和中、下册的編寫工作方式不是完全一樣的。上册是自始至終由我一人執筆的，中册和下册是拿我在北京大學的講義作爲基礎，經過漢語史編輯室的討論，再把各節分派給許紹早、唐作藩、黃鉞三位同志執筆改寫，改寫後再共同討論修改，才作爲定稿的。當時我們的分工是這樣：我自己主持討論并下結論，許紹早、唐作藩兩同志的主要工作是改寫，黃鉞同志的主要工作是對比較深奧的古文例句加以注解，左言東同志的工作是核對原始材料。

　　改寫的分工如下：

　　　　許紹早：第三章第一、二、五、七、九、十一、十三、十四、十六、十七、二十、二十一節、第四章第一、三、五節，第五章等；

　　　　唐作藩：第三章第四、六、八、十、十二、十五、十八、十九、二十二、二十三節，第四章第二、四、六節等；

　　　　黃　鉞：第三章第三節，第四章第七、八等。

　　我個人認爲助手改寫主編人原稿是從實踐上培養新生力量的有效方法之一。

　　劉瓞教授和丁聲樹教授對上册提了不少的寶貴意見，我在這裏表示謝意。我又應該特別感謝呂叔湘教授，他對中册（語法部分）曾經逐節提出批評，使我能在很大程度上修訂我的原稿（講義），大大提高了這書的質量。

　　作爲教材來看，這一部書的内容似乎還應該精簡。我期待着專家們的審訂。除了指正錯誤外，希望專家們對於此書的思想性、系統性、可接受性等提出批評。同時希望廣大的讀者也在這些方面提出批評。

王　力

1958 年

附　録

漢語史復習提綱

第一章　緒　論

第一節：

 1. 漢語史的性質及其實踐意義是什麽？

第二節：

 1. 中國歷代學者對漢語史的研究可以分爲哪幾個階段？每個階段有哪些著名的學者和重要的著作？這些著作的性質和體例大致是怎樣的？

 2. 語言科學以前的語文學和作爲語言科學的漢語史有什麽區别？

第三節：

 1. 研究漢語史在方法上應當注意哪些方面？遵守哪些原則？

 2. 什麽叫做"歷史比較法"？在漢語史的研究中怎樣應用歷史比較法？歷史比較法的主要缺點是什麽？

第四節：

 1. 漢語史的研究跟世界其他語言史的研究比較起來有哪些特點？研究漢語史的根據有哪些方面？每個方面對於漢語史的建立有什麽重大的作用？

第五節：

 1. 漢語在漢藏語系中處於怎樣的地位？漢語和漢藏語系其他諸

語言在語音、語法兩方面有哪些共同點和主要的差別？

2. 親屬語言的研究對於漢語史有什麼重要的意義？

第六節：

1. 分期在語言史的研究上有什麼重要的意義？漢語史應如何劃分時期？分期的主要標準是什麼？文體的轉變爲什麼不能作爲漢語史分期的標準？漢語史各時期的主要特點是什麼？

第七節：

1. 從整個歷史上看，漢民族共同語是怎樣形成的？

第八節：

1. 什麼是字體？什麼是字式？漢字字形的演變經過哪些主要階段？在文字發展過程中，人民群衆是怎樣創造文字的？簡化漢字的性質和意義是什麼？

第二章　語音的發展

第一節：

1. 從雙聲叠韻的事實中如何看出語音和語法、詞彙的密切關係？

2. 什麼叫做“駢詞”？駢詞是怎樣構成的？

第二節：

1. 中古文學語言的語音爲什麼應以《切韻》系統爲標準？

2. 中古語音的聲母和韻母是怎樣研究出來的？

3. 什麼叫做“反切”？反切在語音的研究上有什麼作用？

4. 《廣韻》35 聲母和傳統的 36 字母有哪些不同的地方？試就五音和清濁兩方面給 36 字母加以分類。

5. 《廣韻》206 韻可以歸出哪 61 韻類，哪 141 個韻母？其中平聲韻有哪些？入聲韻有哪些？它們的讀音是怎樣的？

6. 平水韻的性質和體例是怎樣的？它和《廣韻》有什麼不同？

7. 什麼叫做“韻攝”？每一攝包括哪些韻母？

8. 什麼叫做“四等”？在韻圖上聲母和韻母是怎樣分等的？

9. 什麼叫做"四呼"？四呼和四等有什麼關係？

第三節：

1. 清代學者對於古音的研究有什麼卓越的成就？他們是怎樣研究出上古的韻部來的？

2. 先秦古音陰聲韻、入聲韻、陽聲韻各有哪幾類？它們是怎樣相配的？陰陽入互相通轉的規律又是怎樣的？

3. 研究先秦聲母的主要根據是什麼？先秦聲母大致可以分爲哪幾類？

4. 清代學者對於上古的聲調問題有哪些分歧的看法？我們是怎樣看待這個問題的？先秦的聲調和中古的聲調有什麼不同的地方？

5. 什麼叫做"古音的重建"？重建古音應當遵守什麼原則？高本漢在重建先秦古音的時候犯了什麼樣的錯誤？

第四節：

1. 錢大昕説的"古無舌上音"是什麼意思？我們怎樣從諧聲偏旁和現代某些方言的讀音證明這個結論的正確性？

2. 餘母（喻四）在先秦是怎樣一個聲母？它從先秦到中古變化的結果和原因是怎樣的？

3. 先秦照系二、三等各聲母的讀音是怎樣的？它們到中古發生了一些什麼變化？

第五節：

1. 上古純元音韻母可以分爲哪三類？每一類包括哪些韻部？每個韻部發展到中古分化爲哪些韻類？

2. 爲什麼説元音高化是漢語語音發展規律之一？

第六節：

1. 上古促音韻母可以分爲哪四類？每一類包括哪些韻部？每個韻部發展到中古分化爲哪些韻類？

第七節：

1. 上古鼻音韻母可以分爲哪三類？每一類包括哪些韻部？每個

韻部發展到中古分化爲哪些韻類?

第八節:

　　1. 在先秦古韻到中古的發展中,聲調對韻母有什麼影響? 先秦-m韻尾在什麼條件之下變爲中古的-ŋ 韻尾?

　　2. 什麼叫做"陰陽對轉"? 爲什麼説陰陽對轉是漢語語音發展的一種規律?

第九節:

　　1. 爲什麼説現代普通話語音系統的基礎在 14 世紀已經形成了?《中原音韻》是一部什麼性質的韻書? 它的聲韻調的特點是怎樣的? 它與現代普通話的語音系統有什麼異同?

　　2.《韻略易通》聲類的特點是什麼?

第十節:

　　1. 從中古到現代的發展中,最穩固的聲母有哪些?

　　2. 什麼叫做"古無輕唇音"? 輕唇音是在什麼時候分化出來的? 它的分化條件是什麼?

　　3. 現代 tʂ、tʂʻ、ʂ 三個聲母是從中古哪些聲母演變來的? 它們從中古到現代的演變過程是怎樣的? 其中澄、崇、船、禪四母有什麼複雜的演變情況?

第十一節:

　　1. 什麼叫做"尖團音"? 現代 ts、tsʻ、s 和 tɕ、tɕʻ、ɕ 六個聲母是從中古哪些聲母演變來的? 它們從中古到現代的演變規律是怎樣的?

第十二節:

　　1. 現代 ʐ 這個聲母的來源和它變化的原因是什麼?

　　2. 什麼叫做"零聲母"? 現代普通話的零聲母是怎樣從中古演變來的?

　　3. 現代普通話兒韻的來源及其演變的條件是怎樣的? 在什麼時期形成了兒韻?

第十三節:

1. 古代聲母發展到現代普通話裏已經消失或者發生變化的在現代各方言裏是怎樣保存下來的？

2. 什麼叫做"韻頭的轉化"？它的轉化規律和條件是怎樣的？

第十四節：

1. 現代普通話的 a 韻（包括 a、ia、ua）是從中古哪些韻母發展來的？它們的對應規律是怎樣的？

2. 現代普通話的 uo 韻是從中古哪些韻母發展來的？它的演變條件是什麼？

第十五節：

1. 現代普通話的 ə 韻是從中古哪些韻母發展來的？它在現代各主要方言裏的情況是怎樣的？

2. 現代普通話的 e 韻（包括 e、ie、ye）是從中古哪些韻母發展來的？它們的演變條件是什麼？

第十六節：

1. 現代普通話的 ei 韻和 i 韻是從中古哪些韻母發展來的？它們的演變條件和對應規律是什麼？

2. 中古哪些韻母在什麼條件之下變爲現代普通話的 ï 和 ʅ？它們在現代各主要方言裏的情況是怎樣的？

第十七節：

1. 現代普通話的 u、y 兩個韻母是從中古哪些韻母發展來的？它們的演變條件和對應規律是什麼？

第十八節：

1. 現代普通話的 ai、au、ou 三韻是從中古哪些韻母發展來的？它們的對應規律是怎樣的？

2. 現代普通話的白話音 au、ai、ei、ou 的來源是怎樣的？跟它們相對的文言音念什麼？

3. 古代的入聲韻在現代各主要方言裏保存的情況是怎樣的？

第十九節：

　　1. 現代普通話的-n 尾韻母包括哪些韻母？它們是從中古哪些韻母演變來的？中古-n 尾韻母和-m 尾韻母的對應關係是怎樣的？

　　2. 中古的山咸臻深四攝在現代方言裏演變爲哪幾種不同的類型？

第二十節：

　　1. 現代普通話的-ŋ 尾韻母包括哪些韻母？它們是從中古哪些韻母演變來的？關於-ŋ 尾韻母的發展值得我們注意的有哪三件事情？

第二十一節：

　　1. 現代普通話的四聲和中古的四聲有什麼不同？它們的演變規律是怎樣的？

　　2. 什麼叫做"輕音"？現代普通話輕音的性質是什麼？它是在什麼時代和在什麼條件之下產生的？

第二十二節：

　　1. 試從上古到中古、從中古到現代的語音變化事實説明語音變化是有着非常嚴密的規律性和制約性的。

　　2. 什麼叫做"異平同入"？它怎樣表明漢語韻母的高度系統性和語音發展規律的嚴整性？

　　3. 在分析語音發展規律的時候，我們應怎樣注意不同的原因造成相同的結果？舉例加以説明。

　　4. 文字的形式和語音的變化有什麼關係？它們是怎樣相互發生影響的？

　　5. 爲什麼説漢語語音簡化是語音發展的一般趨勢？從上古到現代普通話，聲、韻、調是怎樣趨向於簡化的？它們的簡化規律如何？爲什麼説這種簡化是進步的、有利於語言發展的？

　　6. 語音演變的性質和特點是怎樣的？它怎樣受時間、地點和各種不同的條件所制約？

第三章　語法的發展

第一節：

1. 漢語語法的穩固性表現在哪些方面？

2. 上古漢語、中古漢語和近代漢語的形態表示方法有什麼不同？

3. 什麼叫"讀破"？讀破在漢語史上的作用怎樣？

第二節：

1. 名詞詞頭"阿"字的產生時代及其發展情況。

2. 名詞詞頭"老"字的產生時代及其用法的發展。

3. 在漢語史上，有哪些"子"字是不應該認作詞尾的？名詞詞尾"子"字的發展情況。

4. 在漢語史上，有哪些"兒"字是不應該認作詞尾的？名詞詞尾"兒"字的發展情況。

5. 名詞詞尾"頭"字的發展情況。

6. "五四"以後有哪些新興的名詞詞尾？

第三節：

1. 在上古漢語裏，事物數量的表示有哪幾種方式？

2. 殷虛卜辭中所見的天然單位的表示方法是怎樣的？

3. 漢語裏天然單位的單位詞萌芽於什麼時代？到什麼時代才真正發展起來？

4. 單位詞的應用範圍都是一成不變的嗎？如果不是，有過些什麼發展變化？

5. 數詞、天然單位詞和名詞的結合方式在歷史上有過什麼轉變？這種轉變在語法上有什麼重要意義？

6. 單位詞附加在名詞後面用作詞尾（例如"車輛、船隻"），起源於什麼時代？

7. 表示行爲的單位詞出現於什麼時代？哪些行爲單位詞是從事物單位詞轉變來的？

8. 在現代漢語裏，行爲單位詞和事物單位詞的用法有什麼不同之處？唐宋時代也有這種區別嗎？

第四節：

1. "兩"和"二"的用法古今有什麼不同?

2. 現代的"再"字和古代的"再"字在意義上有什麼區別? 它的演變過程是怎樣的?

3. 古今零數和分數和表示法有什麼不同? 現代零位的稱數法是怎樣發展來的?

4. 上古序數的表示法和現代有什麼不同? "第"字是在什麼時代怎樣演變爲表示序數的詞頭的?

第五節:

1. 試述上古漢語人稱代詞的應用情況。

2. 中古時期,人稱代詞有哪些重要的發展事實?

3. 人稱代詞複數形式的出現時代及其發展。

4. "五四"以後,在書面語言裏,人稱代詞的形態變化表現在什麼地方?

5. 試述漢語史上人稱代詞的禮貌式的應用情況。

第六節:

1. 上古指示代詞在來源上和用法上有哪些特點? 它們到了後代起了一些什麼變化?

2. 現代指示代詞"這"和"那"是什麼時代產生的? 它們是怎樣發展出來的?

3. 現代副詞"這麼"和"那麼"在唐宋時代應用情況怎樣?

4. 上古疑問代詞大致可以分爲哪幾類? 到了後代它們在用法上起了些什麼變化?

5. 跟"何"的意義相同的"底"字首先見於什麼時代? 它在後代的應用情況怎樣?

6. 現代漢語的"什麼(甚麼)"和"怎麼"是在什麼時代產生的? 它們的演變情況怎樣?

7. 現代疑問代詞"哪(那)"是怎樣發展來的?

8. 爲什麼説上古"者"和"所"具有指代的性質? 後來"所"字在用

法上起了一些什麼變化？

第七節：

　　1. 動詞詞尾“得”字的來源及其應用情況。

　　2. 動詞形尾“了”字的來源及其發展情況。

　　3. 動詞形尾“着”字的來源及其發展情況。

第八節：

　　1. 上古漢語的形容詞有哪些類似詞頭的附加成分？

　　2. 上古用做形容詞或副詞的詞尾的有哪些成分？其中有哪些一直沿用到現代？它們是怎樣演變成爲詞尾的？

　　3. 現代形容詞詞尾（兼作一切定語的語尾）“的”字最初出現在什麼時代？它是怎樣演變來的？“地”和“底”産生在什麼時代？它們最初的分工情況怎樣？“五四”以後“的”和“地、底”在書面語言裏又起了一些什麼變化？

　　4. 上古否定副詞“弗”和“勿”的語法特點怎樣？它們和“不、毋”在用法上有什麼不同？

　　5. 上古“莫”字在用法上和在意義上有什麼特點？它在後來的發展情況怎樣？

　　6. “相”字在上古的詞彙意義和語法作用怎樣？它在現代口語裏的應用情況怎樣？

第九節：

　　1. 先秦時代，介詞“于、於、乎、諸”的語法作用及其相互間的分别。

　　2. 介詞“之”的來源及其語法作用。

　　3. 上古漢語聯結詞“而、與”的職能。

　　4. 現代漢語連詞“和”的來源及其發展情況。

第十節：

　　1. 爲什麼説漢語構詞法的發展是循着單音詞到複音詞的道路前進的？

　　2. 上古漢語是不是純粹的單音節語？爲什麼？

3.漢語複音詞的構成方式可以分爲哪幾類？其中哪一類是主要的？

第十一節：

1.試述先秦判斷句的結構方式。

2.爲什麽説先秦時代"是、爲、非"三個字不是繋詞？

3.繋詞"是"的産生時代及其用法的發展。

第十二節：

1.上古的詞序有哪些特殊的情況？形成這種結構的條件是什麽？

2.在上古哪些結構中,代詞賓語必須放在動詞(或介詞)前面？它們到後來的發展情況怎樣？

3.什麽叫做"處所狀語"和"工具狀語"？它們在句子中的位置自上古至現代起了一些什麽變化？

4.現代可能式的詞序是怎樣演變來的？

5."五四"以後漢語中産生了哪些新興的詞序？

第十三節：

1.什麽叫"致動"和"意動"？

2.哪幾類詞在什麽情況下可以造成致動和意動？

3.怎麽樣運用修辭手段和語法形式的結合來造成致動和意動？

4.名詞、形容詞、内動詞在怎樣的句子結構中才可以帶有外動詞的性質？

5.臨時作副詞用的名詞可分哪兩類？

第十四節：

1.什麽叫做"關係位"？什麽叫做"關係語"？

2.從意義上説,關係語可以分哪幾種？它們在句中的位置如何？

第十五節：

1.什麽叫做"句子的仂語化"？爲什麽説句子的仂語化是古代漢語的句法的重要手段之一？

2.介詞"之"是怎樣使句子變爲仂語結構的？這種結構可以包括

哪幾種情況？它們的語法作用怎樣？到了後代這種結構起了一些什麼變化？

3. 爲什麼説"所以"在上古是個凝固的仂語形式？它在句子的仂語化中起了什麼作用？它是在什麼時代和怎樣發展成爲1的？

第十六節：

1. 從結構形式上説，使成式可分哪幾種？試述它們在漢語史上的產生時代及發展情況。

第十七節：

1. 處置式的產生時代及其結構的發展。

2. 從意義上説，處置式在漢語史上有什麼發展？

第十八節：

1. 被動式的語法特點怎樣？它與概念上的被動有什麼區別？

2. 漢語的被動式是什麼時代產生的？先秦的被動式可以分爲哪幾類？它們的結構特點怎樣？

3. 到了漢代，被動式有了一些什麼新的發展？它們的結構特點怎樣？

4. 中古以後被動式又有了一些什麼新的發展？爲什麼説現代漢語的被動式在這個時期已奠定了基礎？

5. 在近代和現代，被動式又有了哪些新的發展？

6. 試從漢語被動式的發展歷史上看漢語使用被動式的條件和特點。

第十九節：

1. 什麼叫做"遞繫式"？賓語兼主語的遞繫式從上古到現代起了一些什麼變樣？

2. 謂語兼主語的遞繫式在現代漢語中的作用怎樣？這種結構是怎樣發展來的？

3. 帶"得"字的緊縮句產生在什麼時代？它和遞繫式的"得"字句在結構上有什麼區別？

第二十節：

　　1. 試述上古時代語氣詞"也、矣"的用途。

　　2. 試述上古時代主要的幾個疑問語氣詞的用途。

　　3. 近代漢語疑問語氣詞的來源及其應用情況。

第二十一節：

　　1. 試述上古漢語的一些省略法。"五四"以後漢語的省略法有了一些什麼演變？

　　2. 試從漢語史的角度談談所謂倒裝法和省略法。

第二十二節：

　　1. "五四"以後，無定冠詞的應用情況及其作用。

　　2. "五四"以後新興的聯結法和插語法。

　　3. "五四"以後新興的平行式的應用情況。

第二十三節：

　　1. 什麼叫做"句法的嚴密化"？漢語的句法是怎樣由簡單向複雜發展的？

　　2. "五四"以後，漢語的句子結構在嚴密性方面起了一些什麼大的變化？試舉例加以說明。

　　3. 漢語語法的今後發展的基本趨向是什麼？

第四章　詞彙的發展

第一節：

　　1. 基本詞彙大致包括哪幾方面？

　　2. 有關肢體的基本詞在漢語史上的應用情況。

　　3. 上古時期時令方面的詞彙和生產的發展有什麼密切的關係？

　　4. 從哪些語言事實中看出詞彙和社會發展的聯繫？

　　5. 從基本詞彙的發展事實中，可以得出哪些結論？

第二節：

　　1. 在歷史上國內各種語言對漢語詞彙有過什麼影響？

2. 在鴉片戰爭以前漢語來自國外的借詞和譯詞可以分爲哪幾類？其中哪一類對漢語的影響最大？

3. 漢唐時代漢語中來自西域的借詞和譯詞的特點是什麼？

4. 佛教借詞和譯詞是怎樣影響漢語詞彙的？

5. 鴉片戰爭以前漢語裏已經出現了一些什麼樣的西洋借詞和譯詞？它的特點怎樣？

第三節：

1. 現代漢語新詞産生的特點是什麼？

2. 爲什麼漢語在吸收西洋詞語時大量利用日本譯名？

3. 由日本傳到中國來的意譯的譯名大致可分哪幾種情況？

第四節：

1. 什麼叫做“同類詞”？研究同類詞對於語源的探討的作用及其局限性如何？

2. 什麼叫做“同源詞”？爲什麼説從語音的聯繫來看詞義的聯繫是研究漢語詞彙的一條非常寬廣的道路？

3. 漢語詞彙的系統性是怎樣體現出來的？

第五節：

1. 舉例説明古今詞義的異同。

2. 舉例説明詞義發展的歷史聯繫。

第六節：

1. 試以漢語爲例，説明詞和概念在歷史發展中的關係。

2. 什麼叫做“引申”？漢語詞義的引申可以分爲哪三類？

3. 漢語詞義轉移的特點怎樣？

4. 詞義的變遷和修辭學有什麼密切的關係？

第七節：

1. 舉例説明漢語詞彙中概念改變了名稱的事實。

2. 概念的一般化和特殊化同社會發展和時代的風俗習慣的關係怎樣？

3. 避諱、禁忌和避褻對詞彙發展的影響怎樣？

第八節：

1. 成語和典故是怎樣產生的？

2. 成語和典故在語言的歷史發展上和語言的表達上起着什麼重要的作用？

第五章　結　論

1. 試述漢語對日本語、朝鮮語和越南語的影響。

2. 朝鮮語中的新詞基本上是從日本語來的，越南語中的新詞大部分也是間接從日本來的，爲什麼我們仍然説它們受到漢語的巨大影響？

主要術語、人名、論著索引